마지스테리아

마지스테리아
MAGISTERIA

과학과 종교,
그 얽히고설킨
2천년 이야기

니컬러스 스펜서 지음 | 전경훈 옮김

책과함께

일러두기

• 이 책은 Nicholas Spencer의 *Magisteria: The Entangled Histories of Science and Religion*(Oneworld Publications, 2023)을 우리말로 옮긴 것이다.

• 옮긴이의 짧은 설명은 〔 〕로, 긴 설명은 각주로 덧붙였다.

학식과 견문과 아량과 우정의 모범인

존 헤들리 브룩 선생님께 바칩니다.

사람의 위대함을 동시에 보여주지 않고 사람이 얼마나 짐승과 닮았는지를 너무 명확하게 보여주는 것은 위험하다. 사람의 비천함을 빼고 위대함만을 명확하게 보여주는 것도 위험하다. 그러나 사람의 비천함과 위대함을 모두 알지 못하게 내버려두는 것은 훨씬 더 위험하다. —파스칼, 《팡세》

옮긴이의 말

마지스테리아Magisteria. 이 낯선 말은 '교도권'이라는 의미의 라틴어 마지스테리움Magisterium의 복수형이다. 스승을 뜻하는 마지스테르 Magister에서 파생된 이 말은 가톨릭교회에서 복음 선포와 관련된 교황을 비롯한 주교들의 권위 있는 가르침이나 가르치는 권한을 가리키는 용어로 사용된다.

교황 비오 12세는 1950년 회칙〈인류Humani generis〉를 발표해 신앙의 유산인 성경과 전승에 대한 정통 해석은 개별 신학자가 아니라 교회의 가르칠 권한에 있음을 천명했다. 아울러 신학자들이 어떠한 경험적 연구에 참여하는 것은 그들의 개인적 자유이지만 도덕과 종교에 관한 문제에서는 교회의 마지스테리움에 종속되어 있음을 분명히 하면서, 더 나아가 진화론 등 이성을 통한 과학의 진리 탐구를 인정하면서도 육체가 아닌 영혼의 문제는 과학이 아닌 교회의 마지스테리움 아래 놓여 있다고 선을 그었다. 첫째로는 신학자들에 대해, 계시된 진리를 정통적으로 해석하고 믿을 교리를 확정하는 권한이 교황을 비롯한 주교들에게 있음을 확인한 것이며, 둘째로는 과학자들에 대해, 세계와 인간에 관한 진리 탐구에서 교회가 고유하게 관여할 영역이 있음을 밝힌 것이었다.

미국의 유명한 고생물학자 스티븐 제이 굴드는 이 마지스테리움 개념을 가져와 끊임없이 논쟁이 되어온 과학과 종교의 관계를 정립하고자 했다. 그는 마지스테리움을 '한 가지 형태의 가르침이 유의미한 담론과 판결을 산출하는 데 적절한 도구들을 갖추고 있는 한 영역'이라고 정의하고, 과학과 종교가 각기 '사실'과 '가치'라는 서로 다른 탐구 영역을 대표하는, NOMANon-overlapping Magisteria 곧 '겹치지 않는 마지스테리아'라고 주장했다. 그가 보기에 과학은 자연세계의 사실적 특성을 기록하고 이 사실들을 편성하고 설명하는 이론들을 발전시킨다. 반면 종교는 과학과 똑같이 중요하지만 완전히 다른 영역, 곧 인간의 목적과 의미와 가치를 다루는 영역에서 작동한다. 과학 또한 이 영역에 빛을 밝힐 수는 있지만, 절대 최종 판결을 내릴 수 없다. (이러한 NOMA의 원칙은 단지 과학과 종교에만 적용되는 것이 아니다. 이를테면 예술은 아름다움에 관한 또 다른 영역에서 작동한다.) 이를테면, 과학은 유전자에 관한 정보를 밝혀낼 수 있지만 그 정보를 사용하는 것에 관해 도덕적으로 판단할 수 없다. 이로써 굴드는 과학과 종교가 서로 충돌해서도 안 되고, 충돌할 필요도 없이 양립할 수 있다고 보았다.

《마지스테리아》의 지은이 니컬러스 스펜서는 과학과 종교가 서로 양립할 수 있는, 각기 고유한 영역이라는 굴드의 의견에 동의하면서도 그 둘이 전혀 겹치지 않는 마지스테리아라는 데 의문을 제기한다.

현대 세계에서 그리스도교와 사회의 관계를 연구하는 영국의 싱크탱크인 테오스Theos의 연구원이기도 한 스펜서는 고대에서부터 현대에 이르기까지 과학과 종교가 대립한 주요 순간들을 흥미진진하게 포착하면서 그 이면을 심도 있게 파헤친다. 그중에서도 지동설로 대표되는 천문학과 진화론으로 대표되는 생물학 및 지질학을 둘러싸고 과학과 종교가 충돌한 사건들이 전면에 등장한다. 이 충돌 과정에 등장하는 일화들은 종교 권력이 참된 과학 지식을 억압하는 사례들로 널리 알려져 있지만, 스펜서는 이러한 대중의 '믿음'을 깨고 이 사건들에 더욱 '과학'적으로 접근해 그 실체를 규명하고 있다. 세간에 알려진 대로 종교 권력에 의한 과학 지식의 억압이 과학과 종교의 대립을 규정짓는 특징이라면, 그것은 단지 굴드의 NOMA 원칙을 지키지 못한 데서 비롯한 '범주의 오류'라고밖에 할 수 없다. 그러나 과학과 종교의 갈등이 단지 범주의 오류에 불과한 것이라면, 당대의 천재와 석학이 열정적으로 관여하며 그토록 오랜 세월을 거쳐 오늘에 이르기까지 이어졌을 리가 없다.

사실, 굴드의 NOMA와 같은 시도는 굴드 이전에도 존재했다. 자연세계의 사실을 다루는 자연과학과 인간세계의 가치를 다루는 인문과학을 구분하는 전통은 19세기 말에 이미 정립되어 오늘날까지 분과학문 체계를 구성하는 바탕이 되어왔다. 더 나아가서 이성과 신앙의 세계를 구분하려는 시도는 이미 중세 그리스도교 세계에서 시도되었다가 이중진리론으로 단죄받기도 했다. 여기서 상기해야 할 것은 교황 요한 바오로 2세가 교황청 과학원 설립 60주년에 행한 연설의 제목이기도 한 '진리는 진리에 모순될 수 없다'는 말이다. 과학은 우주 · 만물의 기원과 생성 과정을 연구할 뿐 아니라, 구체적으로 우리 인간의 기원과 진화 과정을 탐구한다. 이는 종교에서 말하는 세계의 본질과 인간의 개념에 직접적으로 연결되는 문제이며, 이 지점에서 과학과 종교는 중첩되고, 여기에 서로 모순되는 진리가 병존할 수는 없다. 교회는 언제나 이러한 입장을 견지해왔으며, 종교 권력에 의한 과학 지식의 억압은 단일한 진리를 견지하려는 교회의 타당한 입장이 잘못 구현된 것이라고 할 수 있다.

《마지스테리아》의 지은이 스펜서가 말하려는 핵심 내용 또한 그러하다. 과학과 종교는 모두 '인간'이라는 중첩된 부분을 가지며, 동일한 진리를 향해 다른 방향에서 다른 방법으로 접근한다. 서로 모순될 수 없는 진리에 서로 다른 방식으로 접근한다는 점에서 과학과 종교의 차이는 어쩌면 범주론의 차원이 아니라, 요한 바오로 2세가 말했듯 인식론의 차원에서 접근해야 할 것이다. 스펜서는 고대에서 현대에 이르기까지 과학과 종교가 충돌한 사건들의 이면에서 이러한 과학과 종교의 중첩성을 밝혀 보이면서, 결국 그 둘은 본질적으로 동일한 진리를 향해 나아가는 상보적이면서도 경쟁적인 '얽힌entangled' 관계에 있어왔고, 그러할 수밖에 없다고 말한다. 그것은 스펜서가 각각의 역사적 사건들을 분석하며 밝히고 있듯이, 한 인간이라는 존재 안에서 과학과 종교가 얽혀 있기도 하고, 또한 한 사회 안에서 권력 구조가 과학과 종교를 얽히게 만들기 때문이기도 하다. 더욱이 과학과 종교가 충돌할 때 그 양상을 결정짓는 것은 오히려 그 사회의 권력 구조였음을 주지할 필요가 있다.

이 책을 번역한 사람으로서, 또한 늘 신앙을 진지하게 고민하며 살아온 가톨릭 신자이자 대중 과학도서의 열렬한 독자로서 이 옮긴이의 말을 빌려 감히 독자들에게 남기고 싶은 말은, 과학과 종교 모두 단일하거나 동질적인 목소리로만 구성되지는 않는다는 것이다. 과학 안에는 여러 분야와 층위가 존재하고, 하나의 분야 안에도 다양한 이론들이 존재한다. 같은 진화론이라 하더라도 진화의 양상이나 방식에 관해 서로 다른 의견들이 존재하고 진화론의 적용 범위를 둘러싼 논쟁들이 이어진다. 과학은 그렇게 발전해왔다. 마찬가지로 종교 안에도 여러 분야와 층위가 존재하고, 하나의 분야 안에도 다양한 이론들이 존재한다. 신은 절대 불변하는 지고한 존재이지만, 신에 대한 인간의 이해는 어느 시대에나 다양하게 존재했고 변화·발전해왔다. 중요한 것은 거대한 세계와 진리 앞에서 느끼는 인간의 경이와 겸손이며, 앎의 한계에 대한 자각이다. 과거의 종교가 신이 계시한 진리의 절대적이고 유일한 담지자를 자처하며 범했던 과오를 오늘날의 과학지상주의를 통해 되풀이할 필요는 없을 것이다. 그런 맥락에서 과학과 종교는 서로 독립되어 있으면서도 중첩되는 마지스테리아로서 진리를 향해 나아가는 기나긴 여정에서 서로의 훌륭한 대화 상대가 될 수 있고, 또 그렇게 되어야 할 것이다.

과학과 종교 양쪽을 역사적으로 다루는, 적지 않은 분량의 책을 번역하면서 어려움이 많았다. 자문을 구하고 주의를 기울였음에도 오류가 남아 있다면 모두 번역자의 잘못이다. 개인 사정으로 늘 마감 기한을 지키지 못하는 번역자에게 인내를 보여주신 도서출판 책과함께와 꼼꼼하게 교정해주신 편집자에게 감사드린다. 여러 사람이 정성스레 만든 이 책이 모쪼록 과학과 종교를 진지하게 고민하는 눈 밝은 독자들에게 널리 읽혀, 의미 있고 깊이 있는 논의를 일으키는 데 일조한다면 번역한 이의 수고로움은 잊혀도 좋겠다.

전경훈

차례

서론

짐승의 본성

어느 이야기에 관한 이야기

세 번의 팽팽한 말다툼. 세 번의 영리한 말대답.

　1633년 6월 22일 로마. 예순아홉 살 된 한 남자가 종교재판관들 앞에서 강제로 무릎을 꿇었다. 여러 달에 걸친 심문 끝에 남자는 쇠약해지고 절망한 듯 보인다. 한 손으로 불 켜진 초를 들고 다른 한 손으로는 미리 준비된 글을 들고 있다. 판결문은 일생에 걸친 그의 노고를 부정하고, 그가 참 진리임을 알고 30년 넘게 알려왔던 과학 이론을 '포기하고, 저주하고, 혐오하라'고 명한다. 따르지 않을 경우 기다리고 있는 것은 고문뿐이었다. 그는 마지못해 판결문을 끝까지 읽고, 힘겹게 두 발로 일어서서 그 방을 빠져나왔다. 그리고 한숨을 내뱉듯 중얼거린다. "에푸르 시 무오베eppur si muove."(그래도 지구는 돈다)

　1860년 6월 30일 영국 옥스퍼드. 거의 800명이나 되는 사람들이 동굴 같은 도서관 안에 빽빽이 모여들었다. 앉아서 지루한 강의를 듣고 있자니 짜증이 일었지만, 당대의 과학 이론을 둘러싸고 빅토리아 시대의 두 인물이 벌일 열띤 설전을 기대하며 기다리고 있었다. 그리고 두 인물은 청중의 기대를 저버리지 않았다. 성공회(영국 국교회)의 대표가 서론을 마치더니 자신의 적수를 향해 신랄하게 물었다. 할머니와 할아버지, 둘 중 어느 쪽에 원숭이 조상이 있는 편이 낫겠느냐고. 그러자 그 못지않게 호전적인 과학자는 주교의 멸시하는 태도에 아랑곳하지 않고, 오히려 옆에 있던 친구에게 속삭였다. "주님께서 그를 내 손안에 놓아주셨군." 그러고는 큰 소리로 답했다. 주교보다는 원숭이를 조상으로 두는 편이 낫겠노라고. 군중은 격노했다. 아니, 열광했는지도 모른다. 어느 쪽이 되었든, 엄청난 소동이 일었다. 여자 하나가 기절했다.

1925년 7월 20일 미국 테네시주 데이턴. 3000명에 달하는 사람이 법원 앞에 모여들었다. 온 국민이 라디오에 귀를 기울이고 있었고, 수백만 명이 다음 날 신문에서 변론을 읽게 될 것이다. 사람들은 법원 잔디밭에 마련된 간이 무대에서 두 남자가 마치 고양이와 쥐처럼 물고 물리는 두뇌게임을 벌이는 모습을 지켜보았다. 한 사람은 예순다섯 살의 정치인이었다. 아마도 전국에서 가장 유명했을 이 정치인이 성경에 관한 질문에 답을 하고 있었다. 아니, 답을 하려고 애쓰고 있었다. 상대편은 세 살이 더 많은 변호사였다. 역시 나라 안에서 가장 유명했을 이 변호사는 먹잇감을 향해 살금살금 다가가고 있었다. "노아의 홍수 이야기가 모두 사실이라고 믿습니까?" 네, 그렇습니다. "홍수가 정확히 언제 일어났다는 겁니까?" 날짜를 확정하지는 않겠습니다. "서기전 4004년쯤입니까?" 다들 그즈음으로 추정하고 있습니다만. "본인은 모른다는 겁니까?" 직접 계산해본 적은 없습니다. "본인은 어떻게 생각하십니까?" 나는 내가 생각하지 않는 것에 대해서는 생각하지 않습니다. 그리고 마침내 끝장을 내고 마는 마지막 한 방. "그럼, 정말로 생각하는 것들에 대해서는 생각을 하십니까?" 법원 마당에 있던 사람들은 물론이고 온 국민이 웃음을 터뜨렸다. 증인석에 있는 정치인은 열기와 모욕에 말라 죽을 지경이었다.

갈릴레오의 지동설 철회, 헉슬리-윌버포스의 진화론 논쟁, 스코프스의 '원숭이' 재판은 세월이 흐르면서 역사에서 신화로 변모했고, 과학에 맞선 종교의 끝없는 전쟁사에 등장하는 상징적인 교전들로 오늘날까지 전해진다. 처음에는 종교가 이겼다. 하지만 당대 최고의 과학자에게 지구가 태양 주위를 돈다는 진리를 부정하도록 강요해서 얻은 승리였다. 거의 250년이 지난 뒤, 이제 고문으로 위협하는 일 따위는 할 수 없게 된 교회 측은 조롱 전략을 택했다. 그러나 생물학자 토머스 헉슬리는 호통만 칠 줄 아는 무식한 새뮤얼 윌버포스 주교를 상대로 다윈의 진화론을 능숙하게 옹호했다. 마지막으로, 미국 남부에서는 이제 완전히 수세에 몰린 종교가 수많은 청중 앞에서 공개적으로 망신당하고 상처 입은 채로 훗날 복수를 기약하며 물러났다. 이런 사건들을 소재로 삼아 적의와 충돌, 포괄적인 승리와 모욕적인 패배의 대중적인 역사 이야기가 직조되었다.

불행하게도, 그리고 종종 역사에는 절망적이게도, 진실은 이 신화들보다 더 복잡하게 얽혀 있다. 종교와 과학의 전쟁사에서 벌어진 구체적인 교전들이나, 거기에 드리워진 거대 서사조차도 대중의 상상 속에 자리 잡은 도덕적인 교훈극과는 거리가 멀다. 이 책의 2부, 3부, 4부에서 이 열띤 교전들을 제각기 다시 돌아보면서 알게 되겠지만, 교전이 벌어진 이유와 교전으로 이어지는 사건들, 그리고 각각의 사안이 갖는 의미는 그 신화적 해석들과는 거의 아무런 공통점이 없다.

갈릴레오는 "그래도 지구는 돈다"라고 말한 적이 없다. 헉슬리는 주교의 자손보다는 원숭이의 자손이 낫겠다고 (정말 그렇게는) 말하지 않았다. 대로가 브라이언에게 그가 생각하는 것들에 대해 생각하는지를 묻긴 했지만, 스코프스 재판 자체는 진화론보다 훨씬 더 많은 것들에 관한 재판이었다. 간단히 말하자면, 이 유명한 전투들 안팎에는 더 많은 이야기가 얽혀 있다. 우리가 단편적으로 들어온 일관된 서사를 더 면밀하게 들여다보면 서로 이러저러하게 연결된 수많은 이야기가 보인다. 과학과 종교의 관계에 관한 하나의 역사란 없으며, 더욱이 유일한 단 하나의 역사란 있을 수 없다.

신화의 전개와 파괴

우리가 단 하나의 역사만 가지게 된 이유는 일반적으로 19세기 말의 지적 분위기 때문이다. 구체적으로는 한 남자 때문인데, 이론적으로 윌버포스와 헉슬리는 바로 이 남자의 강의에 반응한 것이었다.

존 윌리엄 드레이퍼는 저명한 미국인 화학자였는데, 자신을 지적인 역사학자라고도 생각했다. 그의 아버지는 감리교로 개종한 사람이었고, 그는 스무 살에 영국을 떠났지만 로마에 대한 아버지의 시선을 간직하고 있었다. 과학계에서 두각을 나타낸 뒤에는 글쓰기에 전념했다. 1874년에 출간된 《종교와 과학 충돌의 역사History of the Conflict Between Religion and Science》는 명확하게 규정되고 자명하다고 하는 두 실체에 관한 이야기를 끊임없는 논쟁으로 점철된 단순한 서사로 압축해놓았다. 실제로 드레이퍼는 가톨릭교회를 과녁으로 삼고(프로테스탄티즘, 동방정교회, 이슬람에 대해서는 어느 정도 비판을 면제해주었다) 대체로 프로테스탄트인 자신의 청중과 강력하게 공명했다. 그들 중 다수는 바티칸의 권위주의를 우려하는 사람들이었다. 드레이퍼의 저서는 앤드루 딕슨 화이트가 20년 뒤에 집필해 논란을 불러일으키는 또 다른 저서 및 출판업자 에드워드 유먼스의 무한한 에너지와 결합해 과학과 종교 간 전쟁의 복음을 유례없이 광범위한 청중에게 전해주었으며 불안한 프로테스탄트 정신에 그 서사를 심어주었다.

당시에는 과학의 역사에 관한 학술적 연구가 아직 초기 단계에 머물러 있었고, 한 세대 정도가 지난 다음에야 학자들이 드레이퍼와 화이트의 '충돌 서사'를 면밀히 검토하여 비판할 수 있었다. 1938년 로버트 머튼이라는 젊은 사회학자가 쓴 논문에서는 청교도주의가 근대 화학의 탄생에 결정적으로 중요한 기여를 했다고 했으나, 반세기가 지나자 이러한 서사도 흐트러지기 시작했다. 1980년대 말부터는 점차 늘어나는 일단의 역사학자들(과 사회학자들)[1]이 끊임없는 전쟁이라는 은유는 말할 것도 없고 과학과 종교의 기나긴 역사에 대한 하나의 지배적인 은유가 존재한다는 생각 자체를 무너뜨리기 시작했다. 과학과 종교의 실제 역사는 훨씬 더 복잡하고 흥미롭다는 사실이 드러난 것이다.

이 가운데 일부는 역사 연구의 평범한 일상적 과정과 진보 덕분이었고, 일부는 한때 명확하다고 여겨졌던 것의 배후에서 등장한 역사학자들의 질문 덕분이었다.[2] 그러나 또 다른 일부는 전적으로 새로운 발견들, 특히 진정으로 획기적인 발견들 덕분이었다. 2018년, 베르가모대학의 대학원생 살바토레 리치아노가 영국왕립학회의 문서고에서 자료를 찾다가, 결정적으로 중요하지만 분실된 줄 알았던 갈릴레오의 편지 원본을 우연히 발견했다. 갈릴레오 자신이 직접 썼다가, 1615년에서 1616년 사이에 교황과 처음 충돌하게 되자 철회하고 수정한 편지였다.

같은 시기에 날카로운 관찰력을 지닌 미국인 학자가 이전까지 알려지지 않았으나《옥스퍼드 크로니클 앤 버크스 앤 벅스 가제트Oxford Chronicle and Berks and Bucks Gazette》에 실려 있던 헉슬리-윌버포스 논쟁에 관한 놀라울 만큼 자세한 기록을 발견했다. 그때까지 이 유명한 논쟁은 한 줌의 짧은 신문 보도와 소문을 실어 나르는 편지들을 통해서만 알려져 있었다. 즉 이 논쟁의 두 주인공이 서로에게 정확히 무슨 말을 했는지, 아니면 청중이 정말로 어떻게 반응했는지를 제대로 아는 사람은 아무도 없었다. 마침내 새로운 자료가 나오자 불확실성이 가라앉았다.

일신된 학문과 새로운 발견들이 오랫동안 역사 행세를 해온 여러 신화의 뿌리를 파헤쳤다. 예를 들어 그리스도교 세계의 과학은 대부분의 사람들이 인정했던 것보다 훨씬 더 복잡했다. 중세 과학이란 말은 용어상의 모순이 아니다.[3] 니콜라우스 코페르니쿠스는 자신의 이론이 종교에 위협이 되리라고는 상상도 하지 못했다. 지구가 우주의 중심이 아니라고 하는 코페르니쿠스의 이론이 후대에 프로이트가 주장했던 것처럼 인간을 강등하거나 비하하는 것이라고 생각한 사람은 거의 없었다. 조르다노 브루노는 자신의 과학 때문에 죽임을 당한 것이 아니었다. 갈릴레오 재판은 태양중심설과 관련된 것이었던 만큼, 아리스토텔레스와 프로테스탄트의 위협과 교황 우르바노 8세의 틀어진 우정에 관련된 것이기도 했다. 런던의 왕립학회와 같은 초기 과학 학회들은 반反종교적이지 않았다. 뉴턴은 신학이 훨씬 더 중요하다고 판단했고, 과학에 관한 글보다 신학에 관한 글을 훨씬 더 많이 집필했으며, 그의 과학은 우주에서 신을 추방하지 않았다(이런 관점에서 보면 뉴턴은 뉴턴주의자가 아니었다). 계몽주의 시대는(적어도 프랑스 바깥에서는) 과학과 종교가 조화에 가장 가까이 다가갔던 시기다. 초기 지질학의 업적 중 많은 부분이 성직자들에 의해 이루었고, 그들 대부분은 눈물을 너무 많이 쏟지 않고도 새로이 확장된 지구의 역사를 자신의 신앙으로 수용할 수 있었다. 다윈은 진화론 때문에(혹은 오직 진화론 때문에) 신앙을 잃었던 게 아니다. 더욱이 말년에는 진화론이 유신론과 양립할 수 없음을 부인했다. 헉슬리–윌버포스 논쟁은 과학과 종교의 대결, 혹은 더 좁게는 진화론과 창조론의 대결이 아니었다. 스코프스 재판은 진화론에 관한 것인 만큼 우생학에 관한 것이기도 했다. 이러한 사례는 이 밖에도 많다. 모두가 과학과 종교에 대해 사실로 알고 있던 것들이 결국 사실이 아닌 것으로 드러났다.

신화를 파괴하는 일은 유용할뿐더러 재미있을 수도 있지만, 정신에 다소 부정적인 인상을 남길 수 있다. 종교는 우리가 그렇다고 믿고 있는 것만큼 과학에 대해 그렇게 파괴적이지는 않았다. 할렐루야! 기뻐하라! 사실은 역사의 많은 부분에서 종교는 과학과 '전쟁을 벌이지 않았을' 뿐 아니라, 과학적 사상과 활동을 적법화하고 보존하고 장려하고 발전시키는 데 도움을 줌으로써 적극적으로 과학을 지원했다.

그러니, 다른 몇 가지 사례들도 살펴보자. 8세기에서 12세기에 이르는 시기에 이슬람에서는 과학의 '황금시대'가 있었다. 그 독창성이 무슬림들에게 상속된 그리스인들의 사상에서 비롯한 것이라고 주장하는 학자들도 있긴 하지만, 고전적인 유산에 이슬람 학자들의 고유한 기여가 더해졌다고 봐야 한다.

그로부터 몇 세기 뒤, 아리스토텔레스 철학이 분출하는 13세기 이전의 중세 유럽에서 처음으로 과학이 꽃피었다. 스스로를 피시키 physici라고 불렀던 일단의 중세 그리스도교 학자들이 합리적으로 질서 잡힌 자연이라는 개념을 발전시켰다. 이들은 자연은 일관되고, 수량화될 수 있으며, 회의주의와 방법론적 자연주의*에 의해 이해되고 분석될 수 있다고 보았다.

하느님의 두 책(하느님의 말씀인 성경과 하느님의 작품인 자연)이라는 오래된 비유는 자연에 대한 탐구를 지지하는 강력한 논거가 되어주었다. '과학'은 신학적으로 인가된(실제로는 신학에 의해 명령된) 활동이었다.

17세기 초에 실험적 방법론이 발달하고, 특히 프랜시스 베이컨이

---

* 신학에서 자연주의(혹은 자연론, naturalism)라 함은 신이 창조한 자연을 연구함으로써 신의 진리를 알 수 있다는 진리 탐구의 방법론이다. 자연은 오직 자연현상에 의해서만 설명될 수 있다고 하는 근대 과학의 자연주의와 구분해 이해해야 한다.

초기 과학 발전에 크게 기여한 사실은 인간의 타락에 대한 프로테스탄트의 이해와 밀접하게 관련되어 있다. 프로테스탄트들은 인간의 인지 능력이 우리의 도덕적 능력 및 영적 능력과 마찬가지로 손상되었다고 판단했다. 그 결과 인간이 진리에 이르는 길을 생각으로 찾아내리라고 기대할 수 없게 되었다. 그러므로 다만 인간은 진리에 이르는 길을 느끼고 시험하고 경험하고 실험해야 했다.

우리가 알게 되었듯이, 많은 것을 약속했으나 이룬 것은 거의 없었던 초기의 '근대' 과학은 신학의 보호를 받아 존속할 수 있었다.

이 책 전체에는 다른 많은 사례가 흩뿌려져 있으나, 이 다섯 가지 사례는 종교가 과학의 산파 역할을 했음을 분명하게 보여준다. 오랫동안 과학과 종교의 관계는 끊임없는 충돌이 아니라, 유익한 협력관계를 이루었다.

오랫동안 그러했다는 것이지 항상 그러했던 것은 아니라는 점을 강조할 필요가 있긴 하다. 지나치게 단순하고, 정당성을 확인하기 어려운 하나의 서사(항구적인 충돌의 서사)를 파괴해서 그와 똑같이 지나치게 단순하고 정당성을 확인하기 어려운 또 하나의 서사(항구적인 화합의 서사)로 대체한다면 이로울 게 아무것도 없다.

그러니, 마지막으로 다른 사례들을 살펴보자. 이슬람 과학은 13세기 이후 쇠퇴했다. 신학적인 이유들이 과학이 쇠퇴하는 데 부분적으로 기여했다. 1277년 파리에서는 신학에 위험하다는 이유로 아리스토텔레스의 가르침을 금지했다. 16세기에 프로테스탄트들은 〈여호수아기〉와 코페르니쿠스의 태양중심설을 대조해 검토한 뒤 후자의 내용이 미흡하다고 판단했다. 가톨릭교회는 고문으로 갈릴레오를 위협했고, 거의 200년 동안 그의 책과 태양중심설을 금지했다. 18세기에 교회는, 특히 프랑스에서, 하느님이 생명을 창조하셨다는 생각에 위협이 될까 우려해 생물학적 관념들을 억압하려 했다. 19세기에는 많은 이들이 지질학을 성경에 위배된다고 판단했다. 다윈은 성직자를 비롯한 많은 그리스도인 기고가들에게 전방위적으로 공격당했다. 헉슬리-윌버포스 논쟁과 스코프스 재판은 단지 진화론에 관한 것만은 아니었으나, 진화론에 관한 것이기는 했다. 그리고 오늘날에도 수억 명의 프로테스탄트들이 다윈주의를 거부하고 있으며, 무슬림 중에서도 다윈주의를 거부하는 사람이 많아지고 있다. 다른 무엇이 되었든, 이러한 상황이 훼손되지 않은 조화로움을 보여주지 않는다는 것만큼은 확실하다.

인간은 무엇인가? 그리고 누가 그걸 말할 수 있는가?

우리는 좀 엉망인 상황에 처했다. 과학과 종교의 역사들은 분명한 충돌로 점철된 것도 아니지만, 복잡하지 않은 화합의 이야기인 것도 아니다. 이런 상황에 어떤 일관된 맥락이라는 것이 있을까? 사건들의 혼돈 속에서 어떤 줄거리를 건져낼 수 있을까?

과학과 종교의 역사를 연구하는 학자들은 어떻게든 줄거리를 발견하거나 명명하기 위해 애를 써왔다. 학계는 '복잡성Complexity'이 지배한다.[4] 하지만 이 책을 쓰면서 부인할 수 없는 그 모든 '복잡성'에도 불구하고 과학과 종교의 역사들이 두 가지 이슈에 반복적으로 수

렴된다는 것이 분명해졌다. 고대 지중해 세계나 10세기의 바그다드, 13세기의 파리, 17세기의 로마, 18세기의 프랑스, 19세기의 옥스퍼드, 20세기의 러시아, 21세기의 실리콘밸리, 언제 어디에서든 두 개의 특별한 주제가 혼돈 속에서도 분명하게 계속 떠오른다.

첫 번째 주제는 권한의 문제다. 누가 자연에 대해, 우주와 현실에 대해 진리를 선포할 권리를 갖는가? 오랜 시간 동안 이에 관한 포괄적 합의가 있었으나, 과학과 종교가 서로 충돌할 때면(고대 세계에서는 그리스도교 교부들이 철학자들에게 동의하지 않았고, 아바스 칼리파국에서는 합리적인 신학자들이 종교적인 학자들과 의견을 달리했고, 중세 파리에서는 신학자들과 철학자들이 서로 반목했고, 근대 초기에는 베이컨을 따르는 과학자들이 아리스토텔레스를 따르는 과학자들과 대립했고, 빅토리아 시대의 영국에서는 자연주의자들과 과학자들이 충돌했고, 미국 남부에서는 프로테스탄트 창조론자들과 다윈주의 우생학자들이 갈등했듯이) 이슈는 대체로 이에 관한 것이었다. 갈릴레오 사건은 상당 부분 이 권위에 최초로 발생한 변동 때문에 벌어졌다. 갈릴레오와 같은 학자들이 자연세계에 대해 판단할 권리가 자신들에게 있음을 주장하기 시작했던 것이다. 헉슬리-윌버포스 논쟁도 마찬가지라고 할 수 있다. 이 논쟁은 새로이 전문직업화된 과학자(헉슬리)가 전통적인 자연철학자(윌버포스)와 대결한 사건이었다. 스코프스 재판에서도 '위대한 평민'• 브라이언은 '일반 국민'에게 어느 정도의 권한이

• 영국 하원의원 중 평민 출신으로 두각을 나타내며 일반 국민의 대표자로 추앙되는 정치인에게 붙던 별칭. 윌리엄 제닝스 브라이언은 일반 시민의 정의와 분별에 대해 절대적 신뢰를 가진 정치인으로 반독점 운동과 참정권 확대에 크게 기여했으나, 경건한 그리스도인으로서 금주법을 옹호하고 진화론에 반대했다.

있는지를 묻는 질문에 초점을 맞추었다. 권한의 문제는 의견 충돌의 피뢰침 같은 역할을 했으며, 두 번째 주제와 결합되었을 때는 더욱 그러했다.

두 번째 주제란 바로 인간의 본성과 지위에 관한 것이다. 논쟁에서 계속 반복해서 등장하는 것은 바로 인간이란 개념(우리의 기질, 구성, 목적, 존엄성, 고유성 혹은 고유성의 결핍)이다. 그리고 행성의 힘, 육체의 구성, 우주의 질서, 자연의 설계, 생명의 기원, 암석의 연대, 종種의 발달을 논하는 것처럼 보일 때조차 사람들이 정말로 누차 이야기하고 있었던 것은 인간이라는 동물의 본성이었다.

돌이켜 생각해보면 이해가 된다. 오직 가장 우둔한 사람들만이(신앙을 가진 사람이든 아니든) 과학이 신의 존재에 관한 문제에 권위 있게 말할 수 있다고 믿는다. 확실히 그것은 하나의 특정한 방향을(아브라함의 하느님이나 철학자들의 신, 자신을 감추는 신, 그저 불안한 사람들의 상상력이 만들어낸 신을) 향한 몸짓일 수 있다. 사람들은 이에 관해 의견이 일치하지 않고 앞으로도 늘 그러할 것이다. 그러나 과학이 신에 관한 문제를 최종적으로 명확하게 판단할 수 있다고 생각하는 사람들은 그들의 형이하학과 형이상학을 마구 뒤섞고 있는 셈이다.

인간의 본성은 다르다. 인간의 실존은 신의 실존과 다른 방식으로 탐구의 대상이 될 수 있다. 우리가 신에 대해 생각하는 것은 우리가 인간에 대해 생각하는 것에 깊이 영향을 받는다. 만약 인간이, 더 정확하게는 만약 인간이 단지 별들의 꼭두각시이거나 들판의 짐승이거나, 혹은 '인간 기계', 우연히 발생한 영장류, 욕망의 창조물, 유전자에 의해 조종되는 인형이라면, 세계의 종교들이 그려내는 피조물은 확실히 아니다. 대부분의 종교는 인간이 물질적 존재임을(육체가 있고, 동물이며, 진화하고, 유전적이라는 사실을) 인정하지만, 우리가 단지 혹은 순전히 그러한 존재이기만 한 것은 아니라고 주장한다. 우리에게는 어떤 도덕적이거나 정신적인, 혹은 영원한, 초월적인, 신적인 차원도 있다. 역사를 관통해서, 인간은 물질적 존재임을 과학이 주장할 때면 어떤 종교적 사상가들은 어깨를 으쓱하고 어떤 종교적 사상가들은 비명을 질렀다. 그러나 인간은 단지 물질적 존재일 뿐이라고 과학이 주장할 때는 모든 종교적 사상가가 비명을 질렀다. 이런 식으로 과학과 종교의 어지러운 역사들은 인간이라는 동물의 본성에 관한 질문에, 더 정확히 말하자면 그 동물의 본성들에 관한 질문에 반복적으로 수렴했다. 왜냐면 문제가 되는 것은 우리가 우리 자신을 어떻게 이해하느냐가 아니라 우리 자신을 이해하는 복수의 방법이 있느냐이기 때문이다.

인간이란 무엇(혹은 누구)인가? 그리고 누가(혹은 무엇이) 그걸 말할 수 있는가? 이 두 가지 질문은 한 풍경을 가로지르는 강처럼 과학과 종교의 역사들을 가로질러 흐른다. 우리가 거쳐 지나갈 풍경의 모든 요소가 이 두 강물의 흐름으로 설명될 수는 없다. 때로 과학과 종교는 경험적 증거에 관한 해석이나 경전의 독해에 관한 문제이곤 했다. 때로 담배 한 개비는 그저 담배 한 개비일 뿐이다. 더욱이 인간에 관한 강과 권위에 관한 강은 뚜렷하게 보일 때조차 언제나 똑같이 중요했던 것은 아니다. 과학과 종교가 근대적 형태를 갖추기 전에는(말하자면 1600년이 되기 전까지는) 과학 혹은 자연철학이 인간의 정신적 정체성에 조금이라도 의심을 제기할 수 있다고 생각하는 사람이 거의 없었기 때문에, 오히려 권위의 문제가 더 중요했다. 이후에도 권위의 문제는 여전히 중요한 이슈로 남지만, 점차 인간이라는 동물의 본성 문제가 더욱 중요해진다.

과학이 전문가의 영역이 되고 다윈이 진화의 역사를 밝힌 19세기에 이르러 마침내 두 강이 서로 만났다. 우연찮게도 이 시기에 '전쟁' 서사가 탄생했다. 그러나 이후에도, 심지어 과학의 전문적 지위와 권한이 확립되었을 때조차, 인간을 다시 기술하고 사회와 행성을 다시 기술하는 과학의 역량은 테네시, 빈, 모스크바, 아칸소, 실리콘밸리 그 어느 곳에서든, 과학과 종교가 여전히 인간 존재 및 그 본성과 미래에 관한 활기찬 대화에 참여하리라는 것을 의미했다.

되풀이해 말하자면, 과학과 종교의 역사는 많고도 복잡하다. 그러하기에 알렉산드리아의 히파티아, 무함마드 이븐 무사 알콰리즈미, 마이모니데스(모세 벤 마이몬), 배스의 애덜라드, 로버트 그로스테스트, 니콜라우스 코페르니쿠스, 갈릴레오, 베이컨, 마거릿 캐번디시, 보일, 뉴턴, 라 메트리, 데이비드 하틀리, 윌리엄 버클랜드, 다윈, 리파아 라피 알타타위, 드레이퍼와 화이트, 패러데이와 맥스웰, 대로와 브라이언, 아인슈타인과 디랙, 프로이트, 프레이저와 에번스프리처드, 유리 가가린과 존 글렌, 조지 프라이스와 리처드 도킨스, 앨런 튜링과 레이 커즈와일을 모두 똑같은 일관된 서사에 밀어 넣는다면 오해를 불러일으키기 쉽다.

그러나 이 역사들은 우리가 누구이며, 누가 그것을 말할 수 있는지에 관한 문제들로 반복해서 수렴한다. 이 두 문제에 주목하지 않고 과학과 종교의 이야기를 즐기는 것도 불가능한 일은 아니지만, 두 문제를 빼고 과학과 종교를 둘러싼 논의의 지형이나 이 책의 논지를 이해한다는 것은 불가능하다.

얽힌 관계

이 책의 1부는 고전 세계부터 1600년까지(대중적으로 알려진 1543년 '과학의 탄생'•까지가 아니라)의 이야기를 다룬다. 이 시기에는 모든 사람이 신(들)을 숭배하고 교육받은 소수만이 상당히 자세하고 정교하게 세계를 연구했으나, 과학과 종교 모두 근대적인 형태를 전혀 갖추지 못했다. 고전시대에서 시작해서, 이슬람의 바그다드와 스페인으로 이동했다가 북아프리카와 중세 유럽의 유대교 세계를 다루고 그리스도교 세계를 살펴본 뒤에 마지막으로 16세기 (본질적으로는 여전히 중세적인) 사람들의 정신에 지나칠 만큼 천천히 퍼져나간 코페르니쿠스의 학설에 대해 논할 것이다. 이 시기에는 과학과 종교의 조화가 오래 이어졌고 몇몇 긴장된 순간들이 있었을 뿐이다. 물론 '과학'과 '종교' 어느 쪽도 근대적 정체성에 전혀 이르지 못했음을 고려하면 '과학과 종교'에 관한 모든 논의가 시대착오적인 것이 될 위험이 있긴 하다.

2부와 3부에서는 이제 우리가 알고 있는 근대 과학이 등장한 시기를 다룬다. 2부 '창세기'는 17세기와 18세기에 근대 과학이 발전했

• 흔히 코페르니쿠스가 《천구의 회전에 관하여》를 출간한 1543년을 과학혁명의 시작, 혹은 근대 과학의 역사적 기원이라 말한다.

던 시기를 살펴보고, 유럽의 종교가 새로운 철학의 잉태와 양성과 발전을 어떻게 도왔는지 보여준다. 3부 '탈출기'는 19세기를 탐험하면서 과학이 자신을 낳고 기른 종교에서 어떻게 분리되어 멀어지게 되었는지를 이야기한다. 이 과정에서 과학은 종교의 축복을 받기도 했고 때로는 독립을 위해 싸워야 했다. 바로 이 시기에 과학과 종교의 충돌이라는 신화가 탄생했는데, 때로는 그럴 만한 충분한 이유가 있었다. 많은 종교인이 그들의 경전에 대한 비판적 검토와, 확연하게 느껴지는 지적 권위의 상실이라는 양면 공격을 받게 되자 과학이라는 새로운 전문 분야에서 세계에 대해 주장하는 바를 맹렬히 공격했다. 그러나 그렇게 할 만한 이유가 충분할 때도 종종 있었다. 어떤 과학자들이 인간 본성과 사회를 이해하고 개선하는 자신의 능력을 과신하고, 그렇게 하기를 추구하는 제국적 문명을 정착시키면서, 과학자의 권한을 넘어서기도 했기 때문이다.

4부에서는 지리적 범위를 다시 넓혀서 1900년에서 오늘날에 이르는 시기의 이야기를 다룬다. 이 시기에는 대부분의(전부는 아닐지라도) 권위에 관한 분쟁이 정리된 이후로, 확정적 결론에 이르지는 못했지만 때로는 유익하고 때로는 짜증스러운 다양한 대화가 이어졌다. 인류학자들이 과거의 깊이를 파헤치든, 프로이트 학파 학자들이 정신의 깊이를 파헤치든, 혹은 소련의 우주인이 우주의 깊이를 파헤치든, 종교와 과학은 빠져나갈 수 없을 만큼 서로 얽혀 있는 듯 보였다. 진화생물학자들이 인간은 기본적으로 유전자라고 선언하고, 신경과학자들은 두뇌 활동이라고 선언하며, 실리콘밸리의 기술 이상주의자들은 알고리듬이라고 선언하면서, 이런 얽힌 느낌은 더 커지는 듯 보였다. 로봇 지배자의 도래를 애타게 기다리며 흔들리는 새로운 세기를 통과해 앞으로 나아가다 보면, 수천 년에 걸친 과학과 종교의 이야기가 이전보다 훨씬 상호 연결되어 보인다.

작고한 미국의 고생물학자 스티븐 제이 굴드는 말년에 이르러 과학과 종교가 '서로 겹치지 않는 마지스테리아Non-overlapping Magisteria, NOMA'라고 선언했다. 서로를 침범할 필요도 없고 침범해서도 안 되는, 서로 구분되는 인간 활동 영역이라는 뜻이다. 이는 다윈을 믿지 않는 근본주의자들과 다윈 아닌 것은 어떤 것도 믿지 않는 근본주의자들 사이의 소모적인 충돌에 휴전을 가져오길 희망하는 좋은 의도의 개입이었다. 과학과`종교가 어떻게 상호작용해야 하는지에 관한 기술이라는 측면에서 그것이 지닌 이점들이 무엇이든, 굴드의 모델은 실제 역사에서 제대로 작동하지 않음이 명백하다. 과학과 종교라는 '마지스테리아'는 그렇게 분명하게 구별되지 않는다. 둘 사이의 경계는 깔끔하게 그어지지 않고 둘의 영역은 제멋대로 뻗어나가며 끝없이 매혹적으로 얽혀 있다.

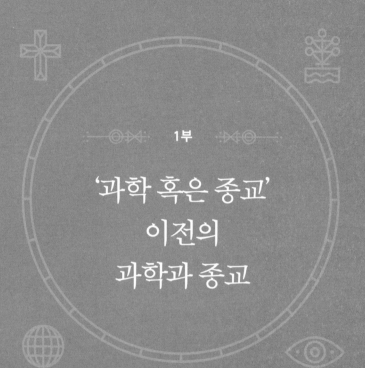

1부

'과학 혹은 종교'
이전의
과학과 종교

1장

자연철학의 본질

고대 세계의 과학과 종교

그리스도인 군중이 이교도 수학자 히파티아를 처형하려고 끌고 가고 있다. 계몽주의 시대에 히파티아는 소위 과학과 종교의 충돌에 희생당한 초기 순교자로 여겨졌다. 그러나 그녀의 죽음은 폭동이 끊이지 않던 도시 알렉산드리아의 추잡한 권력 다툼이 빚어낸 결과였다.

'덜덜 떨리는 그녀의 팔다리는 타오르는 불 속에 던져졌다'
— 살인을 주문하다

415년 3월, 한 늙은 여인이 작은 마차를 타고 가다가 격분한 그리스도인 무리에게 끌려가 죽임을 당했다. 당대에 가장 뛰어난 수학자, 천문학자, 철학자로 여겨지던 히파티아는 당시 예순 살쯤 되었다. 그녀는 평소처럼 마차를 타고 알렉산드리아 시내를 가로질러 집으로 돌아가던 길에 그리스도인 무리의 공격을 받았다. 그리스도인들은 그녀를 교회로 끌고 가서 옷을 벗겼다. 역사학자 에드워드 기번에 따르면 그들은 굴 껍데기를 사용해 그녀의 살을 얇게 저몄다. 그리고 그녀가 죽자, 시신을 도시의 변두리로 가져가 불태웠다. 이 살인사건이 벌어진 것은 사순시기였다.

고대 세계에서 히파티아 살인사건은 근대 초기의 갈릴레오 종교재판이나 근대의 스코프스 재판에 상응하는 것으로, 과학과 종교의 영속적 충돌에 관한 증거가 되었다. 대략 1300년 뒤에 유럽 문화의 혈류 속으로 스며들었을 때 그것이 의미하는 바가 무엇인지는 거의 의심할 여지가 없었다. 아일랜드의 철학자이자 자유사상가인 존 톨런드는 두꺼운 역사 에세이를 집필했는데, 그 제목은 의혹의 여지를 거의 남겨두지 않았다. 《히파티아, 자격 없이 성인이라 불리는 키릴로스 대주교의 자존심과 경쟁심과 잔혹함을 충족시키려고 알렉산드리아의 성직자들이 찢어 죽인, 가장 아름답고 가장 고결하고 가장 박식하고 모든 면에서 완성된 여인의 역사Hypatia or, the History of a Most Beautiful, Most Virtuous, Most Learned, and in Every Way Accomplished Lady; Who Was Torn to Pieces by the Clergy of Alexandria, to Gratify the Pride, Emulation, and Cruelty of their Archbishop, Commonly but Undeservedly Titled, St. Cyril》. 15년 뒤에는 프랑스의 회의론자 볼테르도 '키릴로스의 사냥개들'에게 '흉포하게 살해된' 히파티아에 대해 집필했다. 볼테르는 이 범죄 사건이 그녀의 이교도 신들에 대한 믿음과 합리적 자연법칙에 대한 헌신 때문에 일어난 것으로 일축하면서 늘 하던 대로 재치 있는 문장을 덧붙였다. "누군가 아름다운 여인을 발가벗기는 경우, 그건 보통 그들을 학살하려는 게 아니다."[1] 다시 한 세대 후에 에드워드 기번은 "야만스럽고 무자비한 광신자들의 무리"가 히파티아를 "비인간적으로 도살한" 뒤 살을 "뼈에서 발라내고" "덜덜 떨리는 팔다리는 타오르는 불속에 던져졌다"라고 그 장면을 무시무시하게 묘사했다.[2] 한 세기 뒤에 성공회 성직자 찰스 킹즐리는 《히파티아 혹은 옛 얼굴을 한 새로운 적들Hypatia or the New Foes with an Old Face》이라는 제목의 소설 전체를 그녀에게 헌정했다.

히파티아의 삶과 죽음은 모두가 관심을 가질 만한 이야기다. 톨런드에게는 반反교권주의의 잠재성이 있는 자극적인 사건이었다. 볼테르와 기번에게는 신앙이 부채질하는 광신적인 그리스도교 세계의 히스테리에 비해 냉정하고 이성적인 고전 세계의 논리가 얼마나 우월한가를 강조해서 보여주는 일화였다. 찰스 킹즐리에게는 가톨릭교회의 사악함을 분명하게 드러내는 이야기였다. 《유럽의 지적 발전의 역사》라는 저서에서 히파티아의 운명을 생생하고 자세하게 묘사한 존 드레이퍼에게는 과학과 충돌하는 종교의 또 다른 사례였다. "그러므로 과학은 무명과 예속의 어둠 속으로 가라앉아야 한다. 과학이 공공연히 존재한다는 사실을 더 이상 참아줄 수는 없을 것이다."³ 불행하게도, 다른 속셈이 있는 사람들에게 히파티아의 죽음은 과학이나 종교나 철학과는 거의 아무 상관도 없는 일이었다.

히파티아는 고대에 몇 안 되는 유명한 여성 철학자이자 수학자였다. 하지만 그녀가 현대적인 의미에서 페미니스트였던 것은 전혀 아니다. 그녀는 성욕을 절제하는 자신을 자랑스러워했고, 철학자다운 수수한 옷을 입었다. 한번은 추파를 던지는 학생의 얼굴에 자기 생리대를 감고 육체보다 지성을 사랑하라고 꾸짖어서 쫓아낸 적도 있었다. 그녀는 이교도이긴 했으나 독실한 신자가 아니었으며 신앙의 저급함보다 철학의 고상함을 더 사랑했다. 그녀의 학생들은 사회의 여러 계층을 망라했다. 그리스도인 학생도 많았는데, 그중 둘은 나중에 주교가 되었다. 특히 오레스테스는 알렉산드리아의 행정관이었다가 장차 이집트 전체의 총독이 된다. 그녀의 가르침과 그녀가 속한 집단은 매우 엘리트적이었다. 그녀의 어느 제자는 이렇게 물었다. "보통 사람과 철학 사이에 공통된 무언가가 있을 수 있겠습니까?"⁴ 그녀가 지녔던 지혜의 진주는 그 도시의 돼지들 앞에 던져질 것이 아니었다.

알렉산드리아는 로마제국에서 가장 큰 도시 중 하나였다. 교회와 신전이 많았고, 수학 학교, 교리 학교, 랍비들이 가르치는 학교도 많았으며, 신학자와 철학자는 물론 서민과 폭도도 많았다. 이 도시는 폭력적이기로 악명 높았고, 폭동이 일거나 세간의 이목을 끄는 폭력 사건이 빈번했다. 또한 황제가 이교도를 금하고 그리스도교를 강요하면서, 빠르고 강제적이며 불만에 가득 찬 사회적 변화의 시기를 지나고 있었다. 알렉산드리아의 대주교 테오필로스는 이미 여러 해 동안 이교 숭배를 공격하고 있었으나, 로마 황제 테오도시우스가 그리스도교를 국교로 선포한다는 칙령을 내리자 더욱 대담해져 도시의 주요 이교 신전인 세라페이온을 공격했고, 이로써 도시에 전면전을 불러왔다. 테오필로스는 히파티아에게 관심이 없었고, 히파티아 또한 세라페이온 방어에 관심이 없었다. 다만 히파티아 사건은 이 도시가 어떻게 영구적으로 무정부상태 직전에 놓인 채로 남게 되었는지를 보여줄 따름이다.

테오필로스의 조카 키릴로스가 그 뒤를 이어 대주교 자리에 오르자 오히려 테오필로스는 관대했던 것으로 보였다. 키릴로스는 그에게 반대하는 그리스도교 분파들에게, 충분히 정통이라고 생각되지 않는 이들에게, 다음으로 도시 내 유대인들에게 차례로 등을 돌렸다.

412년에 오레스테스 총독은 키릴로스가 도시의 내정에 간섭하는 것에 분개했고 키릴로스의 부하 하나를 체포해 고문했다. 키릴로스는 수도승들에게 지원을 요청했고, 한 수도승이 총독에게 부상을 입히자 총독은 당연히 그를 고문하고 처형했다. 오레스테스는 불가피하게 자신의 철학적 친구에게 지원을 요청했다. 히파티아는 매우 존경받는 인물이었으나, 이 도시에서 민중보다는 엘리트에 속해 있었다. 사람들 사이에 그녀가 마법사라는 소문이 빠르게 퍼졌고, 오레스테스가 대주교를 증오하는 것도 그녀 때문이라고 했다. 사람들은 가장 잘 아는 대로 반응했다.

　연대기 작가들은 그리스도인이든 이교도이든 히파티아 살해 사건을 단죄했다. 그러나 그녀에 대한 기억은 곧 사라졌고, 몇 세기가 지난 뒤에야 가톨릭 신자들이나 그 수도승들, 이성이나 과학에 관해 입증할 중요한 사안이 있던 계몽사상가들에 의해 부활했다. 그러나 히파티아는 '종교'의 피해자가 아니고, 마찬가지로 '과학'의 순교자도 아니다. 오히려 그녀는 오랜 세월 지속된 알렉산드리아 사회의 흉포한 권력 다툼에 따른 희생자였다. 하지만 그렇더라도 이것이 그녀에게 큰 위안이 되었을 가능성은 거의 없다. 연대기 작가 소크라테스 스콜라스티코스가 우리에게 알려주듯이 실제로 그리스도인 폭도가 도자기 파편으로 그녀를 찔러 죽였으니 말이다.

'만물은 신들로 가득하다' — 스키엔티아와 렐리기오

히파티아의 죽음에 관한 진실은 우리에게 역사에 관한 논쟁적인 독해들에 대해 경고한다. 확실히, 키릴로스와 오레스테스를 비롯해 알렉산드리아에서 세례를 받은 이들은 이 이야기에서 상황을 조작하는 교조적이고 폭력적인 불량배나 다름없는 인물로 등장한다. 하지만 이 유감스러운 이야기를 과학과 종교 사이의 원칙화된 충돌로 끌어올리는 것은 시대착오적인 생각이다.

　어떤 이야기를 살펴보아도 히파티아는 훌륭한 천문학자였으며 1급 수학자였다. 그러나 고대 세계의 수학과 천문학은 오늘날의 수학과 천문학이 아니었다. 두 학문 모두 진·선·미를 추구하는, 더 폭넓은 철학적 탐구 활동의 일부였다. 기하학은 신성에 이르는 문이었으며, 천체를 이해하는 것은 불변하는 거룩한 존재를 파악하고, 정신과 생활을 완벽으로 격상시키는 방법이었다. 히파티아가 하던 일은, 역시 뛰어난 수학자였던 아버지가 하던 일과 마찬가지로, 신비주의와 점술이 뒤섞인 것이었을 테지만, 그럼에도 어떤 차원에서는 매우 종교적이었다. 다른 무엇이 되었든, 그것은 오늘날 우리가 말하는 과학은 아니었다.

이 점은 아무리 강조해도 지나치지 않다. 오늘날 우리가 이해하고 있는 '과학'과 '종교'는 고전 세계에 존재하지 않았으며, 이슬람이나 인도, 중국, 혹은 중세 유럽 세계에도 존재하지 않았다. 이들 문화에는 각기 그 정도는 달랐으나 자연세계 연구를 위한 조직적이고 체계적이며 합리적인 학교들이 있었다. 하지만 그러한 연구 작업은 19세기에 이를 때까지 독립적인 하나의 분과학문이 되지 못했다.

현대 세계에서 말하는 '과학'이란 단어는 단순히 앎을 의미하는 라틴어 '스키엔티아scientia'에서 나왔다. 스키엔티아는 사피엔티아sapientia에 이르는 길에서 내딛는 한 걸음을 의미한다. 사피엔티아는 지혜 또는 분별을 의미한다. 자연과 우주를 연구하는 일은 살아가고 숭배하는 참된 길을 규명하는 것과 같은 철학의 더 폭넓은 목적과 얽혀 있다. 특히 히파티아의 신플라톤주의 철학이 지배적이었던 고대 말의 세계에서, 스키엔티아는 현세에서 초월적인 완벽에 도달하기 위해 영원하고 필연적인 우주의 진리를 파악한다는 것을 의미했다.

과학 그 자체를 위한 '과학'은 전적으로 알려져 있지 않았다. 세네

카는《자연학의 문제》에서 자연을 연구하는 동기는 지식을 "획득하는 것이 아니라 경탄하는 것", 즉 "자신의 웅장함으로 사람들을 사로잡는" 자연과 조우하는 데서 얻는 순전한 즐거움을 느끼는 것이라고 말했다.[5] 그러나 세네카조차 스토아 철학자로서 자연을 연구하는 궁극적 목적이란 자연이 인간 정신을 평온하게 만드는 효과에 있다고 인정했다. 자연철학의 목표는 인간의 삶, 윤리, 종교, 정치를 틀 지으려는 것이었다. 자연 질서를 이해하는 것은 사람들이 도덕적이고 신적인 질서를 이해하는 것을 도왔다.

천문학의 목적 또한 적어도 고대의 가장 유명한 천문학자인 프톨레마이오스에 따르면, 도덕과 정신의 형성이었다. 히파티아가 기하학과 별들을 연구한 것은 자신의 삶에서 불변의 완벽을 실현하기 위함이었다. 자연은 유사한 교훈들을 제공했다. 스토아학파는 훌륭한 삶이란 자연과 조화롭게 사는 것이라고 생각했다. 반대로 에피쿠로스학파는 자연을 이해하는 것이 인간을 죽음이나 고통스러운 사후의 운명에 대한 공포로부터 해방되는 길이라고 믿었다. 자연철학은, 자연을 그 자체로 이해하려는 무심하고 중립적이며 객관적인 분과학문이기보다는 인간과 인간이 살아가는 사회를 형성하는 수단이었다.

그러므로 고전 과학은 (이제 자극적인 인용들은 그만하도록 하겠다) 공평무사하지 않았다. 그것은 또한 자연주의적이지도 않았다. 오직 자연적인 설명만이 자연현상을 설명할 수 있다고 주장하는 방법론적 자연주의는 근대 과학의 특징 중 하나다. 이와 대조적으로, 고전 과학에는 신적인 것이 어디에나 존재한다. 과학의 기원으로 소급되곤 하는 소크라테스 이전 철학자들은 신들이 세계와 직접적이고 빈번하고 통제 불가능하고 변덕스러운 관계를 맺는 호메로스와 헤시오도스의 신화적 세계에 반발했다. 그러나 이 철학자들의 세계 또한 신과 아무런 관련이 없었던 것은 절대 아니다. 초기 철학자인 아낙사고라스는, 태양은 녹아서 불꽃을 내뿜는 거대한 금속 덩어리이고 달은 지구와 같이 햇빛을 반사하는 전체라고 주장했다가 아테네에서 추방당했다. 하지만 그는 신적이고 우주적인 정신이 창조된 만물을 배치하고 통제한다고 생각했다. 대∗플리니우스는 일종의 백과사전인《박물지 Naturalis historia》를 집필하면서 "측량할 길 없는 영원한 신성"을 찬양했다.[6] 과학적인 히포크라테스식 의학도 의술의 신 아스클레피오스 숭배와 함께 등장했다. 고대 의사들은 신적인 원인과 자연적인 원인을 동시에 언급하며 병을 설명하는 데 아무런 문제가 없었다. 고전 세계에서 가장 잘 알려진 의학 연구자인 갈레노스는 흠잡을 데 없어 보이는 인간과 동물의 해부학적 구조 뒤에는 분명한 목적을 가진 행위 주체가 있다고 생각했다. 훌륭한 고대 과학자 가운데 하나인 아리스토텔레스는 천상과 지상의 만물에 대해 자연적 인과관계의 연쇄를 상정했지만, 달리 설명할 길 없던 천체의 운동을 설명하기 위한 수단으로 직접적인 신적 인과관계를 끌어와 이용했다. 창조라는 결과를 일으키는 원인이며, 창조된 세계를 다스리고, '자연주의적' 설명이 불가능할 때 개입하는 존재로서, 그리고 그 모두가 가리키는, 주재하는 영광으로서 신이 요청되었다. 자연철학자들은 신들의 힘을 하찮은 것으로 만들어 최소화했으나 완전히 부정하지는 않았다. 초기 철학자 탈레스가 선포했듯이, 참으로 만물은 "신들로 가득했다."

이렇게 해서 자연철학은 종교에(여전히 근대적 의미의 종교는 존재하지 않았으나) 융합되었다. 고전 세계에서 종교 혹은 렐리기오religio라고 하던 것은 믿음이나 교의에 관련된 것이 아니라 경건함, 즉 올바른 형태의 생활 및 예배와 관련된 것이었다. 보통 신앙을 신경信經(그레도)이라는 형식으로 공식화하는 그리스도인들 사이에서도 종교란 적절한 실천과 예배의 문제였다. 신약성경 〈야고보서〉에서 말하는 '순수한 종교pure religion'란 "어려움을 겪는 고아와 과부를 돌보아주는" 것이다.[7] 아우구스티누스 성인은 "참된 종교가 꾸짖는 것"은 "거짓 신들에게 희생제사를 바치는" 미신적인 행위라고 더욱 비판적으로 말했다.[8]

아우구스티누스가 시사하는 바와 같이, 참된 종교의 실천은 대부분 누구를 혹은 무엇을 숭배하는지에 달려 있다. 실제로 그는 "사람들이 거룩한 대상을 숭배하기만 한다면, 시간과 장소에 따라 달라지는 여러 요구사항을 수용해 서로 다른 예식으로 예배하는 것은 전혀 중요하지 않다"라고 했다.[9] 하지만 인간이 창조된 것들과 불경한 것들(거짓된 신, 세속적인 우상, 제국적인 권력, 자연현상)을 숭배한다면, 그들의 렐리기오는 거짓된 것이다.

'우리는 그리스도 너머의 것까지 궁금해할 필요가 없다' — 모호한 태도

과학을 철학의 일부로 보고, 철학을 인간 존재의 목적과 운명, 그리고 신이 잔뜩 숨어든 세상에서 살아가는 올바른 길을 이해하는 방법으로 보면, 고전 세계의 그리스도인들(과 유대인들)이 세계와 맺었던 복잡하고, 때로는 모순적인 관계를 이해하는 데 도움이 된다.

물론 모든 그리스도인이 세계와 단일한 관계를 맺었던 것은 아니다. 어떤 그리스도교 주교들은 히파티아의 발아래 앉았던 반면 다른 주교들은 그녀의 죽음을 외면했다. 마치 하나의 규칙처럼, 초기 교회의 지도적인 학자로서 교부, 곧 교회의 아버지라 불리게 된 이들은 당대의 철학적 세계에 대해 비판적이면서도 긍정적인 태도를 보였다. 그중 가장 이른 시기의 교부인 순교자 유스티누스는 철학자를 '참으로 거룩한 사람들'이라 불렀고, 이성을 신의 선물로 생각했다.[10] 알렉산드리아의 클레멘스는 철학을 '신의 섭리에 관한 탐구'라고 말했다.[11] 그와 동시대인인 오리게네스는 이교도 철학에 심취했었다. 그의 학생 중 하나는 이렇게 회상했다. 오리게네스는 "현전하는 고대인들의 모든 글을 읽고 철학을 공부하라고 우리에게 요구했다 (…) 우리는 극도의 자유를 누리며 모든 것을 자세히 논하고 면밀하게 검토했으며 영혼의 기쁨을 한껏 누렸다."[12]

이교도 철학에 대한 존중이 보편적인 것은 아니었다. 시리아의 타티아누스는 이교 학파들을 공격했다.[13] 3세기 문헌인 《사도계율 Didascalia apostolorum》의 저자는 "모든 이교 책을 멀리하라"고 경고했다. 아마도 가장 유명한 사례는 라틴교회•의 교부 테르툴리아누스가 이교 철학을 대표하는 아테네가 대체 유대인들과 그리스도인들의 종교를 대표하는 예루살렘과 무슨 상관이 있느냐며 날카롭게 던진 질문

• 로마를 중심으로 한 제국 서방의 교회를 라틴교회라 불렀다. 동방의 교회들이 주로 그리스어를 사용했던 것과 달리 라틴어를 사용했다. 이후 중세에 동방의 교회들은 동방정교회로, 라틴교회는 로마 가톨릭교회로 발전한다.

이었다. "우리는 예수 그리스도 너머의 것까지 궁금해할 필요가 없으며 복음을 넘어서 연구할 필요도 없다. 〔복음을〕 믿을 때 우리는 다른 어떤 것도 믿을 필요가 없다!"[14] 이 말은 당시 비평가들을 기쁘게 해주었지만, 매우 근시안적이고 독선적인 과장에 불과했다. 그리스도교에 적대적이었던 켈수스는 "학식 있는 자, 지혜 있는 자, 양식 있는 자 누구도 다가오게 하지 말라"라고 말하며 비웃었다.[15] 로마의 마지막 이교 황제였던 율리아누스는 이렇게 주장했다. "이성으로 따지는 논쟁들은 우리의 것이니, 너희의 모든 이성은 그저 '믿어라'라는 명령으로 요약될 수 있겠구나."[16]

자연철학에 대한 초기 그리스도교의 이해는 이교도의 이성을 우려하는 걱정스러운 관계 안에서 이루어졌다. 자연세계를 연구하는 것은 유익하고 유용한 일이었으나 위험한 일이기도 했다. 아우구스티누스는 내용을 호도하는 제목의 저서 《창세기 문자적 해설De Genesi ad litteram》에서 이교 철학자들이 다음 사항들에 대해 아주 많이 알고 있음을 인정했다.

땅과 하늘, 그밖에 이 세계의 다른 요소들, 별들의 운동과 궤도, 그 크기와 상대적 위치, 예상 가능한 일식과 월식, 연도와 계절의 주기, 동물, 관목, 암석 등등의 종류.

사람들이 흔히 생각하는 것처럼 그리스도인들이 이러한 지식을 묵살한 것은 아니다. 아우구스티누스는 "그리스도인이 성경의 의미를 전해주는 것 같은데 이러한 주제들에 대해서는 헛소리만 지껄이고 있는 걸 믿지 않는 이가 듣는다면, 그건 무척 수치스럽고 위험한 일이다"라고 불평했다. 그리스도인들은 이교도들과 똑같은 지성의 바다에서 헤엄치고 있었다. 과학의 주제들에 대해서 무식하게 단언하듯 말한다면 그건 적들에게 탄약을 공급해주는 꼴이었다.

같은 책에서 아우구스티누스는 "모든 피조물이 어떤 자연법칙을 지니고 있다"는 생각에 대해 숙고한다. 스토아철학과 성경의 생각들을 바탕으로 그는 자연에는 배아 혹은 "씨앗 같은 원칙들"이 있어서 자연이 펼쳐지는 방식을 주관한다고 주장했다. 이것은 신이 직접 인과관계에 관여하지 않는, 기적 따위는 일어날 수 없는 세상을 의미했다. 신은 그저 부차적 힘을 더해 이미 "창조된 것을 산출하기로" 선택했다는 것이다.[17]

그러나 그런 긍정적인 생각과 부드러운 어조가 이야기의 전부는 아니었다. 아우구스티누스는 자연철학이 신과 신의 목적에 관한 더 깊은 앎을 위한 하녀인 한에서만 그것을 받아들일 수 있었다. 그 한계를 넘어서면 자연철학은 별 의미가 없거나 해로울 수도 있었다. 호기심은 정신을 흩어놓을 수 있는 일종의 영적 자만이었다. 특히 점성술의 경우가 그러했다. 점성술은 과학이었다. 고전 세계에는 오늘날 우리가 알고 있는 점성술과 천문학의 구분이 존재하지 않았다. 프톨레마이오스는 이후 1300년 동안 유럽과 중동의 천문학적 사고를 지배하는 《알마게스트Almagest》와 점성술의 실행과 철학을 기술한 《테트라비블로스Tetrabiblos》를 집필했다.

그리스도교의 교부들은 점성술을 혹평했다. 점성술은 창조주가 아니라 피조물에 신적인 힘을 부여할 뿐 아니라 인간의 자유를 침해하고, 그래서 신의 의지를 실행하도록 권한을 위임받은 고유한 피조물로서 인간의 역할을 약화했다. 점성술을 반대하는 교부들의 모습에서 이후에 과학과 종교가 서로 명확히 구분되는 범주로서 등장했을 때 전개되는 보다 폭넓은 '인간적' 긴장의 씨앗을 볼 수 있다.

점성술에서는 인간의 행위가 자신의 주체적 작용보다 별들의 운행에 지배된다고 보았다. 이는 인간이 찬양, 비난, 판단의 대상이 될 수 없음을 의미했다. 이 때문에 교부들은 공통적으로 점성술을 비판하고 조롱했다. 아우구스티누스는 자신의 주장을 입증하고자 '쌍둥이에 대한 고찰'을 증거로 제시하기까지 했다. 그의 주장에 따르면, 점성술사들은 "왜 쌍둥이가 서로 그토록 다른지 설명할 수 없었다. (…) 정확히 똑같은 순간에 잉태되었음에도 쌍둥이는 완전히 낯선 사람들보다 서로를 덜 닮은 경우가 종종 있다."[18]

많은 교부들이 천문학에서 점성술을 기꺼이 분리해내려 했지만, 어떤 교부들에게는 그러한 오점은 지울 수 없는 것이기도 했다. 그것은 필연적으로 지성적 몰락을 야기하지는 않더라도, 숙명적인 혼란을 일으킬 수 있었다. 아우구스티누스는 《그리스도교 교양》에서 천체에 대한 지식은 미신이 아니지만, 그럼에도 "성경을 해석하는 데 거의 아무런 도움도 주지 않는다"라고 썼다.[19] 그리고 《고백록》에서는 "이 호기심이라는 질병 때문에 사람들이 자연의 현상들을 계속 탐구하는데" 사실 "이런 지식은 사람들에게 아무런 가치도 없으며 (…) 사람들은 그저 알고 싶어서 알려 하는 것일 뿐"이라고 했다.[20]

사실 점성술에 대한 비판은 매우 오래된 것으로, 그리스도인들만 그런 비판을 했던 것은 아니다. 소크라테스 덕분에 많은 철학자들이 하늘에서 벌어지는 현상에 이론적 관심을 갖는 것은 시간 낭비이며, 좋은 삶에 이르는 데 정말로 도움이 되는 철학의 양식들에서 벗어나게 하는 유혹이라고 주장했다.[21] 그러나 그리스도교의 교부들이 이러한 비판을 더욱 자극적으로 만든 것도 사실이다. 히파티아와 비슷한 시기에 살았던 밀라노의 주교 암브로시우스는 학식이 풍부한 사람이었는데, 아우구스티누스는 그런 그를 무척 동경했고 당시에 흔치 않았던 그의 묵독하는 습관을 언급하기도 했다.[22] 하지만 암브로시우스는 근본적으로 자연철학에 적대적이기도 했다. 그가 보기에 자연철학은 신의 신비를 파헤치려는 교만한 시도이며, 궁극적으로는 아무런 가치도 없는 도전이었다. 암브로시우스는 아우구스티누스가 (그리고 성경이) 암시하는 창조의 법칙성을 거부했다. 〈창세기〉는 창조에 질서가 있었음을 밝히고 있으며, 〈지혜서〉는 하느님이 "모든 것을 재고 헤아리고 달아서 처리하셨다"고 가르친다. 여러 세기가 지난 뒤 19세기 영국의 물리학자 제임스 클러크 맥스웰도 바로 이 〈지혜서〉의 구절을 언급한다.[23] 하지만 암브로시우스는 이러한 생각을 하느님의 절대 권능에 맞지 않는 것으로 거부하고, 그 오류에 대한 교정으로 〈마르코복음〉 14장 36절에 실린 예수의 말("아버지께서는 무엇이든 하실 수 있으시니")을 인용했다. 그리고 〈욥기〉를 근거로(히브리어 성경의 다른 책들보다 이 책이 자연세계의 운행에 더 큰 관심을 보인다는 점을 고려하면 다소 이상하긴 하지만) 암브로시우스는 "만물이 숫자와 무게와 크기가 아니라 하느님의 주권으로 확립된 것임을 하느님께서 분명히 보여주신다"라고 논증했다.[24] 이는 과학을 그 뿌리에서부터 독살하겠다고 위협하는 접근법으로, 600년 뒤 이슬람 또한 이를 두고 힘겹게 씨름하게 된다. 암브로시우스의 생각에 따르면, 창조된 세계를 인간적 추론의 수단으로 측량하고 연구한다는 것은 어리석고 위험할 뿐 아니라 불경하고, 궁극적으로는 아무 의미도 없는 일이었다. "나는 만물이 우주의 근본인 그분의 뜻에 의지한다고 믿는다."

'누구도 모세가 천문학 책을 쓰고 있는지 묻지 마라' ― 폐허로부터

자연철학을 대하는 암브로시우스의 태도는 그리스도교의 승리에서 고전 과학에 대한 사형선고를 보려는 이들에게 도움이 되는 듯 보일 것이다. 자연철학은 살해되었고, 암브로시우스와 다른 그리스도교 교부들은 히파티아를 죽인 그 무리에 속했다.

그러나 이는 히파티아의 죽음에 관한 대중적인 이야기들처럼 지나치게 단순화된 설명이다. 고대 말기의 더 저명한 그리스도교 사상가들에 의해 자연철학이 계산적으로 강등된 것이 자연철학 자체를 약화시키는 데 기여했다는 생각에는 어느 정도 진실이 담겨 있다. 과학은 괜찮은 지성적 하녀가 될 수도 있겠지만 자기 신분을 넘어서는 안 된다. 그럼에도 우리가 그리스도교 교부들만이 고대의 과학을 죽여 없앤 것이라고 생각한다면 그건 교부들의 권력을 크게 과장하는 것이다.

실제로 자연과학은 4세기에 이르러 이미 위태로운 상황에 처했다. 자연과학이라는 주제는 황제의 승인이나 정치적 후원이나 제도적 지원을 거의 누리지 못했다. 의학과 그보다 쓰임이 덜한 천문학을 제외하면 자연철학 활동은 어떠한 인격적이거나 실용적이거나 사회적인 혜택을 제공하지 못했다. 그러한 과학은 오직 호기심 많은 개인들과 어쩌다 등장하는 후원자들의 돈과 취지에만 의존해 오래도록 존재해 왔던 것이다.

아리스토텔레스를 비롯해 고대 세계에서 가장 뛰어난 자연철학자 들은 선구적으로 자연을 탐구했고 자연에서 발견한 것들에 관한 새 로운 생각에 개방적이었다. 그러나 최초의 그리스도교 교부가 글을 쓰기 한참 전부터, 아리스토텔레스는 이미 권위적으로 경직되었으 며, 경험에 의한 실증 과학은 드물어졌고, 자연철학자들은 만연한 무 관심을 불평하고 있었다. 이미 1세기에 대★플리니우스는 자기 시대 에 진지한 과학적 연구가 부족하고, 동료 로마인들이 무관심하고 무식하다는 사실을 투덜거리고 있었다. 암브로시우스와 히파티아 의 시대에 이르면 가장 훌륭한 과학적 발전들은 이미 여러 세기 전 에 이루어진 것이었고, 과학 연구는 주로 과거의 업적을 논평하는 데 그쳤다. 고대 과학은 거기에 구멍을 뚫었던 아우구스티누스나 암브로시우스와 상관없이, 이미 해어져 올이 다 드러난 낡은 옷이 되어 있었다.

나중에 밝혀졌듯이 이 모두는 비물질적인 것이었다. 5세기 서로마 제국의 정치·경제적 몰락은 그 낡은 옷을 완전히 조각내버렸다. 도시, 도서관, 학교가 파괴되고 황제의 권위도 무너져 여러 세기에 걸쳐 쌓 인 학식도 전부 먼지로 흩어졌다. 이 모두가 히파티아를 죽인 이들과 같이 무식하고 성난 그리스도인들이 불러온 결과라는 생각은 오늘날 까지도 무신론자들의 모닥불 주위를 맴돌고 있으나, 단언컨대 그것은 그릇된 생각이다. 어쨌든 중세 수도원들이 가능한 한 고대인들의 문화를 보존하려고 애썼다는 사실은 그러한 생각의 근거를 약화시킨다.[25] 이탈리아 남부의 비바리움 수도원에서 노섬브리아●의 멍크웨어머스재로 수도원까지, 수도승들은 사라져가는 고대 문헌들을 그리스도교의 것이든 이교도의 것이든 가리지 않고 필사하고 교환했다.

그들이 고대의 폐허에서 구해낸 것들은 매우 인상적이다. 8세기의 성직자이자 학자인 요크의 앨퀸은 자신의 서재에 있는 아리스토텔레스, 키케로, 루카누스, 플리니우스, 스타티우스, 트로구스 폼페이우스, 베르길리우스의 작품들을 언급하며, 다른 이들과 주고받은 편지에서 호라티우스, 오비디우스, 테렌티우스를 인용한다. 그는 비범하게 학식이 풍부한 사람이었지만, 이례적인 존재는 아니었다. 7세기에 멍크웨어머스재로 수도원의 원장이었던 베네딕트 비스코프는 수도원 도서관에 채워 넣을 책들을 구하기 위해 위험한 여행길을 마다않고 로마까지 다섯 번이나 다녀왔다.

이중에는 과학에 관한 책들도 있었는데, 적어도 과학이라는 단어의 철학적 의미에서는 그러했다. 524년 테오도리쿠스 왕에게 처형당한 철학자 보에티우스는 아리스토텔레스의 저작들을 번역하고, 수학과 음악, 그리고 어쩌면 기하학에 대해서도 저술했다. 7세기 세비야의 대주교 이시도루스는 자신의 저서 《사물의 본성De natura rerum》에서 수학, 천문학, 자연사에 대해 기술했는데, 이 책의 제목은 로마 시대 이교도 학자인 루크레티우스의 작품에서 그대로 가져온 것이었다.

● 중세 초기에 잉글랜드 북부와 스코틀랜드 남동부에 걸쳐 있던 앵글로색슨족의 왕국.

멍크웨어머스재로 수도원의 수도승 학자이며 《잉글랜드인들의 교회 역사Historia ecclesiastica gentis Anglorum》의 저자로 잘 알려진 가경자 비드는 시간에 대한 사색을 기술했으며, 이시도루스의 《사물의 본성》을 비평하고 개작했다.

오늘날의 독자들은 이 책들에 담긴 과학적인 내용에 별다른 인상을 받지 못할 것이다. 하지만 집필 당시의 환경을 생각하면 후한 평가를 하지 않을 수 없다. 이시도루스는 우주의 구조와 내용과 운행에 관한 이교도 과학의 일치된 견해를 반영했다. 이후 몇 세기 동안 너무나 빈번하게 잊히는 사실, 곧 성경이 대안적이거나 결정적인, 혹은 계시된 자연의 형판을 제시하지 않는다는 사실을 근거로, 신학적 의제에 맞추어 이교도 과학이 제공하는 그림을 수정하려 하지 않았다. 그리스도교 교부들 및 유대인 사상가들과 더불어 이시도루스가 동의하지 않았던 한 가지는 물질의 영원성에 관한 문제였다. 물질이 영원하다는 것은 아리스토텔레스가 사실로 선포하고 고전 세계에서 정설로 굳어졌으나, 신이 무無에서(엑스 니힐로ex nihilo) 만물을 창조했다고 하는 성경의 이야기에 배치되었다. 이러한 불일치는 다소 직관에 반하는 방식이지만 20세기에 이르기까지 계속 이어진다.

가경자 비드는 이 문제에서 이시도루스의 의견을 따랐으나, 플리니우스의 '유쾌한 책' 《박물지》의 구절들을 가지고 이시도루스의 견해를 수정하기도 했다. 비드는 《잉글랜드인들의 교회 역사》에서 브리타니아의 지리적 위치, 자원, "식물과 동물, 뜨겁고 짠 샘물들과 광물"을 자세히 묘사했다. 다른 책에서는 날짜와 장소에 따라 조수의 시간이 어떻게 변하는지를 기록함으로써 달의 위상과 조수를 연결 지었으며, 심지어는 "그가 과학 정보 교환망에 속해 있다"는 사실을 암시하기도 했다.[26] 비드와 이시도루스 모두 자연의 힘들이 신의 질서 잡힌 권능과 지휘 아래 있지 않고 스스로 의도를 가지고 행위 주체로 작용한다는 생각과 예언이나 징조에 대한 믿음을 타파하고자 했다. 물론 이것이 고대의 자연신학에서 근본적으로 벗어났다거나 과학적으로 의미심장하게 한 걸음 앞으로 나아갔음을 의미하지는 않는다. 하지만 옛 서로마제국 지역에서 가장 어두웠던 몇 세기 동안에도 자연철학에 대한 관심은 유럽 대륙 전체에 흩어져 있던 수도원들에서 계속 깜빡이고 있었음을 분명하게 보여준다.

서로마제국에 비해 동로마제국에는 로마 몰락의 영향이 훨씬 적었다. 알렉산드리아는 지성의 수도로서 자리를 지켰고, 그 과정에서 과학과 종교에 관해 가장 오래 살아남은 신화들의 근원이 되었다.

존 톨런드가 히파티아의 죽음에 관한 신화를 처음으로 대중에게 널리 알리기 몇 해 전에, 고대 알렉산드리아의 광기에 관한 또 다른 이야기가 세상에 나왔다. 부분적으로 여행기이기도 하고 과학적인 지리서이기도 한《그리스도교 지형학Topographia Christiana》은 주목할 만한 책이었다. 저자 코스마스 인디코플레우스테스는 6세기 알렉산드리아의 상인이자 수도승이었는데, 그의 성姓은 문자 그대로 '인도까지 항해한 사람'이라는 뜻이었다. 이 책에서 코스마스는 멀리 스리랑카에 이르는 동방 지역의 지형, 무역, 식생에 관해 그럭저럭 믿을 만한 다양한 이야기를 기록했다. 그런데 그는 이 세계가 평평하다고 아주 강력하게 주장하기도 했다.

이는 계몽주의 사상가들의 기지에 안성맞춤인 소재가 되었다. 기번은 세상이 "기다랗고 평평한 판"이 아니라 "구_球라고 주장하는 자들의 불경한 이설을 논박하려" 시도했다는 이유로 코스마스를 두 번이나 찌르듯 날카롭게 비판했다. 기번에 따르면 코스마스의 시각은 단순히 '성경'의 시각, 곧 실제적인 "자연 탐구는 믿지 않는 정신의 가장 확실한 증상"이라고 보는 시각이었으며, 따라서 모든 그리스도교 신자들의 정통 시각이었다.[27]

기번의 영향이 크긴 했지만, 미국의 단편소설 작가 워싱턴 어빙이 심각하게 낭만화된 크리스토퍼 콜럼버스의 전기를 출간한 1828년이 되자, 지구가 평평하다는 신화, 곧 강력한 교회의 권위를 바탕으로 널리 퍼져 있던 이 믿음이 더 폭넓은 청중을 확보했다. 이 신화는 전쟁 은유만큼이나 떨쳐내기가 어렵다는 것이 입증되었다.

히파티아 신화와 마찬가지로, 평평한 지구 신화에도 믿을 만하게 들리는 것들이 충분히 들어 있다. 코스마스는 혼자가 아니었다. 4세기 그리스도교 교부인 락탄티우스는 평평한 지구 신화의 지지자였으며, 코스마스는 전통적으로 알렉산드리아의 경쟁 도시인 안티오키아 출신 신학자들의 생각을 가져다 쓰기도 했다. 이 신학자들은 진지한 '그리스도교 우주론'이 이교도 사상을 모조리 대체해야 한다고 믿었다. 코스마스가 평평한 지구를 옹호했던 이유는 단지 이교도들이 둥근 지구를 지지했기 때문이었다. 그의 평평한 지구는 사면이 바다로 둘러싸인 평행사변형의 땅으로, 전체적으로 구약성경의 성막●의 형

───────────

● 이집트에서 탈출한 이스라엘 민족이 약속의 땅 가나안으로 가는 동안 광야에서 신이 머무는 장소로 만들었다는 거대한 천막.

태를 따른 것이었다.

사실 코스마스가 이 문제에 관해 쓴 내용 중 많은 부분은 그의 견해를 불편하게 여기던 동료 그리스도인들의 생각과 반대되는 것이었다. 지구가 둥글다는 믿음은 고대 세계에서 거의 보편적인 것이었다. 특히 도시의 유명한 도서관의 관장이었던 에라토스테네스가 2퍼센트 이내의 오차로 지구 둘레를 계산해냈던 알렉산드리아에서는 더욱 그러했다. 코스마스에게는 불만스러웠겠지만, 그리스도인들 또한 이교도들만큼이나 지구가 둥글다는 견해를 지지하고 있었고, 이 때문에 코스마스의 분노는 그들을 겨누었다. "나의 말들은 바로 그러한 이들에게 맞서려는 것이다. 거룩한 성경이 그들을 규탄하기 때문이다. (…) 그들은 얼굴이 둘이라고 해도 틀리지 않다. 그들은 우리 편에 들려고 하는 동시에 우리의 반대편에도 들려고 한다."[28] 사실 코스마스는 오늘날의 '젊은 지구 창조론자'에 해당하는 인물로서 6세기에 글을 쓴 셈이었다. 오늘날의 젊은 지구 창조론자가 가장 경멸하는 대상은, 하느님의 말씀을 더 잘 알 거라고 기대할 수도 없는 다윈주의 무신론자들이 아니라, 하느님의 말씀을 전적으로 포기한 듯 보이는 동료 그리스도인들이다.

그렇게 신앙을 버린 그리스도인 중 하나가 바로 요하네스 필로포노스였다. 요하네스는 알렉산드리아의 주민이었으며, 코스마스와 서로 알고 지냈다는 증거는 없지만 정확히 같은 시대에 살았던 인물이다. 그는 고대 말기의 가장 중요한 과학자이자 철학자 가운데 하나로서, 아리스토텔레스에 대해 찬성하는 입장에서 광범위하게 논평했으나 세계가 영원하다는 생각은 거부했다. 코스마스가 평평한 지구

이론을 출간했던 것과 거의 같은 시기에 필로포노스는 《세계의 창조 De opificio mundi》라는 〈창세기〉 1장에 관한 주해서를 집필하고 있었다. 이 책은 지구가 둥글다는 이론을 아무런 이의 없이 받아들이고 있으며, 코스마스의 이름을 직접 언급하지는 않으면서도 그의 나쁜 신학을, 특히 (당시 사람들이 〈창세기〉의 저자로 믿었던) 모세가 천문학에 대해 기술하고 있다고 하는 생각 자체를 묵살해버렸다. 그는 이렇게 썼다. "자연을 체계적으로 논하고 있는 후대 저자들의 문헌들을 고려하면서, 전문가들이 이들 주제에 관해 철저하게 조사한 것이 무엇인지 물으려는 사람은 아무도 없다." 그리고 "그것은 모세의 의도도 아니었다." 필로포노스가 생각하기에 그 탁월한 모세를 "하느님이 선택하신 것은 자연을 알게 하시려는 게 아니라 하느님 자신을 알게 하시려는" 뜻이었다.[29]

"누구도 모세가 천문학 책이나 자연적인 원인들에 관한 기술적 논문을 쓰고 있는지 묻지 마라. 이는 신학자들의 영역, 또는 사람들을 이끌어 하느님을 알게 하기 위한 분야가 아니라, 전문화된 연구자들이 해야 할 일이다. 모든 분야는 인간의 생활을 위한 유용한 목적을 의도하기 때문이다."[30]

불행하게도 필로포노스는 이에 관한 자신의 말을 잘 따르지 않았다. 모세가 천문학에 관한 내용을 집필했다는 이론을 일축해놓고서는, 지구가 둥글다는 이론과 당대의 다른 과학적 교의들이 성경에 어떻게 드러나 있는지를 보여주느라 과도할 만큼 많은 시간을 썼다. "나는 모세의 우주생성론이 현존하는 실제와 일치함을 보여주었다"라고 주장한 뒤, 더 나아가 고전 세계에서 가장 명성 높은 천문학자인 히파르코스와 프톨레마이오스가 "모세의 저술을 논의의 출발점으로 삼았다"고 주장했다.

사실 필로포노스는 모세와 성경 과학이라는 관념이 그릇된 이들의 손에 들어가는 것을 막으려고 이들을 무장해제한 뒤, 그 본래의 목적을 위해 기꺼이 이들을 다시 무기화했다. 그리고 그 과정에서, 1000년이나 지속되는 과학과의 관계에서 번번이 종교를 괴롭혔던 심각한 이슈 중 하나를 입증하게 되었다. 사람들의 직관적인 예상에서는 빗나가는 것이겠지만, 심각한 문제 중 하나는 너무 많은 불일치가 아니라 오히려 너무 많은 조화로움이었다.

코스마스가 성경 본문에 의거한 영원하고 성스러운 진리들의 이름으로, 이데올로기적이고 선험적으로 과학을 묵살한 데서 부조화의 문제는 매우 뚜렷하고 생생하게 두드러져 보인다. 부조화의 문제는, 앞으로도 반복해서 보겠지만, 이미 우리에게 익숙한 문제다. 이 문제는 줄곧 소수의 입장이 되는 경향이 있었다. 코스마스가 살던 시대에 지구가 평평하다고 주장하던 이들부터 오늘날 새로이 지구가 평평하다고 주장하는 이들에 이르기까지 마찬가지였다. 당대에 과학을 강력히 비난하는 일은 대중적 관심을 끌 수 있었지만, 권위는 거의 얻을 수 없었다. 이런 점에서 과학과 종교의 논쟁은 마치 수영장과 같아서, 소음은 늘 얕은 쪽에서 나기 마련이었다.

장기적으로 보면 《그리스도교 지형학》의 우주론적 주장들은 사라졌다. 이 책은 라틴어로도 번역되지 않았고(그 이유 중 하나는 서방에서 이 책을 늦게 인식했다는 것이었다) 동방의 제국에서도 널리 읽히지 않았으며, 읽힌 경우에도 대체로 비판받았다. 9세기 콘스탄티노폴리스의 대주교이며 비잔티움제국의 고위 성직자인 포티오스는 코스마스의 논문을 비평하면서 그의 생각을 철저히 조롱했다.

실제로 더 큰 위험은 스펙트럼의 반대쪽 끝에 놓여 있다. 즉 코스마스의 단도직입적인 '대립주의'가 아니라, 때로 '화합주의'라고 불리는 자동적 동의가 더 위험했다. 이러한 접근법은 종교의 이름으로 과학을 거부하는 대신 당대 과학적 정설을 성경 텍스트에 맞추어 해석하는 것이다. 그러나 이는 근본적으로 정직하지 못한 태도일 뿐 아니라 큰 실수이기도 하다. 지구가 둥글다는 주장을 성경이나 쿠란에 맞추어 해석한다는 것은 거기에서 태양중심설과 진화론을 발견하려는 것에 지나지 않는다. 필로포노스는 그러한 경전들의 우주론이란 거의 언제나 사실을 드러낸 것이 아니라 가정한 것이며, 거기에 담긴 가르침은 인간 존재에 관한 경우를 제외하면 과학적 정설을 거의 필요로 하지 않는다고 주장했다(적어도 처음에는). 〈창세기〉나 〈묵시록〉에서 아리스토텔레스, 코페르니쿠스, 다윈, 아인슈타인을 발견했다고 하는 것은 본질적으로 사기다.

그리고 그것은 위험하다. 필로포노스 이후 1500년이 지난 뒤 제임스 클러크 맥스웰은 지나치게 열성적인 주교를 향해 과학을 기반으로 지어진 종교의 구조물은 과학이 변할 때 흔들리고 무너지기 마련이라고 경고한다. 실제로 과학은 변한다. 과학은 본질적으로 유동적이고 끊임없이 변화하는 것이기에, 과학적 '사실들' 안에 종교적 교의를 위치시키려는 모든 시도는 매우 위험한 일이다.

당대의 과학과 행복하게 결혼하려 시도할 때마다 종교는 계속 원통한 과부로 남게 된다.

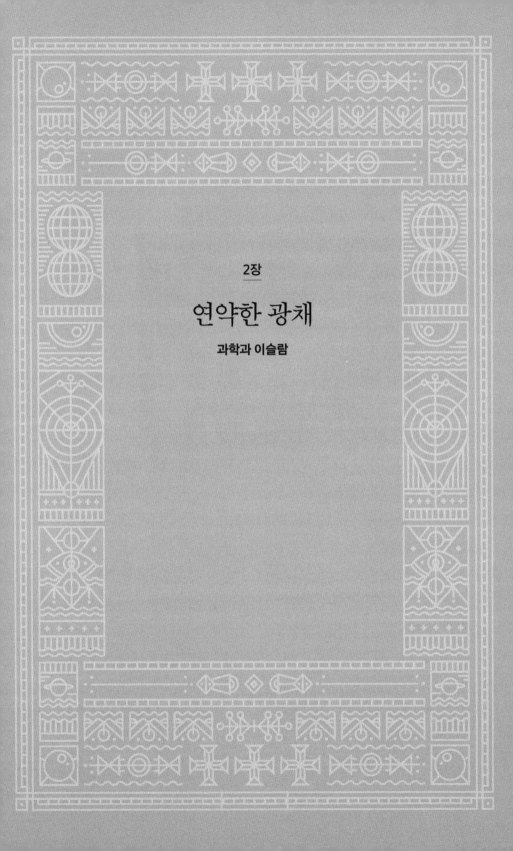

2장

연약한 광채

과학과 이슬람

'꿀로 약을 만드는 모습.' 그리스인 의사 디오스코리데스의 《약물에 관하여Peri hules iatrikes》의 아랍어 번역본에 실린 삽화. 이슬람 과학의 '황금시대'에 이루어진 성과가 얼마나 독창적인 것이었는지, 아니면 얼마나 파생적인 것이었는지에 관해서는 9세기와 마찬가지로 오늘날에도 의견이 크게 엇갈린다.

'이제 이슬람 나라들에는 과학이라고 부를 만한 것이 전혀 없었다'
— 이슬람 과학을 부정하는 입장

2007년 초,《타임스 리터러리 서플먼트》는 이론물리학자 스티븐 와인버그와 역사학자 자밀 라겝이 이슬람과 과학의 역사에 관해 주고받은 대화를 실었다.[1]

리처드 도킨스의《만들어진 신》의 서평에서 와인버그는 역사에서 보통 알가잘리라고 알려진 철학자 아부 하미드 무함마드 이븐 무함마드 알가잘리(1058~1111)를 따라 이슬람이 12세기에 "과학에 등을 돌렸다"고 설명했다. 바로 이 시기부터 "이제 이슬람 나라들에는 과학이라고 부를 만한 것이 전혀 없었다." 이에 라겝은 분개하며 응답했다. 그는 와인버그가 12세기에서 18세기 사이에 '수십 명의 이슬람 과학자들'이 이룬 서너 세대의 학문 세계를 무시했다고 비난했다. 이 이슬람 과학자들은 무엇보다도 폐순환의 개념을 제안했고, 대규모 천문관측소들을 세웠으며, "코페르니쿠스 혁명에 필수 요소가 되는 수학적이고 개념적인 도구들을 발전시켰다." 와인버그는 이러한 비판에 굴하지 않고 코페르니쿠스의 학설은 후기 이슬람 과학에 빚진 바가 전혀 없으며 폐순환에 관한 알나피스의 연구 성과는 "이슬람 세계에 아무런 효과도 발휘하지 못했다"라고 응수했다. 둘 사이의 논쟁은 어떤 화합이나 친선의 표시 없이 끝나고 말았다.

　과학과 종교의 역사는 19세기 유럽과 미국에서 처음 등장했을 때 서구적 진보의 역사를 위한 대용물인 경우가 많았다. 그 결과 이슬람과 과학의 이야기는 중요하면서도 모호한 역할을 했다. 어떤 역사학자들은 이슬람의 과학적 성취를 인정하고 그리스도교의(더 정확하게는 가톨릭의) 몽매주의를 매질할 몽둥이로 사용하고자 했다. 교회의 허세를 날카롭게 찌르는 데 절대 굼뜨지 않았던 기번은 천문학, 화학, 의학에 이슬람교도들이 기여한 바를 찬양했다. 프로이센의 탐험가이자 박물학자인 알렉산더 폰 훔볼트는 아랍인들을 '자연과학의 진정한 창시자'라고 부르며 그들이 자연과학에 기여한 바를 칭송했다.[2] 존 윌리엄 드레이퍼는 12세기의 박식가 이븐 루시드(유럽에서는 아베로에스로 불린다)를 극찬했고, 한동안 기적에 몰두해 있던 그리스도교 신학보다 이슬람의 신학이 과학 법칙의 발전에 훨씬 더 기여했다고 주장했다.

　윌리엄 휴얼은 그렇게 열렬하지는 않지만 여전히 긍정적인 태도를 보였다. 그는 자신의 저서 《귀납적 과학의 역사History of the Inductive Sciences》(1837)에서 "아랍인들은 인간 지식의 역사에서 고대의 지적 보물들을 보존하여 더욱 계몽된 시대로 전달하는 중요한 역할을 수행했다"라고 썼다. 휴얼의 '아랍인들'은 독창적인 사상가가 아니라 신뢰할 수 있는 전수자로서 칭송받은 것이다. 프랑스의 언어학자이자 성경학자인 에르네스트 르낭은 1883년 소르본에서 행한 유명한 강의에서, 775년에서 1250년 사이에 무슬림 세계가 그리스도교 세계보다 지적으로 우월했다고 분명하게 말했다. 이 시기에 참으로 계몽된 칼리파들은 '거의 무슬림이 아니었다.' 이 과학은 '아랍[의 과학]'

이라 불렸으나, 르낭은 수사적으로 물었다. "거기에 실제로 아랍적인 것이 있는가?" 무슬림 나라들은 그 황금시대 이후 "가장 애석한 지적 퇴락에 빠져들었다." 철학은 "폐지되었다." 하지만 퇴락의 이유는 500년 동안 지속된 지적 우위와는 다르게 본질적으로 이슬람적인 것이었다.

열 살이나 열두 살에 종교에 입문하면, 그때까지 꽤 지각이 있던 무슬림 아이는 갑자기 광신자가 되어, 절대적 진리라고 믿는 바를 소유했다는 어리석은 자부심으로 가득 차고, 자기를 열등하게 결정짓는 것이 마치 특권이나 되는 듯 행복해한다. 이 무분별한 자부심이야말로 무슬림의 근본적인 해악이다.[3]

19세기부터 과학과 이슬람에 관해 쓰기 시작한 무슬림 역사학자들은 그들 나름의 다른 시각을 취했다. 어떤 이들은 긍정적인 유럽의 서사를 택했다. 오스만제국의 저널리스트 아흐메드 미드하트는 1895년 드레이퍼의 《종교와 과학 충돌의 역사》를 튀르키예어로 번역하면서, 이 책에서 이슬람이 '가장 과학적인 종교'임을 어떻게 입증하는지에 관해 (장황하게) 논평했다.[4] 그로부터 60년 뒤에는 이집트의 지식인 리파아 알타타위가 유럽인들은 그저 무슬림이 불을 붙인 횃불을 들고 있는 것뿐이라고 주장했다. 그와 동시대에 살았던 오스만제국의 외교관 무스타파 사미는 이 과학이야말로 '우리의 참된 유산'이라고 썼다.[5]

어느 쪽이든, 미국인이건 유럽인이건 아랍인이건, 아니면 그리스도교 신자이건 이슬람 신자이건, 그냥 세속적인 사람이건, 학자들은 과학과 이슬람의 역사를 근대성, 권력, 식민주의, 문명 충돌이라는 광각 렌즈를 통해 읽을 수밖에 없었다. 이슬람 테러리즘과 이라크 전쟁이 벌어진 10년 동안에 와인버그와 라겝의 논쟁에 관해 뭔가 비슷한 말이 나올 수도 있었다. 르낭이 강의의 결론으로 말했듯이, 과학이 "오직 인류와 자유에 대한 존중에서 분리 불가능한 진보에만 봉사할 것"이라 해도, 이슬람이 거기에 어떻게 도움이 되는지, 혹은 방해가 되는지에 관한 글을 쓸 때는 단순히 과학의 역사에 관해 글을 쓰는 것보다 훨씬 더 많은 것이 수반되었다. 이 대화에서는 그저 지켜보기만 하는 구경꾼이란 있을 수 없다.

'철학자여… 선이란 무엇이오?' ― 황금시대

이슬람 과학에 관해 대화를 나누어야 한다는 것 자체는 가장 독실한 이슬람 혐오자조차도 의심한 적 없는 일이다. 9세기 이후로, 특히 바그다드에 근거지를 둔 아바스 칼리파국에 국한되지 않는 이슬람의 영토에서는 고전 세계의 무엇과 비교해도 대등한 과학적 사고와 성취를 자랑했다. 천문학에서는 정밀한 기구, 정확하고 반복적인 관측, 점성술과 학문적 주제를 분리하려는 의지를 통해, 이슬람 천문학자들이 프톨레마이오스의 체계를 비판하고 수정하는 수준에 도달했다. 이들이 제시한 천문학 모델은, 많은 학자가 보기에 실제로 태양중심설은 아니었으나 코페르니쿠스 체계의 모델과 수학적으로 동등한 것이었다. 인도의 수 표기법과 소수 자리와 영爆 개념을 차용해 이슬람 수학자들은 대수학, 기하학, 삼각법에서 중요한 발전을 이루었다. 가장 이른 시기의 가장 훌륭한 이슬람 수학자 중 한 명인 알콰리즈미는 9세기 초 자신의 저서 《인도 계산법에 따른 덧셈과 뺄셈에 관한 책 Book of Addition and Subtraction According to Hindu Calculation》에서 숫자 자리 표기법을 소개하고 알자브르Aljabr에 관한 자신의 저서에서는 방정식 연구에 기여해, 오늘날 우리에게 '대수algebra'와 그 자신의 이름을 통한 '알고리듬algorithm'을 선사했다. 의학에서는 일련의 대형 의학 백과사전들이 출간되어 그리스의 지식을 종합하고 체계화했다. 이와 동시에 무슬림 의사들은, 특히 안과 분야에서 독창적인 성과를 냈다. 13세기의 시리아인 의사 알나피스는 단순히 좌심실과 우심실 사이에서 혈액이 분산되는 것이 아니라 좌심실에서 나온 혈액이 폐순환을 거쳐 우심실로 들어가는 과정을 설명함으로써 갈레노스의 권위적인 가르침을 수정했다. 광학에서는 11세기의 학자 이븐 알하이삼(알하젠)의 일곱 권짜리 논문이 유럽에서 널리(사실 이슬람 나라들에서보다 더 널리) 유통되어 로저 베이컨과 프라이베르크의 테오도리쿠스 같은 그리스도교 세계 최고의 광학자들이 이룰 업적의 바탕이 되었다.[6] 과학의 한 분과학문으로 인정받기까지는 앞으로 여러 세기가 더 걸리게 될 화학에서조차, 이슬람 사상가들은 상당한 호기심과 독창성을 보여주었다. 이에 대한 증거는 오늘날 화학과 관련된 많은 영어 단어(알칼리alkali, 연금술alchemy, 증류기alembic, 알코올alcohol, 혼합물 amalgam, 안식향benzoic, 붕사borax, 장뇌camphor, 영약elixir 등)가 이 시기 아랍어에서 파생된 것이라는 사실이다. 이슬람 과학의 소위 '황금시대'의 유산은 어떻게 따져보아도 상당히 인상적이다. 다만 그 성과가 어떤 면에서는 이례적이고 기이하다는 점에서 황금시대라는 표현은 양면적인 의미를 갖는다.

하지만 문제는 이슬람 사상가들이 과학에 기여를 했는가이지, 그들의 기여가 얼마나 의미 있고 뚜렷한 것이었는지, 그리고 무엇보다도 얼마나 이슬람적이었는지가 아니다. 와인버그와 휴얼, 그리고 특히 르낭의 비판에 깔린 함의는 이슬람 문화와 신학에는 결국 과학적 정신을 질식시킨 무언가가 있다는 것이었다.

이러한 고발을 옹호하는 논거는, 적어도 처음에는 아주 거창하게 들린다. 첫째는 지리에 관한 논거가 있다. 태동 후 첫 세기에 이슬람 문화는 철학이나 과학에 거의 아무런 관심도 보이지 않았다. 661년부터 750년까지 지속된 우마이야 칼리파국은 다마스쿠스가 그 본거지임에도 고전 학문에 무관심했다. 750년에 이슬람의 중심이 바그다드로 옮겨간 뒤에야 이러한 분위기도 바뀌었다. 아바스 칼리파국은 고대 페르시아제국을 통합하고, 서쪽으로는 비잔티움제국에 이웃했으며, 동쪽으로는 인도의 영향에 열려 있고, 군데샤푸르*와 같이 중요한 헬레니즘의 지성적 전초기지들을 망라하면서 중요한 지성의 교차로가 되었다.

아바스의 엘리트들은 페르시아 귀족들 사이에 정착하고 그들과 혼인했으며, 그러는 과정에서 '왕들의 왕'은 학문의 후원자 역할도 해

---

* 사산제국의 샤푸르 1세가 시리아 정복을 완수한 뒤 로마인 포로들을 정착시키기 위해 건설한 도시. 6세기 중반 호스로 1세 황제가 비잔티움제국에서 소아시아와 시리아로 유입된 학자들을 받아들이면서 학문의 중심지로 성장했다.

야 한다는 생각과 같은 오래된 규범들을 흡수했다. 아바스의 칼리파들은 이러한 역할을 수행함으로써 그들의 권위를 공고히 하고자 했고, 이로써 비잔티움제국에 대한 지적 우월성을 확고하게 주장할 수도 있었다. 비잔티움제국 또한 훌륭한 문명을 이루었으나, 그 황제들은 점차 헬레니즘의 지적 전통을 고사시키려는 듯했다. 따라서 무슬림 사이에서 자연과학은 '외래 학문'으로 알려졌다. 이와 대조되는 '이슬람 학문'이란 쿠란, 예언자 무함마드의 전승(하디스hadith), 율법(피크흐fiqh), 신학(칼람kalam), 시와 아랍어 연구에만 전념하는 것이었다. 요컨대 이슬람 역사에서 철학과 과학을 향한 방향 전환은 지정학적이고 문화적인 계산의 일부로서 이루어진 외래적 전용이었다.

둘째로, 사람들에 관한 논거가 있다. 아바스 칼리파국은 상이한 문화와 지역 출신의 광범위한 학자들의 업적을 흡수했고, 이것이 '황금시대'의 토대가 되었다. 몇몇 학자들은 그들 자신이 이룬 성과로 존경받았지만 대부분은 고전 번역으로 명성을 얻었다. 우리에게 이름이 알려진 61명의 그리스어-아랍어 번역자들 중 59명은 그리스도교 신자였고, 그중 다수는 시리아 정교회 출신이었다.[7] 시리아어 번역자들은 그들끼리만 일하지 않았고 그리스 과학도 유일한 출전이 아니었으나 어쨌든 그들의 기여가 없었더라면, 이슬람 과학의 시대라고 부르건 황금시대라고 부르건 그러한 시대가 존재하지 못했으리라는 것은 거의 확실하다.

셋째로, 이중에서도 가장 중요한 내용에 관한 논거가 있다. 전해지는 이야기에 따르면, 어느 날 밤 아바스의 7대 칼리파 알마문(재위 813~833)이 아리스토텔레스에 관한 꿈을 꾸었다. 칼리파가 "붉은 기가 도는 흰 피부에, 이마가 높고 눈썹이 짙고, 대머리이고, 짙은 푸른 눈을 지닌 잘생긴" 한 남자 앞에 서 있었는데, 그 남자는 자신이 위대한 철학자라고 밝혔다. 두렵기도 하고 기쁘기도 해서 알마문은 그에게 물었다. "철학자여 (…) 선善이란 무엇이오? (…) 그다음은 무엇이오? (…) 그다음은 무엇이오?" 철학자가 내놓은 대답의 순서가 의미심장했다. "지성에 따른 것은 무엇이든 선이오. (…) 종교의 율법에 따른 것은 무엇이든 선이오. (…) 여론을 따른 것은 무엇이든 선이오."[8]

이 꿈 이야기는 몇 세기에 걸친, 이 빛나는 과학의 시대가 이슬람의 권위 덕분이기보다, 이슬람의 권위에도 불구하고 이루어진 것이라고 주장하는 이들의 견해를 무의식적으로 확정 짓는다. 아리스토텔레스는 종교 율법보다 이성적인 앎을 우위에 두었을 뿐 아니라 선을 판단하는 권위자의 위치에까지 올려놓았다. 알마문은 아리스토텔레스에게 동의했던 것으로 보인다. 그러므로 무슬림 과학의 핵심에는 종교가 아니라 이성이 있었다는 주장이 이어진다.

상황을 이렇게 보는 사람들에게 이러한 움직임은 이슬람 과학이란 것이 실제로는 그리스 과학이었음을 보여준다. 이러한 관점은 우마이야 칼리파국의 공식 행정 언어였던 아랍어에는 많은 그리스어 텍스트를 수용할, 기술이나 수학에 관련된 어휘들이 사실상 전무했다는 사실로 인해 더욱 강조되었다. 그 결과, 많은 경우에 번역자들은 생경한 외부적 사고의 세계를 포착하기 위해 모호한 그리스어 단어들을 단순히 아랍어 문자로 옮겨 적을 수밖에 없었다.

이러한 논거들에서 끌어낸 결론은, 이슬람 세계에서 이루어진 과학과 철학의 '황금시대'가 그 모든 영광에도 불구하고 특별히 이슬람적이지 않았고, 차용된 문화, 차용된 학자, 차용된 학식에 의존했다는 것이다. 더 이상 차용이 이루어지지 않고, 그리스의 과학과 수학과 의학을 완전히 흡수하고 나서는 그 황금시대는 색이 바래기 시작했고 이제 이슬람 나라들에는 언급할 만한 과학이란 것이 전혀 남아 있지 않았다.

'침략군이 아니라 초대받은 손님으로' — 이슬람 과학을 옹호하는 입장

이슬람 과학을 부정하는 주장은 처음엔 설득력 있게 보이지만, 더 가까이 들여다보면 그리 견고하지 않다. 아바스 칼리파들은 그들이 처했던 직접적인 맥락에 영향을 받긴 했지만, 지리는 그 모든 것만큼 그렇게 결정적이지 않았다. 이슬람의 영토는 대서양에서 인도까지 펼쳐져 있었고, 지적 성과를 이룬 다양한 학문의 중심지들이 있었다. 예를 들어 이베리아반도의 알안달루스 지역은 바그다드에서 4800킬로미터 이상 떨어져 있지만 의학, 천문학, 철학의 인상적인 전통을 자랑했다.

알안달루스는 우마이야 왕조의 지배 아래 있었으며, 이러한 사실은 이슬람 과학이 아바스 왕조만의 일이 아니었음을 더욱 강조한다. 다마스쿠스에 중심을 둔 우마이야 칼리파국은 고전 학문이나 고전 번역에 투자하지 않았을 수도 있지만, 그것을 위한 기초를 놓았다. 우마이야 왕조의 1대 칼리파 무아위야는 도서를 수집하기 시작했고, 초기의 이슬람 사상가들은 언어와 텍스트에 관한 상세한 연구와 합리적 숙고 및 책과 '일름ilm'(앎)에 대한 높은 존경심을 통해 근본 자료를 제공해 후대의 계승자들이 가공할 수 있게 했다. 9세기에서 12세기에 아바스 왕조의 지배 아래에서 지적인 생활이 꽃핀 것은 사실이지만, 그것이 무無로부터(엑스 니힐로) 비롯한 것은 아니었다.

또한 와인버그와 그밖에 다른 이들이 주장하는 것처럼 '인 니힐룸in nihilum', 즉 무無 안으로 사라진 것도 아니었다. 이 문제에 끊임없이 따라붙는 것은 바로 무지다. 천문학 분야만 보더라도, 아랍어 필사본이 중세의 그리스어와 라틴어 필사본을 모두 합친 것보다 더 많으며, 그 대부분은 여전히 번역되지도 않거나 번역되었더라도 연구되지 않은 채로 남아 있다.[9] 중세 후기에 번성한 이집트의 맘루크 술탄국, 이란의 티무르제국, 튀르키예의 오스만제국 같은 이슬람 나라들에서 알콰리즈미 혹은 이븐 시나의 위상에 견줄 만한 인물들이 새로운 연구를 통해 발굴되리라는 전망은 거의 없어 보인다. 그런 만큼, 과학과 지성이 쇠락했다는 서사는 틀리지 않은 듯 보인다. 그러나 쇠락이 곧 죽음은 아니다. 라겝은 우리가 이슬람 역사에서 이 시기에 관해 더 많이 알게 될수록 이전에 생각했던 것만큼 이 쇠락이 그렇게 급작스럽지 않다는 사실을 알게 된다고 옳게 지적했다.[10]

이런 주장들은 (이슬람 과학이 지리·문화적으로 결정되었다는 의견과 1200년 이후 급작스레 쇠락했다는 생각에 맞서) 이슬람의 '황금시대'가 이슬람의 옷을 걸친 그리스 과학에 지나지 않았다는 관점을 어느 정도 약화한다. 하지만 이런 주장들 역시 요점을 놓치고, 이 논쟁 전체가 이슬람을 몰아넣는 진퇴양난의 딜레마를 무시하고 있다.

이슬람 과학을 부정하려는 이들은, 아리스토텔레스가 알마문의 물음에 응답하며 '종교 율법에 따른 것은 무엇이든 선'이라고 말하기에 앞서 '지성에 따른 것은 무엇이든 선'이라고 말했다는 이야기를 두고 과학이 융성하려면 종교를 격하시켜야 한다는 것을 보여준다고 주장한다. 이 논리에 따르면, 과학이란 오직 그리스의 이성이 주역을 맡고 이슬람의 종교적 권위자들(신학자와 율법 학자)은 옆으로 밀려난 덕분에 가능했다.

그러나 아리스토텔레스가 대답의 순서를 바꿀 수 있었다면, 이 꿈 이야기는 단순히 종교의 율법이 어떻게 지성보다 위에 있어야 하는지를 보여주는 이슬람의 이야기가 되고, 사람들은 과학과 합리적 사고가 종교에 종속되기에 종교와 병립할 수 없음을 이 이슬람 이야기가 증명한 것이라고 비난할 것이다. 종교와 과학을 이런 꿈 같은 시나리오에서 다루든, 종교 율법과 지성을 상호 대안적이고 경쟁적인 두 실체로서 다루든, 결론은 이미 정해져 있다. 과학적 자유와 종교적 권위 가운데 하나만 선택해야지, 그 둘을 모두 택할 수는 없다는 것이다.

실제로 아바스 이슬람이 그리스 세계의 학문에 대해 개방적이고 수용적이며 다원적인 태도를 가졌다는 사실은 이슬람 과학 및 과학과 종교 사이의 (잠재적) 화합을 옹호하는 가장 강력한 논거 중 하나다. 순전한 번역 같은 것은 존재하지 않는다는 사실을 인식하는 것이 중요하다. 번역이라는 과업은 텍스트를 찾아내고 사들이고 옮기고 보관하고 이해하려는 결단과, 명백하거나 즉각적인 혜택 없이도 그 일을 해낼 번역자를 찾아내고 필요한 자금을 지급할 의지를 요구한다. 무엇보다도 외국 문화와 학문 전통에 대한 개방성과 거기에 귀를 기울이고 그로부터 배우려는 준비된 자세가 필요하다.

이것이 바그다드에 있던 아바스의 궁정에만 한정된 것은 아니었다. 700년 동안 지속된 알안달루스(지금의 스페인에 존재했던 이슬람 지역)는, 다음 장에서 우리가 보게 될, 이슬람 학자들과 유대인 학자들 사이의 풍요로운 대화를 목격했다. 북아프리카의 파티마 칼리파국도 마찬가지였다. 10세기 중반 카이로에서는 '독학으로 의사가 되었으며, 자아가 거대하고 성미가 급했던' 이븐 리드완과 네스토리우스교 신자로서 의사가 되어 바그다드에서 최근에 카이로에 도착한 이븐 부틀란이 논쟁을 벌였다고 한다. 이 논쟁은 아리스토텔레스의 생물학에 있는 한 주제에 관한 것이었으나, 최고의 의사인 이븐 리드완과 갑작스레 성공한 이븐 부틀란의 사회적 지위와 권위의 문제들과도 절대 무관하지 않았다. 두 의사의 논쟁은 원한이 얽힌 싸움으로 빠르게 전환되었다. 양측은 상대의 주장을 비판하는 것을 넘어서서 서로의 위치와 학식을, 혹은 학식의 결여를 비난했다. 그러나 그럴 기회가 많았음에도 어느 쪽도 상대의 종교를 공격하는 일은 없었다.[11] 성공적인 지적 활동의 특징이 '외래의' 전통들에 대한 개방성이라고 한다면, 이슬람은 매우 성공적이었다.

'외래 과학'은 종교적이고 정치적인 용인과 지원을 요구했고, 대체로 그러한 용인과 지원을 받을 수 있었다. 8세기 말 아바스 칼리파 하룬 알라시드는 늘어나는 책과 문서를 보관하기 위해 바그다드에 도서관을 건립했고, 한 세대 후에 그의 아들이자 하나 건너 후계자인 칼리파 알마문은 이 도서관을 확장해 그 유명한 '지혜의 집'을 설립했다. 1258년 몽골인들이 바그다드를 포위 공격했을 때 파괴되어 물리적 흔적이라고는 전혀 남아 있지 않기에 이 기관의 규모와 기능에 대해서는 상당한 논란이 있는데, 장서 수십만 권을 보관하는 도서관이었을 뿐 아니라 완전한 연구기관으로 기능했다는 주장이 있다. 이런 주장이 과장된 것일지라도, 유일하지는 않지만 이례적일 만큼 특출한 학문의 중심지로서 지혜의 집이 중요한 지성의 중심지였다는 사실은 의심할 여지가 없다. 물론 그것은 그곳에서 실제로 일어난 일만큼이나 그것이 상징했던 것('외래 과학'에 대한 공식적인 종교의 지지) 때문에도 중요했다.

천문대는 꽤 장관을 이루긴 했으나 그렇게 흔하지는 않았다. 알마문이 820년대에 처음으로 바그다드에 건설을 명령한 이래로 이슬람 세계 전역에 천문대가 설치되었다. 국가에서 지원하는 아홉 곳의 천문대가 잘 알려져 있다. 그중 어떤 곳들은 매우 크고 비용이 많이 들었으며 무척 인상적이었다. 이란 북부의 마라게 천문대에는 수많은 천문학자, 수학자, 기구 제작자가 있었으며, 다양한 지도와 천체의와 큰 도서관이 있었다. 12세기 초에 번성한 사마르칸트의 울루그베그 천문대는 마라게 천문대의 설계를 따라 건설되었으며 중세에 가장 정확한 천문표와 측량 결과들을 산출했다.

역설적이게도 이슬람 과학이 직면한 문제 중 하나는 과도한 열정이었다. 알마문은 논리적인 질의, 외래 과학에 대한 수용성, 매우 유연한 쿠란 독해를 옹호한 '합리주의' 신학 전통인 무타질라의 열렬한 지지자였다. 그의 열정은 치세 말기에 이르러서는 전면적인 박해로 기울었다. 이어지는 15년의 시간은 미흐나mihna라는 일종의 종교 재판으로 유명해졌으며, 이 기간에 무타질라 학자들은 더 보수적인 종교 학자들에 대한 대대적인 공격을 개시했다. (창조되지 않은) 쿠란의 축자적 독해를 옹호한 종교 지도자들은 투옥되거나 처형되었다. 이러한 대대적인 공격은 깊은 상처를 남기고 수십 년 내에 정통 신학의 이름으로 이루어지는 반동을 정당화하는 근거로 사용된다. 과학과 종교와 권위의 우연한 일치는 12세기에 들어서면서 반드시 예상된 방식으로는 아니었지만, 매우 위험한 일이 되고 만다.

국가가 지원하는 번역, 도서관, 천문대, 그리고 과학을 위한 지성적 십자군 외에도 과학의 대의에 조력한 중요하고도 독특한 신학적 교차점들이 존재했다. 때때로 자연을 탐구하는 것이 신의 창조를 인정함으로써 신을 찬양하는 방법이라는 생각이 표출되었는데, 후대의 유럽에서보다는 수사적으로 더 드물었다. 이는 신의 초월성에 대해 이슬람이 더욱 비타협적인 시각을 견지했기 때문이기도 하고, 그러한 '자연신학'에는 계시된 신의 말씀에 무언가 부족한 것이 있을 수 있다는 함의가 들어 있었기 때문이기도 하다.[12]

더욱 중요하고도 더욱 만연해 있었던 것은 과학 탐구에 박차를 가한, 이슬람 신앙의 실천과 관련된 욕구였다. 이슬람이 시작된 초기 역사에서부터 무슬림은 매일 메카를 향해 기도해야 했다. 그들이 향해야 하는 방향, 곧 키블라qibla는 자연히 장소에 따라 달라졌고, 그때마다 즉각 방향을 계산하기가 어려웠다. 동서로 8000킬로미터가 넘는 지역에 펼쳐진 이슬람 제국 안에서 방향을 더 정확히 측정하려는 노력이 계속 이어졌고, 이는 이슬람의 천문학, 기하학, 삼각법 발전의 촉매가 되었다.

마찬가지로 무슬림은 하루에 다섯 번 정해진 시간에 기도해야 했고, 정확한 기도 시간을 알려면 계속 달라지는 일몰과 일출 시간, 태양의 궤적과 고도에 대한 이해가 필요했다. 그 결과 시간 측정의 과학에서 알콰리즈미를 비롯한 탁월한 과학자들이 등장했다. 13세기에 이르러 공식적인 시간 기록원 무와키트muwaqqit의 역할이 이슬람 제국 내 여러 곳에서 등장했다. 이 시간 기록원의 자리야말로 과학과 종교의 '분수계'를 완벽하게 가로지르는 것이었다.

그렇다면 그리스 과학이 이슬람의 지성계에 외부적이거나 침략적이거나 혹은 단순히 기생적인 존재였다고 하는 생각은 지지할 수 없는 것이다. 거기에는 새로운 학문에 대한 강력한 (앞으로 보겠지만, 강력하지는 않더라도 지속적이거나 신뢰할 만한) 종교와 정치의 승인이 존재했다. 그러한 학문 분야들의 발전에 촉매제 역할을 한 이슬람의 종교적 관례와 의례의 요소들이 있었다. 그리고 '외래 과학'을 전유했을 뿐 아니라 그 학문을 이슬람의 사고에 합체한 모범적인 사상가들도 많이 있었다. 이슬람 과학에 관한 뛰어난 역사학자인 A. I. 사브라가 말한 대로, 그리스 과학은 이슬람 세계에 "침략군이 아니라 초대받은 손님으로" 들어왔다.

'물리학의 문제들은 우리에게 전혀 중요하지 않다' — 긴장의 지점들

이렇게 해서 양쪽 의견의 균형을 다시 잡는다 해도 한 가지 문제는 여전히 남아 있다. 이슬람에서 권위를 가진 이들이 자연철학을 그토록 환대했다면, 그리고 이슬람 영토 안에 그리스 학문을 수용하고 발전시킨 뛰어난 과학자들이 그토록 많았다면, 9세기에서 12세기에 이르는 시기에 보여준 유망한 미래는 왜 이슬람 과학혁명으로 성취되지 못했을까? 왜 바그다드는 아이작 뉴턴과 로버트 보일을 낳지 못했을까?

이슬람 과학의 세부 사항들을 꼼꼼히 따져보기 시작하면, 매우 이른 시기에도 그리스 과학에 대한 지적이고 종교적이고 정치적인 지원이 있었음에도 그것이 몇몇 지역에 국한되고 매우 취약했음을 알 수 있다. 이슬람에서 권위를 가진 이들이 그리스 과학을 초대받은 손님으로 환영한 것은 사실이지만, 모두가 그랬던 것도 아니고 일관되게 항구적으로 그랬던 것도 아니다.

칼리파 알마문에 뒤이어 칼리파 알무타와킬(재위 847~861)이 곧바로 권좌에 올랐다. 그는 선대 칼리파의 신학에 대한 보다 합리주의적인 접근방식을 거부했고, 그의 합리적 종교재판을 자신의 신학적 종교재판으로 대체했다. 9세기 중반의 훌륭한 철학자인 알킨디는 매질을 당했고 장서들은 몰수되었다. 뛰어난 박식가였던 이븐 시나는 10세기 말에 성장하면서 어떠한 공식적인 교육 환경도 아닌 인도인 청과물 상인에게서 인도의 대수학을 배웠노라고 말했다. 10세기의 수학자 알시지는 지나가는 말로 자신이 사는 지역에서는 사람들이 기하학자를 죽이는 것이 합법적인 일이라고 주장한다고 했다. 그다음 세기에 등장한 권위적인 신학자이자 철학자인 알가잘리는 한 공동체에 실제로 얼마나 많은 수학자가 필요하겠는지를 신랄하게 물었다. 12세기의 뛰어난 수학자 알마그리비는 바그다드를 떠나니 자신에게 에우클레이데스의 기하학을 가르쳐줄 사람을 찾을 수 없었노라고 썼다. 과학에 대한 이슬람의 지원을 보여주는 찬란한 증거인 천문

대조차 천문학보다는 점성술을 위한 잠재력 때문에 설립되고 후원받는 경우가 많았다.

이러한 이야기들은 '외래 과학'에 대한 이슬람의 수용이 아무리 빠르고 규모가 컸다고 해도 장소에 따라서는 분명히 양가적이었을 수 있음을 시사한다. 더욱이 역사에 등장한 모든 문화가 새롭고 외부적인 사고방식에 대해 양가적인 태도를 보였던 것처럼 양가적이었던 것이 아니라, 종교적 원칙에 입각한 일관된 이유 때문에 양가적이었을 수 있다.

우선 합리적 과학이 도래했다고 하는 결론에 문제가 있을 수 있다. 이전에 이미 그리스도교 철학자들을 난처하게 했던 세계의 영원성에 대한 아리스토텔레스의 공언과, 별들에 인간사를 좌우할 힘이 있다고 하는 합리적으로 보이는 확신은 이슬람의 믿음과 병립할 수 없었다. 달리 말하자면 이 두 가지 생각은 모두 절충 불가능한 신의 전능함을 약화시켰다. 만약 쿠란이 선포하듯이 "신이 모든 것을 행하실 수 있다"(쿠란 48장 21절)라고 하면, 어느 누가 우주나 별들이 자율성을 지닌다고 논리적으로 추론할 수 있겠는가?

또한 그러한 결론의 바탕이 되는 전제에도 문제가 있을 수 있었다. 고대 세계에서 물려받은 자연철학은 전반적으로 자연주의적 영역을 상정했다. 각각의 사물이나 사건이 신이나 다른 신적 행위자에 의해 능동적이고 의도적으로 지시된 것이 아니라 한 사물이나 사건으로부터 다른 사물이나 사건으로 인과율이 작용했다. 앞 장에서 보았듯이, 이는 현대 과학이 그려내는 완전히 자연주의적인 영역과는 같지 않지만, 그럼에도 그 나름의 고유한 방식으로 탐구될 수 있는 영역이었다. 이것은 결론이기보다 가정이었으며, 신이 세상을 통제한다는 관념을 교묘하게 뒤집어놓는 골칫거리일 수 있었다. 자연이 그 자체로 작동한다면, 대체 신의 역할이란 무엇이겠는가?

이 문제는 다시 세 번째 문제로 이어지며, 이 세 번째 문제야말로 그러한 긴장의 중심을 이룬다. 그렇다면 지성의 권위는 어디에 있었는가? 9세기 이슬람 세계는 쿠란이 창조된 것인지 아닌지를 두고 격렬하게 의견이 갈렸지만, 신의 계시로서 쿠란이 갖는 고유한 지위에 관해서는 논란이 적었다. 무슬림이 된다는 것은 이러한 믿음을 인정하고 존중하는 것이었다. 그러나 그것으로 인간의 지식이 충분한가에 관한 문제는 여전히 남아 있었다. 쿠란이 정말로 "만물을 자세히 설명한 것"(쿠란 12장 111절)이라면, 무엇 때문에 다른 양식의 지적 탐구가 필요하겠는가? 외국 학문은 당연히 쿠란에 기초하지 않았다. 그렇다면 그런 학문의 지위는 어떻게 되는가? 그런 학문은 그저 신의 계시를 더 잘 이해할 수 있게 돕는 수단으로서 논리와 이성이라는 도구를 제공한 것일까? 아니면 계시를 통해 알 수 없는 뭔가 새로운 것을 알도록 기여한 것일까? 진리에 이르는 길은 하나보다 많은가? 만약 그렇다면 이론적으로 계시의 길은 필요하지는 않은, 잉여적인 것일 수도 있다는 말인가?

지적 권위에 관한 물음들은 더 큰 권위에 관한 물음들에서 결코 멀리 떨어져 있지 않았다. 또한 외래 과학의 인식론적 지위에 관한 고려는 자연스레 긴장의 네 번째 영역, 곧 사회적·정치적 권위의 영역에서 나타났다. 이슬람 사회는 다른 모든 사회와 마찬가지로 다양한 권위의 중심들이 있었으며, 그 모두는 방식이 다르더라도 신과 쿠란의 궁극적 권위와 필연적으로 연결되어 있었다. 아샤브 알하디스(하디스 신봉자들)는 오직 쿠란과 하디스만이 이슬람의 생각과 실천을 위해 수용할 수 있는 권위라는 시각을 견지했다. 무타칼리문(칼람의 실행자들)은 쿠란과 하디스의 계시를 존중하고 헬레니즘 세계에서 물려받은 이성의 전통들을 통해 둘 모두에 대한 이해를 명확히 하고 체계화하고자 했다. 팔라시파falāsifa(철학자들)는 최근에 번역된 헬레니즘(아리스토텔레스)의 합리성을 상속했고 그 공과를 따져 합리성을 추구했다. 무타질라 신봉자들은 더 나아가 이성을 단지 적법하고 필수적인 앎의 근원으로서만이 아니라 계시와 대화를 나누는 권위 있는 상대로서 끌어왔고, 계시된 것은 이성에 의해 성립된 것에 부합해야 한다고 주장했다. 푸카하fuqaha(법률가들)는 이슬람 사회의 작동을 지배하는 샤리아(율법)의 전문가였으며, 이들의 논리적 추론은 쿠란과 하디스, 그리고 유비와 합의의 원칙에 기초했다. 수피는 신에 대해 개인적이고 경험적인 접근법을 옹호하는 신비주의자들이었으나, 영향력 있는 사회적 조직을 형성하는 과정에서 12세기부터 그들의 믿음과 실천을 확고히했다. 많은 경우에 개인은 이 모든 상이한 집단들 안에서 스스로 자기 위치를 결정했다. 그들의 권위는 어떤 기관이나 제도보다는 평판이나 신념에 좌우되었다. 그 결과, 이미 서로 다르고 때로는 서로 경쟁하는 다양한 권위들의 복잡하고 긴장된 논쟁의 장에서 경쟁 집단의 기초를 약화시키려는 시도가 자주 장려되곤 했다. 외국의 학문은 쿠란의 권위는 물론 쿠란에 기초한 사회적·정치적 질서 전체를 약화시키는 것이라는 틀이 씌워졌다.

이 네 가지 요인(과학적 결론과의 긴장 관계, 전제조건, 지적 기초, 사회적 징후)이 축적되어 결국 강력한 역류가 이슬람 지성계를 관통하여 흐르게 되었다. 이제 무슬림은 이전에 기꺼이 전유했던 외래 과학을 때로는 비난하고 가끔은 포기했다. 그래서 10세기 초 신학자 알아샤리는 무타질라에 반대해 우인론偶因論이라고 알려지는 교의를 발전시켰다. 이 교의의 요지는, 창조 안에 있는 모든 사건과 과정이, 자연적인 것이든 인간적인 것이든, 매 순간 원자적 차원에서 신이 유발하고 지휘하는 것이라는 주장이다. 세상은 매 순간 신에 의해 실질적으로 재창조되고, 앞선 순간과 뒤이어지는 순간 사이에는 어떠한 인과적 연결고리도 없다. 이러한 생각에 따르면, 와인버그가 라젭과의 불꽃 튀는 논쟁을 일으켰던 그 논문에서 말했듯이, "불꽃에 던져진 솜 한 조각이 검어지고 타들어가는 것은 열 때문이 아니라, 신께서 그것이 검어지고 타들어가기를 원하시기 때문이다."

이러한 가르침은 그리스 과학의 자연주의적이고 합리주의적인 전제조건들과 충돌했다. 이것이 필연적으로 합리적이고 과학적인 탐구의 종말을 알리는 조종처럼 들리지는 않았다. 신이 창조된 세계를 충실하고 믿음직스럽게 통제하고 있으므로 인간의 합리적 연구 또한 가능하다고 주장할 수 있기 때문이다. 하지만 그러한 신학이 탐구의 내적 일관성과 합리성과 적법성을 약화시키는 방식은 합리적 학문을 계속 유지하는 일을 더욱 어렵게 만들었다. 교황 베네딕토 16세가 2006년 9월에 행한 유명하고도 논쟁적인 레겐스부르크 강의에서 가리켰던 것이 바로 이것이다. 교황은 무슬림의 가르침에서 신이란 "절대적으로 초월적이며", "그분의 의지는 우리의 범주 가운데 어떠한 범주에도, 심지어 합리성의 범주에도 묶이지 않는다"라고 말

했다.[13]

알아샤리는 자신의 우인론에서 이슬람 신학 안에 있는 사고의 잠재적 가닥을 발전시키고 있었다. 이러한 견해를 옹호한 가장 영향력 있는 인물은 알가잘리였다. 와인버그가 인용한 불타는 솜 조각의 비유를 제시했던 인물이기도 한 알가잘리는 이슬람 세계 최초의 고등 교육기관 중 하나인 바그다드의 니자미야 마드라사의 학장이었고, 술탄들의 절친한 친구였으며, 바그다드의 칼리파 궁정에서도 좋은 위치를 차지하고 있었다. 하지만 그는 권력에 가까울수록 영적·도덕적 건강을 해치게 된다는 확신에 사로잡혀 중년에 이르러 자신의 모든 지위를 버렸다. 그리고 헤브론에 있는 아브라함의 무덤 앞에 엎드려 다시는 정치권력에 봉사하지 않겠노라고 맹세했다.

알가잘리는 편협한 종교적 '근본주의자'가 절대 아니었다. 그는 필연적 인과성을 부정했는데, 그의 주장은 700년 뒤에 등장하는 데이비드 흄이 보아도 결코 생경하지 않을 말들로 제시되었다. "습관적으로 원인이라 생각되는 것과 습관적으로 결과라 생각되는 것 사이의 연결은 필연적이지 않다." 더구나 그는 매우 정교한 근거들을 바탕으로 자신의 의견을 개진했다. 그의 가장 유명한 저작에는 《철학자들의 모순The Incoherence of the Philosophers》이라는 제목이 달렸지만, 그럼에도 그가 아리스토텔레스주의나 철학적 사고의 전개 자체에 전적으로 반대했던 것은 아니다. 그는 우주의 영원성이라는 난제와 씨름하면서 강력한 아리스토텔레스를 반박하고자 요하네스 필로포노스의 추론을 끌어다 사용했다. 하지만 그는 팔라시파(철학자들) 사이에 있는 우월감, 특히 이성적 추론이 온전하기에 그것만으로 충분하다는 그들의 확신에 반대했다. 그러한 확신이 계시와 종교와 율법을 위태롭게 하는 믿음이라고 생각했기 때문이다.

《철학자들의 모순》은 팔라시파의 스무 가지 주장(그중 네 가지는 자연과학에 적용되고 나머지는 형이상학에 적용된다)을 취해 철학자들이 스스로 선포한 증명의 기준에 이르지 못했으며 사실은 이 주장들이 지탱 불가능한 전제들이나 수사법, 혹은 단순히 고대인들의 권위에 의존해 구성되었음을 입증했다. 팔라시파가 도달한 모든 결론에 필연적으로 동의하지 않은 건 아니지만, 그는 그들이 결론에 도달한 근거로 삼은 권위에 반대했다. 오직 이성만으로는 충분하지 않다. 그릇된 결론은 대부분 보잘것없는 것들이다. 하지만 세계가 영원하지 않다거나 육체가 부활하지 않는다고 하는 것 등은 심각하고 위험했다. 그는 책의 말미에서 이러한 내용을 공공연하게 가르치는 이들은 죽어 마땅한 배교자라고 주장했다.

이어지는 다음 세기에 등장한 이븐 루시드는 자신의 저서 《모순의 모순Incoherence of the Incoherence》에서 《철학자들의 모순》을 상세히 논박했다. 하지만 《철학자들의 모순》이 지닌 영향력은 불가항력적이었다. 알가잘리는 이슬람 사고 안에서 지적 역류를 강력하고 상세하게 분명히 표현했고, 이는 12세기 초에 점점 더 중요해졌다. 의학, 천문학, 수학 같은 어떤 형태의 자연과학 및 과학 탐구는 여전히 수용 가능하고, 정말로 추천 가능한 것으로 남아 있었지만, 그것들에 대한 허가는 무엇보다도 종교적 유용성 때문에 정당화되는 도구적인 것이었다. A. I. 사브라에 따르면, "초기 몇 세기 동안에" 과학자는 의사나 천문학자로 일했을 테지만, "하킴hakim(이슬람 전통 의사)으로 인정되고 존경받기도 했을 것이다. (…) 하킴은 세계에 관한 진실을 알기 위해 세계의 어떤 측면이든 조사하는 사람이다." 그러나 종교적 권위가 승인하는 과학의 공간이 축소됐던 곳에서는 나중에는 전혀 그러하지 못했다. 14세기의 역사학자 이븐 할둔은 이렇게 말했다. "물리학의 문제들은 우리의 종교적 사안이나 생계에 전혀 중요하지 않다. 그러므로 우리는 그 문제들을 그냥 내버려두어야 한다."[14]

알가잘리는 이슬람 과학에 대해 최종 결정을 내리지도 않았고, 내려서도 안 된다. 그는 알콰리즈미, 알킨디, 이븐 시나와 마찬가지로 유일하거나 전형적이거나 대표적인 인물이 아니었을 뿐 아니라, 이슬람 과학을 그 진행 경로에서 멈춰 세우지도 않았다. '위인들의 역사'를 따르는 경우를 제외하면, 개인은 절대 그런 일을 하지 못한다. 알가잘리가 한 일은 자연세계에 대한 연구에 언제나 수반되어온 자연과학에 대한 강력한 종교적 비판을 명확하게 표현한 것이었다.

이것이 그 자체로 문제가 되지는 않는다. 과학은 본래 계속해서 질문하는 것이며 대립하고 충돌하는 것이다. 비판받는 것이 문제가 되어서는 안 된다. 알가잘리의 경우처럼 비판이 철학적 추정의 수준에서 이루어졌을 때에도 마찬가지다. 문제는 이러한 비판과 충돌을 위한 과학의 경기장이 안전하게 확보되지 않고, 질문을 던지는 것이 단지 답을 요구하는 것에서 잠재적으로 목숨을 빼앗길 수 있는 일로 뒤집히는 위험을 감수해야 할 때 발생한다. 궁극적으로 자연철학의 권위는 다른 분과학문들과 기관들의 권위에 쉽게 좌우되고 의존했던 탓에 그러한 위협을 견디고 온전한 상태로 살아남을 수 없었다. 중세 후기에 이슬람 과학을 약화시킨 것은 알가잘리 자신이 아니라 이러한 환경이었다.

중세 무슬림 세계는 여러 고등교육기관들을 자랑했고 알가잘리도 그중 한 곳에서 가르쳤다. 하지만 이 교육기관들은 개인이 출연出捐하는 일종의 자선기금인 와크프waqf에 의존했다. 그리스도교 세계에서와 달리, 학자 같은 전문직업인들이 한데 모여 집단이나 조합을 조직함으로써 상대적인 자유를 누리며 스스로의 활동을 결정할 수 있게 하는 법인法人의 개념이 없었다. 4장에서 살펴보겠지만, 중세 유럽에서는 지적이고 제도적인 권위가 탈중심화되어 모든 지적 활동을 보호받는 데 도움이 되었다. 본래부터 질문을 던지는 활동이고, 그래서 권위에 위협을 가하는 활동인 과학에는 이것이 핵심이었다.

마드라사는 11세기부터 이슬람 세계 전역에 존재했다. 또한 와크프는 다양한 교육적 기능을 수행할 수 있었고, 실제로 그러했다. 여기에는 대수학, 기하학, 삼각법, 논리학, 천문학이 포함될 수 있었다. 그러나 무게의 중심은 팔사파falsafa(철학)나 칼람, 자연과학이 아니라 쿠란, 하디스, 샤리아를 연구하는 데 있었다. 하지만 팔사파, 칼람, 자연과학에 관한 책들도 필사되고, 많은 경우에 도서관에 보관되었으며, 앞서 보았던 것처럼 학자들도 이들 주제에 익숙했을 뿐 아니라 개인적으로 연구하고 가르치기도 했다. 그러나 알가잘리가 그 열등성을 강력하게 주장한 뒤로 이런 학문은 최선의 경우에는 부차적이고 최악의 경우에는 의심스러운 앎의 근거들이 되었다.

우주에 대한 과학적 탐구를 위한 매우 실질적인 투자였던 천문대도 취약한 기관에 불과했다. 실제로 대부분의 천문대는 놀라울 만큼 단명했다. 이란의 마라게 천문대는 50년밖에 가지 못했다. 울루그베

그 천문대는 그보다 단명했다. 1420년에 설립되어 고작 30년 만에 파괴되었으며, 역사 속에서 완전히 사라졌다가 1908년에야 그 유적이 발견되었다. 이스파한의 말리크샤 천문대는 1074년에 설립되고 20년도 채 되지 않았을 때 말리크샤 1세 술탄이 죽자 같은 운명을 맞았다. 이스탄불 천문대는 매우 정확하게 천체를 관측했음에도 가동된 지 3년 만에 적대적인 설교의 주제가 되어 술탄의 명령에 의해 파괴되었다.

이중 어떤 것도 훌륭한 과학적 성과를 불가능하게 막은 것은 없다. 실제로 천문학과 의학 같은 분과학문들은 어떤 공식적인 종교의 승인을 유지했으며 중세 말에 가장 인상적인 진보를 이루었다. 그러나 그 탁월한 성과는 허약한 것이었다. 궁극적으로 이슬람 세계에서 자연철학의 권위는 공격에 취약했고, 학문은 강력한 지성적 역류와 사회적 압력을 견디기에 충분히 안전한 제도적 환경을 확보하지 못했다.

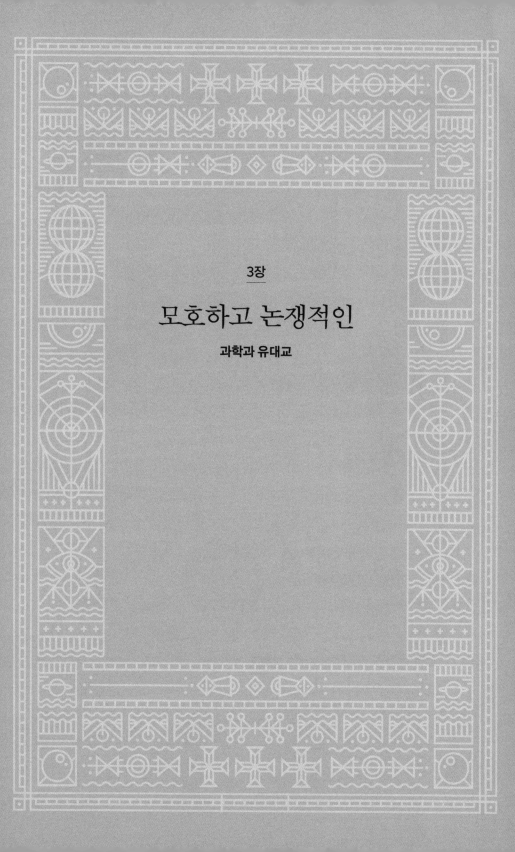

3장

모호하고 논쟁적인

과학과 유대교

모세 벤 마이몬(마이모니데스)의 《방황하는 자들을 위한 안내서Guide for the Perplexed》의 한 페이지. 이 책은 신학을 그리스 철학과의 건설적인 대화 안으로 들여왔다. 마이모니데스는 중세 유대인 과학에서 매우 중요한 인물로서 존경과 비판을 모두 받았다.

'자연은 그분께 순종한다' — 초기 유대교의 과학

서기 39년경 알렉산드리아 출신의 한 유대인 철학자가 지상에서 가장 강력한 인물에게 맞서고 있었다. 황제는 망상과 변덕과 잔혹함으로 유명한 칼리굴라였다. 철학자는 자기 고향 도시의 유대인 공동체에서 지도자로 존경받던 필론이었다. 이제 50대인 필론은 민족의 대표로 선출되어 폭동 혐의를 해소해야 했다. 폭동이 끊이지 않았던 이 도시에서 최근에 폭도들이 일으킨 소란의 목표물이 된 유대인들은 로마 황제의 조각상이 시나고그[유대교 회당]에 들어오는 것을 거부한 탓에 황제의 명예를 손상했다고 고발당했다. "황제께서는 우리의 성전과 관련하여 이와 같이 혁신적인 일들을 도입하려는 시도가 어떤 결과를 가져올지 모르셨을 리 없습니다." 적어도 스스로 전하는 이야기에 따르면 필론은 황제를 질책했다.[1]

유대인들은 창조된 것이라면 무엇이든 신적인 존재이거나 숭배할 가치가 있는 대상으로 보려 하지 않았다. 황제는 그저 사람에 불과했다. 세계는 창조되었다. 자연은 단순히 자연일 뿐이었다. 이는 오랜 세월 뒤에 독일의 철학자 헤겔이 과학적 탐구의 뿌리에 거름을 주었다고 주장하는 태도였다. 헤겔의 주장에 따르면, 구약성경은 자연을 탈신비화했다. 자연은 공포나 숭배의 대상이 아니라 통제의 대상이었다. 헤겔은 신이 "바람과 번개를 하인과 전령처럼 쓰고, 자연이 그에게 순종하는" 모습으로 재현된다고 썼다.[2] 신에게 그러하듯 그의 형상대로 만들어진 사람들에게도 그러했다. 지상의 신들을 (그들이 신전에 거하든, 인간이나 자연에 깃들었든) 모두 그 권좌에서 몰아냄으로써 유대인들은 과학으로 향하는 길에서 첫걸음이자 가장 중요한 걸음을 내디뎠다.

이러한 생각에는 어떤 호소력이 있다. 하지만 그것은 기껏해야 부분적인 진실에 불과하다. 유대인들이 과학에 접근하는 방식은 간단하게 범주화될 수 없는데, 이러한 생각은 그것을 너무 평면적으로 다루기 때문이다. 필론은 제국과 황제에 대한 불충으로 고발당한 자기 민족을 변호하고 있지 않을 때는 히브리어 성경과 그리스 철학을 조화시키려고 시도하고 있었다. 그는 우리가 아는 유대인 중 그러한 작업에 착수한 최초의 유대인이었다. 그는 스스로를 두 전통 사이의 훌륭한 중재자로 여겼다. 〈창세기〉의 창조 이야기에 관한 논고를 집필하면서 성경에 대한 축자적 해석과 상징적 해석을 관대하게 두루 혼합해 사용했고, 그 과정에서 그리스 철학을 끌어다 쓰기도 했다. 그의 주장에 따르면 시간은 공간의 한 속성이며 공간과 함께 시작되었다.[3] 창조주와 창조는 로고스, 곧 이성의 개념을 통해 이해될 수 있었다. 그는 그리스도교 교부들이 나중에 대중적으로 널리 알리게 되는 논쟁에서 철학이란 참된 종교의 '하녀'라고 주장했다. 바로 여기에 당대 과학을 진지한 대화 상대로 삼는 유대교의 전통이 있었다.

그러나 필론의 시대에는 팔레스타인에 쿰란 공동체도 있었다. 쿰란 공동체는 그리스·로마 문화와 접촉하느니 완전히 고립된 삶을 살기로 결정한 집단이었다. 또한 수많은 다른 종파들도 있었다. 이들은 쿰란 공동체만큼 극단적이지는 않았지만, 그럼에도 그들이 여러 세기에 걸쳐 그 안에서 살아왔던 헬레니즘 문화와 자연철학을 거부했다. 그들에게 아테네는 예루살렘과 아무런 관련도 없었다.

요컨대 필론의 시대에 유대인들이 그리스 과학에 접근하는 단 하나의 방식이 있었던 것은 절대 아니고, 필론 이후 시대에도 마찬가지였다. 다른 종교들과 비교해 초기 유대교가 과학과 관계 맺는 방식이 특히 달랐던 점은, 단순히 그 방식 자체가 여러 개였다는 것이 아니라 (그리스도교와 이슬람의 경우에도 마찬가지였으므로) 그것이 늘 복수의 맥락에서 일어났다는 것이다. 필론의 시대에 알렉산드리아의 유대인들은 같은 도시의 그리스인들과 똑같이 로마의 지배 아래서 서로 성이 난 채로 어깨를 부딪치며 살아가고 있었다. 500년 뒤에는 그리스도교 문화가 지배적인 문화가 되지만, 당시에 적어도 알렉산드리아의 문화에는 그리스의 철학적 관념들이 흠뻑 스며들어 있었다. 9세기 무렵에는 전 세계 유대인들의 다수가 이슬람의 지배 아래 살면서 아랍어를 사용했고, 자연과학에 직접 접근할 수 있는 기회를 즐겼을 뿐 아니라 직접 기여하기도 했다. 특히 스페인에서는 9세기에서 12세기 중반까지 유대인들이 특수한 지적 자유를 누리며 아랍어로 된 다량의 자연철학 저술들을 번역했다. 그 뒤로 유대인들은 그리스도교 세계의 소수로서 계속 살아가면서 이전보다 다수의 문화에 대해 더 주변적이고 더 취약해졌으나, 그럼에도 여전히 기회가 되면 자연과학에 기여했다. 간단히 말해, 다른 과학과 종교의 역사들도 포용과 거부, 기여와 비난을 모두 아우르지만, 그럼에도 유대교의 이야기에서

보다 절대 더 복잡하지 않다.

'우리의 하느님은 우리의 성읍만큼이나 많다' — 다양한 믿음

헤겔이 히브리어 성경에 대해 주장했던 모든 내용에도 불구하고, 히
브리어 성경은 그가 생각한 것만큼 그렇게 일관된 목소리를 내지 않
는다. 성경에서는 천체를 포함한 자연세계가 실제로 탈신성화되어
있다. 확실히 고대 근동의 다른 종교 문화들과 비교하면 그렇다. 자
연은 신의 주권적 지배력 아래 놓여 있으며, 예언자 중에서도 특히
이사야는 점성술사를 찾아가지 말라고 백성들에게 경고했다.[4] 그러
나 그와 동시에 〈판관기〉에서는 별들이 살아 있고 이스라엘 사람들
을 위해 싸우고 있다고 묘사한다. 유대인 역사가 요세푸스는 동시대
인들이 점성술사의 말을 듣고 로마인들에게 맞서 반란을 일으켰다고
한다.

　창조에는 순서가 있었다. 〈창세기〉의 첫 장은 주의 깊게 구조화되
어 있으며, 하늘과 땅의 양식과 질서를 그려냈다. 〈잠언〉은 신이 지
혜를 통해 세계를 어떻게 창조했는지를 기록했다. 이 모두는 그 자체
로 세계에 대한 구조화된 이해를 제공했다. 신은 법칙을 만드는 존재
였고, 창조는 그 법칙들을 따랐다.

　그러나 세상 만물은 그토록 분명하게 질서 잡힌 것처럼 보이지 않
았다. 성경을 대강 읽어보더라도 세계는 영과 혼과 꿈과 신적인 개
입으로 가득 차 있는 듯 보였다. 히브리어 성경은 어떤 특정한 우주

의 모델을 정의하는 것은 말할 것도 없고 모델을 제시하는 데에도 대체로 관심을 보이지 않고, 그저 주변 문화에 널리 퍼져 있는 모델들을 차용해 조정하는 것으로 만족했다. 성경은 포용하거나 거부해야 할 어떠한 과학적 규정도 제공하지 않았다. 노아 에프런의 말대로 "성경은 상충하는 관점들을 똑같은 표지로 묶어놓은 것이 아니다. 성경은 상충하는 관점들에 특전을 부여하며 (…) 열린 책으로 남아 있었다."[5]

이는 자연철학에 관한 한 특별히 유연한 유대교 전통을 만들어내는 데 도움이 되었다. 랍비들의 저술과 주해와 논쟁을 6세기 초에 집대성한 탈무드 또한 여러 층위로 이루어진 산만한 구성 방식을 통해 그러한 유연성에 기여했다.

라브 아하 바르 야코브*는 이 증거에 반대한다. (…) 아마도 별들은 맷돌의 축받이처럼 천구 안에 변함없이 정지해 있을 것이다. (…) 그렇지 않으면, 아마도 문에 달린 경첩 축처럼 변함없이 정지해 있을 것이다. (…) 마찬가지로, 아마도 별자리들은 천체 안에 정지해 있을 것이다. (…) 그러므로 랍비 예후다 하나시**의 진술은 필연적으로 참이다.[6]

그 결과, 바빌론 탈무드와 팔레스타인 탈무드에 상이하고, 때로는

---

* 바빌론에서 성경과 율법을 가르치며 탈무드 형성에 큰 역할을 한 아모라임의 3세대 랍비 중 한 명으로 3세기 말에서 4세기 초에 활동한 것으로 알려져 있다.

** 유다 하나시 혹은 유다 1세라고도 한다. 율법에 관한 랍비들의 논쟁들을 집대성한 《미슈나》의 편집자로 알려져 있다.

서로 모순되어 보이는, 자연관과 우주론이 담기게 되었다. 예를 들어 위에 실린 우주론에 관한 논의는 "유대인 현자들"이 태양과 창공에 대해 말하는 내용을 "세상 민족들의 현자들"이 말하는 내용과 비교하는 것으로 계속 이어지다가, 다소 갑작스러운 방식으로 "세상 민족들의 현자가 말하는 내용이 우리가 말하는 내용보다 더 정확해 보인다"라고 결론 내린다.[7]

이 긴장은 보통 '그리스'나 '외국'의 지혜 혹은 '민족들의 지혜'라 불리던 것들에 대한 탈무드의 더 폭넓은 태도에 반영되어 있다. 그러한 지혜는 수용 가능한 것인가? 바빌론 탈무드는 묻고 있다. 그 대답은 가능하다는 것이었다. "랍비 가말리엘*이 자기 집안 사람 중 절반이 그리스의 지혜를 공부하도록 허락했다는 사실은 그리스의 지혜가 허용되었음을 보여준다." 그러나 그 점을 제외하면, 대답은 가능하지 않다는 것일 수도 있다. "랍비 가말리엘의 집안 사람들은 다르다. 그들은 군주 일가와 가까웠고, 그래서 권위를 가진 사람들과 대화하기 위해서는 그리스의 지혜를 배워야 했다. (…) 그러나 자기 아들에게 그리스의 지혜를 가르치는 사람은 저주받는다."[8]

유대교가 형성되는 과정에서 탈무드가 갖는 중요성 때문에 유대인들은 과학에 대한 이 복잡다단한 태도를 실질적으로 인정했다. 그것은 이슬람의 지적 맥락에서, 그리고 이후에는 그리스도교의 지적 맥락에서 그리스 과학을 다루게 되었을 때 유대인 철학자들 사이에서

• 예수와 동시대에 살았던 유대교 랍비. 당시 유대교 최고 사법기관인 산헤드린의 지도자로서 유대인들에게 존경받고 큰 영향력을 행사했다. 사도 바오로가 회심 이전에 가말리엘 문하에서 공부했던 것으로 전해진다.

쉽게 눈에 띄는 태도였다. 사디아 벤 요세프 가온은 882년 이집트에서 태어났다. 성경, 문법, 의례에 관한 저술은 물론 수학과 철학에 관한 저술도 집필한 그는 아랍어로 쓰인 그 저작들 때문에 유대교 안에서 과학 활동을 창립한 인물로 불렸다. 그는 저작들에서 모세의 율법과 철학적 이성이 병립 가능하다는 사실을 입증하고자 했다. 실제로 그는 필론 이후 과학과 철학을 지속적인 대화로 끌어들인 최초의 사상가였다. 사디아의 〈창세기〉 주해는 천문학과 생물학에 관한 내용을 길게 다루고 있으며, 주요 저작인 《믿음과 의견의 책The Book of Beliefs and Opinions》은 스토아학파의 '물리학'을 끌어다 사용하고 천상의 제5원소에 대한 아리스토텔레스의 믿음을 논박한다.[9] 더 중요한 것은, 이 책이 네 가지 인간 지식의 독립된 원천(감각, 이성, 논리적 추론, 신뢰할 만한 전승)이 있다고 주장하면서 신이 계시한 법칙들을 알기 위한 원천으로서 (잠정적으로) 이성을 제시했다는 사실이다.

　이는 논란의 여지가 있다. 단순히 탈무드에서 그리스 과학이 갖는 양가적 지위 때문인 것도 아니다. 사디아가 저술 활동을 할 당시에 대부분의 유대인들은 이슬람의 지배 아래 살고 있었다. 그들은 쿠란과 조우했고, 더 정확히는 쿠란에 대한 이슬람의 태도와 조우했으며, 이것이 유대인들의 반응에 촉매제 역할을 해 이후에 카라이트 유대교라고 알려지는 유대교 분파를 형성했다. 무슬림이 그들의 경전에 대해 품고 있는 확신에서 강한 인상과 영향을 받고 카라이트 유대교인들은 랍비들의 산만하고 우회적인 접근방식을 건너뛰는 대신 토라에 대해 더 직설적으로 교훈적이고 권위적인 해석을 얻고자 했다. 권위의 근원으로서 그리스인들의 과학과 이성은 말할 것도 없고 탈무드의 구전 전승을 다루는 것은 신의 계시를 저버리는 것이라고 그들은 주장했다. 사디아는 카라이트 유대교에 강력히 반대했으나, 카라이트 유대교는 여러 세기에 걸쳐 중요한 종교 분파로 남았다.

사디아는 40대에 바그다드로 이주했고, 그곳에서 주요 저작들을 집필했다. 우리가 이미 보았듯이, 당시 바그다드는 이슬람 과학의 번역 운동의 중심지였고, 많은 유대인이 이 번역 활동에 기여했다. 하지만 과학적 논의에서 유대인들이 가장 눈에 띄었던 곳은 이슬람 제국의 반대편 끝이었던 알안달루스였다.[10] 칼리파 아브드 알라흐만 3세의 치세였던 10세기 중반부터 알모하드 왕조*가 침략해온 1140년대까지 알안달루스는 예술, 문학, 철학, 과학에서 지난 500년 동안 유럽에서 볼 수 없었던 수준에 올라섰다. 오늘날의 스페인에 있던 우마이야 칼리파국은 상이한 지적 전통들을 수용했고 많은 유대인이 과학에서 뛰어난 활동을 펼쳤다. 기록에 따르면, 당시 유대인은 전체 인구의 10퍼센트밖에 되지 않았음에도, 스페인과 프로방스 지방에서 활동한 의사의 3분의 1에서 절반 정도가 유대인이었다.[11]

유대인들의 기여는 의학에만 국한되지 않았다. 히브리어, 아랍어, 라틴어에 능숙했을 뿐 아니라 많은 경우에 그리스어에도 능했던 유대인 사상가들은 그리스어-아랍어 과학을 번역하는 데서, 단지 유대인 공동체를 위해서만이 아니라, 천천히 그러한 과학의 존재를 알아가고 있던 그리스도인 학자들에 대해서도 독특한 위치에 있었다. 철

---

* 베르베르족 이슬람 왕조로 12세기 초 오늘날 모로코의 아틀라스산맥에서 시작하여 칼리파국을 건설하고 13세기 중반까지 북아프리카 동부와 이베리아반도 남부를 지배했다.

학자이자 수학자이며 천문학자였던 아브라함 바르 히야(1136년경 사망)는 가장 이른 시기 유럽의 대수학이 담긴 기하학 논문을 저술했으며, 수많은 시를 쓴 아브라함 이븐 에즈라(1167년 사망)는 산술 및 천문학 도구들과 점성술에 관한 저술을 남겼다. 알안달루스와 그 너머의 뛰어난 유대인 사상가 한 명 한 명이 자신의 과학 연구를 토라 및 토라에 대한 주해와 대등하게 병치시켰다. 앞으로 보겠지만, 이것은 그들의 과학과 철학 연구 활동을 위한 궁극적이고 필수적인 정당화였다. 1180년 톨레도에서 죽은 아브라함 이븐 다우드는 멋지게 혼합한 은유를 사용해 "자신의 두 손으로 두 개의 빛을, 즉 오른손에는 율법의 빛을, 왼손에는 과학의 빛을 움켜쥐고" 싶다는 욕망을 표현함으로써 동료들을 대변했다.[12]

중세 유럽에서 유대인들의 사고와 특히 과학 연구는 고르지 못하게 드문드문 이루어졌기 때문에 일반화가 어렵지만, 알안달루스의 학자들은 이슬람 영역의 경계 너머까지, 특히 프로방스에서 유대인 사상을 확장하는 기폭제가 되었던 것으로 보인다. 12세기 중반부터 유대인 학자들은 알모하드 왕조의 지배 아래 박해와 개종 강요를 피해 북쪽으로 도주했고, 프로방스 지방의 탈무드 연구에 과학적 작업을 도입했다. 이븐 티본 집안에서 많이 나온 유대인 번역가들은 아리스토텔레스의 자연과학과 물리학 책들에 관한 많은 주해서들은 물론이고 알파라비, 이븐 시나, 에우클레이데스, 아르키메데스, 프톨레마이오스의 저술들을 히브리어로 번역하기 시작했다.

이 특별한 번역 운동의 규모나 범위가 아무리 방대했다고 해도, 그것이 알안달루스와 프로방스 두 지역 모두에서 새로운 과학을 용인하지 않았다는 사실을 가릴 수는 없다. 새로운 과학을 둘러싼 논쟁이 넘쳐났다. 어떤 이들은 구체적이고 경멸적으로 새로운 과학을 공격했다. 왼손에 과학을 움켜쥐고 싶다고 한 아브라함 이븐 다우드는 대수학을 배우려는 이들을 "새 포도주 4분의 15를 끓여서 그 3분의 1만 남게 하려고 전체 4분의 1이 날아갈 때까지 끓이고 남은 포도주의 4분의 2를 쏟아버리는" 사람 같다고 조롱했다(이렇게 비아냥대는 이야기는 한동안 계속 이어진다).[13]

이러한 조롱 뒤에는 진정한 우려가 있었다. 아브라함 이븐 에즈라는 시인이자 의사인 유다 하레비와 벌인 논쟁을 기록해놓았다. 이 논쟁에서 유다 하레비는 신이 창조한 세계를 탐구하는 것이 신을 알 수 있는 가장 좋은 방법이라면, 하느님은 왜 모세에게 자신을 계시할 때 하늘과 땅을 만든 신이 아니라 그의 민족을 이집트에서 해방한 신으로서 계시했겠느냐고 물었다.[14] 성경에 관한 이 난해해 보이는 질문에는 그리스-아랍 과학에 대한 유대인들의 양가적 감정의 중심에 놓인 긴장이 깔려 있으며, 이러한 긴장은 특히 계몽시대 유럽에서, 과학과 종교의 역사에 질리도록 끈질기게 따라붙는다. 자연에 대한 탐구와 개인적이거나 역사적인 경험 중 어느 쪽을 통해 신을 더 잘 알 수 있을까? 아니면, 어느 쪽을 통해서만 신을 알 수 있을까? 하느님은 이집트 탈출의 하느님인가, 아니면 자연의 하느님인가? 수백 년이 흐른 뒤 프랑스의 수학자 블레즈 파스칼이 외투 속에 늘 간직했던 것처럼 아브라함의 하느님, 이삭의 하느님, 야곱의 하느님이었을까, 아니면 철학자들과 학자들의 신이었을까?

이는 알안달루스와 그리스도교 세계의 유대인들에게 특히나 예리한 질문이었다. 그들은 늘 외부 압력에 취약한 소수였으며, 그들에게 종교와 지성의 일관성은 단지 바람직한 것일 뿐 아니라 필수적인 것이었다. 자연철학은 한 공동체에 원심력으로 작용했다. 자연철학의 관념들과 발견들이 그 공동체의 근본적 믿음과 조화를 이루거나 공동선에 기여한다고 보장할 수 없었다. 과학은 그 본성상 예측 불가능한 도전 활동이며, 어떠한 정치권력이나 문화에도 잠재적 위협이 된다. 중세 유대교에서는 자연철학이 원심력이 되어, 공통의 믿음과 생활과 안전의 토대가 된 율법 및 율법 연구라는 구심력과 균형을 이루어야 했다.

이로써 탈무드까지 거슬러 올라가는, 동의와 논쟁 사이의 아슬아슬한 균형이 이루어졌다. 한편으로는 율법의 권위와, 토라 학자가 되는 데 필요한 수학이나 의학이나 자연철학을 공부하려는 유대인 사상가를 중심으로 공동체가 형성되었다. 다른 한편으로는 상이한 공동체들 사이에서나 개별 공동체 내부에 영속적인 불화가 이어졌다. 프로방스 출신의 번역가이자 철학자인 칼로니무스 벤 칼로니무스는 어느 책의 서문에 이렇게 썼다. "각 [유대인] 구역에서 그곳만의 신조를 지키고 (…) 각 구역이 다른 구역을 단죄하며 '이단이 아닐까 우려된다. (…) 하느님은 그러한 하느님이 아니다'라고 말하고 (…) 우리의 하느님은 우리의 성읍만큼이나 많다."[15] 간단히 말하자면, 중세 유대교 전체에 걸쳐 외래 과학에 대한 내재적 의심이 있었는데, 그건 주로 사회적인 이유 때문이었다. 자연철학은 적어도 그릇된 손안에 들어갈 경우 토라의 권위를 약화시킬 수 있고, 토라가 없다면 유대인 공동체도 없을 것이다.

'약제상과 요리사와 제빵사' ― 마이모니데스와 하녀

유대인 학자들과 공동체들 사이에 의견 일치가 이루어지지 않았다고 해도, 분파나 종파가 분열되어 나간다든지 서로 이단 혐의로 고발한 다든지 하는 일은 없었다. 본래부터 대화적이고 논쟁적인 탈무드의 본성 때문에 폭넓은 의견 차이가 허용되었다. 유대교에는 이단을 단속하고 축출할 수 있는 수단인 교회의 확고한 위계나 국가의 강압적인 권위가 없었다. 여하튼 유대교는 이단 정의의 준거가 되는 전제조 건이나 신경信經 차원의 어떤 것을 실제로 발전시킨 적이 없었다. 역 설적이게도 그러한 차원을 도입하는 데 가장 많은 일을 한 사람은 유대인 사상가들 사이에서 과학을 적법화하고, 그런 뒤엔 과학을 제한하는 데 가장 많은 일을 한 사람이었다. 중세 후기의 중심지들에 존재하던 유대인 지성계의 전체 역사는 바로 그 인물을 중심으로 형성 되었다고 해도 과언이 아니다.

흔히 마이모니데스라고 알려진 모세 벤 마이몬은 다른 어떤 철학 자에게 합당한 것보다 더 많은 것을 자신의 66년 생애에 채워 넣었 다. 1138년 알안달루스의 코르도바에서 태어난 그는 기나긴 계보를 자랑하는 유대인 현자들의 후예였으며, 서구에서 지적으로 가장 활 기찬 도시의 주민이었다. 하지만 이 도시의 활기는 오래 계속될 수 없었다. 1140년대 북아프리카의 알모하드 왕조가 스페인을 침략하 고, 그리스인의 것이든 유대인의 것이든 외래의 외피를 벗고 쿠란과 하디스의 순수한 이슬람을 복원하겠다고 결심하면서 유대인들에게 이슬람으로 개종하거나 떠나거나 죽기를 강요했다.

1148년에 이르러 알모하드 왕조는 코르도바까지 정복했고, 이후 12년 동안 마이몬 집안은 이곳저곳을 떠돌다 모로코의 페스에 정착했다. 마이모니데스는 알모하드 왕조의 지배를 받는 페스에서 5년 동안 살았는데, 이 젊은이가 더 이상의 고통을 피하고자 거짓으로 개종했다는 증거가 있다. 어찌 되었든 마이몬 집안은 1165년에 페스를 떠나 배를 타고 동쪽으로 이동했는데, 중간에 폭풍을 만나 거의 물에 빠져 죽을 뻔하기도 했다. 마이모니데스는 그날 아마도 남은 생애를 위해 홀로 기도했을 것이다. 당시에 그리스도인들의 도시였던 아크레에 도착한 마이모니데스는 예루살렘을 순례한 뒤, 이집트의 카이로 인근에 위치한 푸스타트에 완전히 정착했다. 하지만 정치적 불안정이 그를 따라왔다. 지난 두 세기에 걸쳐 이집트를 지배한 파티마 왕조가 무너져 내리고 있었다. 마이모니데스가 도착하고 3년 뒤에 유럽의 십자군이 푸스타트를 불태웠고, 다시 3년 뒤에 살라딘(살라흐 앗딘)과 아이유브 왕조가 파티마 왕조를 대체했다.

파티마 왕조는 스페인의 우마이야 왕조만큼 외래 과학을 흔쾌히 받아들였다. 카이로는 세계 최대 도서관을 자랑했고, 과학 아카데미라 불린 기관을 보유했으며, 동방의 바그다드와 서방의 코르도바와 더불어 이슬람 학문의 3대 거점으로 알려졌다. 이 도시는 마이모니데스에게도 잘 맞는 곳이었다. 그는 이곳에서 수학과 논리학과 천문학을 가르쳤고, 토라를 연구했으며, 한편으로는 파티마 왕조의 마지막 칼리파 알아디드를 섬겼다. 그런 뒤에는 정권 교체를 능숙하게 성사시킴으로써 강력한 후원자를 얻게 되었다. 인도와의 무역에서 사랑하는 형제와 재산을 잃은 뒤에는, 알안달루스에서 받은 교육을 활용해 궁중 의사로 일했다.

마이모니데스는 명망 있는 집안의 여자와 혼인하고 궁궐 인맥을 이용해 카이로 유대인 공동체의 중심인물이 되었다. 이 공동체에는 두 개의 랍비 시나고그와 카라이트 시나고그가 포함되었다. 그의 아들 아브라함이 나중에 기록하기를, 모세는 두 랍비 시나고그 중 어느 곳에도 정기적으로 출석하지 않고 자기 집에서 기도 예식을 행했음에도 공동체의 종교 및 사법에 관한 궁극적 권위자인 '유대인들의 수장'으로 임명되었다. 그러한 자격으로 그는 혼인, 이혼, 상속, 재산, 세금, 동업, 시나고그 예법, 채무, 개종, 배교, 할례와 월경에 관해 판결했고, 그의 판결들은 500년이 넘는 시간 동안 계속해서 전해졌다. 율법과 지혜에 관한 그의 명성은 북아프리카를 가로질러 팔레스타인과 바그다드와 예멘에까지 퍼졌다.

하지만 마이모니데스가 기억될 수 있었던 것은 유대인 공동체의 판관이나 지도자로서가 아니라, 논리학, 천문학, 점성술(그는 점성술을 무시했다), 의학에 관한 학자이며 수많은 저술을 남긴 저자로서다. 의학 분야에서 그의 대표작은 갈레노스의 방대한 작품을 단순화하고 구조화한 것이었지만, 《부부생활에 관하여On Cohabitation》와 같은 독창적인 책도 있다. 이 책은 젊은 여성들을 만족시켜주느라 기력을 소진했다고 하는 살라딘의 젊은 조카를 위해 다양한 정력제 제조법을 자세히 기록하고 있다.

마이모니데스의 명성과 권위는 다른 무엇보다도 두 저술에 기초했다. 하나는 유대교 율법을 집대성한 열네 권짜리 《미슈네 토라Mishneh Torah》다. 이 저술은 유대교 법리학의 시금석이 되며 유대교 율법에 관한 유일무이하게 중요한 권위자로서 그의 명성을 확고히 한다. 다른 하나는 그가 40대 후반에 쓴 《방황하는 자들을 위한 안내서》다. 이 책에서 마이모니데스는, 다음 세기에 토마스 아퀴나스가 그리스도인들을 위해 하듯이, 그리스 철학 및 과학과의 조화로운 대화 속으로 신앙을 가져오려 했다. 그는 외래 과학에 개방적인 태도를 가졌으며, 학자라면 "누가 말하는 것이든 진리를 들어야" 한다고 주장했다. 그는 믿을 수 있는 앎의 세 가지 원천으로 대수학이나 기하학 같은 이성적 추론, 신체의 오감, 예언자나 의인을 꼽았다. 또한 아리스토텔레스를 극찬하면서 그가 "인간이 도달할 수 있는 앎의 상한선에 도달했다"고 주장했으며, 자신이 달 아래 세상에 관해 말한 모든 것이 "의심할 수 없이 옳다"고 생각했다.[16]

마이모니데스가 아리스토텔레스에게 도전하는 것 이상의 일을 했던 것은 아니지만, 천체들의 영역에 관한 그의 관념을, 특히 천구의 운동에 관한 그리스인들의 이해가 실제로 관측된 행성들의 궤도와 부합하지 않는다는 측면에서 문제 삼아 다루었다. 그의 실증적인 접근방식은 의학에 관한 저술에서도 특징적으로 드러난다. 그는 갈레노스와 히포크라테스를 비판하고 약물의 효과는 이성을 통해 선험적으로 알 수 없고 오직 경험을 통해서만 알 수 있다고 주장했다. 하지만 이 '경험'이 '실험'이 되기까지는 앞으로도 여러 세기를 거쳐야 한다는 사실을 염두에 둘 필요가 있다. 마이모니데스는 의학 분야의 다른 동료들과 마찬가지로 악어에게 물릴 경우 악어의 지방을 상처에 바르면 즉시 낫는다거나, 모란꽃을 목에 걸면 간질을 고친다거나, 혹은 부은 목을 가라앉히는 데는 개똥이 도움이 된다는 식으로 경험이 입증되었다고 믿었다.

이성에 대한 그의 지지만큼이나 이성에 대한 그의 비판 또한 중요했다. 인간의 이성은 근본적으로 제한된 것이었다. "천상에 있는 모든 것을 고려할 때, 인간은 오직 수학적인 것들의 일부만 파악할 따름이다."[17] 아리스토텔레스가 주장하듯이 세계가 정말로 영원한 것인가 하는 문제처럼, 본질적으로 이성이 판결할 수 없는 문제들이 많다. 과학은 인간이 이미 알고 있는 (혹은 알고 있다고 생각하는) 것들을 명료화하고 구조화하며 분명하게 설명할 수 있겠지만, 발견에는 그렇게 능숙하지 못하다. "마이모니데스의 철학은 자연에 관한 인간 지식의 진보라는 관념도 (⋯) 물리적 세계에 관한 새로운 정보를 찾는 연구·조사도 허용하지 않았다."[18] 궁극적으로 그것의 역할은 (다시 말하지만) 시녀의 역할이었다. 아니면, 그가 뤼넬의 랍비 요나탄 하코헨에게 보낸 편지에 썼듯이, 외래 과학은 그저 토라를 위해 일하는 '약재상과 요리사와 제빵사'와 하녀일 뿐이다.[19] 그가 다른 곳에서 쓴 것처럼 "오직 신만이 현실을 온전히 알고 계신다."[20]

이성과 과학에 관한 마이모니데스의 비판적 논평은 그의 동료들 사이에서 본래부터 문제가 된 것은 아니었지만, 그로 인해 그는 성경에 대해 문제적인 태도를 갖게 되었다. 그가 주장하길, 성경은 이성과 모순되거나, 과학으로 이미 입증된 것과 모순될 수 없었다. 모순되는 것으로 보인다면, 그건 성경을 잘못 읽었기 때문이다. 이는 성경에 대한 축자적 독해는 비유적이거나 상징적으로 취급되어야 한다는 것을 의미했다. 성경에서 '본다'는 것은 글자 그대로 눈으로 보는 것이 아니라 '이해'하는 것을 의미했다. 하느님이 '가까이에 계신다'

고 하는 것은 물리적 근접성을 말하기보다 영적인 이해를 말하는 것이다. 기적이란 분명히 초자연적인 무언가가 이 세계에 개입한 것이 아니라 "일반적이고 영구적인 자연의 외부에 있는 무언가가 존재하게 된 것"이었다.[21] 〈창세기〉에 쓰여 있고 다양한 랍비들과 신비주의자들의 문헌에서 해석된 창조 이야기는 이야기 형식으로 쓰인 아리스토텔레스의 물리학에 지나지 않았다. '비유들과 비밀들'은 그것을 이해하는 열쇠였다.[22]

마이모니데스는 성경이란 평범한 사람들의 언어로 쓰인 것이라고 누차 이야기했다. 이것은 후대 그리스도교 신학자들이 말하는 '적응의 원칙doctrine of accommodation'*과 같았다. 이것이 바로 하느님이 마이모니데스 자신과 마찬가지로 손과 눈이 있고 때로는 날개도 달린 육체적 존재로 묘사되는 이유였다. 이에 대한 축자적 이해는 터무니없을 뿐 아니라, 사람들이 창조주가 아니라 피조물을 숭배하게 되는 우상숭배로 이어질 수 있기에 상당히 위험했다. 그러므로 그러한 언어를 사용하는 목적은 그 자체를 뛰어넘어 더 높고, 더 지적이고, 더 영적이고, 더 엘리트적이고, 더 시험적인 신에 대한 이해에 이르는 것이었다. 마이모니데스는 궁극적으로 정의가 불가능한 신에 더 가까이 다가가기 위해 거짓된 긍정 진술들을 천천히 제거함으로써 신을 묘사하는 부정否定의 접근법으로 크게 기울었다. 이 접근법은 대체로 침묵으로 이끌렸고, 그건 유대교 내에서만 그런 것이 아니었다. 마이

---

* 이를 처음 말한 그리스도교 신학자는 아우구스티누스였으나, 르네상스 이후 신학자들에 의해 조명되었다. 갈릴레오 역시 자신의 입장을 변호하는 서한에서 아우구스티누스의《창세기 문자적 해설(De Genesi ad litteram)》을 인용하면서 이에 대해 언급한다.

모니데스는 하느님 "당신에 관한 한 침묵이야말로 찬양"이라고 인정했을 정도다.[23] 이는 성경에 대한 미묘하고, 철학적으로 정교하며 과학적으로 수용적인 접근법이었다. 하지만 모든 사람의 기호에 맞는 접근법은 아니었고, 1200년 당시의 많은 신자를 불편하게 만드는 것이었다. 물론 그것은 오늘날에도 마찬가지다.

'철학자들이 토라를 부인하는 것은 불가피한 일' — 반작용

중세 후기 유대인들의 사고에 마이모니데스가 끼친 영향은 헤아릴 수 없이 컸다. 마이모니데스 개인의 드높은 권위와 의심의 법률에 관한 확실한 전문 지식은 이어지는 유대인 학자들 모두가 그에게 큰 빚을 지게 됐음을 의미했다. 마이모니데스와 의견이 다를 수는 있어도 그를 무시하거나 간과할 수는 없었다. 그 결과 그리스 과학에 대한 그의 지지와, 그리스 과학을 유대교에 통합하려는 노력은 근본적인 것이어서, 유대인들 사이에서는 거의 의무적인 것이 되었다. 그러나 또한 모호하고 논쟁적인 것이기도 했다.

　과학은 모호하기도 하기 때문에 마이모니데스는 과학을 정당화한 만큼 명확하게 한정짓기도 했다. "과학의 중요성에 관한 명백하고 단호한 긍정과 더불어, 과학이 단지 형이상학에 보조적인 학문이며 어떤 물음들은 절대 과학적 탐구의 대상이 될 수 없다는 견해도 있다."[24] 이러한 주장들은 과학에 찬성하는 유대인 사상가들은 물론 과학에 반대하는 유대인 사상가들도 이용할 수 있었다(실제로도 이용했다). 과학에 반대하는 이들은 창조 이야기의 중복성을 옹호하거나 그 이야기에 대한 축자적 독해를 방어하기에는 인간의 이성이 약하고 부적절하다는 생각을 동원했다. 격론을 불러일으키는 방식으로 동원되지 않았을 때조차 과학이 성경과 신학의 약재상이나 요리사나 제빵사와 같다는 그의 시각은 과학의 권위와 자율성에 엄격한 제한을 두었다. 과학은 필수적인 것이지만, 오직 더 큰 목적들을 위해서만 그러했다.

마이모니데스의 신학적 접근법과 그것이 일으키리라고 이야기되는 효과, 즉 성경과 율법을 좀먹고 성경에 기초한 공동체 또한 좀먹게 되리라는 예상에 많은 사람들이 분노했고, 종교적 논쟁으로 단련된 이들조차 불쾌해했다. 랍비 아셰르 벤 예히엘은 "철학은 자연과학이므로 철학자들이 토라를 부인하는 것은 불가피한 일"이라고 썼다.[25] 《방황하는 자들을 위한 안내서》는 곧 히브리어로 번역되어(본래는 아랍어로 쓰였다) 프랑스에서 바그다드에 이르는 유대인 공동체들에서 유통되면서 존경을 받게 된 만큼이나 염려를 불러일으켰다.

어떤 곳에서는 이 책이 금지되었고 다른 곳에서는 불태워졌다. 동방의 랍비 아카데미들은 마이모니데스가 그들의 권위를 침해했다고 분개하고 유대교의 제도적 기초들을 약화시켰다고 고발하면서 그를 단죄했다. 1270년대 프로방스에서는 반反마이모니데스 학자들의 무리가 그의 저서를 맹렬히 비난하면서 종교재판소의 도움을 받아 공개적으로 그의 책들을 불태웠다. 한 세대가 지난 뒤, 이 반대자들은 성경의 권위에 미칠 나쁜 영향을 염려해 의학이나 천문학처럼 실용적인 부문들만 제외한 고대인들의 과학을 더욱 폭넓게 금지할 방안을 찾았다. 실제로 과학에 대한 금지 조치는 다음 장에서 우리가 보게 될 아리스토텔레스의 과학을 가르치지 못하게 한 교회의 다양한 금지 수단들만큼이나 효과가 없었다. 그러한 이유로 박해받았다고 알려진 사람은 아무도 없다.

아리스토텔레스에 대한 파리의 탕피에 주교●의 공격이 과학에 대한 중세 그리스도교의 태도를 상징하지 않는 것과 마찬가지로, 현실에서 마이모니데스와 그의 《방황하는 자들을 위한 안내서》에 대한 공격은 과학에 대한 중세 유대교의 태도를 상징하지 않았다. 오히려 두 금지 조치 모두, 금지 조치들이 종종 그러하듯이, 사람들이 그리스 과학과 철학을 많이 읽고 흡수하고 있었음을 시사한다. 더욱이 금지 조치들이 종종 그러하듯이, 두 가지 금지 조치 모두 관심을 억누르기보다 자극했고 과학적 사고의 촉매제 역할을 했다.

궁극적으로, 그리스 과학에 대한 유대인들의 태도는 유럽에서 점점 더 취약해지는 그들의 지위와 끊을 수 없이 묶여 있었다. 12세기에 알안달루스에서 추방되고, 13세기에는 잉글랜드와 이탈리아 남부에서, 14세기에는 프랑스, 바이에른, 헝가리에서, 그리고 15세기에는 스페인과 포르투갈 전역에서 축출되었으므로 유럽 내 유대인 공동체는 우마이야 왕조 아래에서 누렸던 정치적·지적 자유와 안전을 잃고 있었다.

그렇다고 해서 과학에 유대인들이 참여할 길이 완전히 차단된 것

●1277년 파리의 주교 에티엔 탕피에는 파리대학에서 아리스토텔레스 금지령을 반포했다. 그는 아리스토텔레스주의자들의 저술에서 골라낸 219개의 명제들을 단죄하고 이를 유포하는 이들은 파문에 처한다고 명했다. 4장 참조.

은 아니었다. 게르소니데스라고 알려진 레비 벤 게르손은 마이모니데스 이후 최고의 유대인 자연철학자로서 《방황하는 자들을 위한 안내서》에 관한 논란들과 유대인의 자유가 점차 침식당하는 과정을 모두 겪어냈다. 뛰어난 수학자이기도 했던 그는 대수학과 기하학에 관해 저술했고 삼각법에 관한 저술을 우호적 관계를 맺고 있던 교황 클레멘스 6세에게 헌정하기까지 했다. 그는 정확한 측량과 도구의 발전에 크게 헌신했으며(달에는 그의 이름을 딴 크레이터가 있다), 과학의 권위에 대해서는 대립적인 자세를 보였다. 그는 자신이 관찰한 사실들이 프톨레마이오스의 이론에 부합되지 않을 때 자신이 관찰한 사실들을 우선한다고 말했다. 그리고 그는 경험론을 완강하게 높이 평가했다. 그의 주요 저서인 《주님의 전쟁The War of the Lord》에서는 "어떠한 논거도 감각에 의해 인식된 현실을 무효화할 수 없다"고 썼다. "참된 의견이 현실을 따라야지, 현실이 의견에 순응할 필요는 없기 때문이다."[26]

아마도 가장 의미심장한 것은 게르소니데스가 마이모니데스의 접근법에 반대해 과학적 연구·조사는 그 자체로 정당하다고 주장했다는 사실이다. 자연 탐구는 단지 종교 생활의 한 가지 기능에 그치지 않고 신에 대한 접근과 지식을 가능하게 했다. 자연 탐구는 자체적인 위엄과 목적을 가졌다. 이중 어떤 것도 성경의 권위를 침해할 의도를 가진 것은 없었다. 이에 대해 게르소니데스는 길게 서술했으나, 그를 비판하는 사람들이 많았고 그들은 그의 주요 철학 작품을 읽고 그 제목을 《주님께 맞선 전쟁The War against the Lord》으로 바꿔버렸다.

그러나 게르소니데스는 강인한 정신력으로 자신의 과학적 접근법을 옹호했음에도 마이모니데스와 달리 점성술을 믿었고, 별들이 인간사를 결정한다고 생각했다. 초기 유대인들의 자연철학 참여에는 과학, 성경, 미신, 종파주의, 안전이 모두 강력한 역할을 했고, 사실상 게르소니데스는 이 모두를 관통하는 복잡한 모호성을 체현한 살아 있는 존재였다. 그가 남긴 마지막 저술 가운데 하나이자 점성술에 관한 저술 중 유일하게 현전하는 텍스트는 토성과 목성의 교차를 다룬 것으로, 그는 이 현상이 1345년 3월에 일어날 것이라고 예상했다. 게르소니데스는 두 행성의 교차에 이어서 "범상치 않은 악"이 등장해 전쟁, 질병, 죽음이 오래도록 지속되리라고 예언했다. 예언 후 2년 뒤인 1344년에 게르소니데스는 죽었고, 흑사병이 유럽에 당도했다.

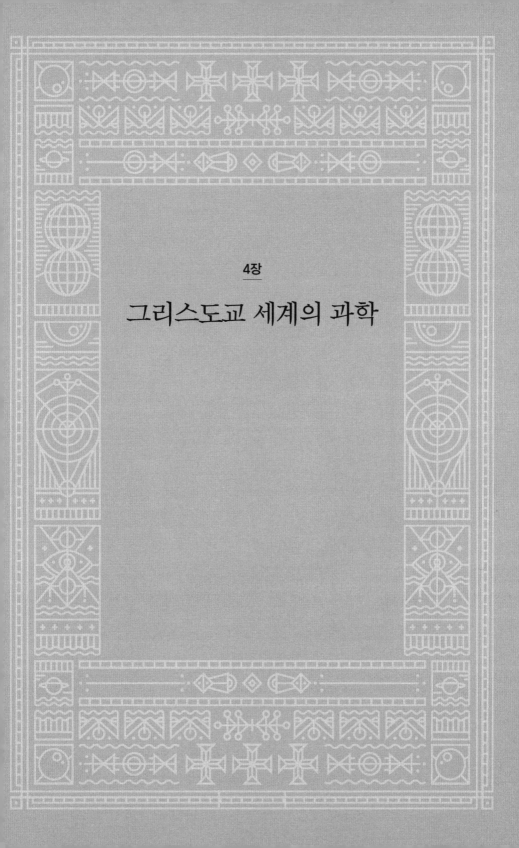

4장

그리스도교 세계의 과학

배스의 애덜라드가 아랍어 번역본을 라틴어로 다시 번역한 에우클레이데스의 《원론》에 실린 권두 삽화. 애덜라드는 12세기에 '서방에서 등장하는 과학에 관한 최초의 비전'을 제시한 피시키 중 한 명으로 도발적인 천재였다. 그는 "가시적 우주는 수량화의 대상"이라고 주장했다.

'통렬한 기회 상실' ― 이른바 '중세'라는 시대

스페인의 아랍인 천문학자 사이드 알안달루시는 1070년 사망하기 몇 해 전에 과학의 초기 역사를 저술했다. 《민족들의 범주Categories of Nations》는 인도인, 페르시아인, 칼데아인, 그리스인, 로마인, 이집트인, 아랍인을 모두 다룬다. 유럽인은 무엇보다도 그 하찮음 때문에 눈에 띄는데, 알안달루시는 '과학에 아무런 관심도 없는 민족들'이라는 제목의 짧은 장에 유럽인을 배치하고, 짐승보다 나을 게 거의 없다며 무시한다.* 이 무지한 유럽인들을 이끈 것은 다소 수학적 정신을 지녔던 교황 실베스테르 2세였는데, 그는 주판, 아스트롤라베,[1] 인도-아랍식 표기법을 서유럽에 도입하는 데 중요한 역할을 했다. 하지만 교황 실베스테르 2세는 아랍인이 지배하던 스페인에서 수학에 관한 모든 것을 가져왔는데, 그럼에도 그의 수학적 추론은 그보다 150년 앞선 알콰리즈미에 비하면 거의 원시적인 수준이었다. 유럽의 수학 교황은 그저 알안달루시가 주장한 요점을 강조하는 데 기여했을 뿐이다. 그리스도교 세계는 과학에 관해서라면 후미진 벽지조차 아니었다. 당시에는 과학에 관해 의견이 일치하고 말고 할 이들조차

---

* 해, 달, 행성, 별의 위치를 측정하고 예측하는 데 사용된 천문 도구.

거의 없었다.

그런데 정말 그때 이후로도 줄곧 그러했다. 우주론자 칼 세이건이 널리 인기를 끌었던 TV 시리즈에 수반되었던 자신의 책《코스모스》에 그린 과학사의 연대표에서, 500년에서 1500년 사이의 1000년은 빈칸으로 남겨졌고, 오직 '인류에게 통렬한 기회 상실'이라는 구절만 쓰여 있었다.[2] 서방 정신의 폐쇄와 그리스도교의 고전 세계 파괴에 관한 담론과 더불어 이러한 서사는 오늘날에도 계속 이어진다. 중세는 그 정의상 '중간' 시대, 곧 영광스러운 고대와 그 부활인 르네상스 시대 사이에 끼인 시대를 의미한다. 과학은 말할 것도 없고 진지한 사고 자체가 아예 존재하지 않았던 시대라는 것이다.

이러한 관점은 바로 그 시대 자체로 거슬러 올라간다. 이탈리아 시인 페트라르카는 자기 시대의 어눌한 무지와 로마의 세련된 교양을 비교했다. 종교개혁은 이러한 비교의 논쟁적인 칼날을 날카롭게 벼렸다. 프랜시스 베이컨은 어디에서나 선량한 프로테스탄트를 옹호하는 발언을 했다.《학문의 진보》에서 그는 중세 스콜라 철학자들이 "여가는 많았는데 (…) 다양한 책을 읽지 않고, 몸이 수도원 독방에 갇혀 있었듯이 정신 또한 몇몇 저자들에게만 갇혀 있어" 그 결과로 "학문이 퇴락"했음을 애통해했다.

베이컨이 주장하듯이, 인간의 정신이 신의 실제 작품들을 탐구할 수 있다면 정말로 유익할 것이다. 그와 반대로 인간의 정신이 자기 자신과 자신의 관념들만 탐구하고, 가톨릭교회의 고압적인 권위에 억눌려 지낸다면 "학문의 거미집을 만들어내더라도, 그 섬세하고 고운 실은 감탄스러우나 아무런 실체나 이익도 없다."[3] 그렇다면 중세는 필연적으로 근대의 자기 이미지의 일부(근대를 돋보이게 하는 포장지)가 되고 만다. 19세기 후반에 이러한 서사는 과학과 종교의 역사에 관한 대중적 관념들에 헤아릴 수 없이 큰 영향을 끼쳤고, 오늘날에도 여전히 생생히 살아 있다.

그렇다면 우리는 로버트 그로스테스트를 어떻게 이해할 수 있을까? 2000년대 초 리즈대학 고분자 물리학 교수인 톰 맥리시는 그로스테스트를 주제로 신학과의 제임스 긴더가 주재한 '과학사 및 과학철학History and Philosophy of Science' 세미나에 참석했다. 그로스테스트는 12세기 말에 태어난 스콜라 철학자이자 링컨의 주교였다. 이러한 세미나에 딱 맞는 인물은 아니었지만, 그는 50대에 이미 천문학, 무지개, 조수潮水, 자연과학에서 수학의 이용, 그리고 이 특별한 세미나의 주제인 빛에 관한 논문들을 집필했다.

'중세 과학'에 관한 대중적인 서사를 따라(즉 '중세 과학'이란 말 자체가 모순어법으로 생각되었으므로) 세미나에 대한 맥리시의 기대는 높지 않았다. 그는 "처음 읽어본 경험은 잊을 수 없는 것이었다"라고 썼다.[4] 당시에는 그가 파악하기 어려웠던 "아리스토텔레스 자연철학의 기술적 용어들"의 안개를 헤쳐 나오니, 그로스테스트가 〈빛에 관하여De Luce〉라는 논문에서 "응축된 물질의 굳기와 연장을 설명하기 위해 고전 원자론의 실패를 비판적으로 평가하는 것"으로 시작한 다음, "원자로 이루어진 물질과 빛이 상호작용하는 방식을 묘사하면서 무한급수라는 수학적 개념을 불러들이는" 과정까지 나아갔음이 맥리시에게 분명해졌다. 그로스테스트는 21세기 물리학 교수가 알아볼 수 있는 관념들을(언어나 상징들이 아니라면) 다루고 있었던 것이다.

이 세미나와 그로스테스트에 대한 늘어나는 관심의 결과가 바로 '오더드 유니버스Ordered Universe' 프로젝트다. 이는 역사학, 물리학, 신학, 심리학, 영문학, 공학, 아랍학을 통합하는 국제적인 학제간 연구 프로젝트로서 그로스테스트의 인상적인 과학 저작들을 번역하고 분석하고 홍보하는 데 집중한다. 이 프로젝트에서는 그로스테스트의 논문 6편을 모두 출간할 예정이며, 이미 여러 편의 소논문을 출간했는데, 그중에는《왕립학회보Proceedings of the Royal Society》에 실린〈중세 멀티버스?: 로버트 그로스테스트의 13세기 우주의 수학적 모델링A Medieval Multiverse?: Mathematical Modelling of the 13th Century Universe of Robert Grosseteste〉과《미국광학회 저널Journal of the Optical Society of America》에 실린〈13세기의 무지개 설명에서 본 색채 편성 체계Color-coordinate system from a thirteenth-century account of rainbows〉등이 있다.

그로스테스트가 특별히 인상적인 인물인 까닭은, 빈곤과 무지로 가득해 보이는 배경에서 부상했고, 캔터베리의 대주교와 교황 이노첸시오 4세 두 사람 모두와의 대결을 포함하는 활발한 교회 내 경력과 과학적 연구를 결합했기 때문이다. 하지만 그가 의미 있는 연구 활동을 펼친 유일한 중세 과학자는 아니었다.

그로스테스트와 대략 비슷한 시기에 살았던 인물 중에는, 자신의 저서《알고리스무스Algorismus》에서 인도-아랍식 숫자 표기와 이슬람 사상가들의 수학을 대중화했으며 논문〈세계의 구체에 관하여De Sphaera Mundi〉를 통해 지구 구형설을 자세히 논한 사크로보스코의 요하네스가 있고, 아리스토텔레스 이후 가장 독창적인 유럽의 생물학자로 꼽히며 동물, 광물, 식물에 대한 독창적이고 경험에 따른 실증적인 연구 활동을 펼친 알베르투스 마그누스가 있다. 그리고 같은 13세기에 조금 더 늦은 시기에는 그로스테스트의 제자인 로저 베이컨이 광학 연구에서 실험을 통한 실증적 과학을 향해 시험적인 걸음을 내디뎠다. 비슷한 시기에 프랑스에서는 마리쿠르의 페트루스 페레그리누스가 자철석이 자성을 가졌는지 알아내기 위한 실험을 수행하고 자기磁氣에 관한 초기 논문을 저술했으며, 독일에서는 프라이베르크의 테오도리쿠스가 무지개란 물방울을 통과한 빛이 두 번 굴절하고 내부에서 한 번 반사되어 생기는 것임을 입증하기 위해 물이 가득 찬 유리 구(구름 속 작은 물방울의 모델)를 가지고 실험했다. 그다음 세기에는 장 뷔리당이 요하네스 필로포노스의 동력 이론을 차용해 포물체 운동과 자유낙하 가속을 설명했으며, 수학자이자 우주론자인 니콜 오렘이 데카르트의 좌표계를 예견했고, 지구의 자전을 논했고, 동역학을 다루었고, 연금술을 사기라며 비난했다.

오늘날 이 인물들은 알콰리즈미나 이븐 시나보다 훨씬 덜 알려져 있다. 하지만 그들이 별로 중요하지 않은 사상가인 것은 아니다. 사실 중세 과학의 연표는 칼 세이건이 생각했던 것만큼 통렬하게 비어 있지는 않았다. 실제로 《케임브리지 중세 과학사Cambridge History of Medieval Science》의 두 편집자 마이클 섕크와 데이비드 린드버그는 700쪽에 이르는 이 책의 서문에서 세이건의 텅 빈 연표는 역사적 사실을 반영하는 것도 아니고, 중세에 대한 1980년의 지식수준을 반영하는 것도 아니며, "단지 세이건이 강의하는 코넬대학에서 도서관 자료를 찾아볼 수 있었던 '통렬하게 놓쳐버린 기회'를 반영할 뿐"이라고 썼다.[5]

'그대와 나 사이에서 오직 이성만이 판결하리라' — 중세 물리학자들

사이드 알안달루시가 지적한 대로 중세 초기에 라틴 그리스도교 세계는 과학에 무관심했지만, 그럼에도 자연과 우주에 관한 체계적 연구를 정당화하는 일단의 방대한 신학적 근거들과 도구들을 조직적으로 만들어낸다. 성경은 하느님의 '자연이라는 책'을 탐구할 이유들을 제시했다. 〈시편〉 19장은 "하늘은 하느님의 영광을 이야기하고 창공은 그분의 솜씨를 알리네"라고 선포한다. 창조된 세계를 탐구하는 것은 제한적이긴 해도 신을 탐구하는 적법한 방법이었으며, 오베르뉴의 기욤에 따르면 "창조주에 대한 찬양과 우리 영혼의 완성"으로 이어지는 길이었다.[6] 하지만 이러한 기초적 이유 너머에서, 12세기에 작은 무리의 학자들(배스의 애덜라드, 콩슈의 기욤, 샤르트르의 티에리 등)이 자연 탐구에 관련된 토론과 논쟁의 원칙들을 제시하기 시작했다. 한 학자의 말에 따르면 이는 "서방에서 등장하는 과학이라는 분과학문에 대한 최초의 비전"이었다.[7]

이들은 스스로를 피시키physici라고 했는데, 이 용어는 이전에 내과의사physician에 한정되었으나 이제는 자연철학에 관여하고, 창조된 세계가 창조주의 질서 잡힌 이성적 정신을 반영한다는 전제에 기초해 연구하는 이들을 가리키는 데 사용되었다. 배스의 애덜라드는 이렇게 추론했다. "자연은 그 창조주와 같이 목적이 있고 논리적이며, 혼돈의 여지가 없다."

애덜라드는 자신의 추론을 이어갔다. "자연에는 어떤 것이든 자연의 라티오●ratio에 반하는 것[을 제외하고는] 더럽거나 흉한 것은 전혀 없다." 합리적으로 질서 잡힌 창조된 세계라 함은 항구적이고 예측 불가능한 신적 개입보다는 자연 안에서 설명을 찾고자 함을 의미했다. 더욱이 그러한 세계는 수량화할 수 있는 자연적 설명을 요구했으며, 피시키는 자연을 수학화하는 것이 가능하다고 시사했다. 애덜라드는 "가시적 우주는 수량화의 대상이 되며, 이는 필연적이다"라고 설명했다. 샤르트르의 티에리 또한 이에 동의했다. "세계는 그 존재의 이유를 갖고 있으며 예측 가능한 시간의 연속 안에서 존재하게 된 것으로 보일 테니 세계가 이성적이라는 사실을 보여주는 것이 가능하다."

이중 어떤 것도 신을 침해하는 것으로 해석되어서는 안 된다. 애덜라드는 말했다. "나는 신의 권능을 감하지 않는다. 존재하는 모든 것은 신으로부터, 신의 권능에 따라 존재하기 때문이다." 반면에 "자연이 그 자체로 혼돈이고 비이성적이라거나, 별개의 요소들로 구성되었다"고 상상하는 것은 하느님 또한 그와 마찬가지로 비이성적이고 자의적이라고 함의하는 것이 되므로, 창조된 세계의 라티오를 인정하는 것은 그분께 영광이 된다. 콩슈의 기욤은 비슷한 비난에 완강하게 대응하며 같은 말을 했다. "오히려 그것은 [하느님의 권능을] 강화한다. 그 자연의 매개를 통한 인간 육체의 창조와 우주에 그러한 본성이 확립되어 있음을 우리가 그분께 귀착시키기 때문이다." 800년 뒤에 수학자이자 물리학자인 윌리엄 톰슨과 조지 게이브리얼 스토크스 또한 같은 주장을 개진한다.

• 이성(reason, ration)의 어원이 되는 라틴어 단어 ratio는 본래 계산, 비례, 성질, 사고, 이유 등의 뜻으로 사용되었다.

창조주와 창조된 세계의 라티오는 인간 정신의 라티오 안에 반영되어 있었다. 피시키가 적용한 변증적 추론을 대중화한 11세기 샤르트르 대성당 학교의 학장이었던 투르의 베렝가리우스는 이미 "인간은 그의 이성으로 하느님을 닮았다"라고 말한 바 있었다. 이는 점점 더 널리 퍼지고 있던 견해였다. 애덜라드는 이렇게 설명했다. "인간은 선천적으로 무장되어 있지 않으며 선천적으로 빠르게 움직이지도 못한다." 하지만 인간에게 있는 것은 "훨씬 더 좋은 (…) 이성이다." 다른 피조물보다 더 강하거나 빠르지도 않고, "신체적 장비"를 더 잘 갖춘 것도 아니지만, 오직 이성을 발휘함으로써 "인간은 짐승을 압도할 정도로 넘어선다." 이러한 주장은 뚜렷하게 계몽주의적인 확신을 가질 수 있을 것이다. "희망하라, 그러면 문제에 대한 해결책을 발견할 것이다. (…) 우리는 모든 자연이 확실하고 논리적인 토대에 기초한다고 상정해야 하기 때문이다." 발견과 논쟁 모두에 이성만으로 충분했다. "그대와 나 사이에서 오직 이성만이 판결하리라."

이성에 대한 확신이 어느 정도의 회의주의까지 필연적으로 차단했던 것은 아니다. 오히려 이성은 회의주의를 요구했다. 11세기의 탁월한 프랑스 철학자 피에르 아벨라르에 따르면, 인간이 참된 앎에 이르는 길은 끊임없이 질문을 던지는 것밖에 없다. "우리는 의심함으로써 탐구하게 되고, 탐구함으로써 알게 된다." 자연철학을 공부할 때는 이것이 형이상학자들이 선호하는 종류의 증명을 요구하기보다, 어느 정도의 불확실성을 기꺼이 수용하는 불안한 의지를 요구했다. 과학적 방법론 전체의 핵심이 되는 어떤 태도, 곧 불확실성과 무지를 안고 살아가는 것이 절대적으로 필요했다. 콩슈의 기욤은 자신의 청중에게 간곡히 부탁했다. "가시적이고 개연적이며 필연적이지 않은 것으로 분류되는 것들에 관해 말한다고 해서 우리를 책망하지 말기를 독자들에게 간청한다."

하지만 확실성의 결여가 명확성의 결여에 대한 구실이었던 것은 아니며, 그래서도 안 되는 것이었다. 콩슈의 기욤은 존경받는 수사학 교사였음에도 피시키의 저술이 문학적 장식이나 완곡한 표현 없이 명확해야 한다고 주장했다. 그는 "우리의 담론이 건조해서 싫어진 사람이라도 우리의 의도를 완전히 이해한다면 수사적 장식을 아쉬워하는 경향이 훨씬 덜해질 것"이라고 해명했다. 기욤은 마치 400년 뒤에 등장하는 프랜시스 베이컨처럼 말하길, 많은 이가 철학자들에게 유려한 수사적 솜씨를 요구하지만 그런 솜씨는 진리를 희생한 대가로 얻어진다. 그는 이런 말도 했다. "우리는 오직 자신의 정직함을 자랑하는 이들에게서 진리를 추출해낼 수 있다." 그리고 "우리는 거짓의 옷을 입히기보다는 벌거벗긴 채로 그 진리를 제시하는 편을 더 좋아한다." 물론 이러한 표현은 그 자체로 수사적인 장치였지만 상대를 무장해제할 만큼 강력했다.

자연 안에서 자연적인 설명을 추구하라는 요구는 도전적인 함의를 지니고 있었다. 첫째, 그것은 기적이 적절한 설명 방식으로 다루어질 수 없음을 의미했다. 실제로 피시키는 '틈새의 신God of the gaps•'이라는 개념이 고안되기 600년 전에 이미 그 개념에 반대했는데, 다른 이들

• 과학기술로 설명할 수 없는 틈새들이 신의 존재를 입증하는 것이라고 하는 개념인데, 주로 그러한 관념을 부정하는 사람들이 사용했다.

을 어리둥절하게 할 정도로 반론을 제기했다. 지역 사람들이 믿는 기적을 설명해보라는 도전을 받자 콩슈의 기욤은 냉소적으로 말했다.

나는 그들이 무어라고 말할지 알고 있다. "우리는 이것이 어떻게 이렇게 되는 것인지 알지 못한다. 하지만 우리는 하느님이 그것을 하실 수 있다는 것을 알고 있다!" 한심한 인간들! (…) 신은 그저 할 수 있기에 이것을 행하는 것이 아니다. 한 농부의 말이 이러하다. "하느님은 나무 둥치로 송아지를 만드실 수 있다." [그러나] 신이 그렇게 한 적이 있었던가? 우리가 [기적의] 이유나 그 유용함을 보여주거나, 아니면 그들이 그것이 기적이라고 주장하는 일을 그만두게 하자.

이는 콩슈의 기욤이 그러했듯이, 기적을 믿었을 뿐 아니라 전체 사회 체계의 쐐기돌로서 미사의 기적*을 이해하면서 기적을 필요로 하는 문화에서는 받아들이기 어려운 주장이었다.

둘째, 그것은 성경이 자연을 설명하는 데 필연적으로 적합한 것은 아님을 의미했다. 이는 잠재적으로 폭발을 일으킬 수 있는 주장이었으며, 피시키는 그들이 주장하는 바에 신중을 기했다. 다시금, 누구도 성경이 계시하는 내용을 부정하지 못한 만큼 기적의 가능성도 부정하지 못했다. 문제는 성경이 무엇을 계시하고 있는가였다. 콩슈의 기욤의 주장은 〈창세기〉가 다양한 존재들이 실재하고 있음을 확실하

---

* 가톨릭교회의 미사에서 사제가 축성한 빵과 포도주가 그리스도의 몸과 피로 성변화(聖變化)한다는 것을 가리킨다. 이후 종교개혁에서 첨예한 논쟁의 주제가 된다.

게 말하고 있긴 하지만 그것들이 어떻게 그러하게 실재하는지를 설명하지는 않는다는 것이었다. 성경은 근본적으로 자연의 기제에 관심을 갖지 않고, 그 의미를 설명한다. 원인에 대한 탐구는 자연철학자의 고유한 과업이다.

바로 이런 맥락에서 샤르트르의 티에리는 〈창세기〉 1장에 관한 주해를 시작하면서 그것이 "자연의 과정들과 해당 텍스트의 문자적 의미를 탐구하는 자의 관점"에서 행한 연구임을 밝히고 있다. 자신의 지혜 안에서 신은 이성적이고 아름다운 질서를 드러내도록 세계를 구성했다. 티에리는 학문을 이용해 이를 입증하고 "세계가 어떻게 이성적으로 설명될 수 있는지 보여주고자" 했다. 콩슈의 기욤 또한 같은 노선을 채택하고 더 멀리까지 나아갈 준비가 되어 있었다. 그는 당시 라틴 유럽에서 여전히 탁월한 고전으로 남아 있던 플라톤의 《티마이오스》에 대해 인과적 설명들이 우수하다고 찬양했으며, 심지어는 성경에서 '이성에 반反하는' 물리적 주장을 제시하는 부분들을 수정하려고까지 했다.[8]

"성경에 이같이 쓰여 있다고 생각하지 않는다"고 항의하며 비판하는 이들을 향해 콩슈의 기욤은 그들이 "그리스도교 저자들이 세계에 관한 철학에 대해 아무런 말도 하지 않는다"는 사실을 이해하지 못하는 것이라고 설명했다. 그건 "믿음과 병립할 수 없기 때문이 아니라" 단순히 "그들이 관심을 갖고 있는 신앙의 형성에 별로 관련되어 있지 않기 때문이다." 신앙의 문제에 관해서라면 가경자 비드나 다른 어떤 그리스도교 교부들을 반박하는 것은 확실히 옳지 않았다. 그러나 자연철학의 문제에 관해서라면 "교부들이 어떤 식으로든 오류를 범하고 있다면, 그와 다른 주장을 허용할 수 있다." 교부는 정말로 "우리보다 더 훌륭한 사람들이지만 그들 또한 인간이다."

피시키의 주장들은 당시로서는 놀라운 것이었고, 오늘날 우리가 '방법론적 자연주의'에 대한 헌신이라 부를 만한 것이었다. 그것은 자연이 부차적인, 혹은 '자연적인' 인과관계의 선을 따라 진행되며, 따라서 그에 부합하게 자연을 연구해야 한다는 확신이었다. "물리학은 사물들의 원인을 그 결과에서 발견되는 것으로, 결과는 특정한 원인에서 비롯되는 것으로 탐색하고 고찰한다"라고 위그 드 생빅토르는 말했다. 그는 다른 이들도 사용하게 되는 은유로도 말했다. "가시적 세계는 우리가 육체의 눈으로 보는 이 기계다." 이 모두는 그리스도교 교부들의 과학에 주어진 유감스러운 '하녀' 역할을 훨씬 넘어서는 것이었다. 샤르트르의 티에리가 주장하기를, "사람들을 창조주이신 하느님에 대한 이해로 이끄는 네 가지 이성의 원칙, 즉 산술, 음악, 기하학, 천문학의 증명들"은 "신학을 위한 도구로서 (…) 조금 쓸모가 있다." 피시키는 자연철학이 스스로 정당성과 권위를 지녔으므로 신학에서 그 정당성을 빌려올 필요가 없음을 시사했다.

'굴레라는 말 외에 권위를 달리 뭐라 부를 수 있겠는가?'
― 아리스토텔레스의 도래

피시키는 그 명민함에도 불구하고 중세적 사고에 오래 지속되는 영향을 끼치지 못했다. 그들의 사상은 지적 권위의 정상적인 통로를 우회했던 탓에 위협적이었다. 애덜라드는 "이 세대는 악덕을 타고났으니, 동시대인이 발견한 것은 아무것도 받아들이지 못한다"라며 탄식했다. 당대의 지적 생활은 거대한 특권을 지닌 아욱토레스_{auctores}, 즉 글로 쓰인 권위의 철길을 따라 움직였다. 보통은 존경받는 그리스도교 교부의 이름이나 텍스트를 인용하는 것만으로도 진술이 논쟁의 여지 없이 참되다고 독자들을 설득하기에 충분했다. 하지만 이것은 피시키의 방법이 아니었다. 그들의 독창성은 어떤 전통이나 권위에도 개의치 않는다는 것을 실제로 함의했거나, 적어도 함의한다고 여겨질 수 있었다. 릴의 알랑은 "권위에는 밀랍으로 된 코*가 있다"고 말했다. 애덜라드는 "굴레라는 말 외에 권위를 달리 뭐라 부를 수 있겠는가?"라고 수사적으로 물었다. 스스로를 그러한 권위 아래 두는 학자들은 "난폭한 짐승들과 다를 바 없다. (…) 자신이 무엇 때문에 어디로 이끌려 가는지도 모르니 말이다." 하지만 이는 동맹을 얻고자 계산된 견해는 결코 아니었다.

피시키는 공격을 받았다. 생빅토르의 아브살롱은 자연세계를 끊임없이 탐구하는 것이 무익하고 혼란을 줄 뿐이라고 선언했다.[9] 이 때문에 그리스도인들은 의심스러운 결론에 이르렀다. "신을 섬기지 않는 이들이 생각하듯이, 자연에 반하는 일이 일어날 수 없다고 불경하게 생각지 말라." 물론 피시키는 그렇게 말하지 않았으나, 그들의 자연주의적 입장은 이러한 오해와 비난을 불러왔다. 샤르트르의 티에리는 샤르트르의 교단에서 쫓겨났다. 콩슈의 기욤은 자신의 견해 때

---

* 남이 시키는 대로 하거나 남의 말에 휘둘리는 사람을 가리킨다.

문에 공격을 받았고, 배스의 애덜라드는 상대적으로 별 탈이 없었음에도 "손가락질을 하며 내가 미쳤다고 비난하는" 이들에 대해 언급했다.

하지만 궁극적으로 피시키는 12세기 중반 이후 유럽으로 밀려들어온 그리스 과학과 철학의 흐름에 무너지기보다 쓸려 내려갔다. 라틴 그리스도교 세계가 물려받은 고대 자연철학 문헌들은 많지 않았다. 플리니우스와 보에티우스의 저작들이 있었고, 가장 중요한 것은 플라톤의 《티마이오스》였다. 비잔티움제국이 일반적으로 그리스 과학에 무관심했다는 사실과, 로마와 콘스탄티노폴리스 사이에 마찰이 심해졌다는 사실은 서기 첫 1000년 동안 서방에서는 더 이상 고대 문헌을 물려받지 못했음을 의미했다. 하지만 10세기가 끝날 무렵부터는 고대 그리스 문헌의 아랍어 번역본들이 스페인 북부의 산타마리아 데 리폴 수도원에서 라틴어로 번역되고 있었다.

1085년 톨레도 함락●과 1091년 시칠리아 정복●●이 이 통로를 열었다. 물론 제1차 십자군도 같은 일을 했다. 다음 세기에 유럽 전역에서 대범한 학자들이 오랫동안 놓치고 있었던 것이 무엇인지를 깨닫기 시작했다. 배스의 애덜라드도 그들 중 한 명이었다. 그는 이탈리아 남부로 갔다가, 그가 '나의 아랍인 스승들'이라 부른 이들의 문헌을 손에 넣고자 근동 지방으로 떠났다. 그렇게 멀리까지 여행한 사람

● 이슬람인 무어인들이 8세기에 알안달루스(이베리아반도)를 정복한 이후 반도의 중앙에 위치한 톨레도는 줄곧 수도 역할을 해오다가 1085년 카스티야의 알폰소 6세에 의해 함락되었다.

●● 9세기에 튀니스의 아랍인들에게 정복된 시칠리아는 1091년에 노르만족에게 다시 정복되어 시칠리아 왕국이 되었다.

은 거의 없었으나, 어떤 이들은 번역 작업에 일생을 바쳤다. 예를 들어 크레모나의 게라르도는 톨레도로 이주해 아랍어를 배우고 평생 70편 이상의 문헌을 라틴어로 번역했다.

이제까지 그 명성으로만 알려져 있던 고전 세계와 이슬람 세계의 자연철학은 그리스도교 세계의 혈류 속으로 한 방울씩 천천히 유입되었다. 12세기에 처음으로 유럽의 도서관들에 등장한 수백 종의 과학 문헌 중에는 에우클레이데스의 《원론》과 《광학》, 프톨레마이오스의 《알마게스트》, 이븐 알하이삼의 《광학》, 알콰리즈미의 《대수학 Algebra》, 그리고 갈레노스, 히포크라테스, 알라지, 이븐 시나의 의학 저술들이 있었다.

하지만 그중에서도 가장 중요했던 것은 아리스토텔레스와 그 주석가들의 자연철학이었다. 그때까지는 오직 중요하지 않은 몇 편의 저작들로만 알려져 있던 아리스토텔레스를 이제 《영혼에 관하여》는 물론, 모두 크레모나의 게라르도가 번역한 《자연학》, 《천체에 관하여》, 《생성과 소멸에 관하여》, 《기상학》, 《분석론 후서》, 그리고 동물의 역사·세대·부분·운동·발달을 각기 분석한 생물학 저작들을 통해 직접 읽게 되었다. 아리스토텔레스에 뒤이어 요하네스 필로포노스, 알킨디, 알파라비, 이븐 시나, 알가잘리, 이븐 루시드 같은 일군의 주석가들과 해석가들도 유입되었다. 특히 이븐 루시드는 아베로에스라는 이름으로 이슬람 세계보다 오히려 유럽에서 더 많이 알려졌다.

400년 전 이슬람의 번역 운동이 그러했듯이 유럽에서도 수많은 번역 작업이 이루어지고 수많은 필사본이 제작되었다. 중세학자들이 확인한 현전하는 아리스토텔레스의 《기상학》 번역 필사본은 288종,

《생성과 소멸에 관하여》는 363종, 《자연학》은 505종이나 있다. 모두 합치면 아리스토텔레스의 책들을 라틴어로 번역한 중세 필사본 2000여 종이 유통되었다.[10] 아리스토텔레스와 그를 추종하는 그리스·로마 및 아랍 학자들의 저서를 번역한 과학 저작들의 규모와 범위를 보면 400년 전 아바스 칼리파국만큼 유럽도 아리스토텔레스를 열광적으로 수용했음을 알 수 있다.

아리스토텔레스의 생물학 저작들이 번역되긴 했지만, 그리스도교 세계에서는 이슬람 세계에서만큼 영향을 끼치지 못했다. 중세 유럽인들의 정신을 바꾸어놓은 것은 그의 물리학과 우주론이었다. 우주는 아리스토텔레스의 우주, 더 정확히는 아리스토텔레스와 프톨레마이오스의 우주가 되었다. 천상의 세계, 혹은 달 위의 영역은 소멸하지 않는 영원하고 고정된 완벽함의 장소였다. 에테르라고 하는 만물의 불멸하는 정수(제5원소quintessence)로 이루어진 이 장소에는 일곱 개의 '행성'(달, 수성, 금성, 태양, 화성, 목성, 토성)과 행성들 너머에 고정되어 있는 별들이 있다. 그 별들 너머 가장 바깥쪽에는 최고의 천구가 있고, 그곳에 축복받은 망자들이 머문다고 사람들은 믿었다. 각각의 행성은 각자의 수정처럼 맑은 행성구에 단단히 끼워져 있고 그에 의해 움직인다. 이와 달리 별들은 행성들의 궤도 너머에 있는 하나의 항성구 안에 고정되어 있다. 각 행성구 안에는 '방황하는' 경로●를 설명하는 데 필요했던 하위 행성구가 있다. 조화는 그다지 완벽하지 않았

● '겉보기 역행 운동'이라는 것으로, 지구가 태양 주위를 공전하고 있기 때문에 지구보다 태양에서 더 멀리 있는 행성을 지구에서 관찰하면 행성이 실제의 본래 운동 방향과 반대로 움직이는 것처럼 보일 때가 있는데 이러한 현상을 가리키는 말이다.

고, 이 두 고전 천문학자들도 행성 궤도의 본성에 관해 의견이 일치하지 않았다. 아리스토텔레스의 행성구들은 지구의 행성구와 동심원을 이루었지만 프톨레마이오스의 행성구들은 지구를 중심으로 하지 않았고 제각기 중심이 달랐다. 프톨레마이오스의 행성들은 주전원이라고 하는 작은 궤도를 돌면서 더 커다란 원형 궤도를 돌았는데, 이는 어떻게든 행성들이 역방향으로 움직이는 듯 보이는 이유를 설명하기 위한 방법이었다.

지상의 영역 혹은 달 아래 영역이라고 하는 또 다른 영역은 변화와 소멸과 퇴락이 일어나는 곳이었다. 이 영역은 물, 불, 공기, 흙 네 가지 원소로 이루어졌다. 각 원소는 땅의 구, 곧 지구에서 '중력에 이끌려' 각자 자기 자리에 내려앉는다. 네 가지 원소는 서로 결합되어 뜨겁고 메마르고 축축하고 차가운 속성을 만들어낸다. 지상 영역에 있는 모든 실체는 질료와 형상으로 이루어졌으며 네 가지 방식, 곧 질료(그것을 이루는 재료), 형상(그것이 취한 형태), 동력(그것이 존재하게 된 직접적인 원천), 목적(그것이 존재하는 이유)으로 설명될 수 있다.

하지만 아리스토텔레스는 중세 과학에 지대한 영향을 미쳤음에도 프톨레마이오스에 결부된 이들과 행성들의 운동을 넘어서서 긴장을 일으키기도 했다. 어떤 긴장들은 그리스도교 교부들과 이슬람 철학자들을 난처하게 했던, 아리스토텔레스 학설의 구체적 요소들과 관련되어 있었다. 다른 긴장들은 지적 권위에 대한 더욱 근본적인 의문에 뿌리를 둔 것으로 10세기와 11세기의 아바스 칼리파국에서도 계속되었던 문제와 다르지 않았다.

아리스토텔레스 자연철학의 토대는 그 자족성, 다시 말해 어떤 형태의 계시와도 상관없이 오직 이성에 근거해 우주에 관해 권위적 진술을 할 수 있는 그 능력에 있다. 대개 그 결론들은 완벽하게 수용 가능하며 전체적으로 성경과 병립 가능했다. 하지만 지성의 독립이라는 원칙 자체는 신학자들에게 우려를 불러일으켰고, 13세기 초 신학자들은 이 새로운 과학적 권위에 굴레를 씌우고자 했다. 하지만 신학자들의 그러한 노력이 시작되었을 즈음에 아리스토텔레스는 다시 무대 위로 돌아와서 모든 것을 바꾸고 있었다.

'신학을 알기 때문에 더 잘 알게 되는 것은 없다' — 파리에서의 싸움

가장 어둡고 가난하고 취약했던 몇 년 동안에도 라틴 그리스도교 세계에는 학교와 도서관이 있었다. 물론 이슬람 세계의 학교와 도서관에 비하면 자료와 시설을 잘 갖추고 있지 못했다. 게다가 이들은 거의 수도원에 딸려 있었고, 성경과 신학을 가르치는 데 초점이 맞추어졌다. 하지만 완전히 고전 학문으로만 제한되어 있었던 것은 아니다. 베네딕트회 수도원에 설치된 여러 필사실에서는 수백 가지 이교도 필사본들을 다시 필사했다. 앞서 보았듯이 가경자 비드는 플리니우스를 알았으며, 플라톤의 《티마이오스》는 널리 읽혔다. 그럼에도 고전 철학에 관한 자료들은 적었고 과학 자료들은 더욱 적었다.

이윽고 수도원 학교들과 더불어 대성당 학교들도 설립되었다. 12세기부터 더 큰 평화와 번역의 분위기 속에 자연철학이 발전하기 시작했을 때 학자들은 이들 학교에 거주했다. 피시키의 주장들을 근거로 판단할 때 대성당 학교들은 독창적인 정신을 지닌 인물들을 산출하는 역량이 있었으나, 그럼에도 일차적으로는 교회의 기관으로서 교회가 관심을 갖는 사안들에서 영감을 받았고 교회 당국에 의해 관리되었으며 다른 접근방식으로 학문을 대하려는 이들을 보호할 위치에 있지 못했다. 이런 점에서 당시 이슬람 세계 전역에 설립되고 있던 마드라사와 크게 다르지 않았다.

하지만 12세기 중반부터 교회 개혁이 이루어지고 교회법과 로마 시민법이 성문화되면서, 법적으로 인정받는 자율적 법인, 곧 우니베르시타스universitas(대학)라는 개념이 생겨났다. 우니베르시타스는 황제나 군주, 혹은 교황이나 주교의 명령에 따라 설립되기보다는 풀뿌리 연합체로서 발전했다. 어떤 우니베르시타스는 의사나 법률가들이 설립한 법인처럼 전문 직업 조직이었고, 다른 우니베르시타스는 유럽 전역에서 발달한 길드 같은 경제 조직도 있었다. 수도회나 자선단체가 되기도 했고, 일반 시민이나 학자, 또는 교육자를 위한 조직이 되기도 했다. 바로 이곳이 유럽의 첫 대학들이 되었다.

대학은 법에 의해 하나의 법인으로 인정받고 취급되었으며 그에 따른 권리를 부여받았다. 대학에는 재산을 소유하고 원하는 대로 처분할 권리가 있었고, 빚을 질 권리, 고소하고 고소당할 권리, 법정에서 대변될 권리, 규칙과 규제를 만들 권리가 있었다. 대학은 특정한 설립자나 후원자, 혹은 탁월한 교수가 사망하더라도 사라지지 않고, 구성원이 변한 경우에도 동일한 법적 실체로 남았다. 또한 대학은 사실상 자치 기관이었고, 다른 모든 이와 똑같은 정치 및 종교 당국들에 책임을 져야 했음에도 그들에 의해 직접 운영되지는 않았다.

아마도 가장 중요한 사항은 대학이 이슬람의 마드라사와 달리, 대학의 활동과 목표를 지시할 수도 있었던 특정 후원자들에 의해 설립되거나 소유되거나 운영되지 않았다는 점일 것이다.

12세기에 볼로냐대학은 그러한 최초의 재단이 되었고, 13세기 초에는 파리, 옥스퍼드, 살라망카, 케임브리지, 파도바에도 비슷한 대학들이 등장했다. 13세기 말이 되면 유럽 전역에 10여 개의 대학이 존재했고, 1500년경에는 60여 개로 늘었다. 가장 놀라우면서 보통 사람들의 생각과 다른 사실은, 중세 대학들이 신학 연구기관이기 이전에 과학 연구기관이었다는 것이다. 가장 높게 추산할 경우, 중세 대학 교과과정의 30퍼센트는 자연세계에 초점이 맞추어져 있었다. 역사학자 에드워드 그랜트의 말대로 "중세 대학은 본질적으로 과학에 기초한 교육을 모두에게 제공했으며 (…) [실제로] 현대 대학보다 과학에 훨씬 더 중점을 두었다."[11]

대학은 대성당 학교들에서 일곱 개의 '교양과목'(문법, 수사학, 논리학과 산술, 음악, 기하학, 천문학)을 물려받았지만, 이는 아리스토텔레스의 도래와 함께 변형되었는데, 특히 기하학 및 천문학과 관련해서 변화가 컸다. 대학은 법인으로서 자유를 누렸기에 대학마다 각기 다른 부분에 중점을 두었지만, 대부분은 하나의 규칙처럼 학생들이 에우클레이데스, 프톨레마이오스, 아리스토텔레스, 아베로에스는 물론 사크로보스코의 요하네스의 《세계의 구체에 관하여》와 같이 동시대에 가까운 저작들을 익히게 했으며, 법·수사학·윤리학·형이상학도 배우게 했다. 그런 다음에야 학생들은 신학으로 넘어갈 수 있었고, 실제로 오직 소수의 학생들만 그렇게 했다. 대부분의 대학들은 14세기 후반까지도 신학과를 두지 않았다.

그럼에도 중세 대학들은 철저하게 그리스도교 기관이었다. 그 기초와 목적과 조직은 각기 신앙과 성경으로 채색되었다. 〈시편〉 27장의 첫 구절, 도미누스 일루미나시오 메아Dominus illuminatio mea('주님은 나의 빛')가 옥스퍼드대학의 표어가 된 것은 몇 세기가 지난 뒤의 일이었지만, 이미 이 구절은 라틴 그리스도교 세계의 모든 대학에서 표어 역할을 할 수 있었다. 이는 초창기부터 새로운 대학들이 지나치게 보호받는 법인으로서 자유를 누리는 것에 대해 반감을 갖는 성직자들이 있었음을 의미한다. 그들은 사제 서품을 받거나 수도자로 서원하지 않아도 되는 학문의 스승들이 새로운 권위를 갖고 이교도인 아리스토텔레스를 신성시하는 듯한 모습에 분개했다.

아리스토텔레스의 책들이 라틴어로 번역된 지 몇 년 되지 않은 1210년에 지방 주교들의 시노드synod•가 상스에서 열렸다. 시노드에 참석한 주교들은 파리 지역에서 아리스토텔레스의 자연철학을 가르치는 일을 금지했고, 이를 어길 경우 파문에 처하겠다고 선포했다. 이 금지령은 5년 뒤 교황 특사에 의해 파리대학에 대해 갱신되었으며, 1231년에는 교황 그레고리오 9세가 개입해 교황의 위원회 보고서를 통해 "(그의 책들에서) 의심되는 모든 오류를 해소"할 때까지 (이번에도 파리에서는) 아리스토텔레스의 자연철학을 가르쳐서는 안 된다고 선포하는 교서를 발표했다. 교황의 위원회는 알려지지 않은 이유로

• 교회의 협의 기구. 주로 주교들이 모여서 교회 내 문제를 논하고 판결하는 기능을 하는데, 모이는 이들의 범위와 층위는 상황에 따라 달라진다.

보고서를 제출하지 않았고, 따라서 금지령은 시행 정지 상태에 들어 갔다. 13세기 중반 무렵이 되면 옥스퍼드, 케임브리지, 파도바 등에 서처럼 파리에서도 공공연하게 아리스토텔레스를 가르치고 있었다.

하지만 긴장은 여전히 남아 있었고, 1260년대에 다시 고조되었다. 피단차의 조반니(성 보나벤투라)와 다른 보수적인 신학자들이 이교도 학문과 아랍 학문에 제한을 두고자 했기 때문이다. 이들의 시도는 처음엔 별로 성공하지 못했지만, 1270년 파리의 탕피에 주교에게 호소하자 이 주교는 아리스토텔레스와 아베로에스에 관한 13개의 단죄 항목을 발표했다. 찬반 양쪽의 충돌이 소란을 일으키며 계속되었다. 로마의 에지디오는 《철학자들의 오류Errors of the Philosophers》라는 책을 출간해 아리스토텔레스, 아베로에스, 모세스 마이모니데스, 알가잘리를 비롯한 비그리스도교 사상가들의 오류 목록을 작성하고 단죄했다. 마지막으로, 새로 선출된 교황 요한 21세는 파리에서 분란이 계속되는 것을 못마땅하게 여겨 파리의 주교에게 상황을 철저하게 조사하라고 명령했다. 그가 이 학문의 날개를 꺾는 데는 아무런 격려도 필요하지 않았다. 불가능해 보일 정도로 짧은 기간 내에 219개 명제에 대한 단죄가 발표되었기에, 역사학자들은 그가 교황의 권한 대행이든 아니든 이미 조치를 취하고 있었던 것으로 생각한다.

1277년의 단죄 명제 목록은 명확한 일관성이나 질서 없이 맹렬한 비난들만 뒤죽박죽으로 늘어놓은 것에 불과했다. "교양학부에 있는 어떤 학자들이 (…) 그들이 속한 학부의 한계를 넘어서며" 만들어낸 오류들을 겨냥한 것이라고 하지만, 그 어떤 학자들의 이름은 하나도 언급되지 않았다. 특정 학자들에게 특정한 이단적 논설을 연결해 고

정시키려는 현대의 시도들은 대체로 별다른 결실을 거두지 못했다. 다수의 단죄 명제도 고대로부터 아브라함 종교의 사상가들에게 이미 오래도록 문제가 되어왔던 특정 사안들로 다시 돌아가 논의하는 것에 불과했다. 가장 많이 문제가 된 것은 "하나의 전체로서 세계는 생성되지도 않았고 파괴될 수도 없고 (…) 유일하며 영원하다"라는 아리스토텔레스의 확신에 찬 주장이었는데, 219개 논제 중 27개에서 언급되고 단죄되었다.[12] 다른 항목들은 결정론, 점성술, 인간의 자유의지에 대한 제약과 더불어 인간이 죽은 뒤에 영혼도 살아남지 않고 어떤 형태의 심판도 받지 않는다는 생각(마지막 7개 항목)을 단죄했다. 이렇게 보면, 두려움의 대상은 자연철학의 위협보다는 그것이 인간의 본성과 자유와 운명에 대해 암시할 수 있는 함의들이었던 듯하다.

이것들이 13세기 그리스도교 사상가들에게 긴장을 불러일으킨 사안들의 전부다. 하지만 이것들이 자라난 토양에는 더 큰 문제가 숨어 있었다. 단죄 항목 중 어떤 것들은 기이하게 느껴지기까지 한다. 이를테면 제49항은 신이 하늘이나 땅을 ('직선 운동을 통해') 직선으로 움직일 수 없다는 생각을 단죄했다. 현대의 독자라면 왜 이런 생각이 문제가 되어 파리의 주교와 그 신학자 친구들의 심기를 불편하게 했는지 의아할 것이다. 그 이유는 행성을 직선으로 움직이면 진공이 생기게 될 테고, 진공은 불가능하다고 아리스토텔레스가 입증했기 때문이다. (이교도) 물리학에서 그렇게 말했고 신도 거기에 순응해야 했다. 직선 운동과 진공의 존재(혹은 부재)는 우주를 운행하는 신에 관한 문제였다. 신학자들은 그러한 주장들이 신의 권능에 정당화될 수 없는 제약을 설정한다고 말했다. 마찬가지로 신학자들은 신이 '새로운 행위의 원인일' 수 없다거나 하나의 세상보다 많은 세상을 창조할 수 없다고 하는 생각을 맹렬히 비난했다. 우리가 아는 한, 전적으로 결정론적인 우주나 다른 세계들의 존재를 적극적으로 믿는 사람은 아무도 없었지만, 그럼에도 그것은 신학자들이 굳게 지키려는 신성에 대한 제약이었다.

이 구체적이고도 일반적인 반론들 아래로 무언가 다른 일도 진행되고 있었다. 아리스토텔레스는 놀라울 만큼 빠른 속도로 그리스도교 세계에서 새로운 대학들의 중심을 차지했다. 역사학자 에드워드 그랜트는 이렇게 묻는다. "어떻게 한 그리스도교 사회가 가톨릭교회의 권력이 정점에 이른 시점에 놀라울 만큼 빠른 속도로 기꺼이 이교도의 자연철학을 광범위한 교육 프로그램의 기초로 삼을 수 있었을까?"[13] 이에 대한 답은 우리를 당황스럽게 하는 것이긴 하지만 중세 그리스도교 사상가들이 지적 도량과 관용과 탐구심을 지녔다는 것이다. 오늘날의 우리는 이러한 사실을 인정하기 어려워한다.

물론 아리스토텔레스의 수용이 너무나 빠르고 깊숙이 이루어졌기 때문에 필연적으로 많은 이들은 심기가 불편할 수밖에 없었다. 1277년에 아리스토텔레스의 관념들을 구체적으로 단죄한 것은 근본적으로 아리스토텔레스의 권위에 의문을 제기하는 것이었다. 가장 유명한 토마스 아퀴나스를 비롯해 당대 철학자들은 (자연)철학과 신학 사이의 관계에 내재적 긴장은 전혀 없다고 주장했다. 이들을 비판하는 사람들은 동의하지 않았다. 몇몇 단죄 항목들은 '이중 진리'*라

● 이미 12세기에 이슬람 세계에서 논쟁이 되었던 것으로, 특히 이븐 루시드(아베로에스)에 대한

고 알려진 오류에 초점을 맞추었다. 이는 "마치 두 개의 모순된 진리가 있을 수 있다는 듯이, 철학에서 진리인 것이 가톨릭 신앙에서는 진리가 아니다"라는 생각이었다.[14] 철학을 비판하는 이들은 그리스도교 교부들을 따라 이성이란 오직 신학의 하녀일 뿐이라고 주장했다. 철학자들이 이성에 부여하는 지성적 자율성과 권위는 계시를 잉여적인 것으로 만들거나, 더 나쁜 경우에는 순전히 이성에 모순되는 것으로 만들 위험이 있었다.

불가피하게도 지적 권위에 대한 이와 같은 의문을 둘러싸고 제도적·사회적·개인적 권위에 관한 이슈들이 소용돌이쳤다. 교황 알렉산데르 4세는 파리대학의 교수들에게 명령을 내려 1256년 또는 1257년에 보나벤투라를 스승으로 받아들이게 했다. 무너진 것은 학계의 독립성만이 아니었다. 보나벤투라는 《교양의 신학으로 환원 Retracing the Arts to Theology》 전체에서, 파리대학의 세속 교과들이 신학(자신이 교수로서 강의하는)에 종속되어야 한다고 주장했다. 1277년의 단죄 목록에는 파리대학의 교수들 사이에서 벌어진 권력 다툼이 분명하게 드러나 있다. 단죄 목록 중 제152항은 "신학적 논의들이 비유에 근거한다"라는 오류를 단죄하며, 제153항은 "신학을 알기 때문에 더 잘 알게 되는 것은 없다"라는 오류를, 제154항은 "철학자들만이 세계를 아는 현자들이다"라는 오류를 단죄한다.[15] 이에 대해 반박하

알가잘리의 비판이 유명하다. 이븐 루시드는 신앙과 이성, 신학과 철학이 동일한 진리를 다루되 서로 다른 언어와 방식으로 다룬다는 사실을 강조했으나, 알가잘리는 이를 두고 모두가 참인 서로 다른 두 진리가 존재한다는 주장으로 받아들여 비판했다. 13세기 유럽에서도 이븐 루시드는 이중 진리의 원흉으로 지목된다.

는 이들의 소리를 알아듣기 위해 특별히 예민한 청각을 가질 필요
는 없다.

　1277년의 아리스토텔레스주의에 대한 이 상세한 단죄 항목들을
읽다 보면 학문적 논쟁이 그토록 격렬해지는 까닭은 싸움에 걸려 있
는 게 너무 적기 때문이라는 경구가 떠오른다. 이 경구는 적어도 이
번 경우에는, 야박하기도 하고 확실히 불공평하다. 세계의 본질, 인
간 지식의 근거, 인격의 필멸성(혹은 불멸성), 결정론, 자연주의, 신의
섭리와 자유의지에 관한 논쟁들은 이보다 더 중요할 수 없었다. 그럼
에도 중세 내내 벌어진 종교와 과학 사이의 논쟁은 정말로 격렬했지
만, 무엇보다도 지성의 권위가 참으로 어디에, 그리고 누구에게 있는
지를 따지는 골치 아픈 문제를 두고 격렬하게 펼쳐졌다.

'상상에 따르면' ― 사고실험의 탄생

13세기에 교회가 아리스토텔레스의 관념들을 단죄한 일은 중세의
과학에 영향을 끼치긴 했지만, 궁극적으로는 반反직관적인 영향밖에
끼치지 못했다. 처음에는 그 영향도 제한적이었다. 무엇보다도 대학
은 독립적이고 자치적인 법인이었다. 파리에서 처음으로 아리스토텔
레스가 금지되자, 툴루즈대학에서는 오히려 "자연의 속을 가장 깊은
곳까지 면밀하게 탐구하고 싶은" 교수들과 학생들에게 "젖과 꿀이
흐르고 (…) 바쿠스가 포도밭에서 군림하고 있는 제2의 약속의 땅"으
로 와서 이교도 스승을 연구하라고 초대했다. 이는 어느 대학의 공모

에 쓰여도 좋을 만한 초대였다.[16]

1277년의 단죄는 더 심각한 사안이었고, 토마스 아퀴나스를 겨냥했으나 이내 무효화된 항목들을 제외하고는 14세기에도 줄곧 효과를 발휘했다. 예를 들어 파리대학의 학자였던 오베르뉴의 피에르는 1277년의 단죄 전후로 아리스토텔레스의 《천체에 관하여》의 주해서를 한 권씩 집필했는데, 단죄 후에 쓴 주해서는 세계의 영원성에 관한 매우 다른 견해를 담고 있다. 가장 만연한 효과는 1277년의 단죄가 신의 (불가해한) 의지와 절대적 권능을 강조함으로써 이성과 과학의 실증적인 확실성에 대한 확신을 약화시키고 자연철학의 진리들을 신앙의 계시된 진리들보다 낮은 층위에 두었다는 것이었다.

이 모두는 마치 과학의 (그리고 철학의) 종말을 알리는 소리처럼 들리겠지만, 그렇다고 그 영향을 과장해서도 안 된다. 아리스토텔레스와 아베로에스를 비롯한 다른 이교도 학자들의 학문은 14세기와 그 이후에도 대학 교과과정에 포함되어 있었다. 이들의 학문은 단지 이전에 비해 더 많은 주의와 더 적은 권위를 가지고 다루어졌을 뿐이다. 사실 13세기에 아리스토텔레스의 철학이 가졌던 멈출 수 없는 힘은 1277년 신적 전능함의 요지부동한 반대에 부딪쳤다. 이 반대가 이겼으나, 그 힘을 멈추기보다는 힘의 방향을 바꾸었을 뿐이다. 역설적이게도 1277년의 단죄는 결과적으로 중세 과학에 (의도치 않은) 해방 효과를 불러왔다.

아리스토텔레스는 세계는 영원하고, 다른 세계들은 불가능하고, 자연은 진공을 혐오하고, 행성들은 직선 운동이 아니라 오직 원형 운동만 할 수 있다고 선언했다(아니면 적어도 그렇게 말했다고 해석되었다). 교회가 이러한 내용들에 대해 필연적으로 반대했던 것은 아니다. 무엇보다도 아리스토텔레스와 성경은 오직 하나의 세계만 존재한다는 데 의견이 일치했다. 하지만 교회는 이러한 내용들이 신의 권능에 부당한 제약을 설정한다고 보았다. 아리스토텔레스가 좋아하든 싫어하든, 신은 자신이 원한다면 이들 중 어떠한 것도 할 수 있다. 그래서 학자들은 만약 신이 그렇게 하기를 원한다면 어떻게 될지 생각해보기 시작했다. 그리고 가설적 가능성들이 14세기 과학적 추론의 중요한 부분이 되었다. 사실상 1277년의 단죄는 사고실험thought experiment•을 낳았다.

예를 들어 13세기 말 프란치스코회 수사인 철학자 미들턴의 리처드는 신이 지구 이외의 세계들을 창조했다면 각각의 세계는 자연적으로 지구가 움직이듯 움직일 테니 제각기 하나의 폐쇄된 원형 체계의 중심일 것이라고 주장했다. 그렇다면 필연적으로 우주에는 유일하거나 특권적인 중심이 존재할 수 없게 된다.[17] 리처드는 우주의 중심이 지구가 아니라는 것을 믿지 않았던 만큼이나 다른 세계들이 실제로 존재한다는 것을 믿지 않았다. 하지만 1277년의 단죄에서 신의 권능을 단호하게 강조했기 때문에 그는 다른 세계들의 존재 가능성도 고려하게 되었다.

세쿤둠 이마기나티오넴secundum imaginationem, 즉 '상상에 따르면'이라는 구절 아래 이러한 가설적 구성이 크게 늘었다. 이제 아리스토텔

• 이론적 가능성을 따라 머릿속에서 결과를 유도하는 상상의 실험을 말한다. 오스트리아의 물리학자 에른스트 마흐가 처음 고안한 개념으로, 현실에서 재현 불가능한 상황을 설정해 일반적 원리를 유추하는 데 많이 사용된다.

레스에 의거한 금지령이 해제되었으므로 진공은 가능한 조건이 되었고, 자연철학자이자 리지외의 주교인 니콜 오렘은 우리 세계와 다른 가능한 세계들 사이에 '우주 간 공허空虛'가 있지 않을까 숙고했던 반면, 14세기의 또 다른 사상가인 토머스 브래드워딘은 실제로 그 존재를 선언했다. 다른 이들도 도발적인 질문을 던졌다. 공허 속에 놓인 돌은 직선 운동을 할 수 있을까? 진공 속에서 사람들은 서로의 모습을 보고 서로의 소리를 들을 수 있을까? 우리를 둘러싼 천체는 왜 공허 속으로 무너져 내리지 않을까? 어떤 가설적 질문들은 특이하게도 현대적인 감각이 있었다. 이를테면 신이 창조할 수 있는 것과 같은 상이한 종류의 무한들이 존재했던가? 천사 한 명이 동시에 두 장소에 존재할 수 있나? 두 천사가 동시에 같은 장소를 점유할 수 있는가? 천사들은 제한적이거나 즉각적인 속도로 다른 공간들 사이로 이동했을까?

이 모두에는 위험 요소가 있었다. 신의 권능, 창조의 우발성, 인간 이성의 궁극적 부적절성을 강조한 1277년의 단죄에 따라, 많은 사상가가 신이 그가 창조한 세상과 맺고 있는 관계에 '주의주의적主意主義的' 접근방식을 채택하기 시작했다. 이는 알가잘리의 '우인론'이 위태롭게 한 것과 비슷한 결과를 자연철학에 가져올 수 있었다. 이러한 추정에 따르면 신의 자유에는 제한이 없으므로, 신의 자유가 반드시 이성을 통해 이해될 수 있는 것이어야 할 필요도 없었다. 그렇다면 자연에 대한 과학적 탐구는 애초부터 무의미한 것이었다.

하지만 일반적으로 과학적 사고실험은 신의 절대적 권능과 규정된 권능 사이에 확정된 뚜렷한 구별이라는 맥락 안에서 일어났다. 신의 절대적 권능 개념은, 신은 전능하므로 바라는 것은 무엇이든 할수 있음을 강조한다. 신의 규정된 권능 개념은 신이 오직 창조를 위해 미리 규정된 자신의 계획에 따라서만 행동한다고 주장했다. 사실신은 처음에 셀 수 없이 많았던 창조의 가능성 가운데 하나를 실현했던 것이고, 이제 이 창조된 세계는 신에 의지해 유지될 수 있다. 그리스도교 자연 신학자들은 그래서 그들 몫의 케이크를 먹을 수 있었다. 신의 권능은 아리스토텔레스에 의해 제한되지 않았지만, 자연철학을위해 이성을 (조심스럽고 절제된 방식으로) 사용하는 것은, 탕피에 주교가무어라 생각했든, 받아들여질 수 있고 실제로 이롭기까지 한 활동이었다.

20세기 초, 프랑스의 이론 물리학자이자 과학사학자인 피에르 뒤엠은 총 열 권에 달하는 고전 및 중세 과학사를 저술했다. 이 책은 종교개혁 사상가들과 계몽주의 철학자들의 자기를 위한 겸양에서 중세 철학을 거의 혼자서 구해내 존중받을 만한 분과학문으로 바꾸어놓았다. 뒤엠은 더 잘 알고 있었다. 1277년의 단죄와, 그것이 촉매제가 된 낯설고 새로운 생각의 세계들에 대해 생각하면서 그는 이렇게썼다. "근대 과학이 태어난 날을 정해야 한다면, 우리는 의심 없이1277년을 선택할 것이다."[18]

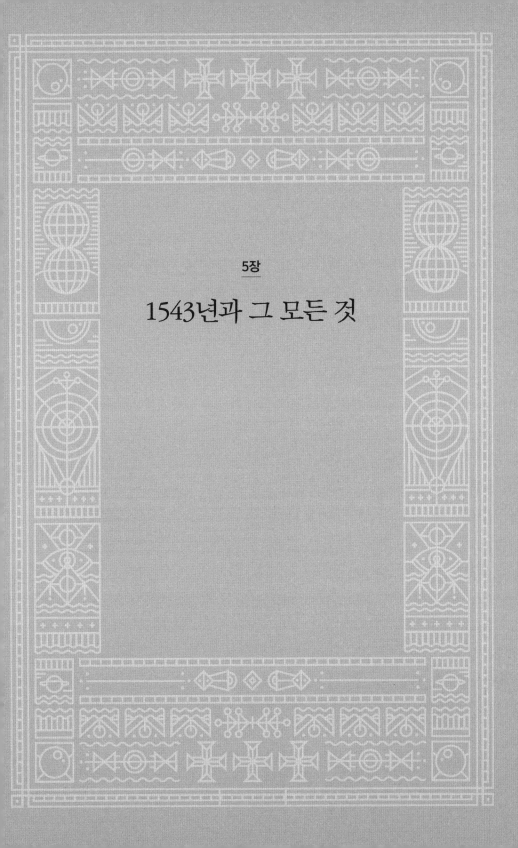

5장

1543년과 그 모든 것

코페르니쿠스의 《천체의 회전에 관하여》의 한 부분. 태양이 태양계의 중심에 있고 행성들이 그 주위를 돈다. 16세기에는 태양중심설이 자신의 신앙에 거슬리는 사람은 거의 아무도 없었다. 사실 코페르니쿠스의 책을 정말로 읽은 사람도 거의 없었다.

'과학과 종교의 기억할 만한 역사' ― 혁명은 없다

과학에 관한 저술을 많이 남긴 존 그리빈은 1543년을 시점으로 과학사를 기술했으며, 문학 비평가 존 캐리는 1543년에 출간된 책을 가지고 과학에 관한 저술 선집을 작성하기 시작했다. 1543년은 플랑드르의 해부학자 안드레아스 베살리우스가 《인체 구조에 관하여De humani corporis fabrica》를 처음 출간한 해였다. 이 책은 인간의 뼈, 연골, 인대, 근육, 동맥, 정맥의 구조와 배치를 유례없이 정확하게 기술했다. 그리고 1543년은 폴란드의 니콜라우스 코페르니쿠스가 《천체의 회전에 관하여De revolutionibus orbium coelestium》를 출간한 해이기도 하다. 그는 이 책에서 태양 중심의 우주를 수학적으로 설명했다. 위키백과에서는 "과학과 기술에서 1543년은 유럽 과학혁명의 시작을 표시한다"라고 설명한다. 1543년은 확실히 전환점이 되는 해였다.

그 모든 '전환점들'은 자의적이지만, 1543년을 원년으로 삼는 데는 특별한 문제가 있다. 이는 부분적으로 코페르니쿠스가 처음 태양 중심설에 대해 쓴 것이 30년 전이기 때문이기도 하고, 그가 여전히 주전원, 유한 공간, 균일하고 영원한 원형 운동 등을 끼워 넣으면서, 프톨레마이오스 우주론의 많은 부분을 폐기한 만큼이나 여전히 유지하고 있기 때문이기도 하다. 이는 부분적으로 베살리우스의 책이 지난 10년 넘는 기간의 파리, 루뱅, 파도바의 천문학 연구 성과에서 나왔기 때문이기도 하고, 1543년에 출간된 책들에서 과학적 방법이나 실험이 아무런 역할을 하지 못했던 반면, 과학에 핵심적인 방법론적 자연주의에 원칙적으로 전념한 것은 12세기까지 거슬러 올라가기 때문이다. 간단히 말해, 1543년은 그렇게 특별해 보일 것이 없다.

하지만 과학 및 종교의 역사와 관련해서 1543년이 특히 오해를 불러일으키는 것은 대체로 지크문트 프로이트 때문이다. 처음에는 1915년에서 1917년까지 강의했던 《정신분석학 입문》에서 프로이트는 어떻게 "인류가 시간의 흐름 속에서 과학의 두 손으로부터 순진한 자기 사랑에 대한 커다란 모욕을 두 차례나 겪고 견뎌야" 했는지를 썼다. 첫 번째 모욕은 "우리의 지구가 우주의 중심이 아니라 세계의 체계 안에 있는, 너무나 많아서 상상할 수도 없는 작은 얼룩에 지나지 않는다는 사실을 발견했을" 때였다. 이는 "우리의 정신에서 '코페르니쿠스'라는 이름과 결부되어" 영원히 분리되지 않을 혁명이었다.[1]

이는 프로이트만의 독창적인 의견은 아니었다. 프로이트는 한때 에밀 뒤 부아레몽 밑에서 공부하기로 계획한 적이 있었는데, 이 의사가 40년 전에 이미 다윈을 찬양하면서 정확히 똑같은 말을 했었다. 게다가 이 의견은 사심 없이 객관적이지도 않았다. 프로이트는 코페르니쿠스주의에 더해 두 번째 큰 '모욕'은 다윈주의라고 주장한 데 이어, 세 번째이자 "가장 화나게 하는 모욕이 (⋯) 위대함에 열광하는 인간에게 던져졌으니" 그건 바로 프로이트 자신의 정신분석학이라고 선언했다.

프로이트의 이러한 의견은 독창적이지도 않고 객관적이지도 않으며, 또 앞으로 우리가 보게 될 것처럼 정확하지도 않지만 적어도 영향력은 컸다. 코페르니쿠스가 인류에게(특히 종교에 기반한 인류의 자만심에) 끼쳤다고 하는 트라우마 효과는 전설이 되어 전해졌다. 코페르니쿠스 혁명이 90년 뒤에 벌어지는 갈릴레오 재판의 정점에 비추어 그토록 빈번하게 이야기된다는 사실을 고려하면, 그 결과는 자기충족적인 예언이 된다. 인간의 미소함에 관한 진실들을 무자비하게 내뱉으며 과학이 태어난 순간, 그곳에서 종교는 과학에 맞서고 있었다. 그 결과는 《1066년과 그 모든 것1066 and all that》,[•] 수백 가지 훌륭한 발명들(의학과 우주 포함), 세 개의 나쁜 사건(갈릴레오, 옥스퍼드, 스코프스 재판), 두 개의 진짜 연대(코페르니쿠스가 종교의 우주관이 틀렸음을 보여준 해인 1543년 그리고 다윈이 종교적 인간관이 틀렸음을 보여준 해인 1859년)를 포함하여 당신이 기억할 수 있는 모든 부분을 아우르는 과학과 종교의 역사 같은 것이었다. 과학이 코페르니쿠스와 (그리고 베살리우스와) 함께 1543년에 시작된다면, 종교적 충돌은 그 토대 안에 붙박이로 들어가 있다.

그렇다고 1543년에 중요한 일이 전혀 일어나지 않았다는 말은 아니다. 코페르니쿠스의 책은 정말로 '패러다임의 전환'을 보여주었다. 출간 당시에는 입증이 불가능했고 세부 사항에서 오류가 많았음에도 정말로 패러다임 전환의 원형이 되었다. 마찬가지로 베살리우스

[•] 영국의 만화 주간지 《펀치(Punch)》에 실린 역사 연재물이었다가 1930년 단행본으로 출간된 역사 풍자만화다. 1066년은 노르망디 공국의 정복왕 윌리엄이 헤이스팅스 전투에서 승리함으로써 잉글랜드의 노르만 정복이 완성되고 노르만 왕조가 성립한 해다.

의 저작 또한 중요한 전환점이 되었다. 적어도 그가 권위적인 갈레노스와 결별하고 권위 있는 의학 저술 일반에서 떨어져 나와 주의 깊은 인체 해부학을 추구했음을 보여준다는 면에서 그러했다. 코페르니쿠스와 베살리우스 모두 역사의 중요한 전환점을 대표한다. 하지만 두 사람 모두 혁명을 일으키지는 못했으며, 종교적 믿음을 그 중심까지 흔들어놓지도 않았다. 16세기의 마지막 25년 동안에는 단지 전환이 시작되었을 뿐이다. 하지만 문자 그대로 하늘이 변했고, 그것도 모두가 볼 수 있는 방식으로 변했다.

'신학자들은 쉽사리 진정할 것이다' — 혁명은 연기될 것이다

코페르니쿠스는 한 가지 중요한 측면에서 다윈과 비슷했다. 두 사람 모두 자신의 이론을 구상하고 수십 년이 지난 뒤에야 세상에 발표했다. 다윈은 《종의 기원》이 출간되기 20년도 더 전에 자연선택에 의한 진화론을 발전시켰고, 코페르니쿠스는 《천체의 회전에 관하여》가 출간되기 적어도 30년 전에 태양중심설을 착안했다. 프로이트의 렌즈를 통해서 보면 코페르니쿠스의 책 출간이 늦어진 것은 그 책이 (교회로부터) 불러올 결과에 대한 두려움 때문으로 보이지만, 실제로 그렇지 않았다는 것은 다윈의 경우만큼이나 코페르니쿠스의 경우도 마찬가지였다.

　1473년 2월, 폴란드 토룬에서 태어난 코페르니쿠스는 천문학과 수학으로 명성이 높았던 크라쿠프의 야기에우워대학에서 공부했고,

이탈리아로 가서 볼로냐와 파도바에서 법학과 의학에 관한 책들을 읽었다. 그다음엔 페라라대학으로 옮겨 1503년 교회법 박사학위를 받았다. 그리고 다시 폴란드로 돌아와 삼촌인 바르미아의 주교의 비서이자 의사로 일했고, 폴란드를 떠나 있는 동안에 이미 선출되었던 프롬보르크 대성당의 참사원 자리를 차지했다.

수학적 천문학은 여러 가지 지적 관심사 중에서도 특별히 열정을 가진 분야였다. 그는 정성 들여 수사적으로 쓴《천체의 회전에 관하여》의 서문에서 이렇게 말한다. "가장 정교한 질서로 확립되고 신의 능력으로 지휘되는 것들에 사로잡히면 그것들에 대한 끊임없는 관조가 (⋯) 사람을 자극해 최고로 고무시키고 만물의 창조주를 찬양하게 하지 않겠는가?"[2] 훌륭한 어느 중세 자연철학자처럼 코페르니쿠스에게 참된 과학이란 덕망 있는 고결한 삶을 위한 보조 수단이었다.

프로테스탄트 대학인 비텐베르크대학의 수학 교수였다가 1539년 코페르니쿠스를 찾아가서 그의 학생이자 제자이자 출판 담당자가 된 게오르크 레티쿠스의 말에 따르면, 코페르니쿠스는 1500년경에 이미 로마에서 천문학을 강의했고, 폴란드로 돌아오고 나서 10년이 지나기 전에 프톨레마이오스 체계의 대안을 제시해놓았었다. 당시 중세 그리스도교 세계에는 프톨레마이오스 전통에 반하는 이렇다 할 이론이나 주장이 존재하지 않았다. 특히 이슬람 세계에서 천문학자들이 11세기 이래로 이미 프톨레마이오스를 비판해왔고, 13세기부터 새로운 (지구 중심의) 대안들을 제시하고 있었던 것과 비교하면 확실히 그러했다. 이 때문에 학자들은 코페르니쿠스가 이슬람 천문학에 빚진 부분이 무엇인지 궁금해한다.

코페르니쿠스는 《천체의 회전에 관하여》에서 타비트 이븐 쿠라, 알바타니, 알자르칼루, 이븐 루시드, 알비트루지, 이렇게 다섯 명의 이슬람 천문학자를 언급했다. 하지만 그중 가장 마지막 인물조차도 300년 전에 죽었으므로, 독자들은 그들이 중요하긴 하되 근본적으로는 책 전체에서 역사를 다루는 부분에 해당할 뿐이라고 여겨왔다. 하지만 20세기 초부터 학자들은 코페르니쿠스가 이슬람 천문학자들, 특히 나시르 알딘 알투시와 이븐 알샤티르가 고안한 수학 모델들을 사용했음을 지적해왔고, 몇몇 학자들은 《천체의 회전에 관하여》에 실린 관련 도해의 문자 도안이 "라틴어에서 흔히 쓰이는 것이 아니라 표준 아랍어 문자 도안을 따른 것"이라고 주장해왔다. 이로 인해 어떤 이들은 코페르니쿠스가 프톨레마이오스 우주론을 검토하고 수정하기 위해 이슬람 수학과 천문학을 직접 끌어다 썼다고 결론 내리기도 한다. 하지만 그가 자신의 태양중심설을 그러한 출전에서 가져왔다고 주장하는 사람은 아직 아무도 없다.[3]

이와 관련된 문제는 코페르니쿠스가 이 모델들을 접했거나 차용했다는 직접적인 증거가 전혀 없고 작지만 소중한 간접 증거도 없다는 것이다. 학자들은 바티칸에서 1300년대에 작성된 필사본을 찾아냈다. 아랍어 논문을 그리스어로 다시 쓴 이 필사본에는 소위 '투시 쌍 Tusi couple'이라고 불리는 중요한 수학적 장치에 관한 내용이 포함되어 있다. 하지만 코페르니쿠스가 이 필사본이나, 아니면 최신 이슬람 천문학에 관련된 다른 문헌을 언제 어디에서 읽었는지, 혹은 정말로 읽기는 한 것인지를 명확히 입증한 사람은 아직 아무도 없다. 그에 비해 많은 학자들이, 코페르니쿠스의 생각이 그가 몇 년 동안 머물렀던 파도바에서 활동하는 천문학자들에 의해 촉발되었거나, 아니면 그저 스스로 생겨난 것일 수 있다고 여겨왔다. 과학의 역사를 연구하는 학자들이 코페르니쿠스가 중세 말 이슬람의 수학적 천문학을 직접 끌어다 사용했음을 입증할 수 있다면, 이 순간의 상징적 본질을 고려할 때 이슬람 과학의 명성을 강화하는 데 도움이 될 것이다. 하지만 아직까지는 증거가 충분하지 않다.

그의 지적 부채와는 별개로, 1514년경에 코페르니쿠스는 이미 자신의 생각을 정리한 《코멘타리올루스Commentariolus》(짧은 해설서)의 원고를 작성했다. 크라쿠프의 한 의사가 자신의 장서 목록에 "태양이 정지되어 있고 지구가 움직인다고 주장하는 6매짜리 이론서"라는 빈정대는 듯한 이름으로 기입해놓은 이 소논문이 바로 우리가 갖고 있는 새로운 이론에 관한 첫 번째 증거다. 이 글은 처음에 몇몇 친한 친구들 사이에서만 서로 돌려보았고, 몇 년이 지나서야 더 널리 알려졌다. 그렇게 알려졌을 때 교회의 반응은 대체로 긍정적이었다. 1533년 독일의 동양학자 요한 알브레히트 비트만슈테터는 이 이론을 교황 클레멘스 7세와 교황청 사람들에게 제시했다. 설명을 들은 교황은 감명을 받고 값비싼 그리스어 코덱스 한 권을 비트만슈테터에게 선물했고, 그는 이 코덱스에 그날 일을 기록해놓았다. 그로부터 3년 뒤, 교황 클레멘스 7세가 죽고 비트만슈테터는 추기경 니콜라우스 폰 쇤베르크의 비서가 되었는데, 이 추기경 역시 코페르니쿠스의 이론에 감명을 받았다. 추기경은 코페르니쿠스에게 서한을 보내 그의 천문학 이론의 필사본 한 부를 요청하고, 그의 새로운 행성 이론에 대한 후원을 약속하며 조속히 책으로 출간할 것을 촉구했다. 하지만 코페르니쿠스는 여전히 시간을 끌었다. 1514년에서 1536년 사이에 유럽의 지적 풍경이 이미 변했고 1536년에서 1543년 사이에 더 많이 변할 것을 고려하면, 이는 '통렬하게 놓쳐버린 기회'와 관련된 것으로 볼 수 있겠다.

코페르니쿠스가 살았던 중세 말의 세계는 우리가 앞서 보았듯이 지구의 회전에 관한 사고실험을 비롯해 도발적인 사고실험들에 익숙해 있었지만, 장 뷔리당과 니콜 오렘 같은 몇몇 사상가들만이 이러한 관념을 진지하게 다루었다. 코페르니쿠스는 자신의 생각이 단지 사고실험이 아니라는 것을 분명히 했다. 그는 자신의 이론이 현실의 모델로 취해지기를 원했다.

문제는 그러한 생각이 의미심장하고 직관적이고 더 미묘한 과학적 반대들에 부딪혔고, 이 때문에 코페르니쿠스는 목숨을 잃진 않더라도 굴욕을 당할 위험이 있었다는 것이다. 지구가 정말로 움직인다면, 특히나 그 운동에 필요한 만큼 빠른 속도로 움직인다면, 왜 정지해 있는 듯 느껴지는 것일까? 왜 사람들의 얼굴에 세찬 바람이 계속 불어오지 않을까? 왜 바닷물이 해안으로 격렬하게 출렁이며 밀려오지 않을까? 왜 떨어지는 물체는 바로 아래쪽으로 떨어질까? 왜 동쪽과 서쪽으로 쏜 포탄들이 자동적으로 서로 다른 거리까지 도달하지 않는 것일까?

신중하고 철저하게 생각해보면 이러한 문제들은 해소할 수 있었지만, 더 기술적인 문제를 해결하는 데는 별 도움이 되지 않았다. 지구가 상당히 큰 궤도를 따라 움직인다면 배경이 되는 별들이 움직이는 듯 보여야 하는데도, 왜 그것을 보여주는 표지, 즉 연주시차年周視差가 전혀 감지되지 않을까? 왜 금성은 달과 같이 차고 기울지 않을까? 왜 화성은 지구의 움직임에 상응해 더 밝고 더 어둡게 보이지 않을까? 더 정확한 관측 장비가 있었다면 이러한 물음들에 대한 답을 구할 수 있었을 것이다. 그러한 차이들은 실제로 존재하지만 너무 작아서 감지할 수가 없었던 것뿐이다. 하지만 1540년대의 상황에서는 이러한 물음이 심각한 과학적 반론을 구성할 수 있었다.

더 추상적이거나 근본적인 반론들도 마찬가지로 문제가 되었다. 코페르니쿠스의 이론은 기하학에 근거했는데, 기하학은 중세의 학문 위계에서 상대적으로 낮은 위치에 있었다. 기하학을 근거로 모든 것을 뒤집는다는 것은 말이 되지 않았다. 지구가 자전과 공전을 한다는 그의 주장은, 단순한 개체는 그에 합당한 한 가지 운동만 할 수 있다는 아리스토텔레스 물리학의 기본 원칙에 위배되었다. 가장 실질적인 문제는, 태양중심설이 달 위의 천구와 달 아래의 천구를 나누는 아리스토텔레스의 근본 이론을 무너뜨린다는 것이었다. 코페르니쿠스가 자신의 이론을 공개적으로 발표하길 미루었던 것은 바로 이러한 반론들 때문이었다.

마침내 코페르니쿠스의 이론이 공개된 것은 게오르크 레티쿠스의 영향력 덕분이었다. 레티쿠스는 우선 공개 토론을 시도했고, 1540년에 코페르니쿠스의 생각을 개괄하는 《나라티오 프리마Narratio prima》라는 소논문을 출간했다. 이 책은 스승의 대표 저작보다 훨씬 더 명확했으나, 적대적인 공격을 전혀 유발하지 않았고, 이에 두 천문학자는 용기를 얻었다. 3년 뒤에 《천체의 회전에 관하여》가 마침내 출간되었을 때 코페르니쿠스는 이미 죽음을 눈앞에 두고 있었다. 하지만 이즈음에는 지적 환경이 상당히 안 좋아져 있었다.

루터 지지자들과 가톨릭교회 사이의 신학적 대화를 통해 교회의 일치를 유지하려는 마지막 의미 있는 시도였던 레겐스부르크 회의가 1541년 험악한 분위기 속에서 실패로 끝이 났다. 적어도 교황 바오로 3세와 관련해서 더 나빴던 것은 신성로마제국 황제 카를 5세가 놀랍게도 프로테스탄트와 타협할 의지를 보여주었다는 것이다. 이미 불안정한 처지에 놓였던 교황청은 1542년 교황 교서 《리체트 아브 이니티오Licet ab initio》를 발표해 로마 종교재판소를 설립하고, 한 해 뒤에는 교회에서 인가받지 못한 모든 책의 인쇄와 판매를 금지했다. 루터교회와 가톨릭교회 사이의 어떤 협력관계를 통해 대담한 새로운 생각을 발표하거나 출간하기에는 좋지 않은 시기였다. 수학적 계산들이 잔뜩 실려 있고 표지에는 플라톤의 아카데미에 걸려 있던 "기하학에 무지한 자는 누구도 들이지 말라"라는 말이 무심한 독자들을 향한 경고로 적혀 있는 책이라 해도 다르지 않았다.

레티쿠스와 코페르니쿠스는 지뢰밭을 뚫고 나가기로 했다. 《천체의 회전에 관하여》에는 1536년 폰 쇤베르크가 공식적으로는 존재하지 않던 (그리고 이 추기경이 1537년에 죽는다는 사실을 감안하면 앞으로도 존재하지 않을) 후원 관계를 시사하며 쓴 편지가 첨부되었다. 이보다 더 중요한, 교황 바오로 3세에게 바치는 과도할 정도의 헌사도 포함되었다. 이 헌사에는 폰 쇤베르크와 더불어 헤움노의 주교 티데만 기제, 그리고 교회 내 코페르니쿠스 지지자 중 또 한 명의 출간 격려가 인용되었고, 그가 설명하려는 체계의 수학적 우월성을 요약해 제시했다. 그리고 '횡설수설하는 이들'의 부당한 판단에 맞서 코페르니쿠스 이론의 정당성을 강력하게 주장했다. 그들은 그저 천문학에 무지한 이들이거나 성경을 축자적으로 해석한다면서 자신에게 유리하게 왜곡하는 이들로, 그렇게 함으로써 지구가 평평하다고 믿었던 그리스도교 교부들만큼이나 우스워 보이게 만들 뿐이었다. "나는 그들의 비판을 무모한 것으로 일축할 만큼 그들을 무시한다."[4] 코페르니쿠스는 직접 나서서 비판자들과 맞서 싸웠다.

설득해야 할 대상은 가톨릭교회만이 아니었다. 《천체의 회전에 관하여》는 프로테스탄트의 주요 거점 도시인 뉘른베르크에서 인쇄하고, 종교개혁가 필리프 멜란히톤이 임명했고 그의 친한 친구이기도 했던 프로테스탄트 교수가 홍보했던 것 같다. 하지만 프로테스탄트의 물에도 용이 여러 마리 살고 있었다. 아니면 적어도 한 마리의 커다란 용이 있었다.

1520년대부터 마르틴 루터는 자기 집에 손님과 제자들을 맞아들여 중요한 문제들을 논의했다. 이 논의 내용들은 1566년에 '탁상담화'라는 제목으로 출간되었는데, 거기에 기록된 바에 따르면 1539년 6월 4일 루터는 우주를 뒤집고 명백한 성경의 의미와 병립할 수 없는 생각을 제시한다는 이유로 이 새로운 천문학자를 '바보' 취급했다. 어떤 이들은 실제 담화가 있고 25년쯤 지난 뒤에야 출간된 이 기록의 신빙성에 의문을 제기했지만, 그 무렵에는 코페르니쿠스의 생각들이 이미 소문으로 널리 퍼졌고, 레티쿠스가 코페르니쿠스를 만나러 갔을 즈음에 그러한 이야기가 나왔다는 사실은 확실히 의미심장하다.

루터의 반대는 이후 다른 비평가들에 의해 그대로 반복되었다. 구약성경의 〈여호수아기〉에는 아모리인들과 전투 중인 이스라엘의 승리를 위해 "해가 거의 온종일 하늘 한가운데에 멈추어서, 지려고 서두르지 않았다"는 기록이 있다.[5] 이는 물론 기술적으로 지구 중심의 체계나 태양 중심의 체계와 병립될 수 없는 기록이었다. 하지만 루터는 "여호수아가 명령하여 멈추게 한 것이 지구가 아니라 태양이었다"라고 논증했고, 이는 코페르니쿠스가 틀렸어야만 했음을 의미했다. 이렇게 성경에 근거한 반론에 다른 이들도 가세했다. 예언자 이사야가 하느님께 청하여 해시계의 그림자를 열 칸 뒤로 돌리는 기적을 일으키지 않았던가?[6] 〈시편〉 96장 10절에서는 "정녕 누리는 굳게 세워져 흔들리지 않는다"고 말하지 않았던가?

반론이 프로테스탄트 쪽에서만 나온 것은 아니었다. 이전 25년 동안 일어난 사건들을 거치면서 로마는 성경에 대한 축자주의 쪽으로 크게 기울었고, 가톨릭 신자들도 중세의 다층적 성경 독해에서 멀어져 있는 그대로(축자적으로) 텍스트를 읽게 되었다. 그러나 솔라 스크립투라sola scriptura('오직 성경')의 원칙이 신앙과 질서의 문제를 판결하는 데 충분하다고 믿는 프로테스탄트 신자들에게 이러한 반론이 더욱 호응을 얻었다는 것도 사실이다. 프로테스탄트인 레티쿠스는 이를 경계하여, 아마도 1541년에 〈성경과 지구의 운동 사이의 조화 불가능성에 관한 반론〉을 집필했다.

레티쿠스는 이렇게 주장했다. "우리가 전능한 건축가이신 하느님의 작품으로 감각하는 자연의 모호함들은 확고한 주장이 아니라 연구를 통해 다루어져야 한다. 하느님은 자연 안에서 영광 받기 원하시므로, 우리의 탐구를 그분도 흡족해하시리라는 것은 의심할 여지가 없다." 그리고 성경은 "구원에 필요한 것만을 가르치도록 의도된 것"이었다. 우리는 성경을 "마치 철학 교과서라도 되는 양" 공부해서는 안 된다. 과학 문제들에서도 "성경이 명백하게[즉 필연적이거나 절대적인 확실성을 가지고] 말하는 것은 아니다." 성경을 적합한 방식으로 읽으려면 "절충주의적accommodationist" 접근방식이 필요하다. 이는 하느님이 평범한 사람들도 이해할 수 있게 하려고 성경의 언어를 조정하셨음을 의미했다. 성경은 대학 강의실의 언어가 아니라 들판과 농장과 가정의 언어로 쓰였다.

그래서 종교개혁가 장 칼뱅은 천문학자들이 "총명한 인간 정신이 이해할 수 있는 것은 무엇이든" 연구하는 반면에, "잘 배운 이들의 교사이듯 못 배운 이들과 예절을 모르는 이들의" 교사인 모세는 "상식" 있는 "평범한 사람들"도 이해할 수 있는 "민중의 문체"로 썼다고 주장했다. 사실 천문학자들은 서로 다른 두 가지 언어로 저술하고 있었는데, 이 두 언어는 서로 대항해서는 안 되는 것이었다. "천문학은 알고 보면 유쾌할 뿐 아니라 아주 유용하다"라고 칼뱅은 말했다. 천문학 연구는 "어떤 정신 나간 사람들이 그들에게 알려지지 않은 것은 무엇이든 과감히 거부해버리는 습성 때문에" 판단되거나 단죄되어서는 안 된다.[7] 같은 맥락에서 레티쿠스는 성경이 "평범한 말이나 통속적인 의견에 맞추어진" 것이라고 썼다. 그러니 지구의 '안정성'이란 말은 부동성이 아니라 완전성이나 신뢰성 차원에서 이해되어야 한다. 정지된 태양이라든가 뒤로 물러난 그림자에 대한 언급도 마찬가지로 우주의 메커니즘에 관한 진술이기보다 겉으로 보이는 모습에 대한 묘사로 이해되어야 한다.

사실 레티쿠스의 논문은 세상의 빛을 보지 못하지만, 그럼에도 그의 주장들은 이후 한 세기 동안 루터의 반론만큼이나 빈번하게 다시 등장한다.[8] 코페르니쿠스는 확실히 그의 염려를 공유했다. 그리고 그는 1540년 7월에 또 다른 종교개혁가이자 레티쿠스의 지인인 안드레아스 오시안더에게 편지를 보내 어떻게 성경에 근거한 잠재적 반론들에 대비해 태양중심설을 제시해야 할지 조언을 구했다. 이에 오시안더는 코페르니쿠스에게 그의 이론을 현실이라고 주장하지 말고 단순히 가설로 다룸으로써 문제를 피해 가라고 제안했다. 그는 레티쿠스와 같은 맥락에서 "똑같아 보이는 운동을 다양한 가설들로 설명할 수 있다고 이야기하되 그것들이 현실이라고 단언하지는 않는다고 하면 신학자들은 쉽사리 진정할 것"이라고 썼다.[9]

코페르니쿠스는 오시안더의 조언이 별로 내키지 않았다. 그러한 전략은 자신의 책 1권 서두에 등장하는 근본 생각을 침해한다. 그는 오시안더의 조언을 무시했다. 하지만 그렇다고 달라질 건 없었다. 레티쿠스는 오시안더와 함께 《천체의 회전에 관하여》 출간을 준비했고, 오시안더는 이 책의 모델이 현실에 대한 기술이 아니라 행성의 운동을 간단하게 계산하기 위해 고안된 수학적 도구로 의도된 것이라고 설명하는 서문을 저자의 승인도 없고 서명도 없이 자기 책임 아래 실었다. 어쨌든 코페르니쿠스는 교황 바오로 3세에게 바치는 헌사에서 독자들에게 자기 책을 "수학자들을 위한 수학적인 것"으로 읽으라고 요청했고, 서문과 본문을 제대로 구분할 수 없었던 초기 독자들은 《천체의 회전에 관하여》를 태양중심설의 이론이 아니라 수학적 모형 구현을 위한 인상적인 습작 정도로 받아들였다.

실제로 오시안더의 개입은 적대적인 축자주의적 반응에 관한 코페르니쿠스와 레티쿠스의 염려를 누그러뜨리긴 했지만, 책의 출간을 무의미하게 만든 것이나 다름없었다. 오시안더의 치료법은 사실상 환자를 죽이고 말았다. 《천체의 회전에 관하여》는 소설가 아서 케스틀러가 한때 주장했던 것처럼 누구도 읽지 않은 책은 절대 아니었다. 현전하는 사본만 600권이 넘고, 그중 다수에는 주석이 많이 달려 있다. 하지만 저자가 의도한 대로 이 책을 읽은 독자는 (거의) 아무도 없었다. 혁명은 연기되었다.

'파괴될 수 없는 태양을 파괴의 대상으로 두다' — 비텐베르크 해석

오시안더의 《천체의 회전에 관하여》 해석은 이 책에 대한 다음 세대의 수용 방식을 결정했다. 놀랍도록 결연한 학문 연구의 모범인 과학사학자 오언 깅그리치는 30년에 걸쳐 《천체의 회전에 관하여》 초판(1543)과 재판(1566)의 현전하는 모든 사본을 추적했는데, 그중에는 요하네스 케플러와 갈릴레오가 소유하고 주석을 단 사본들도 있었다. 깅그리치는 첫 독자들이 책의 여백에 적은 글들을 연구하면서 독자들이 거의 예외 없이, 과학적 진리에 대한 주장보다도 그 수학적 정교함 때문에 이 책을 가치 있게 여겼음을 발견했다.[10]

확실히 프로테스탄트 지역들에서는 이러한 접근방식이 지배적이었다. 프로테스탄트는 '오직 성경'을 강조했음에도 천문학을 높이 평가하는 경향이 있었다. 천문학은 〈시편〉처럼 하늘이 어떻게 신의 영광을 드러내는지 보여주었다. 특히 멜란히톤은 자연철학을 소중하게 여겼으며, 1549년 자연철학을 주제로 한 입문 교화서를 집필하고 프로테스탄트 대학들에서 강력한 천문학 전통을 불러일으켰다. 그가 쓴 교과서는 코페르니쿠스에 대해 비판적이었지만, 같은 해에 그는 자신이 "코페르니쿠스를 더 많이 사랑하고 동경"하기 시작했다고 썼고, 이후에 나온 교과서 개정판에서는 코페르니쿠스에 대한 비판을 삭제하거나 수정했다. 하지만 멜란히톤이 보는 코페르니쿠스는 완전히 오시안더가 설명하는 코페르니쿠스였다. 프로테스탄트 대학들은 천문학 분야에 새로 마련한 교수직을 멜란히톤의 제자들로 채우곤 했으며《천체의 회전에 관하여》를 대중화했으나 '비텐베르크• 해석'이라 알려지게 되는 방식으로 대중화했다.

가톨릭교회의 초기 반응은 더 조용하면서도 더 비판적이었다. 《천체의 회전에 관하여》가 출간되고 20년 동안 로마는 프로테스탄트의 도전에 성경, 신학, 영성, 교회, 교육 측면에서 대응하기 위한 지속적인 노력으로서 트리엔트 공의회에 몰두해 있었다. 코페르니쿠스의 이론은 공의회 전체 25차 회기 동안 한 번도 논의되지 않았다. 이러한 사실은 그의 이론이 16세기 가톨릭의 주요 관심사에서 얼마나 벗어나 있었는지를 강조해 보여준다.

그렇다고 코페르니쿠스의 이론이 전적으로 무시되었던 것은 아니다. 로마의 교황궁 신학자인 도미니코회 수사 바르톨로메오 스피나

• 비텐베르크는 1517년 마르틴 루터가 95개조 반박문을 게시하면서 종교개혁을 시작한 곳이다. 멜란히톤은 이듬해 튀빙엔에서 비텐베르크로 옮겨와 루터와 함께 종교개혁을 주도하고, 프로테스탄트 신학을 정립하는 데 헌신했다.

가 일찍이 1544년에 그의 책에 대한 반론을 집필하려 했으나 실행할 기회가 오기 전에 죽었다. 다음에 이 일을 맡게 된 사람은 동료 수사 조반니 톨로사니였다. 톨로사니는 방대한 호교론 저서 《성경의 순수한 진리와 인간의 오류에 관하여De purissima veritate divinae Scripturae adversus errores humanos》를 집필했고, 여기에 일련의 부록을 첨부했는데, 그중 네 번째 부록에서 코페르니쿠스를 비판했다(하지만 이 책 또한 저자가 사망한 탓에 20세기가 되어서야 출간되었다). 프로테스탄트 학자들과 달리 톨로사니는 오시안더의 서문이 독자들의 주의를 흩트리기 위한 것임을 간파하고 코페르니쿠스의 책을 저자의 의도대로 다루었다. 톨로사니는 코페르니쿠스에 대한 인신공격적인 비판을 가미하면서 여러 가지 입장을 방어하기 위해 곤봉을 휘둘렀다. 그가 방어한 입장 중에는 성경에 관한 것도 있고 과학에 관한 것도 있었지만, 대부분은 근본적으로 아리스토텔레스에 대한 충실성에 근거한 것이었다.

코페르니쿠스의 이론은 물리학과 신학이 마치 기하학과 수학에 종속되어 있는 듯 다룸으로써 분과학문들의 위계를 위반했다. 또한 아리스토텔레스의 우주관도 위반했다. 여기서 중요한 점은, 프로이트가 생각했듯이 지구를 중심에서 밀어낸 일이 인간의 '순진한 자기애'를 쓰러뜨리는 데 기여했다는 것이다. 르네상스 시대 인문주의자 조반니 피코의 말을 빌리면, 지구 중심적 우주에서 지구는 "저승에서도 배설물같이 더러운 부분들"을 점유했다.[11] 이와 대조적으로, 행성과 별은 영원하고 변함없는 완벽 속에 존재했다. 지구를 하늘에 두고 태양을 중심에 두는 것은 태양을 희생하여 지구를 높이는 것이었다. 톨로사니는 그의 말대로 "코페르니쿠스가 파괴될 수 없는 태양을 파

괴의 대상으로 두기" 때문에 마땅치 않았다.[12]

톨로사니에게 중요했던 문제는 코페르니쿠스가 아리스토텔레스의 물리학을 부정한다는 사실이었다. 아리스토텔레스를 둘러싼 긴장은 13세기 말에 이미 해소되었다. 토마스 아퀴나스를 위시한 스콜라 철학자들은 이 그리스인의 사고를 성공적으로 통합했고, 이제 아리스토텔레스는 가톨릭 신자들이 교리와 신학을 읽고 이해하기 위한 렌즈가 되었다. 이토록 종합적인 체계를 뒤집는다는 것은 오래도록 아주 어려운 일이 될 것이었다. 코페르니쿠스의 생각은 달라는 것은 너무 많고 주는 것은 너무 적은 듯 보였다. 톨로사니의 관점에서 보면 그렇게 거대한 변화가 필요한 증거가 충분치 않았다. "이의를 제기한 사람이 더 강력하고 이론의 여지가 없는 증거들을 제시하지 않는다면, 아주 오랜 세월 동안 가장 강력한 이유로 모두에게 수용된 의견을 반박하는 일은 어리석다."[13] 과학적으로 말하자면, 이것은 나쁜 충고가 아니었다. 톨로사니가 생각하기에 코페르니쿠스는 자신의 이론을 입증하는 데 실패했다.

더욱이 톨로사니만 그렇게 생각한 것이 아니었다. 《천체의 회전에 관하여》가 출간되고 30년 동안 이 분야를 잘 알면서 이 책을 옹호하는 사람은 한 명도 없었다. 역사학자 데이비드 우턴이 계산한 바에 따르면, 다시 10년이 지난 1580년대 초가 되어서야 이 책의 옹호자는 세 명으로 늘었을 뿐이다. 레티쿠스는 죽으면서 그의 아주 좁은 코페르니쿠스 영토를 독일인 크리스토프 로트만(이 이론을 출간하지 않았고 결국엔 폐기했다), 이탈리아인 조반니 베네데티, 잉글랜드인 토머스 딕스에게 넘겨주었다. 하지만 그때는 이미 천문학자들이 딛고 있던 땅을 천천히 뒤집기 시작한 어떤 일이 벌어졌다.

1572년 11월 11일, 튀코 브라헤라는 덴마크 귀족이 밤하늘에서 반짝이는 어떤 물체를 발견했다. 이상하리만큼 밝긴 했지만 처음에는 별처럼 보였다. 하지만 이어지는 한 주 동안 그 물체는 점점 더 밝아져서 어느 순간에는 낮에도 보일 정도가 되었다. 카시오페이아자리에 있었고 별들을 배경으로 움직이는 기미는 전혀 보이지 않았으므로 아리스토텔레스의 달 위의 천구에 있다고 여겨졌다. 하지만 그것은 어디서 나왔는지도 알 수 없이 11월에 갑자기 등장한 전혀 새로운 물체였을 뿐 아니라, 몇 주가 지나자 서서히 사라지고 있었다. 달 위의 천구에서는 전혀 변화가 일어나지 않는다고 했으므로 이런 일은 불가능해야 했다.

브라헤 혼자서만 이 물체를 발견한 것도 아니었다. 오늘날 우리가 초신성이라고 알고 있는 이 물체를 그해 11월 내내 많은 천문학자가 관찰했다. 그중에는 잉글랜드의 토머스 딕스도 있었고 그 역시 이 물체의 위치에 관해서 같은 결론에 이르렀다. 이듬해 브라헤는 《새로운 별에 관하여De nova stella》라는 책을 출간했다. 3년 뒤에는 딕스가 자기 아버지 레너드 딕스의 책력 《영원한 예언A Prognostication Everlasting》의 개정판을 출간했는데, 그 새 별을 언급했을 뿐 아니라 영어로 된 최초의 코페르니쿠스 옹호론을 담고 있었다. '새로운 별들'은 이전에 중국과 이슬람의 천문학자들이 관찰했던 것이지만, 유럽의 그리스도교 세계에서는 처음 있는 일이었고, 이는 그리스도교 세계가 행복하게 통합했던 아리스토텔레스의 물리학에 오류가 있음을 시사했다.

브라헤를 포함한 많은 이들이 그 별을 신이 내린 기적이나 징조로 해석했지만, 그것이 아무리 참된 해석이라고 해도 충분한 설명은 되지 못했다. 특히 현대에 기적이 일어난다는 주장을 자의식적으로 경계하는 프로테스탄트 천문학자들 사이에서는 더욱 그러했다. 여하튼 주목해야 할 경이들이 더 많았다. 튀코의 초신성이 등장하고 5년 뒤에 혜성 하나가 유럽의 하늘을 가로질렀다. 혜성은 익숙한 대상이었고 아리스토텔레스의 우주에서도 쉽게 수용되었다. 아리스토텔레스 우주론에서는 혜성을 (변화 가능한 것이기에) 달 아래 천구에서 벌어지는 사건으로 보았다. 하지만 1577년에 기록된 측정값들은 이 새로운 혜성이 사실은 달 위의 천체에 해당한다는 것을 보여주었다. 아리스토텔레스는 또다시 틀렸다.

이 위대한 그리스인의 과학적 권위에 도전하는 사건이 처음 벌어진 것은 아니었다. 신대륙 발견은 그리스의 세계관이 근본적으로 잘못되었거나, 아니면 적어도 부분적으로 무지한 것이었음을 이미 입증했었다. 유럽인들이 생각했던 것처럼 고대인들이 모든 것을 다 알고 있지는 않았다. 튀코의 초신성이 등장하기 15년 전에 파리에서 왕실 수학 교사로 있던 장 페나는 에우클레이데스의 《광학》을 라틴어로 번역하고 그 서문에서 하늘이 불후하다는 아리스토텔레스의 이론이 틀렸다고 썼다. 이러한 도전들은 중대했으나 종교개혁가들의 아리스토텔레스에 대한 더욱 폭넓은 공격 앞에서는 빛이 바래 대수롭지 않은 것이 되었다. 종교개혁가들은 아리스토텔레스야말로 거짓을 엮어 만든 가톨릭의 부패한 거미집 중심에서 권좌를 차지하고 있는 사악한 거미라고 보았다. 가톨릭 신자가 아리스토텔레스의 권위를 약화시키려면, 심지어 그의 물리학만을 약화시키려고 해도, 훨씬 더 큰 소리를 내는 프로테스탄트의 합창에 자기 목소리를 더하게 되는 위험을 감수해야 했다.

하늘에 대한 새로운 접근법은 프로테스탄트만의 일은 아니었다. 브라헤의 초신성과 1577년의 혜성은, 오래되고 점점 더 오류가 많아지는 율리우스력을 가톨릭교회에서 개정한 사건과 나란히 일어났다. 트리엔트 공의회에서 시도한 달력 개혁은 1582년이 되어서야 마무리되었다. 그 전체 과정에서 천체에 관한 세심한 관찰과 정확한 계산이 요구되었다. 처음에는 알로이시우스 릴리우스가 작업을 이끌었고, 그다음에는 나중에 유럽에서 가장 존경받는 천문학자 중 한 명이 되는 크리스토퍼 클라비우스가 주도했다. 이러한 경험이 가톨릭 천문학자들의 지구중심설 거부를 초래하지 않았듯이 1572년과 1577년의 사건들 또한 그들에게 아리스토텔레스 거부를 초래하지는 않았다. 하지만 새로운 코페르니쿠스의 생각들을 오시안더의 서문이 남겨둔 '순전한 수학'의 그늘로부터 끄집어냄으로써 그에 대한 논쟁을 격화시키고 관심을 확대했다.

브라헤는 새로운 별을 발견한 공로로 덴마크의 프레데리크 왕에게서 벤섬에 있는 영지를 하사받았다. 그는 그 섬에 우라니보르크라는 연구기관을 세우고 천문 관측대도 설치했는데 관측 장비가 매우 민감한 탓에 바람에 흔들리지 않도록 장비를 지하실에 두어야 했다. 여기에서 일단의 연구자들이 하늘을 도표로 그리고 전례 없이 자세한 데이터를 수집했다. 브라헤는 코페르니쿠스에 동조해 그를 두 번째 프톨레마이오스라고까지 찬양했으나 그의 태양중심설에 동의할 수는 없었다. 지구의 운동을 부정하는 성경의 주장들을 지나칠 만큼 강력하게 느꼈던 탓인데, 그렇다고 이것이 그의 주된 관심사는 아니었다. 브라헤는 무겁고 단단하고 물질적인 지구가 완벽하고 부드럽고 영원한 원형 운동을 할 수 있다는 코페르니쿠스의 주장을 납득할 수 없었다. 우라니보르크의 새로운 관측 장비들은 이 폴란드인의 관찰이 정확했음을 보여주었다. 더 폭넓게 보면 브라헤는 코페르니쿠스의 수학이 매우 인상적이라는 것을 인정하면서도 전적으로 그것을 근거로 삼아 아리스토텔레스의 모델 전체를 폐기할 수는 없다고 느꼈다. 이는 종교의 문제가 아니라 과학을 비판하는 과학의 문제였다.

지구중심설을 대신해서 브라헤는 지구-태양중심 모델을 제안했다. 이 모델에서 지구는 중심에 그대로 남아 있고 별·달·태양이 그 주위를 돌며, 다른 다섯 개의 행성은 태양 주위를 돈다. 1588년에 발표된 브라헤의 새로운 체계는 거의 50년 전에 코페르니쿠스의 체계가 그랬던 것보다 많은 관심을 끌었다. 유럽의 과학 공동체는 이제 이 질문들에 익숙해져 있었고, 지구-태양중심설은 태양중심설에 끊임없이 따라붙던 어떤 문제들, 특히 별들의 연주시차 부재라는 문제를 해결하는 듯 보였다. 하지만 이 또한 비슷한 문제를 야기했다.

브라헤는 그동안 편지를 주고받았던 독일인 천문학자 크리스토프 로트만에게 새로 나온 자기 책 한 부를 보냈고, 로트만은 2년 뒤에 벤섬에 있는 브라헤를 찾아온다. 당시 로트만은 유럽에서 이제 거의 사라져가는 소수의 코페르니쿠스 지지자였고, 그래서 이전 프로테스탄트 천문학자들이 피해 갈 수 있었던 성경에 기반한 문제들에 직면해야 했다. 로트만과 브라헤는 '절충주의자'였다. 그들은 성경이 철학자나 천문학자가 아니라 평범한 보통 사람들을 위해 쓰인 것, 곧 평범한 보통의 언어로 쓰인 것이라고 인식했다. 성경은 "그들의 이해 수준에 맞춰 말한다"라고 로트만은 설명했다.[14] 그는 이런 방식을 통해 성경이 지구중심설이나 지구-태양중심설, 혹은 태양중심설을 절충할 수 있다고 주장했다.

하지만 브라헤는 그 이상을 원했다. 특히 그는 성경의 언어, 이미지, 관념이 보통 사람들의 이해력에 맞추어 조정된 것이라고 인식함으로써 '철학자들'이 성경의 권위를 약화시키거나, 더 나쁘게는 성경에 거짓을 진리처럼 주입할 위험이 있다고 염려했다. 물리학과 천문학이 '민중의 수준에 맞추어 조정되어야' 했음은 당연하다. 그렇지만 한계선은 어디일까? 예언자가 구상하는 물리적 세계에는 진리가 하나도 담겨 있지 않은 것일까? 그저 보통의 '절충된' 언어를 사용한다면 신학적 진리를 포기하는 위험이 있지 않을까? 브라헤는 예언자들에 대해 이렇게 말했다. "우리는 그들이 그토록 저속한 방식으로 말하기 때문에 진리를 말하지 않는 것으로 보인다고 판단할 의도는 조금도 없다."

하지만 이러한 우려가 가장 우선시되었던 것은 아니다. 성경의 권위를 매우 심각하게 다루었던 브라헤에게도 그러했다. 사실 로트만과 편지를 주고받은 것 말고는 그가 코페르니쿠스 우주론의 과학적 난제들과 관련해 더 큰 우려를 품고 이 이슈를 거론하는 일은 매우 드물었다. 로트만 자신에게도 이것이 이슈가 되지 않았다는 것 또한 자명하다. 로트만은 분개하며 물었다. "내가 어디에서 어떤 식으로든 성경의 권위를 경시했던 적이 있단 말인가?" 로트만은 브라헤만큼 성경을 진지하게 다루었다. 다만 성경 해석에 대해 더 유연하게 (그리고 덜 불안해하며) 접근했고, 지성적 경계와 직업적 경계에 더 많은 확신을 가지고 접근했다. 그는 브라헤에게 보내는 편지에 이렇게 적었다. "우리가 이 문제를 결판내지 못한다면 신학자든 [철학자든] 누구도 결판내지 못할 것이다." 여기서 '우리'는 천문학자와 수학자를 의미했다.

하지만 로트만이 아무리 성경이 절충적으로 기록된 것임을 확신하고 분과학문들 사이의 경계를 확실하게 그었다 해도, 축자적 성경 독해가 이 새로운 과학적 발견들에 맞추어 얼마만큼 절충되어야 하는가는 이후의 사상가들에게 계속 골칫거리가 되었다. 특히 여러 세기 뒤에 이에 관한 논의가 천체로부터 확장되어 도덕, 민족, 인류에 관한 문제들까지 통합했기 때문이다.

'마법 때문에 당한 순교' ─ 브루노의 죽음

브라헤의 지구-태양중심설이 1588년에 출간된 유일하게 의미심장한 책은 아니었다. 같은 해에 보통 우르수스(곰)로 알려진 니콜라우스 라이머스 베어가 《천문학의 기초Fundamentum astronomicum》를 출간했다. 우르수스는 신성로마제국 황제 루돌프 2세의 궁정 천문학자이자 수학자였으며, 그의 책은 모두가 아리스토텔레스의 권위에 기대어 믿었던 것처럼 우주의 매개체는 에테르가 아니라 공기이며, 공기의 밀도는 땅에서 멀어질수록 점차 감소한다고 주장했다. 같은 시기에 조르다노 브루노 또한 《논쟁의 즐거움Camoeracensis acrotismus》을 출간했는데, 이 책은 친구가 견고하다는 이론을 반박했을 뿐 아니라 거기에서 훨씬 더 멀리까지 나아갔다. 이후에 16세기의 마지막 10년은 우주에 관한 새로운 생각들로 환하게 타올랐다.

1548년 나폴리 근교에서 태어난 브루노는 1565년에 도미니코회에 들어갔다. 예리한 탐구력과 뛰어난 기억력을 지녔던 그는 도발적이기도 했기 때문에 쉽사리 친구를 잃고 주변 사람들과 소원해졌다. 1576년 수도회를 떠나(반쯤은 퇴출이었고, 반쯤은 탈출이었다) 스스로를 '어떤 아카데미에도 속하지 않은 학자'라고 하면서 유럽 전역을 떠돌다가 프랑스 국왕 앙리 3세의 후원과 보호를 받게 되었다. 파리에서 왕실 강연자로 일하는 동안 아리스토텔레스의 자연철학에 관한 폭넓은 저술 활동을 이어가면서 기억술에 관한 책을 출간했는데, 이 책에서 처음으로 태양중심설을 지지하는 목소리를 냈다. 1583년에는 프랑스 대사의 손님으로 잉글랜드로 건너가서 옥스퍼드대학에서 코페르니쿠스 이론을 강의했다. 하지만 그의 강의는 미래의 캔터베리 대주교가 되는 조지 애벗에게 좋은 인상을 주지 못했다. 나중에 애벗은 이렇게 썼다. "사실, 정말로 돌고 있는 것은 그의 머리였고, 그의 뇌는 가만히 서 있지 못했다." 브루노의 강의는 옥스퍼드의 다른 청중에게도 감명을 주지 못했다. 세 번의 강의를 마친 뒤 브루노는 옥스퍼드에서 쫓겨났는데, 명목상의 이유는 코페르니쿠스의 이론이 아니라 표절이었다.

2년 뒤 폭도들이 런던의 프랑스 대사관을 공격하는 일이 벌어지자 브루노는 잉글랜드에서도 쫓겨났다. 그는 다시 여행길에 올랐다. 우선 프랑스를 지나고 독일을 거쳐 마침내 숙명적으로 이탈리아에 이르렀다. 그가 천문학에 관한 기존의 정설들과 다른 자신의 견해를 구상했던 것은 이 기나긴 여정의 한중간에서 독일에 머무르고 있을 때였다. 그는 자신의 견해가, 수학이나 실제 관측에 의한 근거가 별로 (실제로는 전혀) 없는 주로 철학적인 관념이라는 점을 의식했음에도 천문학자들로부터 지지를 얻을 수 있으리라는 희망을 품었다.

브루노는 코페르니쿠스의 어깨 위에 올라타 있었다. 그는 이 폴란드인 스승보다 자신이 훨씬 더 멀리까지 볼 수 있다고 생각했다. 그는 우주가 제한되어 있지 않고 무한하며 영원하다고 주장했다. 그리고 그러한 우주에는 지구든 태양이든 당연히 중심이 없고, 실제로는 어떠한 절대적 운동도 없다. 브루노의 생각에 따르면, 하늘에 흩어져 있는 별들은 모두 태양이며, 우리의 태양은 단지 또 하나의 별일 뿐이었다. 눈에 보이는 행성들은 오직 태양의 빛을 반사하기 때문에 반짝이는 것이다. 우주에는 셀 수 없이 많은 행성이 있고, 행성은 별처럼 반드시 뜨겁지 않으므로 우리와 다른 존재들이 살고 있는 행성도 많다. 이는 어떤 새로운 관측이나 계산이 아니라 브루노 자신의 독특하게 풍부한 상상력에서 나온 것이기는 하지만, 놀라울 만큼 '현대적'인 우주론이었다.

브루노의 상상이 독특하게 풍성하긴 했어도 그의 생각 자체가 독특했던 것은 아니다. 앞서 보았듯이, 중세 말의 정신은 자극적인 생각을 불러일으키는 데 능숙했다. 그러한 생각 중에는 탈중심적인 우주나 다른 세계들의 존재에 관한 것도 있었다. 이런 생각은 '순전한' 사고실험에 지나지 않았지만, 철학자 니콜라우스 쿠자누스는《박학한 무지De docta ignorantia》에서 오직 무한한 우주만이 무한한 신에게 적합하다고 좀 더 진지하게 주장했으며, 멀리에서 보면 지구가 별처럼 빛나는 천체라고 말했다. 브루노 이전에는, 코페르니쿠스도 인용했던 9세기 아랍 천문학자 알바타니와 13세기 폴란드 자연철학자 비텔로가 행성들은 태양빛을 받아 반짝이는 것이라고 주장한 바 있었다. 더 최근에는 로트만과 브라헤가 천구의 유동성을 논했으며, 토머스 딕스는 무한한 우주를 제시했다. 요컨대 브루노의 생각은 무척 인상적이고, 통설과 다르고, 증거가 빈약했으나, 전례가 없는 것은 아니었다.

브루노는 그보다 먼저 로트만과 레티쿠스가 그랬듯이 성경을 바탕으로 자신의 견해를 정당화하고자 했다. 이를테면 〈코헬렛〉의 저자가 "태양은 뜨고 진다"라고 하는 대신 "지구가 동쪽으로 돌아 태양이 진다"고 했다면 그 말을 들은 사람들이 "마땅히 그를 미친 사람으로 여겼을 것"이라고 주장했다. 이는 이미 널리 알려진 진부한 주장이었지만 브루노의 입에서 나오자 거짓말처럼 들렸다. 그는 천문학적 견해만큼이나 색다른 종교적 견해 때문에 잘 알려져 있었던 것이다.

브루노가 어떤 종교적 믿음을 가졌는지는 그리 분명하지 않다. 그가 고발당한 내용 중 많은 혐의를 부인했기 때문이기도 하고, 그의 죄목을 개괄한 문서들이 나폴레옹 전쟁 중에 소실되었기 때문이기도 하다. 그는 육화肉化,* 그리스도의 신성神性과 동정녀 탄생, 미사 중 일

---

* 신이 육신을 취해 사람이 되었다고 하는 그리스도교의 교리.

어나는 성변화聖變化●를 의심했을 뿐 아니라 삼위일체, 성령, 영혼의 불멸성, 성인들을 통한 전구, 성유물의 효력에 관해 이단적인 견해를 견지했다고 고발당했다. 그는 신과 물질을 상호의존적이며 영원하다고 보는 일종의 범신론자였던 것으로 보인다. 그는 마법에 연루되었고, 런던에서 엘리자베스 여왕의 마법사로 활동한 존 디●●의 무리에 관여하며 마법을 주제로 한 책을 몇 권 출간했다. 그리고 호전적인 프로테스탄트였던 필립 시드니 경과 친구였으며 그에게 여러 책을 헌정하기도 했다. 그가 정확히 무엇을 믿었든, 또 얼마나 능숙하게 자신을 옹호했든, 도저히 용서할 수 없는 것들이 있었다.

1592년 이탈리아로 돌아온 브루노는 파도바대학에서 수학 교수 자리를 얻지 못해서(그 자리는 이듬해에 갈릴레오에게 돌아갔다) 당시 이탈리아에서 가장 독립적인 정신이 만연하고 자유로웠던 베네치아공화국에서 가정교사를 하게 됐다. 하지만 사람들을 멀어지게 하는 그의 능력이 다시 발휘되었고 두 달 후 그가 떠나려고 하자 그의 고용주가 그를 종교재판소에 고발했다. 이후 8년 동안 그는 로마의 감옥에 갇혀 있었고, 종교재판관들은 거의 모든 것에 대해 혐의를 제기했다.

사실 트리엔트 공의회가 코페르니쿠스의 새로운 생각 때문에 열린 것이 아니듯, 종교재판 또한 우주의 규모와 모습에 관한 브루노의 생각 때문에 열린 것은 아니었다. 삼위일체, 마리아의 동정, 육화와 성변화를 부정한다는 혐의는 그가 점술을 행한다는 것만큼이나 심각한

● 미사에서 사제가 축성하는 빵과 포도주가 그리스도의 살과 피로 변한다는 그리스도교의 교리.
●● 왕실 천문학자이면서 엘리자베스 여왕의 고문으로 활동했으나, 더 깊은 지식을 추구하다 점성술, 연금술, 밀교 등에 깊이 빠져들어 왕실을 떠났다.

범죄였다. 하지만 두 영역이 전적으로 분리되어 있지는 않았다. 우주의 규모와 잠재적인 무한성에 관한 문제는 과학적인 문제였지만, 만약 우주가 무한하다면, 우주에 무한한 많은 세계가 존재한다면, 그리고 그 세계들에 다른 존재들이 살고 있다면, 이 특정한 행성 위에 사는 인간들은 우주의 어디에 위치한다는 말인가? 인간들은 어떤 면에서 특별하거나 다른가? 신은 인간을 특별히 더 사랑하는가? 신이 특별히 인간을 위해 죽었는가? 인간은 여전히 구원받을 수 있는가?

이러한 물음들은 해결할 수 없는 것이거나 필연적으로 금지된 것이 아니었다. 이전에 종교적으로 더 안정되었던 몇 세기 동안에는 신학자들이 이러한 문제들을 이론화했다. 그러나 1590년대 유럽은 종교적으로 안정되어 있지 않았고, 브루노는 단지 이론화하기만 한 것이 아니었다. 그의 이단적 견해들은 고발당한 혐의의 증거로서 충분했고, 과학적 견해는 부수적인 증거에 불과했다. 그는 자신을 능숙하게 변호했다고 하지만, 8년 동안 투옥과 심문과 고문을 겪은 끝에 결국 무너지고 말았다. 아니 어쩌면 그렇게 무너지지는 않았을지도 모른다. 그의 불행을 고소해하던 한 목격자의 말에 따르면, 마지막으로 재판관들 앞에 불려나와 섰을 때 브루노는 위협적인 몸짓을 하며 이렇게 말했다. "필시 내게 선고를 내리는 그대들이 그 선고를 받는 나보다도 더 크게 두려워하고 있다."[15] 1600년 2월 17일에 그는 로마의 캄포 데피오리로 끌려가서 벌거벗겨진 채 거꾸로 매달려 화형을 당했다. 브루노는 때로 알렉산드리아의 히파티아처럼 과학의 순교자로 제시되곤 한다. 앤드루 딕슨 화이트는 마치 다 아는 듯한 태도로 "브루노의 순교 이후 10년도 안 되어 갈릴레오의 망원경에 의해 코페르니쿠스의 학설이 참이라는 게 입증되었다"라고 썼다.[16] 더 최근에 나온 마이클 화이트의 전기에서 브루노는 "과학의 첫 순교자"였다.[17] 그러나 브루노가 명석했다는 것은 사실이지만, 그럼에도 그는 당대의 기준에서 보았을 때에도 과학자가 아니었다. 그는 종교개혁 말기의 과열된 험악한 분위기에서 다른 많은 사람들이 그러했듯이 자신의 신학과 신성모독, 그리고 금지된 것들에 대한 관심 때문에 죽임을 당했다. 존 그리빈이 언급했듯이, "[브루노는] 과학을 위해 순교했다기보다 (…) 실제로는 마법 때문에 순교를 당했다."[18]

2부

창세기

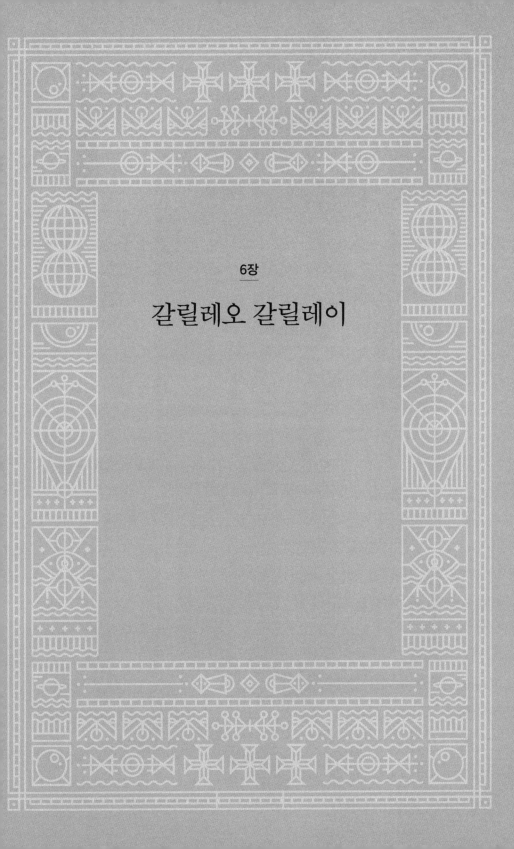

6장

갈릴레오 갈릴레이

감옥에 갇힌 갈릴레오 갈릴레이. 갈릴레오는 논쟁에서 지느니 친구를 잃는 편을 택했다고 한다. 그는 그의 생각을 조심스레 긍정하던 반응조차 격렬한 충돌로 바꾸어놓는 재능이 있었다.

'종교재판의 죄수' — 갈릴레오를 면회한 일에 관하여

1638년 잉글랜드의 젊은 시인 존 밀턴은 이탈리아 북부를 가로지르는 긴 여정 끝에 유럽에서 가장 유명한 죄수를 면회했다. 밀턴은 6년 뒤에 출간하는 자신의 자유 옹호론 《아레오파지티카Areopagitica》에 이렇게 쓴다. "그곳에서 나는 그 유명한 갈릴레오를 찾아가 방문했다. 그는 이제 늙었고, 종교재판의 죄수가 되어 있었다." 밀턴은 여행 중에 가톨릭교회의 환대와 문학적 문화를 즐겼다. 그는 "학식과 재치를 모두 갖춘 사람들"을 보고 기뻐했었다.[1] 많은 이가 그를 반겼는데, 그중에는 프란체스코 바르베리니 추기경도 있었다. 교황의 조카인 추기경은 한때 갈릴레오의 친구였으며 보호자이기도 했었다. 그러나 갈릴레오의 운명은 이 자의식적으로 프로테스탄트인 시인에게는 그가 마음속으로 알고 있던 바가 사실임을 확인해주었다.

그 과학자는 피렌체 바깥에 있는 자택에 연금되어 있었다. 밀턴의 표현대로라면 "천문학에서 프란시스코회나 도미니코회의 검열관들과 다른 생각을 가졌기" 때문이었다. '철학적 자유'를 타고난 밀턴 자신과 같은 지성인들과 달리, 갈릴레오의 운명은 "[가톨릭 신자들 사이에서] 학문이 처한 굴종적 조건"을 확인해주었다.

6년 뒤, 그 위대한 천문학자는 교황청 검사성성*에 의해 무너졌다.

고문에 시달린 끝에(손목을 등 뒤로 묶은 다음 그 밧줄을 도르래에 걸어서 끌어 올렸다가 떨어뜨린 뒤 갑자기 위로 잡아당겨 어깨 탈구를 일으키는 방식이었을 것이다) 갈릴레오는 자기 평생의 과업을 부인했다. 그는 이제 예순아홉 살이었다. 재판관들과 증인들 앞에서 무릎을 꿇고 한 손에 촛불을 들고서 그는 진술서를 소리 내 읽었다. "신실한 마음과 진정한 믿음으로" 코페르니쿠스의 오류와 이설을 철회하고 저주하며 증오한다고 맹세했으며 다시는 의혹을 불러일으킬 만한 어떠한 주장도 하지 않겠노라 약속했다. 여전히 분을 다 삭이지 못했음에도, 갈릴레오의 맹세와 약속에 만족한 교황은 그를 가택연금에 처하라는 드물게 혹독한 명령을 내렸다. 종교재판에 의한 '종신형'이란 실제로 3년형에서 8년형을 의미하는 게 보통이었다. 하지만 갈릴레오의 경우에는 종신終身이란 정말로 목숨이 다할 때까지를 의미했다.

사실 밀턴이 이 늙어가는 과학자를 실제로 만난 적은 없을 것이다. 그는 확실히 갈릴레오의 과학에 매료되었고, 그래서 30년 뒤에는 그것을 《실낙원》에 엮어 넣는다. 이 작품의 제5권에서 밀턴은 "갈릴레오의 망원경이 달에 있는 상상의 나라와 지역"을 관찰했다고 썼다.[2] 사탄의 방패가 "달처럼 그의 어깨에 걸려 있는데, 그 토스카나의 달인은 망원경으로 그 구체를 본다."[3] 제3권에서는, 그가 태양에 착륙해 보니 "아마도 천문학자가 유리를 끼운 그 광학적 관을 통해 태양의 빛나는 구체에서 아직 보지 못했을 지점"에 악마가 있다고 하는

● 교황청에 있던 성성(聖省) 가운데 하나로, 이단을 감찰하고 처벌하는 역할을 담당했다. 이단심문성성이라고도 불렸다.

데, 이는 갈릴레오의 관측 성과 중 덜 알려진 태양의 흑점을 언급하는 것이다.

하지만 시인이 과학자에게 매료되었다고 해서 그의 참된 전기를 쓰게 되는 것은 아니다. 게다가 역사학자들도 두 사람의 만남을 의심해왔다. 갈릴레오의 가택연금은 무척 엄격했다. 면회 자체를 권하지 않았으므로, 밀턴 같은 이단자들의 방문은 말할 것도 없었다. 밀턴이 갈릴레오의 서자 빈첸초를 만났다는 것은 확실하지만, 밀턴과 갈릴레오가 만났다는 다른 기록이나 증거는 전혀 없다. 밀턴은《두 번째 옹호Defensio Secunda》*에서 자신의 이탈리아 여행을 이야기하지만 갈릴레오를 언급하지 않는다.

무엇보다도《아레오파지티카》는 수사적 걸작이지 역사적 기록물이 아니다. 밀턴은 언론 인가 "프로젝트"가 "종교재판에서 기어 나왔다"고 주장했다. 예부터 언제나 정치권력을 탐해온 "로마의 교황들은 이전에 그들의 판결 위에 그렇게 했듯이, 그들이 좋아하지 않는 것들을 태우고 읽는 것을 금지하면서, 사람들의 눈 위에" 그들의 통치를 펼쳤다. 잉글랜드는 "이런 종교재판이 폭정을 펼치는 다른 나라들"처럼 되어서는 안 된다. 그 첫 번째 증거물이 바로 갈릴레오 갈릴레이였다. 결국 밀턴이 실제로 갈릴레오를 만났는지는 별로 중요하지 않다. 갈릴레오는 죽고 나서 곧바로 신화의 반열에 올랐고, 갈릴레오 신화는 언제나 인간 갈릴레오보다 역사에 더욱 강력한 영향력을 행사해왔다.

• 《잉글랜드인들을 위한 옹호(Defensio pro Populo Anglicano)》(1651)의 속편이다.

'갈릴레오, 믿음을 가지고 앞으로 나아가십시오'
― 새로운 세계를 항해하기

어떤 사람들은 위대하게 태어난다. 어떤 사람들은 위대함을 성취한다. 어떤 사람들은 뜻하지 않게 위대해진다.* 그리고 어떤 사람들은 갈릴레오 갈릴레이처럼 이 세 가지 모두에 해당한다.

1564년 피사에서 태어난 갈릴레오는 어린 시절부터 눈에 띄게 총명했다. 처음에는 발롬브로사의 베네딕트회 수도원에서 공부했고, 아버지가 경악했음에도 수도회에 입회해 수련수사가 되었다. 하지만 예상대로 수도회에서 나온 그는 피사대학에서 의학을 공부했으나 절대 시키는 대로 하는 사람이 아니었기에 곧 방향을 틀어서 에우클레이데스 기하학 수업을 듣고 수학으로 전향했다.

역사는 갈릴레오를 주로 선구적인 천문학자로 기억하지만, 처음 빛을 발한 것은 수학과 공학에 대한 재능이었다. 그는 실험의 시대가 오기 전에도 이미 수많은 실험을 했다. 그러나 낙하하는 물체가 모두 동일한 가속도로 떨어진다는 것을 증명하기 위해 피사의 사탑에서 무게가 다른 여러 개의 추를 떨어뜨렸다는 일화는 전기 작가가 지어낸 이야기일 것이다. 갈릴레오는 아버지의 재능을 물려받은 훌륭한 음악가이기도 했다. 전기 작가의 말에 따르면 그는 토스카나의 가장 뛰어난 류트 연주자들과도 겨룰 수 있을 만큼 실력이 좋았다. 또한 그는 르네상스 시대의 진지한 문인이었다. 페트라르카와 단테의

• 이 세 문장은 셰익스피어의 희곡 《십이야(十二夜)》에 나오는 말이다.

글을 암송하고 시인 동료들과 문학을 논할 줄도 알았다. 그리고 다시 한번 전기 작가의 말에 따르면, 그는 화가들에게 취향의 문제에 관해 조언할 정도로 예술적이었다.

이렇게 많은 재능을 타고났지만, 판단력과 요령과 겸손만은 부족했다. 후대의 전기 작가들은 첫 전기 작가에 비해 그를 성인처럼 묘사하는 경향이 덜하고, 이제는 대부분 그가 틀렸거나 자기보다 어리석다고 판단한 사람들과 논쟁할 때 찍소리도 못하게 굴복시키는 버릇을 절대 버리지 못했다는 사실을 지적한다. 동시대에 살았던 한 인물의 생각에 따르면, 갈릴레오는 논쟁에서 지느니 친구를 잃는 편을 택했다. 이런 습관이 그의 적들을 소원하게 하고 분노하게 하며 무장하게 하는 데 일조했다. 수학자이기도 했던 그라시 신부는 갈릴레오에 대해 "그가 나를 사랑하는 것보다 늘 내가 그를 더 사랑했다"라고 불평했다. 이 젊은 예수회 신부는 1616년 갈릴레오의 첫 재판에 증인으로 소환되었으며 결국 갈릴레오의 지독한 원수가 되고 말았다. "나는 그에게 가혹해진 사람들의 마음을 달래고 그의 주장들이 지닌 강점을 납득할 수 있게 하려고 애를 쓸 만큼 썼다. (…) 하지만 그는 자신의 천재적 재능만 너무 사랑하고 다른 이들은 전혀 존중하지 않아 스스로를 망치고 말았다. 모두가 그를 벌하고자 모의한다는 사실에 놀라서는 안 된다."[4]

위대함을 타고나긴 했지만, 갈릴레오가 처음 위대함을 성취한 것은 1609년 망원경으로 하늘을 관찰하면서부터다. 과학과 종교의 역사에 영원토록 연결되어 있는 다윈과 마찬가지로 갈릴레오 역시 과학적 영예를 얻자 곧바로 종교적 논란이 이어졌다. 그때 그는 겨우

40대 후반이었다.

바로 전해에 네덜란드의 안경 제작자들이 렌즈를 가지고 실험하다가 멀리 있는 물체를 확대해서 볼 수 있는 기구를 개발했다. 처음에는 3배율밖에 되지 않았지만 정확성이 개선되었고, 새로운 기구에 대한 소식도 멀리 퍼졌다. 1609년 여름에는 수도승이자 박식가이며, 로마 당국의 눈엣가시였던 파올로 사르피가 이 기구를 손에 넣었고, 친구인 갈릴레오에게 그것에 대해 설명해주었다.

그해 8월에 갈릴레오는 직접 9배율 망원경을 제작했고, 12월 초에는 30배율까지 높여서 달을 관찰하기 시작했다. 그는 전례 없이 선명하게 달의 표면에 난 우묵한 자국들을 보았고, 달에 산과 분화구가 있는 것으로 해석했다. 하지만 그는 이후에 출간한 책에서 자신의 주장을 더욱 설득력 있게 만들기 위해 실제 측정치보다 규모를 과장했다. 여하튼 망원경으로 관찰한 달은 아리스토텔레스의 물리학에서 말한 것처럼 그렇게 완벽한 구체로는 보이지 않았다. 다음에 갈릴레오는 은하수를 관찰했고, 그것이 아리스토텔레스가 주장한 것처럼 달 아래 대기에 있는 균일한 불길이 아니라, 서로 명확히 구분되어 보이는 셀 수 없이 많은 별로 이루어져 있음을 발견했다. 9월이 되자 그는 목성을 관찰했고, 여러 개의 작은 별들이 이 행성 주위를 돌고 있음을 발견하고 그것들이 목성의 위성임을 밝혔다.

갈릴레오가 이 모든 사실을 처음 발견한 사람은 아니다. 그보다 넉달 먼저 잉글랜드의 천문학자 토머스 해리엇이 달을 관찰하고 달의 표면이 울퉁불퉁하다는 것을 발견했다. 하지만 그는 갈릴레오의 것보다 배율이 떨어지는 망원경을 사용했고, 정리되지 않은 여러 장의 종이에 여기저기 그린 달의 지도들을 남겨놓았을 뿐이다. 해리엇이 나 진짜 그의 '스승'인 코페르니쿠스와 달리, 갈릴레오는 곧장 《시데 레우스 눈치우스Sidereus Nuncius》(별의 전령)를 집필해 1610년 3월에 출 간했다. 출간하거나 죽거나 둘 중 하나였다.

이어서 더 많은 일들이 있었다. 1610년 여름, 갈릴레오는 토성을 관찰하기 시작했는데, 나중에 여러 겹으로 이루어진 토성의 고리로 밝혀지는 것을 보고 토성의 움직이지 않는 위성으로 착각했다. 그가 보기에 토성은 '세 개의 천체로 이루어진' 것 같았다. 그는 금성도 관 찰했고 지난 70년 동안 코페르니쿠스 지지자들이 찾을 수 없던 퍼즐 조각에 대한 증거, 즉 행성이 달과 같이 차고 기우는 현상을 발견함 으로써 태양중심설을 더욱 강력하게 지지하게 되었다.

1612년 초, 예수회 수사이자 천문학자이며 수학자이고 히브리어 교수이기도 했던 크리스토프 샤이너는 갈릴레오를 부추겨 태양을 관 찰하게 했다. 그는 이전에 태양 표면을 가로질러 움직이는 점들을 발 견하고 태양 주위를 도는 작은 별들로 추정했었다. 갈릴레오는 샤이 너의 결론은 아니지만 그가 관찰한 현상에 흥미를 느꼈고, 그 점들을 구름으로 추정하면서, 더욱 근본적으로는 코페르니쿠스가 행성들에 관해 주장했던 것처럼 태양도 스스로 회전한다는 결론을 시사했다.

1612년에 갈릴레오는 '태양 흑점에 관한 편지들'로 알려진 《태양 흑점에 관한 역사와 실증Istoria e Dimostrazioni intorno alle Macchie Solari》을 출 간했다. 이제 그는 코페르니쿠스의 우주 모델에 대한 관찰과 묘사에 서 실증으로 옮겨갔다. 하지만 그곳은 고난의 영역이었다. 코페르니 쿠스 학설에 관한 논쟁은 한 세대가 지나는 동안에도 전혀 앞으로 나아가지 못했고 똑같은 반론들이 그대로 남아 있었다. 과학: 왜 별들의 연주시차가 관찰되지 않는가? 물리학: 움직이는 행성 위에서 낙하하는 물체가 왜 직선으로 떨어지는가? 철학: 변화하는 지구와 변함없는 하늘을 명확히 구분한 아리스토텔레스의 이론은 어떻게 되는 것인가? 성경: 〈여호수아기〉에 기록된 태양의 기적은 무엇이란 말인가? 신학: 그렇다면 지구나 인류는 도대체 어떤 면에서 특별한가? 학문 중에서도 가장 미천하다고 여겨지던 천문학도 수학도 이 큰 산들을 옮길 수 있으리라고는 생각할 수 없었다.

변화가 조금이라도 있었다면, 그건 브라헤의 지구-태양중심설이 확산되었다는 것이다. 브라헤의 이론은 프톨레마이오스나 코페르니쿠스의 이론 같은 정밀함은 없었지만, 실증적인 측면에서 프톨레마이오스보다 정확했고 코페르니쿠스보다 덜 어려웠다. 브라헤는 한 젊은 독일인 천문학자와 함께 작업했는데, 그 역시 천천히 역사의 각본을 수정하고 있었다.

요하네스 케플러는 본래 다른 인생 계획을 품었었다. 튀빙엔의 교수 미하엘 메스틀린에게 보낸 편지에서 케플러는 '신학자가 되고 싶다'고 썼다. 메스틀린은 케플러의 총명함을 알아보고 그의 경로를 하늘로 이끌었지만, 케플러 자신은 여전히 매우 독실한 신자로 남았으며, 어쩌면 이제 다른 경로를 걷게 되어 더욱 그러했을 것이다. 그는 메스틀린에게 보내는 다른 편지에서 이렇게 말했다. "보십시오, 나의 노력을 통해 하느님께서 어떻게 천문학으로 찬양받고 계신지를."[5] 자연이라는 하느님의 책을 공부하는 것이 케플러에게는 기도의 한 형식이었고 창조주 및 피조물의 아름다움과 조화와 합리성을 찬양하는 한 방법이었다. 하느님의 형상대로 만들어진 인간은 별에서 눈송이에 이르기까지 그분이 이루신 '물질적인 작품들'로부터 그분을 알도록 의도되었다. 케플러는 이에 관해 간단한 소논문을 쓰기까지 했다. 그는 자신의 첫 책《우주의 신비Mysterium Cosmographicum》의 서문을 이렇게 시작했다. "이 미소한 논문에서 내가 의도한 것은 전능하시고 무한히 자비로우신 하느님이 우리의 움직이는 세계를 창조하시고 천체들의 질서를 결정하실 때 다섯 가지 고체[사면체, 정육면체, 팔면체, 십면체, 이십면체]를 구성의 근간으로 삼으셨고, 그 속성들에 따라 천체들의 수와 비율을 조정하셨음을 밝혀 보이려는 것이다."

케플러의 신은 우주의 수학자였다. 신의 존재는 우주의 기하학적 완전성에서(혹은 완전성으로) 읽어낼 수 있었다.《신新천문학Astronomia nova》(1609)에서 그는 천문학이란 오만불손한 이들의 활동이 아니라 참된 인간 존재들에게 맡겨진 소명이라고 썼다. 그는 독자들에게 모든 천문학 연구의 목적은 "전지한 하느님에 대한 앎과 감탄과 숭배"임을 상기시켰다.

케플러는《우주의 신비》두 부를 이탈리아로 보냈는데, 그중 한 부가 매개자를 거쳐 갈릴레오의 손에 들어갔다. 갈릴레오는 이 책의 저자에게 "진리를 추구하는 동지"가 되어주어 고맙다며 회신했다. 그리고 새 친구에게 고백하기를, (언제부터인지는 분명치 않지만) 한때 비밀스레 코페르니쿠스를 지지했으나, "조롱과 조소를 당하게 된 우리 스승 코페르니쿠스의 운명을 보고 단념하게 되어" 나서기를 주저하게 되었음을 인정하기도 했다.[6]

케플러는 동지를 찾게 되어 기뻤다. 그는 자신과 여전히 극소수인 태양중심설의 사도들이 참여하고 있는 이 운동이 단지 세상을 변화시킬 뿐 아니라 신성하게 규정하는 것이라 확신했다. "하느님 자신이 누군가 그분을 연구하기를 6000년 동안 기다리셨다." 케플러는 갈릴레오가 직접 차용하게 되는 호소력 있는 서사를 통해 이렇게 추론했다. 그는 갈릴레오의 결의를 굳히려고 노력했다. "갈릴레오, 믿음을 가지고 앞으로 나아가십시오."

갈릴레오는 적어도 아직은 그러려고 하지 않았다. 1604년에 또 다른 초신성이 나타났고 이번에는 18개월 동안이나 관측이 가능했으며, 아리스토텔레스의 우주에 또 하나의 구멍을 냈다. 5년 뒤 케플러는《신천문학》에서 태양중심설을 지지하는 더욱 강력한 수학적 논거를 제시하고, 행성들의 (원형 궤도에 위배되는) 타원형 궤도를 상정했으며, 성경에 바탕을 둔 익숙한 반론에 맞서 신학적 논거를 제공했다. 하지만 갈릴레오는 여전히 앞으로 나아가려 하지 않았다.

갈릴레오가 겁이 많았다거나 어떤 예감이 있었기 때문은 아니다. 케플러가 그에게 나아가라고 독려했던 영토는 위험한 곳이었다. 대학들이 한때 이국적인 사고실험을 아무리 장려했다 해도, 16세기 말 학계의 분위기는 매우 예민해져 있었다. 서로 다른 신앙의 선들이 그어져 유럽 전체를 조각조각 쪼개어놓았고, 학계의 문화를 방어적이고 보수적으로 만들었다. 갈릴레오가 1592년부터 1610년까지 가르쳤던 파도바대학의 학칙은 "교수직 상실의 처벌을 받은 모든 박사는 그들이 가르쳐야 하는 저자들의 텍스트를 한 단어씩 읽고 명확히 설명하며 입증해야 한다"라고 직설적으로 언명했다.[7] 독창성은 가치를 인정받지 못했고, 실험은 말할 것도 없었다.

그다음엔 성경이 있었다. 이제 태양중심설이 한 줌의 성경 구절들에 가하는 듯 보이는, 잘 표명된 위협에 더해, 성경을 해석하는 것이 누구의 권리이며 책임인가 하는 더 미묘하고도 더 중요한 문제가 도사리고 있었다. 프로테스탄트들은 4세기 라틴어 번역본인 불가타 성경이 오랫동안 교회 안에서 권위를 가졌지만 여기저기 오류가 많다고 주장했다. 이에 대해 트리엔트 공의회에서 가톨릭교회가 제시한 대답은, 히에로니무스 성인이 성경을 라틴어로 번역할 때 원본으로 삼았으나 이제 소실된 히브리어 텍스트가 오랜 세월에 걸쳐 변질된 현재의 히브리어 텍스트보다 우월하다는 것이었다. 트리엔트 공의회에서는 신앙과 도덕의 문제에서 "누구도 감히 자신의 판단에 의지해 (…) 자신의 이해에 따라 [성경을] 해석해서는 안 된다"라고 직접적으로 언명했다. 16세기 말 성경 텍스트의 신빙성, 구성 과정, 저자, 해석 권한에 관한 문제들은 감시가 심한 전장이 되어 있었다. 자연철학자들이 상황을 바로잡고 자명해 보이는 텍스트들을 새롭고 창의적인 방식으로 재해석하리라는 생각은 어리석을 뿐 아니라 감히 상상할 수도 없는 것이었다.

이 모든 것에 더해, 트리엔트 공의회에서 가톨릭교회가 의식적으로 동맹을 맺은 아리스토텔레스의 세계관에 코페르니쿠스의 학설이 던진 도전이 있었다. 아리스토텔레스가 도출한 우주의 모델이 관찰된 사실들에 의해 천천히 침식되고 있다는 사실은 용인될 수 있었다. 실제로 그 당시에 신실한 가톨릭 천문학자들이 브라헤의 체계로 옮겨간 방식을 보면 아리스토텔레스의 물리학에는 타협의 여지가 있는 것이 분명했다. 주요 가톨릭 사상가들이 점차 인정하게 되었듯이, 이 그리스인 철학자도 모든 것을 알지는 못했다. 하지만 아리스토텔레스의 사상은 가톨릭 신학의 많은 부분에 형이상학적 근본 원칙들을 제공해주었다. 이를테면 미사에서 빵과 포도주의 실체는 그리스도의 몸과 피로 변하지만, 그 우유偶有(물리적 본성과 외양)는 그대로 남는다는 성변화 교리가 대표적인 예다. 이 논리는 아리스토텔레스에게서 끌어온 것이다. 우주론을 이루고 있는 벽돌들을 여기저기에서 하나씩 빼내고 나면 그 우주론은 본래의 모습을 잃을 뿐 아니라, 전체 구조가 무너져 내릴 수도 있었다.

프로테스탄트 왕국들은 그러한 전망에서 찬양의 시편을 노래했을 테지만, 문제 해결에 거의 도움이 되지 못했다. 가톨릭 교리에 가하는 모든 위협은 잠재적으로 종교개혁이 될 수 있었다. 즉 가톨릭교회에 대한 지적이고 정치적일 수도 있는 침략은 그에 상응하는 반격을 받아 마땅했다. 케플러가 갈릴레오에게 자신의 견해를 공개하도록 격려하고 있을 당시에 종교재판은 이탈리아 북부에 있는 모든 사람들에게 피할 수 없는 현실이 되어 있었다. 과학사학자 존 헤일브론의 표현대로 "낮은 수준의 배후 테러리즘"이었던 셈이다.[8] 당국에서는 신학적 선을 넘는 사람들을 질책하고 묵살하고, 때로는 투옥하는 일에 많은 힘을 쏟았다. 많은 경우에 교리적 질문들 속에 개인적 반감이 섞여 있었고, 돌아가며 서로에게 원한이 쌓이는 악순환이 이어졌다.

잠복해 있는 이 수많은 위험 요소를 고려할 때, 태양중심설이라는 짐을 싣고 물길을 항해해 무사히 빠져나가려면 아주 절묘하고 기민한 외교적 수완이 필요했을 것이다. 갈릴레오 갈릴레이는 그다지 외교적인 사람이 아니었다. 모든 것이 얼마나 미묘하고 복잡했는가를 생각하면, 오히려 더 일찍, 더 난폭하게 사건이 터져버리지 않은 것이 놀라울 정도였다.

'왜 하늘을 쳐다보며 서 있느냐?' ─ 떠오르는 별

개별적 관찰이 세상을 바꾸어서는 안 되는 법이다. 1604년 초신성이 나타난 뒤에 갈릴레오의 친구이기도 했던 천문학자 귀도발도 델 몬테는 이렇게 따졌다. "나는 왜 똑똑한 사람들이 그 새로운 것을 별이라고 표명하기 위해 [전체] 하늘을 변질될 수 있는 것으로 만들려고 하는지 이해할 수 없다."[9] 이는 그저 그가 우둔한 사람이었기 때문이 아니다. 과학철학자들은 여전히 경험적 증거가 전체 '패러다임'을 뒤집으려면 얼마나 많고, 얼마나 중요하고, 얼마나 반복 가능하고, 얼마나 믿을 만한 것인지를 두고 고심하고 있다. 델 몬테는 적어도 둘 이상의 새로운 별이 나타나야 한다고 생각했다. 초신성의 출현은 결국 개별적이고, 많은 경우에 논쟁적이며, 분명히 반복 불가능한 사건이었다. 운이 좋아도 한 세대에 한 번 일어날까 말까 한 일이다. 산이 많은 달, 목성의 위성들, 세 개체로 된 토성, 차고 기우는 금성, 회전하는 태양은 모두 불과 몇 년 사이에 나온 관측 결과이고 그렇게 쉽게 무시할 수 없었다.

갈릴레오는 축하받았다. 그는 하늘의 콜럼버스였다. 그저 '렌즈통'만 가지고 신세계를 발견한 것이다. 그의 이름이 의미하듯이, 그

는 새 시대의 예언자였다. 〈사도행전〉의 초입에서, 제자들이 부활한
뒤 승천한 예수를 찾고 있을 때 천사가 나타나 "갈릴래아 사람들아,
왜 하늘을 쳐다보며 서 있느냐?"라고 묻지 않았던가? 그들은 그 말
을 듣고서야 흩어져 복음을 전했다. 케플러는 갈릴레오와 갈릴래아
가 발음이 비슷한 것에 의미를 부여했다. 하지만 다른 이들은 이를
두고 더 치명적인 결말로 돌리려 했다.

갈릴레오는《시데레우스 눈치우스》로 여러 차례 상을 받았고, 모
두 라틴어로 된 마흔 개의 6보격 시행, 네 개의 2행 연구, 두 개의 경
구로 된 일단의 찬양시가 오늘날까지 전해온다.[10] 프란체스코 델 몬
테 추기경은 대공 코시모 2세에게 보낸 편지에 이렇게 썼다. "우리가
고대 로마에 살았더라면, 그의 뛰어난 공적을 기려 캄피돌리오 언덕
에 조각상을 세웠으리라고 믿어 의심치 않소."[11]

쏟아지는 격찬을 받으며 갈릴레오는 1611년 성주간에 로마에 도
착해 주요 인사들의 지원을 얻고자 했다. 1605년에 사실상 교황직을
거부했으나 여전히 강력한 영향력을 행사하고 있던 벨라르미노 추기
경은 예수회 대학에서 네 명의 저명한 교수(크리스토퍼 클라비우스, 크리
스토퍼 그린버거, 오도 반 말코터, 조 파올로 렘보)에게 갈릴레오가 발견한 모
든 사실을 확인하는 보고서의 작성을 의뢰했다. 은하수는 실제로 수
많은 별로 이루어져 있으며, 토성은 타원형이고, 금성은 차고 기울
며, 목성에는 위성들이 있었다. 클라비우스가 말한 것으로, 중대한
사안은 아니지만 네 교수가 인정하기를 보류한 부분이 하나 있었다.
달의 표면이 울퉁불퉁해 보이는 것은 확실하지만, 그들이 생각하기
에 이는 고도의 차이보다 밀도의 차이에 의한 것이었다.

네 교수의 보고서는 이 현상들에 관해 더 폭넓은 해석을 하지 않았으나, 그럼에도 갈릴레오의 명성은 드높아졌다. 같은 해에 말코터는 갈릴레오를 찬양하는 연설을 하기까지 했다. 벨라르미노 추기경은 갈릴레오를 인정하는 뜻으로 그의 망원경을 들여다보았고, 아리스토텔레스가 하늘에 있는 모든 것을 발견한 것은 아님을 수긍하려고 했다. 갈릴레오는 세계 최초로 설립된 자연철학 학회인 린체이 아카데미에 가입할 것을 권유받았다. 교황 바오로 5세도 갈릴레이를 극찬했고 마페오 바르베리니 추기경은 갈릴레오와 친구가 되었다. 클라비우스가 달을 관찰한 내용에 대해 짜증을 내긴 했지만(도대체 완전한 구형에 뭐가 그리 특별할 게 있겠는가?) 갈릴레오는 그의 방문이 커다란 성공을 의미한다는 것을 인지했고, 개인적인 서신들에서 예수회 수사들이 마침내 진리를 인정하고 있음을 의기양양하게 알렸다.

그러나 모두가 갈릴레오와 같은 방식으로 생각했던 것은 아니다. 《시데레우스 눈치우스》가 출간되고 3개월 이내에 볼로냐의 수학 교수 조반니 마지니의 조수인 마틴 호키가 《시데레우스 눈치우스에 맞선 매우 짧은 여정Brevissima Peregrinatio Contra Nuncium Sidereum》을 출간하고 갈릴레오의 동맹들로부터 응답을 받았다. 의심할 바 없이 충돌이 발생했지만, 그건 단순히 이것이 새로운 과학적 사고였기 때문이다. 과학의 과정과 진보는 이 초기 과학의 시대에도 본질적으로 대립적이었다.

사실 호키의 반론은 그의 근시안과 더 많이 관련되어 있었고 진짜 문제는 초기 망원경들을 제대로 작동시키는 데 있었다. 갈릴레오 비판자 중 많은 이들이 그가 관찰한 사실들은 단지 광학적 환영에 불과하며 그의 렌즈들은 대상을 굴절하고 왜곡해서 오해를 불러일으킨다고 주장했다. 갈릴레오는 메디치 가문의 코시모 대공의 지원을 받아 새 망원경을 추기경들과 유럽의 궁정 및 국왕에게 보내달라고 요청함으로써 이러한 반론에 대응하려 했다. 이러한 행동은 그것이 실제로 성취하는 것보다는 그것이 의미하는 바(이제 진리는 관찰을 통해, 어디에서나 누구에 의해서든 확인될 수 있다는 사실) 때문에, 그리고 이것이 기성의 권위에 가하는 위협 때문에 더 중요했다.

더 실질적인 다른 과학적 관찰들은(무엇보다도 별들의 연주시차가 부재한다는 사실은) 성경, 신학, 철학에 기초한 반론들과 함께 여전히 그대로 남아 있었으며, 갈릴레오의 관찰이 갖는 함의를 회피하기가 더욱 어려워짐에 따라 반론들도 더욱 강렬해졌다. 어떤 문제들은 자체적으로 모순을 일으켰다. 1612년 린체이 아카데미 회원들은 태양 흑점에 관한 갈릴레오의 편지들을 출간하자고 제안하고, 그에 대한 제사題詞로서 "하늘나라는 폭행을 당하고 있다. 폭력을 쓰는 자들이 하늘나라를 빼앗으려 한다"•라는 성경 구절을 택했다. 이 구절을 제사로 사용한다는 것은 놀랄 만큼 어리석은 일이었지만, 이는 린체이 아카데미와 그 애완동물과도 같은 천문학자들이 신학자들을 폭력적으로 타도하려 한다고 불평할 게 뻔한 적들을 도발하려는 의도였다. 이 책은 검열관이라는 걸림돌에 부딪힌다. 갈릴레오는 본래 어떻게 '하느님의 선하심'으로 자신이 코페르니쿠스의 학설을 공개적으로 지지하게 되었는지를 쓰려고 했었다(검열관들은 '신의 선함'을 '순풍順風'으로 바꾸어놓

• 〈마태오복음〉 11장 12절. 예수가 세례자 요한과 그 시대에 대해 이야기하면서 한 말이다.

았다). 그는 변치 않는 하늘이란 "거짓일 뿐 아니라, 의심할 여지가 없는 성경의 진리들에 대해 일탈적이고 모순된다"라고 표명했었다. 검열관들은 이 평신도 수학자가 성경 해석에 관한 문제를 두고 어떻게 그토록 권위 있게 의견을 표명할 수 있는지 놀라워했다.

사실 갈릴레오가 쓴 책《태양 흑점에 관한 역사와 실증Istoria e Dimostrazioni intorno alle Macchie Solari》에는 그가 드러낸 경멸보다 감추어놓은 경멸이 더 많았다. 그의 개인적 서신들을 보면 그가 얼마나 자주 자신에게 반대하는 사람들을 가장 간단한 논거조차 알아듣지 못하는 자들로 판단했는지를 알 수 있다. 아리스토텔레스를 따르며 그를 비판하는 이들은 "피상적이고 저속한 작가들"이었다. 그들은 "종교적 열성을 부추겼다." 갈릴레오는 역시 갈릴레오라서 그런 경멸을 혼자서만 간직하고 있기가 힘들었다. 예수회 교수들은 처음엔 주저하면서도 갈릴레오를 지지했지만, 그가 1623년에 출간한《시금저울Il Saggiatore》에서 그들의 선도적 수학자들을 지나치게 통렬히 공격한 탓에 그에게서 소원해졌다. 갈릴레오는 당시 쉰 살이었던 로렌의 대공비 크리스틴에게 쓴 편지에서 성경에 기초한 자신의 변론을 제시하면서 교부 히에로니무스의 글에 동의하며 그 글을 인용한다.

수다스러운 노파, 사랑을 쏟는 노인, 말이 많은 궤변론자는 (…) [성경을] 단편적으로 읽고, 배우기 전에 가르치며 (…) [그리고 이들은] 연약한 여자들 사이에서 성스러운 글에 관하여 철학적으로 이야기하고, 또 어떤 이들은 말하기 부끄럽지만 그들이 남자들에게 가르쳐야 하는 것을 여자들에게서 배웁니다.

인용문은 대공비에게 취한 노선 중 가장 요령 있는 것은 아니지만, 적어도 갈릴레오가 자신을 비판하는 이들처럼 잘못된 사람들이 성경을 해석하려는 것을 보고 분개했음을 보여주었다.

1615년 갈릴레오는 대공비 크리스틴에게 편지를 쓰게 되었다. 그보다 2년 전에 이 강력한 여성이 아침식사 자리에서 갈릴레오의 제자이자 친구이며 후원자인 베네데토 카스텔리 옆자리에 앉게 되었고, 그에게 이 '천상의 신기한 일들'에 관해 계속 물었기 때문이다. 식사가 끝난 뒤에도 그녀는 대공과 네 명의 다른 고위 인사들과 함께 그를 자기 방으로 불러들여 그의 성경 이해 방식을 질책했다. 카스텔리는 친구 갈릴레오를 이렇게 안심시켰다. "이 지체 높은 양반들의 위엄 때문에 겁을 먹을 만도 했지만, 나는 투사처럼 행동했다네."

갈릴레오는 일주일 뒤에 다시 친구를 격려하고 자신의 견해를 명확히 밝히는 편지를 써서 보냈다. "성경에는 오류가 있을 수 없지만, 그것을 해석하고 해설하는 이들에게는 오류가 있을 수 있습니다." 성경과 자연 모두 신에게서 나온 것이라고 그는 믿었다. 하지만 성경은 "겉모습에서나, 단어의 의미에 관해서는 절대적 진리와 다른 것을 많이 말하는" 반면에, 자연은 "엄연하고 불변"하므로, 적어도 자연현상에 관해서는 자연에 비추어 성경을 독해해야 한다는 것이 그의 생각이었다. "두 개의 진리가 서로 모순될 수는 없다"라고 갈릴레오는 분명히 의견을 밝혔다. 하지만 이 경우에 이 말의 의미는 "지혜로운 해석자들의 과업은 물리적 결론과 일치하는 성경 구절의 참된 의미를 발견하기 위해 분투하는 것"임을 의미했다.

합리적이고 신실하고 차분한(적어도 그의 기준에서는) 갈릴레오의 편지는 여전히 세계를 뒤집을 만한 위협이었다. 성경이 해석되어야 한다는 것을 사람들이 의심한 적은 거의 없었고, 확실히 가톨릭 신자들은 그러했다. 갈릴레오가 말한 대로 신이 "손과 발과 눈"을 가졌다거나 "분노, 후회, 증오 같은 인간의 감정"을 드러낸다거나, 혹은 "과거의 일을 잊거나 미래의 일을 모른다"고 생각하는 사람은 거의 없었다. 성경을 해석하는 것 자체는 문제가 아니었다. 문제는 누가, 어떤 기준에 따라, 무슨 목적으로 해석하느냐였다. 이에 대한 갈릴레오의 대답은 자신이 망원경을 통해 새로 발견한 사실을 기준으로 삼았고, 성경을 포함해 실재하는 모든 것이 그 주위를 돌았다. 성경은 자연을 따라 해석되어야 했다. 이는 신학자들이, 적어도 우주의 본성에 대해 생각할 때는 자연철학자들에게서 단서를 취해야 한다는 것을 의미했다. 공교롭게도 몇 해 뒤에 갈릴레오 자신이 길게 지적하듯이, 이러한 견해조차 전적으로 새로운 생각은 아니었다. 하지만 수십 년 뒤에 누가 무엇을 바탕으로 성경을 해석해야 하는가라는 문제가 하나의 단층선처럼 그리스도교 세계 전체를 가로지르게 되었을 때에도 그 생각은 여전히 사람들을 불안하게 만들었다.

새로운 천문학적 관측 결과나 아리스토텔레스 사상에 대한 암시적인 침식보다는 바로 이러한 문제가 권력 당국을 전복시킬 수 있었다. 일찍이 1611년 12월에 한 친구가 갈릴레오에게 편지를 보내 피렌체 대주교의 집에서 악의적인 반대자들이 그를 해치려는 음모를 계획하고 있음을 알려주었다. 갈릴레오에게는 많은 지지자들이 있었고, 그중에는 고위 성직자들도 있었다. 하지만 《태양 흑점에 관한 역사와 실증》 출간 이후 그의 저작에 관한 신학적 우려는 증대되기만 했다. 한 친구는 그에게 "자네의 행동이 아주 면밀하게 관찰되고 있다"고 경고해주었다.[12] 이와 관련된 공식 문서는 거의 없었지만, 1614년 12월 21일 피렌체의 산타마리아 노벨라 성당에서 설교가로 유명한 도미니코회 수사 토마소 카치니가 갈릴레오와 다른 수학자들을 성경과 교부들의 가르침을 거스른다며 이단으로 고발하는 통렬한 설교를 했다. 그는 날카롭게 물었다. "갈릴래아 사람들아, 왜 하늘을 쳐다보며 서 있느냐?" 그의 물음에는 케플러가 느낀 동경은 전혀 없었다.

'하늘이 어떻게 돌아가느냐가 아니라, 사람이 어떻게 하늘로 돌아가느냐' — 커밍아웃

카치니의 설교에 사람들은 분개했다. 도미니코회 총장까지 나서서 갈릴레오에게 사과의 편지를 보냈을 정도였다. 그럼에도 분위기는 차가워졌고 갈릴레오는 카스텔리에게 보낸 편지가 자신을 곤경에 빠뜨리지 않을지 걱정했다. 그의 편지들, 특히 중요한 편지들은 종종 사본이 유통되었고, 카스텔리에게 보낸 편지는 도미니코회 수사 니콜로 로리니의 손에 들어가, 카치니의 설교 후 몇 달이 지나지 않아 로마의 종교재판소에 전해졌다.

  겁에 질린 갈릴레오는 카스텔리에게 편지 원본을 돌려받았고, 1615년 2월 16일에 바티칸의 하위 관료로 로마에 있는 친구 피에로 디니에게 편지를 보내 적들의 '사악함과 무지함'을 한탄하고 로리니가 자신의 편지를 조작했음을 시사했다. 그는 새로 쓴 편지를 동봉하고 그것이 진본이라고 주장했으며, 디니에게 부탁해 그것을 종교재판소에 전달했다.

이 편지의 사본들도 만들어졌지만 갈릴레오가 카스텔리에게 보냈던 원본 편지는 분실되었다. 따라서 역사학자들이 누가 진실을 말하고 있는지, 무엇이 원본 편지의 텍스트인지, 그리고 누가 무엇을 어떤 목적으로 조작했는지 알 수 없게 되었다. 진실이 드러난 것은, 베르가모대학의 대학원생 살바토레 리치아노가 런던의 왕립학회 문서고에서 자료를 찾던 중 놀랍게도 수정된 부분이 모두 표시되어 있는 원본 편지를 발견하면서였다. 이 편지는 어쩌다 런던까지 흘러들었고 문서고에 소장되었으나 연대가 잘못 분류되어 있었다.

원본 편지를 보면 갈릴레오가 디니에게 거짓말을 했다는 사실과, 본래의 어조 때문에 비난받게 될까 두려워 어조를 누그러뜨렸다는 사실을 알 수 있다. 그는 성경에 있는 어떤 명제들이 "어휘의 축자적 의미를 따를 경우 거짓"이라고 썼지만 '거짓'이라고 한 부분을 "사실과 달라 보인다"라고 고쳤다. 그리고 성경이 가장 기본적인 도그마를 '숨기고 있다'고 언급한 부분을 "가리고 있다"라는 좀 더 부드러운 표현으로 바꿨다. 갈릴레오는 자기검열을 할 수밖에 없었던 셈이다.

역설적이게도 이번 경우에는 그가 그렇게까지 불안해할 필요는 없었다. 종교재판소는 로리니의 편지 사본을 검토했으나 문제가 될 것이 별로 없다고 판단했다. 디니는 벨라르미노 추기경에게 들은 사실을 다시 갈릴레오에게 알려주었다. 벨라르미노는 코페르니쿠스의 책이 금지될 것이라고는 생각할 수 없으며, 최악의 경우에도 "그 학설은 보이는 현상을 설명하고자 제시된 것"으로 실증 가능한 진리를 언명하는 것이 아니라는 취지의 알림이 덧붙여질 것이라고 했다.

오시안더가 70년 전에 같은 내용을 제안했을 때 코페르니쿠스가 좌절했듯이, 갈릴레오 또한 좌절했다. 달에 관해 클라비우스가 제기한 의혹들에 짜증이 나고, 대공비 크리스틴이 카스텔리에게 던진 질문 공세에 활기를 얻었으며, 이제 반대로 방향을 선회하는 교회의 의견을 걱정하게 된 갈릴레오는 가능한 한 최선의 신학적 조명 아래서 자신의 주장을 조리 있게 제시할 필요가 있음을 인식했다.

갈릴레오는 신학자들에게 조언을 구하고, 존경받는 가르멜회 수사이자 신학 교수인 파올로 포스카리니의 저작에 의지했다. 포스카리니는 얼마 전에 코페르니쿠스의 학설이 "그와 어긋난다고 흔히 이야기되는 성경의 구절들과 일치하며 조화될 수 있다"라고 주장하는(논문 부제에 따르면) 논문을 집필했고, 이 논문을 벨라르미노에게 송부했었다. 벨라르미노는 그것을 하나의 이론으로 언급하며 조심스레 응답했다. "가정하여 말하자면" 코페르니쿠스의 학설은 수용 가능하지만, 실제 사실을 확인한 것으로서는 "매우 위험한 것"으로, 교부들의 일치된 의견에 반하며 자칫 "모든 스콜라 철학자와 신학자를 거스르는" 것이었다. 하지만 그는 다음과 같이 덧붙였다.

만약 태양이 세계의 중심이며 지구가 세 번째 권역에 있다는 것과 태양이 지구 주위를 돌지 않고 지구가 태양 주위를 돈다는 것이 참으로 실증된 사실이라면, 우리는 그와 반대되는 것으로 보이는 성경 구절을

설명하는 데 크게 주의를 기울여야 할 것이다.[13]

아직 문이 조금 열려 있었다.

이러한 과정의 결과로 갈릴레오는 (검열을 피하기 위해) 편지 형태로 다음 저작을 집필했고, 카스텔리에게 질문을 퍼부어 그를 자극했던 바로 그 대공비를 수신인으로 삼았다. 이 편지에 담긴 그의 주장들은 대체로 이전에 카스텔리에게 보낸 편지에 이미 썼던 것들이었지만, 이번 편지에서 결정적으로 중요했던 것은, 인상적일 만큼 다양한 역사적 신학자(테르툴리아누스, 히에로니무스, 디오니시오스, 페트루스 롬바르두스, 아퀴나스)와 동시대의 신학자들을 인용해 자신의 주장을 정당화하는 것이었다. 무엇보다도 그의 편지는 그 모든 교부 중에서도 가장 권위 있는 성 아우구스티누스에 대한 주해에 가까웠다.

갈릴레오는 아우구스티누스를 열네 차례 참조하거나 인용하는데, 특히 우리가 이 책의 1장에서 언급했던 그의 《창세기 문자적 해설》을 이용했다. 자신에게 반대하는 이들("참된 의견보다 자기 자신의 의견에 더 큰 애정을 보이고" 집필한 저작들은 "이해하지도 못하는 성경 구절들을 여기저기서 인용하며 무용한 논의로만 가득 찬" 교수들)을 겨냥해 갈릴레오는 그들이 아우구스티누스의 말에 귀를 기울였더라면 좋았을 것이라고 충고했다.[14] 교부 아우구스티누스는 성경의 저자들이 다소간 자연철학을 무시했노라고, "매우 신중하게" 써놓았다.[15] 아우구스티누스는 이것들이 중요하지 않은 문제가 아니라고 설명했다. "이것들은 매우 미묘하고 까다로운 논증들로 검토되어야" 하지만 "영원한 생명을 위해서는 아무 쓸모가 없고" 거룩한 교회에는 "이로울 것이 거의 없다."

아우구스티누스는 이교도 철학자들조차 세계에 관한 "결론적 사유나 관찰"을 성취할 수 있음을 인정했다. 그는 성경이 서로 다른 해석들에 열려 있음을 지적했다. 성경은 "보통 사람들"의 이해력에 맞추어 쓰였고, 그러니 언제나 축자적으로 독해되어서는 안 된다. 그는 철학자들이 "자연현상에 관해 참으로 무언가를 실증할" 수 있을 때, 그것이 성경과 병립 가능한지 보여주는 것은 신학자의 몫이라고 논증했다. 그리고 그리스도인들이 여러 문제에 관해 무지한 의견을 늘어놓고, 그래서 신앙에 관해 말해야 하는 다른 것들까지도 침해하는 것을 이교도들이 들었을 때 그것이 얼마나 수치스러운 일인지를 한탄했다. 요컨대 가장 존경받는 교부조차 과학이 세계의 본성에 관해 말해야 하는 것들에 성경 해석이 열려 있어야 한다는 갈릴레오의 핵심 주장을 지지했다는 것이다. 그가 생각하기에 둘은 서로 양립할 수 있었다. 갈릴레오가 말한 것으로 유명하지만, 사실은 저명한 바로니오 추기경의 말을 인용한 표현을 다시 빌리자면, "성령의 의도는 하늘이 어떻게 돌아가느냐를 가르치시는 것이 아니라 사람이 어떻게 하늘로 돌아가느냐를 가르치시는 것이다."[16]

나중에 그를 교회와 싸우게 만들고, 그러한 정서 속에서 오직 자기 안위를 도모하며 얕은 속임수를 부리려는 그의 모습만 드러내는 신화와는 반대로, 갈릴레오는 이 모두에 충실하고 신실했다. 그는 위대함을 성취하기 전에도, 자신의 정설을 비방하는 모함을 수없이 견뎌냈다. 종교재판소와 종종 분쟁을 일으켰던 파도바의 교수 체사레 크레모니니와 파올로 사르피 같은 사람들과 친구였기에 이를 둘러싼 소문이 조용히 퍼져나갔다. 1604년 갈릴레오의 필사자로 18개월 동안 일했던 실베스트로 파뇨니라는 사람이 갈릴레오가 미사에 가는 것을 한 번밖에 보지 못했으며 고해성사를 받으러 가는 것은 전혀 보지 못했노라고 주장했다.[17] 당국은 고발 내용을 조사했으나 '경솔하고' 본질상 악의적인 비난이라고 일축했다.

갈릴레오는 종교적으로 독실했던 것으로 보이지 않는다. 하지만 이단이 아니었음은 말할 것도 없고, 신앙에 회의적이지도 않았다. 그의 후원자였던 코시모 대공은 한 추기경에게 보낸 편지에서 이렇게 말했다. "나는 그를 잘 압니다. 매우 충실하고 경건한 신앙을 지닌 좋은 사람입니다."[18] 어쩌면 '매우' 경건하지는 않았더라도 충분히 경건한 신자로서 진실하고 자기 행동에 동기가 되는 신앙을 지녔을 것이다. 그는 달에 관한 새로운 사실들을 처음 발견했을 때, "내 마음 깊은 곳에서" 하느님께 감사드리며 "그분은 기뻐하시며, 나로 하여금 이 모든 세대 동안 감추어져 있던, 이토록 많은 놀라운 사실들을 처음 발견한 유일한 관찰자가 되게 하셨다"라고 적었다.[19] 이러한 감상은 갈릴레오가 신과 자기 자신을 얼마나 강력하게 믿었는지를 예증한다.

갈릴레오는 그러한 사람이었기에, 1200년 전에 아우구스티누스가 했던 것처럼, 교회가 점차 실증 가능하고 논쟁의 여지 없이 확실해 보이는 것을 공공연히 맹렬하게 비난하려 한다면, 이는 참된 회의주의자들에게 웃음을 유발할 뿐임을 인식했다. 그가 대공비를 수신인으로 삼아 자신의 논거를 구성했던 것은 그저 위기를 모면하기 위해서만이 아니라(물론 그것이 주된 관심사이긴 했지만) 코페르니쿠스의 학설이 참이라는 것을 알고 교회가 스스로 해가 되는 수치스러운 행동을 하지 못하게 막고자 했기 때문이다.

하지만 결국에 그는 이 편지를 보내지 않기로 했다. 아마도 그건 현명한 결정이었을 것이다. 그가 아우구스티누스와 같은 유력한 신학자들을 내세워 자신을 변호했다 해도, 그가 택한 수사적 틀(크리스틴 대공비를 주된 청중으로 삼아 자신을 비판하는 무지하고 위선적인 적들에게 항의하는 방식)은 모든 반대자들을 적진에 몰아넣을 수 있었다. 갈릴레오를 비판하는 모든 사람이 그가 상정하는 대로 무지하거나 위선적인 것은 아니었고, 오히려 그 반대이기도 했다.

출간되지 않은 1만 5000개 단어의 서간체 산문밖에 남기지 않은 1년이 지난 뒤에도, 갈릴레오는 카치니가 그를 비판하는 설교를 했을 때와 똑같은 문제를 안고 있었다. 사실 상황은 더 나빠졌다. 1615년 3월, 카치니가 이미 갈릴레오를 이단으로 고발하는 공식 증언을 제출했고, 11월에는 또 한 명의 도미니코회 수사인 페르디난도 히메네스가 갈릴레오와 그 추종자들이 정말로 이단적인 생각을 견지하고 있다고 종교재판소에서 주장했다. 결국 종교재판소는 갈릴레오의 《태양 흑점에 관한 역사와 실증》을 검토하기로 결정했다. 1615년 12월, 오래 앓고 난 갈릴레오는 자신의 결백을 주장하고 종교재판소가 코페르니쿠스의 학설을 단죄하지 못하도록 막기 위해 로마로 떠났다. 하지만 이번 로마 방문은 첫 번째 방문에 비해 성공적이지 못했다.

1616년 2월 19일, 종교재판소는 열한 명의 위원회를 구성해 코페르니쿠스의 명제 두 가지를 조사하여 평가하게 했다. 닷새 뒤에 위원회는 만장일치의 의견서를 종교재판소에 보내왔다. 위원회는 "태양이 세계의 중심이며 전혀 움직이지 않는다"라는 명제는 "철학적으로 어리석고 터무니없는" 것이며 성경의 축자적이고 익숙한 의미와 모순되므로 "공식적으로 이단적인" 것이라고 판결했다. "지구가 세계의 중심이 아니며, 움직임이 없지 않고, 하나의 전체로서 움직인다"라는 부속 명제 또한, 오직 "신앙적으로는 적어도 오류가 있는" 것이기는 하지만, 철학적으로 말하자면 마찬가지로 "터무니없는" 것이었다. 이튿날인 2월 25일에 교황 바오로 5세는 벨라르미노 추기경에게 지시해 갈릴레오가 의견을 철회하도록 경고했다. 만약 그가 자기 의견을 철회하지 않는다면, "이 학설과 의견을 가르치거나 옹호하거나 논의하는 일을 완전히 그만두라"는 명령을 받게 될 터였다. 만약 이 명령 또한 거부한다면, 갈릴레오는 투옥되어야 했다. 벨라르미노는 바로 다음 날 교황의 지시를 이행했고, 갈릴레오는 마지못해 즉시 명령을 따랐다.

이와 동시에 종교재판소의 추기경 재판관들이 책들을 교회의 금서목록에 넣어야 할지, 넣는다면 어떤 책들을 넣어야 할지 결정하기 위해 모였다. 그들 중 1611년부터 갈릴레오의 친구였던 마페오 바르베리니와 다른 한 사람이 검열 기준을 더 느슨하게 하는 데 간신히 성공했다. 탁월한 수학적 재능 덕분에 코페르니쿠스의 책은 완전히 금지되는 대신, '수정될 때까지' 유통이 중지되었다. 디에고 데 추니가의 《욥기 주해》도 같은 운명에 처했다. 포스카리니의 책은 전면 금지되었으나, 갈릴레오의 책은 언급되지 않았다. 만약 그가 대공비 크리스틴에게 쓴 편지를 출간했더라면, 그것도 같은 운명을 맞았을 것이다.

갈릴레오는 토스카나의 국무장관에게 놀라울 만큼 낙관적인 편지를 써서 보냈다. 갈릴레오에게 이단 딱지를 붙이려던 카치니의 시도는 실패로 돌아갔다. 코페르니쿠스의 책은 아주 조금만 수정하면 그만이었다. 갈릴레오는 금서 목록에 "나는 언급되지 않았다"고 썼다. 더 나아가서 그는 "술책과 중상과 악마 같은 암시도 전혀 마다하지 않는" 원수들이 "나를 끌어들이지" 않았더라면 자신은 정말로 전혀 관계될 게 없었을 것이라고도 했다.[20] 일주일 뒤에 그는 바로 전날 있었던 "따뜻했던" 교황의 알현을 이야기하면서도 마찬가지로 긍정적인 목소리를 냈다. 교황과 함께 45분 정도 "산책하며 토론하는" 동안, 갈릴레오는 자기 적들의 사악함을 토로했다. 교황은 "나의 진실함과 신실함을 알고 있음"을 재차 확인해주었다. 갈릴레오가 자신의 이름이 요주의 명단에 계속 올라 있지 않을까 불안해하자, 교황은 마음의 평화를 지니고 살아가야 한다며 그를 "위로했다." 그리고 교황으로서 "언제든 나를 지지할 강력한 의향이 있음을 행동으로 보여줄 준비가 되어 있다"라고도 말했다. 이런 정감이 갈릴레오가 단지 자기 입장에서 희망했던 생각만은 아니었다. 이듬해 봄에 종교재판소에서 그를 재판에 회부해 단죄할 것이라는 소문을 듣고 갈릴레오는 벨라르미노 추기경에게 직접 개입해 그러한 소문을 부정하는 선언문을 작성해달라고 부탁했다. 추기경은 이를 수락해 갈릴레오에게 선언문을 작성해주었는데, 그는 이것을 마치 보드게임에서 사용하는 감옥 탈출 카드인 양 잘못 생각했다.

그렇다면 1616년의 사건들은 갈릴레오의 개인적 재난이 아니라, 그의 교회에 닥쳐올 불길한 움직임을 나타냈으며, 이는 필연적인 것이 아니었기에 더욱 비극적인 것이었다. 현대의 전기 작가에 따르면, 이 불행은 교황 바오로 5세와 벨라르미노 추기경, 그리고 종교재판소가 행동해야 한다고 믿었던 탓이었다. "우주론과 성경 비평에 관한 새로운 독립적 학파를 설립하려는 갈릴레오의 시도는 프로테스탄트 히드라에게 새로 생겨난 머리처럼 보였다."[21] 카치니와 다른 사람들이 새 이단들에 대한 공포를 자극하고 있을 때에도 침묵하는 것은 이미 상처 입은 몸에 더 큰 해를 끼칠 위험이 있었다. 1616년 코페르니쿠스의 학설에 대한 교회의 공식적인 반론은 언제나 변함없이 그대로 (철학적이고 신학적인 것으로) 남아 있었고, 갈릴레오의 새로운 발견을 고려해 점차 누그러지는 기미를 보였음에도, 저항은 원칙적인 데 머물러 있었다. 하지만 그에 따른 조치는 실용적이고 정치적이었다.

'아리스토텔레스를 퇴위시킨다면 누가 우리의 논쟁을 결판낼 수 있겠는가?' ― 흐름의 반전

1616년의 사건들은 가톨릭 지역에서 코페르니쿠스의 학설에 대한 어떠한 현실적 해석도 얼어붙게 만드는 효과를 발휘했다. 이듬해 한 젊은 바라나바회 수사 레덴토 바란차노가 자청해 코페르니쿠스의 설을 옹호하려 했지만 자기 수도회에서 질책당하고, 차후 발간한 소논문에서 자신의 견해를 강제로 부인해야만 했다. 이것은 넘어서는 안 될 선이었다.

하지만 그것이 갈릴레오에게나 다른 가톨릭 철학자들에게나 과학적 연구의 종말을 의미하는 것은 아니었다. 1618년에 등장한 혜성은 그 이상의 고찰을 불러일으켰고, 이 때문에 연주시차를 관측하던 예수회 수학자 오라치오 그라시는 전혀 망설이지 않고 혜성을 달 너머에 위치시켰다. 하지만 혜성이 달 아래에서 일어나는 현상이며 순전히 대기의 환영이라 믿었던 갈릴레오에게는 별다른 인상을 주지 못했다. 《혜성에 관한 담론Discorso delle Comete》에서 갈릴레오는 그라시를 비웃고 그의 예수회 동료 수학자 크리스토퍼 샤이너를 모욕했으며, 그가 무례에 가깝게 대한 브라헤의 지구-태양중심설을 조롱했다.

뒤이어 출간된 더 근본적인 《시금저울》에서도 같은 주장과 문체가 계속 이어졌다. 갈릴레오는 이 책에서 그라시를 더욱 공격하면서 그에게 로타리오 사르시라는 가명까지 지어주었다. '사르시'는 갈릴레오의 주장들이 사실은 얇은 너울로 가린 코페르니쿠스의 학설에 불과하다는 생각을 넌지시 비쳤고, 갈릴레오는 이러한 혐의를 그대로 놓아둘 수 없었다. 비꼬는 듯 우월감을 드러내는 그의 어조는 가장 능숙한 경지에 이르러 있었다. 그는 사르시가 고대 문헌의 권위에 근거해 주장한 바를 인용했다. 사르시는 바빌론 사람들이 달걀을 줄팔매에 넣고 빙빙 돌려서 익혔고, 지금 그의 경우에서처럼, 지구의 운동을 부정하는 데 이를 사용했다고 주장했다. 하지만 갈릴레오는 납득하지 못했다. 그는 그러한 시도를 따라 해보려고 했으나 성공하지 못했다. 무언가가 빠진 것이 분명하다. 그는 이렇게 논했다. "자, 우리에게는 달걀도 있고, 줄팔매도 있고, 줄팔매를 돌릴 건장한 친구들도 있다. 그러나 우리의 달걀은 익지 않는다." 오직 한 가지 결론만이 가능하다. "우리가 바빌론 사람이 아니라는 것 외에 우리에게 결여된 것이 전혀 없으므로, 바빌론 사람이라는 것이야말로 달걀을 익히는 원인이다."[22]

이런 조롱 뒤에 진지한 핵심이 있었다. "내가 실험을 통해 쉽게 이해할 수 있는 것을 사르시가 증언들을 통해 증명하려고 계속 애쓰고 있는 것을 보고 놀라지 않을 수 없다." 갈릴레오는 한탄했다. "어떻게 자기 자신이 경험하는 현재의 사건들이 아니라 2000년 전에 바빌론에서 일어났다고 남들이 이야기하는 일들을 믿을 수가 있을까?" 경험(실험)은 문헌의 권위보다 자연세계에 대한 진리로 이끄는 더 나은 안내자다.

이러한 접근법은 《시금저울》에서 제시된 것으로 아주 유명한 주장에 의해 강화되었다. 지속적으로 우리의 시선에 열려 있는 우주는 "수학의 언어"로 쓰여 있다는 것이다. 우주의 특성들은 "삼각형과 원을 비롯한 기하학적 형태들"이다. 이 언어의 전문가들만이 우주를 읽고 이해할 수 있다. 다시금 권위는 "말씀"에서 미끄러져 내린다.

1623년 《시금저울》이 출간되었을 즈음에 갈릴레오는 대담해져 있었다. 교황 바오로 5세는 1621년에 죽었고 그 뒤를 이은 교황 그레고리오 15세는 베드로의 사도좌에 2년밖에 머물지 못했다. 다시 열린 콘클라베에서는 마페오 바르베리니를 교황으로 선출했고, 그는 우르바노 8세라는 이름을 택했다. 바르베리니는 '그들 중 하나'였다. 린체이 아카데미의 회원은 아니었지만, 그 동조자로 여겨졌다. 그는 10년이 넘는 세월 동안 갈릴레오의 친구였으며, 1616년의 사건들에서 중재자로서 영향력을 행사했다. 열정적인 시인이기도 했지만, 재능에 비해 과도한 찬사를 받았다. 현대의 한 비평가는 그의 시들이 "어떠한 시적 영감도 없이 황폐하다"고 혹평했다.[23] 1620년에 출간된 시집에는 마리아 막달레나와 성 루이 9세, 그리고 예상외로 갈릴레오에 대한 시들이 포함되어 있었고, 그는 이 시집에 따뜻한 말을 적어 갈릴레오에게 보내주었다. 갈릴레오는 《시금저울》을 교황 우르바노 8세에게 헌정하고 직접 책 한 권을 선물함으로써 교황에게 보답했다. 예수회 수사들에게 애정이 별로 없었던 교황은 이 책을 즐겁게 읽었다.

상황은 좋아 보였다. 갈릴레오는 우르바노 8세가 선출되고 1년 뒤에 다시 로마를 방문해서 환영받았다. 교황을 여섯 차례 알현했고, 교황으로부터 두 개의 메달을 받았으며 그의 아들에게 연금을 주겠다는 약속도 받았다. 갈릴레오는 또한 독일인 추기경 프레데릭 촐레른과 친구가 되었다. 촐레른은 코페르니쿠스의 학설을 교황 우르바노 8세에게 가져가서 독일 프로테스탄트 신자들은 이를 진리라고 믿고 있으며 가톨릭 신자들이 진리를 이해하지 못하는 것을 조롱한다고 주장했다. 이에 교황은, 코페르니쿠스의 학설이 이단으로 판결되지 않았으며 앞으로도 그럴 것이고, 증명이 곧 이루어지지 않으리라 상정할 이유도 전혀 없다고 정확하게 응답했다.

교황 우르바노 8세는 갈릴레오가 코페르니쿠스의 문제를 재론하는 것을 허락하지 않았지만, 얼어붙었던 분위기는 확연히 풀리고 있었다. 갈릴레오는 집으로 돌아가 8년 뒤에 출간되는 《두 가지 주요 세계 체계에 대한 대화Dialogo sopra i due massimi sistemi del mondo》(이하 《대화》)

를 집필하기 시작했다. 그가 집으로 돌아오고 얼마 되지 않아 누군가 익명으로 《시금저울》을 공격했다. 이 책이 '실체'와 '우유偶有' 사이의 구분을 없애기 때문에 미사에 관한 교리와 양립할 수 없는 '원자론'을 홍보하고 있다고 고발한 것이었다. 종교재판소에서 이 책을 조사했지만 이의를 제기할 것이 없다고 판결했다. 책의 저자는 무고하다고 선언되었다. 희망적인 징후는 더 많이 나왔다. 1630년 갈릴레오의 오랜 친구 카스텔리는 그에게 편지를 보내 도미니코회 철학자이자 열렬한 코페르니쿠스 지지자인 캄파넬라 신부에게서 들은 이야기를 전해주었다. 1616년 갈릴레오를 위한 옹호론을 집필했으나 1622년까지 출간을 보류했던 캄파넬라는 우르바노 8세에게 최근에 자신이 일부 독일인 프로테스탄트 신자들을 참된 신앙으로 개종시켰어야 했던 계기에 관해 알렸다. 이 독일인들은 거의 개종할 뻔했지만, 코페르니쿠스 학설에 대한 금지령을 듣게 되었고, 이에 "아연실색하여" 개종까지 나아가지 못했다는 것이었다. 이에 대해 교황은 "우리가 의도한 바는 절대 아니었지만, 그게 우리에게 달린 일이었다면 그 칙령은 공포되지 않았을 것이다"라고 답했다.

이 무렵에 갈릴레오는 책을 완성했다. 본래는 지구의 운동으로 일어나는 중요한 현상인 조석 운동을 주제로 했으나, 갈릴레오는 책의 앞부분에 바로 '그' 두 세계 체계, 곧 코페르니쿠스의 태양중심설과 프톨레마이오스/아리스토텔레스의 지구중심설에 관한 기나긴 '대화'(엄밀히 말하면 3자 대화)를 붙였다. 교묘한 술책이었다. 지난 20년 동안 이루어진 새로운 발견들은 옛 우주론에 여러 구멍을 냈고 이제 옛 우주론을 본래의 형태 그대로 믿는 사람은 훨씬 더 줄었다. 브라헤의 지구-태양중심설은 더 인기가 있었고 예수회 수사들이 공식적으로 채택하기까지 했지만, 케플러의 타원형 태양 중심 체계가 더 정확했다. 갈릴레오는 《대화》에서 브라헤에게는 무례하고 케플러는 무시하면서 이 둘을 모두 보아 넘겼지만, 그럼에도 그의 계산들은 이제 태양중심설에 가장 훌륭한 근거를 제공했다.

이 책에서 우주에 관한 논의는 철학적 인물 세 명 사이에서 진행된다. 친구이자 후원자의 이름을 딴 살비아티는 갈릴레오의 분신으로서 코페르니쿠스의 학설을 분명하지만 조심스럽게 옹호한다. 또 다른 친구의 이름을 딴 사그레도는 마찬가지로 지적이지만 아직 자신의 입장을 결정하지 못했다. 6세기 철학자 킬리키아의 심플리쿠스의 이름을 딴 것 같지만, 본래 '숙맥'을 뜻하는 심플리치오는 당대에 아리스토텔레스 철학의 주장들을 혼합해놓은 인물로 그가 하는 어떤 주장은 위험하게도 교황 우르바노 8세가 하는 말처럼 들렸다.

심플리치오는 말을 잘하지 못했다. 첫날 그는 겁먹은 목소리로 물었다. "아리스토텔레스를 퇴위시킨다면 누가 우리의 논쟁을 결판낼 수 있겠는가?" 물론 그는 《시금저울》에서 사르시가 조롱당했던 것만큼 가차 없이 조롱당하지는 않았다. 셋째 날에 다른 두 인물은 심플리치오를 말이 많은 철학자들에 대한 일반화된 단죄에서 그를 면제해주기까지 했다. 그는 최선의 경우에도 그저 들러리에 불과했고, 최악의 경우에도 놀림감에 지나지 않았다. 갈릴레오는 자신을 제어할 수가 없었다.

1630년 봄, 갈릴레오는 책 출간을 인가받으려고 로마에 갔으며, 5월 중순에 교황 우르바노 8세를 오랜 시간 알현했다. 교황은 친구였지만, 압박에 시달리는 정치인이기도 했다. 기질적으로 허영심이 있고 불안정한 교황은 자신의 지위에 지나치게 집착했으며, 특히 점성술의 불길한 예언에 과도하게 신경을 썼다(1631년에는 점술을 금지하는 교서를 발표했는데, 특히 교황의 죽음을 예견하는 점술을 금지했다). 캄파넬라 신부에게 한 그 모든 이야기에도 불구하고, 교황은 여전히 코페르니쿠스의 학설에 의구심을 품고 있었다.

친구 사이의 만남은 순조롭게 진행되었다. 갈릴레오의 수기 원고는 긍정적으로 받아들여졌고 이렇다 할 문제를 전혀 일으키지 않았다. 갈릴레오는 존경과 명예를 얻었다고 느끼며 로마를 떠났다. 공식적인 허가는 받지 못했지만, 그해 여름에는 바티칸의 장관이자 검열관장의 서면 보증을 받았다. 책의 제목, 내용, 서문, 결론에 관련된 어떤 조건들만 충족된다면 교황의 승인을 받게 될 것이었다. 사실상 그 조건들은 책에 담긴 대화의 균형을 조정하고, 코페르니쿠스의 학설에 관한 옹호론을 완화했으며, 이 모두가 여전히 이론의 영역에 머물고 있음을 분명히 밝히는 것이었다. "단지 가톨릭교회가 이 문제에 관련된 논리적 근거들을 잘 알고 있으며, 코페르니쿠스의 의견이 로마에서 금지된 것은 그것들을 알지 못해서가 아님을 명확히 보여주는 것이 이 저작의 목적임을 분명히 해야 한다."[24] 아마도 가장 중요했던 것은, 전능한 신이 어떻게든 자신이 선택한 방식으로 세계를 다룰 수 있으며 인간이 관찰하거나 계산한 바에 제한되지 않음을 인정하는 것 또한 그 조건들의 마지막에 추가되었다는 사실이다. 결국 아리스토텔레스의 과학에 관한 13세기의 논쟁이 재연된 셈이었는데, 다만 이번에는 새로운 과학적 패러다임이 고려되고 있었다.

　이 모두는 매우 중대한 일이었지만, 혹은 커다란 요구였지만, 갈릴레오는 이제 코페르니쿠스에 관해 재개된 논쟁에서 승리를 눈앞에 둔 듯 보였으므로 기꺼이 유연해질 의향이 있었다. 그는 피렌체로 돌아와 책의 본문을 수정했다. 그런데 일이 계속 지연되었다. 1630년 여름, 흑사병이 돌면서 이탈리아의 통신이 마비되었다. 수정할 내용과 공식적인 바티칸의 인가를 둘러싼 언쟁이 벌어졌다. 결국 좌절한 갈릴레오는 책을 피렌체에서 출간할 수 있게 교섭했다. 카스텔리는 교황이 허락하기만 한다면 용인될 것이라고 말했지만, 그 즈음에 교황은 무척 변덕을 부렸다. 하지만 최종본을 승인한 검열관이 아무도 없었음에도, 오래 기다리던 인가가 하룻밤 사이에 나왔다. 로마의 검열관장은, 갈릴레오가 주어진 지시사항을 따르기만 한다면, "이 책이 이곳 로마에서 어떠한 장애에 부딪히는 일은 절대 없을 것"이라고 장담했다.[25]

　1631년 6월 인쇄에 들어가서 이듬해 2월에 시중에서 책을 구할 수 있게 되었다. 갈릴레오는 조건을 충실히 이행해 책 제목을 바꿨고, 서문에서는 태양중심설에 대해 무지하다는 비난으로부터 교회를 옹호하기 위해 이 책을 집필했음을 설명했다. 또 신의 권능과 지혜를 제한하거나 강제하는 것은 잘못된 일이며 신은 조석운동(이 책의 주인공들이 장황하게 논하는 주제)을 "여러 가지 방식으로, 심지어 우리의 지성이 생각할 수도 없는 방식으로" 일으킬 수 있다고 하는 내용을 요구대로 덧붙였다.

　하지만 놀랍게도 그는 심플리치오의 입을 통해 이러한 정서(교황 우르바노 8세가 맹렬한 애착을 가졌던 정서)를 드러냈다. 그리고 독자들이 두 인물 사이의 연관성을 눈치채지 못할 경우에 대비해 심플리치오가 "나는 이전에 [이것을] 훌륭한 지식과 명성을 지닌 분에게서 배웠다"라고 말하게 했다. 갈릴레오는 차마 자신의 분신인 살비아티가 이 말을 하게 할 수는 없었다. 이듬해 열리는 재판에서 그는 자신이 잘못한 일이 없노라고 주장한다. 그러나 그토록 성마르고 변덕스럽고 복수심에 불타는 우르바노 8세에게는 그것이 의도된 공개적 모욕으로 읽혔다.

1632년 5월 갈릴레오의 책이 로마에 도착하자 곧바로 소문이 돌았다. 갈릴레오가 실수해서 넘어지기를 오래도록 기다리고 있던 적들이 많았다. 교황은 책을 보자마자 그것이 도발임을 알아보고, 검열했어야 할 이들에게 호도당했다는 사실에 분개했으며, 친구의 배신에 분노로 불타올랐다. 종교재판소가 16년 전에 갈릴레오에게 코페르니쿠스의 학설을 주장하거나 가르치거나 옹호하지 못하게 한 문서를 찾아냈을 때 주사위는 던져졌다. 갈릴레오는 소환되었다. 늙고 병든 그는 이제 두려워하며, 재판을 피렌체에서 받거나 서면 증언을 제출할 수 있게 해달라고 부탁했다. 교황이 직접 주재한 종교재판소에서는 갈릴레오의 요청을 거부했다. 세 명의 피렌체 의사들이 갈릴레오가 너무 아파서 먼 거리를 여행할 수 없음을 확인하는 진술서에 서명했다. 하지만 종교재판소는 이들의 이의마저 기각했다. 1633년 1월 갈릴레오는 유언장을 작성한 뒤 로마로 출발했다.

'나는 모두가 자신만의 묘미에서 느끼는 자연스러운 만족감에 의지했다'
― 종반전

1633년 갈릴레오는 마지막으로 가장 큰 공격을 받았다. 그는 로마에 도착한 뒤 두 달 동안 토스카나 대사관저에서 고립된 채로 지냈다. 세 명의 신학자로 구성된 자문단이 《대화》를 읽고 판결을 전달했다. 놀랄 것도 없이, 갈릴레오가 이 책에서 코페르니쿠스의 학설을 주장하고 옹호했다고 의심한 사람은 아무도 없었다. 4월 12일 갈릴레오는 1616년의 명령을 위반했다고 고발당해 종교재판소에 출석했다.

갈릴레오는 1616년에 그를 옹호해준 벨라르미노 추기경의 증명서를 제출하고, 종교재판관들 앞에서 교묘하게 스스로를 변호했다. 벨라르미노 추기경은 "코페르니쿠스 자신이 그랬던 것처럼 코페르니쿠스의 의견을 가정으로서 주장할 수 있다고 내게 말했습니다." 종교재판관들은 그에게 공식적 금지령에 대해 물었다. "상술한 의견을 주장하거나 옹호하지 말라는 명령이 내게 내려졌을 수도 있습니다만, 기억나지 않습니다." 종교재판관들은 그에게 서면 명령을 제시했다. 그것이 그의 기억력을 자극하는 데 도움이 되었다. 갈릴레오는 그 이론을 주장하거나 옹호하거나 가르치지 말라고 한 그 명령을 기억해냈다. 하지만 "나는 어떠한 방식으로도라는 구절이 있었는지 (…) 기억나지 않습니다만, 아마 있었을 것입니다." 종교재판관들은 그가 이 금지 명령과 관련해 책을 집필해도 된다는 공식 허가를 취득했는지 물었다. "취득하지 않았습니다. (…) 왜냐하면 공식 허가가 반드시 있어야 한다고 판단하지 않았기 때문입니다." 교황궁의 신학자가 이 책의 최종본을 검토했던가? 실망스럽게도 그렇지 못했다. 흑사병이 돌았기 때문이다. 갈릴레오는 최종본을 보내지 않았었다. 보냈더라면 원고가 "손상되거나 지워지거나 태워졌을 게 분명합니다. 국경경비가 그토록 삼엄했습니다." 하지만 피렌체의 관련 당국은 원고를 검토했었다. 이렇게 해서 종교재판소에 처음 출석한 날의 재판은 종료되었다. 갈릴레오는 평소와 달리 검사장의 호화로운 방에서 자신의 하인과 함께 그달이 다 갈 때까지 구금되었다.

종교재판소장은 자백을 끌어내기 위해 '사법 외적인 방식으로' 갈릴레오를 다룰 수 있게 허가해줄 것을 교황에게 요청했다. 그렇게까지 할 필요는 없어 보였다. 그달이 끝날 때, 갈릴레오는 두 번째 증언을 했다. 지난번 종교재판관들과 주고받은 질문과 답변을 숙고해, 자신의 책이 너무 멀리까지 나아갔음을 인정했다. 특히 태양 흑점과 조석운동에 관한 주장이 지나치게 강했다. "나는 모두가 자신만의 묘미와, 보통 사람보다 자신이 똑똑함을 보여주는 데서 느끼는 자연스러운 만족감에 의지했습니다." 갈릴레오는 자신의 의견을 철회했다. "나는 지구의 운동과 태양의 부동성에 관한 단죄받은 의견을 참이라 생각하지도 않았고 아예 생각해본 적도 없습니다."

열흘 뒤에 갈릴레오는 한 번 더 자신을 변론했다. 자신이 교황궁 신학자에게 통보하지 못했음을 해명하기 위해 첫 명령에 대한 빈약한 기억과 벨라르미노 추기경이 준 증명서에 다시 의지했다. 그는 "내가 명령을 받고도 일부러 따르지 않았다는 판단을 확고히 불식시킬 수 있다고 생각합니다"라고 항변했다. 그는 "신실하지 못한 의도의 교활함이 아니라 헛된 희망을 가지고" 행동했다. 갈릴레오는 재판관들에게 "쇠약해진 저의 건강 상태를 가련히 여겨주시기를" 간청하며 변론을 마쳤다.

종교재판관들은 6월 초 교황에게 보내는 최종 보고서에서 갈릴레오의 마지막 간청을 언급했지만, 그런 것은 문서에서 중요하지 않았다. 어떤 식으로든 그들의 손에 들어간 대공비 크리스틴에게 보낸 편지 등에서 나온 다른 증거로 심문이 마무리된 이 문서에서 갈릴레오는 20년 동안 교리를 위반하고 권위를 침해한 것으로 보였다. 교황은 마지막 심문을 명령했고, 그가 만족스럽게 대답한다면 교황청 검사성성에서 철회 선언을 함으로써 "강력한 이단 혐의"에서 벗어나게 될 터였다. "나로서는 내가 이 단죄받은 의견을 견지하지 않으며, 당국에서 결정을 내린 이후로 견지하지 않았다고 결론을 내립니다"라는 말로 갈릴레오는 네 번째 증언을 마무리했다. 그것으로 충분했다. 그 이상의 물리적 설득 작업은 필요하지 않았다. 6월 22일 판결이 내려졌다. 갈릴레오는 재판관들과 증인들 앞에 무릎을 꿇고 한 손에 촛불을 들고서 미리 준비된 성명서를 읽고, 다른 말은 한 마디도 남기지 않은 채 떠났다.

1633년의 사건들은 갈릴레오를 뒤흔들긴 했지만 망가뜨리지는 않았다. 그는 과학적 연구 활동을 계속했다. 여섯 달 동안 시에나의 대주교 곁에 머물면서 역학에 관한 새로운 연구에 착수했다. 그가 로마의 종교재판소를 나오면서 "그래도 지구는 돈다"라고 중얼거렸다는 이야기는 이 대주교에게서 비롯한 것으로 보인다. 그가 지하 감옥에서 치욕을 당한 것으로 잘못 묘사하면서 이 말까지 적혀 있는 그림도 이 이야기의 기원이 된 것 같다. 그 말과 배경은 즉각 신화화가 시작되었음을 시사한다.

가장 먼저 갈릴레오를 순교자로 만든 것은 밀턴이었다. 하지만 이 탈리아에 있던 갈릴레오의 제자들도 같은 정서를 공유하고 있었다. 1642년 갈릴레오가 죽었을 때는 사람들이 별다른 관심을 갖지 않았다. 다만 토스카나 공작이 산타크로체 성당에 그를 묻고 그를 기리는 정교한 조각상을 세우고 싶어 했다. 하지만 여전히 앙심을 품고 요지부동인 교황 우르바노 8세는 갈릴레오가 '강력한 이단 혐의'로 단죄되었다는 이유로 공작의 제안을 거부했다. 갈릴레오의 마지막 안식처는 산타크로체 성당의 부속 경당에 마련되었다.

하지만 그것이 마지막은 아니었다. 1737년 갈릴레오의 시신은 성당 본관에 재매장되었다. 이 무렵에는 그의 평판이 회복되고 있었다. 갈릴레오의 제자 빈첸초 비비아니가 1654년에 집필하기 시작한 칭송 일색의 전기가 1717년이 되어서야 출간되었다. 이 전기를 읽은 독자들은 그의 위대함("자연은 자신의 신비를 드러낼 인물로 갈릴레오를 선택했다")이나 그가 치른 시대적 전투("갈릴레오는 교회가 성경에 위배되는 것으로 단죄한 코페르니쿠스의 가설을 더욱 지지했음을 보여주었다")를 확신하게 되었다.[26]

비비아니는 또한 토스카나 공작을 따라 갈릴레오를 기리는 조각상을 세우고자 했으며, 결국 그가 죽은 뒤이긴 하지만 1693년 갈릴레오의 집에 그의 흉상이 놓였고, 1737년에는 그의 새로운 무덤에 조각상이 세워졌다. 하지만 갈릴레오의 업적보다 갈릴레오의 생애가 더 많은 관심을 받았다. 뉴턴은 《자연철학의 수학적 원리Philosophiae Naturalis Principia Mathematica》(이하 《프린키피아》)에서 갈릴레오를 찬양했지만, 그 자신의 수학과 철학이 그가 어깨를 밟고 서 있는 그 사람의 수학과 철학을 확실히 능가했다. 이와 반대로, 초기 계몽시대에 부상하던 반성직주의자들은 갈릴레오를 경이로운 아이콘으로 여겼다. "모든 종교재판관이 코페르니쿠스의 친구 중 하나를 본다면 바로 그 순간 영혼의 심연에서 수치심에 압도될 것이다." 갈릴레오가 재매장되고 17년이 지난 뒤에 볼테르는 이렇게 생각했으며, 그의 뒤를 잇는 다수의 반성직주의, 이신론, 회의주의, 합리주의, 무신론 사상가 또한 그렇게 생각한다.

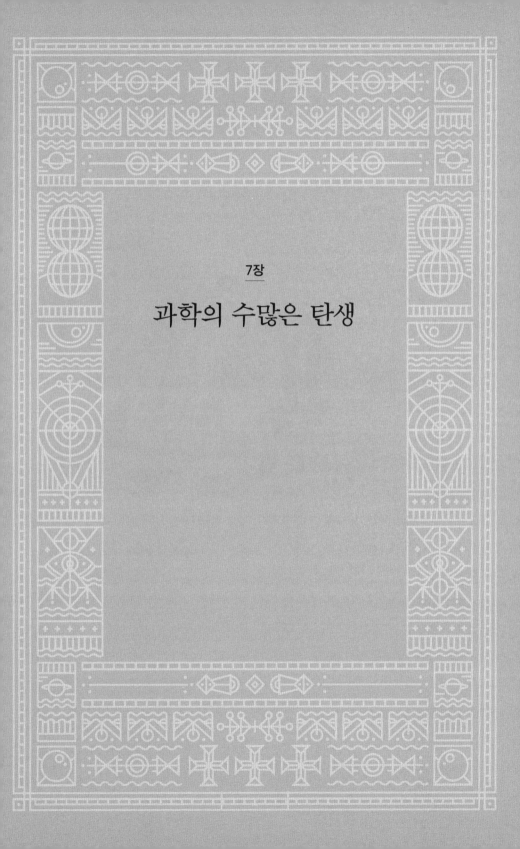

7장

과학의 수많은 탄생

1648년 퓌드돔 정상에서 기압계의 수은주를 측정하고 있는 플로랭 페리에. 가톨릭교회가 반과학적이라는 평판을 고려하면, 세계 최초의 공식 실험이 데카르트가 제안하고(적어도 그 자신의 주장에 따르면), 독실한 신앙인이었던 파스칼이 의뢰하여, 가톨릭 신자인 페리에에 의해, 수사들의 도움을 받아 수도원 정원에서 실행되었다는 사실은 매우 역설적이다.

'실험적 그리스도인' — '프로테스탄트' 과학

과학은 계시적이다. 과학은 질문받기를 기뻐하며, 결론에 만족하지 않는다. 과학의 전체 목적은 후미진 어두운 곳을 모두 밝히고, 합리적 원칙에 따라 모든 것을 개선하는 것이다. 그러나 과학은 용이하거나 자연적이지 않다. 그리스인들은 어느 정도 과학을 성취했다. 적어도 아르키메데스는 그러했다. 그러나 과학은 이탈리아의 갈릴레오와 잉글랜드의 베이컨이 동시에 어둠을 몰아내기까지 거의 1800년 동안이나 사라진 듯 가려져 있었다.[1]

천문학자이자 박식가인 존 허셜이 《자연철학 연구에 관한 예비 고찰Preliminary Discourse on the Study of Natural Philosophy》에서 밝힌 견해는 그러했다. 1831년에 출간된 이 책은 과학철학의 이정표다. 관찰과 이론, 자연의 법칙성, 수학의 중요성, 그리고 무엇보다도 과학에 핵심적인 귀납적 추론 원칙과 방식 모두를 정립했다. 이 책의 영향력은 실로 막대했다. 28년 뒤, 찰스 다윈은 출판사에 부탁해 《종의 기원》의 견본 서적을 허셜에게 보내면서 이렇게 썼다. "당신에 대한 존경심과 당신의 《자연철학 입문Introduction to Natural Philosophy》에 진 빚을 보여드리고 싶은 마음을 참을 수가 없습니다. 내 삶의 어떠한 것도 이토록

깊은 인상을 내게 남기지는 못했습니다."²

그러나 이 책은 앞으로 과학의 발전에 빛을 비추었을 뿐 아니라 뒤로 과학의 기원들에 빛을 비춘 것으로도 중요했다. 많은 잉글랜드인에게 그러했듯이 허셜에게도 프랜시스 베이컨은 과학의 문턱에서 갈릴레오와 함께 나란히 서 있는 인물이었다. 그는 자기 책 3장을 "우리가 이 멋지고 유용한 [귀납법] 원칙을 널리 알릴 수 있는 것은 불멸의 우리 동포 베이컨 덕분"이라는 말로 시작했다. 베이컨은 "미래의 모든 시대에도 마땅히 철학의 가장 위대한 개혁가 중 하나로 여겨질" 것이다.³ 실제로 베이컨의 《노붐 오르가눔Novum Organum》 이전에 "자연철학은 (…) 거의 존재했다고 말할 수도 없다."⁴

허셜은 베이컨이 성취한 과학적 업적은 거의 가치가 없다는 것을 인정했지만("그가 축적된 물리적 진리들에 실제로 기여한 바는 적었다") 그를 따르는 이들은, 혹은 "베이컨과 갈릴레오를 따르는 이들"은, "자연 전체를 샅샅이 뒤지며 새롭고 놀라운 사실들을 찾았다."⁵ 많은 (프로테스탄트) 잉글랜드인이 그러했듯이, 허셜은 베이컨에게서 과학 기획 전체에 대한 프로테스탄트의 적법화를 보았고, 마찬가지로 갈릴레오의 운명에서는 똑같은 시도에 대한 (가톨릭의) 불법화를 보았다. 과학은 깊은 신학적 뿌리를 지녔으며(프로테스탄트 역사학자들이 말하듯이, 깊은 프로테스탄트 뿌리를 지녔다), 이는 과학이 초기부터 종교전쟁이라는 수사적 표현에 붙잡혀 있음을 의미했다.

베이컨은 갈릴레오가 아니었다. 그는 과학자도 아니었고, 심지어 자연철학자도 아니었다. 베이컨은 법률가였으며 오랫동안 국회의원으로 일했고 대법관 자리에까지 올랐다. 하지만 평생 재정적으로나 정치적으로 취약한 상태로 살았다. 빚 때문에 투옥되었고, 부패 혐의를 받았으며, 1621년 의회에서 일어난 음모 사건으로 공직에서 쫓겨났다. 그에게 자연철학이란 개인적으로 지적 열정을 쏟았던 대상이며, 정치적 격랑에서 물러나 쉴 수 있는 안식처였다. "내게는 광대한 관조적인 목적들이 있습니다." 서른이 되고 얼마 되지 않았을 때 그는 삼촌에게 이렇게 고백했다. "나는 모든 지식을 나의 분야로 삼았습니다."[6]

그러한 열정을 정당화하려는 신학적 시도가 많았고, 베이컨의 글은 성경 인용과 신학적 논거로 가득했다. 어떤 그리스도교 교부들은 자연 탐구를 하지 말라고 충고했지만, 신의 활동을 아는 것은 신 자체를 아는 것이라는 생각이 훨씬 더 오래되었다. 사도 바오로는 〈로마서〉에서 하느님의 "보이지 않는" 본성은 "피조물을 통하여" 알아볼 수 있다고 직접적으로 언명했다. 베이컨 또한 같은 생각이었다. "〈시편〉과 성경의 다른 책들은 종종 위대하고 경이로운 신의 작품들을 숙고하고 찬미하도록 우리를 초대한다." 그는 《학문의 진보》에서 이렇게 논증했지만, 그 이상의 주장도 했다. "우리가 오직 그것들의 외면을 관조하는 데 의지해야 한다면, 마치 어떤 훌륭한 보석가게를 거리에 면한 진열대만으로 판단하거나 파악하는 것처럼, 장엄하신 하느님께 비슷한 상처를 입히는 것이다." 조지 오웰도 그리스도교의 하늘나라 개념을 보석상의 가게에서 행하는 합창 연습으로 묘사한 적이 있다. 베이컨에게 보석가게는 이 지구이고, 그것의 참된 광채는 오직 그 안으로부터 이해될 수 있다.

그 보석가게가 질서 잡힌 것이라고 믿을 만한 충분한 이유가 있었다. 〈잠언〉 3장 19절은 "주님께서는 지혜로 땅을 세우시고 슬기로 하늘을 굳히셨다"라고 선언했다. 자연세계에는 혼란스러운 다양성도 있지만 기저에는 근본적인 구조가 있었다. 베이컨도 같은 생각이었다. "우리는 창조된 세계에서 하느님에게서 이중으로 뿜어 나오는 힘virtue을 볼 수 있다." 신의 권능이 만물이 존재하는 원인이며, 신의 지혜가 그 아름다운 형상의 원인이다. 창조된 세계는 혼란스러운 "무리와 물질"이 아니라 질서가 잡혀 있다. 엿새에 걸친 체계적인 신의 창조 활동으로 창조 이전의 혼돈은 극복되었다. 그로 인해 생겨난 하늘과 땅은 "법, 칙령, 혹은 권고의 (…) 양식"을 띤다.[7]

더욱이 인류가 (적어도 이론적으로는) 이 질서를 이해할 능력이 있다고 믿을 이유도 있다. 인류는 신이 창조한 세상의 절정이고 영광이며, 신의 지혜와 지식의 부분을 공유한다. 무엇보다도 〈창세기〉 2장을 보면 인류에게는 피조물에게 이름을 붙일 특권이 주어졌다. '이름 짓기'는 지식을 함의하며 지식은 이해를 함의한다. "하느님은 인간의 정신을 거울이나 유리로 짜맞추셔서 보편 세계의 이미지를 담을 수 있게 하셨다"라고 베이컨은 생각했다. 인간은 "다양한 사물을 바라보는 데서 즐거움을 느낄 뿐 아니라" 창조의 "법령과 칙령을 발견하고 분별하도록 고양된다."

그러므로 자연에 관한 연구를 촉발하고 정당화하는 데 사용될 수 있는 강력한 신학적 논거들이 다양하게 존재한다. 하지만 그 논거들이 오로지 베이컨이나 심지어 프로테스탄트의 것만은 아니었고, 가톨릭 국가들에서도 흔히 들을 수 있는 것이었다. 사실 인간의 이성이 창조된 세계에 관한 진리를 평가할 능력이 있다는 확신은 프로테스탄트보다 가톨릭 쪽 사고에서 더 강했다. 그런데 맹목적 애국심 때문이 아니라면, 허셜은 왜 인류를 무지의 어둠에서 이끌어낸 명예를 그토록 확실하게 베이컨에게 돌리는 것일까? 왜 베이컨이 과학혁명의 아버지로 판단되는 것일까?

이 물음에 답할 때는 주의를 기울여야 한다. 어떤 역사학자들은 과학혁명 같은 것이 있었는지 의심하기도 한다. 스티븐 셰이핀은 "과학혁명 같은 것은 없었고, 이 책은 그것에 관한 책이다"라는 유명한 문장으로 이 주제에 관한 자신의 저서를 시작했다. 다른 역사학자들도 그보다 덜 회의적이긴 하지만, 우리가 유일한 그 과학혁명은 고사하고 어떤 한 과학혁명보다도 과학혁명들을 논해야 하지 않을까 생각해왔다. 반면에 그러한 과학혁명이 실제로 일어났음을 인정하고, 신대륙 발견이나 상업의 발전 같은 전적으로 비종교적인 관념들을 통해 그 과학혁명을 설명하는 역사학자들도 있다.

또한 그리스도교 신학에 과학의 월계관을 씌워주기로 했다면, 갈릴레오의 존재만 고려하더라도(우리가 이번 장과 다음 장에서 만나게 될 피에르 가상디, 마랭 메르센, 르네 데카르트, 블레즈 파스칼, 니콜라우스 스테노 등은 말할 것도 없고) 프로테스탄트들의 머리에만 씌워주어서는 안 된다고 조언할 수 있다. 가톨릭 신자들도 과학을 했으며, 그중에는 아주 뛰어나게 잘하는 이들도 있었다. 간단히 말하자면, 우리는 (프로테스탄트) 신학이 과학혁명의 유일하거나 그것만으로 충분한 동력이었다고 선언해서는 안 된다.

하지만 이를 인정한다고 해서 신학의 관념들, 실제로는 전형적으로 프로테스탄트적인 신학의 관념들이 바로 '그' 과학혁명에서 중요한 역할을 전혀 하지 않았다고 말하는 것은 아니다. 그리스도교 신학은 과학혁명에서 중요한 역할을 했고, 특히 세 가지 면은 강조할 만한 가치가 있다.[8]

첫째, 하느님께 영광 돌리는 가장 고귀한 방법은 관상 생활이나 수도 생활이었던 중세의 이중 트랙 그리스도교를 대신해서 프로테스탄트 개혁가들은 모든 신자가 육체적인 일이든 하찮은 일이든 자신의 일상 활동을 통해 창조주께 영광을 돌릴 수 있음을 새로이 강조했다. 먹고살기 위해 하는 일이 새로이 성화되었다. 이런 생각은 독일의 사회학자 막스 베버가 자본주의의 기원에 대한 설명으로 선택해 유명해졌다. 베버는 미국의 역사학자 로버트 머튼에게 영향을 끼쳤고, 1936년 머튼의 획기적인 박사학위 논문은 프로테스탄티즘과 실험과학의 발전 사이의 연관성을 제시했다. 비록 종교개혁 신학에 대해 너무 많은 것을 주장했다고 비판받기는 했지만, 이 논문에는 여전히 추천할 만한 내용이 들어 있다. 창조의 비밀은 수도원의 필사실에서 가장 잘 발견될 수 있는 것이 아니었다. 베이컨의 말대로, 인류는 '탐구와 발명'을 필요로 한다. 역사학자 데이비드 우턴은 이렇게 썼다. "부드러운 손을 가진 신사와 손이 거친 장인 및 노동자 사이에 뚜렷하게 선이 그어져 있는 사회에서 베이컨은 실질적인 지식은 신사와 장인 사이의 협력, 책을 통한 학문과 작업장의 경험 사이의 협력을 필요로 한다고 주장했다." 작업장의 일이 사실상 그리스도교의 세례를 받게 되자 이러한 협력이 훨씬 더 수월해졌다.[9]

하지만 그렇다고 도서관이나 책이 잉여라는 말은 아니다. 하느님의 두 책(성경과 자연)이라는 오래된 은유는 근대 초기의 많은 과학적 업적에도 지배적인 은유로 남아 있었다. 베이컨은 이 은유를 강력하게 사용했다. 그는 《학문의 진보》에서 "우리 구세주께서 말씀하시기를 '성경도 모르고 하느님의 권능도 모를 때 오류를 범한다'"라고 언급했다.[10]

프로테스탄트 특유의 성경 텍스트에 대한 축자적인 접근법은 하느님의 '두 책'이라는 은유가 발휘하는 효과를 바꾸어놓는다. 적어도 3세기부터 성경은 서로 구분되는 여러 차원에서 읽혀왔다. 물론 성경의 단어들은 축자적으로 읽을 수도 있었고, 실제로도 그렇게 읽혔다. 성경의 역사적 신빙성을 의심한 사람은 거의 아무도 없었다. 하지만 축자적 접근법은 성경에 대한 가장 덜 중요하거나 가장 덜 흥미로운 접근법인 경우가 많았다. 더 의미 있고, 더 깊이 있고, 더 영성적인 접근법은 독자가 어떻게 행동해야 하는지를 알게 되는 도덕적 독해이거나, 독자가 무엇을 믿어야 하는지 알게 되는 우의적 독해, 아니면 독자가 무엇을 희망해야 하는지 알게 되는 신비적 독해다.

성경이라는 책이 그러하듯이 자연이라는 책도 그러하다. 자연이라는 책에서도 대상은 도덕적이고 우의적이며 신비적인 복합적 의미를 띤다. 12세기에 생빅토르의 위그는 이렇게 썼다. "감각 가능한 이 세계 전체는 하느님의 손가락으로 쓰인 일종의 책과 같다. (…) 그리고 각각의 특정한 피조물은 (…) 하느님의 지혜의 보이지 않는 것을 분명히 드러내기 위해 신적 의지로 결정된 하나의 비유와 같다." 1부에서 이미 보았듯이, 이중 어떤 것도 자연철학을 금하지 않았다. 하지만 그것이 곧 자연 또한 성경처럼 상징적으로 이해할 때 가장 완전하게, 가장 잘 이해될 수 있음을 의미하지는 않았다.

프로테스탄트 개혁가들은 이 4중 구조의 독해 전체에 반발했고, 이것이 과학혁명으로 이어지는 두 번째 변화였다. 종교개혁가들은 그러한 성경 해석이 부적절하고 오해를 불러일으킬 뿐 아니라, 순전히 부당하다고 선언했다. 그것은 성경의 순수하고 명확한 단어들을 온갖 종류의 그릇된 가톨릭 교리에 맞추어 독해하는 것이었다. 개혁가들은 솔라 스크립투라sola scriptura(오직 성경)만이 아니라 오직 축자적 독해도 고집했다(적어도 이론적으로는 그러했다. 필요한 경우에는 융통성을 발휘하기도 했다).

시간이 지나면서, 하느님의 두 책 중 한 책에 대한 축자적 접근법은 다른 한 책에도 스며들었다. 자연은 중세 신학에서 획득한 상징적 반향과 겹겹이 풍성한 의미의 의복을 모두 벗고 철학자들 앞에 알몸으로 서 있게 되었다. 이 보석가게에 과감히 들어선 자들은 천상의 빛이 아니라 오직 보석만을 찾아야 했다. 베이컨은 과학을 가장 호소력 있게 지지하는 자신의 글에서 이렇게 말했다. "사람은 (…) 하느님 말씀의 책이나 하느님 활동의 책에서 너무 멀리까지 탐색하거나 너무 완전하게 탐구할 수 있다고 (…) 생각해서는 안 된다." "사람은 두 책 모두에서 끝없이 진보하거나 능숙해지도록 노력해야 한다." 그러나 여기에는 한 가지 조건이 있었다. "다만 사람은 (…) 현명하지 못하게 이 둘을 뒤섞거나 혼동하지 않도록 주의해야 한다."[11] 하느님의 활동의 책은 말씀의 책과 같이 그 나름대로 이해되어야 한다. 실제로 성경의 축자적 독해는 자연의 자연적 독해를 산출하는 데 도움이 되었다.

세 번째이자 가장 중요한 것은, 과학의 형성에 프로테스탄트가 끼친 영향이 아담을 향한 회귀에 있었다는 사실이다. 인류는 알기 위해 창조되었다. 하느님의 형상대로 만들어졌고 나머지 피조물에 이름 붙일 권한을 허락받은 아담의 감각은 예리했고, 지식은 백과사전적이었으며, 이해는 완전하고, 자연에 대한 지배력은 완전했다. 아담은 도덕적으로나 정신적으로나 본래 의도된 인간 그 자체였다. 그러나 이는 최초의 타락으로 무너졌고, 그 흔적은 영성만큼이나 지성에도 남아 있다. 아담의 지적 역량은 약화되었고 자연에 대한 지배력은 상실되었다.

그것이 어느 정도였는지에 대해서는 의견이 갈렸다. 교부들과 그 뒤를 잇는 정교회 전통에서는 아담의 죄가 끼친 영향을 비교적 관대하게 보았다. 타락은 절망할 일이기보다는 뉘우칠 일이다. 아우구스티누스에게서 인간의 부패와 악행에 관한 생각을 취한 라틴 그리스도교 세계는 일반적으로 더 엄격한 태도를 취했다. 이러한 태도는 중세 후기에 누그러졌다. 스콜라 철학자들이 아담의 타락으로 인류가 잃게 된 것은 자연적 재능이 아니라 초자연적 재능이라고 주장하고, 우리의 추론 능력은 여전히 거의 손상되지 않은 상태로 남아 있다고 주장했기 때문이다. 그러나 종교개혁가들은 인간 본성과 타락의 영향에 관한 아우구스티누스의 삭막한 평가를 다시 전용했다. 인류가 그들 자신의 구원에 아무런 영향도 끼칠 수 없고 다만 의심 없이 완전히 신의 은총에 의지해야 하듯이, 스스로 진리를 찾아가는 인간의 추론 능력은 소실되었다. 아담의 타락이 남긴 기나긴 그림자 속에서 살아가는 우리의 감각이나 정신 모두 충분히 신뢰할 수 없다. 자연적 이성은 초자연적 이성과 마찬가지로 한 조각도 남김없이 모두 소실되었다.

이에 따른 결과로 어떤 프로테스탄트 설교자들은 자연에 관한 지식을 추구하는 모든 노력을 헛된 일에 정신이 팔리거나, 더 나쁘게는 영적 건강을 포기하는 위험한 일이라며 강하게 비난했다. 하지만 이 고통스럽지만 불가피한 일을 이롭게 여기는 설교자들도 있었다. 베이컨은 이 심각한 문제에 전혀 모호하지 않은 태도를 보였다. "학문에 있는 거의 모든 악의 근본 원인"은 인간이 "인간 정신의 능력을 부당하게 동경하고 격찬한다"는 것이라고 그는 주장했다.[12] 하지만 이것은 그에게 절망과 체념보다는 겸양과 탐구심을 불러왔다. "인간 본성을 넘치게 찬양하는 버릇이 든 이들은 (…) 자신이 이미 가진 것을 동경하는 데 만족하고 그들 사이에서 구축된 과학을 완벽하고 완전한 것으로 여긴다"라고 그는 판단했다. 반면에 "더 정당하고 겸손한 정신의 감각을 보여주는" 이들은 "영원히 새로운 연구와 발견에 이끌린다."[13] 실제로 인간의 한계를 인정하는 것은 과학에 필수적인 지적 겸손을 길러주었다.

《노붐 오르가눔》에 쓰기를, 베이컨은 "확실성에 이를 수 있음을 부정하는" 이들에게 동정심을 느꼈다.[14] 그는 그렇게까지 비관적이지 않았다. 아니면 적어도 다른 결론을 끌어냈다. 그들이 "더 나아가서 감각의 권위를 파괴하려 할 때에도 (…) 나는 더 나아가서 감각의 권위에 대한 지원을 궁리하고 제공하려 한다." 감각에 지원이 필요한 까닭은 아무런 도움도 받지 않는 인간의 이성과 감각은 신뢰할 수 없기 때문이다.

이는 문자 그대로 안경, 망원경, 현미경이 제공하는 것과 같은 감각에 대한 지원을 의미할 것이다. 하지만 망원경과 현미경은 논쟁의 대상이 되는, 항상 신뢰할 수는 없는 새로운 기구였다. 17세기 초 실험은 오늘날의 의미와 달랐다. 실험이란 말은 '경험'과 어원을 공유하며, 중세에는 두 단어가 동의어로 취급되었다. 그래서 〈창세기〉 2장에서 아담이 이름을 얻고자 찾아온 동물들에 대한 '실험적 지식'을 얻었다고 한 것이다. 또한 실험은 여러 의미가 담긴 신학적 용어이기도 해서, 어떠한 매개도 없이 신을 직접 체험하는 것이 완전히 구속救贖된 삶에 필수적이라고 믿는 이들이 이 용어를 사용했다. 청교도 설교자들은 사제나 (성경 이외의) 성문화된 권위에 매개되는 영성생활에 직접적으로 반대되는 개념으로 '실험적 그리스도인' 혹은 '실험적 기도'에 대해 이야기했다.[15]

　그러한 '실험적' 그리스도인의 삶은 자연세계에 대한 실험에도 빛을 비추었다. 신에 대한 우리의 가장 확실한 앎이 그분에 대한 우리의 경험에서 발견될 수 있다면, 아마도 우리는 자연에 대한 참된 지식을 얻을 수 있을 것이다. '실험적' 생활은 영성적 생활이기도 하고 자연적 생활이기도 할 것이다. 그 이상의 것들도 있다. 자연의 본성이 갖는 모호성은 인류가 자연의 진리를 얻고자 인공적 기교를 사용하는 것을 정당화했다. 베이컨은 인류가 "자연을 고문"하거나 "자연을 괴롭혀서" 비밀들을 뽑아낼 것을 권장한 사람으로 유명해졌다. 사실 최근 학자들이 밝힌 바처럼 베이컨은 이 유명해진 표현을 사용하지도 않았고, 자연에 대한 올바른 접근법으로서 고문을 옹호하지도 않았다.[16] 그럼에도 타락한 자연의 모호성과 반항성은 필요 이상으로 공격적인 연구 조사를 적법화했다. 세계를 직접(관찰을 통해서, 가능하다면 새로운 기구와 새로운 기술의 지원을 받아서) 경험하는 것이 아담의 지식을 회복하리라 희망할 수 있는 최선의 방법이 되었다.

아담의 지식만이 아니다. 베이컨이 말한 대로 "아는 게 힘"(정확히는 '앎 자체가 힘이다'라는 라틴어 구절)이라면 인내심을 가지고 관찰과 실험을 통해 지식을 얻는 것은 자연에 대한 아담의 지배력을 되찾는 것을 의미하기도 했기 때문이다. 《노붐 오르가눔》의 말미로 가면서 베이컨은 하느님이 아담과 이브에게 내린 저주가 창조된 세계를 "영원히 완전한 범법자"로 만든 것은 아니었다고 설명했다. 오히려 그것이 의미하는 바는 "다양한 노동을 통해서"(중요한 것은, 이제까지 자연철학과 연금술의 특징이 되었던 "논쟁이나 공허한 마법적 의식"을 통해서가 아니라) "인간이 정당한 과정을 따라 어느 정도 창조된 세계를 강제해 빵을 제공하게 하리라는 것"이다.[17]

'능력이 있는 만큼 경건하기도 한' — '가톨릭' 과학

지적 겸손이나 관찰, 실험적 과학 모두 베이컨이나 동료 프로테스탄트의 전유물은 아니다. 베살리우스도 자연을 관찰했다. 갈릴레오도 실험을 시도했다. 몽테뉴는 회의적이었지만, 프로테스탄트의 신학적 이유 때문은 아니었다. 사물을 명확히 알 수 있는 우리의 능력이나 인간 본성을 의심하는 데 반드시 아우구스티누스가 필요하지는 않았다.

가톨릭 국가들은 17세기 초 유럽에서 가장 뛰어난 과학적 인물들을 자랑했다. 그리고 그 중심에는 가톨릭교회에서도 가장 금욕적인 수도회의 수사였던 마랭 메르센이 있었다. 그는 1620년대부터 유럽에서 가장 광범위한 과학 사상가들의 연결망 안에서 서신을 주고받는 가장 주요한 인물이 되었다. 메르센 자신의 과학적 동기는 단순히 신학적이지만은 않았지만, 열렬하게 정통적인 것이었다. 서신을 주고받은 갈릴레오처럼 메르센 또한 이단들이 교회를 망신시키는 일을 막고자 했다. 적어도 처음에는 갈릴레오의 반反아리스토텔레스 입장을 의심했으나, 이 이탈리아인의 과학을 옹호하고 그를 프랑스 독자들에게 소개했으며, 교회의 지적 명성을 방어하기 위한 더 폭넓은 프로젝트의 일환으로 공, 도르래, 평면, 탄도 등을 활용해 관찰하고 계산함으로써 갈릴레오의 작업을 모방하기도 했다.

메르센의 동시대인일 뿐 아니라 서신을 교환하던 평생의 친구 피에르 가상디는 더욱 경험에 의한 실증을 중시하는 정신을 지녔다. 가상디는 신학자이자 철학자이며, 사제이자 수학 교수였지만 확실성에 대한 그토록 많은 논거를 가지고 있었음에도 고전적 회의주의의 부활로 괴로워했다. 아리스토텔레스에 대해 비판적이었던 그는 자연에 대해, 실험 과학을 정초하는 기계론적이고 원자론적인 토대를 제시했다. 이는 완전히 새롭고, 이교도에게서 영감을 얻은 것이며, 아리스토텔레스의 학설과 병립할 수 없고, 가톨릭 교리와 조화를 이루기 어려운, 위험한 영역이었다. 하지만 가상디는 이것이 단지 신학적으로 건전할 뿐 아니라, 지배적인 스콜라 철학에 대한 더욱 일관된 대안이 될 수 있다고 강력히 주장했다. 회의적이고, 경험적이고, 기계론적이고, 원자론적인 가상디의 접근법은, 역사학자 리처드 팝킨의

말처럼 "'과학적 시각'이라 불릴 수 있는 것에 대한 정식定式을 처음으로" 구성했다.[18]

메르센과 서신을 교환한 인물 중에는 블레즈 파스칼도 있었다. 메르센과 가상디보다 훨씬 어렸지만 더욱 복합적이었던 파스칼은 어느 범주에도 넣기가 어렵다. 당시로서는 드물게 파스칼은 신학과 철학에 관한 공식적인 교육을 전혀 받지 않았다. 수학자인 아버지가 집에서 그를 가르쳤으므로, 엄밀히 말하자면 그는 공식적인 교육을 받은 적이 없었다. 메르센의 네트워크에서 파스칼은 (지금도 '노름'으로 가장 잘 알려져 있듯이) 수학자로 소개되었고, 그중에서도 '마지막 정리'로 유명한 피에르 페르마와 확률과 도박에 관해 서신을 주고받았다.[19] 수학 이외에도 새로운 실험 과학에 꾸준히 관심을 가졌고, 계산 기계를 발명했으며, 진공에 관해 생각했다. 1647년에는 파리로 가서 데카르트를 만나, 몸이 좋지 않아서 직접 실행할 수 없는 야심찬 실험의 가능성에 관해 이야기를 나눴다. 하지만 그는 금욕적인 얀센주의의 열렬한 추종자이기도 했다. 얀센주의는 17세기 가톨릭교회에서 일어난 운동으로 인간의 죄와 하느님의 은총에 대한 강력한 인식이 그 특징이었다. 그는 1654년 11월 23일 밤 종교적 황홀경을 체험한 뒤 수학과 과학을 포기했다. 그는 그날 밤의 경험을 기록한 종이를 외투에 꿰매 넣고, 8년 뒤 요절할 때까지 늘 간직했다.

가상디, 파스칼, 메르센을 비롯해 그 무리에 속한 이들이 다들 총명했지만, 그들의 빛을 모두 가리는 전혀 다른 부류의 사람이 있었다. 그는 바로 르네 데카르트다. 데카르트는 독창성에서 파스칼에 필적할 만한 일류 수학자였을 뿐 아니라, 기하학, 기상학, 생리학, 물리학, 형이상학에 관해서도 저술했다. 금욕적이었던 파스칼은 데카르트의 신앙이 얼마나 진지한 것인지 의심하게 되는데, 특히 죄에 관한 교리 같은 특정한 가톨릭 교리에 대한 그의 태도를 의심하게 된다. 파스칼은 절대 의심하지 않을 사람이 아니었다. 데카르트는 신앙의 세계와 철학의 세계를 분리하고자 했으며, 철학의 세계에는 포괄적으로 유신론적인 관념들에 반해 뚜렷하게 그리스도교적인 관념들의 흔적은 거의 없었다. 데카르트는 기적을 자연법칙에 따라 설명하기를 좋아했다. 기적이란 전지적인 창조주에 대한 그 자신의 관념에 어긋나는 것이었기 때문이다. 그는 스콜라 철학이 실체와 우유偶有를 구분하는 데 반대했고, 이는 미사에 관한 교리에 대해 우려스러운 의미를 내포했으므로 프랑스 왕실에 이어 교황청에서 금지당한 데카르트주의로 이어졌다. 왜 데카르트가 종교에 대한 이성과 과학을 위한 공격의 아이콘이 되었는지 이해하기란 어렵지 않은 일이다.

하지만 데카르트는 갈릴레오처럼 정통파 사람들을 불안하게 만들수 있었음에도 가톨릭에 충실했고, 또한 정직했다. 그는 신앙의 문제는 보란 듯이 교회에 맡겼으며, 《제1철학에 관한 성찰Meditationes de prima philosophia》을 신의 존재와 영혼의 비물질성에 관한 증명으로서 소르본대학 신학부에 헌정했다. 1628년 파리의 교황 대사 피에르 드 베륄의 관저에서 메르센 등이 함께 모였을 때 데카르트는 학문을 새로운 방법론에 정초하겠다는 포부를 밝혔다. 드 베륄은 데카르트에게 그것을 소명으로 여겨 수행하도록 격려했다. 말년의 데카르트를 초대해 스웨덴에 머물게 했던 스웨덴 여왕 크리스티나는 데카르트가 죽고 5년이 지난 1655년에 스스로 왕위를 버리고 가톨릭으로 개종하면서 전체 철학 체계를 신 중심으로 구축한 이 철학자에게 그 공을 돌렸다. 데카르트의 정신에서는, 신의 완벽성과 불변성만이 이성과 실존을 보장할 수 있었다. 그가 자연철학에 접근한 방식 또한 마찬가지였다고 말할 수 있다. 그는 "하느님을 알지 못하는 인간은 자연의 사물에 관한 올바른 지식을 얻을 수 없다"고 말했다.[20] 창조된 세계의 물리학과 역학을 떠받치는 것은 신의 신뢰성이었다.

파스칼이 데카르트의 신앙을 비판하긴 했지만, 두 사람은 친구였으며, 파리에서 만나 수학과 진공, 그리고 최근에 수은을 가지고 행한 실험에 대해 이야기했다. 1647년에 파스칼은 수은 기압계를 연구했으며 그 결과를 데카르트와 논의한 뒤, 자기 처남인 플로랭 페리에에게 편지를 보내 물리적으로 더 힘이 드는 실험을 자기 대신 해달라고 부탁했다. 이듬해 9월 19일 토요일, 페리에는 클레르몽에서 온 여러 명의 성직자와 수사를 동반하고 프랑스 중부의 퓌드돔 화산에 올랐다. 그날 이른 아침에 근처 미님 수도원 정원에서 그는 길이가 120센티미터가량 되는 유리관을 한쪽 끝은 막고 다른 쪽 끝은 열어둔 채로 두었다. 페리에는 "같은 장소에서 같은 유리관과 같은 수은과 같은 용기를 가지고 이 실험을 두 번 반복"했고, 두 번 모두 동일한 결과를 얻었다. 그런 다음 그는 집안의 형제이며 "능력이 있는 만큼 경건하기도 한 사람"인 샤스탱 신부에게 그날 하루 종일 일어나는 변화를 관찰하라고 부탁하고는 퓌드돔을 향해 출발했다. 페리에와 그 일행은 평지보다 900미터가량 더 높은 산 정상에 올라 같은 실험을 반복했고, 평지에서보다 수은주가 약 9센티미터 덜 올라간다는 결과를 얻었다. 정확성을 확실히 보장하기 위해 페리에는 산

정상의 서로 다른 다섯 곳에서 같은 실험을 반복했고, 내려가는 길에도 두 번 더 반복했으며, 수도원 정원에 도착해서도 한 번 더 반복했다. 결과는 산에서 내려올수록 수은주가 덜 내려가서 수도원에 돌아왔을 때는 본래 아침에 쟀던 높이까지 올라간다는 것이었다. "이로써 우리 실험의 성공을 최종적으로 확인했다"라고 페리에는 결론 내렸다.[21]

15년이 지난 뒤, 로버트 보일은 바로 그날 페리에의 실험이 '새로운 물리학'을 입증했다고 주장한다. 하지만 페리에의 실험은 그 이상의 의미가 있었다. 그것은 계획되고, 조직되고, 가설이 세워지고, 설계되고, 관찰되고, 측정되고, 반복되고, 그리고 사후에 곧바로 보고서가 작성되고, 전파되고, 복제된 절차적 방법이라는 의미에서 세계 최초의 실험이었다. 페리에의 실험 이후 몇 세기가 지난 뒤 가톨릭이, 그다음엔 그리스도교가, 그리고 종교 일반이 반反과학적이라는 평판을 얻게 된다. 이를 고려하면, 세계 최초의 공식 실험이 가톨릭 신자인 데카르트가 제안하고(적어도 그 자신의 주장에 따르면), 얀센주의자인 파스칼이 요청해, 가톨릭 신자인 플로랭 페리에에 의해 가톨릭 수사들의 도움으로 수도원 정원이라는 기본 실험장에서 실시되었고, 가톨릭 수사인 메르센이 시도한 비슷한 실험을 앞섰다는 사실은 역설적이다.

이 모두를 고려하면, 허셜이 왜 과학의 가톨릭 기원에 대해 쓰려 하지 않았는지 묻게 된다. 무엇보다도 베이컨과 데카르트는 철학 교과서의 고정관념(전형적인 경험주의자 대 전형적인 합리주의자) 안에서 허용되는 것보다 더 많은 공통점을 지녔다. 두 사람 모두 법률가로 교육받았다(데카르트는 베이컨과 달리 실제 법률가로 일하지는 않았지만).
두 사람 모두 가톨릭 유럽에서 지배적이었던, 아리스토텔레스와 그
리스도교 신학의 결합인 스콜라 철학에 적대적이었다. 두 사람 모
두 모든 일이 정해진 목적이나 결국 이르게 될 결론 때문에 일어난
다는 목적인目的因 개념을 거부했다. 두 사람 모두 신학의 세계와 철학
의 세계를 분리하려고 했다. 두 사람 모두 앎의 토대 전체를 개혁하
고자 했다. 데카르트의 포부는, 그의 설명대로라면, 1619년 11월 병
사 시절 전장에서 꾸었던 꿈에 깊이 뿌리를 박고 있었다. 더욱이 데
카르트는 상당히 훌륭한 수학자였고 더 성공적인 자연철학자였다.
그는 사물이 자신만의 내재적 속성을 갖기보다 자연법칙을 따른다는
생각을 대중화하는 데 베이컨보다, 아니 그 누구보다도 더 많이 기
여했다. 또한 데카르트는 베이컨을 포함한 동시대 학자 중 누구보다
도 더 종합적인 수학적·기계적 세계관을 명확하게 설명해냈다. 그렇
다면 왜 허셜은 데카르트를 비롯해 메르센, 파스칼, 가상디, 혹은 플
로랭 페리에의 불멸의 업적이 아니라 자신의 '불멸의 동포' 베이컨의
덕을 보았다고 하는 것일까?

갈릴레오 사건이 끼친 영향은 명백하지만 부분적인 대답일 뿐이
다. 갈릴레오 재판은 마치 지진이 일어난 것처럼, 진원지에서 주변으
로 진동이 퍼져나갔고 그 너머에서는 수많은 소문을 일으켰다. 로마
의 권력이 미치는 범위 안에 있던 수학자들과 천문학자들은 코페르
니쿠스나 갈릴레오의 저작들은 물론 스스로를 세심하게 검열했다.
감히 태양중심설을 논하는 사람은 거의 없었고, 가톨릭교회에 충실
한 이들은 공식적인 지침을 그대로 따랐다.

하지만 이탈리아 외부에서는 충격파의 힘이 덜 파괴적이었다. 갈릴레오가 처한 운명에 대해 듣게 된 데카르트는 태양중심설을 다루는 자신의 《세계론Le Monde》 출간을 중단했고, 결국 이 책은 그가 죽고 25년가량 지난 뒤에야 완전한 형태로 출간되었다. 하지만 갈릴레오의 생각들은 알프스 이북의 가톨릭 나라들에서 여전히 폭넓게 논의되었고, 가상디 같은 사상가들은 태양중심설을 옹호하는 책을 출간하기도 했다.

수도회에 속한 이들 사이에서도 과학 활동은 계속 이어졌다. 앞서 보았듯이, 메르센은 '가장 작은 이들의 수도회Ordo Minimorum'의 수사였고, 물리학자 에마뉘엘 메냥과 수학자 장프랑수아 니스롱도 같은 수도회 수사였다. 장바티스트 뒤 아멜과 니콜라 말브랑슈는 오라토리오회 수사였다. 보나벤투라 카발리에리와 스테파노 델리 안젤리는 수학자이면서 제수아티회(예수회와 혼동하지 말 것) 수사였다. 지도 제작자 빈첸초 코로넬리는 작은형제회 수사였다. 베네데토 카스텔리는 베네딕트회 수사였다. 피에르 가상디는 사제였다. 루터교에서 개종한 선구적 지질학자 니콜라스 스테노는 사제였고, 결국 주교가 되었다.

예수회 수사들은 갈릴레오 사건에서 최고의 악당들로 등장했다. 적어도 프로테스탄트들과 수많은 갈릴레오 추종자들에 따르면 그러했다. 그러나 17세기에 그들의 과학은 매우 뛰어났다. 예수회 수사들은 메르센과 데카르트를 비롯해 당대에 가장 뛰어난 과학적 정신을 가진 이들을 교육했을 뿐 아니라, 그들 중에서도 걸출한 과학자가 많이 나왔다. 크리스토프 샤이너와 조반니 바티스타 리치올리는 천문학자였고, 프란체스코 그리말디는 물리학자였으며, 아타나시우스

키르허는 박식가여서 음악, 자력磁力, 천문학, 중국학, 이집트학, 암호학, 지질학, 수비학, 성서학 등등에 관한 글을 썼다. 예수회 수사들은 실험 과학에도 관여했다. 그들은 측정과 정확성의 필요성을 날카롭게 인식하고 있었다. 그리고 진정으로 세계적인 정보와 자료의 네트워크를 이용했다.

당시에 갈릴레오 사건 때문에 가톨릭 나라들에서 행해지거나 혹은 가톨릭 과학자들에 의해 행해지던 진지한 과학 활동이 모두 중단된 것은 아니었다. 로마에 열렬하게 충성하던 이들의 경우에도 마찬가지였다. 발생 단계의 과학에 닥친 진정한 시련은 과학 활동을 주관하는 제도적 권위와 지적 권위의 본질에서 나온 것이었다.

갈릴레오 사건은 교황이 필요하다고 생각하면 과학 탐구의 영역 전체를 폐쇄할 수 있음을 보여주었다. 태양중심설만 희생된 것은 아니었다. 당시에는 훨씬 덜 발달되어 있었고, 사실상 연금술과 거의 구분되지 않았지만, 발생 단계에 있던 화학이라는 분과학문은 뚜렷하게 이단적이었던 16세기의 파라켈수스●와 결부되었을 뿐 아니라, 17세기에는 주로 프로테스탄트 과학자들이 다루는 일이 되었기에 실제로 가톨릭 사상가들이 접근할 수 없는 분야가 되었다. 악마의 마법이라 매도되어 화학 관련 문헌들은 모두 가톨릭교회의 금서 목록에 올랐다.

● 스위스의 의사. 고대 문헌에 의존하지 않고 자연을 직접 관찰하는 방법을 통해 르네상스 시대 '의학혁명'을 일으킨 선구자로 불린다. 권위적인 고대 문헌을 비판하는 한편, 연금술, 점성술, 밀교적 비의에도 관심이 많았기 때문에 교회 당국(가톨릭과 프로테스탄트 양쪽 모두)과 갈등을 빚었다.

더 심각한 일은 데카르트의 학설이 교회의 가르침에 상당한 위협이 된다는 판결이 내려졌다는 것이다. 1663년 데카르트의《제1철학에 관한 성찰》이 금서 목록에 올랐다. 이후 10년 동안 몇몇 대학에서 데카르트의 학설을 가르치는 것이 금지되었으며, 이후에는 여러 수도회에서 그의 학설을 광범위하게 비난했다. 확실히 가톨릭 신자들만큼이나 프로테스탄트 신자들도 데카르트의 학설 중 많은 요소(회의주의, 원자론, 기계적 세계관)를 우려했다. 잉글랜드에서는 베이컨의 선구적 업적이 과학의 대의를 촉진하는 데 기여했고, 다음 장에서 보듯이, 앞으로 그의 조국이 자연철학의 선도적 중심지 가운데 하나가 되는 데 기여하지만, 그렇다고 잉글랜드인들이 새로운 사상을 모두 받아들였다는 것은 아니다.

데카르트의 학설을 케임브리지대학에 처음 소개한 철학자 헨리 모어는 그것이 근본적으로 반反종교적이라고 비난했으며, 뉴턴은 "의도적으로 불신앙의 토대가 되도록 만들어진" 것이라고 언명했다.[22] 차이는 바로 그러한 우려에 대해 가톨릭교회가 실제로 행동을 취할 수 있었다는 점이었다. 근대 초 가톨릭 과학에 관한 어느 역사학자의 말에 따르면, "검열과 종교재판의 위협이 언제나 공기 중에 떠돌아 (…) 탐구 정신의 기를 꺾어놓았다."[23] 자연철학은 늘 잠재적 위협이었다. 잠재적 위협이 실현되었을 때 가톨릭교회는 무언가 조치를 취할 수 있었다.

가톨릭교회는 조치를 취할 수 있었을 뿐 아니라 조치를 취해야 했다. 아리스토텔레스의 학설은 13세기 중반 이래로 유럽 과학의 토대가 되어주었다. 그러나 그 토대의 많은 부분이 이제 적절치 못하거나 완전히 잘못된 것으로 드러나고 있었다. 이런 부분들을 제거하려면 엄청난 노고가 필요할 테고, 그것들을 대체할 수 있는 명확한 사상이 당연히 있어야 했다. 하지만 그것이 즉각 도래하지는 않았다.

가톨릭 사상가들이 아리스토텔레스에게 의문이나 이론을 제기할 수 없었던 것은 절대 아니었다. 1570년대 루뱅대학에서, 아리스토텔레스의 정설과 벗어나 천문학 강의를 진행한 사람은 다른 누구도 아닌, 미래의 추기경 벨라르미노였다. 메르센은 예수회 수사들에게 교육받았음에도 스콜라 철학에 반발했다. 갈릴레오는 스콜라 철학을 경멸했다. 얀센주의자인 파스칼은 인간의 죄라는 아우구스티누스의 개념과 함께 인간 이성에 대한 회의주의를 물려받았는데, 이는 근본적으로 스콜라 철학의 기반을 침해하는 것이었다. 게다가 이것이 오직 총명한 개인들의 영역에 한정된 것도 아니었다. 예수회와 같은 정통 수도회 수사들도 아리스토텔레스의 생각에 이의를 제기했다. 한 예로, 1620년대에 예수회 수사들은 프톨레마이오스/아리스토텔레스의 우주론을 거부하고 브라헤의 혼합적인 지구-태양중심설을 선택했다. 하지만 이런 일은 여전히 어렵고, 위험하며, 대개는 신뢰받지 못하는 일이었다.

그리고 여기에서는 프로테스탄트와의 대조가 중요하다. 이번에도 베이컨이 좋은 예가 된다. 루터는 그 특유의 독설로 대학에서 "오직 눈먼 이교도 스승인 아리스토텔레스만이 군림하고 있다"면서 한탄한 적이 있었다.[24] 1573년 베이컨이 열세 살의 나이에 들어갔던 케임브리지대학이 좋은 예였다. 하지만 베이컨은 이미 어머니의 젖을 먹을 때부터 아리스토텔레스에 대한 혐오감을 흡수한 상태였다. 앤 베이컨은 칼뱅주의를 확고히 믿었고(그녀의 아버지는 잉글랜드 최초의 프로테스탄트 국왕 에드워드 6세의 교사였다) 어린 프랜시스와 그의 형에게 적절하게 개혁된• 가정교사들을 붙여주었다.

베이컨은 케임브리지대학에서 아리스토텔레스의 논리학 저작들을 모아놓은《오르가논Organon》을 포함해 그의 사상을 직접 접했지만 설득당하기는커녕 오히려 '경솔한 논쟁과 반증과 장광설'에 대한 반감만 굳어졌다. 아리스토텔레스라는 인물에 대해서는 어떤 존경심을 계속 품고 있었음에도, 베이컨은 아리스토텔레스를 해석한 스콜라 철학자들을 공공연하게 경멸했다. 그들은 새로운 것은 전혀 확립하지 못한 채 그저 말장난만 했으며, 실질적인 배움이나 발견보다 무익한 논쟁을 더 좋아했다.

베이컨은 자신의 《노붐 오르가눔》으로 아리스토텔레스의 《오르가논》을 대체하려 했다. 하지만 이 작업은 동시대 가톨릭 학자들에게도 간단치 않은 일이었던 만큼 베이컨에게도 쉬운 일이 아니었다. 30년 뒤의 데카르트에게도 아리스토텔레스를 대신할 자명한 과학적 대체물이 없었던 만큼 베이컨에게도 그러한 대체물이 있을 리 없었다. 차이가 있었다면, 베이컨에게는 아리스토텔레스에게 도전하는 일이 무거운 신학적 함의들로 인해 더 무거워지지 않았다는 점이었다. 실제로 몇 세대 전의 개혁가들이 아리스토텔레스에 반대하는 어려운 일을 이미 해냈다. 사실상 프로테스탄트라는 점이 이미 아리스

• '개혁된(Reformed)'이란 단지 프로테스탄트를 의미하는 것이 아니라, 칼뱅주의에 기초한 프로테스탄트를 의미한다. 넓은 의미에서 개혁교회에는 칼뱅주의에 기초한 여러 교파가 포함된다.

토텔레스에 대해 상당한 의구심을 품고 있음을 의미했다.

물론 이 시기에 프로테스탄트의 지적 자유의 정도를 과장하거나, 프로테스탄트 대학들에서 아리스토텔레스의 학설이 권좌에서 끌어 내려지는 속도를 과장해서는 안 된다. 프로테스탄트 권력들은 지성에 관해서는 모든 면에서 로마만큼 권위적이었다. 베이컨이 아리스토텔레스의 《오르가논》에 대해 생각한 것이 1570년대의 일인데, 그로부터 거의 90년이 지나 뉴턴이 같은 대학에 입학했을 때에도 그 책은 여전히 교과과정의 핵심이었다. 그럼에도 이제는 과학에 도움이 되기보다 방해가 되는 게 확실해진 지적 패러다임을 바꾸는 일은, 이미 그 패러다임의 권위에 도전했으며, 더 이상 신학의 핵심 내용들을 그 패러다임에 근거하지 않게 된 문화 안에서 더욱 쉬워졌다. 사실 17세기에 총명한 가톨릭 과학자들의 선구적인 업적이 있었음에도 가톨릭 과학이 뒤처지게 된 주된 이유는 가톨릭교회가 오래되어 안전해 보이는 기존의 과학 패러다임을 지지했기 때문이다. 문제는 (새로운) 과학에 대한 과도한 적대가 아니라 (오래된) 과학에 대한 지나친 신뢰였다.

'영성에 관한 일에 간섭하지 않도록 주의를 기울이고' — '세속'적 과학

1630년 마랭 메르센은 홀란드로 가서, 많은 프로테스탄트 사상가들을 만났다. 그중에는 위그노인 앙드레 리베와 소치니파인 마르틴 루아르도 있었다. 위그노는 프랑스의 프로테스탄트 신자들이었다. 소치니주의는 삼위일체 교리를 완전히 거부했기 때문에 가톨릭 정통 신학에서 훨씬 더 멀리 떨어져 있었다. 루아르는 그보다도 더 멀리 떨어져 있었다. 그는 종교적 관용을 옹호했고 자연철학과 신학의 완전한 분리를 주장했다. 한때 이단들을 단죄하기도 했던, 정통 가톨릭 신자인 메르센은 리베와 루아르를 친구로 삼고 확장하는 서신 교환 네트워크에 연결했다. 공유하는 과학적 관심사가 신학적 차이보다 더 중요했던 것이다.

당시 유럽에는 메르센의 네트워크만 있었던 것은 아니다. 예수회 수사인 아타나시우스 키르허의 서신 교환 네트워크가 파리에 있는 메르센의 네트워크와 경쟁했다. 키르허는 종교적으로 쪼개져 있던 유럽 전역에서 그 총명함으로 인정받았을 뿐 아니라, 크리스티안 하위헌스와 고트프리트 라이프니츠 같은 저명한 프로테스탄트 과학자들과 서신을 교환했다. 루터교 시인 게오르크 하르스되르퍼는 키르허를 가리켜 '게르마누스 인크레디빌리스Germanus Incredibilis'(믿을 수 없을 정도로 뛰어난 독일인)라고 불렀다. 하지만 전 세계로 뻗어나간 예수회 조직을 이용한 그의 네트워크는 그야말로 전 세계적이었다. 키르허 자신도 중국에 선교사로 파견되기를 원했으며 평생 중국에 매혹되어 있었다.

잉글랜드에서는 독일 태생의 헨리 올든버그가 유럽 전역을 여행한 뒤 런던에 정착해, 똑같이 독일 태생이지만 런던에 정착한 과학 문필가 새뮤얼 하트리브의 서신 교환 네트워크를 넘겨받아 발전시켰다. 올든버그의 네트워크는 키르허의 것보다 범위가 좁았지만, 앞으로 이탈리아에서 덴마크까지 아우르며 당대 유럽에서 가장 '위험한' 사상가인 바뤼흐 스피노자까지 포함하게 된다. 메르센, 키르허, 올든버그 외에도 프랑스 천문학자들인 니콜라클로드 파브리 드 페레스크와 이스마엘 불료 또한 비슷한 네트워크를 가졌으며, 이들 네트워크는 서로 겹쳐 결국 초국가적인 '편지 공화국'을 이루었다. 신학적 논쟁이 고취시킨 영토 분쟁을 둘러싸고 여러 왕과 군대가 30년전쟁을 벌이는 동안에도, 과학자들과 철학자들은 서로 서신을 교환했다.

1639년 11월, 데카르트는 메르센에게 편지를 보내 최근에 자신이 집필한 《제1철학에 관한 성찰》을 출간하기 전에 "스무 명에서 서른 명 정도 되는 가장 박식한 신학자들"에게 보내 의견을 구하고자 한다고 알렸다. 메르센의 네트워크가 가동되었고, 데카르트는 가상디를 비롯해 가톨릭 신학자 앙투안 아르노, 스피노자처럼 무신론자라는 혐의를 받고 단죄받게 되는 토머스 홉스, 그리고 메르센 등 일곱 명에게서 답신을 받았다. 데카르트는 비판자들에 대한 자신의 응답과 이 답신들을 자신의 책에 덧붙여 함께 출간했다. 세계 최초로 학계의 동료 심사평이 첨부된 책을 출간하는 데 메르센의 네트워크가 이용된 셈이었다. 몇 년 뒤 올든버그는 《왕립학회 철학회보Philosophical Transactions of the Royal Society》(이하 《철학회보》)를 편집하면서 비슷한 과정을 발전시키고 체계화한다.

메르센이 데카르트의 편지를 받았을 무렵에 그의 네트워크에는 수백 명의 사람들이 연결되어 있었다. 홀란드를 방문하고 몇 년 뒤, 이제 파리에 자리를 잡은 메르센은 약간 더 공식적인 '아카데미아 파리시엔시스Academia Parisiensis'(파리 아카데미)를 설립했다. 회원들은 매주 만나 주로 수학 문제를 논했는데, 그중에는 페르마도 있었고 파스칼

도 잠시 함께 활동했었다. 이것이 최초의 '아카데미'는 아니었다. 앞
장에서 보았듯이 갈릴레오는 로마에 있던 린체이 아카데미에 가입할
것을 권유받았는데, 이 아카데미는 1603년에 이탈리아인 귀족 과학
자 페데리코 체시가 설립한 것으로, 체시가 죽고 20년 뒤에는 문을
닫았다. 반면에 좀 더 느슨한 형태를 취한 메르센의 아카데미와 그
의 폭넓은 서신 교환 네트워크는 1648년에 그가 죽은 뒤에도 계속되
어서 18년 뒤에 설립되는 프랑스 과학 아카데미의 핵심을 형성한다.
대륙 전체의 과학자들을 한데 모으려는 메르센의 희망은, 당시에는
30년전쟁 때문에 수포로 돌아가는 듯했으나 결국 실현되었다.

프랜시스 베이컨은 메르센의 서신 교환 네트워크에 들지 않았지
만, 그의 포부를 공유했고, 실제로 능가했다. 베이컨이 죽기 3년 전
에 썼으나 사후에야 출간된, 그의 마지막 저작 가운데 하나에는 '살
로몬의 집 협회the society of Salomon's House'라는 비전이 제시되어 있다.
베이컨의 소설《새로운 아틀란티스New Atlantis》는 페루에서 중국으로
가는 길에 벤살렘이라는 섬을 우연히 발견하게 된 유럽인 항해사들
의 이야기를 들려준다. 벤살렘은 "오염이나 부정이 전혀 없는" 일종
의 유토피아인데(유토피아라는 단어가 이 책에서 사용되지는 않지만), 그 중심
에 '6일 활동 학회College of the Six Days Works'라고도 하는 살로몬의 집이
있다. 이 학회는 신의 활동과 피조물 연구에 헌정된 '왕국의 눈'이며,
서로 다른 '직무'를 지닌 서른여섯 명의 '동료'에 의해 운영된다. 이
가운데 열둘은 위험을 무릅쓰고 해외로 나가 "책, 초록, 실험 견본"
을 가져오고, 셋은 "모든 책에 있는 실험들을 수집한다." 셋은 "모든
기계적인 기술의 실험들"을 수집하고, 셋은 "새로운 실험들을 시도

하고", 셋은 "전자의 실험들을 끌어와 (…) 그것들로부터 관찰과 공리를 끌어내는 데 더 나은 빛을 비추도록, 표제와 도표 안에 집어넣는다." 셋은 "동료들의 실험을 조사해, 그 실험들에서 인간의 생활과 지식을 위해 유용하고 실용적인 것들을 끌어내는 방법을 궁리하고", 셋은 "새로운 더 밝은 빛으로 새로운 실험들을 지휘하고", 셋은 "그렇게 지시된 실험들을 실행하고 보고하고", 마지막 셋은 "실험에 의한 이전 발견들을 더 위대한 관찰, 공리, 금언으로 끌어올린다." 살로몬의 집에서는 실험과 숫자 3이 중요하다는 게 분명했다.

베이컨은 일종의 과학 아카데미를 다채롭게 묘사해놓았다. 이 아카데미에는 권력의 고삐가 주어졌다. 더 정확히 말하자면, 이 아카데미는 "사물들의 원인과 비밀스러운 운동들에 관한 지식"이 "인간 제국의 경계 확장과 가능한 모든 것의 실현"으로 바뀌는 곳이다. 살로몬의 집은 지식이 권력을 용이하게 하는 곳이다. 하지만 여기서 지식은 세속 지식이었다.

'세속secular'이라는 단어는 오늘날 우리에게 오해를 불러일으키기 쉬우므로, 이 맥락에서 그것이 의미하는 바를 명확히 짚고 넘어갈 필요가 있다. 이 단어는 '세대'나 '시대'를 뜻하는 라틴어 '사이쿨룸saeculum'에서 왔고, 초기 그리스도교 저술에 차용되어 '이 시대', 더 정확하게는 '지나가고 있는 이 현재 시대에 한정되어 있다'는 뜻으로 쓰였다. 중세에는 '세상'이란 뜻으로 쓰였는데, '세속 성직자'라고 하면 '종교' 체계religious order(수도회)에 속한 채 아무런 방해도 받지 않고 오직 영원한 존재만을 주목할 수 있는 사제들과 대조적으로 '세상' 속에서 자신의 양 떼에 섞여 살아가는 사제들을 가리켰다. 근대 초기에 이르면 '세속화하다secularise'라는 단어가 만들어져 종교적인 것에서 세상적인 것으로 변하는 것을 가리키게 되었는데, 이를테면 교회의 기관이나 재산을 민간이 소유하거나 사용하는 것, 또는 단순히 성직자의 지배권에서 무언가를 제거하는 것을 나타내는 데 사용되었다.

바로 이러한 의미에서 베이컨은 사실상 지적 영역들을 분리함으로써 지식을 세속화하기를 원했다. 자연을 탐구하는 데는 한계가 있지만 하느님의 권능과 영광을 밝혀 보여줄 수 있다. 질문하기를 좋아하는 인간은 '자연을 관조함으로써 하느님의 신비에 이른다'고 가정해서는 안 된다. 그것은 계시와 인격적이고 영성적인 '실험'이 해야 할 역할이다. 마찬가지로 생각해보면, '하느님의 영의 범위나 목적은 성경에서 자연의 문제를 드러내는 것이 아니다.' 하늘이 어떻게 움직이는지, 혹은 지상의 피조물들이 어떻게 행동하는지 이해하기를 원한다면 성경을 읽을 것이 아니라 대상을 직접 관찰해야 한다. 사실상 분과학문들은 분리되어 있으며 개별적이다. 진화생물학자 스티븐 제이 굴드가 몇 세기 뒤에 표현하는 대로, 각각의 분과학문은 다른 분과학문과 전혀 겹치지 않거나, 아마도 거의 겹치지 않는 마지스테리아다.

지식, 곧 앎의 세속화에는 아는 사람의 세속화가 수반된다. 자연 탐구에 참여하는 사람들은, 그 자체로 중요하긴 하지만 당장 처리해야 할 특정한 과제에 대한 집중을 방해하는 신학적 논쟁들에 얽혀들기보다는 자연철학에 초점을 맞추는 편이 좋을 것이다. 현대의 한 전기 작가의 말에 따르면, 이런 면에서 베이컨은 "초기 근대 철학자를,

도덕적으로 사는 법이 주된 관심사인 사람에서 자연 과정의 이해와 개조가 주된 관심사인 사람으로 변모시키려는 최초의 체계적이고 종합적인 시도"를 불러일으킨 장본인이었다.[25]

베이컨이 '세속적' 자연철학의 모델이 되었듯이, 그의 이름과 결부되는 과학기관인 왕립학회 또한 자연철학의 모델이 되었다. 대학은 물론 자치 기관이지만, 당시 대학의 충성심은 유럽의 혹독한 교파 분열에 철저하게 사로잡혀 있었고, 그 교과과정은 부적절한 아리스토텔레스의 과학에 묶여 있었다. 대학과는 반대로, 베이컨이 허구로 그려낸 살로몬의 집과 같은 과학 아카데미들과 살로몬의 집에서 영감을 얻어 만들어진 실제 기관들은 성직자의 지배에서 자유로웠고 교리 논쟁에 관심을 쏟지 않았기에 (더 큰) 탐구의 자유와 새로운 학습의 진정한 기회를 제공했다.

그러나 (이 모두에서 '세속'의 의미가 얼마나 독특한 것이었는지를 강조하자면) 살로몬의 집보다 더 깊은 종교적 토대를 가진 곳은 거의 없었을 것이다. 베이컨의 새로운 아틀란티스는 경건한 곳이었다. 항해사들이 이 섬의 통치자와 처음 대화를 나누었을 때, 그들은 이 나라가 어떻게 그리스도교로 개종했는지를 물었고, 그렇게 함으로써 자동적으로 그 통치자의 존경심을 얻어냈다. "여러분이 이 질문을 가장 먼저 하시니, 내 마음이 여러분과 친밀해집니다. 그건 여러분이 하늘나라를 먼저 구한다는 걸 보여주니까요." 새로운 아틀란티스에 있는 과학의 집은 구약성경에서 지혜와 지식과 지적인 겸손으로 이름이 높았던 임금의 이름을 땄다. 〈열왕기〉 상권 5장에는 솔로몬이 "레바논에 있는 삼나무부터 성벽에 자라는 우슬초에 이르기까지 모든 초목을 논할 수 있었으며 야수나 날짐승이나 기는 짐승이나 물고기를 모두 논했다"라고 묘사되어 있다. 새로운 아틀란티스의 사람들은 이 글이 세상에서 존재하지 않게 된 이후로 정확히 이 글을 갖게 되었다고 주장했다. 살로몬의 집 회원들은 "우리가 매일 하듯이, 주님을 찬양하고 예배하며, 하느님이 하신 놀라운 일들에 하느님께 감사드린다." 이런 면에서 베이컨의 세속화된 과학기관은 완전한 종교기관이기도 했다.

(우리에게) 역설적으로 보이는 동일한 종교적 세속주의가 이 세기 중반부터 공식적 아카데미들의 토대를 이루었다. 아마도 잉글랜드의 왕립학회가 가장 잘 알려진 경우일 것이다. 현실 속 살로몬의 집을 바라던 희망은 1640년대의 혼란● 속에서 좌초했지만, 로버트 보일의 '보이지 않는 대학invisible college' 같은, 비공식적 토론 집단들이 여전히 작동하고 있었다. 1660년의 왕정복고에서 수많은 자연철학자들과 의사들이 토론과 실험과 '물리수학 학습Physico-Mathematical Learning'을 위한 학회를 설립하려는 의도를 가지고 함께 모였다. 이들은 2년 뒤에 왕립학회를 공식 설립했다.

베이컨의 이상을 따라 만들어진 왕립학회는 새로운 과학의 '세속적' 본성을 잘 보여주는 대표적인 예다. 초기 규약은 왕립학회 회원들이 '신성, 형이상학, 도덕'을 다루지 않도록 매우 주의해야 한다고

● 1640년대 잉글랜드에서는 왕당파와 의회파 사이의 충돌이 격화되고 여기에 신교와 구교, 귀족과 신흥 부르주아 사이의 갈등이 더해지면서 나라 전체가 거듭되는 내전에 휩싸였다. 결과적으로 의회파, 신교(청교도), 부르주아가 승리하면서 1649년 찰스 1세를 처형하고 공화정을 수립했다. 그러나 이 공화정이 올리버 크롬웰의 독재정으로 변질되면서 결국 1658년 그의 죽음과 함께 붕괴되었고, 1660년 찰스 2세가 왕위에 오름으로써 왕정이 복구되었다.

언명한다. 이 기관의 첫 전기 작가는 (설립 후 5년 만에 기관의 전기를 썼다는 것이 있을 법한 일은 아니었지만) 왕립학회가 "영성에 관한 일에 간섭하지 않도록 충분히 주의를 기울이고" 그 회원들 또한 "신에 관한 일을 다루지 않는다"라고 썼다.[26] 65년에 걸친 생애 동안 군인, 첩보원, 외교관, 자연철학자였으며 왕립학회의 원년 창립 위원이기도 한 로버트 모레이는 학회에서 발행하는 학술지 《철학회보》가 '신학 문제'에 관여하지 않을 것이라고 말했다.

하지만 베이컨의 이상에서처럼, 이 기관 또한 종교적 형태를 띤 세속주의라는 것이 뚜렷하게 드러났다. 왕립학회의 1663년도 헌장은 학회의 활동이 '창조주 하느님의 영광'에 바쳐질 것이라고 선언한다. 학회의 초기 전기 작가 토머스 스프랫은 이후에 웨스트민스터 사원의 주임사제가 되고 이어서 로체스터의 주교가 된다. 그의 역사서는 (실제로는 "그중에서도 가장 무겁고 가장 엄숙한 부분"은) 이 새로운 기관과 그 기관의 새로운 실험적 학문을 "그리스도교 신앙에 관련하여" 옹호하고자 의도된 것이었다. 그는 훌륭한 베이컨의 문체로 왕립학회의 활동이 아담의 상실된 지식과 지배력을 다시 획득하기 위한 것이며, 자연철학자는 실험을 통해 "하느님이 이루신 업적의 아름다움과 절묘함과 질서를 자기 눈앞에서" 발견함으로써 "[신을] 흠숭할 논거를 잘 갖추게 된다"라고 주장했다.

로버트 머튼과 찰스 웹스터가 현대 과학의 프로테스탄트적 기원을 처음으로 제의하고 있던 1930년대에 미국의 역사학자 도러시 스팀슨은 초기 왕립학회의 구성과 왕립학회의 전신인 비공식적 기관들을 분석해, 회원들의 소속 교파가 확인되는 경우 청교도가 매우 많다는 것을 발견했다. 로버트 머튼은 왕립학회와 비교되는 대륙의 아카데미들도 마찬가지였음을 발견함으로써 스팀슨의 발견을 확인했고, 나중에 '청교도'라는 용어가 사실상 '프로테스탄트'를 의미한다는 사실을 시인하기는 하지만, "왕립학회의 독창적인 정신이 청교도적 구상에 뚜렷하게 영향을 받았다"라고 결론 내렸다.

그렇다면 초기 왕립학회는 성직자들의 통제, 대학들의 완고한 아리스토텔레스주의, 그리고 근래에는 정치화되고 군사화되어 파괴적인 결과를 낳게 된 신학적 논쟁으로부터 자유롭고자 했다는 점에서 세속 기관이었다. 그러나 종교적 경건함에 비판적이거나 적대적이라는 의미에서는 세속적이지 않았다. 사실 왕립학회는 메르센의 과학네트워크와 비공식 아카데미에서 발전되어 나온 것이었다. 누구도 수도회 수사인 메르센이 종교적 관심사에 적대적이었다거나 심지어 무관심했다고 비난했을 리 없다. 그러나 그의 네트워크가 성장해, 신학적 신념이 아니라 과학적인 관심과 안목을 바탕으로 종교적 스펙트럼을 가로질러 사람들을 연결하고 통합하게 되었다는 사실은 과학의 세속화 과정에서 중요한 한 걸음이었다. 왕립학회에서도 그러했듯이, 권위는 신학적이기보다 과학적이었다.

베이컨도 이에 찬성했을 것이다. 물론 그가 죽고 40년이나 지난 뒤의 일이기는 하다. 그러나 갈릴레오의 경우처럼, 베이컨의 명성이 베이컨 자신보다 앞섰다. 스프랫의 전기는 에이브러햄 카울리의 시를 인용하며 시작된다. "마침내 베이컨이 모세처럼 우리를 이끌어 / 거친 광야를 지나고 / 마침내 그 경계에 섰으니 / 축복받은 약속의 땅에 닿았도다." 베이컨은 잉글랜드 너머에서도 찬사를 받았고, 비록 선택적이기는 하나 프랑스에서 데카르트, 메르센, 가상디 등도 그를 인용했으며, 메르센의 서신 교환 네트워크의 일원들이 뭉쳐 만든 프랑스 과학 아카데미도 그의 영향을 받았다. 피렌체에서는 더 비공식적이며 단명했던 아카데미아 델 치멘토(실험 아카데미)가 베이컨의 원칙에 따라 설립되었고, 네덜란드에서는 17세기가 끝나기 전에 그의 저작들이 마흔다섯 번이나 재출간되었다.

하지만 안타깝게도 그의 죽음은 사후 명성만큼 영광스럽지 못했다. 적어도 자연철학자이며 소문을 좋아하는 전기 작가 존 오브리에 따르면 그러했다. 토머스 홉스가 오브리에게 전해준 이야기인데, 나이가 많이 든 베이컨은 어느 겨울날 마차를 타고 하이게이트 근처로 바람을 쐬러 나갔다. 문득 그는 눈이 소금만큼 방부제 효과가 있을지 궁금해졌다. 그래서 마차에서 내려 근처에 살던 가난한 여인에게서 암탉 한 마리를 산 다음 내장을 빼내고 눈으로 속을 채웠다. 하지만 암탉만 차가워진 것이 아니라, 베이컨도 심각할 정도로 몸이 안 좋아졌다. 근처 아룬델 백작의 집으로 철수한 베이컨은 탕파湯婆를 가지고 침대에 누웠다. 그러나 침대가 축축하고 사용한 적이 없던 것이어서 베이컨의 감기는 악화되었다. "내가 기억하기로, [홉스는] 그가 질식해서 죽었다고 했다." 베이컨은 마지막 순간까지도 실험자였다.

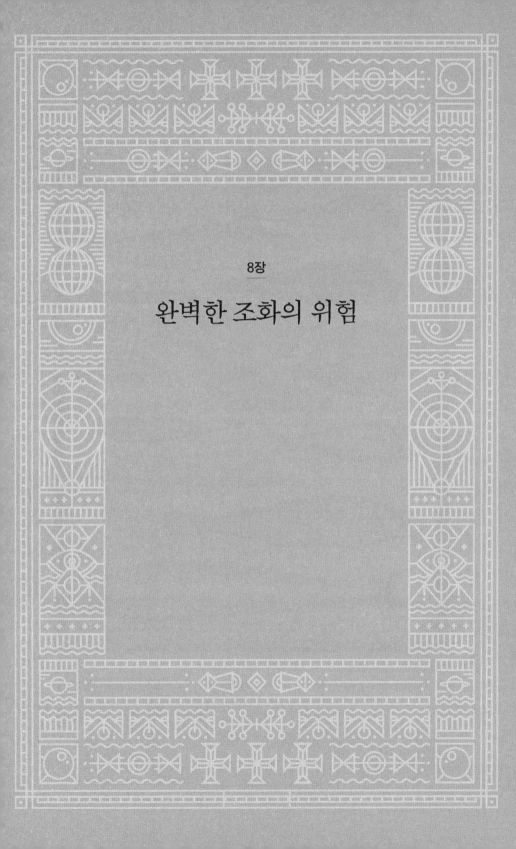

8장

완벽한 조화의 위험

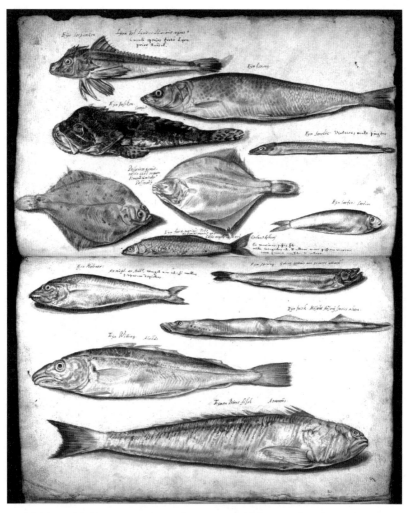

존 레이의 《물고기의 역사De Historia Piscium》는 1686년에 출간되었다. 이 책은 종교와 과학을 갈라놓은 것으로 유명하지만, 계몽주의 시대는 둘의 사이가 가장 **조화**로웠던 시대였으며, 특히 잉글랜드에서 그러했다. 오히려 과도하게 조화로웠기에 19세기에 일어난 긴장들의 토대가 마련되었다고 할 수 있다.

'가장 우아한 체계' — 종교적 계몽주의

모든 문화에는 창조신화가 있다. 바빌론 사람들은 에누마 엘리시 Enuma Elish라고 알려진 이야기에서 젊은 신 마르두크가 오래된 바다의 여신 티아마트와 싸워 여신을 죽인 뒤 "물고기를 말릴 때처럼 시신을 두 쪽으로 가른" 다음 그것으로 우주를 조합했다고 전한다. 히브리인들은 이 신화와 다른 신화들을 이어받고 뒤집어서 다양한 창조 이야기를 들려주었다. 그중에서도 성경 앞머리에 놓인 이야기에서는 야훼가 다른 신을 죽이거나 혼돈과 싸울 필요 없이 평화롭고 질서정연한 방식으로 하늘과 땅을 만들었다고 한다. 현대 서구인들은, 아니면 그중에서도 자의식적으로 더 세속적이고 합리적인 이들은, 유혈이 낭자한 종교전쟁과 미신의 어둠으로부터 단지 관찰과 이성과 재치 있는 커피하우스 대화로만 무장한 계몽주의가 어떻게 관용, 합리적 탐구, 정치적 자유, 진보, 행복 추구의 세상을 건설했는지에 관한, 훨씬 더 영감을 불러일으키는 이야기를 들려준다. 이 서사에서 계몽주의는 이성을 낳고, 이성은 과학을 낳고, 과학은 마르두크가 티아마트에게 행한 일을 종교에게 행했다.

그러므로 하버드대학의 심리학자 스티븐 핑커에 따르면, 근대성을 형성하는 (적어도 종교가 허락한다면 그러할) 이성, 과학, 인본주의, 진보는 계몽주의에서 비롯했다. 더 복잡한 차원에서, 앤서니 패그던은《계몽주의: 그리고 계몽주의가 여전히 중요한 이유The Enlightenment: And Why It Still Matters》에서 오늘날의 "대체로 세속적이고, 실험적이고, 개인주의적이고, 진보적인 지적 세계"의 근원을 보는 반면, 조너선 이즈리얼은 이 주제에 관한 일련의 기념비적(으로 긴) 저서들에서 근대성의 훌륭한 모든 점을 추적해, 단지 "온건한" 계몽주의만이 아니라 네덜란드 철학자 스피노자의 자연주의적이고 "급진적"인 반反종교적 계몽주의에까지 거슬러 올라간다.

물론 이견들이 있다. 학자들은 오랫동안 서로 다른 계몽주의들(프랑스, 미국, 영국의 계몽주의)이 종교에 대해 서로 다른 태도를 채택했음을 인식해왔다.《계몽주의: 행복의 추구The Enlightenment: The Pursuit of Happiness》에서 리치 로버트슨은 계몽주의가 아무리 반反교권적이라 해도 실제로 반종교적이지는 않았음을 지적한다. 울리히 레너는 '가톨릭 계몽주의'의 역사를 집필하기까지 했으며, 이를 가리켜 '잊힌 역사'라고 옳게 불렀다. 하지만 이에 반대하는 이들은 차치하고라도, 대중적으로 널리 알려진 계몽주의란 과학이 종교를 압도하고 타도하기 시작한 17세기의 마지막 4분기 무렵부터 18세기 말에 이르는 유럽과 미국의 한 시대에 존재했던 계몽주의다.

그러나 아이작 뉴턴이 있다. 진짜 계몽주의를 추적해 스피노자나 데카르트, 혹은 베이컨이나 데이비드 흄 같은 다른 인물에게로 거슬러 올라가는 사람들조차 18세기에는 뉴턴이 숭배되었음을 인정한다. 1720년대부터 줄곧 프랑스에서 러시아에 이르기까지, 신학자들과 회의주의자들도 모두 우주의 비밀을 밝힌 인물로 뉴턴을 찬양했다. 그러나 뉴턴은 열렬하게 종교적이어서, 종교라는 주제를 극도로 진지하게 다루었다. 현대 전기 작가 로버트 일리프에 따르면, 뉴턴의 일생에서 가장 중요한 관심사는 "인간이 하느님의 형상대로 창조되었는지를 어떻게 보여줄 것인가"였다.[1]

그의 열의는 개인적인 것이었다. 그는 그 신성한 날에 깃털 모자, 쥐덫, 시계, 파이를 만들었던 일과 교회에서 사과를 먹은 일을 두고 자신을 질책했다. 그리고 고전학자 리처드 벤틀리와 천문학자 에드먼드 핼리를 포함한 다른 이들도 종교에 대해 '터무니없이' 말한다며 질책했다.[2] 그러나 이러한 열의는 '직업적인' 것이기도 했다. 그는 자신의 일에 경건한 잠재성이 있어 '기뻐하며' 평소의 그답지 않게 사람들 앞에서 큰 소리로 외치기도 했다. 《프린키피아》의 마지막 부분에서는 "태양과 행성들과 혜성들이 이루는 이 가장 우아한 체계가 지성과 권능을 갖춘 존재의 설계 없이 생겨났을 리 없다"고 판단했다.[3]

연금술은 말할 것도 없고 성경 주해, 신학, 예언, 교회사에 관한 내용을 포함하는 그의 경건한 저술들은 후대에 그를 추앙하는 이들을 곤란하게 했고, 그 가운데 많은 이들은 그저 나이가 들어 지력이 떨어졌을 때 했던 소일거리로 취급하려고 했다. 하지만 그건 사실이 아니었다. 다양하고도 강력한 뉴턴의 신학적 관심은 최근에 와서야 빛을 보았고, 그의 신앙이 평생에 걸친 것이었다는 사실만이 아니라, 그가 성인이 된 이후 일생 동안 수학 및 과학 연구와 더불어 성경과 교회사를 대등하게 열심히 연구하고 사소한 부분에까지 진지하게 임했다는 사실도 분명하게 드러냈다. 뉴턴은 계몽주의 시대에 과학과 종교 사이에 일었다고 하는 반목의 상징이기보다 둘 사이의 조화를 나타내는 아이콘이었다.

뉴턴은 이 부분에서도 다른 부분에서와 마찬가지로 매우 극단적이지만, 그렇다고 뉴턴 혼자만 그랬던 것은 아니다. 로버트 보일의 예를 살펴보자. 보일은 선구적 실험자였고 화학자였다. 그의 저작 《의심 많은 화학자Sceptical Chymist》는 화학이라는 분과학문의 토대를 이루는 책이었다. 그는 왕립학회의 초기 회원이었으며, 무엇보다도 오늘날에는 일정한 온도에서 기체의 압력과 부피가 반비례한다는 보일의 법칙을 발견한 것으로 기억된다. 아마도 그는 당대에 뉴턴에 비견될 수 있는 유일한 영어권 과학자였을 것이다. 그는 또한 그보다 젊은 케임브리지의 동시대인만큼이나 모든 면에서 경건했다.

독실했던 보일도 뉴턴처럼 성품Holy Orders•을 거부했다. 그는 뉴턴처럼 법의학적 세밀함으로 성경을 연구했다. 그리스어 신약성경을 읽었고, 히브리어를 공부하고 유대인 학자들과 히브리어를 논의했다. 뉴턴처럼 종교에 관한 글을 이른 시기부터 열정적으로 썼고, 수년 뒤에나 출간되었든 아예 출간되지 않았든, 여러 책에 실었다. 뉴턴처럼 과학이 하느님을 영광스럽게 하는 것이라고 여겼다. 실제로 보일에게 과학이란 안식일에도 할 가치가 있는 활동이었다. 뉴턴처럼 동시대 과학자들의 불신앙과 문화적 그리스도교를 비난했다. 하지만 보일은 뉴턴보다 더 관대하고 교파 통합적인 정신을 지녔다. 보일의 전

• 가톨릭이나 성공회 등에 존재하는 성직자의 품계를 말한다.

기를 쓴 마이클 헌터의 말대로, "사춘기 이후 보일의 삶에서 중심을 차지했던 것은 그의 깊은 신심이었으며, 이를 공정하게 다루지 않고는 그를 절대 이해할 수 없다."[4]

고트프리트 라이프니츠, 존 레이, 칼 폰 린네, 크리스티안 하위헌스, 안토니 판 레이우엔훅, 얀 스바메르담을 비롯해 그보다 과학적 재능이 덜했던 인물들까지, 그 시대 과학계의 훌륭한 인물들에 대해서도 비슷한 점을 지적할 수 있다. 이들은 모두 자신의 업적과 저작을 통해 과학과 종교 사이의 완벽한 조화를 증언했다.

그러나 우리에게 익숙한 단순한 대립의 계몽주의 서사를 우리에게 낯선 단순한 조화의 계몽주의 서사로 바꾸려면, 뉴턴이 불화의 아이콘이기도 했음을 언급해야 한다. 그는 당시에 성품을 거부하고 찰스 2세에게서 특별한 시혜를 받아 평신도로서 케임브리지대학 트리니티칼리지에 머물 수 있었던, 사라져가는 소수의 학자 가운데 하나였다. 그는 열심히 성경을 연구했고, 그 결과 성자 예수가 성부 하느님과 함께 영원하다고 한 초기 교회의 믿음이 그릇되었을 뿐 아니라 기만적이라는 확신에 이르렀다. 그가 그리스도의 신성까지 부정한 것은 아니지만, 그렇더라도 성자 예수의 신성은 종속적인 신성이었다. 뉴턴은 성부와 성자가 동등하지 않고, 그리스도가 창조되지 않았으며 성부 하느님과 동일한 '실체'가 아님을 확고하게 믿었다.

사실상 그는 4세기에 이단을 옹호하다 교회에 의해 타도되고 금지된 아리우스와 같은 생각을 하고 있었는데, 그러한 생각은 뉴턴의 시대에도 여전히 이단이었다. 트리니티칼리지 출신임을 고려하면 참으로 역설적이게도, 뉴턴은 삼위일체를 믿지 않았다. 당연히 그는 이런 생각을 혼자 간직했다. 그렇게 하지 않았다면 학계에서 차지했던 지위를 잃고, 한 번에 교리의 벽돌을 하나씩 빼내 그리스도교를 무너뜨리려는 급진적 계몽주의자 취급을 받았을 것이다.

보일의 경우를 다시 살펴보자. 이 화학자의 신앙은 깊고 개인적이며 신실한 것이었지만, 불확실한 의구심에 흔들렸다. 20대의 그는 이렇게 썼다. "나는 나의 개인적인 의심들과, 일반적으로 사람들이 주의를 기울이지 않는 의심들의 목록을 결코 짧지 않게 제시할 수 있을 것이다."

계몽주의 시대에 과학과 종교의 충돌 서사를 추적하는 이들의 손에서 이러한 고백은 드러내는 바가 많았다. 의심은 과학 연구라는 외투 속으로 기어든다. 실제로 보일의 경우에, 의심은 그의 과학적 연구 활동보다는 그의 프로테스탄티즘에 대한 열렬한 내적 성찰에 뿌리박고 있었다. "전혀 의심한 적 없는 신앙을 가진 자는 다만 자신의 신앙을 의심할 것이다"라고 그는 썼다. 그럼에도 그가 오랫동안 '비신자들과 무신론자들'에게 답해야 할 것을 우려했다는 사실은 그러한 의심이 얼마나 깊었는지를 암시한다.

간단히 말해, 뉴턴과 보일이라는 대표적인 인물들은 물론, 계몽주의 시대에 과학과 종교의 이야기에 등장하는 다른 많은 이들 또한 다른 어떤 시대만큼이나 이 상징적인 시대에도 그 이야기가 단순하지만은 않았음을 우리에게 상기시켜준다.

'자연의 경이로운 비밀들에 관하여' — 물리신학[*]

17세기의 전반부 수십 년 동안 신학은 과학을 배양했고, 과학은 그 은혜를 갚았다. 여러 해 동안, 실제로는 여러 세기 동안, 하느님의 창조와 그 질서와 법칙성의 경이들, 아담의 상실된 지식과 솔로몬의 위대한 지혜에 관한 신학의 관념들과 성경의 본문들은 자연에 대한 탐구를 장려했고 적법화했다. 창조주는 만족스럽게, 창조된 세계를 가리켰다. 그러한 관계는 끊임없이 지속될 것이다. 그러나 17세기의 세 번째 4분기부터는 균형점이 이동하기 시작했고, 초기 과학자들은 새로 발견한 사실들을 교회에 봉사하기 위해 사용했다. 점점 더 확실하게, 창조된 세계가 창조주를 가리킨다고 판단되었다.

이것이 전적으로 새로운 현상은 아니었다. '자연철학'은 과학혁명보다 오래전에 등장했고, 과학혁명은 사실상 자연철학의 형이상학적 쌍둥이다. 수백 년 동안 사상가들은, 모두가 그리스도인인 것은 아니었지만, 자연을 관찰하고 추론함으로써 신적인 것을 이해하고 정의하고자 했다. 16세기에 이 분과학문에 새로운 추진력과 긴급성이 부여되었다. 유럽인들은 신적 계시에 대한 (인식 가능한) 지식이 전혀 없는 민족들을 발견했고, 고전 학문이 부활했으며, 특히 회의주의가 되살아났다. 가톨릭은 프로테스탄트의 성경 해석을 의심했고, 프로테스탄트는 가톨릭의 권위의 근간을 의심했다. 사람들은 계시된 신학

---

[*] 자연현상 속에 드러나는 신의 존재를 파악하려는 신학의 한 분야. 보통 자연신학과 비슷한 의미로 사용되지만, 저자는 이 둘을 구분하고 있다.

에 관해 점차 폭력적으로 변해가는 의견 충돌을 우회하기를 바랐다. 그리고 이 모두가 하느님에 관한 지식을 계시보다 더 보편적이고 덜 논쟁적인 무언가에 기초하고 싶은 욕망을 키웠다. 자연과 같은 무언가에.

하지만 17세기 중반에 관찰의 본질, 깊이, 정확성이 변하자, 자연신학은 물리신학으로 변했다.[5] 갈릴레오는 맨눈으로 볼 수 있는 것보다 하늘에 더 많은 것이 있음을 보여주었다. 갈릴레오가 새로운 사실들을 발견하고 몇 년 지나지 않아 '망원경'이 사용되었지만, 너무 작아서 육안으로 보이지 않는 대상을 관찰하는 데 성공적으로 사용된 것은 1650년대부터다.

이탈리아인 의사 마르첼로 말피기는 왕립학회 회원으로 선출된 가톨릭 신자로 교황 이노첸시오 12세의 초청을 받아 교황 전속 의사가 된, 과학의 과도기적이고 '세속적인' 본성을 보여주는 또 다른 사례다. 그는 소형 동물들의 혈액 순환을 연구했고 모세혈관을 발견했을 뿐 아니라 피부 색소와 발생학에 대해 더 많은 사실을 알아냈다. 로버트 훅은 자신이 사용한 기구를 개선하고, 정밀한 도해를 첨부한 《미크로그라피아Micrographia》를 출간했다. 이 책은 현미경 관찰에 관한 최초의 주요 저서로서, 새뮤얼 핍스*는 밤에 이 책을 부적처럼 간직했다고 한다. 그리고 훅은 생물의 기초 구조로서 '세포cell'라는 단어도 새로 만들었다(수사들이 살고 있는 수도원의 작은 방에서 그 이름을 땄다),

---

* 17세기 영국의 해군 행정관, 하원의원. 1660년부터 1669년까지 자세히 기록한 그의 일기는, 왕정복고 시기의 주요 사건들은 물론 17세기 생활사를 알 수 있는 귀중한 자료로 평가된다. 1665년 왕립학회 회원으로 선출되었다.

안토니 판 레이우엔훅은 현미경을 더욱더 발전시켰고, 혈액 순환에 관한 말피기의 발견들을 독립적으로 확인했으며, 역사상 최초로 물 속에 우글거리는 무수한 미생물을 보았다. 갑작스레 세계는 그동안 생각했던 것보다 훨씬 더 복합적이고 난해하며 풍성한 곳이 되어 있었다. 하느님께 영광을!

정말로 그들은 하느님께 영광을 돌렸다. 과학자들도 신학자들도 마찬가지로, 수많은 설교를 통해서나, 과학적 관찰이 계시하는 새로운 세계의 상상할 수 있는 모든 차원을 망라해 다음 한 세기 동안 출간되는 책들을 통해서나, 유창하고 빈번하게 신을 찬양했다. 윌리엄 더럼의 《물리신학Physico-Theology》과 같이 맹아적인 글들은 단순히 물리신학에 대해 말했지만, 천문신학(우주), 태양신학, 행성신학, 혜성신학, 불신학, 물신학, 눈(雪)신학, 지진신학, 천둥신학, 식물신학, 초본신학, 조류신학, 어류신학, 곤충신학, 메뚜기신학, 누에신학, 여치신학, 꿀벌신학, 조개신학이란 제목을 달았거나 그러한 내용을 다룬 책들도 있었다. 시간이 흐르면서 저자들은 과학을 통해 새롭게 알고 이해하게 된, 자연세계의 다소 의미심장한 측면"으로부터 신의 존재와 속성을 입증"해서 보여주었다.

이들 저자 중 많은 이가 성직자이면서 박물학자였다. 이들의 맹아적 혼종 역할은, 앞으로 우리가 다시 보게 될 잉글랜드 계몽주의를 특징짓지만, 물리신학이 오직 잉글랜드만의 일은 아니었다. 실제로 계몽주의 안에서 과학과 종교가 조화롭게 결합된 것은 완전히 범유럽적인(아니면 적어도 북유럽 전역의) 현상이었다.

이러한 전통은 특히 네덜란드에서 깊게 자리 잡았다. 개혁교회들의 네덜란드 신앙고백Confessio Belgica ●의 2항은 "하느님께서 자기 자신을 우리에게 알리시는 방법"을 다루면서, 첫째는 "우주의 창조와 보존과 통치에 의한 것으로, 이는 우리의 눈앞에 펼쳐진 가장 아름다운 책으로서 그 안에 있는 크고 작은 모든 피조물은 아주 많은 글자들처럼 (…) 우리를 하느님의 보이지 않는 것들, 곧 그분의 영원하신 능력과 신성을 분명하게 깨달을 수 있게 인도한다"라고 주장했다. 이러한 방식으로 네덜란드 개혁교회는 유럽에서 자연신학을 그 헌법으로 삼은 유일한 교회가 되었다.

그러나 이것으로 네덜란드가 정통의 경계를 넘어 방황하는 사상가들을 위한 봉홧불이 되기를 중단한 것은 아니었다. 이 나라는 유럽에서 지적으로 가장 개방적인 영토가 되었기 때문이다. 데카르트는 일생의 대부분을 네덜란드공화국에서 살았다. 법률가 이자악 라 페이레르는, 아담 이전에도 인간이 존재했다고 하는 다원발생설에 관한 자신의 책 《아담 이전의 인간들Prae-Adamitae》을 1655년 암스테르담에서 출간했다. 유럽에서 가장 악명 높은 회의주의자 스피노자도 네덜란드공화국에서 살고, 일하고, 생각하고, 책을 출간했다. 물리신학은 그 명성을 수호할 필요가 있었던 한 나라에서 비옥한 토양을 발견했다.

1669년 초, 네덜란드의 생물학자 얀 스바메르담이 《곤충 통사General

● 칼뱅의 제자였던 네덜란드인 종교개혁가 귀도 드 브레가 1561년에 작성한 신앙고백문을 오늘날 네덜란드 지역 개혁교회들에서 채택하고 여러 차례 수정해 신앙의 교조로 삼은 것이다. 전체 37항으로 구성되어 있으며, 오늘날까지 칼뱅주의 교파들의 교리를 대변하는 주요 문서들 가운데 하나로 여겨진다.

History of Insects》를 출간했다. 그는 망원경을 잘 사용해 조그만(한때는 성가시게 여겨졌으나 이제는 예쁘게 보이는) 피조물의 해부학적 구조를 세밀하고 정확하게 묘사했다. 스바메르담이 자신의 작업을 정당화하는 방식은 명백히 신학적이었다. "아주 작은 것이라 할지라도 모든 피조물을 통해 창조주이신 하느님께로 올라가는 것이 모든 인간의 의무다." 그리고 질서, 조직, 세밀함과 복잡함을 드러내는 그의 결과물도 그러했다. 그것은 너무도 경외감을 불러일으키는 것으로 신의 장인정신으로만 가능했다. 대ᴬ플리니우스가 했다고 하는 유명한 격언 '막시마 인 미니미스Maxima in minimis'('신의 위대함은 작은 것들에서 가장 잘 보인다')가 이보다 더 훌륭하게 입증된 적은 없었다.

한 세대가 지난 뒤, 네덜란드의 물리학자이자 천문학자인 크리스티안 하위헌스는 사후에 출간된 《코스모테오로스Cosmotheoros》(우주의 관조자)에서 비슷하게 추론했다. 하위헌스는 진자시계를 발명했고, 토성의 고리에 관한 신비를 밝혔으며, 토성의 위성 타이탄도 발견했다. 또한 빛의 파장설을 기술했고, 확률론에 관한 최초의 책을 저술했다. 어떻게 생각하더라도 그는 17세기 과학의 거인들 가운데 하나였다. 《코스모테오로스》에서는 외계 생명체의 존재까지 생각했다. 그에게 강한 인상을 남긴 것은 생명이었다. "생명 없이 무더기로 쌓여 있는 무생물보다 식물과 동물의 생성과 성장에 더 많은 묘안이 있음을 누구도 부정하지 않을 것"이라고 그는 주장했다. "하느님의 손가락이, 그리고 그 섭리의 지혜가, 다른 것들보다 그것들 안에 훨씬 더 명확하게 존재한다. (…) 그것들 안에 있는 모든 것은 어떤 설계를 따라 아주 정확하게 조정되어 있고, 그것들의 모든 부분은 그 고유한 생명에 아주 잘 맞추어져 있어 그것들은 무한한 지혜를, 그리고 자연과 기하학의 법칙들에 관한 정교한 지식을 분명히 드러낸다."

독일 지역 여러 나라에서도 비슷하게 열광적인 분위기가 있었다. 루터의 신학(반드시 루터교 신학은 아닐지라도)은 하느님의 창조에 관한 연구를 명확히 허가했으며, 16세기 말부터는 야코프 호르스트의 사랑스러운 제목이 달린 《자연의 경이로운 비밀들에 관하여, 그리고 유용하고 읽기에도 유쾌한 그 비밀들에 대한 유익한 관조에 관하여》와 맥락을 같이하는 책들이 출간되었다. 그 경이로운 비밀들이 연구되고 노출됨에 따라 이러한 장르가 인기를 얻었고, 1670년대부터 한 세기 동안 독일의 학자들은 자연의 신비가 갖는 신학적 함의에 대해 열띤 논쟁을 벌였다. 라이프치히에 기반한 도이체 게젤샤프트Deutsche Gesellschaft(독일협회)라는 문학회에서는 대중적인 에세이 대회를 열어 '한 송이 꽃의 형상에서 발견할 수 있는 창조주의 목적은 무엇인가?'라는 질문을 던졌다. 이 대회에서 우승한 게오르크 프리드리히 베르만은 유용성과 아름다움이라고 답했다. 물론 꽃은 아름답다. 하지만 이 질문은 프리드리히 멘츠의 《라나테올로기Rana-Theologie》(1724)에서처럼 개구리에 대해서도 똑같이 제기될 수 있었다. 마찬가지로 프리드리히 크리스티안 레서는 《리토테올로기Lithotheologie》에서 돌에 대해 묻고 《인젝토테올로기Insecto-theologie》에서 곤충에 대해 묻는다. 곤충에 관한 이 책의 부제는 "보통 간과되는 곤충들을 면밀히 관찰함으로써 위대하신 하느님의 전능하심, 지혜로움, 선하심, 정의로움에 대한 필수 지식과 흠숭을 얻을 수 있는 방법"을 설명한다.[6]

개혁교회 지역들에서도 비슷한 이야기를 들려준다. 스웨덴은 초기

계몽주의 시대에는 과학 공동체가 덜 발달했다. 1739년이 되어서야 왕립과학아카데미가 설립되었을 정도다. 하지만 18세기의 (실제로는 역사상) 가장 영향력 있는 분류학자인 칼 폰 린네를 보유하게 되었다. 린네는 원래 강박적일 만큼 대상을 체계화하는 사람으로, 자기 작업을 굳이 정당화할 필요조차 없었다. 그는 자신의 체계화 작업 때문에 지구의 역사와 그 안에서 인류가 차지하는 위치에 관한 성가신 문제들에 연루되었다. 하지만 그럼에도 그는 물리신학적 전통 안에 단단히 뿌리를 내렸다. 물리신학에서는 분류와 분석이 하느님의 방법들을 인간에게 정당화하는 것으로 이해되었다. 그는 《자연 탐구에 관한 숙고》에서 "지구의 제작자는 자기 지혜와 능력의 가장 감탄스러운 증거들을 마치 박물관처럼 지구에 비치해놓았다"라고 썼다. 그리고 "인간만이 그 전체의 경이로운 조화 섭리를 생각할 수 있다."[7] 그러므로 "인간은 창조주의 업적을 탐구하려는 목적으로 만들어졌으니, 그 안에서 신의 지혜가 남긴 뚜렷한 흔적을 관찰할 것이다." 케플러도 이보다 더 잘 표현할 수는 없었을 것이다.[8]

스위스의 과학자들도 동감했다. 요한 야코프 쇼이흐처는 독일과 네덜란드공화국에서 수학과 의학을 공부한 뒤, 스위스연방에서 매우 중요한 개혁교회 지역 중 하나인 취리히의 고아원 의료 총책임자가 되었다. 엘리 베르트란트는 지질학자이자 신학자였으며, 폴란드 국왕의 특별 자문으로 일한 뒤 또 다른 개혁교회 영토인 베른의 페이드보에 돌아왔다. 쇼이흐처와 베르트란트가 택한 길은 서로 달랐음에도, 두 사람 모두 알프스의 풍광에 사로잡혀 이곳저곳을 여행하며 탐사함으로써 산에 대한 이해를 바꾸는 데 일조했다. 이전에 산은 초기 지질학자인 토머스 버넷의 말대로 "바위들과 쓸모없는 돌무더기"라서 근본적으로 무의미하고 무시무시한 것이었지만, 이제는 신의 창조에서도 장엄하고 유용한 차원으로 인식되었다. "신의 권능이 일으켜 세워 그토록 웅장하고 풍성한 산으로 들어오라." 베르트란트는 이렇게 썼다. "자애로운 손으로 지으신 걸작들을, (…) 산들의 아름다움과 필연과 유용함과 목적을 우러르라."9

네덜란드공화국, 독일 지역 왕국들, 스웨덴, 그리고 스위스연방 내 개혁교회들이 지배하는 지역들까지, 물리신학은 프로테스탄트의 핵심적인 영역이었던 것으로 보인다. 하지만 반드시 그러했던 것은 아니다. 사실 야코프 호르스트의 책은 네덜란드인 의사이자 사제로서 베살리우스 아래에서 수학한 레비누스 렘니우스가 쓴 가톨릭 텍스트를 번역한 (그리고 프로테스탄트화한) 것이었다. 프랑스에서는 베네딕트회 수도원장 노엘앙투안 플뤼슈가 여러 권으로 된 《자연의 장관Le Spectalce de la nature》을 1732년부터 18년에 걸쳐 출간했다. 프랑스에서만 무려 50판 이상 발행되었고, 영어·독일어·네덜란드어·이탈리아어·스페인어로 번역되었으며, 계몽주의 시대 유럽에서 가장 인기 있는 과학 서적 가운데 하나가 되었다. 계몽주의 시대에 가장 널리 읽힌 물리신학 책이었을 수도 있는데, 그 종교적 의도에서는 변증적이었던 만큼 그 과학적 세부 내용에서는 비변증적이었다.

이탈리아에서는 라우라 바시가 실험 물리학으로 볼로냐대학의 교수가 되었다. 이로써 그녀는 유럽에서 대학 교수직을 차지한 최초의 여성이 되었다. 그와 동시대인인 마리아 가에타나 아녜시는 볼로냐에서 수학 교수가 되었다. 사후에 출간된 그녀의 저서 《신비의 하늘॥

cielo mistico》에 따르면 바시와 아녜시 모두 자연에 대한 이성적 관조를 통해 정신은 신에 대한 신비적 관조로 고양될 수 있다고 주장했다. 스페인에서는 베네딕트회 수사 베니토 헤로니모 페이호 이 몬테네그로가 아주 다양한 과학사 및 자연사의 주제들에 관해 저술했고 그것들이 해부된 개의 심장처럼 어떻게 창조주의 지성을 반영하는지를 언급했다. 개의 심장을 본 그와 동료 수사들 모두 "최고의 장인이 지니신 능력과 지혜를 그토록 명확히 보여주는 것은 이제껏 본 적"이 없다고 말했다.[10]

하지만 규칙보다는 예외가 많았다. 자연신학이나 물리신학 어느 것도 프로테스탄트 나라에서 발견한 비옥한 토양을 가톨릭 나라들에서는 발견하지 못했다. 널리 알려진 신화와 달리, 이는 갈릴레오 사건에 따른 가톨릭교회의 과학에 대한 태도와는 별 상관이 없는 일이었다. 앞서 우리가 살펴보았듯이, 갈릴레오 사건이 과학을 둘러싼 분위기를 얼어붙게 하긴 했지만, 그러한 효과는 신화에서 말하는 것보다 더 지역적이었고 덜 파괴적이었다. 오히려 가톨릭 국가들에서는 지적 권위의 원천이 손상되지 않은 상태로 남아 있었기 때문이다. 태양중심설 때문에 타격을 입긴 했지만, 아리스토텔레스의 과학이 여전히 군림하고 있었다. 더욱이 가톨릭 신자가 된다는 것은 하느님의 전능하심과 지혜로움과 선하심과 정의로우심에 관한 교회의 권위적 가르침을 받아들인다는 것이었다. 그러므로 자연으로 눈을 돌릴 필요가 별로 없었다. 가톨릭이 계속 장악했던 남유럽에서도 종교개혁이 일어난 북유럽에서처럼 자연세계의 작동 방식에 관한 호기심이 많았으며 자연에 대한 연구를 신학적으로 정당화하려는 시도도 많았다. 하지만 아리스토텔레스와 로마의 쌍둥이 권위 때문에 물리신학을 연구할 필요가 더 적었을 뿐이다.

'천국에서 우리가 해야 할 일' ― 잉글랜드 에덴동산의 과학

계몽주의 시대 유럽 전역에서 과학과 종교의 결합이 조화롭게 이루어지긴 했지만, 잉글랜드에서는 참으로 더없이 행복한 경지에 이르렀다. 네덜란드, 독일, 스웨덴, 스위스, 프랑스, 스페인, 이탈리아의 과학자들이 곤충, 개구리, 행성, 별을 통해 그리스도교의 진리가 어떻게 입증되는지 저술했지만, 이는 잉글랜드의 과학자들에게서 단서를 얻은 것이었다. 잉글랜드 과학자들의 저작은 해외에서도 아주 잘 팔렸다. 1691년에 처음 출간된 존 레이의 《창조 활동에 드러난 하느님의 지혜Wisdom of God Manifested in the Works of Creation》는 프랑스어와 독일어로 번역되었고, 일곱 차례나 재출간되었다. 윌리엄 더럼의 《물리신학》은 훨씬 더 잘 팔렸고, 이탈리아어, 프랑스어, 네덜란드어, 독일어, 스웨덴어로 번역되었다. 볼테르는 뉴턴을 대중화하면서 자신의 이름을 알렸다. 18세기의 두 번째 4분기에 유럽 대륙 전역으로 퍼져나간 잉글랜드 숭배는 이 새롭고 조화로운 창조에 대한 이해가 잉글랜드 신학으로부터 열광적인 세례를 받았음을 증언한다.

이 과정은 훨씬 더 전에 잉글랜드에서 시작되었다. 1640년대의 내전과 일시적인 허가제의 붕괴는 왕성한 소논문 집필과 출간으로 이어졌다. 종파 분리주의자들은 당황스러울 만큼 다양한 종교적 믿음과 형이상학적 믿음을 열성적인 대중을 향해 방출했다. 수많은 사상이 정통 그리스도교에서 너무나 멀리 벗어나 살짝 변장한 유물론보다 나을 게 없(어 보이)는 정도였다. 이설이 난무하는 상황에 자극받은 잉글랜드 성직자들은 진리를 재천명했다. 그러나 과도하게 열성적이고 개인화된 성경 해석이 문제가 되었으므로, 성경을 근거로 한 정통 교리의 재천명은 신학적 덤불 속으로 다시 끌려 들어가는 것밖에 되지 않았다. 자연이라는 책은 참된 믿음을 지지할 수 있는 더 명확하고, 덜 논쟁적이며, 더 안정된 토대를 제공했다.

자연철학자 월터 찰턴은 1652년에 붙임표가 들어간 물리-철학이라는 용어를 최초로 사용하게 되는 과정에서 《자연의 빛으로 떨쳐버린 무신론의 어둠 : 물리신학 논문The Darkness of Atheism Dispelled by the Light of Nature: a physico-Theologicall-Treatise》이라는 책을 집필했다. 그가 진술한 맥락이란 "최근에 무신론적인 괴물들이 우글대며 몰려들어 성경의 권위를 야금야금 갉아먹고 기성 교회의 권위를 산산이 조각내는" 상황이었다. 찰턴이 진술한 욕망이란 "신의 존재를 가톨릭의 기준, 곧 자연의 빛에서 보편적으로 방사되는 빛줄기로 신의 존재"를 증명하는 것이었다. 이 단어는 굉장히 교훈적이다. 찰턴에게는 '보편'을 의미하는 가톨릭이란 교회가 아니라 자연이었다. 이듬해 케임브리지대학 교수인 헨리 모어는 《무신론 해소책Antidote against Atheism》을 썼다. 이 책에서 모어는 찰턴과 마찬가지로 "신성한 역사Scared History•에 근거해" 주장을 펼치지 않는 편을 택했다. 왜냐면 그가 한탄한 대로,

---

• 그리스도교에서 하느님이 인류를 구원하는 역사를 뜻하며, 보통 성경에 기록된 역사를 말한다.

"무신론자는 기성 교회로부터 가져온 것이라면 그 무엇도 납득하지 않으리라는 것을 알았기" 때문이다.[11] 달리 말하자면 종교를 옹호하는 모어의 주장은 종교에 의지하지 않아야 가장 잘 입증될 수 있었다.

물리신학에 대한 이 특별한 추동력이 1660년의 왕정복고 이후 서서히 사라졌지만, 그럼에도 폭넓은 호소력은 사라지지 않았다. 로버트 보일은 젊은 시절에 내전과 국왕 궐위 기간을 살아냈고, 이 사건들이 그리스도교에 끼칠 영향을 우려했다. 종파 분리적 위협이 사라진 뒤 그는 여러 해 동안 계속해서 관찰과 실험으로부터 종교적 교훈을 끌어냈다. 과학은, 그리고 과학이 자연에서 밝혀내는 것은, 종파 분리적 위협이나 유물론적 위협과 관계없이, 신심에 자극제가 되었다. 왜냐면 더 많은 사람이 "[자연의] 수단들이 그것들에 의해 성취될 목적들에 얼마나 부합하는지" 알아차릴수록 "그것들을 만드신 전능하신 창조주의 감탄스러운 지혜를 더 분명하게 알아차리기" 때문이다.[12]

사실 물리신학은 그보다 더 많은 것을 제공했다. 과학의 발견만이 하느님의 업적을 밝히고 신심을 자극한 것이 아니다. 과학의 실천은 하느님의 미덕을 실례로 보여주기까지 했다. 토머스 스프랫은 왕립학회의 역사를 미리 기술하면서 실험 철학자는 사실상 회개, 겸손, 자기성찰이라는 그리스도교의 미덕을 실천하고 있는 것이라는 독창적인 주장을 폈다. "자기와 자신의 지식에 대한 더 나은 생각들"로 우쭐대는 "사변적 학자보다는 의심하는 자, 양심이 예민한 자, 근면하게 자연을 관찰하는 자가 정숙하고 엄격하고 온유하고 겸손한 그리스도인이 되는 일에 더욱 가깝다."[13] 과학자란 본질적으로 독실하다.

보일은 훨씬 더 멀리까지 나아갔다. 과학자는 자연이라는 신전에서 관찰과 실험이라는 의식을 통해 창조를 재현하고 신을 숭배하는 새로운 사제들이다. 아론 집안의 사제들이 이스라엘 민족을 대표해 하느님께 희생제사를 바쳤듯이, 과학적 이성과 지식은 "도유塗油나 안수 없이 사제품을 수여할 수 있다." 과학은 "피조물을 위해 창조주께 찬양의 희생제물을 바치는 경건한 행위"다. 이것이 바로 화학자 중에 가장 경건한 화학자가 안식일에도 과학 활동을 계속할 수 있었던 까닭이다. 그것은, 가장 분명한 의미에서, 진정으로 종교적인 활동이다.

이렇게 해서 물리신학은 17세기의 마지막 3분의 1 기간에 잉글랜드에서 비옥한 토양을 발견했다. 실제로 축자적인 의미에서 그러했다. 비옥한 저지대 농경지가 풍부하고, 척박하고 겉으로 보기에 쓸모없는 산과 늪이 상대적으로 적은 나라, 마차에 치이기보다 들짐승에게 잡아먹힐 확률이 더 낮은 나라, 독이 있는 뱀과 거미가 별로 없고 곤충들이 물거나 귀찮게 굴 수는 있지만 작물을 먹어치워 온 마을 사람들을 굶주리게 하는 일도 거의 없는 나라에서는 조화, 평화, 질서, 아름다움을 알아보기가 더 쉬웠다. 물론 날씨가 항상 온화하지는 않고, 여전히 흉작은 당면한 실질적 위험으로 남아 있었다. 특히 오늘날 우리가 소빙하기라고 부르는 시기에는 그러했다. 하지만 잉글랜드의 풍경은, 적어도 자연을 일구기보다 자연을 탐구하는 이들의 눈에, 아담과 이브가 타락한 뒤 쫓겨난 황무지보다는 에덴동산에 더 가깝게 보였다.

조화는 단지 농업에 관한 것만은 아니었다. 잉글랜드의 물리신학은 17세기의 마지막 몇 년 동안에 이를테면 성년에 이르렀다. 잉글랜드는 가톨릭 신자인 제임스 2세가 왕위에 올라, 후계자를 확정하고, 의회를 중지하고, 독자적 칙령으로 통치하고자 하면서 또 한 번의 내전에 돌입할 듯 보였다. 하지만 놀라울 만큼 짧은 시간에 피 한 방울 흘리지 않고 정세의 역전이 이루어졌다. 네덜란드의 오라녜 공 윌리엄이 잉글랜드 사람들의 요청을 받아 잉글랜드를 침공했고, 제임스 2세는 달아났다. 이에 잉글랜드 사람들은 안정된 입헌군주제와 권리장전, 의회의 통치, 상대적인 종교적 관용, 경제적 번영을 누릴 수 있게 되었다. 질서와 조화가 군림했다.

또한 물리신학도 그러했다. 자연세계의 복잡하고 동질적인 질서는 정치 세계의 공정하고 균형 잡힌 질서에 상응하는 듯 보였다. 그리고 두 세계는 모두 하느님에 의해 지지되었다. 1690년 이제 유명 인사가 된 로버트 보일이《그리스도인 비르투오소The Christian Virtuoso》를 출간했다. 이 책은 "실험 철학에 몰두함으로써 훌륭한 그리스도인이 되기를 꺼리기보다 훌륭한 그리스도인이 되는 데 도움을 받는다"는 사실을 보여주었다. 보일은 이듬해 독감에 걸려 세상을 떠나지만, "신앙이 없기로 악명 높은 이들, 즉 무신론자, 이신론자, 이교도, 유대인, 무슬림에게 맞서 그리스도교의 신앙을 입증하기 위한" 강의 시리즈를 매년 런던에서 시행해달라는 요청을 유언으로 남겼다. 왕립학회와 마찬가지로, 이 '보일 강의'는 신학적 차이는 제쳐두고, 과학이 그리스도교의 정통 교리를 어떻게 증명할 수 있을지에 집중했다. 이듬해 첫 강의를 맡은 리처드 벤틀리는《무신론 논파

The Confutation of Atheism》에 관해 이야기했으며, 이 강의 시리즈는 이후 40년 동안 해마다 시행되었다.

벤틀리가 첫 '보일 강의'를 하고 2~3년이 지난 뒤, 존 레이가《물리신학 담론Physico-Theological Discourses》을 출간했다. 이 책은 오래전에 〈시편〉 104장 24절 "주님, 당신의 업적이 얼마나 많습니까! 그 모든 것을 당신 지혜로 이루셨습니다"에 관한 케임브리지 설교로서 쓰인 원고를 고쳐 쓰고, 최신 정보를 덧붙이고, 창조 및 홍수 신화 부분을 추가한 것이었다. 태아의 형성, 귀의 구조, 물고기의 부력, 남자의 젖꼭지 등 레이의 학구적 시선에서 벗어나는 것은 아무것도 없었다. 그도 보일처럼 독자들에게 자연을 직접 경험하라고 권고했다. "책으로 공부하는 데 만족하지 말고 (…) 기회가 되는 대로 직접 사물을 살펴보고, 책은 물론 자연과도 대화를 나눕시다."[14] 그리고 또한 보일처럼 과학이 안식일에 해도 될 만큼 충분히 중요하다고 여겼다. 사실 그가《하느님의 지혜Wisdom of God》에서 말하듯이, "하느님의 말씀을 관조하고 숙고하는 것이 아마도 천국에서 우리가 해야 할 일의 일부일 것이다." 과학은 말 그대로 천상의 활동이다.

그러나 보일과 레이가 (그리고 더럼과 벤틀리와 다른 과학자들이) 아무리 강한 인상을 남기고 영향을 끼쳤음에도, 1690년대 중반에 이르면 그들은 모두 뉴턴의 그늘에 가려진다. 보일 강의를 하기 전에 벤틀리는 자신의 학계 친구이자 스승에게 편지를 보내 조언을 구했었다. 뉴턴은 나중에 출간되는 상세한 네 통의 편지를 보내 벤틀리에게 답했다. 첫 번째 편지는 이렇게 시작했다. "우리의 세계Systeme에 관해 논문을 쓰면서, 나는 사색하는 사람들에게 신을 믿게 하는 데도 적용될 수 있는 원리들을 고려했습니다. 내 논문이 그러한 목적에 유용하다는 것을 알게 된다면 그보다 더 큰 기쁨은 없을 것입니다." 유럽에서 가장 위대한 과학자가 이렇게 생각했다면 어느 누가 다르게 말할 수 있었겠는가?

뉴턴의 '우리의 세계에 관한 논문'이란 5년 전인 1687년에 출간된 《프린키피아》를 말한다. 하지만 이 논문의 기원은 20년도 더 전으로 거슬러 올라간다. 당시 뉴턴은 아리스토텔레스의 그늘에서 벗어났다. 1661년에 그가 처음 트리니티칼리지에 입학하고 몇 년이 지나도 케임브리지대학은 여전히 그 그늘에 머물러 있었다. 하지만 1664년 즈음에 뉴턴은 이미 데카르트를 읽고 비판하고 있었다. 전염병이 돌아 케임브리지대학이 폐쇄되자 그는 다음 2년을 고향 울즈소프에서 보냈다. 결과적으로 고향에서 보낸 시간은 상당히 유익한 안식년이 되었다. 사실상 수학을 독학한 그는 무한하게 작은 차이들을 합치는 방식으로 연속적인 변화를 계산하는 방법, 곧 미적분학('연속과 미분의 체계')을 발명했고, 백색광을 구성 요소별로 분리했으며, 처음으로 행성의 운동과 중력을 연결시켰다. 실험하다 돗바늘에 눈이 찔려 거의 실명할 뻔하기도 했다.

1667년 케임브리지에 돌아온 뉴턴은 트리니티칼리지의 펠로가 되었고, 2년 뒤에는 제2대 루커스 수학 석좌교수가 되었다. 이 영예로운 교수직을 맡고 3년 뒤에는 왕립학회 회원으로 선출되지만, 뉴턴은 여전히 어떠한 저술도 출간할 마음이 없었다. 편집증적이고, 민감하고, 기질이 성마르고, 비밀스럽고, 변덕스럽다고 의심받을 정도로 그는 비판을 잘 받아들이지 않았다. 1672년 〈빛과 색채에 관한 이론

Theory about Light and Colours〉이 왕립학회의 《철학회보》에 실렸을 때, 이를 비판한 사람은 왕립학회의 실험 관리자Curator of Experiments였던 로버트 훅밖에 없었음에도, 그로 인한 부정적 영향은 평생 지속되었다. 새로운 사실을 발견하는 뉴턴의 천재적 재능에 필적할 만한 다른 재능은 적을 잘 만드는 것밖에 없었다. 그는 과학적 교류에서 물러나 연금술, 성경학, 교회사 같은 (자기가 생각하기에) 중요한 일에 몰두했다.

현실에서 그는 과학과 관련해서는 사람들과 관계를 맺었다. 최초의 왕실 천문학자 존 플램스티드와는 혜성에 관해서, 에드먼드 핼리와는 중력에 관해서 서신을 주고받았다. 뉴턴은 핼리와 좋은 관계를 유지했는데, 핼리가 뉴턴을 설득해 논쟁에 다시 끌어들인 것은 1680년대 중반부터다. 《프린키피아》는 그 방대한 분량과 난해함 때문에 참된 중요성이 실현되기까지는 좀 시간이 걸렸지만, 이 책을 통해 뉴턴의 탁월한 지위를 의심하는 사람은 거의 아무도 남지 않았다. 이제 태양중심설은 어떠한 의심도 할 수 없이 입증되었지만, 《프린키피아》는 하늘과 땅에 있는 것들이 놀랍도록 일치한다는 사실을 보여주며 아리스토텔레스 우주론의 관에 마지막 못을 박았다. 그리고 갈릴레오가 생각한 것처럼, 자연은 정말로 수학의 언어로 쓰여 있음을 확고히 정립했다. 이는 하늘의 본질보다 신성의 본질을 알아내는 데 더 많은 지적 에너지를 쏟은 사람에게는 놀라운 성취였다.

청교도적인 신심을 가졌고 신학에 매료되어 있긴 했지만, 그럼에도 뉴턴은 《프린키피아》 초판에서 신을 단 한 번만 언급했다. 그의 일반 체계의 신학적 반향이 명확하게 들리는 것은 나중에 벤틀리에게 보낸 편지들과, 《프린키피아》 2판(1713) 및 3판(1726)에 덧붙인 〈일반 주해General Scholium〉에서였다. 마찬가지로 신학적 성찰 또한 1704년에 출간된 《광학Opticks》에서 뒤늦게 등장했다.

신은 근대 초기 자연철학에서, 처음에 전제로서나 마지막에 결론으로서, 아주 흔하게 등장했다. 뉴턴은 주로 마지막에 결론으로 신을 등장시키길 좋아했고, 《광학》의 끝부분에 "행성 체계의 그 경이로운 일률성, [그리고] 동물 신체의 일률성은 영원히 살아 있는 강력한 행위자의 지혜와 기술 이외에 다른 어떤 것의 결과물일 수 없다"라고 썼다.[15] 이는 뉴턴의 신이 그저 하나의 결론 이상의 존재임을 인정하는 것이었다. 그의 태양계가 불안정해 보여서 그 자체로 붕괴하거나 오랜 시간 뒤에 영원 속으로 흩어져버릴 것 같다는 문제 때문에 곤란해진 뉴턴은 "태양과 항성들이 중력 때문에 서로 충돌하는 일을 막으려면 지속적인 기적이 필요하다"라고 결론 내렸다.[16] 역설적이게도, 뉴턴식 체계가 처음에 한 번 태엽을 감아주는 것 말고는 신의 개입을 필요로 하지 않는 태엽장치 우주 혹은 원형적인 기계론적 우주를 재현하게 된 방식을 고려하면, 뉴턴의 체계는 신의 개입에 근거를 둔 것이었다.

중력에 대해서도 비슷한 점을 지적할 수 있다. 뉴턴은 중력의 원인이 무엇인지 명확히 알 수 없었고, 그래서 이것 또한 신의 활동이 아닐까 생각했다. 그는 벤틀리에게 보낸 편지에서 "생명이 없는 적나라한 물질이, 비물질적인 어떤 것의 매개 없이 다른 물질과 서로 접촉하지 않고 그 물질에 작용하고 영향을 미친다는 것은 상상할 수 없는 일이다"라고 썼다. "[그러므로] 중력은 어떤 법칙에 따라 항구적으로 행동하는 한 행위자가 일으키는 것임에 틀림없다"라고 추론한 뒤 마지막 결론을 내렸다. "나는 이 행위자가 물질적인지 비물질적인지를 독자들의 생각에 맡겨놓았다."[17] 그의 독자들은 더욱 의심이 적었으며, 수많은 초기 뉴턴 신봉자들이 중력이란 우주에서 하느님이 행하는 행동이라고 결론적으로 언명했다.

항구적으로 '어떤 법칙에 따라' 행동하는 한 행위자가 존재한다고 해서 정말로 신의 개입이 성립되지는 않는다. 그리고 '지속적 기적'이란, 적어도 그 단어에 대한 일반적 이해를 고려하면, 실제로는 전혀 기적이 아니다(알가잘리의 우인론에 상응하는 것들이 떠오른다). 모든 의도와 목적을 고려할 때, 뉴턴이 말하는 항구적 기적이란 "자연법칙을 위반하는 것"이기보다 "아직 규정되지 않은 것으로서 법칙적인 원인"을 의미했다. 그런 점에서 보면 뉴턴의 하느님은 틈을 메우는 신이 아니었다. 신의 현존과 활동이 법칙을 따르고 모든 곳에 있기 때문이다. 뉴턴 자신이 말했듯이 "[기적이] 사물의 본성에 새겨진 어떤 법칙들을 따라 항구적으로 일어난다면, 그것은 더 이상 기적이라 불리지 않을 테지만, 철학에서는 그 원인들의 원인이 우리에게 알려지지 않을지라도 자연현상의 일부로 간주될 수 있을 것이다."[18]

모두가 이러한 추론에 감명을 받았던 것은 아니다. 누가 미적분학을 발명했는지에 대한 논쟁을 벌이며 이미 뉴턴과 관계가 악화되어 있었던(두 사람이 각자 독립적으로 발명한 듯 보이지만) 라이프니츠는 뉴턴의 체계를 터무니없는 것으로 생각했다. 그의 생각에 따르면, 뉴턴의 체계는 신을 마치 자신이 창조한 세계가 붕괴하지 않도록 계속 개입해야만 하는 조악한 기술자처럼 다루었을 뿐 아니라, 사실상 기적에 대한 전통적인 관념을 폐지해버렸다. 라이프니츠의 반론은 과학적이기보다는 신학적인 것이었으며, 뉴턴은 라이프니츠에게 반격을 가했고, 충성스러운 그의 지지자들도 그러했다. 수학자 로저 코츠는 《수학의 원리Principia Mathematica》 2판 서문에서 라이프니츠를 '비참한 파충류'라고 불렀다.

물리신학 논문들과 보일 강의와 뉴턴 역학이 무신론을 표적으로 삼았음에도 근대 초기 유럽에는 무신론자가 거의 없었다. 교회 법원들의 기록에는 법정에 끌려와서, 월트셔에 있는 그레이트베드윈의 존 디라이너처럼 "신도 없고 부활도 없으며, 사람은 짐승들이랑 똑같이 죽는다"고 말하는 탁상공론(보통 술집에서 하는) 회의주의자들이 수없이 기록되어 있다.[19] 그러나 이들은 일상의 그리스도교 세계에서도 거칠고 제대로 교육받지 못한 소수에 불과했다.

현실에서 '무신론'이라는 딱지는 신을 믿는지 안 믿는지보다는 어떤 신을 믿는지, 더 중요하게는 그에 관해서 무엇을 하는지에 관한 것이었다. 17세기 초 예수회 수사 프랑수아 가라스는 프랑스에 있는 무신론을 다섯 개 유형으로 구분하고, 각기 '맹렬한 분노의 무신론', '난봉과 비행의 무신론', '신성모독의 무신론', '흔들리는 믿음의 무신론', '거칠고 게으르고 우울한 무신론'이라 이름 붙였다. 무신론은 형이상학적이기보다 도덕적인 범죄였다.

그 결과 물리신학이 신의 존재를 증명하는 것만으로는 충분하지 않게 되었다. 이제는 신의 본성, 신의 섭리, 신의 역사적 진실성과 도덕적 계명의 권위를 밝혀야 했다. 그리고 물리신학은 실제로 그렇게 했다. 자연은 신이 최고의 장인임을 확인해준다. 그 규모는 엄청나게 컸고 그 세밀함은 난해할 만큼 복잡하다. 신은 지혜롭고 전능하며, 선하고 다정하다. 자연은 제대로 작동하고 있다. 꿀벌의 몸부터 행성의 궤도까지 자연의 모든 것은 꼭 알맞게 만들어져 있다. 자연은 아름답고 질서정연하고 유익하고 생산적이다. 그러므로 그 창조주 또한 그러하다.

신은 자명하게도 인간의 욕구에 주의를 기울인다. 창조된 세계의 유용성을 인정하는 것보다 그 가치를 제대로 평가하는 더 좋은 방법은 없다. 물론 미학적 매력도 중요하지만 유용성이야말로 가장 참된 척도다. 레이가 논증했듯이, 모든 종류의 식물이 씨앗을 만들어내는 것은 단지 "지속과 번식"을 위해서만이 아니라 "인간의 기술과 산업과 필요를 충족시키기 위해서"다. 더럼도 같은 생각이었다. "유용한 피조물이 많이 산출되고 그렇지 않은 피조물은 적게 산출된다는 것이야말로 하느님의 섭리가 하는 아주 놀라운 일이다." 자연은 하느님이 섭리적인 돌봄, 정의, 자비의 신임을 보여준다.

여기까지는 다 좋았다. 하지만 자연에 대한 탐구는 훨씬 더 많은 것을 제공했다. 신의 역사, 혹은 적어도 그 역사의 작은 부분들을 자연에서 주워 모을 수 있었다. 덴마크의 초기 지질학자이며 프로테스탄트였다가 가톨릭 신자로 개종한 니콜라스 스테노는 화석이 땅에서 자라난다는 전통적인 믿음을 의심하고, 서로 다른 암석 지층들이 포개져 있는 것을 인식해 근대적인 층서학層序學의 토대를 마련했다. 바다에서 수 킬로미터 떨어진 내륙이나 심지어는 산에서 발견되는 화석들이 한때 살아 있었던 생물이라는 것과, 지구 전체에 물이 범람하는 시기가 있었다는 것은 〈창세기〉의 홍수 신화를 가리키는 것이 분명했다. 한 줌의 텍스트에서는 단위생식(처녀생식)과 부활까지 다루었다. 하지만 보일은 해당 주제에 관한 짧은 논문에서 부활이란 "자연의 범상한 경로를 따라 일어날 수 없다"라고 인정했다. 물리신학이 모든 것을 입증할 수는 없었다.

그럼에도 미덕과 도덕은 물리신학으로 입증될 수 있었다. 다른 피조물들에게서 미덕을 발견하려는 전통은 문명만큼이나 오래되었고, 성경 안에도 공경할 만한 전통이 있었다. 〈잠언〉에서는 솔로몬이 권고한다. "너 게으름뱅이야, 개미에게 가서 그 사는 모습을 보고 지혜를 배워라."[20] 이것이야말로 과학자들이 하는 일이었다. 개미는 물론이고 다른 피조물의 행동은 이제 더욱 분명하게 드러나고 있었고, 훨씬 더 유익한 도덕적 사례를 제공해주었다. 물론 존재적 간극이 인간을 동물에게서 여전히 갈라놓았다. 레이가 말한 대로, "영혼의 최고 능력"인 "이해"는 우리와 "짐승"을 갈라놓는 주된 차이점이다. 이해를 통해 우리는 "미덕과 악덕을 행할 능력이 있고" 동물은 그렇지 못하다. 그러나 짐승들은, 그중 가장 작은 것이라도, 제멋대로인 인간들에게 윤리적 지침을 제공할 수 있었다. 윌리엄 더럼 또한 솔로몬의 권고를 언급하면서, "새끼를 돌보는 [개미들의] 견줄 데 없는 다정함과 현명함과 근면함"으로 독자들의 관심을 끌어들이면서, "이 작은 생물의 커다란 지혜"에 대해 부연했다.

개미가 새끼들을 돌보며 입으로 어떤 애정과 관심을 전달하는지, 커다란 위험이 닥쳤을 때 새끼들을 내놓지 않고 어떻게 자기 자신을 내어놓는지, 작은 언덕들 사이 이곳저곳으로 어떻게 새끼들을 이동시켜

(…) 적합한 온도와 습도를 맞춰주는지 보고 있노라면 감탄스러울 뿐 아니라 아주 즐겁다.

인간 부모들도 유념해야 한다.

그러므로 자연의 도덕법칙은 성경의 도덕법칙만큼이나 인간 도덕의 기초를 이룬다. 좋고 나쁨은 가장 깊은 차원에서 피조물 안에 쓰여 있다. 원原공리주의적이고 자연주의적인 윤리학의 한 예로, 존 레이는 《하느님의 지혜》에서 고통은 "우리가 그 아래에서 고생할 때 안락과 안식을 구하게 하지만, 또한 미래를 위해 고통을 초래하는 것을 모두 피하도록 주의하게 만들기도 한다"라고 추론했다. 다행히도 그가 이어서 계속 말했듯이, "우리 몸을 아프게 하고, 건강과 안녕을 해치는" 것들은 "대부분 하느님이 금지하신 것이며, 그래서 우리 영혼에도 죄가 되고 상처가 된다." 고통, 쾌락, 윤리, 하느님의 도덕법이 함께 엮여 바로 자연이라는 직물을 이루는, 행복하고 정말로 거의 완벽하며 섭리적인 합치가 있었다.

'부정할 것은 너무 많고 확신할 것은 너무 적다' — 조화 아래에서

과학과 종교 양쪽 모두 이 조화로운 결합에서 이익을 얻었지만, 장기적으로 보면 한쪽이 다른 한쪽보다 더 많은 이익을 얻었다. 보일, 뉴턴, 레이를 비롯한 과학자들이 저술 활동으로 바쁠 무렵에, 과학은 많은 영감을 주었지만 성취한 것은 별로 없었다. 당시 과학은 지참금도 없고 나이 많은 신랑에게 보호와 돌봄을 받아야 하는 어린 신부였다.

과학은 그럴 필요가 있었다. 왕립학회가 설립되고 10년도 지나지 않은 1669년에 옥스퍼드대학의 대표 연사였던 로버트 사우스는 셀도니언 극장 개장식을 주재하면서, 자기 동료들에 대해 "벼룩과 이와 자기 자신을 제외하고는 그 어떤 것에도 감탄할 수 없다"고 혹평했다. 그의 발언이 퉁명스럽기는 했지만 아주 틀린 것도 아니었다. 곤충을 관찰하는 것은 어떠한 목적에도 쓰임이 없었다. 공기를 가지고 하는 실험은 별 의미가 없는 듯 보였으며, 동물에 대한 실험도 마찬가지였다. 로버트 보일의 한 동료는 진공이 고양이에게 끼치는 영향을 알아보기 위해 실시한 초기 실험에 관해 한 편의 시를 썼다. "유리병에서 공기를 빼니 / 야옹이는 죽고 다시는 야옹야옹 울지 않았네."[21] 고양이는 상대적으로 가볍게 떠나버렸다. 스프랫의 왕립학회 전기를 보면 로버트 훅은 "호흡의 본질에 관한 연구를 수행하는" 과정에서 개를 대상으로 실험한 이야기를 들려준다. 실험에 쓰인 개는 절개되었지만 "어떤 배관이 기관에 꽂힌 채" 살아 있었다. 호기심에 가득 찬 동료 연구자들이 관찰한 개의 심장은 "흉부와 복부가 모두 열린 뒤에도, 심지어는 횡격막이 크게 잘려 나가고 심막이 제거된 뒤에도 매우 오랫동안 계속 박동했다." 이러한 관찰은 대단히 흥미로웠지만, 이를 통해 무엇을 얻었는지는 그리 분명하지 않았다.

1660년대에는 이런 상황이 문제가 되었고, 이후 수십 년 동안에도 여전히 문제로 남았다. 조너선 스위프트의 레뮤얼 걸리버는 1706년에 시작된 세 번째 여행에서 라가도의 그랜드 아카데미를 방문했다.

그는 날아다니는 섬 라퓨타에서 돌아와 "수학은 거의 알지 못하지만 그 공중의 지역에서 얻은 변덕스러운 정신들로 가득 찬" 사람들이 40년 전에 이 기관을 어떻게 설립했는지를 알게 되었다. 그들은 "아래 있는 모든 것"을 관리하기가 싫어서, "모든 예술과 학문과 언어와 역학을 하나의 새로운 지지대 위에 올려두려는 계획을 짰고", 국왕의 특별 허가를 얻어, 이제 생명과 자연을 향상하고자 다양한 프로젝트를 진행하고 있는 "프로젝터들"의 아카데미를 세웠다고 했다. 그들은 걸리버에게 아카데미를 구경시켜주었다. 그러다 한 프로젝터를 만났는데 그는 "날씨가 궂고 썰렁한 여름에도 공기를 덥히고자 오이에서 태양 광선을 추출하는 프로젝트에 8년째 매달려 있었다." 두 번째로 만난 프로젝터는 "인간의 배설물을 본래의 음식물로 되돌리는 작전"에 참여하고 있었다. 세 번째는 돼지를 이용해서 쟁기로 밭을 가는 법을 익히고 있었는데 전략적으로 밭에 도토리를 깔아두었다. 네 번째는 거미에게서 명주실을 뽑아내는 법을 알아내려고 연구 중이었다. "매우 기발한 건축가" 하나는 "지붕에서 시작해 기초까지 내려오는 방식으로" 집을 짓는 법을 고안하고 있었다. 한 맹인 집단은 촉감과 냄새로 물감의 색을 구분하는 법을 배우고 있었다. 이 아카데미의 커다란 야망을 비할 데 없이 진지한 표정으로 둘러본 걸리버는 "유일한 애로사항은 이들 프로젝트 중 어느 것도 아직 완성에 이르지 못해서 나라 전체가 황폐해지고 집들은 폐허가 되고 사람들은 음식과 의복이 없다"고 한탄한다.[22]

새로운 과학은 분명히 지적 타당성을 필요로 했고, 종교가 그것을 제공했다. 비록 과학이 약속한 만큼 결과를 내지 못하고, 때로는 부조리해 보이고, 때로는 잔혹해 보인다고 해도, 새로운 과학은 적어도 신에게 드리워진 너울을 벗기고 신이 창조한 세계의 경이와 영광을 전례 없이 자세하게 드러냈다. 그 활동은 보일을 비롯한 다른 과학자들이 강조했듯이 그 자체로 종교적이었다. 그토록 많은 과학자들이 보일이나 뉴턴처럼 투명하게 경건한 신심을 드러냈고, 아니면 실제로 성품을 받았다는 사실이 이를 더욱 강조한다.

성직자(사제든 목사든) 박물학자는 16세기 윌리엄 터너 이래로, 전부는 아니더라도 대부분 잉글랜드인이었다. 1600년대 후반부터 이 역할은 자신의 시간을 사목 활동과 자연철학으로 (양쪽이 반드시 똑같지는 않았더라도) 나누었던 것으로 잘 알려진 존 레이와 함께 확고하게 성립되었다. 존 레이 말고도 세스 워드(철학자이자 솔즈베리의 주교), 윌리엄 더럼(자연철학자이자 업민스터의 본당 주임 신부), 스티븐 헤일스(식물학자, 생리학자, 테딩턴의 본당 보좌 신부), 존 모턴(박물학자, 노샘프턴셔 그레이트옥센던의 본당 주임 신부, 《노샘프턴셔의 자연사Natural History of Northamptonshire》의 저자), 매슈 도즈워스(양치식물 전문가, 요크셔 시세이의 본당 주임 신부), 윌리엄 스톤스트리트(조개 전문가, 런던 세인트스티븐월브룩의 본당 주임 신부), 애덤 버들(식물학자, 에식스 노스팸브리지의 본당 주임 신부), 존 라이트풋(생물학자, 고섬의 본당 주임 신부), 스펜서 카우퍼(기상학자, 더럼의 지역 주임 신부), 길버트 화이트(생태학자, 조류학자, 《셀번의 자연사 및 고대사Natural History and Antiquities of Selborne》의 저자), 윌리엄 페일리(칼라일의 주교 보좌, 《자연신학 혹은 신의 존재 및 속성의 증거Natural Theology or Evidences of the Existence and Attributes of the Deity》의 저자) 등이 있었다. 자기 나름의 방식으로 이 목록의 마지막 자리를 차지하는 사람은 다윈이다. 그는 잉글랜드 성공회에서 사제가 되는 교육을 받았고, 자연세계를 관찰했으며, 사제관에 살았다. 부족한 것은 오직 성직자용 흰 칼라와 그리스도교 신앙뿐이었다.

과학 활동에 대한 종교의 합법화는 특정 분과학문들을 촉발하는 역할도 했다. 니콜라스 스테노는 아마도 근대 유럽에서 적법하게 지질학자라고 불릴 수 있는 최초의 인물일 것이다. 오늘날 돌이켜보면 그가 한 관찰은 부정확하고 오해의 소지가 많으며 성경의 연대기 때문에 혼란스러워지긴 했지만, 그는 진정 새롭고 가치 있는 생각(지층의 존재와 화석의 본질 등)을 해냈고, 더 중요하게는 자연주의적 관점에서 지구 연구를 합법화했다.

화학 또한 그 뿌리를 이 시대까지, 특히 로버트 보일의 작업까지 거슬러 올라간다. 곤충학도 마찬가지다. 1669년에 얀 스바메르담이 《곤충 통사》를 출간했고, 1710년에는 존 레이가 《곤충사Historia insectorum》를 출간했으며, 1720년에는 엘리에이자 앨빈의 아름다운 삽화가 들어간 《잉글랜드 곤충 자연사Natural History of English Insects》를 출간했다. 이들은 모두 동일한 신심을 바탕으로 했다. 가장 작고 가장 무시당하는 이 피조물들의 해부학에서, 스바메르담이 외친 "하느님의 전능하신 손가락"을 발견할 수 있었다. 곤충이야말로 모두가 "기적 위에 쌓인 기적"을 보여주었다. 여기서 스바메르담은 이에 대해 이야기하고 있긴 하지만, 개미, 꿀벌, 딱정벌레, 누에, 하루살이, 치즈 진드기, 심지어는 말벌에 대해서도 같은 이야기를 할 수 있었다. 곤충학은 참으로 신을 드러내는 분야였다.

이처럼 과학은 종교와의 행복한 결합에서 이익을 얻었다. 처음에는 종교도 과학과의 결합에서 이익을 얻었다. 과학은 무신론을 반박하는 종교의 첫 번째 논거가 되었다. 헨리 모어는 《무신론 해소책》에서 "이제 나는 무신론을 쳐부수고자 순전한 박물학자의 꾸밈없는 모습을 드러내려 한다"고 단호하게 말했다.[23] 사실 종교 지도자들이 주장했던 것과 같은 무신론의 위협은 존재하지 않았다. 성공회 주교이자 자연철학자인 존 윌킨스가 애통해했던 것처럼 세상에 "비참하게도 회의론과 불신앙이 넘쳐흐르지"는 않았다. 그럼에도 이 가짜 전쟁에서 물리신학은 강력한 동맹이 되어주었다.

과학은 종교의 내전들을 치유하는 데에도 기여했다. 잉글랜드의 수많은 선구적 과학자들은 종교와 정치의 적대감을 견디며 수십 년을 살았다. 그들은 자연철학에서 화해의 사역을 발견했다. 토머스 스프랫이 실험 철학이야말로 우리의 "비종교적 불화와 종교적 분란"에 대한 최선의 해결책이라고 주장했을 때, 그는 다수를 대변한 것이었다. 그는 희망적으로 이렇게 썼다. 실험에는 "서로를 화나게 할 원인이 있을 수 없다." 왜냐면 "실험에서 [사람들은] 의견이 일치할 수도 있고 다를 수도 있으나 파벌을 짓거나 포악해지지는 않는다." 물론 이것은 뉴턴과 훅, 뉴턴과 라이프니츠, 뉴턴과 플램스티드의 관계에서 알 수 있듯이, 그 당시에도 사실이 아니었다. 하지만 또한 충분히 사실이기도 했다. 과학은 종교를 그 자체로부터 구원했다.

그러나 그에 따른 대가는 무엇이었을까? 가장 열광적인 자연철학자조차 관찰과 실험이 계시를 모두 대체할 수 있다고 주장하지 않았다. 하지만 물리신학이 그리스도교 교리를 적극적으로 확인해주었다고, 아니면 적어도 그리스도교 교리로 향하는 길을 닦아주었다고 주장한 자연철학자는 많았다. 네덜란드에서는 베르나르트 니우벤테이트라는 의사가 있었다. 그는 공기 펌프 실험을 했고, 그 결과가 무척 훌륭해서 잉글랜드 왕립학회에 보고되기도 했다. 그는 1715년에 출간되어 베스트셀러가 된 저서《세계를 관조하는 일의 참된 쓸모Het regt gebruik der werelt beschouwingen, ter overtuiginge van ongodisten en ongelovigen》에서 과학적 발견들이 신의 존재를 입증하고 신의 본질에 관해 많은 것을 밝혔을 뿐 아니라 성경의 축자적 독해를 확인해주었다고도 주장했다. 모든 물리신학자가 그토록 대담한 것은 아니었으나(니우벤테이트는 스피노자의 어두운 그림자 아래에서 살았고 그 그림자에 맞서 분투했기에 그의 활동에도 어떤 압력을 느꼈다) 대부분은 대강 같은 의견이었을 것이다.

하지만 이러한 주장은 안전하지 않았다. 단순히 과학은 그 위에 얹어진 엄청난 무게를 견딜 수 없었다. 작게 갈라진 틈이 생기기 시작했다. 화석에서 세계적인 홍수의 증거를 보는 것은 아주 좋았지만, 어떤 화석은 현재 알려진 생물 종과 완전히 다르고, 물고기 화석도 발견된다는 사실은 이러한 주장을 약화시켰다. 핼리는 〈창세기〉에 묘사된 것과 같은 재앙이 일어났다는 주장을 받아들이면서도 그 재앙이 지난 6000년 사이에 일어났으리라는 생각은 의심했다. 린네는 자신이 분류한 5600종의 생물이 모두 방주 안에 들어갈 수 있었다고는 믿기 어렵다고 생각했다. 심지어 존 레이조차 곤충, 조류, 어류, 식물이 이토록 다양하고 널리 분포되어 있다는 사실과 성경의 홍수 이야기를 완전히 조화시키기 어렵다고 여겼다. 그러나 더 회의적인 영혼들은 새로운 분과학문들이 과연 신학자들이 주장한 것만큼 성경을 지지할 수 있는지 의구심을 가졌다.

이제 틈이 크게 갈라지기 시작했다. 물리신학은 창조된 세계에서 질서와 조화를 발견했고, 거기서 창조주의 완벽성을 보았다. 이는 그 자체로 놀라울 만큼 강조점이 이동했음을 뜻했다. 베이컨은 인간의 타락을 기초로 과학의 길에 올랐었다. 그때 과학의 방법들은 사물이 잘못되어 있다는 토대에서 정당화되었다. 인간과 자연은 본래의 질서에서 벗어났으며, 불완전한 지식, 불완전한 감각, 불완전한 이성, 그리고 고통으로 특징지어졌다. 그러나 이제 과학이 발견한 것으로 보이는 세계는, 윌리엄 페일리가 나중에 했던 유명한 말대로, "어쨌든 행복한 세상', 즉 완벽하고, 정밀하고, 아름답고, 유용한 세상이었다. 이는 장기적으로 중대한 결과를 가져올 움직임이었다. 만물이 잘못되어 있기에 (그래서 옳게 만들 필요가 있기에) 하느님을 믿었던 데서 이동해, 이제 사람들은 만물이 이미, 자명하게, 옳게 되어 있기에 하느님을 믿으라는 격려를 받았다. 하지만 이는 장차 커다란 불행을 불러올 위험성을 남겨두었다.

문제는 일찍이 조화로워 보이던 것이 무너졌을 때 입증되었다. 리스본의 불쌍한 시민들이 지진으로 크게 흔들리고, 무너진 성당의 돌무더기에 깔리고, 피신해 있던 부둣가에 쓰나미가 몰려와 익사하기 한참 전에도,• 자연재해에 관한 보고는 아주 많았다. 레이가 《물리신학 담론》을 출간하기로 한 예정일이 임박했을 때, 자메이카의 포트

• 1755년 만성절에 발생한 리스본 대지진을 말한다. 역사상 최대 규모로 추정되는 이 지진은 유럽 전체를 물리적으로 흔들었을 뿐 아니라, 유럽인들의 세계관 자체를 크게 흔들어놓았다.

로열에 있던 잉글랜드의 식민지가 지진으로 파괴되었다는 소식이 전해졌다. 레이는 출간을 미루고, 깊이 숙고한 뒤 이 재난에 대한 묘사를 책에 실었다. "이 플랜테이션의 사람들이 대개 신을 섬기지 않고 방탕하게 살았으므로 이번 지진은 당연히 하느님의 심판으로 여겨질 수 있겠다." 이는 물론 성경을 토대로 옹호될 수 있는 주장이었지만, 그가 그렸던 완벽하고 조화로운 그림에는 잘 맞지 않았다.

모두가 레이의 주장을 납득한 것은 아니었고, 어떤 이들은 이 난국에서 벗어날 더 간단한 길을 찾아 나섰다. 문제는 그 길이 그리스도교에서 벗어난다는 점이었다. 아마도 그러한 재난들이 결국 자연의 계획에 포함되어 있었을 것이다. 아니면 아마도 하느님은 세상에 전혀 개입하지 않으시는지도 몰랐다. 뉴턴의 하느님이라면 그 체계 속으로 기꺼이 친밀하게 참여했을 것이다. 하지만 뉴턴주의자들의 하느님은 그렇지 않았다. 볼테르는 뉴턴의 과학에서 그가 찾고 있던 발가벗겨진(교회가 덧댄 비논리적이고, 비일관적이고, 부도덕한 부가물을 벗겨낸) 하느님을 발견했고, 이를 가지고 그리스도교를 공격할 수 있었다. 신학은 물리신학을 낳고 물리신학은 이신론을 낳았으며, 이신론에서 신은 출발 총성을 울린 뒤 관중석으로 물러나 경기를 지켜본다고 설명했다.

때로는 갈라진 틈이 너무 넓어서 물리신학 전체를 무너뜨릴 위협이 되었다. 관찰과 실험의 도움을 얼마나 받았든, 목적론적 증명은 응당 나가야 하는 것보다 훨씬 더 멀리까지 나간 듯 보였다. 스코틀랜드 계몽주의에서 가장 성공적인 자연신학 비판서로 널리 알려진 흄의 《자연종교에 관한 대화Dialogues Concerning Natural Religion》 끝부분에서 필로*가 말하듯이, "아마도 우주 질서의 원인들이 인간의 지성에 어떤 동떨어진 유비를 지녔을 것"이라고 하는 '단순한 명제'를 지지하는 것은 가능할 것 같았다. 하지만 그 명제는 아무것도 증명하거나 실증할 수 없었다. 물리신학자들이 주장했던 만큼은 절대 할 수 없었다.[24] 칸트도 이에 동의할 것이다.

우리는 흄의 《대화》와 칸트의 《비판》서들이, 우리가 이 장을 시작할 때 말했던 신화적이고 전투적이며 하나로 통합된 지적 혁명이라는 계몽주의를 정형적으로 보여주는 것으로 기억한다. 그러나 흄의 저서는 사후인 1770년에 출간되었고, 칸트의 《순수이성비판》은 1781년에, 《자연과학의 형이상학적 기초》는 1786년에야 출간되었다. 다시 말해 그들은 큰 힘을 지녔다 해도, 과학과 종교의 조화가 여전히 지배적으로 남아 있던 지적 운동에 뒤늦게 참여한 사람들이었다.

그들은 적어도 그들의 결론에 있어서, 전적으로 새롭지도 않았다. 한 세기 전에 파스칼은 매우 다른 입장에서 물리신학에 관해 다소 동일한 주장을 밝혔다. 파스칼은 신이 창조한 세계에 자신의 표징을 남겼다는 한에서, 그 표징들은 물질적 대상 속이 아니라 인간의 마음과 정신과 상상 안에 있을 것이라고 주장했다. "내게 자연은, 의심과 우려의 문제가 아닌 것은 아무것도 제시하지 않는다"라고 그는 한탄했다. "만약 거기에서 신성을 드러내는 것을 아무것도 보지 못한다면,

---

● 이 책에서 흄은 세 명의 인물을 등장시켜 대화를 진행하는데 그중 흄 자신의 분신으로서 그의 입장을 말하는 인물이 필로다.

나는 부정적 결론에 이를 것이다. 하지만 모든 곳에서 창조주의 표징을 본다면, 나는 평화로이 신앙 안에 머물 것이다. 그러나 부정할 것은 너무 많고 확신할 것은 너무 적다는 걸 보니, 나는 불쌍한 처지에 놓여 있다." 자연이 신에 관해 제시하는 것과 같은 지식은 기껏해야 부분적이고 모호하다. 경험은 실험보다 하느님께 이르는 더 좋은 안내자다. 파스칼은 이렇게 썼다. 어쨌든 자연에서 얻은 주장들은 기껏해야 여러분을 여기까지 데려올 수 있었을 뿐이다. "그런 증명들은 우리를 하느님에 대해 추측에 근거한 지식으로밖에 이끌지 못한다." 그리고 이렇게 덧붙인다. "그런 식으로 하느님을 아는 것은 그를 전혀 알지 못하는 것이다."[25]

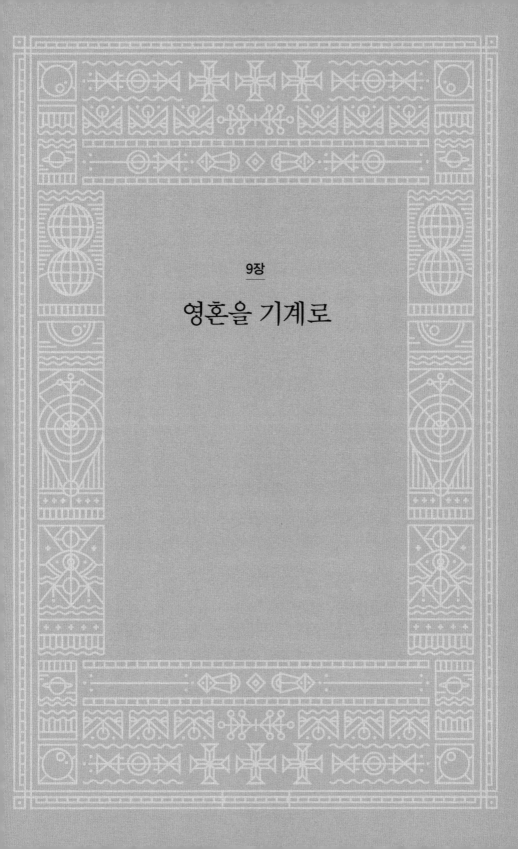

9장

영혼을 기계로

마거릿 캐번디시는 17세기 말의 가장 대담한 사상가 중 하나였으며, 왕립학회 회의에 초대받은 소수의 여성 가운데 한 명이었다. 그녀의 사상은 두 세기 뒤에 등장하는 다윈의 연구 노트에서 나온 것처럼 들렸다. "나는 인간만이 이성을 독점한다거나 동물들이 모든 감각을 독점한다고 생각할 수 없다. 감각과 이성은 인간과 동물만이 아니라 다른 피조물들에게도 있다."

'인간 정신의 기제' — 기계학습

1749년 마흔네 살의 잉글랜드인 의사 데이비드 하틀리가 《인간과 그의 체격, 의무, 기대에 대한 관찰》(이하 《관찰》)을 출간했다. 하틀리는 가난한 성공회 성직자의 아들이었다. 열여섯 살이 되기도 전에 양친이 모두 세상을 떠났지만, 그는 케임브리지대학에 입학했고 명석한 맹인 수학 교수인 니컬러스 손더슨 밑에서 공부했다. 아버지를 따라 성직자의 길을 걷게 되리라고 예상했지만, 하틀리는 잉글랜드 성공회의 토대를 이루는 39개조 신조*에 서명할 수 없었다. 그래서 의학으로 방향을 전환해 처음에는 런던에서, 다음에는 배스에서 의사로 일했다. 두 번 결혼했고 자녀들을 두었으며, 의사로서도 뛰어난 업적을 쌓아 왕립학회 회원이 되었다. 또한 천연두 예방접종을 홍보하고 저술 활동도 시작했다. 《관찰》은 그가 남긴 걸작이었다.

이 책에서 하틀리는 인간에 대한, 특히 인간의 정신적 생활에 대한, 전적으로 물질적이고 경험적이며 생리학적인 접근법을 제시했

---

* 16세기 종교개혁 과정에서 종교적 혼란과 갈등이 심화되자 잉글랜드의 주요 교리와 관례를 정리한 신학적 선언들이 등장했고, 이를 39개조로 정리해 1571년에 최종 발표했다. 19세기 중반까지 잉글랜드 성공회 성직자들은 물론, 옥스퍼드대학과 케임브리지대학의 교수와 학생은 이 신조에 동의하고 서명해야 했다.

다. "인간의 신체가 외부 세계와 똑같은 물질로 이루어져 있으므로, 그 구성 입자들이 똑같은 미묘한 법칙을 따를 것이라고 예상하는 것이 합리적이다."[1] 하틀리에게 정신이란 곧 뇌이며, 관념·기억·감정은 물리적 감각이었다.

그의 접근법은 뉴턴적인 것이었다. 뉴턴의 《광학》에서 '질의'를 끌어다 사용한 하틀리는 빛의 파동이 망막을 자극하면 신경이 진동되어 뇌까지 전달된다고 추정했다. 그는 "악기의 현이 팽팽한 정도에 따라 음의 높낮이가 달라진다"라고 설명했다. "이와 유사한 일이 뇌를 구성하는 분자에서도 일어난다고 가정해보자." 이러한 감각의 진동이 반복되면 '수질髓質 본체'에 흔적을 남기는데, 하틀리는 이를 가리켜 '비브라티쿤레스vibraticunles'라고 불렀다. 이에 따른 결과로, 남아 있는 '비브라티쿤레스'와 감각의 '연계'가 이루어지고, 이를 통해 기억과 관념의 물질적 기초가 형성된다. 이는 인간의 정신에 대한 전적으로 물질적인 접근이었다. 하틀리는 "인간 정신의 기제"에 대해 공개적으로 서술했고, "기계적 원인에서 결과가 초래되는 것과 똑같은 방식, 똑같은 확실성으로 각각의 행동 또한 신체와 정신의 이전 환경에서 기인한다"고 함의하는 듯한 이론의 결정론적으로 보이는 결론들을 옹호했다.[2] 이는 상당히 과격한 주장이었다.

하틀리보다 한 해 먼저 놀라울 만큼 비슷한 책을 출간한 프랑스인 의사가 있었다. 쥘리앵 오프레 드 라 메트리는 하틀리보다 4년 늦은 1709년에 태어났다. 신학 공부를 시작했다가 곧 철학과 자연과학으로 방향을 틀었고, 파리와 레이던에서 의학을 공부했다. 1739년에 결혼했지만 3년 뒤에 아내와 자녀들을 떠나서 군의관이 되었다. 이 때 군의관으로 일한 경험은 인간이 무엇으로 만들어졌는지에 관한 그의 견해를 형성해주었다. 몇 년 뒤에 그는 열병에 걸렸고, 그것이 자신의 사고 과정에 끼치는 영향을 주의 깊게 살폈다. 그리고 인간의 모든 정신 활동은 순전히 육체적 감각의 한 측면에 불과하다는 결론에 이르렀다.

라 메트리는 또한 저술 활동을 시작했고, 인간 본성에 관한 자신의 기계론적 이해를 개괄하는 일련의 책을 집필했다. 그중 가장 유명한 책은 전혀 모호하지 않은 제목의 《인간 기계L'homme Machine》였다. 이 책은 하틀리의 생각과 공명하는 인간의 신체와 정신에 대한 이해를 개괄적으로 보여주었다. 라 메트리는 자연의 구성에 대해 하틀리와 똑같은 접근법을 채택했다. "그렇다면 과감하게, 온 우주에 다르게 수정된 단 하나의 실체만 있다고 결론을 내려보자." 그는 인간 정신의 본질이 근본적으로 신체의 감각이라고 주장했다. "영혼의 다양한 상태는 항상 육체의 다양한 상태와 관련되어 있다." 그리고 정신 활동에 대해서도 유사하게 생리학적 접근법을 선호했다. 그는 정확히 하틀리가 사용하게 되는 것과 동일한 유비를 사용해서 기술했다. "바이올린의 현이나 하프시코드의 건반이 진동해서 소리를 내듯이, 음파가 뇌의 섬유들을 치면 이 섬유들이 자극받아 그 단어들을 되돌리거나 반복한다."[3]

여기까지는 매우 비슷하다. 라 메트리와 하틀리는 인간의 생각과 본질의 물리적 기초에 관한 한, 똑같은 성가책을 가지고 노래를 불렀다. 그러나 종교에 관해서는 완전히 다른 결론에 이르렀다.

하틀리가 일찍이 성직자의 길을 거부한 것은 신앙이 부족해서가 아니라 오히려 신앙이 돈독해서였다. 경건하고 인정이 많았던 그는 당시 이론적으로 성공회 신학의 토대를 이루는 영원한 고통이라는 관념에 심한 거부감을 느꼈다. 그는 하느님이 에덴동산의 '낙원'이나 〈요한묵시록〉의 결론적 환시와 같은 인간의 행복을 바라신다고 믿었다. 인간이 "하느님의 본성에 참여하게" 만들어졌다고 하는 〈베드로후서〉 1장 4절은 하틀리가 가장 좋아하는 성경 구절 중 하나였다. "하느님과 그분의 피조물에 대한 사랑"이야말로 "인간이 안식할 수 있는 유일한 지점"이었다.[4]

하틀리의 종교는 그의 과학과 양립 가능할 뿐 아니라 그의 중심을 이루는 것이었다. 인간의 행복, 도덕, 지성은 그것들과 달리 잉여적이고 생명이 없는 물질적 피조물에 덧붙여진 사후 생각이나 부가물이 아니라, 물질적인 피조물의 일부다. 정신적인 것은 물질적인 것 외부에서 그 안으로 주입된 것이 아니라, 물질적인 것의 한 차원(혹은 오늘날이라면 창발創發 속성emergent property●이라고 할)이다. 그는 그 자신의 특징적인 솔직함으로 이렇게 말했다. "이 이론에 따르면 가장 단순한 종류의 감각이라도 물질에 부여될 수 있다면, 물질 또한 인간의 정신이 지닌 지성에 도달할 수 있을 것이다."[5] 이러한 생각은 일종의 '실체 이원론'에 집착하며 정통 교리를 고집하는 사람들에게 충격을 주었다. 이 이원론에서 정신은 그 자체로는 생명이 없는 물질에 주입되었다가 나중에 물질이 죽게 되면 신에게로 돌아가는 것이었다.

● 개별 구성 요소에는 없지만 구성 요소들 사이의 상호관계 및 작용으로 발현되는 한 개체의 속성을 말한다.

하틀리의 경험적 생각에 따르면, 감각이 지성을 낳았고, 지성이 도덕과 영성을 낳았다. 인간은 감각, 진동, 연계를 통해서 고통과 쾌락, 비탄과 행복의 원인을 알게 된다. 그리고 바로 이것이 상상, 야망, 사리私利, 동정심, 도덕의식, 그리고 사실상 신에 대한 사랑을 의미하는 것으로 하틀리가 만들어낸 개념인 신神의식theopathy●을 형성한다. 인간은 정신적이며 물질적이다. 사실 인간은 물질적이기 때문에 정신적이다. 하틀리는 실제로 이전에 없었던 조화 속에 물질, 기계, 도덕, 영성을 결합하려는 계획을 제시했다. 의사이며, 미국 건국의 아버지들 가운데 하나인 벤저민 러시는 퇴임한 대통령 토머스 제퍼슨에게 1811년에 보낸 편지에서 이렇게 말했다. "몬티첼로로 돌아간 뒤에 하틀리 박사의 《관찰》을 읽어볼 시간이 있었습니까?" "이 걸출한 저자가 생리학과 형이상학과 그리스도교 사이에 절대 풀리지 않을 합일을 성립시켰답니다."⁶

하지만 라 메트리는 그렇지 않았다. 인간에 대한 그의 기계적 이해는 18세기의 가장 강경한 무신론의 시각을 바탕으로 이루어졌다. 그의 과학적 주장은 하틀리의 주장과 상당히 겹친다. 인간이 "두 개의 구별된 실체"로 이루어졌다고 하는 생각은 그대로 지탱될 수 없었다. 모든 것은 관찰과 경험의 법정에 출석해야 한다. 인간의 육체는 단지 "시계"에 불과하다. 단순히 "스스로 태엽을 감는 기계"인 것이다. 물론 심지어 "가장 훌륭한" 동물들도 도덕적 선과 악의 차이를

● theo(신)과 pathos(감성, 경험)의 합성어로, 신(적인 것)을 느끼고 경험하는 종교적 체험을 가리킨다.

알지 못한다는 점은 인정하지만, 그럼에도 동물과 인간 사이에 "갑작스러운 전이" 같은 것은 전혀 존재하지 않는다. "단어, 언어, 법, 과학, 예술"은 "우리 정신의 거친 다이아몬드"를 갈고닦는 과정에서 자연스레 생겨났다.[7]

그러나 그의 종교적 결론은 근본적으로 달랐다. 라 메트리는 나름의 이유에서 제멋대로 신학적 논리를 펼쳤다. 어느 지점에서는 "나의 프랑스인 친구"의 우세스러운 의견들을 이야기했다. 그 친구는 "무신론자가 아닌 한 우주는 절대 행복하지 못할 것이다"라고 말하고는 그 이유를 장황하게 설명했다.

> 만약 무신론이 일반적으로 수용된다면, 모든 종파는 파괴되고 그 뿌리들은 잘려 나갈 것이다. 그 결과 더 이상 신학적 전쟁도, 종교의 병사들도 (⋯) 사라질 것이다. 신성한 독에 중독된 자연은 정상으로 회복되어 다시 순수해질 것이다.[8]

적어도 이것이 바로 그 경멸스러운 "불쌍한 인간"이 주장한 바다. 이에 속아넘어간 사람은 거의 없었다. 라 메트리는 더럼이나 레이 같은 물리신학자들의 "수다스러운 이야기"를 "열성이 넘치는 작가들이 계속 반복하는 이야기이며 (⋯) 무신론의 토대를 약화하기보다 강화할 것"이라고 일축했다. 교만한 인간들이 아무리 "스스로를 높이 떠받들려" 해도, "그 본바탕은 그저 동물이며 직립해서 기어 다니는 기계"일 뿐이다. 인간은 "본래 한 마리 벌레일 뿐"이고 "자연이라는 들판에 사는 진짜 두더지"다. 왜 인간의 존재 이유가 "단순히 존재

그 자체가 아닌가?" 신에게 무슨 필요한 것이 있겠는가? 물질보다 중요한 것은 없다. 인간이 영원한 운명을 가졌다는 생각을 완전히 묵살할 수는 없지만, 그건 단지 "우리가 이 주제에 관해 아무것도 알지 못하기" 때문이다. 실제로 우리는 애벌레만큼도 자신의 운명을 알지 못한다. 가장 똑똑한 애벌레도 자신이 "나비가 될 운명이라는 것"을 상상할 수 없다. 그러니 우리는 "아무도 이길 수 없는 무지에 굴복"하고, (결정적으로) 우리의 행복이 의지하는 육체적 쾌락에 항복하는 편이 확실히 더 낫다. "다른 모든 [예를 들면 종교적인] 목소리를 듣지 못해 평화로운 필멸의 인간들은 오직 자기 존재의 자발적인 충동만을 따를 테니 (…) 그것만이 우리를 유쾌한 미덕의 길을 따라 행복으로 이끌 수 있다."⁹

라 메트리에게 그 '자발적인 충동'이 반드시 도덕적으로 고결한 것일 필요는 없다. 행복에 이르는 길은 선이 아니라 쾌락을 통하는 (혹은 향하는) 길이다. 인간이 단순히 기계일 뿐이고, 인간의 '생명'이 이성이나 계시가 아니라 쾌락과 고통에 의해 형성된다고 하면, 인간은 도덕적 선만큼이나 감각적 쾌락을 기꺼이 (그리고 정당하게) 추구해도 된다. 염원해야 할 사후 세계나 보호해야 할 불멸의 영혼이 없다면, 이러한 선택을 후회할 필요도 없다. 정말로 후회란 쓸모없는 것으로 그저 사람들을 쓸데없이 고생하게 만들 뿐이다. 라 메트리는 마지막 저서 《쾌락의 기술L'Art de Jouir》에서 무엇도 쾌락을 부정할 수 없다고 썼다. "그 앞에서 모든 것이 사라지고 마는, 사람들과 신들의 최고 지배자인 이성조차도" 쾌락을 부정하지 못한다.¹⁰

그러니 생리학적·심리학적 연구야말로 우리가 무엇으로 만들어졌는지, 우리가 어떻게 활동하는지, 그리고 궁극적으로 우리가 어떻게 살아야 하는지, 도덕적으로, 행복하게, 경건하게 살아야 하는지 아니면 쾌락적으로, 행복하게, 신을 믿지 않고 살아야 하는지 밝혀 보여 준다. 당신이 누구인지, 혹은 당신이 어디에서 사는지에 따라 많은 것이 달라진다.

'독약을 신학자들이 삼키도록 만든 교활한 장치' — 동물 학대

코페르니쿠스의 학설이 지구를 중심에서 물러나게 함으로써 인간의 자긍심을 무너뜨렸다고 하는 신화는 절망스러울 정도로 여전히 지속되고 있다. 근대 초기에는 사람들이 많았고, 이 많은 사람들이 자긍심도 많았지만, 태양의 위치 조정이 그 자긍심에 해를 끼칠 일은 사실상 없었다. 오히려 인간의 허영심은 거의 전적으로, 당대의 위대한 지적 권위자들이 그들의 행성이 어디 있는지보다 인간이 무엇인지에 관해 한 말에 있었다.

인간이 여타 피조물과 다르다고 하는 것은 신앙의 한 조항이다. 인간에게는 반론의 여지가 없는 우월성과 자연 위에 군림할 권위가 있다는 것이다. 아리스토텔레스는 인간이 영혼의 영양적 부분을 식물과 공유하고 감각적 부분을 동물과 공유하지만, 그럼에도 오직 인간만이 이성적 영혼을 지녔다고 단언했다. 〈창세기〉는 인간(만)이 하느님의 형상으로 만들어졌다고 선포했다. 〈시편〉의 저자는 하느님이 "[인간을] 천사보다 조금 못하게 만드시고 영광과 존귀로 관을 씌워주셨다"라고 노래했다. 물리신학자들이 즐겨 주장했듯이, 벼룩이나 꽃, 행성의 궤도조차 하느님의 영광을 선포할 수 있겠지만, 하느님의 영광은 인간이라는 절정에서 가장 밝게 빛난다.

하지만 그러한 인간의 우월성이 얼마나 정확하게 드러나는가에 대해서는 의견이 갈렸다. 무엇이 인간의 고유한 특성을 이루는가? 우선 인간의 자세가 있다. 고전시대 이래로, 직립한 인간이 하늘을 올려다본다는 사실은, 다른 동물들이 오직 그 운명이 붙박인 땅을 내려다볼 수만 있다는 사실과 자주 대비되었다. 하지만 이것은 진짜 핵심적인 내적 차이가 밖으로 드러난 형태일 뿐이다. 그 차이는 인간이 말할 수 있는 능력에 있다. 존 레이는 이 능력에 대해 "인간에게 고유한 것이어서 어떤 동물도 절대 획득할 수 없는 것"이라고 주장했다. 말이 아니라면 이성이었다. 인간만의 고유한 지성은 그와 유사하게 고유한 능력인 산술, 기억, 상상, 미적 감각, 호기심을 낳았다. 아니면 종교였다. 인간은 지상에서 시간 감각, 영원의 암시, 도덕적 의무의 식별, 신성의 파악 능력을 지닌 유일한 존재다.

어떠한 것을 선택하든 인간은 다른 존재다. 하지만 필연적으로 절대적으로나 변함없이 그러한 것은 아니다. 인간은 때로 이성적이지 않은 행동도 하고, 도덕적 책임도 잘 잊어버리며, 교회 법원이 보여주듯이 불경한 이들도 발에 차일 만큼 많았다. 존 로크는《통치론 제1논고》에서 "인간이 자기 이성을 멈출 때 인간의 바쁜 정신은 짐승 이하의 잔혹함으로 인간을 끌어내린다"라고 한탄했다.[11] 근대 초기 역사학자인 키스 토머스는 "사람들은 자기 안에서 가장 두려워하는 자연적 충동들(폭력, 폭식, 성욕)을 동물에게 귀속시켰다. (…) '동물성'

개념은 인간 본성에 대한 비판으로 고안되었다"라고 주장한 바 있다.[12] 맞는 말이었지만, 인간이 짐승만도 못하게 행동하는 경우가 많다고 지적하기를 좋아하는 설교자들은 수도 없이 많았다. 동물은 거짓말을 하지도 않고 술에 취하지도 않으며 불필요하거나 가학적인 폭력을 행사하지도 않는다. 제임스 1세 시대의 한 주교는 슬퍼하며 이렇게 설교했다. "아무리 나쁜 짐승이라도 인간에게 맞먹게 나쁜 짐승은 한 마리도 없다."[13]

영원한 운명을 타고났어도, 인간은 육체를 지닌 존재이며 다른 동물들처럼 죽고, 그 시신은 땅으로 돌아가 흙이 되고 먼지가 된다. 문제를 더욱 복잡하게 만드는 것은, 하느님이 모든 짐승의 생명을 보존하시고 그들에게 마실 것과 먹을 것을 주시고 그들의 찬양을 받으신다며 〈시편〉 저자가 기뻐한다는 점이다.[14] 인간과 짐승 사이에 그어진 경계는 절망적일 만큼 흐려질 수 있다. 1683년 웨스트민스터 사원의 주임 사제는 설교 중에 이렇게 말했다. "우리가 우리의 고유한 특권인 양 가장하고 있는 그 추론 능력[이성]조차도 짐승들 역시 그 일부를 가지고 있는 듯 보입니다."[15] 다른 동물들과 어떤 특징을 공유한다는 것이 반드시 문제가 되는 것은 아니었다. 진짜 문제는 인간에게 참으로 특징적이고 고유한 무언가가 있느냐 하는 것이었다. 베이컨은 〈무신론에 관하여Of Atheism〉라는 에세이에서 "확실히 인간은 그 육체로는 짐승의 일족이다"라고 썼다. 하지만 "인간이 그 정신으로 하느님의 일족이 아니라면, 그는 열등하고 조악한 피조물일 뿐이다."

이런 모호하고, 절충적이고, 이론의 여지가 있는 인간과 짐승 사이의 구별을 깔끔하게 정리해서 무언가 단단하고 변함없는 것으로 바꾸고 싶은 유혹은 떨치기 어려운 것이었다. 특히 인간 본성에 관한 확고한 권위를 가졌던 성경과 아리스토텔레스가 16세기부터 회의적으로 면밀하게 검토되면서부터는 더욱 그러했다. 어쩌면 (자연)철학은 둘 사이의 차이를 정확히 짚어내서 혼란을 명확하게 제거할 수 있었을 것이다. 모호하지 않게 인간을 동물로부터 차별화하는 것이 중요했다. 적어도 인간에게는 그러했다.

이러한 노력에서 대체로 으뜸가는 주동자로 인정되는 사람은 데카르트다. 하지만 그가 이러한 노력의 최초 원인 제공자는 아니었다. 그보다 거의 한 세기 전에 스페인의 의사였던 고메스 페레이라가 동물은 그저 자동인형에 지나지 않는다고 주장하는 책을 출간했다. 자기 부모의 이름을 따서 《안토니아나 마르가리타Antoniana Margarita》라는 제목을 붙인 이 책은 1516년에 이탈리아의 철학자 피에트로 폼포나치가 《영혼의 불멸성에 관하여De immortalitate animae》를 출간한 이래 계속 논쟁이 된 문제에 대한 응답으로 집필한 것이었다. 인간 이성을 통해 (아리스토텔레스에 맞서) 영혼의 불멸성을 증명하는 것이 가능한가? 그렇게 하려면 인간 영혼이 분할 불가능하다는 것뿐 아니라 육체로부터 완전히 독립되어 있다는 것을 보여주어야 했다. 그렇지 않다면 분명히 노쇠하고 필멸하는 육체에 오염될 위험이 있기 때문이다.

페레이라는 영혼이 불멸한다는 것과 육체에 의한 변질에서 자유롭다는 것을 입증함으로써 이 도전에 맞섰다. 그가 생각하기에, 영혼만이 인간의 인지와 감각적 지각을 가능하게 하는 원인이었다. 이는 곧 영혼이 없는 동물은 생각하는 능력뿐 아니라 느낄 수 있는 역량도 없었다. 페레이라는 이것이 대중적인 상식은 말할 것도 없고 신학적으로 합의된 의견에도 반하는 것임을 인정했다. "배운 사람이나 배우지 못한 사람이나, 짐승과 인간이 서로 비슷하게 감각적 지각 능력을 부여받았음을 받아들여왔다."[16] 하지만 그는 자신의 결론을 두고 타협할 생각이 전혀 없었다. 우리가 동물의 감각과 반응에 대해 오해하는 것은 순전히 외부 자극에 대한 본능적 경향의 자연스러운 반작용이다. 마치 오르간파이프를 누르면 소리가 나는 것과 같다. 거기에는 어떤 느낌도 없다. 생각은 말할 것도 없다.

《방법서설Discours de la méthode》(1637)에서 데카르트도 매우 비슷한 견해를 제시했다. 그를 깎아내리려는 사람들은 그가 동물을 기계로 보는 페레이라의 생각을 도용한 것이라고 주장했다. 데카르트는 분개했다. "나는《안토니아나 마르가리타》를 본 적도 없고, 내가 그걸 볼 필요가 있다고 생각하지도 않습니다." 마랭 메르센에게 보낸 편지에서 이렇게 항의하며 그는 덧붙였다. "나는 그 책이 어디서 인쇄되었는지 알고 싶습니다. 혹시라도 필요하다면 찾을 수 있도록 말입니다."[17] 비판자들의 논거는, 페레이라가《안토니아나 마르가리타》에서 자기 자신을 알 수 있는 영혼의 능력에 관해 추론하면서 내린 결론 때문에 더욱 강화되었다. "나는 내가 무언가를 알고 있음을 안다. 무언가를 알고 있는 것은 무엇이나 존재한다. 그러므로 나는 존재한다!"[18] 이는 데카르트의 '코기토 에르고 숨Cogito ergo sum'과 우연히 비슷하다는 것 이상의 의미를 갖는 철학적이고도 수사적인 결론이었다.

데카르트가 페레이라를 얼마나 끌어다 이용했든(《안토니아나 마르가리타》는 데카르트의 《방법서설》보다 8년 이상 먼저 출간되었고, 여러 해가 지난 뒤 1749년에 단 한 번 재출간되었다) 인간, 영혼, 동물, 자동인형에 대한 그의 개념화는 훨씬 더 큰 영향력을 발휘할 운명이었다. 데카르트의 인간에 대한 비전은 타협의 여지가 없는 이원론이었다. 인간은 육체와 영혼을 지녔다. 그는 ("하나이며 분할 불가능한") 영혼이 "온 육체에 정말로 결합되어 있음"을 강조하고자 애를 썼지만, 그럼에도 "[영혼이] 그 기능을 다른 모든 부분보다 더 특별히 수행하는 육체의 어떤 부분이 있다"고도 주장했다.[19]

그것이 바로 그 유명한 송과선이다. 송과선은 '뇌의 실체 중앙에 있는' 작은 부분인데, 인간의 모든 생각과 자유의지의 자리인 영혼은 이 송과선을 통해 육체를 통제하고 지휘할 수 있다. 데카르트는 마지막 저서 《정념론Les Passions de l'âme》에서 이를 살짝 수정해서, 인과율은 두 가지 방식으로 작동하는데, 송과선이 "영혼에 의해 한쪽으로 밀리고, 동물 정기spiritus animalis에 의해 다른 쪽으로 밀린다"라고 말했다. 하지만 그가 그린 육체에 대한 전체적인 그림은 전적으로 수동적인 자동인형이었다. 그는 1630년대에 썼지만 30년 뒤에 출간된 《인간론》에서 "나는 육체가 흙으로 만든 조각상이나 기계에 불과하다고 생각한다"라고 말했다.[20] 육체의 작동은 전적으로 기계적이며, 영혼과 상관없이 기능한다. 동물은 영혼이 없는 육체일 뿐이고 생각이나 기억이나 의지의 역량이 없는, 사실상 복잡한 기계에 지나지 않는다.

이러한 도식은 생리학적으로 근거가 있고, 철학적으로 정교하다는 이점이 있었으며, 동물과 차별되는 인간의 고유함을 극도로 명징하게 보존했다. 하지만 그 대가도 상당히 많았는데, 대부분은 명확히 동물들이 치러야 할 것이었지만, 궁극적으로는 인간도 치러야 하는 것이었다.

동물들이 치러야 할 대가는 분명했다. 데카르트는 동물에게 느낄 수 있는 능력이 전혀 없다고 하는 생각에서 물러나 동물의 감각에 관한 가차 없는 자신의 생각을 수정했지만, 그의 제자들은 오히려 더 억제력을 발휘하지 않았다. 데카르트의 충실한 추종자들은 사람들 앞에서 거리낌 없이 자기 개를 걷어차기 때문에 쉽게 알아볼 수 있다는 말이 돌았다. 물론 이 모두에 대한 데카르트의 영향을 과장해서는 안 된다. 데카르트주의자들이 동물 학대를 발명한 것은 아니었다. 이렇게 본성에 관한 과학적이고 철학적이며 심지어 신학적이기까지 한 논의는 사람들이 일상생활에서 동물을 다루는 방식에 제한된 영향을 끼쳤을 뿐이다. 그러나 그런 논의가 동물을 그렇게 다루는 것을 적법화할 수는 있었다. 인간과 (다른) 동물 사이에 분리 장벽을 세움으로써 사람들은 장벽이 없었다면 도덕적 질책을 불러올 행위들을 정당화할 수 있었다.

인간이 치러야 할 대가는 더 미묘했다. 영혼을 육체로부터 그렇게 절대적으로 구분하고 육체를 기계에 불과한 것으로 다룬다면 인간을 다른 모든 피조물 위로 격상시킬 수 있었지만, 실제로는 극도로 취약한 발판에 인간을 올려두는 것에 불과했다. 데카르트는 실질적으로 '실체 이원론'에 인류의 집을 걸었고, 해부학을 통해 그 이원론을 증명하려 했다.

17세기에 해부학이 분과학문으로 발전함에 따라 인간과 동물의 몸이 상당히 유사한 점이 많고 양쪽 모두 유익한 방식으로 기계에 비교될 수 있음이 훨씬 더 분명해졌다. 1670년대에는 가톨릭 수학자이자 천문학자이며, 조용하게 해부학자로 활동한 조반니 보렐리가 (사후에 출간된)《동물운동론De Motu animalium》을 썼다. 이 책은 근육이 움직이는 방식을 신체에 있는 일련의 지렛대에 비유해 묘사한 선구적인 설명서였는데, 인간과 동물의 신체가 작동하는 방식을 구별하려는 어떠한 시도도 하지 않았다는 점이 중요했고, 큰 영향을 끼쳤다.

17세기가 끝날 무렵, 잉글랜드의 의사 에드워드 타이슨은 런던 부두에 잡혀 있던, 아마도 침팬지였을 동물을 해부한 뒤《오랑우탄, 혹은 숲속의 인간: 원숭이, 유인원, 인간, 피그미의 해부학적 구조 비교 Orang-Outang, sive Homo Sylvestris: or, the Anatomy of a Pygmie Compared with that of a Monkey, an Ape, and a Man》라는 제목의 책을 출간했다. 종들을 이러한 방식으로 비교하려는 발상 자체가 매우 새로운 것이었고(이 책은 비교해부학을 창시한 문헌으로 평가된다) 각 종의 얼굴, 두개골, 근육의 특징을 서로 비교한 방식은 사람들을 불안하게 했다. 그러나 검토된 종들이 원숭이보다 인간을 더 닮았다고 하는 그의 결론이야말로 더 큰 문제였다. 1740년대에 린네는 종을 분류하면서 "사실 나는 자연사학자로서, 과학적 원칙에 근거해 인간을 유인원으로부터 구분 지을 수 있게 하는 어떠한 특징도 아직 찾지 못했다"라고 써야 했다. 그는 이것이 얼마나 잠재적으로 폭발력을 지녔는지를 잘 알고 있었기에, 친구에게 편지를 보내 이렇게 말했다. "만약 내가 인간을 유인원이라 부르거나 유인원을 인간이라 부른다면, 그 모든 신학자를 내 머리 위로 떨어뜨려야만 할 걸세. 하지만 나는 여전히 과학의 규칙을 따라 그렇게 해야 할 것 같네."21

데카르트의 수용 가능한 '동물 기계'가 수용 불가능한 '인간 기계'로 변하는 것을 막은 것은 그의 불멸하는 비물질적 영혼과 송과선밖에 없었다. 문제는 송과선이 실제로 그렇게 두드러지지 않는다는 것이었다. 의사였던 토머스 브라운은 《의사의 종교》(1643)에서 이렇게 말했다. "우리가 이성의 자리라고 칭하는 뇌 안에는, 한 짐승의 그 작은 뇌에서 내가 발견할 수 있는 것보다 더 중요한 것이라곤 아무것도 없다."22 20년 뒤에 잉글랜드의 의사이자 왕립학회의 창립 회원인 토머스 윌리스는 그를 비판하는 데 더 초점을 맞췄다. 동물은 "상상과 기억을 비롯한 영혼의 우월한 능력이 거의 결여되어 있는 듯 보이지만 [또한] 이 [송과]선을 지니며 (…) 그것도 충분히 크고 썩 괜찮은 것이다."23

해부학자들이 영혼을 발견할 수 없었기에 완전한 인간의 기계화로 가는 길이 활짝 열렸다. 라 메트리는 기꺼이 그것을 받아들였다. 그는 일찍이 《인간 기계》에서 데카르트가 "동물이 기계임을 처음 실증한" 데 대해 경의를 표하며 에둘러 찬사를 보내면서도, "실험과 관찰의 가치를 알고 그로부터 멀어지는 것의 위험"을 알았더라면 "존경받을 자격이 있었을" 것이라고 한탄했다. 다시 말해 데카르트는 실험 과학이 보내는 명확한 메시지를 자신의 모호하고 실체적 근거가 없는 철학으로 흐려버렸다. 하지만 라 메트리는 한편으로 데카르트를 옹호하면서, 데카르트가 두 실체를 모호하게 철학화한 것은, 모든 이의 눈에 띄지만 그들만 볼 수 없는 "유비 뒤에 감추어진 독약을 신학자들이 삼키도록 만든 교활한 장치"였을 뿐이라고 주장했다.[24] 라메트리는 그 자신이 의사였음에도 그 독약을 처방하며 완벽하게 행복해했다. 그 독약은 영혼을 죽이고, 좀처럼 사라지지 않는 인간만의 차이점과 하느님의 최선의 방어선까지 제거해버렸다.

'자연의 자원을 제한하지 말아야 한다' — 폴립 파워

1740년 헤이그에서 아브라암 트랑블레라는 제네바의 청년이 네덜란드의 정치인인 빌럼 벤팅크 판 론의 자녀를 가르치는 가정교사 일을 맡게 되었다. 진중하고 과학적인 프로테스탄트였던 트랑블레는 자신이 맡은 두 어린아이를 데리고 연못물을 떠와서 현미경으로 그들의 보물을 찾아보았다.

트랑블레는 수많은 생물 중에서 오늘날 히드라라고 알려진 일종의 폴립*을 포착했다. 40년 전에는 식물로 분류되던 것이지만 트랑블레는 그것이 동물처럼 행동한다는 것을 알아챘다. 단지 움직일 뿐 아니라 운동을 감각하기까지 했다. 건드리면 촉수들이 오므라들었다. 하지만 이것이 동물이라 해도, 평범한 동물은 아니었다. 부러울 만큼 놀라운 재생 능력을 보여주었기 때문이다. 히드라는 잘라내도 곧 다시 자라났다. 당시 한 학술지에서는 "한 개체를 2, 3, 4, 10, 20, 30,

---

* 산호, 해파리, 말미잘 같은 자포(刺胞)동물에게서 어느 시기에 나타나는 원통형의 체형. 위쪽 끝에 입이 있고 그 주위에 촉수들이 있다.

40개의 부분으로 조각내면 그만큼 많은 완전한 개체들이 다시 태어났다"라고 적었다.[25] 트랑블레는 50개의 표본을 병에 담아 유럽 전역의 과학자들에게 보냈다. 하지만 병을 왁스로 밀봉한 탓에 안에 담겨 있던 표본이 모두 죽어버리자 다시 표본을 만들어 보냈다. 그리고 이것이 센세이션을 일으켰다. 보통 매우 유보적인 태도를 보이는 프랑스 과학 아카데미에서도 "타고 남은 재에서 다시 태어나는 불사조의 이야기가 아무리 환상적이더라도 이보다 경이롭지는 않다"라고 소리쳤다.[26]

이 폴립과 함께 트랑블레는 위험천만한 과학과 철학과 종교의 늪으로 힘겹게 걸어 들어갔다. 뉴턴이 수학적으로 입증해 보인 (혹은 더 정확히 말하자면, 그의 추종자들이 그가 그렇게 입증했다고 생각하는) 것과 같은, 스스로 제어되는 기계화된 우주가 우선 한 가지였다. 그것은 질서정연하고 법칙적인 신의 장려함을 증명하는 것으로 인식될 수 있었고, 실제로 그렇게 널리 인식되었다. 스스로 제어되는 기계화된 생명이란 생명을 물질의 수준으로 격하시킬 위험이 있는 완전히 또 다른 문제였다. 유물론적인 생각에 따르면 인간 존재에 특별할 것이 전혀 없는 것처럼, 살아 있는 생명에도 특별할 것이 없고, 특히나 정신적인 것은 확실하게 없는 듯 보였다.

트랑블레의 폴립은 사람들을 불안하게 했다. 그것이 자연의 범주 구분을 흐릿하게 하고 방해하는 방식은 〈창세기〉 1장에서 개괄하는 구분된 창조를 의심하게 했다. 자연의 지도에 이제 더 이상 명확한 선을 그을 수 없게 되었다. 놀라운 재생 능력은 인간이 〈창세기〉에서 추론하고 자신의 경험에서 알게 된 창조의 위계에 의문을 불러일으

컸다. 그 단순한 폴립이 스스로를 재생할 수 있다면, 팔다리를 더 많이 생겨나게 할 수 없는 것은 물론이고 없어진 팔다리를 다시 자라게 할 수도 없는 인간의 우월성에 대해 무어라 하겠는가?

트랑블레의 폴립은 종을 가로지르는 변화, 즉 당시에 알려진 관념으로 말하자면 '변이transformation'의 가능성을 암시하기도 했다. 이것은 복잡한 식물이 스스로 변신해 단순한 동물이 된 것일까? 생물 변이설은 프랑스의 외교관이며 자연사학자였던 브누아 드 마예의 책 《텔리아메드, 혹은 인도 철학자와 프랑스 선교사의 대화Telliamed, ou Entretiens d'un philosophe indien avec un missionnaire français》 때문에 당시에 특별히 민감한 이슈가 되었다. 이 책은 저자가 이집트에서의 경험을 떠올리며 바다에서 멀리 떨어진 바위 속에 화석이 존재하는 것을 지구의 오랜 역사를 제안함으로써 설명하려 했다. 다른 사람들이 보기에 이것은 문제였다. 린네도 비슷한 일로 곤란해져 있었다. 그는 홍수에 관한 성경의 이야기를 받아들이긴 했지만, 홍수의 영향과 기간을 확장하고자 했고, 실제로는 지구 전체의 시간 단위를 확장하려 했다. "이 모든 것이 갑자기 일어났다 갑자기 사라진 대홍수 때문이라고 하는 사람은 참으로 과학에 문외한이다."[27]

드 마예는 화석에 대한 니콜라스 스테노의 연구 업적을 바탕으로, 가장 대담한 성경 수정주의자라고 해도 상상할 수 없을 만큼 지구의 역사가 오래되었다고 주장했다. 그는 지구의 나이를 대략 20억 년으로 추정했는데, 20세기가 되기까지는 그나마 가장 근접한 추정치였다. 그는 더 나아가 지구가 설계된 대로 질서 있게 형성된 것이 아니라 우연히 생겨났고, 인간을 포함한 모든 동물이 원시적인 바다 생물로부터 발전했다고 추측했다. 신의 행동과 섭리는 과학이 그리는 풍경에서 밀려나고 말았다. 《텔리아메드》는 헤아릴 수 없는 종교·사회·정치적 반향을 일으키는 과학 사상, 곧 앞으로 진화론이 되는 학설을 다룬 최초의 책이었다. 트랑블레의 폴립은 드 마예의 생각들을 단지 조금 더 믿을 만한 것으로 만들어주었다.

하지만 이보다 더 나빴던 것은, 그 작은 폴립의 기적적인 재생 능력은 모호하게나마 자기창조로 향하는 길을 가리키고 있었다는 점이다. 이는 신의 가장 중요한 일들 중에서도 오직 신만이 자격이 되는 한 가지 일(모든 살아 있는 것들에게 생명의 숨을 불어넣는 일)을 신에게서 빼앗는 것이었다. 생물이 생물을 낳는다는 것은 너무나 분명한 사실이었다. 하지만 과학자들이 그 작은 생물에서 잘라낸 촉수는 정말로 살아 있는 것일까? 정상적인 경우에 우리가 팔을 하나 잘라내면 그 팔은 죽은 것이다. 하지만 이 촉수가 죽은 것이라면, 어떻게 다시 살아날 수 있는 걸까? 이는 정말 당혹스러운 문제였다.

트랑블레의 폴립은 1740년대 프랑스 사상계를 더욱 유물론적으로 바꾸어놓는 데 일조했다. 드 마예의 산더미 같은 화석들과 '변이설'이라는 사상, 그리고 트랑블레의 빠르게 늘어나는 폴립과 그것이 자가생식 생명체에 대해 갖는 함의가 분위기를 결정했다. 1749년 영향력이 큰 박물학자인 뷔퐁 백작 조르주루이 르클레르가 앞으로 40년에 걸쳐 총 서른여섯 권에 이르게 되는 《자연사Histoire naturelle》의 첫 권을 출간했다. 그는 연구에 현미경으로 정액을 관찰한 자료를 이용했다. 그는 이것이 "형이상학적 존재 단계가 아닌, 살아 있고 활기가 있는 것은 물질의 물리적인 한 속성"임을 실증한다고 주장했다. 자연은 선천적으로 활동적이다. 자연은 이제 어느 지점에서도 신의 개입을 요청하지 않는 듯 보였다.

신학자들은 이를 걱정스레 바라보았다. 여러 해 동안 그들을 곤란하게 했던 '자가증식'의 구멍에서 현미경이 그들을 꺼내준 지 불과 한 세기도 지나지 않았다. 적어도 대중적인 수준에서, 거의 보편적이랄 수 있는 믿음은 벌레나 파리 같은 기생 동물은 상한 고기에서 자생적으로 발생한다는 것이었다. 이는 신의 창조 능력에서 가장 화려한 부분은 아니더라도 그 일부를 훔쳐오는, 불편한 생각이었다. 안토니 판 레이우엔훅과 얀 스바메르담의 신중하고 확장된 시선은 그것이 사실이 아니며, 구더기는 오직 파리가 앉았던 썩은 고기에서만 생긴다는 것을 종합적으로 입증했다. 자가증식하는 생명의 도전은 일단 피할 수 있었다. 적어도 드 마예와 트랑블레가 싸움판에 들어오기 전까지는 그러했다.

물론 라 메트리에게는 격려가 전혀 필요하지 않았다. 그는 에피쿠로스에 관한 책에서 《텔리아메드》를 언급하며 "아마도 본래는 바다가 세상의 표면을 모두 덮고 있었으므로, 영원토록 그 가슴에 감싸인 모든 존재의 요람이었을 수 있지 않을까?"라고 썼다.[28] 어쩌면 생명은 바다에서 시작되지 않았을까? 폴립은 그렇다는 대답을 암시했다. 라 메트리는 《인간 기계》에서 독자들에게 권고했다. "트랑블레의 폴립을 보라. 그것은 자기 안에 재생을 일으킬 수 있는 원인을 가지고 있지 않은가?" 그렇다면 왜 최고의 존재를 상정해야 하는가? 단순히 생명이 물리적 원인들로 인해 존재한다고 주장하면 안 되는 이유가 무엇인가? "자연의 자원을 제한하지 말아야 한다." 자연은 충분하다.

사실 자연 탐구는 "그 결과로 불신자들만 산출할 수 있다."[29] 라 메트리라는 경로를 통해 한 마리의 작은 폴립이 결정짓고 물리신학의 전통을 전복하려는 시도인 유물론을 확정했다. 현미경 아래 보이는 그것들은 다른 무엇도 아닌 자기 자신을 가리켰다. 생명은 스스로를 만든다. 자연은 스스로 충족한다. 육체는 기계다. 인간은 동물이다. 영혼은 신성한 돈을 그토록 많이 걸었지만 내기에서 지고 말았다.

'인간과 암컷 개코원숭이 사이에서 나온 괴물' — 흐릿해진 경계

적어도 프랑스에서는 그러했다. 잉글랜드인들은 그만큼 확신하지 않았다. 그리고 그 이유에는 배울 만한 것이 많다.

인간의 영혼을 안전하고 과학적인 발판 위에 올려놓은 듯한 데카르트의 철학은 칭송과 비판을 모두 받았다. 지식인들 사이에서 널리 읽히고 찬사를 받았음에도 1640년대에는 그가 20년이나 살았던 네덜란드에서 위트레흐트대학과 레이던대학으로부터 견책을 받았고, 그다음엔 프랑스에서 당국과 마찰을 빚었다. 육체와 영혼에 관한 그의 견해는, 그가 스콜라 철학을 거부했다는 점이나 회의주의가 의심된다는 점, 그리고 특히 그의 철학이 성체성사의 성변화를 의심하는 듯 보인다는 점보다 덜 문제가 되었다. 이는 '동물 기계'가 단순히 '인간 기계'로 향한 길을 낸다고 생각하는 사람들이 육체에 대한 그의 이해를 우려했음을 말해주었다. 1663년 그의 저작들은 바티칸의 금서 목록에 올랐고, 8년 뒤 파리대학에서도 금지되었다. 1666년 그의 유해가 스톡홀름에서 파리로 옮겨졌을 때는 어떠한 조사弔詞도 허락되지 않았다.

하지만 이 모두는 단순히 지적 반론을 급진화하고 정치화하는 데 일조했을 뿐이다. 루이 14세의 왕국은 17세기 말 지적 절대주의의 모델이 되었다. 왕은 데카르트의 사상을 대학에서 가르치는 일을 금지하려 했다. 1713년 스페인 왕위계승 전쟁이 끝난 뒤 검열이 조금 느슨해졌고, 다시 2년이 지난 뒤 마침내 루이 14세의 조카 오를레앙 공작 필리프가 루이 15세의 섭정이 되었을 때는 검열이 더 많이 풀렸다. 하지만 정치 당국은 여전히 아리스토텔레스에 기초한 지적 정통을 유지했고, 필요할 때면 지나친 힘을 동원하기도 했다. 다른 유럽 국가들에서는 교수형 집행인이 책들을 불태웠다. 프랑스에서는 그 저자들까지 처리했다.

필리프 자신이 자유사상가들의 궁정을 지배하는 회의주의자였다. 미사 중에도 읽을 수 있도록 라블레의 작품을 성경책 안에 제본해 넣기도 했다. 하지만 이러한 사실이 도움이 되지는 않았다. 적어도 과학의 진실성과 그리스도교의 정통 교리 사이에서 겉모습뿐인 조화라도 보존했으나 금지된 데카르트주의와, 전제적이고 위선적인 권력에 의해 강제된 구시대의 납득하기 어려운 정통 스콜라 철학 사이에서 선택해야만 했다. 사실 선택이라고 하기도 어려웠다. 조너선 이즈리얼이 쓴 대로, 프랑스는 사실상 "신앙과 이성, 전통과 과학을 화해시키도록 계획된 전제들을 옹호하는, 뚜렷이 그리스도교적인 중도적 주류"를 무너뜨렸다.[30] 데카르트주의를 금지하고 스콜라 철학을 지지하려는 필사적인 노력이 오히려 교회의 지적 일치와 권위를 약화시키는 데 크게 기여했다. 이 때문에 회의주의자들은 이제 훨씬 더 급진적인 방향으로 밀려났고, 정치적 권위의 정신적 토대를 약화시키는 것을 목적으로 삼은 듯한 (자연)철학의 전통으로 향하는 길이 열렸다. 실제로 교회와 국가에 맞선, 점점 더 격렬해지는 투쟁 속에서 과학은 무기화되었다.

라 메트리의 업적이 솔직하고 일관되고 악명이 높다는 점에서 경쟁 상대가 없음에도, 그는 정말로 무신론적이고 유물론적인 자연철학의 반세기 전통을 상속받았다. 이들 책 중에 대부분은 익명이나 필명으로 해외에서 출간되었다. 작가 중 다수가 프랑스를 떠나 망명해야 했고 대개는 네덜란드에서 피신처를 구했다. 아니면 라 메트리와 헬베티우스를 비롯한 많은 이들의 경우처럼 자유사상가인 프리드리히 대왕의 궁정으로 피신했다. 그리고 대부분의 텍스트들은 과학과 철학, 철학과 정치를 혼합했다. 하지만 그것이 바로 그들의 요점이었다. 과학은 이미 군주와 사제에 맞선, 철학적이고 궁극적으로 정치적인 전투에서 무기가 되어 있었고, 이 전투는 혁명으로 이어진다.

영국에서는 그렇지 않았다. 잉글랜드와 스코틀랜드의 대학들에서는 1640년대부터 데카르트를 읽었다. 뉴턴의 교수직 전임자인 아이작 배로와 로버트 보일을 포함한 지도적인 학자들은 데카르트를 조심스레 환영했다. 데카르트의 생각은 대담할 뿐 아니라 신선했다. 데카르트는, 신학계나 과학계는 아니더라도 철학계에는 여전히 남아 있던 아리스토텔레스에 대한 반가운 대안을 제공했다. 그리고 그는 프랑스에서 그가 유발했던 성체성사의 성변화와 관련된 반론을 전혀 유발하지 않았다. 사실 이에 대한 가톨릭의 반대가 오히려 그를 잉글랜드 프로테스탄트들에게 추천한 셈이었다. 하지만 동경은 차츰 사라져갔다. 그의 연역적 철학 방법론은 귀납적 접근법과 쉽게 조화를 이룰 수 없었다. 구체적인 관찰들로부터 일반적인 결론을 이끌어내는 귀납법은 왕립학회에서 계발하고 있었다. 데카르트의 물리학 및 우주론은 뉴턴에 비교해서 호의적인 평가를 받지 못했다. 그리고 육체와 영혼에 관한 그의 견해에 대해서는 뚜렷한 회의가 있었다. 철학자들은 데카르트가 그 둘을 엄격히 분리하는 것을 납득하지 못했다. 원자론자들은 영혼과 육체가 어떻게 상호작용하는지 이해할 수 없었다. 그리고 도덕주의자들은, 아니면 그들 중 일부는 이 이원론에 담긴 함의를 좋아하지 않았다.

월터 찰턴은 윌리스처럼 송과선에 관한 데카르트의 견해를 거부하고, 해부학에 대한 그의 불완전한 이해를 비판했다. 신학자 헨리 모어는 데카르트에게 동물 기계라는 그의 개념이 "흉악한 신조信條"라고 말했다.[31] 존 레이는 "인간의 상식에 반대되는" 것이라고 말했다. 존 로크는 "감각과 이성의 모든 증거에 배치되는" 것으로 생각했고, 《교육론》에서 "열등한 피조물의 고통과 파괴를 기뻐하는 이들은 자기와 같은 인간에게 연민이나 친절을 베풀지 않을 것"이라고 가르쳤다.[32] 동물을 기계처럼 다루면, 오래지 않아 사람도 기계나 동물처럼 다루기 시작할 것이다. 대체로 잉글랜드에서는 송과선에 대한 관심이 훨씬 덜했다.

인간과 동물, 영혼과 육체에 대한 데카르트의 이해에 쏟아진 비판은 잉글랜드의 더 강력한 물리신학의 전통에 그 뿌리를 두었다. 동물의 해부학적 완전성을 두고 끝없이 이어지는 신에 대한 찬양이 동물을 순전한 기계로 일축하는 일을 더욱 어렵게 만들었다. 동물의 행동이 인간에게도 유익한 모델을 제공하는 방식에 주목하는 책들은 인간과 동물을 완전히 분리하고 구별하는 것을 매우 어렵게 했다.《실낙원》제8권에서 하느님은 아담에게 땅에 살고 있는 피조물에 대해 묻고 말한다. "네가 알지 않느냐/그들의 말과 행동을?/그들도 알고/한심하지 않게 궁리한다."[33] 적어도 에덴동산에는 인간과 동물 사이에 조화와 통교가 있었다.

물론 그것은 타락 이전의 일이었다. 하지만 이성과 언어와 조화에서 어떤 것은 보존되었던 것 같았다. 1661년 잉글랜드인 청교도 너새니얼 홈스는 동물이 "다양한 소리를 내 자기가 원하는 것을 표현"할 수 있다고 논증했다. 그에 따르면 동물은 "사교적인 소리와 싸우는 소리로 사랑과 미움의 감정을 표현하고, 또 다른 소리로 기쁨과 성질을 표현할 수도 있다."[34] 훌륭한 일기 작가 새뮤얼 핍스도 같은 의견이었다. 같은 해에 그가 "홈스 선장이 기니에서 가져온 낯선 생물"을 보러 오라는 초대를 받았을 때는 일기에 이렇게 적었다. 그것은 "거의 모든 면에서 인간과 너무 비슷했다. 이 동물들의 종이 따로 있다고들 하지만, 나로서는 그것이 인간과 암컷 개코원숭이 사이에서 나온 괴물이라고밖에 믿을 수 없었다." 그리고 계속해서 이렇게 썼다. "나는 그것이 이미 영어를 상당히 알아듣는다고 생각한다. 내 생각에는 그것이 말하거나 손짓하는 법을 배울 수 있을 것 같다."[35] 핍스의 글은 격식 없이 개인적으로 쓴 것이어서 과학적이지는 않다. 그럼에도 90년 뒤에 라 메트리가《인간 기계》에서 "유인원에게 언어를 가르치는 것이 절대 불가능할까? 나는 그렇게 생각하지 않는다"

라고 수사적으로 묻고 답하는 것을 고려하면, 핍스는 인상적인 생각을 보여주었다. 만약 핍스만 놓고 본다면, (적어도 잉글랜드인들에게) 이러한 가능성은 라 메트리가 생각한 만큼 그렇게 충격적인 것은 아니었다.

물리신학의 프로테스탄트 전통은 또한 성경에서 강조하는 자연의 내재적 가치를 더 많이 보존했다. 이사야는 결국 모든 자연이 에덴동산에서처럼 조화를 이룰 날이 오리라고 예언했었다. 율법에서는, 확실히 십계명에서는, 안식일에 가축도 쉬게 하라고 명했다. 〈레위기〉에서는 심지어 토지도 7년마다 회복할 시간을 가져야 한다고 규정했다. 사도 바오로 또한 부활 때에 "피조물도 멸망의 종살이에서 해방될 것"이라고 약속했다. 자연은 그토록 쉽게 기계화될 수 없었다. 이런 메시지는 설교에도 스며들었다. 존 에벌린은 1677년도 일기장에서 한 설교자가 힘주어 말하는 것을 들었다고 적었다. "피조물도 해방을 누릴 것이며, 그들의 본성이 할 수 있는 만큼 지복을 누릴 것이다. [왜냐면] 마지막 날에 그들은 더 이상 죄 많은 인간에게 묶인 종으로 신음하지 않을 것이다."[36] 데이비드 하틀리는 이를 심각하게 받아들이고 동물들의 구원을 지지하는 소수의 18세기 사상가에 속했으며, 여기에는 버틀러 주교도 포함되었다. 이러한 정서는 장기적으로 볼 때 보전주의로 향한 길을 열었다. 더 즉각적으로는 동물 기계 개념을 약화시키고, 인간과 동물 사이의 경계를 흐리며, 경험적이고 해부학적인, 그리고 하틀리의 경우에는 원原심리학적인, 인간 탐구에 잔재하는 위험을 조금 제거하는 데 도움이 되었다.

데카르트의 무장해제와 물리신학 전통의 지속되는 영향만큼, 어쩌면 그보다 더 중요했던 것은 잉글랜드와 스코틀랜드에 존재하던 지적 자유의 상대적 수준이었다. 18세기 영국에서 같은 시대 프랑스에서처럼 과학이 종교에 맞서 무기화되지 않았던 이유는, 무엇보다도 그럴 필요가 없었기 때문이다.

영국의 지적 자유의 수준을 과장해서는 안 된다. 데이비드 흄이 1744년에 에든버러에서 윤리학 교수직을 얻는 데 실패한 주된 이유는, 그 도시의 관리들이 그가 무신론자라고 항의했기 때문이다. 30년 뒤에도 흄은 책이 불러올 반응을 알았기에, (결국 사후에 출간되는) 《자연종교에 관한 대화》의 출간을 연기하고 저자명을 밝히지 않기로 했다. 정설에서 벗어나 있던 학자들은 여전히 조류에 맞지 않는 의견을 개진하려고 위장하지 않아도 되는 날이 오기를 고대했다.

그럼에도 잉글랜드와 스코틀랜드의 사상가들은 적어도 프랑스 사상가들에 비해 편안했다. 관용법Act of Toleration●이 통과되고 몇 년 뒤인 1695년에 출판허가법의 효력이 만료되었다. 유물론적인 서적을 출간하는 것은 생명보다는 명성을 해칠 위험이 있는 일이 되었고, 이는 과학적 유물론자들이 근간 사상을 약화시켜 기성 권위를 전복하려는 대규모 정치 기획에 휘말리지 않았음을 의미했다.

그렇다고 과학적 유물론이 그리스도교와 사회 질서에 대한 위협으로 여겨지지 않았다는 말은 아니다. 토머스 홉스는 오늘날 대개 정치철학자로 알려져 있지만 과학에서도 감탄할 만한 업적을 쌓았다.

● 1689년에 의회에서 통과시킨 종교 법령으로 가톨릭교도와 유대교도를 제외한 모든 비국교도 그리스도인 신자들에게 신앙의 자유를 주었다. 다만 국가의 공직은 국교도에 한한다고 규정한 1673년의 심사율(Test Act)은 여전히 유지되었다.

그의 인생은 에우클레이데스를 읽고 완전히 달라졌다. 그는 광학, 수학, 기하학, 물리학에 관한 책들을 썼고, 메르센, 가상디, 데카르트, 갈릴레오를 비롯해 당대 유럽의 지도적 과학자들과 직접 만나거나 서신을 주고받았다. 그래서 그는 걸작 정치이론서《리바이어던》을 라 메트리에 상응하는 인간 기계화의 단호한 언명으로 시작했다. "생명이 사지의 움직임에 불과하다는 것을 고려하면 (…) 태엽이 아니면 심장이란 무엇이겠나. 그토록 많은 줄이 아니라면 신경이란 무엇이겠나. 기능공이 의도한 대로 온몸에 움직임을 전달하는, 그토록 많은 바퀴가 아니라면 관절이란 무엇이겠나?"[37]

이는 무신론의 혐의를 피할 수 없었으나, 홉스는 완강하게 혐의를 부인했다. 그는 존 월리스에게 보낸 편지에서 화를 내며 말했다. "당신은 내가 무신론자이면서 그것을 알지 못할 수 있다고 생각하십니까?"[38] 그를 비판하던 사람들은 그의 말을 납득하지 않았다. 그리고 17세기 후반에 '호비즘Hobbism'은 거의 무신론의 동의어처럼 되었다. 라 메트리의 경우처럼, 과학 자체만큼이나 명백한 윤리적이고 사회적인 함의와 관련되어 있었다. 비판자들이 우려한 것은, 기계화된 인간은 자신의 도덕적 행동에 책임이 없으며, 영혼이 부재하다는 것(이에 대해 홉스는 명확하지 않다)이다. 따라서 영원한 생명의 약속으로 매수하거나 영원한 형벌의 위협으로 협박할 수 없다. 방종과 자유사상은 사람들을 유혹했고, 그로 인해 사회와 정치의 질서 전체가 붕괴했다. 과학적 유물론은 프랑스에서만큼이나 잉글랜드에서도 종교에 위협이 될 수 있었다.

홉스는 자신이 가정교사로서 가르쳤던 찰스 2세의 보호를 받았고,

원고 중 일부를 신중하게 판단해 소각했으며, 데번셔 공작령을 보유한 캐번디시 가문과 평생에 걸쳐 유대를 맺어온 덕분에 살아남았다. 그러나 그 이전에 그는 자신을 지켜주고 있던 기성 권력 체계에 맞서 과학적 유물론을 무기로 삼을 필요가 전혀 없었다. 어찌 되었든 그의 후원자들이 보여준 대로, 과학적 유물론은 무기가 될 필요가 전혀 없었다.

1645년, 1대 뉴캐슬 공작 윌리엄 캐번디시는 지적이고 독립적인 정신을 지닌 자연철학자 마거릿 루카스와 결혼했다. 두 사람 모두 내전을 피해 망명해 있던 상태였다. 여성인 마거릿의 지적 통로는 확실히 제한되어 있었지만, 그녀는 왕립학회의 초기 회원이 되는 자신의 오빠 존과 편지를 주고받았고, 나중에는 캐번디시 가문의 네트워크를 통해 데카르트, 홉스, 메르센, 가상디를 비롯한 여러 인물과 어울렸다. 그녀는 결혼을 통해 자신의 정신에 합당한 지위를 얻었고, 어느 시점에는 왕립학회의 모임에 초대받았다.

이제 마거릿 캐번디시가 된 그녀는 역사에 기록된 대로 단호한 유물론자였다. 그녀는 1664년 '자연철학의 어떤 의견들에 관한 신중한 숙고'라는 부제를 달아 《철학 편지》를 출간했는데, 그 가운데 한 통의 편지에는 "자연은 물질적이거나 육체적이며, 자연의 모든 피조물도 그러하다. 그러니 물질적이지 않은 것은 무엇이든 자연에 속하지 않는다"라고 쓰여 있다. 오직 물질적인 것만이 물질적인 것에 작용하며, 그것은 오직 직접 접촉에 의해서만 가능하다. 활기를 주는 외부의 정신적 기운은 필요하지 않다. 물질 자체는 영원하며("무無로부터 무언가가 만들어지거나 산출된다는 것은 불가능하다") 잠재성을 품고 있다. 정

신과 관념은 물질적인 것이다. 물질은 생각할 수 있다.[39]

이는 인간에게나 동물에게나 신선한 자극이 되는 함의를 가졌다. 캐번디시는 인류의 "불손, 자만, 허영, 야망"에 관해 강하게 비판하고 마찬가지로 동물들의 능력에 관해 주의를 환기시켰다. 동물은 데카르트의 자동인형이 아니라 그 종에 맞는, 인간은 접근할 수 없는 이성과 언어를 지녔다.

어떤 사람이 알겠는가, 인간보다 물고기가 물의 본질에 대해, 바다의 조수와 염분에 대해 더 많이 아는지? 새들이 공기의 본성과 등급에 대해, 혹은 폭풍의 원인에 대해 더 많이 아는지? 벌레가 흙의 본성에 대해, 식물이 생겨나는 법에 대해 더 많이 아는지? (…) 그들에게 인간의 언어가 없다고 해서 지성이 전혀 없는 것은 아니다.[40]

이것은 170년 뒤에 찰스 다윈의 걱정 가득한 공책에서 나왔을 수도 있는, 주목할 만한 정서였다. 캐번디시는 더 멀리까지 나아갔다. 왜 우리는 인간이 창조의 중심이라고 생각해야 하는가? "모든 피조물이 하느님을 숭배하기 위해서가 아니라 인간에게 복종하기 위해서 만들어졌나? 하느님을 예배하기 위해서가 아니라 오직 인간의 목적을 위해서, 하느님을 흠숭하기 위해서가 아니라 인간이 사용하기 위해서, 하느님이 축복하기 위해서가 아니라 인간이 망쳐놓기 위해서 만들어졌나?"[41] 〈시편〉 저자의 말을 취해 그녀는 수사적으로 물었다. "왜 하느님은 한 종류의 피조물만이 아니라 모든 종류의 피조물에게 숭배받지 않으면 안 되는가?" 그리고 심지어는 인간이 아닌 생물, 더 나아가서는 식물의 이성적 능력에 대해 숙고했다. "나는 인간이 모든 이성을 독점한다거나 동물이 모든 감각을 독점한다고 인지할 수 없고, 오히려 감각과 이성이 인간과 동물만이 아니라 다른 생물들에게도 있음을 인지할 수 있다." 이런 말들은 홉스를 조금 관습적으로 보이게 할 정도였다.[42]

그러나 이 가운데 어떤 것도, 홉스가 익숙하게 했던 것같이, 신성에 그림자를 드리우려는 의도를 가진 것은 전혀 없다. 이런 측면에서 캐번디시는 놀라울 만큼 파스칼에 가까웠다. 그녀는 물리신학의 초기 전통에 콧방귀를 뀌었고, 명석한 해부학자 윌리엄 하비를 비판하며 이렇게 말했다. "그는 하느님의 활동, 계획, 법령, 율법, 속성, 권능, 그리고 비밀스러운 조언에 관해 그토록 주제넘게 말을 하니" 거의 "자신이 하느님의 상담자이며 창조 활동의 조력자라도 되는 것처럼" 들렸다.[43] 헨리 모어의 《무신론 해소책》에 대해서는 잔인한 재치로 비판하면서, 누구도 진지하게 하느님의 존재를 부정하지 않는다는 저자의 (익숙한 수사적) 주장이 책 전체를 무의미하게 만든다고 논평했다. 왜 "그토록 많은 논거들을 헛되게" 만드는가? 그녀는 또 이렇게 썼다. "하나의 신이나 영혼의 불멸성 중 하나를 증명하려는" 어떠한 시도도 "둘 중 어느 하나를 의심하게 만드는 것이다." 자연철학자들이 과학을 통해 하느님의 존재를 증명하려고 애쓰자 사람들은 그것을 의심하기 시작했다. 그녀는 파스칼식으로, 하느님은 "허영과 야망이 가득한 사람들 사이에서 영광스럽지 못하게 이야기되는" 것이 아니라 "존경과 흠모와 숭배를 받으셔야" 한다고 썼다.[44]

이 모든 것의 결과는 동시대 사람들이 익숙했던 것보다 더 연마된 신성에 대한 이해였다. 창조된 어떠한 정신도 신앙으로 이해하지 않으면 신성을 이해할 수 없다. 신은 교만과 확신 대신 부정신학*의 겸손으로 이야기되어야 한다. "우리가 하느님에게 이름을 붙일 때, 우리는 표현될 수 없고 이해될 수 없는 존재에 이름을 붙이는 것이다."[45] 하지만 중요한 것은 신이 알려지거나 논의될 수 있더라도, 신은 유물론과 완벽하게 병립 가능하다는 것이다. 유물론은 신을 숭배할 능력이 있는 피조물을 만들려는 신의 계획의 일부이기 때문이다.

'적대자들은 그의 의견을 완전히 침묵시켰다고 생각한다' — 흐름의 반전

캐번디시의 자연철학에는 하틀리의 엄격함은 없지만, 그녀의 활동은 새로운 과학이 가리키는 유물론이, 필로조프philosophe**들은 바라고 신앙인들은 우려하는 대로 종교에 대한 치명적 위협이 될 필요가 없음을 보여주었다. 그러나 안타깝게도 그녀가 끼친 영향은 미미했다. 과학적 유물론은 프랑스에서처럼 잉글랜드에서도 위협으로 남았다. 보일 강의의 강연자들은 〈물질과 운동은 생각할 수 없다Matter and Motion Cannot Think〉***란 주제에 관해 말했고, 곳곳에서 홉스의 유령이

---

* 무한한 신에 대한 제한적이고 불완전한 정의를 부정하는 방식으로 이해하는 신학의 한 분야 혹은 방법. 신에 대한 논리적 이해보다 신비적 이해를 추구한다.

** 18세기 프랑스의 계몽사상가들을 가리키는 말이다.

*** 1692년 4월에 진행된 보일 강의의 제목. '영혼의 능력에 의거한 무신론 논박(A Confutation of Atheism from the Faculties of the Soul)'이란 부제가 달려 있다.

불려 나와 정신의 말馬들을 겁먹게 했으며, 유물론자들은 위험한 '자유사상가'로 매도되었다.

그러나 유물론적 관념들은 남아 있었다. 말하자면 여전히 살아 있었다. 뉴턴이 물리학에서 차지하는 지위를 18세기 전반기 잉글랜드 철학에서 차지하는 존 로크는 마거릿 캐번디시보다 유물론에 관해 더욱 신중했다. 그럼에도 인간의 지식에 대한 그의 도전적으로 경험적인 접근법과 선천적 진리들에 대한 거부, 관념은 오직 감각과 사고에 근거한다는 확신, 신은 생각하는 능력을 물질에 부여할 수 있다는 믿음, 비물질적 영혼보다 의식 안에 있는 자아의 위치 설정은 모두 유물론을 향해 있었다.

로크는 성직자들과 신도들에게 성난 반응을 유발했다. 그들은 로크가 성경을 거역하고 그리스도의 구원의 토대 전체를 부정한다고 고발했다. 어떻게 일시적이며 심리적으로 설명되는 자아가 비물질적이고 불멸하는 영혼을 대체할 수 있느냐고 신학자들은 물었다. 특히 로크의 모교인 옥스퍼드대학에 거주하는 토리 고교회파●의 신학자들이 그러했다. 어떻게 그러한 자아가 죽음 뒤에도 살아남겠는가? 그런 경우에 하느님은 어떻게 의인에게 상을 주고 죄인에게 벌을 주겠는가? 로크에겐 이단 딱지가 붙었다.

하지만 이 철학자는 투명하게 독실했고 솔직했다. 다만 뉴턴처럼

● 17세기에 토리(Tory)는 군주주의적 보수주의자를 가리키는 말이었다. 고교회파(High Church)는 잉글랜드 성공회 안에서 교회의 성상, 신학, 전례, 위계 등을 중시하고, 사도적 전승에 따른 그리스도교 전체 교회의 역사적 연속성과 가시적 일치를 강조하는 사조 혹은 분파를 가리킨다.

조용히 삼위일체를 부정했다. 그는 《관용에 관한 편지Letter Concerning Toleration》의 전체 주장을 명백하고 반복적으로 성경에 근거했고 그만큼 영향력이 있는 《통치론 제1논고》에 대해서도 똑같이 했다. 그리고 사도 바오로의 서한들인 〈갈라티아서〉, 〈코린토서〉, 〈로마서〉, 〈에페소서〉를 주해했으며, 이 책은 사후에 출간되었다. 홉스주의의 붓으로 로크에게 타르를 바르기는 어려웠다.

그의 생각들은 영향력이 입증되는데, 볼테르의 열광과 끈질긴 홍보 덕분이었다. "로크 씨는 인간 영혼을 탁월한 해부학자가 인간 육체의 태엽을 설명하는 것과 똑같은 방식으로 인간의 영혼을 진열했다." 그 훌륭한 회의주의자는 《영국 편지》의 열세 번째 편지에서 토로했다. "모든 곳에서 [로크는] 물리학의 빛을 자신의 안내자로 삼는다." 그리고 지적 겸손을 지닌 채 차츰 앞으로 나아가 오직 잠정적인 결론에만 도달한다.[46]

볼테르의 생각에 따르면 로크의 "온건한 철학은 (…) 종교를 방해하는 것과는 아주 거리가 멀어서, 오히려 종교의 진리를 입증하는 데 쓸모가 있을 것"인데, 이는 그의 철학이 데카르트와 교회 사람들이 깔고 앉아 있는 고통스러운 딜레마를 피했기 때문이다. 볼테르가 추론하기를, 동물도 인간과 똑같은 기관과 감각과 인지를 가지고 있을 뿐 아니라, 기억과 관념에 관한 능력도 어느 정도 가지고 있다. "물질에 생기를 불어넣고 감각을 부여하는 것이 신의 능력에 속한다면", 이 모두를 설명할 수 있을 것이다. 피조물은 모두 그 창조주에 의해 생기를 얻되, 다만 그 방식과 정도가 서로 다를 뿐이다. 그러나 생기 있는 물질의 개념을 부정하는 이들에게는 영혼이 심긴 생기 없고 활기 없는 물질(인간) 아니면 영혼이 심기지 않은 생기 없고 활기 없는 물질(동물)만 남겨질 뿐이다. 그리고 그것은 "짐승이 순전한 기계라는 것, 아니면 짐승도 정신적 영혼을 가지고 있다는 것"을 의미할 테지만, 둘 다 매력적인 선택지가 아니다.

　종교와 관련된 사람들이 모두 이러한 주장에 설득된 것은 아니었다. 한 세기가 지나고 많은 이들이 방향을 틀어 그의 사고방식에 동조하게 되면서 로크의 주가도 올랐다. 그들의 의견 불일치는 실상을 드러냈다. 사람들이 그에 대해 어떻게 생각하든, 로크는 말하자면 '벽에 둘러싸여' 글을 썼다. 잉글랜드 교회의 권위자들은, 혹은 그들 중 어떤 이들은, 그가 신앙과 질서에 위협이 된다고 생각했을 것이다. 하지만 명예혁명 이후에 그는 목숨은 물론이고 자유도 절대 잃지 않았다. 로크보다 상당히 더 전복적인 저자들도 아주 많았지만 이들 가운데 자유를 잃을까 두려워하거나, 익명으로 책을 출간하거나 외국으로 피신할 필요가 있다고 느낀 사람은 거의 없었다. 실제로 자유사상가, 유물론자, 회의주의자들은 잉글랜드를 떠나기보다 잉글랜드로 이주할 가능성이 더 많았다. 1726년에 잉글랜드로 피신한 볼테르처럼, 어떤 이들은 잉글랜드의 지적 관용과 유연성의 복음을 유럽 대륙 전역에 전파하게 된다.

　볼테르가 떠나고 20년 뒤 하틀리는《관찰》을 집필하면서 흔히 종교에 부합하는 것으로 판단되는, 아니면 최악의 경우라도 단지 같은 종교 신자들의 논쟁이나 비판의 대상이 되는 과학적 유물론을 옹호하고 있었다. 이 기계론적 저서를 집필할 때 그는 사실상 종교에 맞서 사용될 수도 있고 많은 이들이 그럴까 봐 우려하는 무기를 만들고 있었던 셈이다. 하지만 그는 그것의 반종교적인 날을 조심스레 무디게 했을 뿐 아니라, 더 나아가서 자신의 과학이 그리스도를 지지하는 데 사용될 수 있다고 주장했다. 그리고 그만큼이나 중요한 사실은, 그가 책을 집필한 정치적 환경에서 종교에 맞서 그의 무기를 집어들고 사용하기를 원할 만큼 충분히 분개하는 급진주의자들이 영국에는 거의 없었다는 점이다. 프랑스에서와 달리 하느님의 왕국은 덜 불길했고, 그래서 몰아쳐 공격할 필요도 더 적었다.

그러나 이 영국과 프랑스의 차이에 관한 이야기에는 반어적인 결말이 있다. 동시대인들은 라 메트리의 《인간 기계》를 몹시 좋아했다. 한 학자의 말대로 그것은 "아마도 그 영예를 차지하기 위해 가장 치열한 경쟁이 벌어지고 있는 시대에 가장 철저하게 단죄된" 책이었다.[47] 이 책은 유럽 대륙 전역에서 읽히고, 논의되고, 금지되고, 불태워졌다. 경건한 신자들에게는 당연히 단죄되었지만, 라 메트리의 무신론을 공유하고 그의 인간 기계화에 대체로 동의하는 동료 급진주의자들로부터도 단죄되었다. 그들은 라 메트리의 윤리적 결론을 싫어했고, 특히 그러한 기계화가 일종의 쾌락주의적 공리주의를 적법화하고, 실제로 요구하기까지 한다는 그의 확신을 증오했다. 이런 이유로 과학적 유물론은 나쁜 평판을 얻었다. 경건한 신자들은 불멸의 영혼이 없다면 인간은 그저 짐승 같은 욕망을 채우려 할 것이라고 주장했다. 라 메트리도 이에 동의하는 듯 보였다. 급진주의자들은 절망했다. 경건한 신자들은 의기양양해졌다.

신의 섭리가 그들의 판단을 확정해주는 듯 보였다. 라 메트리는 레이던에서도 너무 위험한 존재였기에 다시 망명을 떠나야 했고, 이번에는 프로이센의 프리드리히 대왕에게로 피신했다. 왕은 그를 의사로서 맞아들였지만, 3년 뒤에 라 메트리는 자신을 위해 열린 연회에 참석하고 나서 위장병으로 죽고 말았다. 경건한 신자들은 흡족해했다. 라 메트리의 기계론적 사상은 여전히 인기가 많았다. 그의 《철학전집Oeuvres philosophiques》은 사후 25년 만에 11판까지 나왔다. 하지만 저자의 도덕적 메시지는 조용히 간과되었다. 하나의 급진적 사상이 지적 존중이라는 이름으로 정치적으로 탈脫급진화되었다.

영국에서는 무언가 아주 다른 일이 벌어졌다. 하틀리의 사상이 영향력을 발휘하게 되었는데, 이는 주로 조지프 프리스틀리의 노력 덕분이었다. 프리스틀리는 당대의 가장 훌륭한 화학자였으며 명석한 실험가였다. 산소를 발견해서 유명해졌고, 그 밖에도 암모니아, 아산화질소, 이산화황 등 여러 기체를 발견했다. 그는 목사이기도 했다. 또한 비국교도 대번트리 아카데미에서 공부하고 서퍽과 체셔에서 사목했다. 어떤 면에서 그는 영국 계몽주의를 특징짓는 과학과 종교 간 조화의 모델이었다. 하지만 나이 들면서 정통 그리스도교에서 훨씬 더 멀리 떠내려가기는 했다.

프리스틀리는 하틀리를 존경했다. 1775년에 하틀리의 《관찰》을 그 자신의 에세이와 함께 재출간했고, 그 책이 성경 이외의 다른 어떤 책보다 자신에게 영향을 끼쳤다고 말했다. 뇌와 생각에 대한 하틀리의 유물론적 개념은, 프리스틀리가 생각하기에 과학적으로 가장 신뢰할 수 있는 것일 뿐 아니라 참된 종교를 위한 최선의 토대였다. 프리스틀리는 데카르트의 비물질적 영혼을 명시하는 내용이 성경에 전혀 없다고 논증했다. 프리스틀리가 이 모든 것을 영국의 그리스도교 안에서 말할 수 있었다는 사실은 시사하는 바가 많다. 이런 위치는, 라 메트리의 후계자들이 차지하기를 원했더라도, 프랑스에서는 절대 얻을 수 없는 것이었다.

그럼에도 관용을 그토록 내세우던 영국조차 여전히 취약한 장소였고, 18세기의 끝이 다가오면서 더 위태로워졌다. 프리스틀리는 종교와 과학계의 명사였을 뿐 아니라 정치적으로도 두드러지는 인물이었다. 미국 독립혁명에 공감했던 그는 성공회에 반대하는 목소리를 냈으며, 프랑스 혁명가들에 대한 공감을 표현했다. 처음에는 이것이 영국에서도 드문 견해가 아니었지만, 1791년에 이르면 나라 전체가 프랑스에서 일어나는 일들의 경과에 대해 점점 더 불안해하고 있었다. 하지만 프리스틀리는 이러한 불안을 공유하지 않았다. 1791년 7월에는 바스티유 감옥 함락 2주년 기념 만찬을 준비하는 데 일조하기도 했다. 그의 정적들은 분개하며 군중을 자극해 폭동을 일으켰다. 그들은 프리스틀리의 집과 도서관을 약탈하고 불태웠다. 이 화학자는 간신히 런던으로 달아났다가 미국으로 떠났고, 1804년 그곳에서 생을 마감했다.

프리스틀리와 함께 하틀리의 평판도 나빠졌다. 과학과 종교라는 대의도 사그라졌다. 프리스틀리가 미국으로 피신했을 때, 미래의 대통령 토머스 제퍼슨은 그의 과학과 종교와 정치를 혼합해 이 화학자의 역경을 갈릴레오의 역경에 비교했다. "교황이 갈릴레오를 감옥에 가두고는 세상이 평온해졌다고 상상했던 것처럼, 적대자들은 그를 아메리카로 보냄으로써 그의 의견을 완전히 침묵시켰다고 생각한다."[48] 200년 전에 프로테스탄트들이 가톨릭의 횡포에 희생된 상징으로 여기는 사람을 투옥했을 때 과학의 반대편에 있는 것으로 보였던 것은 바티칸과 교황 우르바노 8세였다. 그런데 이제 선구적 과학자들이 지적 자유를 찾아 떠난 것은 경건한 잉글랜드인들이었다. 적어도 신세계의 제퍼슨이 가진 시각은 그러했다. 그리고 그것은 선견지명이 있는 시각으로 드러난다.

3부

탈출기

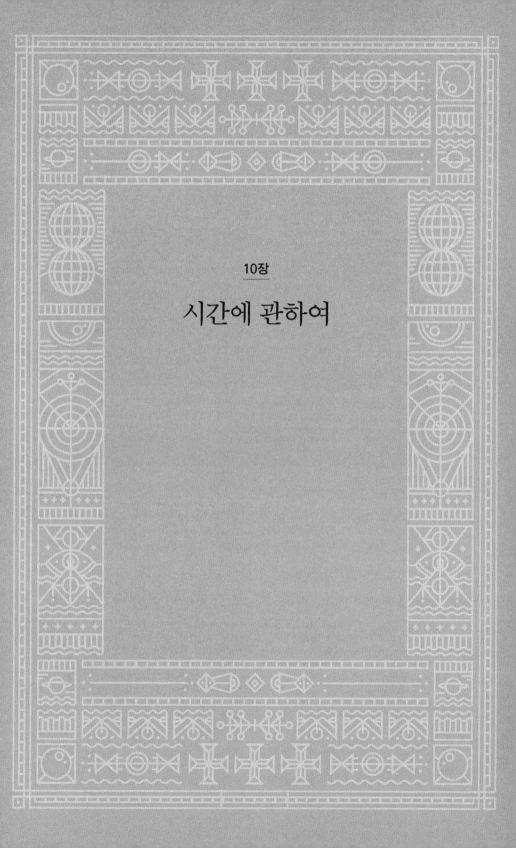

10장

시간에 관하여

골상학을 강의하고 있는 조지 쿰. 18세기 초에는 두개골 형태로 사람의 성격을 알아낼 수 있다고 하는 골상학이 진지한 과학으로 여겨졌다. 쿰의 《인간의 구성The Constitution of Man》은 18세기의 베스트셀러 과학 서적이었다. 하지만 충실한 신자들은 이 '과학'을 달가워하지 않았다. 그것이 인간의 도덕과 자유를 침해했기 때문이다.

'시간의 심연' — 신의 창세기에서 자연의 창세기로

1860년 3월, 찰스 다윈은 레너드 호너에게서 아주 놀라운 일을 알게 되었다. 호너는 런던의 지질학회 회장직에서 물러나면서 마지막으로 행한 연설문을 한 부 다윈에게 보냈다. 그는 이 연설에서 화학이 지질학적 현상들을 설명할 수 있으리라고 주장했다. 다윈은 이 연설문을 읽게 된 것을 고마워했지만, 그가 놀란 것은 호너의 지질학 전문 지식도 아니고 화학에 관한 그의 아이디어도 아니었다.

다윈은 소리쳤다. "성경에 대해 이토록 궁금해하다니! 당신은 성경 비평가로서 새로이 빛을 보고 있군요!" 호너는 지질학에 대한 대중의 지식이 이제는 널리 퍼져서 가장 가볍게 알고 있는 이들조차 지구의 나이에 대한 지질학의 주장과 성경의 주장이, 더 정확히 말하자면 성경이 주장한다고 (다윈 같은) 사람들이 생각하는 것이 크게 다르다는 사실을 알 수 있다고 언급했었다.

호너는 당시 영국에서는 거의 어디에나 있었던, 권위역 성경이라고도 하는 '킹 제임스' 영어 성경*의 난외주를 겨냥했다. 거기에는 세

---

* 제임스 1세의 명령으로 1611년 출간된 영어 성경. 이후 18세기에 영어권 프로테스탄트 교회 대부분에서 라틴어 불가타 성경을 대체하는 표준 성경으로 자리 잡았다.

상이 서기전 4004년에 시작되었다고 쓰여 있었고, 호너는 앞으로 나올 편집본에서는 이 연도를 삭제해야 한다고 주장했다. 그건 17세기 아마의 주교였던 제임스 어셔가 추산한 것에 불과했다. 다윈은 30년 전에 성공회 성직자가 되기 위한 교육을 받았음에도 금시초문이었고 호너에게 "그 연도가 성경에 있긴 있었던 것 같다고 생각했습니다"라고 고백했다.[1]

어셔 대주교는 과학과 종교의 역사에서 작지만 아주 상징적인 역할을 맡았다. 그는 매우 위험하게도 천지창조가 일어난 시간을 "서기전 4004년 10월 23일(율리우스력) 직전의 초저녁"이라고 아주 구체적으로 추산했다. 이는 종교의 헛된 자만과 오류, 그리고 과학에 대한 궁극적 항복을 전형적으로 보여주는 것이었다. 어셔 대주교가 그 난외주를 쓰고 있던 1660년에 사람들은 성경에 근거해 세계가 6000년 전에 시작되었다고 믿었지만, 200년 뒤에는 과학에 근거해 수억 년 전이라고 생각하게 되었고, 이로써 논쟁은 종결되었다. 그러나 이 특이한 서사는, 그것이 속한 더 큰 이야기만큼이나 명확히 밝히는 것보다 모호하게 만드는 것이 더 많다. 그 과정에서 〈창세기〉와 지질학은 서로 구별되는 개별적인 부동의 자명한 독립체로 격하되었다. 하지만 〈창세기〉와 지질학 둘 중 어느 쪽도 그러한 독립체가 아니었으며, 특히나 이런 과학적 소요와 변동의 시대에는 더더욱 아니었다. 〈창세기〉와 지질학은 그것들이 설명하려 하는 풍경들처럼 변화무쌍하고 불안정하다는 것이 입증되었다.

안티오키아의 테오필로스가 서기 2세기에 천지창조의 연대를 서기전 5529년으로 추산한 이래로 그리스도인들은 계속 같은 시도를 이어왔다. 어셔 대주교는 자신이 계산한 연대를 그토록 절대적 권위를 갖는 성경에 새겨 넣는 행운(혹은 불운)을 누렸다는 점에서 독특하다. 그 결과로 다윈조차 주석과 본문을 구분하지 못했다. 창조의 연대를 밝히고 믿을 만한 '보편 역사'를 조합하려는 과업은 16세기 중반 이래로 더 절박하고 더 거창한 일이 되어왔다. 이집트, 인도, 중국의 명백히 오래된 문명들에서 이전에 알려지지 않았던 자료들이 유럽으로 흘러들어왔기 때문이다. 니콜라스 스테노가 화석이란 유기체의 유해라고 설득력 있게 주장하면서 새로운 차원이 추가되었고, 지구 전체의 빅히스토리Big History가 탄생했다.

17세기의 마지막 20년 동안 새로운 '지구 이론' 장르가 등장했다. 지구 이론은 (자연의) 역사를 성경과 조화시키려 하기보다(누구도 이 둘이 조화되어야 한다고 생각하지 않았다) 성경을 자세히 부연하고 설명하기 위해 역사를 이용하려 했다. 1681년 토머스 버넷이란 작가는《신성한 지구 이론Sacred Theory of the Earth》을 출간했다. 이 책은 태양의 활동이 지구의 지각과 그 밑의 지하수에 미친 영향으로 세계가 형성되었다는 복잡한 생각을 제시했다. 하지만 이것은 신의 창조 활동을 대체하는 대안이 아니라 그것을 더 잘 이해하려는 시도였다.

버넷의 뒤를 따라 많은 자연철학자가 세계의 토대와 형성, 지층과 화석의 존재, 종의 분포를 물질적으로 설명하려고 시도했다. 1696년 신학자이자 수학자이며 뉴턴의 제자이기도 한 윌리엄 휘스턴은《지구에 관한 새 이론A New Theory of the Earth》을 집필했다. 이 책은 지구가 태양의 중력에 이끌린 혜성에서 비롯했으며 대홍수는 이웃한 혜성의 꼬리에서 나온 수증기에서 비롯한 결과라고 주장했다. 케임브리지대학에 우드워드 지질학 석좌교수 자리를 설치한 또 다른 박물학자 존 우드워드는《지구의 자연사를 향한 에세이Essay Towards a Natural History of the Earth》를 1695년에 출간하고 지층이 대홍수 이후 쌓인 물질들의 밀도 차이로 생긴 결과라고 주장했다(이미 30년 전에 스테노가 토스카나 지방의 지질학에 관해 비슷한 의견을 제시했었다). 칼 폰 린네는 (다른 많은 이들처럼) 지구 전역의 종 다양성 때문에 고민했고, 적도 근처에 서로 다른 기후가 나타나는 크고 높은 섬이 있어서 대홍수 뒤에 그곳으로부터 동물들이 확산된 것이라고 가정했다. 이러한 설명들이 모두 틀렸다는 것은 상관이 없다. 이 설명들의 중요성은 〈창세기〉의 창조 이야기를 자연적으로 설명하고 지구의 발전 과정에 대한 하나의 과학적 설명을 적법화하기 시작한 방법에 있었다.

아니, 여러 개의 과학적 설명들이라고 해야 할 것이다. 왜냐면 19세기 중반이 되어서야 (20세기라고 주장할 수도 있다) 지질학적 의견 일치라고 할 수 있는 것이 등장했기 때문이다. 지질학이라는 단어 자체가 18세기가 끝날 때까지 현대적 형태로 사용되지 않았다. '자연사'나 '우주론'이 더 선호되는 용어였다. 그리고 초기의 지질학적 설명들은 증거보다는 이론에 치중했다.

다른 과학들과 달리, 일반적으로 인정된 측정법도 없었고(무엇을 측정해야 하는지조차 분명하지 않았다), 객관적 기준도 없었고, 실험 기회도 거의 없었고, 예측도 불가능했다. 1830년대에 여러 과학을 체계적으로 정리할 때 프랑스 철학자 오귀스트 콩트는 지질학을 거의 언급하지 않았다. 지질학은 일종의 비교 학문이었다. 지층과 화석 등 무엇을 비교해야 하는지는 합리적으로 명확했음에도 그에 대한 해석은 끝도 없는 논쟁의 여지가 있었다.

그 결과 급진적으로 다른 '학파들'이 등장했다. '격변론자catastrophist'는 지질학적 변화가 이따금 발생하는 급속하고 격렬한 이변에서 일어난다고 주장하며, 그 근거로 화산과 지진을 제시했다. 이와 대조되는 '균일론자uniformitarian'(윌리엄 휴얼이 만들어낸 또 하나의 용어)는 극도로 느리고 축적되는 효과들을 주장하고, 퇴적과 침식을 그 근거로 들었다. 이러한 구분에 상응하여, 완전히 근접한 것은 아니지만, 어떤 자연현상이 이러한 변화를 일으키는가에 대해서도 의견이 갈렸다. '화산론자vulcanist'(또는 화성론자Plutonist)는 열이 지질 변화를 일으키는 주된 작인이라고 주장했다. 지구 중심은 녹은 암석으로 되어 있고, 이것이 때때로 표면으로 밀려 나와 새로운 지층을 형성한다는 것이었다. '수성론자neptunist'는 퇴적, 침식, 광물의 결정화를 통해 활동하는 물이 가장 유효한 요소라고 생각했다. 〈창세기〉를 몰락시킬 단 하나의 지질학은 존재하지 않았으며, 충분한 결론적 증거를 가진 정통 지질학 같은 것은 말할 것도 없었다. 사실 어떤 지질학적 사고와 개념, 특히 격변론과 수성론은 확실히 성경 서사의 여러 부분을 뒷받침하는 것으로 보이기도 했다.

모든 증거와 주장이 비등했고 확정적이지 않았지만, 그럼에도 균일론이 요구하는 거대한 시간의 규모는, 다윈처럼 지구의 역사가 겨우 몇 천 년밖에 되지 않는다고 믿는 종교 문화 안에서 그 문화에 매우 불리하게 작용했다. 지질학자 찰스 라이엘은 "현재는 과거를 여는 열쇠다"라고 말했고, 그래서 현재 관찰 가능하지 않은 어떠한 과정도 설명으로 인정하기를 거부했다. 모두가 라이엘처럼 엄격하게 굴었던 것은 아니지만, 둘 중 어느 쪽이든 지구의 형성에 대한 점진적인 접근법은 확실히 서기전 4004년 10월에 시작했다는 세계 역사와 조화를 이룰 수 없었다.

점진주의가 전혀 새로운 생각은 아니었다. 로버트 훅은 예수회 수사들이 보내온 중국에 관한 보고서에 매료되었다. 그가 그렇다고 믿은 바이기는 하지만, 중국에서는 현자들이 이 세계의 역사가 수억 년에 이른다고 주장했다. 에드먼드 핼리는 지구의 (상당히 많은) 나이를 (점점 증가하는 것으로 생각되는) 바다의 염분을 측정함으로써 추산할 수 있다고 말했다. 뷔퐁 백작 조르주루이 르클레르는 (다른 행성들처럼 혜성이 태양과 충돌한 충격으로 형성된) 지구가 식어가는 일곱 단계를 제안했고, 가열된 구체들을 가지고 일련의 실험을 실시해 자신의 이론을 뒷받침했다. 각각의 구체가 실내 온도로 식는 데 걸리는 시간을 근거로 뷔퐁은 지구의 역사가 7만 5000년 되었다고 추산했는데, 개인적으로는 300만 년은 되었으리라고 생각했다.

스코틀랜드의 지질학자이자 농부였던 제임스 허턴은 이들 모두보다 더 멀리까지 나아갔다. 그는 〈지구 이론Theory of the Earth〉(버넷의 책 제목에서 '신성한Sacred'을 의식적으로 삭제한 제목)이라는 논문을 《에든버러왕립학회 회보Transactions of the Royal Society of Edinburgh》에 게재하고 1795년에 출간했다. 이 논문에서 그는 직접 농사를 지으며 관찰한 바를 근거로 계속된 풍화작용으로 땅의 모양이 바뀌고 지층이 생긴다고 주장했다. 이 과정에는 "어떠한 시작의 흔적도 없고 종말의 가망도 없다."[2] 아리스토텔레스의 영원성에 이르지는 않더라도, 허턴의 무한한 시간 틀은 우려스러운 것이었다.

이 모두는 어셔 대주교의 시간 틀에서는 분명히 수용할 수 없는 것이었고, 그리스도교 정통 교리도 그러했다. 뷔퐁 백작의 시간 추산은 소르본 신학대학에서 단죄되었다. 허턴의 이론은 격렬한 비판을 받았고, 그는 (정확하게) 이신론자로 고발되었다. 하지만 그런 이론들은 사라지지 않았고, 오히려 1820년대 말부터 영국에서 광범위한 주목을 받으며 근거지를 획득했다. 1820년대 말은 불길한 시기였다. 1829년 의회에서 가톨릭교도 해방령이 통과되어 로마 가톨릭 신자들에 대한 정치 및 민사상 불이익이 150년 만에 사라졌다. 프로테스탄트들은 분노하며 자신들의 특권을 잃을까 우려했고, 개혁된 신앙의 토대인 성경을 옹호하기 위해 움직였다. 몇 년 뒤, 지도적인 옥스퍼드의 성직자들이(그중에서도 가장 저명한 인물들인 존 헨리 뉴먼과 에드워드 퓨지가) 로마 가톨릭교회의 예식과 신학을 채택했으며, 결국엔 로마 가톨릭교회로 개종해 그러한 걱정을 심화시켰다. 오직 성경에 근거하려는 프로테스탄티즘은 바깥에서 공격을 당할 뿐 아니라 안에서도 침식되고 있었다.

지질학은 이러한 침식을 일으키는 한 원인이었으며, 지질학적 사고들은, 그중에서도 특히 균일론은 '성경'이나 '모세'에 근거한 느슨한 지질학 학파를 자극했다. 이들은 〈창세기〉의 앞부분을 문자 그대로 독해할 것을 주장하며 작은 출간 현상을 일으켰다. 성직자 저자들은, 더 정교한 경우도 있지만 대체로는 덜 정교하게, 증가하는 지질학적 증거를 성경이라는 프로크루스테스의 침대에 끼워 맞추려고 노력했다. 지질학은 〈창세기〉 1~11장의 축자적 진실을 밝혀냈다. 만약 그렇지 않다면, 도리어 지질학에 더 안 좋은 일이었다.

그러나 문제는 〈창세기〉에 있지 않았다. 〈창세기〉는 그 유명한 프로크루스테스의 침대나 그에 못지않게 유명한 어셔 대주교의 천지창조 날짜보다 훨씬 더 유연하다는 게 드러났다. 성경 지질학자들은 많이 떠들어대며 자신들의 프로크루스테스 침대에 맞추어 자기 역할을 잘 수행했지만, 그 영향력은 교회 안으로 한정되었고, 학계에서는 영향력이 적었으며, 과학계에는 전혀 영향을 끼치지 못했다. 〈창세기〉의 시간 틀이 올바른 손에 맡겨지면 부드럽게 비틀어질 수도 있다는 사실이 곧 분명해졌다. 지칠 줄 모르는 기력을 보여준 스코틀랜드의 목사 토머스 차머스는 그의 신학으로 유명했듯이(신학 교수이기도 했다) 사목 활동과 정치경제에 대한 기여로도 유명했는데, 엿새에 걸친 천지창조를 문자 그대로 믿었으나 〈창세기〉 1장 1~2절에 기록된 하느님 혼자만의 행동과 3절 이후에 기록된 세상에 대한 행동 사이에는 의미심장한 간격이 있다고 주장했다. 다른 이들은 방치되어 있던 아우구스티누스에게서 먼지를 털어내고 〈창세기〉 1장에 기록된 엿새는 축자적으로 해석될 필요가 없으며, 오히려 시대나 세대로 이해하는 것이 낫다고 주장했다. 무엇보다도 〈시편〉의 저자는 하느님에게는 "천 년도 지나간 어제 같다"(〈시편〉 90장 4절)라고 써놓았다. 차머스의 '간격창조론'●과 아우구스티누스의 '날-시대day-age 이론'은, 과학 논쟁이 계속된 결과 이런 생각이 조롱과 경멸만 유발하게 된 20세기에 들어서도 젊은 지구 창조론(YEC) 주창자들에 의해 다시 사용되고

● 〈창세기〉에 기록된 엿새가 기나긴 시간 간격을 의미하는 것이라는 이론. 과학적으로 밝혀진 지구의 나이를 인정하면서 그 긴 시간에 걸쳐 창조가 이루어졌다고 주장하는 '오랜 지구 창조설'의 일종이다.

손질될 것이었다. 하지만 19세기 초에는 이런 생각이 그렇게 경멸의 대상이 되지 않았다. 증거는 조각조각 단편적으로만 존재했고, 이론은 논쟁의 여지가 많았으며, 지질학적 시대 구분은 아직 추측에 지나지 않았다. 성경을 다시 독해하는 것은, 프로테스탄트들조차 필요한 경우 〈창세기〉 1장을 창조적으로 이해할 준비가 되어 있었음을 보여주었다.

〈창세기〉 6~8장에 나오는 대홍수도 마찬가지였다. 지질학자들은 천지창조 이야기와 더불어 대홍수 이야기에도 의문을 제기했다. 실제로, 특히 홍수 이야기가 다른 문화권에서도 발견된 뒤로는, 누구도 대홍수 이야기의 역사적 진실성을 의심하지 않았다. 그럼에도 일찍이 17세기에 에드워드 스틸링플리트의 《성스러운 기원Origines sacrae》(1662)과 성서학자 매슈 풀의 《성경비평 개요Synopsis criticorum》(1669)는 노아의 홍수가 사실은 지구 보편적으로 일어나지 않고 메소포타미아 지역에 국한되었을 것이라고 시사했다. 이러한 의견은 여러 해 동안 그리스도교 집단들 사이에서 격렬한 논쟁의 쟁점이 된다. 역사적이고 충격적인 물의 힘으로 지구의 모습이 달라졌다고 하는 '홍수설'은 19세기까지도 기본적인 입장으로 남았다. 하지만 윌리엄 버클랜드는 1836년 브리지워터 논문 전집●으로 출간한 《자연신학과 관련하여 고찰한 지질학과 광물학Geology and Mineralogy considered with reference to Natural Theology》에서, 지구 전체에 홍수가 일어났다면 당연히 예상되듯이 성경의 대홍수에서 살아남은 인간이 한 명도 없었을 것이라고

● 브리지워터 논문 전집에 관한 내용은 11장 참조.

인정했다. 이 무렵에는 이미 〈창세기〉 6~8장의 홍수 이야기를 더 지역적이고 덜 형벌적인 것으로 재해석하려는 충동이 압도적으로 커졌고, 성경 지질학자를 제외한 모두가 기꺼이 그 충동을 따랐다.

그러므로 지질학이 종교에 던진 도전은 표면적으로만 성경에 관한 도전이었다. 신자들은, 아니면 적어도 그들 중 다수는 부상하는 과학이 요구하는 대로 〈창세기〉에 대한 새로운 독해를 기꺼이 수용했다. 어셔 대주교를 버리고 간격창조론, 날-시대 창세기, 지역적인 홍수, 혹은 심지어 신화화된 창세기를 받아들이고 사는 일이 놀랍도록 쉬워졌다. 하지만 성경은, 혹은 더 정확히 말하자면 전통적으로 성경을 해석할 권리를 가졌던 사람들은 권위의 상실을 그리 쉽게 받아들이지 못했다. 14세기 파리나 17세기 초 로마에서 벌어졌던 철학자 대신학자 대결의 되풀이였다.

성직자 박물학자들은 자연세계를 하느님 활동의 책이라고 오래도록 상찬해왔다. 하지만 19세기 초에 이르러 하느님 활동의 책이 하느님 말씀의 책에 쓰인 명백한 의미에서, 적어도 부분적으로 벗어나 있다는 깨달음에 직면하게 되었다. 이것이, 앞서 언급했듯이 필연적으로 문제가 되는 것은 아니었다. 텍스트는 언제나 재해석될 수 있었다. 하지만 갈릴레오 시대에 신학자들이 태양중심설에 관해서 그러했듯이 '우리가 이 텍스트를 어떻게 (재)해석할 것인가, 그리고 어느 해석이 권위를 가져야 하는가'라는 문제는 '누가 말할 권위를 가져야 하는가'라는 더 큰 문제와 복잡하게 맞물려 있었다.

18세기 내내 (그리고 19세기 초까지도) 그 답은 명확했다. 즉 그 권위는 자신의 사제관 연구실에 있는 성직자 박물학자가 가져야 했다. 하

지만 19세기의 첫 10년부터 '지질학'은 전문화되고 있었다. 1807년
에는 런던지질학회가 창립되었다. 이후 한 세기 동안 그 지도적 회원
들이 서품을 받은 성직자들이긴 했지만, 이 학회의 존재는 지적 중력
의 미묘한 이동을 상징했다. 성경 지질학자들은 대체로 '전문' 지질
학자 같은 무언가라고 주장할 수 있는 사람이기보다는 자연의 역사
를 취미활동이자 여가활동으로 삼은, 학식 있는 사회 구성원(성직자,
의사, 고전학자, 언어학자, 고고학자 등)이었다. 한 학자의 말에 따르면 "모
세의 지질학은 부분적으로, (…) 모두에게 열려 있던 추측의 영역에
서 자칭 전문가를 제외한 모든 사람을 사회적·인지적으로 배제하는
데 대한 문화적 반발이었다."[3]

지구에 관한 물음들은 점차 용어 색인과 텍스트보다는 끌과 망치
를 이용해 답을 구했다. 실제로 19세기가 지나가면서 독일의 성경
비평이 영국인들의 지적 생활의 이음매 속으로 스며들자, 다른 텍스
트 위에 층을 이루며 쌓여 있는 텍스트, 더 나쁜 경우라면 저자의 편
견이나 명백한 위조 때문에 변질된 텍스트보다 화석과 지층이 더 믿
음직한 역사 문서고가 될 수 있음도 시사되었다. 과학은 종교가 더
이상 제공할 수 없는 지적 확실성을 제공했다.

그러나 점진적인 지질학의 전문화는 18세기 영국에서 과학을 적
법화하는 데 아주 많은 일을 했던 성직자 박물학자들에게 위협이 되
었음에도, 그러한 변화를 인가하고자 노력한 사람들은 바로 성직자
박물학자였다. 특히 윌리엄 버클랜드와 성공회 평신도 찰스 라이엘
의 공이 컸다.

버클랜드는 거의 태어나자마자 망치를 잡았다. 그의 아버지 찰스

버클랜드는 데번 남부에서 성공회 본당 보좌 신부로 일했고, 열광적인 아마추어 지질학자였다. 그는 어린 윌리엄을 데리고 화석이 많은 쥐라기코스트로 갔다. 1804년 옥스퍼드대학을 졸업하고 4년 뒤 사제 서품을 받은 버클랜드 주니어는 하늘에 있는 것들만큼 땅에 있는 것들에도 열중했고, 1813년 대학의 광물학 강사가 되었다. 그는 모두의 취향에 잘 맞는 사람은 아니었다. 다윈은 그를 "과학에 대한 애정보다 (…) 허명을 떨치길 바라는 욕망에 고무되어 있는 (…) 저속하고 추잡하기까지 한 인간"이라고 평가했다.⁴ 이런 판단은 가혹한 것이었다. 버클랜드가 괴짜였다는 사실은 의심할 여지가 없다. 옥스퍼드대학에서 그가 쓰던 방은 동물 뼈들로 가득했다. 어떤 뼈는 저녁식사에서 가져온 것들이었으며, 그의 만찬 식탁에는 생쥐, 집쥐, 개, 다람쥐, 오소리, 악어, 호랑이가 나오는 것으로 널리 알려졌다. 그러나 그는 학식이 있었고, 인기가 많았으며, 선구적이었다.

학식 있는 이들은, 사체를 파내지 말고 묻으라고 교육받고 있던 젊은이들에게 화석 연구가 적합한 취미가 될 수 있다는 사실을 전혀 납득하지 못했다. 그러나 버클랜드는 1820년대와 1830년대에 옥스퍼드대학의 한 회의적인 학자의 눈앞에서 그 정당성을 입증하는 데 누구보다 많은 일을 했다. 1819년 옥스퍼드대학 최초의 지질학 교수로 임용되어 행했던 취임 강의에는 〈지질학의 정당성, 혹은 지질학과 종교의 관계 설명Vindicae Geologicae, or the Connection of Geology with Religion Explained〉이라는 제목이 붙었다. 그는 현대의 동물들과 멸종된 동물들 사이에 해부학적으로 상호 대응되는 유사성에 관심을 유도했고(이에 대해서는 프랑스인 조르주 퀴비에의 연구 성과를 따른다), 곧 공룡이라 불리게 되는 것들을 최초로 완전하게 묘사했으며, 지구의 과거를 연구하려면 동굴 조사가 필수적임을 인정했다. 또한 간격창조론을 홍보했고, 노아의 홍수가 지닌 의미를 축소했으며, 무엇보다도 새로운 과학의 정력적인 옹호자로 쉼 없이 활동함으로써, 과학적이고 사회적으로 존중받을 만한 발판 위에 지질학이라는 분과학문을 올려놓는 데 어느 누구보다 많은 일을 했다.

찰스 라이엘은 버클랜드의 학생이었고, 장차 스승으로부터 지질학의 바통을 비판적으로 이어받게 된다. 다윈은 이 분과학문이 "이제껏 살았던 다른 누구보다" 라이엘에게 빚진 바가 크다고 말했다. 그는 서품만 받지 않았을 뿐 성직자 박물학자의 외적인 특징을 두루 갖추고 있었다. 고전적으로 교육을 받았고, 부유했으며, 성공회 신자였고, 자연세계에 매료되어 있었다. 하지만 단호하게 전통으로부터 걸어 나와 "과학을 전문 분야로 만들기 위해" 싸웠다. "지질학 연구의 물리적 측면은 마치 성경이 존재하지 않는다는 듯이 수행되어야 한다"라고 도발적으로 말하기도 했다.[5] 지질학이 전문화된 것은 라이엘 덕분이었다. 라이엘은 새로 설립된 킹스칼리지 런던의 지리학 학과장을 맡고, 세 권으로 된 《지질학의 원칙Principles of Geology》을 집필했다. 이 책은 다윈이 비글호에서 열중했던 첫 번째 책이었으며, 나중에 새로운 과학의 기본 텍스트가 되었다. 점차적인 지질학적 변화를 뒷받침하는 그의 주장들은 그동안의 논쟁을 균일론 쪽으로 결론짓는 데 일조했다. 그렇게 함으로써 그는 성경 지질학자들의 분노를 불러일으켰지만, 후회하지 않았다.

이 문제에 특정 부류의 저자들이 개입하는 것은 아무리 비난해도 충분하지가 않다. (…) 그들은 성경에 대한 자신들의 해설에서 도출한 천지창조와 대홍수에 관한 이론들을 아무 거리낌 없이 퍼뜨리면서, 한 번도 연구한 적 없는 현상들로 모세의 역사의 조화를 주장하려고 애를 썼다.[6]

버클랜드와 라이엘만 있었던 것은 아니다. 프랑스의 프로테스탄트인 조르주 퀴비에를 비롯해 애덤 세지윅, 윌리엄 코니베어, 존 필립스 같은 인물들도 있었는데 이들은 신앙과 과학 모두에 똑같이 충실했고, 지질학을 하나의 과학으로 성립시키는 데 기여했다. 하지만 버클랜드와 라이엘은 지질학을 전문화했을 뿐 아니라 성경에서 분리해 양쪽 모두에 새 생명을 주었다는 측면에서 특별히 중요했다.

레너드 호너가 다윈에게 편지를 보내 제임스 어셔에 대해 이야기했던 그해에, 성경의 신빙성에 관한 에세이 모음집인 《에세이와 리뷰》가 출간되었다. 이 책은 종교적 논란으로 워낙 유명해져서 《종의 기원》의 빛을 가릴 정도였다. 몇 개의 장에서 지질학을 다루었고 지질학과 〈창세기〉 사이에서 거짓된 조화를 찾으려는 시도를 비판했다. "〈창세기〉 1장에 관한 설명들이 천천히 바뀌고 있고, 말하자면 지질학의 진보 앞에서 뒤로 물러나고 있음을 (…) 알아차린 사람이라면 과학과 계시를 그럴싸하게 화해시키려는 시도를 또다시 하고 싶지는 않을 것이다."[7] 이는 훌륭한 조언이었다. '그럴싸한 화해'는 과학과 종교의 역사를 오래도록 물고 늘어졌었다. 그 둘은 상대의 영역에 간섭하기보다는 그저 자기 갈 길을 간다면 서로 더 잘 지낼 것이다.

그러나 이렇게 정리가 되었음에도 지질학은 여전히 많은 사람을 불안하게 했다. 그렇다고 〈창세기〉가 다시 해석되어야 했다거나, 어셔가 무시당해야 했다거나, 혹은 심지어 성직자 박물학자들이 전문 지질학자 옆으로 물러나야 한다는 것은 아니었다. 문제는 시간에 관한 것이었다. 의사인 토머스 브라운은 《의사의 종교》에서 이렇게 말했었다. "우리가 이해할 수 있는 시간은 우리 자신보다 닷새 더 오래된 것뿐이다."[8] 절대 그보다 더 길지 않다. 어셔의 시간 틀과 근대 초기에 나온 보편 역사들에 내포된 생각은 우주의 역사가 사실상 (문명화된) 인류의 역사와 동일한 시간에 걸쳐 있다는 것이었다. 시간과 세계는 인류가 등장하기 오래전에 시작되지 않았으며, 우리의 미래와 긴밀하게 묶여 있었다. 시간은 인간 드라마에 관한 것이었다.

이는 시간에 있어 태양중심설에 상응할 만한 주장이었는데, 오히려 그 충격은 훨씬 더 컸다. 인류는 시간적으로 창조의 중심에 있었다. 시간적으로 말하자면, 사실상 인간은 창조의 거의 전부였다. 이를 바꾸려 하니 많은 사람이 동요했고, 지구를 우주의 중심에서 밀어냈을 때보다 훨씬 더 심하게 흔들렸다. "시작의 흔적도 없고 종말의 가망도 없는" 무대로 옮겨진 인간의 활동은 예외 없이 더 작고 덜 중요해 보였다. 신이 축소되었듯, 그 형상을 따라 지어졌다는 인간도 암묵리에 축소되었다. 존 플레이페어가 자신이 집필한 제임스 허턴의 전기에서 말했듯이 "시간의 심연을 그토록 깊이 들여다보니 정신이 아득해진다."[9]

'황량한 골고타' — 뇌의 진상

"지질학적 조사에서 나온 결과가 아무리 놀랍게 보이더라도, 그 결과를 성립시킨 기록들이 너무나 확실하고 정확해서 그것이 진실이라는 데 의심의 여지가 있을 수 없었다." 빅토리아 시대 과학 베스트셀러가 된 어느 책은 이런 문장으로 시작했다.[10] 과학적 진실이 때로는 구미에 안 맞을 수 있어도, 그렇다고 진실이 아닐 수는 없었다.

문제가 된 책은 사실 '지질학적 조사'에 관한 것은 아니었다. 지질학으로 이야기를 시작하기가 좋았던 것뿐이다. 지질학은 과거의 변화하는 낯선 지구의 모습을 밝혀냈다. "이제 가장 존경받는 권위자들도 인정하듯" 그 지구 위에서, 인간이 등장하기 오래전부터, "죽음과 생식生殖이 자연 질서의 부분들을 형성했다." "인간 자신"은 "그 구조, 힘, 감정, 욕망의 측면에서 어느 정도 동물"이었다. 인간은 "죽음이 다스리고, 세대가 세대로 이어지는 세상에 적합화된" 동물이었고, 그 세상은 "인간이 도래하자 변하지 않았던 것으로 보인다."[11] 하지만 인간은 적어도 새로운 과학의 분과학문을 통해 자기가 처한 조건에 관한 진실을 파악할 수 있는 동물이다.

그 분과학문은 진화론이 아니었고 그 책은 찰스 다윈이 쓴 것이 아니었다. 허턴과 버클랜드가 지질학의 대의를 선전하고 있던 시기에 강력하고 대중적인 또 하나의 과학이 유럽에 등장하고 있었다. 그것은 확고하게 경험적인 과학이었다. 형이상학적 사변을 거부하고, 주의 깊은 관찰과 측정을 옹호했으며, 가능한 경우라면 해부학적 조사를 지지했다. '영혼'은 말할 것도 없고, '정신'에 관한 관념들은 모호하고 비과학적이며, 궁극적으로는 지지될 수 없는 것이라고 주장했다.

모든 과학 분야처럼, 이 분야에도 전제와 가설이 있었다. 이 경우에 가장 중요한 것은, 이 베스트셀러 책이 표현한 대로, "뇌가 정신의 기관"이라는 것과 뇌가 "뚜렷이 구분되는 능력들을 보여주는 서로 다른 영역들"의 조합이라는 것이었다.[12] 더 나아가 과학은 이러한 뇌의 능력을 사용하거나 방치하는 것이 해당 영역을 더 커지게 하거나 작아지게 할 수 있다고 추정했다. 오랜 시간이 흘러 뇌 영상 촬영 기술이 발달하면서 런던 택시 기사들의 우측 해마가 자주 사용된 결과 더 커졌다는 것을 발견했다. 뇌 안에 얼마나 많은 '모듈' 혹은 구분되는 영역들이 존재하는지에 관해서는 논쟁이 있었지만, 공통된 생각은 뇌의 어떤 영역은 성적 충동 및 자기 보존과 같은 더 '원시적인' 기능을 담당하고, 또 어떤 영역은 자선, 지혜, 종교적 정서 등 더 '발전된' 기능을 담당하는 식으로, 서로 다른 범주나 부류로 나뉜다는 것이었다. 하지만 이 새로운 과학 분과학문을 정말로 특징짓는 것, 그리고 "과거 불모지였던 정신과학"에 "엄청난 빛의 홍수"를 쏟아부을 수 있게 한 것은, 사람마다 기관이 서로 다르고 인지 능력 및 지각 능력이 두개골과 관련되어 있다는 인식이었다. 보다 분명하게 말하자면, 머리뼈의 크기와 모양을 밝혀내고 측정함으로써 뇌의 기관들과 기능을 이해할 수 있다는 것이다.

오늘날 골상학은 어디에서나 엉터리 과학으로 묵살되기 때문에, 19세기에 그것이 얼마나 진지하게 다루어졌는지 우리는 잘 알지 못한다. 골상학은 18세기에 희망적이면서도 여전히 모호했던 인간 정신의 물질화를 19세기에 더욱 경험적인 영역으로 가져왔다고 여겨지던 하나의 과학이었다. 그 기원은, 사제가 되려다 의사가 된 18세기 인물인 프란츠 요제프 갈과 그의 제자 J. G. 슈푸르츠하임의 연구 성과에 있다. 갈은 의학 교육을 받던 중 인간과 유인원 사이의 해부학적 유사성에 큰 충격을 받고 서로 다른 종들의 해부학적 구조가 어떻게 그들의 인지적 역량의 차이를 드러내는지에 관해 관심을 갖기 시작했다. 생각과 느낌이 뇌의 활동이라면, 그리고 뇌가 물질적 대상이라면, 생각과 느낌은 당연히 어떤 물질적 형태를 취하고 어떤 물질적 흔적을 남길 수밖에 없다. 이를 발견한다면 인성에 대한 철학적 (이고 신학적인) 사변의 필요성이 사라질 것이다. 갈이 세밀하게 해부한 물리적 뇌만으로도 충분하기 때문이다.

갈은 동물과 인간의 두개골을 모았고, 뇌와 두개골 사이의 상관관계에 관한 일단의 이론들을 강의하고 발전시키기 시작했다. 그는 오스트리아 빈에서 처음엔 무시당하다가 나중에는 금지되었으며, 그의 저술들은 유물론적이고 반종교적이라는 이유로 교회의 금서 목록에 올랐다. 하지만 그는 굴하지 않고 유럽 전역의 과학 학회들을 돌아다니며 강의했고 점차 성공을 거두게 되었다. 그의 생각들이 주류 과학에 스며들기 시작했다.

물론 반대하는 이들도 여전히 있었다. 1815년 세간에 높이 평가받던 《에든버러 리뷰Edinburgh Review》에 실려 그의 이론이 처음 영국에 알려졌을 때 독자들의 반응은 비판적이었다. 반론의 대부분은 이 분과학문이 명백하나 결정론으로 보인다는 사실에 뿌리를 두었다. 하지만 슈푸르츠하임이 이듬해 에든버러를 방문해 조심스럽게 뇌를 절개해 자기 스승의 생각들을 입증해 보이자 회의적이었던 사람들도 확신하게 되었다. 골상학의 결과가 아무리 기분 나쁜 것이라 해도, 과학적 증거는 너무나 확실하고 정확해서 심각한 의문의 여지를 남겨둘 수 없었다.

에든버러는 이 새로운 과학의 도약대로 자리매김했다. 이 도시에서 1820년에 골상학회가 창립되었고 3년 뒤부터 학술지를 발행했다. 1820년대 말에 그곳에서 의학을 공부하고 있던 다윈도 골상학에 관한 토론에 참여하곤 했는데, 처음에는 별로 믿음을 갖지 않았지만, 결국 스코틀랜드 정치인 제임스 매킨토시에게 설득되었다. 1831년 다윈이 비글호를 타고 떠날 무렵에 골상학의 인기는 절정에 달했다. 나라 전체에 골상학회만 스물아홉 개가 있었다. 고용주들이 직원을 채용할 때 지원자의 능력과 성품에 대한 일종의 증명서로 지역 골상학자의 인성 분석 조회를 요청하는 일이 흔해졌다. 다윈 자신도 골상학 때문에 비글호에 승선하지 못할 뻔했다. 비글호의 선장이자 예리한 골상학자였던 로버트 피츠로이가 처음에 이 박물학자의 코 모양을 보고 그의 탑승을 거부하려 했던 것이다.

골상학이 거둔 성공의 중심에는 《인간의 구성과 외부 대상들에 대한 관계The Constitution of Man and Its Relation to External Objects》(이하 《인간의 구성》)라는 제목의 책이 있었다. 이 책은 19세기에 베스트셀러가 된 두 과학 서적 중 하나였다(나머지 하나는 다음 장에 등장한다). 책의 저자는 에든버러의 법률가였다가 과학자가 된 조지 쿰이었다. 쿰은 갈의 연구에 관한 1815년도의 비판적인 기사를 읽긴 했지만, 이듬해 슈푸르츠하임이 방문했을 때 다른 사람들처럼 골상학을 받아들이게 됐다.

그는 에든버러 골상학회의 창립에도 기여했으며, 학술지를 편집하고, 골상학에 관해 저술하고 강의도 했다. 그의 강의는 마치 골상학을 20세기 행동주의의 전신처럼 만들었다. 행동주의는 조금 모호하고 형이상학적인 것처럼 들리는 내부적 의지나 생각보다는 외부 조건에 의해 행동이 결정된다는 이론이다. 쿰은 자신의 초기 저서인 《골상학에 따른 인간의 책임에 관하여On Human Responsibility as Affected by Phrenology》에서, 의지와 도덕적 책임이란 그 자체로 어떤 실체가 있다기보다 인간 행동을 기술하는 용어에 불과하다고 주장했다.[13]

조지 쿰은 이 새로운 과학을 더 넓은 틀 안에 배치하기를 원했고, 1828년에 《인간의 구성》을 출간했다. 이 책은 처음엔 반응이 느리게 나타났지만, 결국 선풍적인 인기를 끌었다. 영국에서만 12만 5000부가 팔렸고, 전 세계적으로 35만 부가 팔렸다. 스웨덴어, 프랑스어, 독일어, 폴란드어, 벵골어로 번역되고 시각장애인을 위한 판본까지 나왔으며, 19세기가 끝날 때까지도 계속해서 재출간되었다. 1858년 《일러스트레이티드 런던 뉴스Illustrated London News》는 "인간이 기억하는 한에서, 영어나 다른 어떤 언어로 출간된 책 중에, 지금까지 사회에서 용인된 의견들에 이토록 큰 혁명을 일으킨 책은 없었다"라고 열변을 토했다. 이 책은 대중적이었고, 논증이 잘되었고, 쉽게 읽혔고, 자신감에 차 있었고, 과학적으로 박식했고, 종교에 비판적이었다. 여러 가지 면에서 그 시대의 《만들어진 신》 같은 책이었다.

《인간의 구성》은 골상학을 보편적이고 조화로운 고정된 자연법칙이라는 더 큰 과학의 맥락에 위치시켰다. 쿰의 생각에 따르면, 법칙에는 세 가지가 있는데, 인간은 이 세 가지 법칙 모두에 종속된다. 물리적 법칙은 온 우주를 통제하고, 유기적 법칙은 생명을 통제하고, 도덕적·지성적 법칙은 인간 본성을 지휘한다. 이중 골상학이 뇌의 참된 물질적 구조와 기능을 규명함으로써 "인간 능력의 수와 기능"에 관해 "철학자들과 성직자들"의 오래된 혼동을 일소하며 새로운 빛을 비출 수 있는 것은 세 번째 법칙이었다.

쿰은 수많은 '질서'를 규명했다. 어떤 것은 '성적 충동'과 '자손 욕망'처럼 인간이 '열등한 동물들'과 공유하는 느낌들이었다. 또 어떤 것은 자기존중이나 자애와 같이 유사하게 공통된 정서들이다. 그밖에 다른 것들은 공경, 성실, 희망, 경이 등 인간에게만 고유한 것이었다. 골상학은 이중 무엇이 무엇인지, 즉 어느 것이 뇌의 어느 영역에 있는지를 규명하는 데 도움을 줄 수 있으며, 이 모두를 조명함으로써 인간 본성에 대한 정확하고 경험적으로 확고한 이해를 밝혀내는 데에도 일조할 수 있었다. 이를 통해 쿰은 개인과 사회의 번영에 대한 과학적 접근법을 개괄할 수 있는 위치에 있게 되었다. 물질적인 것이 물리적인 중력 법칙을 무시하면 훼손되고, 살아 있는 것이 유기 법칙(충분한 먹이, 빛, 공기, 운동의 필요성 등)을 무시하면 손상되듯이, 인간도 도덕과 지성의 법칙을 무시하면 상해를 입는다. 사람들이 인간 본성에 대한 과학적 접근법을 채택하기만 한다면 엄청난 고통을 피할 수 있을 것이다.

부패한 은행가를 예로 들어보자. 쿰은 이렇게 썼다. "런던에서 평판이 좋았던 한 무역상이 [최근에] 몰락하여 파산했다. 한 직원이 많은 돈을 횡령했기 때문이었다." 아니면, 성가신 하인들 때문이었다. "인생의 다양한 분야에서 하인들과 딸린 식구들의 비행 때문에 얼마나 많은 골칫거리들이 생겨났던가?" 혹은 부패한 우체국장 때문이었다. "영국의 우체국은 최고의 인성을 가진 사람들을 선별해 채용하기 위해 온갖 방법을 동원하고 있음에도 항상 절도가 벌어진다고 한다." 그러한 사회적 질병은 잘못된 ("확실히 도덕적 자질이나 지적 자질이 부족한") 사람을 잘못된 위치에 둠으로써 도덕과 지성의 법칙을 무시한 결과다. 다행히 과학이 도움을 줄 수 있다. "여기에서 열거된 해악들은 골상학을 적용함으로써, 어느 정도 제거될 수 있음이 분명하다."[14]

골상학은 더 넓은 사회와 지구의 이슈를 조명하는 데 도움을 줄 수도 있다. 사람들이 각기 인성과 뇌와 두개골이 다르듯이, 인종도 그러하다. 실제로 골상학에 의해 규명되는 정신적 차이들은 "아무리 희미하거나 모호하더라도 개인들에게서 나타날 수 있으며, 민족들에게서는 절대적으로 부인할 수 없게 된다."[15] 골상학회에서 모아놓은 "힌두인, 카리브인, 에스키모, 페루인, 스위스인"의 두개골들은 민족성의 차이가 "민족적 뇌"에서 시각적으로 드러난다는 것과 유럽인의 뇌가 "힌두인이나 아메리카 원주민의 열등한 뇌에 비해 바람직하게 발달한 도덕과 지성의 기관들을 가졌다"라는 것을 분명하게 입증했다. 하지만 이것이 절대적인 법칙은 아니었다. 골상학회는 "외스타슈라는 이름을 가진 흑인"의 두개골도 소장하고 있었는데, 이 두개골은 "유럽에서조차 매우 보기 힘들 정도의 명민함과 사심 없는 자애를 보여주었다." 이러한 예들은 노예무역이 얼마나 사악한 것인지를 분명하게 보여준다고, 쿰은 추론했다. 그러나 이것은 신학적 연역은 물론이고 철학적 연역으로 도달한 것이 아니라, 과학을 통해 이르게 된 도덕적 결론이었다.

《인간의 구성》은 종교에 대해 전적으로 경멸적인 태도만 보여주지는 않았다. 사실 피상적이긴 하지만, 오히려 종교를 존중하는 태도를 보였다. 특히 나중에 논쟁이 계속되면서 쿰이 억지로라도 진정하고 부드러운 목소리를 내야 했을 때 나온 판본들이 그러했다. 그는 책의 끝부분에 신은 "지적이고 자비롭고 강력하다"라고 썼다. 그러니 "우리는 창조된 세계가 조화로운 체계이며, 그 안에서 물리적인 것들은 도덕적인 것에 맞추어졌고, 도덕적인 것들은 물리적인 것에 맞추어져 있다는 결론에 합리적으로 이르게 된다."[16] 이것은 물리신학의 각본에서 그대로 가져온 말이었다.

그러나 이 각본이 이제 성경에 기초한 그리스도교와의 유사성을 잃어버렸다는 것이 분명해졌다. 그리스도교는 오히려 인류의 진보에 방해가 될 뿐이었다. 종교는 인간의 운명을 개선할 가능성이 있듯이 "경이와 공경을 담당하는 기관들의 병적인 흥분"을 일으킬 가능성도 있었다.[17] 죽음은 "분명히 유기적 법칙의 한 부분"이며, 신학자들이 생각한 것처럼 죄를 벌하는 것이 아니라 "노쇠한 이들"을 궁극적으로 자비로이 제거하는 것이다.[18] 윤리는 추정되는 신의 계시보다, 고통과 쾌락의 효용과 다양한 자연법칙에 관심을 기울여야 한다. 종교의 고유한 본래 역할은 과학이 자연에서 식별해낸 도덕적 교훈을 듣고 긍정하는 것이지, 그 교훈을 대체하는 것이 아니다. 종교는 "두 번째 종교개혁"이 필요했다. 사람들이 인간의 품성, 지성, 도덕에 대한 참된 과학적 그림을 그 안에서 인식하고 통합하는 "새로운 그리스도교 신앙"이 요구되었다.[19]

종교계의 반응은 엇갈렸다. 물리신학의 원칙들로 훈련된 그리스 도인이 많았는데, 이들을 가리켜 쿰은 뇌에서 공경과 경이를 담당하는 기관들이 신의 지혜와 자비에 대한 심화된 확증으로서 기능하는 사람들이라고 했다. 신의 지문을 물질적 세계 전역에서 찾으려는, 한 세기 반이나 된 이 전통은 이제 두개골의 문턱을 넘어섰다.

골상학이 가리키는 방향이라고 쿰이 주장하는 개혁적 방향에 이끌리는 사람들도 있었다. 그는 창조의 법칙들이 양방향으로 작용한다고 주장했다. 물리적 법칙과 유기적 법칙을 간과하는 것은 도덕적 안녕에도 영향을 끼칠 수 있고, 마찬가지로 개인의 부도덕성은 한 개인을 물질적으로 몰락시킬 수 있다. 이는 어떤 물질적 환경("부족한 음식과 의복, 건강에 좋지 않은 직장과 주거와 식사, 장시간 노동")은 "종교적 감정"을 포함한 "정신의 고등한 능력과 느낌"을 손상시킬 수 있다.[20] 그러므로 정신의 개선을 위해서는 사회적 개혁이 필요하다. 골상학자들은 교육, 운동, 금주, 채식, 형법 개혁, 근로환경 개선을 위한 캠페인을 벌였으며, 많은 경우에 자유주의 프로테스탄트들이 여기에 참여했다.

하지만 이 모든 지지에도 불구하고, 종교인들의 주된 반응은 적대적이었다. 1830년대 중반부터 《인간의 구성》이 급격하게 인기를 끌자, 영국의 그리스도인들, 특히 복음주의자들은 골상학을 맹렬히 비난하는 기사, 팸플릿, 책을 썼고 협회들을 창설했다. 골상학이 더 오래 더 많은 인기를 끌었던 미국에서는 그리스도인들의 반응도 훨씬 더 비판적이었다. 《크리스천 이그재미너Christian Examiner》는 골상학이 "정신적 철학의 아름다운 영역을 황량한 골고타, 즉 해골 터"로 바꿔

놓았다고 열을 내며 비판했다.[21]

《크리스천 이그재미너》의 생생한 비판이 보여주듯이, 종교계에서 반감을 품게 된 핵심 이유는 골상학의 유물론 때문이었다. 정신을 뇌로, 윤리를 효용으로 일축하는 것은 (명백히) 영혼의 존재를 부정할 뿐 아니라 인간의 주체적 행위와 도덕적 책임을 부정하는 것이었다(분명해 보이는 과학적 결정론이 정력적인 사회적 개혁주의와 어떻게 조화를 이룰 수 있는지는 분명하지 않았다). 하지만 유물론 이외의 다른 차원들도 종교계의 반감에 일조했다. 사회적으로는, 그토록 많은 자유사상가와 반反성직주의자가 이 새로운 과학을 옹호했다는 사실 자체가 신자들의 의심을 샀다. 복음주의적으로는, 당시는 영국의 선교회들, 즉 침례교선교회(1792년 창립), 런던선교회(1795), 교회선교회(1799), 영국해외성경협회(1804) 등이 '원시인들'과 '야만인들'이 유럽인들처럼 복음을 읽고 받아들일 수 있다는 생각에 입각한 활동에 상당한 돈과 자원을 쏟아붓기 시작하던 시기였다. 선교회들이 시간을 낭비하고 있다고 암시하는 어떠한 과학도 독실한 그리스도인들의 마음을 얻기는 어려웠다.

과학적으로는, 더 박식한 종교인들 중에 골상학의 자격에 의문을 제기하는 이들도 있었다. 물론 의문을 제기한 이들이 그들만은 아니었다. 윌리엄 버넌 하코트는 1831년에 영국과학진흥협회(BAAS)를 창립하면서 골상학을 허용하지 않았고, 그래서 골상학자들은 같은 1830년대에 자기들끼리 골상학협회를 설립했다. 철학적으로는, 자연으로부터 도덕 체계를 이끌어낼 수 있다고 하는 생각이 신학자들을 곤란하게 했다. 스코틀랜드의 목사 C. J. 케네디는 《인간의 구성》

에 대한 반론으로 가득한 책을 썼다. 그는 이 책의 한 장을 "도덕 체계를 순전히 자연법칙에서 연역할 수 있다고 추정할 가능성"을 반박하는 데 할애했다.[22] 사회, 종교, 과학, 철학 측면의 이 모든 이유 때문에 19세기 과학과 종교의 관계에서 훨씬 더 큰 화약고는 지질학이 아니라 골상학이라는 사실이 드러났다. 지금 우리가 이를 잊고 있는 것은 골상학 자체가 잊혔기 때문이다.

하지만 이 모든 차원 뒤에는 또 다른, 익숙한 마찰의 원인이 있었다. 골상학에 대한 (아니면 실제로는 지질학에 대한) 적대감을 가졌음에도 C. J. 케네디 같은 복음주의자들은 자신들이 이해하는 과학에 대해 대체로 긍정적이었다. 케네디는 '종교의 하녀'라는 오래된 경구를 반복적으로 사용하면서 그런 방식으로 과학을 용인하고 있다.[23] 하지만 쿰이 생각하기로 이 하녀는 이제 정부가 된 게 분명했다.

《인간의 구성》 초판본에는 종교적 논의가 거의 없었다(뒤에 나오는 판본들에 종교적 논의를 다루는 기다란 장들이 추가된 것은 이 책 자체가 일으킨 종교적 논쟁 때문이었다). 이러한 사실은 그 자체로 말해주는 바가 많다. 쿰과 골상학, 그리고 그가 옹호하는 과학의 영역에 관한 한, 종교는(그가 좋아하는 자연주의적 이신론에 반대되는 계시, 성경, 신학, 교회라는 형태의 종교는) 대개 타당성이 없었다. 왜냐면 그것은 대체로 잉여적인 것이었기 때문이다. 그는 이후 판본의 과학과 종교에 관한 장에서 이렇게 썼다. "과학은 자연 질서의 현시이며 자연 질서는 이 세상 일들에서 하느님 섭리의 경로를 나타내는 또 하나의 표현 형식일 뿐이다." 과학자는 자연의 참된 사제라는, 17세기 후반에 아주 인기 있던 주장이 이보다 더 힘 있고 명확하게 표현된 적은 없었다.

이것이 전부가 아니었다. 그는 같은 장에서 이렇게 썼다. "과학은 이러한 정서들에 직접 말을 거는 하느님의 전령이라는 고유한 성격과 소명을 발견하고서야 (…) 도덕적이고 종교적이고 물리적인 행복을 고취하기 위해 자신의 영향력을 사회에 행사할 것이다." 과학은 종교에 도전하기보다 종교를 대체했다.

'인간 본성의 느리고 단계적인 개선' ─ 새로운 미래

"골상학의 기원은 독일이며, 빈은 골상학의 출생지다. (…) 그러나 유럽에서도 골상학이 주목받고 성공한 곳은 프랑스다." 철학자이며 비평가이자 소설가인 조지 엘리엇의 가장 가까운 친구였던 조지 루이스가 1857년 《블랙우즈 매거진Blackwood's Magazine》에 쓴 글이다. 그의 말은 옳았다. 이 새로운 분과학문은 영국과 미국에서 인기가 있었지만, 프랑스에서 더욱 전도유망했다. 프랑스에서는 한 세대 동안 혁명과 전쟁으로 조각난 지성과 도덕의 토대와 희망을 뒷받침하기 위해 과학이 필요했다.

프랑스의 과학은 1790년대 초의 혼돈 이후 놀라울 만큼 빠르게 회복되었다. 조르주루이 르클레르가 거의 50년 동안 감독직을 맡았던 자르댕 뒤 루아Jardin du Roi(왕의 정원)는 국립자연사박물관의 일부인 자르댕 데 플랑트Jardin des Plantes(식물들의 정원)로 재편되었다. 1794년에는 이후 유럽 전역에서 공과대학의 모델이 되는 에콜폴리테크니크가 설립되었다. 국민공회에 의해 중단되었던 과학아카데미는 1795년

국립예술학사원의 일부로 부활했다. 3년 뒤 나폴레옹은 이집트를 침공하면서 이 군사작전의 과학적이고 역사적인 열매를 포착하기 위해 167명의 역사학자, 공학자, 식물학자, 제도사, 예술가 등을 데려갔다. 나폴레옹 전쟁이 발발하면서 프랑스의 정치는 확고하게 보수적으로 바뀌었지만, 18세기처럼 과학에 대한 반감이 수반되지는 않았다.

프랑스의 과학은 종교에 적대적일 수 있었다. 《천체역학Celestial Mechanics》에서 피에르시몽 라플라스(1749~1827)는 신의 역할에 대한 나폴레옹의 질문에 "나에게는 그런 가설이 필요하지 않다"고 대답했다. 이 말은 상징적 문구가 되어 이정표나 묘비로서 과학과 종교의 관계에 관한 전설에 흘러들었다. 현실에서는 라플라스가 신에 관해 실제로 무슨 생각을 했는지, 이 말을 함으로써 무엇을 의미하려 했는지, 혹은 그가 정확히 그렇게 말했는지는 확실하지 않다. 더구나 '프랑스의 뉴턴'이라고도 불린 그가 아무리 중요한 인물이었다고 해도 각각 전자기학, 고생물학, 열역학의 '아버지'인 앙드레마리 앙페르, 조르주 퀴비에, 니콜라 레오나르 사디 카르노 같은 다른 선도적 과학자들은 종교에 대해 더 유화적이고 심지어 더 신실하기까지 했다. 19세기 프랑스의 과학은 18세기의 과학처럼 무기로 쓰이지 않았다.

19세기 초 프랑스의 과학에는 반그리스도교적 예리함이 부족했지만, 세속적인 확신이 그 부족함을 메웠다. 한 세기 뒤에 경제학자 F. A. 하이에크는 에콜폴리테크니크를 유럽의 과학적 오만의 근원이라며 비판한다.[24] 그는 사회공학을 가능하게 하는 어떠한 '사회과학'에 대한 본능적으로 적대적인 입장에서 글을 쓰고 있었지만, 이러한 비난은 어떤 역사적 힘을 그대로 유지하고 있다. 명석한 과학자들, 늘어나는 분과학문들, 관측과 실험의 성공, 그리고 무엇보다도 그 모두가 약속하는 진보가 기존의 확신들을 강화했다. 첫 번째는 과학 지식이야말로 유일하게 믿을 만하다는 확신이고, 두 번째는 오직 하느님의 손에 달려 있다고 생각한 미래가 이제 변형 가능한 것으로 과학의 손에 놓여 있다는 확신이었다.

오랫동안 불완전한 형태로 남아 있던 이러한 이해를 나폴레옹 이후의 프랑스에서 처음 체계화한 사람은, 병사로 복무했다가 금융 투자자로 일한 뒤 철학과 과학을 연구한 인물이었다. 앙리 드 생시몽은 프랑스 필로조프들의 과학에 대한 과찬을 물려받았지만, 그가 주로 파괴적인 의제라고 판단한 것들에 대해 그들을 비판했다. 백과전서 파가 조직을 해체한 곳에 생시몽은 질서를 가져왔다.

생시몽은 수학, 물리, 천문학이 놓은 과학적 토대 위에서 철학, 도덕, 정치, 그리고 궁극적으로 종교가 하나의 완전한 구성체를 이룰수 있다고 믿었다. 조지 쿰처럼 그 또한 과학적 방법을 확장해 '인간'과 사회 연구에 적용하려 했다. 나폴레옹의 집권 말기에 집필했지만, 훨씬 더 나중에야 출간한 '인간 과학'에 관한 기요紀要에서 새로운 백과전서를 제안하고, (자연)과학 아카데미에 상응할 도덕 및 사회과학의 새로운 아카데미들을 제안했다. 오직 이러한 방법으로만 사회가 건전한 과학적 바탕 위에 성립될 수 있다고 여긴 것이었다.

정치적 격동의 한 시대를 살아낸 많은 이들처럼 생시몽 또한 역사의 방향에 관해 우려했다. 자신의 젊은 시절보다 역사가 훨씬 더 역동적이고 예측 불가하게 흘러가는 듯 보였다. 그는 역사란 축적된 지식에 의해, 따라서 도덕적 진보에 의해 특징지어진다고 결론 내렸다.

그는 종교, 형이상학, 과학이라는 3단계 과정을 상정했다. 지식이 더 확실해짐에 따라 사회는 이 3단계를 통과하게 된다. 인류는 지금 우리가 지구의 궤도나 발사체의 경로를 이해하는 것만큼 확실하고 정확하게 정신, 도덕, 사회, 경제도 이해할 수 있는 시대를 향해 나아가고 있다.

하지만 과학에 이토록 헌신했음에도 생시몽은 실험과 이성만으로 충분하지 않다는 사실을 인정했다. 사람들의 삶에는 헌신, 열정, 감정이 필요했다. 종교는 나름의 쓸모가 있으므로 폐지하기보다는 더 신빙성 있는 과학적 제도, 미래를 위한 유토피아적 사회주의 비전에 더 잘 맞는 제도로 대체되어야 한다. 생시몽의 마지막 책에는 《신新 그리스도교Nouveau Christianisme》라는 직설적인 제목이 붙었다. 새로운 그리스도교는 신성을 인성으로 대체하고, 성직자를 과학자로, 신앙을 과학 지식으로 대체하며, 뉴턴 숭배를 중심으로 하는 전면적인 사회 재조직화를 옹호한다.

인생의 이 시기에 이르러 생시몽은 가엾은 인간이 되어 있었다. 귀족으로 태어났고(아침마다 그의 시종은 "백작님, 하셔야 할 훌륭한 일들이 많다는 것을 기억하십시오"라는 말로 그를 깨웠다) 대혁명 기간에는 비어 있는 부동산을 매입해 엄청난 부를 축적했으나, 거의 다 잃고 보호시설에서 지내며 자살을 시도하기까지 했다. 그는 《신그리스도교》를 완성하지도 못하고, 시종이 그에게 상기시켜주던 '훌륭한 일들'을 이루지도 못한 채 극빈자로 죽었다. 하지만 그는 처음에 그의 비서로 일했고 나중에는 그의 제자로 살았던 한 젊은이와 친구가 되었다. 이 젊은이는 생시몽이 25년 동안이나 추구했던 과학적 사회 연구에 대한 용어를 마침내 만들어냈다.

오귀스트 콩트는 정신 상태가 불안정했지만, 그럼에도 매우 명석한 사상가였다. 가톨릭 가정에서 자란 그는 에콜폴리테크니크에서 공부하다 생시몽의 마법에 걸리고 말았다. 이 젊은 청년은 과학에 대한, 그리고 세상을 개조할 과학의 역량에 대한 스승의 헌신을 존경하고 따랐다. 그의 초기 저작 중 하나는 제목이 《사회 재조직에 필요한 과학 연구 계획Plan des travaux scientifiques nécessaires pour réorganiser la société》이었다. 그는 이 책을 겨우 스물네 살에 집필했고, 장차 중요한 책이 될 거라고 생각했다.

콩트는 같이 지내기 쉬운 사람이 아니었다. 생시몽이 반쯤 종교 쪽으로 선회하자(콩트 자신의 과학이 그를 그리로 이끌었음을 생각하면 역설적인 일이다), 스승과 험악하게 싸우고 결별했으며 그에 대한 어떠한 지적 부채도 인정하기를 거부했다. 1826년 신경쇠약을 겪고 난 뒤, 콩트는 한동안 공적 생활에서 물러나 있다가 여섯 권짜리 걸작 《실증철학 강의Cours de philosophie positive》를 집필하기 시작했다. 1830년대에 지질학이 전문화되고 골상학에 관한 쿰의 저작이 대중화되는 동안 콩트는 물상과학을 체계화하고, 진정한 사회 개혁의 토대가 될 수 있는 새로운 과학 분과학문을 성립시켰다.

그는 자기 스승을 따라, 여러 시대에 걸쳐 진행된 인간의 사고에 관한 연구를 통해 '철학하기의 방법méthodes de philosopher'이라는 세 단계를 지식이 어떻게 연속적으로 통과하는지가 밝혀졌다고 설명함으로써 시작했다. 이 철학하기의 방법에는 신학적('허구적') 방법, 형이상학적('추상적') 방법, 과학적('실증적') 방법이 있다. 첫 번째 단계는 다시 정교함의 정도가 서로 다른 물신적 단계, 다신적 단계, 일신적 단계로 나뉘는데(콩트 자신이 대상을 세분하는 데 탁월했다), 이 모두는 인간의 정신이 "모든 현상을 초자연적 존재의 직접적인 행동에서 산출되는 것이라고 생각하는" 철학의 가장 "원시적" 형태로 특징지어진다. 두 번째 단계에서는 이 초자연적 행위자들이 "추상적 힘들"로 대체된다. 이 힘들은 이전에 직접적인 신의 개입으로 설명되던 모든 현상을 산출할 능력이 있다고 판단되는 "인격화된 추상적 관념들"이다. 세 번째 단계에 이르면 정신은 "절대적 개념들을 찾던 헛된 노력"을 포기하고 자연법칙의 틀 안에서 행하는 이성적 추론과 관찰에만 전념한다.[25]

실증적 지식이라는 대의는 여러 세기 동안 느리면서도 결연하게 진전되어왔다. 콩트의 걸작에서 첫 세 권은 참된 과학적 지식의 범위(수학, 천문학, 물리학, 화학, 생물학)를 조사하고 구조화하는 데 할애되었다. 이들 각각의 학문은 다시 그 직무에 따라 기하학과 역학(수학의 경우), 혹은 광학과 전기학(물리학의 경우) 등의 하위 범주로 나뉜다. 이런 식으로 콩트는 끊임없이 뻗어가는 과학적 지식의 영역들을 지도로 그려냈을 뿐 아니라 그 영역들이 서로 어떻게 연결되어 있는지를 보여주었다.

하지만 그의 진짜 목표는 '가장 복잡한' 수준의 현실, 곧 '사회 현상'을 이해하는 것이었다. 복잡한 사회 현상은 이제까지 형이상학적이거나, 더 나쁘게는 신학적인 '지식'이 유래하는 출처였다. 콩트는 이를 바꾸기 위한 개혁 작업에 착수했다. "인간의 정신이 천상의 물리학과 지상의 물리학을 파악했으므로 (…) 관찰 과학들의 행렬을 채울 하나의 과학만 남아 있으니, 그것은 사회의 물리학이다."²⁶ 따라서 《실증철학 강의》의 나머지 세 권은 '사회학'이라는 새로운 과학에 할애되었다. 여기에서 그는 '사회과학'을 진정한 실증철학의 지위로 고양시켜줄 방법(관찰, 실험, 비교, 그리고 그가 '역사적 방법'이라 부른 방법)을 개괄한다.

이 모두는 완전히 객관적이지 않음에도 자의식적으로 과학적이었다. 콩트는 자신이 인간 지식을 세 부분으로 된 역사(이러한 구분은 궁극적으로 성부, 성자, 성령의 세 시대로 역사를 나누는 신학적 구분에서 비롯했다)에 기초하는 방식은 마지막의 실증주의적 시대가 단순히 사실에 대한 관찰이나 심지어 더 확실한 지식을 향한 권고가 아니라, 다가올 인간 역사의 절정을 표현한 것임을 강조했다. 종교의 언어로 말하자면, 콩트는 일종의 '종말론'(인류와 역사의 방향 및 목적에 관한 신학의 한 분야)에 참여하고 있었다. 다만 그의 종말론은 단호하게 세속적이며 과학적인 부류의 종말론이었다.

콩트는 적어도 처음에는 이에 관해 너무 많이 말하지 않으려고 주의를 기울였다. 《실증철학 강의》 6권에서 그는 당시에 진행 중이던, 인간이 완벽해질 수 있는 가능성에 관한 논쟁에 찬물을 끼얹었다. "문명의 상이한 단계들에서 인간의 절대적 행복"에 관한 주장들은 정확히, 실증철학이 우리를 그로부터 구원하리라는 그런 부류의 '형이상학적 논쟁'을 구성했다. 그러나 그는 인간과 사회에 관한 탐구를 신학적이고 형이상학적인 어둠에서 끄집어내 과학의 광명으로 이끄는 것이야말로 "인간 실존 조건"의 향상뿐 아니라 (결정적으로) "인간 본성의 느리고 단계적인 개선"에 이르리라고 믿어 의심치 않았다.²⁷

과학은 사회와 개인의 진보와 구속, 그리고 어쩌면 구원까지도 약속했다.

이 모두가 콩트의 철학에 함축되어 있었지만, 오랫동안 함축되어 있는 상태로만 머물지는 않았다. 생시몽처럼, 그리고 부르봉 왕정복고(1814~1830)와 7월왕정(1848) 기간의 많은 사상가처럼, 콩트 역시 문화적 응집성에 관해 우려했다. 역사적 가톨리시즘 없이는, 프랑스 민족의 중심이 유지될 수 없었고 무정부상태가 그들을 다시 한번 집어삼킬 위험이 있었다. 그러나 이제 가톨리시즘은 명백하게도 민족의 지적 중력의 중심이 될 진지한 선택지가 되지 못했다. 사회과학과 실증철학의 빛으로 들어서는 현대적 민족에게는 형태와 응집성을 부여해줄, 적절하게 계몽된 종교가 필요했다.

《실증철학 강의》의 마지막 권을 완성하고 얼마 되지 않아 콩트는 신경쇠약을 겪었고, 정신 건강을 되찾도록 간호해주었던 첫 번째 아내와 결별했다. 그리고 2년 뒤에 유부녀이지만 남편에게 버림받은 상태였던 클로틸드 드 보를 만났다. 두 사람은 열정적인 관계를 맺었지만, 1846년 클로틸드도 세상을 떠났다. 절망에 빠진 콩트는 사회를 통합하는 데 도움이 되리라는 과학적 종교를 여전히 추구하면서, 실증철학을 완전한 종교인 인류교Religion de l'Humanité로 전환시켰다. 이 인류교에 비하면 생시몽의 《신그리스도교》는 제한된 프로테스탄티즘으로 보일 지경이었다.

콩트는 오랫동안 골상학을 존중했었다. 쿰처럼 콩트도 골상학이 마침내 형이상학자들에게서 정신을 구해냈다고 믿었다. "우리 시대가 되고 나서야, 그의 기관으로 유명한 [프란츠 요제프] 갈과 함께, 현대 과학은 옛 철학을 그 영역의 이 마지막 부분으로부터 쫓아냈다"라고 그는 소리쳤다.[28] 그리고 이 분과학문이 "성 바오로[가 언급한] 자연과 은총 사이의 가상적인 갈등" 같은 인간 본성에 관한 혼란스러운 생각을 몰아내고 "우리의 개인적 본능이 자리한 뇌의 후두부와 공감적 충동 및 지적 능력이 자리한 뇌의 전두부 사이"의 대립 같은 "진짜 대립[들]"로 대체했다.[29] 물론 골상학도 비판에서 자유로웠던 것은 아니고, 특히 콩트도 후반 저작들에서 인정하게 되듯이 과학은 뇌의 기능들이 정확히 어디에 위치하는지 알아내지 못했다. 그럼에도 콩트는 이 분과학문을 존중하고 그 창립자를 공경했으며, 자신의 사회과학과 인류교 모두를 위해 자신의 생각들을 끌어다 사용했다.

콩트는 이 종교를 지나칠 정도로 세밀하게 규정했다. 이 종교의 추종자는 하루에 세 번 기도해야 한다. 즉 자기 집의 세 여신인 어머니, 아내, 딸에게 각기 한 번씩 기도해야 한다. 또한 하루에 세 번 자기 몸에 십자 성호를 그어야 한다. 즉, 골상학에서 자비와 질서와 진보의 충동들이 위치한다고 하는 머리 부분을 손가락으로 톡톡 두드려야 한다. 인류교에는 도입(세례 형식)으로 시작해서, 입문, 입회, 지정, 혼인(구체적으로 정해진 연령), 성숙, 은퇴, 변모, 그리고 사망 이후 7년 뒤 합체에 이르는 아홉 개의 성사가 있다. 콩트는 새로운 달력도 내놓았다. 이 달력에는 아리스토텔레스와 아르키메데스로 시작해서 카이사르와 성 바오로에 이르는 위대한 인물들의 이름을 딴 열세 개의 달이 있고, 성인들의 축일에 대응하는 과학적이고 세속적인 축일도 있었다(갈의 축일은 해부학자 자비에 비샤의 달 28일이었다). 그는 다양한 서열의 실증주의 성직자들의 직무도 구체적으로 명시했고, 성직자들의 급료도 정확한 수열에 따라 인상되도록 설정했다. 그는 거룩한 인류를 찬양하기 위한 새로운 성가들을 의뢰했다. 새로운 의복들도 디자인했는데, 단추가 뒤쪽에만 달려 있어서 다른 사람의 도움을 받아야지만 입고 벗을 수 있는 (그렇게 해서, 그가 만들어낸 용어인 이타주의를 심어주는) 조끼가 특히 유명했다. 콩트는 이 새로운 교회의 교황으로서 이 모든 신앙 전체를 통솔했고, 클로틸드를 일종의 동정녀 마리아로 격상시켰으며, 신을 인류로 대체했다.

하지만 이 종교는 인기가 없었다. 사실 콩트는 '종교인과 비종교인이 단결하여 그에게 반대하게 만드는 불가능에 가까운 일을 달성했다.' 동지들은 떨어져나갔다. 콩트의 《실증철학 강의》를 열렬히 지지했던 존 스튜어트 밀은 종교에 관한 한 콩트와 결별했다. 다윈의 '불독'이라 불린 토머스 헨리 헉슬리는 콩트의 노력들을 '그리스도교를 뺀 가톨리시즘'이라고 조롱하면서 다른 전문 과학자들을 옹호했다 (콩트의 지지자들은 그의 종교야말로 '과학을 더한 가톨리시즘'이라고 응수했다). 콩트는 굴복하지 않았다. 그는 말년을 이 과학적 종교에 바쳤고, 자신의 협력자로 삼고자 예수회 수사들에게 손을 뻗기도 했다. 그리고 얼마 지나지 않은 1857년에 세상을 떠날 때도, 그는 실망하긴 했으나 절대 절망하지 않았다. 인류교는 느리고 어렵게 지속되어 남아메리카에 깊이 뿌리를 내렸다. 하지만 콩트는 기억되기보다 희화되면서 역사에서 사라졌다.

그의 과학적 가톨리시즘은 확실히 기이하긴 했다. 그럼에도 그가 과학과 종교의 이야기에 기여한 바는 절대 우스운 것이 아니었다. 그는 과학을 법의학적으로 체계화했고, '사회과학'을 자연과학에 맞먹는 수준으로 올려놓았다. 이는 그 자체로 인상적일 뿐 아니라(밀이 그를 우러러볼 만한 이유가 있었다) 마침내 과학적 방법을 인간사 영역에까지 들여온 방식 때문에 역사적이기까지 했다. 그것은 오랫동안 기대했었지만 충분히 실행되지 못했던 변화의 움직임이었다.

신성이 아니라 인성을 숭배해야 한다는 그의 핵심 사상은 과학과 종교의 이야기에서 이상하게도 오래 지속되는 곁가지 이야기로 남았다. 이 새로운 과학적 외피 속에서는 말할 것도 없고, 가장 호의적이던 시절에도 로마 가톨리시즘을 거의 수용하려 하지 않았던 영국에서는 인류교를 전혀 환영하지 않았으며, 이 운동은 그저 한 줌의 지식인들 사이에서 변변찮은 발판을 마련했을 뿐이었다. 옥스퍼드대학 워덤칼리지의 역사 교수인 리처드 콩그리브가 인류교의 지도자가되었고 1867년에 런던 실증주의학회를 창립했지만, 영국의 조직은 곧 분열되었다. 19세기의 마지막 몇 년 동안 한 지류는 소위 윤리운동으로 변형되었고, 이 운동은 다시 현대의 세속적 인본주의가 된다. 콩트의 과학적 인류교가 오늘날의 '휴머니즘'으로 점차 변해간 데는 멋진 역설이 있다. 이제 리처드 도킨스와 앨리스 로버츠 같은 주도적 과학자들이 주재하는 이 휴머니즘은 인성에 대한 헌신으로 활기를 띠고, 반쯤 종교적인 다양한 의식들을 제공하면서 공인된 집전자들이 명명식, 결혼식, 장례식을 주례하고, 인본주의적인 교목校牧이나 원목院牧이 학교나 병원에서 비종교적인 '영성적' 지원을 제공한다. 콩트는 아마도 이에 찬성했을 것이다.

어쩌면 가장 의미심장한 것은 콩트의 실증주의 달력이 오만하고, 지금 뒤돌아보면 우스운 것임에도, 과학-종교의 역사에서 매우 중요한 또 하나의 순간을 상징적으로 보여주었다는 사실이다. 그것은 시간의 변화였다. 지질학은 그리스도교를 기원으로 하는 학문이라고 할 수 있겠지만, 그럼에도 역사에 관한 관념을 뒤흔들었고, 과거에서 현재에 이르는 시간의 길이를 상상할 수 없을 정도로 늘렸다. 그리고 세계의 시간적 무대 위에서 인간의 현존을 축소하고, 인류의 의미에 대한 곤란한 질문들을 남겨 그리스도교 청중을 뒤흔들어놓았다.

골상학은 그 창립자들이 종교계 비판가들을 달래려고 노력하긴 했지만, 본래 그리스도교적인 학문은 아니었다. 골상학이 신자들에게 던진 도전은 과거가 아니라 미래에 있었으며, 특히 사람들이 스스로 어떻게 행동해야 하는지에 있었다. 명백해 보이는 골상학의 결정론은 도덕적 자율과 책임에 대한 인간의 역량을 축소시켰고, 조지 쿰의 손에서는 사회의 안내자로서 종교를 대체할 수 있는 위협을 가했다. 골상학은 성직자나 철학자들이 산출할 수 있는 어떤 것보다도 더 믿을 만한, 생활·도덕·성격의 과학임을 자랑했다.

콩트의 사회학은 분명하게 반反그리스도교적이었고, 의도적으로 종교의 미래에 직접적인 도전을 던졌다. 인본주의 종교와 새 달력의 과도한 내용 없이도, 실증철학은 사회를 과학적 근거 위에 건설하고 질서를 바로잡을 수 있는 새로운 미래를 약속했고, 진보는 보장되었다. 지식은 향상될 것이고, 향상된 지식과 더불어 과학적으로 조직된 사회와 인간적인 도덕적 진보가 도래할 것이다. 사회과학은 새로운 미래, 새로운 하늘, 새로운 땅을 약속했다. 아니, 더 정확히 말하자면 새로운 하늘과 오래된 땅을 약속했다.

11장

균형

'소피 샘Soapy Sam' 윌버포스 주교와 '다윈'의 불독 토머스 헉슬리. 윌버포스가 '소피 샘'이라 불린 것은 사람들이 생각하는 그 이유 때문이 아니었다. 헉슬리는 '다윈의 불독'이라고 불린 적이 한 번도 없었다. 이제까지 알려지지 않은 사건 기록이 최근에 발견되고 나서야 1860년 옥스퍼드대학에서 벌어진 그 유명한 충돌에서 두 사람이 뭐라 말했고 왜 그렇게 말했는지 알 수 있게 되었다.

'어쨌든 개보다 낫다' — 결혼한다, 결혼하지 않는다

찰스 다윈은 비글호를 타고 세계일주를 하며 종의 고정성에 대한 의심을 품게 만드는 증거들을 모아 잉글랜드로 돌아온 뒤 몇 년 동안 고통스럽고도 중대한 결정을 하려고 애를 쓰고 있었다. 결혼을 해야 하는가?

결혼은 피할 수 없는 일이 아니었다. 반드시 바람직한 일도 아니었다. 그는 과학과 약혼한 사이인 게 분명해 보였다. 과학은 더 이상 성직자 박물학자의 고분고분한 하녀가 아니었다. 과학은 이제 자신에게만 전념할 것을 요구했다. 다윈은 비글호 여행 이후의 일들을 채워가고 있던 공책에 결혼의 장점과 단점을 나열하며 저울질해보았다. 공책의 양쪽 면을 가로질러서 그는 "이것이 문제다"라고 갈겨 쓴 뒤, 좌우 두 단으로 된 표를 그리고 한쪽 윗단에는 '결혼한다', 다른 쪽 윗단에는 '결혼하지 않는다'라고 썼다.

그가 어느 쪽을 선택하게 됐는지는 분명해 보인다. 그가 공책 하단에 의기양양하게 쓴 구절은 이렇다. "결혼한다-결혼한다-결혼한다 Q.E.D(이것이 내가 증명하려던 내용이다)."

결혼을 둘러싼 다윈의 숙고는 1838년 7월에 이루어진 것으로 추측되는데, 그는 이 무렵에 외가 쪽 사촌인 에마 웨지우드에게 매력을

결혼한다	결혼하지 않는다
자녀-(하느님이 허락하신다면)-같은 것에 관심을 갖게 될 영원한 동반자, (그리고 노년의 친구)-사랑과 놀이의 대상-어쨌든 개보다 낫다-가정, 그리고 살림을 할 누군가-매력적인 음악과 여성스러운 잡담-이것들은 건강에도 좋다-억지로라~~도 사람들을 만나고 관계를 맺어야 하는데~~, 엄청난 시간 낭비-. 아이고 하느님, 한평생 중성형 일벌처럼 살 생각을 하면 끔찍하다. 일하고, 일만 하고, 결국 아무것도 없는 삶.-아니, 아니, 그렇게는 안 살 것이다.-연기가 가득하고 더러운 런던하우스에서 온종일 혼자 시간을 보낸다고 상상해볼 것-다정하고 나긋나긋한 아내가 소파에 앉아 있는 모습을 떠올려보자, 어쩌면 잘 타는 벽난로와 책과 음악도 함께 있는-이런 모습을 그레이트말브로 거리[그가 살던 곳]의 우중충한 현실과 비교해볼 것.	무자녀, (제2의 인생도 없다), 노년에 돌봐줄 사람도 없다-가깝고 소중한 친구들에게서 공감을 얻지 못한 채 일하는 게 무슨 소용인가-친척들 말고, 늙은이에게 가깝고 소중한 친구란 누군가. 가고 싶은 곳에 갈 수 있는 자유-사교생활을 마음대로 선택하되 사교가 거의 없음-클럽에서 똑똑한 사람들하고 대화-억지로 친척을 방문하거나 하찮은 일에 일일이 신경 쓰지 않아도 됨-자녀에게 들어가는 돈도 없고 자녀를 염려할 필요도 없음-어쩌면 말다툼-시간 낭비-저녁에 책을 읽을 수도 없고-비만과 나태-걱정과 책임-책 살 돈 없음-자녀가 많으면 먹고살려고 일을 해야-(너무 많이 일하는 건 건강에 아주 안 좋은데) 아마도 아내는 런던을 좋아하지 않을 것이다. 그에 따른 형벌은 유배, 게으르고 나태한 바보로 퇴보.

느끼고 있었다. 에마는 지적이고, 사람들의 이목을 끄는 매력이 있었으며, 신앙이 깊었다. 다윈은 자신의 (미지근한) 신앙을 의심하기 시작했다. 에마는 나중에 자기 숙모에게 "그는 내가 본 사람 중에 가장 개방적이고 투명한 사람"이라고 말했다고 하는데, 늘 솔직한 다윈은 이러한 결혼 결정 과정도 그녀에게 알렸다.[1] 에마는 그의 진중한 고백을 절대 과소평가하지 않고 훌륭하게 다루었다. 결혼 전에 보낸 쪽지에서 그녀는 이렇게 말했다. "나의 이성이 정직하고 양심적인 의심은 죄가 될 수 없다고 말해주네요."

결혼에 관한 그 자신의 논쟁이 적혀 있는 그 공책에는 솔직하고 양심적인 의심도 적혀 있다. 다윈은 특별히 형이상학적 사변에 빠져들지 않았다. 여러 해 뒤에 그는 친구 아사 그레이에게 "나는 아주 심각하게, 그러한 주제가 너무나 심원해서 인간의 지성으로 다룰 수 없는 것이라는 느낌이 든다"라고 말했다. 하지만 1837년에 쓰기 시작한 공책을 보면, 진화론의 흔적을 찾아볼 수도 있지만, 그가 지질학과 해부학에 대한 논의와 더불어 형이상학과 도덕, 때로는 신학까지 건드렸음을 알 수 있다. 당시에 그는 존 로크, 토머스 브라운, 데이비드 흄을 읽었고, 오귀스트 콩트의 《실증철학 강의》(적어도 그 서평)도 읽었다. 때로는 자신의 과학적 직관들과 비교해 그들의 사상, 그리고 자유주의적인 성공회의 그리스도교를 나란히 저울질해보았다. 결혼에 대해서처럼, 그는 찬반 양쪽의 논거들을 나열해놓았다.

이제 다윈은 세계가 오래되었고, 〈창세기〉가 창조에 관한 역사적 설명이 아니라고 확신하고 있었다. 그는 결국 생물학자이기 이전에 지질학자였다. 그 역시도 자신이 "찰스 라이엘의 [균일론적] 시각을 따르는 열성적인 제자"라고 직접 말했다.[2] 그는 또한 생물의 종이 현재의 모습으로 신에 의해 창조되지 않았으며, 어떤 '변형'을 일으킨다고 확신했다. 이는 나중에 라이엘이 표현한 대로, 이전부터 오랫동안 공중에 팽팽하게 매달려 있던 생각이었다.

하지만 이것이 반드시 파괴적인 생각은 아니었다. 사실은 해방적인 생각이 될 수도 있었다. 이제까지 지배적이었던 "특별한 창조"(생물의 종이 현재의 모습으로 신에 의해 창조되었다는 생각)에 관한 설명은, 과학적으로 말하자면 비어 있는 배였다. 다윈은 존 맥컬러의 책《신의 속성에 관한 증거와 실례Proofs and Illustrations of the Attributes of God》에 응답해 이렇게 말했다. "종별 구조 유형들이 어떤 계획에 따라 동물을 창조하려는 신의 의지에서 비롯한 결과라고 설명하는 것은 아무런 설명도 되지 못한다. 그런 설명은 어떤 물리적 법칙의 성격도 없고, 그래서 완전히 쓸모없다. 우리는 신의 의지에 관해 아무것도 알지 못하므로, 그러한 설명은 아무것도 예측하지 못한다." 종의 변형에 관한 제대로 된 이론이야말로, 〈창세기〉에 부적합한 설명의 책임으로부터 〈창세기〉를 해방할 것이다.

그런 설명은 부적합하고… 신학적인 망상이다. 〈창세기〉를 '과학적'으로 독해하는 것은 설득력이 없을 뿐 아니라 성경의 품위를 떨어뜨리는 행위다. 다윈은 더 나아가 이렇게 말했다. "(네덜란드 사람이 모래가 움직이는 것을 막기 위해 식물을 심듯이) 하느님이 땅을 움켜쥐도록 식물을 창조하셨다고 상정하려 한다면, 이는 그의 약한 피조물 가운데 하나의 기준으로 창조주를 낮추는 것이다." 공책B에서 다윈은 수사적으로 물었다. "창조주가 캄브리아기 지층 형성 이후로 계속 동일한 일반적 구조로 동물을 창조했을까?" 얼마나 "비참한 제한적인 시각"인가.

하나의 종 변환 이론은 뉴턴이 천상의 신에게 행한 바를 지상의 신에게 행하는 데 기여했다. 먼 옛날 사람들은 "신이 행성들에 명령을 내려 각기 정해진 운명에 따라 움직이게 했다고 믿었었다." 뉴턴은 행성만이 아니라 다른 모든 천체가 제한된 동일한 수의 명쾌한 법칙들에 종속된다는 사실을 입증했다. 지상의 생명체라고 왜 그렇지 않겠는가? 다윈은 공책B에 이렇게 적었다. "더더욱 단순하고 명쾌한 힘들이 어떤 법칙들에 따라 인력을 작용하게 하는 거라면, 아주 당연한 결과로, 동물들 또한 고정된 발생 법칙에 따라 창조되었을 것이다."

공책D를 보면 다윈은 같은 맥락에서 숙고하면서, 가능한 한 완전한 체계에 가장 가까운 것을 그려내고 있었다. 이 체계는 "천문학적 원인들"로부터 "지질학과 기후변화"를 거쳐 "유기물 세계의 형태 변화들"까지 펼쳐졌다. 이것은 "실루리아기 이래로 [신이] 미천한 연체동물들을 오랫동안 계속 만들어왔다는 답답한 상상에서 나온 생각보다" 얼마나 "더 원대"한가? 신에 대한 이러한 비전은 별로 신적이지 않다. "빛이 있으라 하니 빛이 있었다고 말씀하셨다는 존엄하신 그분께 가당키나 한 일인가."

이러한 접근법은 인간의 종교적 감성들도 더 잘 설명할 수 있었다. 신학자와 철학자들은 "창조주에 관한 선천적 지식이 우리에게 (…) 신의 개별적 행동에 의해 심겨 있다"고 주장하고 싶어 할 것이다. 그러나 그런 '지식'이 인간 안에서 다른 모든 것과 마찬가지로 진화해왔다고 하면 얼마나 더 멋지겠는가? 왜 그것이 "신의 가장 장엄한 법칙들의 필수 요소"가 아니었겠는가?

물론 그러한 종교적 감성이 실제로 얼마나 선천적인 것인가에 관한 의문은 있었다. 다윈은 공책C에서 자기 처남을 언급하면서 이렇게 말한다. "헨슬레이는 신에 대한 사랑과, 신 혹은 영원성에 대한 생각이 인간의 정신과 동물 사이의 유일한 차이라고 한다." 다윈은 자신이 여행 중에 보고 그 상태와 행동에 큰 충격을 받았던 원주민들을 언급하면서 말한다. 그러나 그 차이란 "푸에고 사람이나 오스트레일리아 사람에게는 얼마나 희미한가!"

하지만 종교적 감성이 희미하다는 것이 그렇게 엄청난 문제는 아니다. "왜 단계적 차이가 아니겠는가?"라고 그는 물었다. 확실히 "[인간이] 천국에 알맞게 충분히 착하거나 지옥에 알맞게 충분히 나쁜 때"를 고르는 것보다 "[영장류 동물이] 미래의 상태에 알맞게 충분히 완벽해진 때를 고르는 것이 신에게는 더 큰 문제"가 아니었다. 인류의 정신적 의식이 진화할 수는 없었을까? 실제로 다윈은 이전에 비글호에 실어 영국으로 데려왔던 푸에고 사람들•이 "정신에 갑자기 나타나 가장 야생적인 상상과 미신을 일으키는 섬광들"을 보여주었음을 언급하면서, 자신이 여행 중에 그러한 진화를 목격했을 수 있다고 괄호 안에 적어 넣었다.

이러한 생각들이 다윈의 정신 속 도표의 '찬성 칸'을 가득 채웠다. 자연선택에 의한 진화란 사람들의 기를 꺾어놓는 생각이긴 했지만, 신을 끝장내지는 않았다. 하지만 다윈의 정신 속에는 '반대 칸'도 있었다. 1838년 3월 다윈은 런던에 있는 동물학회에 나가서 "완벽한 상태의 오랑우탄"을 보았다. 그것은 대단히 흥미로운 만남이었다.

사육사가 사과를 보여주기만 할 뿐 주려고 하지 않자, 녀석은 정말 버릇없는 어린아이처럼 벌러덩 누워서 발길질을 하며 울어댔다. 그리고 두세 번 격앙된 행동을 하다가 부루퉁한 모습으로 있자, 사육사가 말

• 비글호는 세 번의 탐험 항해를 실시했는데, 다윈이 직접 참여한 것은 두 번째 항해(1831~1836)였다. 첫 번째 항해(1826~1830)에서 남아메리카 남단의 섬 티에라델푸에고에서 수로를 조사했고 원주민을 네 명 잡아 영국으로 데려왔는데, 이들은 천연두에 감염되어 곧 사망했다.

했다. "제니, 그렇게 울어대지 않고 착하게 굴면 사과를 줄 거야." 그러자 녀석은 확실히 그 말을 알아듣고, 여전히 어린아이 같지만 더는 칭얼대지 않는 훌륭한 모습을 보여주었다. 그리고 사과를 받아내서는 의자 위로 뛰어 올라가 상상할 수 있는 한 가장 만족스러운 표정을 지으며 먹기 시작했다.

이 만남은 오래도록 그의 기억에 남아 더 많은 생각을 불러일으켰다. 공책B에는 다음과 같이 적혀 있다.

인간은 사육되는 오랑우탄을 보러 가야 한다. 무언가를 표현하는 듯 낑낑대는 그 소리를 들어봐야 한다. 말을 걸어보면 마치 다 알아듣는 듯한 그 지성을 보아야 한다. 자기가 아는 사람들에게 애정을 보이고, 열정과 분노, 언짢은 모습이나 실망하는 행동을 보아야 한다. 야만적이고, 부모를 귀찮게 하고, 발가벗고, 꾸밈없고, 개선되고 있지는 않지만 개선 가능한 모습을 보아야 한다. 그런 다음에야 감히 자신이 뛰어나다고 자랑해야 한다.

진화는 신을 실루리아기 진흙 밭에서 빈둥거리는 네덜란드인 정원사의 위치에서 더 높이 승격시킬 테지만, 인간 존엄성에 대해서는 그리 많은 일을 하지 않았다. 다윈은 공책C에 마치 구약성경의 예언자처럼 들리는 말도 적어놓았다. "인간-경이로운 인간은 (…) 신 같은 얼굴을 하늘로 향하고 있지만 (…) 신은 아니다, 현세에서 인간의 종말이 올 것이다. (…) 인간도 예외는 아니다."

인간은 인간의 특별한 본성이 어떻게든 더 낫다는 주장으로 스스로 위안을 삼을 수조차 없었다. "한 동물이 다른 동물보다 더 고등하다고 말하는 것은 터무니없다." 다윈은 공책B에 이렇게 썼다. "우리는 가장 발달한 지적 능력을 가진 동물을 가장 고등한 동물로 여긴다." 하지만 그러한 시각은 변명의 여지가 없는 인간 중심적 시각이다. "꿀벌은 [다르게 생각할 것이] 틀림없다." 이러한 관점에서 '개보다 낫다'는 말은 그냥 들리는 것보다는 더 나은 칭찬이었을 것이다.

이러한 생각이 인간의 자존심에 상처를 냈다. 하지만 그것으로 끝이 아니었다. 진화는 단순히 인간의 우월감을 훼손하는 것 이상의 함의를 지녔다. 다윈은 공책M에서 "[한 마리의] 개코원숭이를 이해하는 사람이 형이상학에 대해 로크보다 더 많은 일을 할 것이다"라고 암시했다. 그리고 다른 곳에서는 "우리의 '상상의 관념들'은 선재하는 영혼에서 발생하며, 경험에서 유래할 수 없다"라는 플라톤의 《파이돈》의 주장을 적고는 결정적으로 덧붙였다. "[영혼의] 선재에 관해서는 원숭이들을 읽어라."

인간의 존엄과 영혼이 그러하듯이 생각 자체도 그러했다. 공책C에서 그는 생각에 잠겨 중얼거린다. "왜 뇌의 분비물인 생각이 물질의 속성인 중력보다 더 경이로운가?" 뇌도 물질이므로, 사고는 그 특징적인 자질들을 잃는다. "사고는, 아무리 난해한 것이라 해도, 간의 담즙만큼이나 기관의 [한] 기능으로 보인다." 궁극적으로 그는 이렇게 생각했다. 만약 "정신이 신체의 [한] 기능"이라면, 생각하는 것은 순전히 "[그] 뇌의 조직의 결과로 생기는 한 본능"에 불과하다면, 우리는 어떻게 우리의 생각을 신뢰할 수 있을까? 다윈의 공책은 별다른 답을 제시하지 않는다.

그다음으로는 도덕이 있다. 어쩌면 도덕 또한 하나의 본능에 지나지 않을까? "그러면 우리의 혈통이 우리의 사악한 정욕의 기원이다!" 다윈은 이렇게 썼다. "개코원숭이의 형상을 한 악마가 우리의 할아버지다!" 여전히 자유주의적인 성공회 신자였던 다윈은 본능적인 '사악한 정욕'과 원죄를 연결하지 않았다. 가톨릭 신자나 복음주의 신자였다면 그렇게 했을지도 모른다. 그는 도덕이 모두 상대적이고, 선과 악이라는 어떤 초월적 관념이 아니라 오히려 자연선택의 우연에 뿌리박혀 있다고 하는 생각을 무척 우려했다.

인간의 존엄, 영혼, 사고, 도덕은 에마에게 청혼할 때처럼 그를 곤란하게 하는 생각들이었다. 그는 "신에 대한 사랑은 [순전히] 조직의 효과"라고 말하곤 자신을 질책했다. "이런 유물론자 같으니라고!" 에마가 얼마나 알고 있었는지는 몰라도, 그것이 그녀를 단념시키지는 않았다. 1839년 1월 29일 두 사람은 결혼했고, 그 직후에 그녀는 "말하고자 하는 바를 정확히 말할" 수가 없어서, 그 주제에 관한 자신의 완전한 견해를 편지로 써서 그에게 주었다. 조심스레 살피면서도 매우 통찰력이 있는 그녀는 이렇게 말했다. "양심적으로 신실하게 진실을 알기를 바라고 노력하며 행동한다면 당신은 절대 그릇될 수 없어요." 그러나 증명할 수 없는 주제에 대한 증명을 요구하는 위험도 있다고, 부드럽게 타이르기도 했다. "증명될 때까지는 아무것도 믿지 않으려는 과학 연구의 관습이, 똑같은 방식으로 증명될 수 없는, 참이라 해도 우리의 이해력을 뛰어넘을 수 있는 다른 일들에서도 당신의 정신에 너무 많은 영향을 끼치지 않기를 바라요." 다윈은 그녀의 짧은 편지를 읽었고, 이후에 언젠가 그 편지 하단에 잉크로 휘갈겨 썼다. "내가 죽으면, 내가 이 편지에 얼마나 많이 입을 맞추고 울었는지 알아주시오."

'살인을 자백하는 듯' ― 이래즈머스와 페일리

에마의 그 짧은 편지를 읽고 거의 5년이 지난 뒤, 다윈은 친구 조지프 돌턴 후커에게 편지를 보냈다. 후커는 점점 유명세를 타고 있던 식물학자였으며, 나중에 큐왕립식물원의 관리자가 된다. 그는 《남극의 식물상Flora Antarctica》에서 다윈의 비글호 식물 표본들을 묘사하는 데 동의했었으며, 다윈은 편지의 많은 부분에서 이 문제를 다루었다. 하지만 편지 끝부분에서, 위험을 무릅쓰고 자기 생각을 터놓았다.

다윈은 집에 돌아온 이후로 "외람되고"도 "어리석은" 과업에 매달려 있었다고 고백했다. 갈라파고스의 생물과 남아메리카의 포유류화석 분포에 충격을 받은 그는 "어떤 식으로든 종에 관련된 모든 종류의 사실을 맹목적으로 수집하기로" 작정했었다. 그리고 그 수집된 사실들에 "농업과 원예에 관한 책들을 무더기로" 보충한 끝에 깜짝 놀랄 만한 결론에 이르렀다. "나는 (처음에 가졌던 의견과 반대로) 종이란 불변하는 것이 아님을 (이건 마치 살인을 자백하는 듯한데) 거의 확신한다."

흥분을 잘하는 어떤 해설자들은 다윈이 사적으로 고백하고 있는 살인이란 신을 살해한 것이라고 상정했다. 신성이 진화의 검에 베여 쓰러져 죽었다는 것이었다. 뭔가 음모가 있는 듯한 괄호 속 다윈의 말은 이어지는 글에서 암시된다. 숨도 제대로 고르지 못한 채 다윈은 후커를 안심시켰다. "하늘이 나를 라마르크의 '진행 경향'●이라는 허튼소리에서 막아주시기를." 그것은 동물이 살아가는 동안 획득한 신체적 특징을 자손에게 물려준다고 하는 생각이었다. 그가 고백하는 진짜 이유는, "(여기에 외람됨이 있다!) 종이 다양한 한계들에 절묘하게 적응하게 되는 단순한 방식"을 발견했다고 생각했기 때문이었다. 진화의 성배, 그것이 정말로 어떻게 작동하는지를 말이다. 그는 이를 시인할 경우 어떤 반응을 불러일으킬지 알았다. "자네는 이제 신음하며 홀로 생각할 걸세. '내가 대체 어떤 사람에게 편지를 써 보내느라 시간을 낭비했던가' 하고 말이네." 그는 다시 한번 사과하고 서명해서 편지를 보냈다. 더 자세한 내용은 후커에게 알리지 않았다.

1844년에 진화론은 오래 머무르기에 위험한 장소였다. 그것은 과학의 묘지와 정치의 지뢰밭 사이에 놓인 십자가였다. 다윈은 대부분의 사람들보다 더 잘 알고 있었다. 그의 할아버지 이래즈머스 다윈은 악명 높은 프랑스 필로조프들의 제자이며, 진보의 예언자, 자유의 시인, 진화론자, 자유사상가, 합리주의자였으며, 유물론과 무신론 중 하나를 많이 옹호하지는 않았지만, 둘 모두로 기울었다. 그의 시들은 자연의 제대에서 예배했고, 생명은 창조주를 필요로 하지 않고 "부모 없이 자발적 출생으로" 생겨나며, 이후엔 자신의 자유의사

● 18세기 후반에 근대적 생물학 체계를 처음 확립한 인물이다. 특히 기린의 목으로 상징되는 용불용설을 바탕으로 획득된 형질이 유전될 수 있다는 이론을 제시함으로써 체계적인 진화의 개념을 최초로 구상한 것으로도 유명하다. 프랑스 대혁명 시기에 활동하면서 혁명 자체가 진화론 형성의 바탕이 되었음을 인정했다.

로 살아가며 오직 자연법칙에만 지배받는다고 (모호하게) 시사했다.[3] 찰스 다윈은 할아버지 이래즈머스 다윈의 생물학 저작인《주노미아 Zoonomia》를 우러러보았지만, 자서전에서는 "주어진 사실에 비해 사색 부분이 너무 많아서 무척 실망했다"라고 적었다.[4] 이래즈머스의 진화론은 손자의 진화론과 달리 과학이 아니었다. 찰스 다윈은 그 점을 알았고, 이를 보여줄 필요가 있었다.

그것이 과학은 아니었지만, 정치였던 것은 확실하다. 이래즈머스가 이전에 쓴 글들은 비록 정통 그리스도교에서 벗어났을지라도, 상대적으로 단죄를 거의 받지 않았다. 하지만 1790년대 중반부터, 영국이 정신과 도덕적 나침반을 잃어버린 것처럼 보이는 프랑스 국민과 전쟁에 돌입하자 여론이 악화되었다. 과학의 위협은 정치적 위협이나 종교적 위협과 구분할 수 없게 되었다. 정신과 영혼, 교회와 사회, 정부와 신이 뒤섞이게 되었고, 아니면 오히려 완전히 분리되고 만다.《브리티시 크리틱British Critic》은 이래즈머스의《주노미아》가 인간에게서 영혼을 강탈했다고 혹평했으며, 1803년에는 비평가들이 거의 한목소리로 사후 출간된 진화론적 시집《자연의 신전Temple of Nature》이 "계시의 제1원칙들과 가장 중요한 계율들을 전복하려는 무제한적인 경향"이 있다며 거칠게 비난했다.[5]

이것이 바로 토머스 제퍼슨이 프리스틀리의 역경을 갈릴레오의 역경에 비교했을 때 언급했던 그 반응이었다. 1802년 이래즈머스가 세상을 떠날 무렵에 과학은 국가 방어의 대의와 불가분하게 얽혀들었다. 올바른 과학은 국가 수호에 봉사한다. 그릇된 과학(생명의 자연발생, 종의 변이, 변화 가능한 자연 질서)은 적어도 영국인들의 정신에서는 무질서, 혁명, 폭력으로 이어진다. 사물에는 신이 미리 정하신 올바른 질서, 올바른 장소가 있다. 다윈도 이를 알고 있었다. 그는 공책C에서 골똘히 생각하며 중얼거렸다. "종이 (…) 서로 넘나든다고 한번 인정해버리면, 전체 구조가 휘청이며 무너진다."

하지만 구원이 있었다. 1828년 다윈이 성공회 성직자로 교육받으려고 케임브리지에 왔을 때, 칼리지에는 빈 방이 없어서 근처 하숙집에 묵어야 했다. 기이한 운명처럼, 그가 지내게 된 방은 한때 윌리엄 페일리가 머물던 곳이었다. 페일리는 19세기의 첫 25년 동안 가장 영향력 있는 영국 신학자였다. 그가 쓴《도덕·정치철학의 원리 Principles of Moral and Political Philosophy》(1785)와《그리스도교의 증거Evidences of Christianity》(1794)는 서품 후보자들을 위한 필수 교과서였다. 하지만 그의 지속적인 명성은《자연신학》(1802) 덕분이었다.

'자연현상들에서 수집한, 신의 존재와 속성들의 증거들'이라는 부제가 붙은 페일리의 책은 여러 면에서 물리신학 전통의 최고봉이었다. 자신에 찬 스물일곱 개의 장에서 페일리는 한 세기 동안의 면밀한 관찰을 집적하고 갱신해, 자연이 "기획의 모든 암시와 설계의 모든 징후"를 담고 있음을 보여주려 했다.[6] 천문학과 원소들을 건드리긴 했지만, 그럼에도 페일리의 열정은 식물, 곤충, 조류, 어류, 포유류, 그리고 인간의 정교한 해부학적 구조와 본능을 향했다. 그는 면밀한 관찰자였으며, 법의학적으로 상세했다. 인간 구조에 관한 장에서는 목, 팔뚝, 척추, 흉부, 슬개골, 견갑골, 구와관절, 접번관절, 발목, 어깨, 혈관, 연골, 점액, 뼈, 두개골을 조사했다. 모든 것에는 각자의 자리와 목적이 있었다.

놀라울 만큼 장수하게 되는 주장을 펼치면서, 그는 그렇게 기적적으로 보이는 독립체들이 우연적으로나 단계적으로 생겨날 수 없음을 강조하고자 애썼다. 완벽하게 설계된 후두개를 예로 들어보자. 그는 "부분들의 동작이 단계적으로 후두개를 형성했을 것이라고 가정할 여지는 전혀 없다"라고 논증했다. "동물은 그것이 없거나 혹은 반쯤만 형성된 상태로 살 수가 없고, 그러면 그 부분들도 작동할 수 없다."[7] 반쪽짜리 후두개에 대해 들어본 사람이 누가 있겠는가?

이 모두는 신을 위해 동원된 것이었다. 그는 책의 23장 말미에서 성대하게 말했다. "설계에는 틀림없이 설계자가 있었을 것이다. 그 설계자는 틀림없이 한 인격이었을 것이다. 그 인격은 신이다." 하지만 이신론의 무관심한 신은 아니었다. 생물이 설계되어 있다는 생각으로 영원성, 필연성, 자존성, 전능성, 전지성, 편재성, 선성善性, 자애, 영성 같은 신의 특성들에 관해 많은 것을 확증할 수 있었다. 야망이 없다면 페일리는 아무것도 아니었다.

페일리의 책은 즉각 성공을 거두지는 않았지만, 결국 큰 성공을 거두었다. 1816년에 저작권이 만료되었을 때도 여전히 인쇄본이 2만 부나 있었다. 나폴레옹 이후 반동 시대에도 반복해서 재출간되었고, 대중적인 저렴한 편집본이 종종 나왔다. 그 결과 점점 문자 해득률이 올라가고 있었지만 여전히 부산스러운 일반 대중도 종합적이고 이론의 여지가 없으며 확신에 찬 페일리의 메시지에 접근할 수 있었다.

다윈은 페일리에게 감명을 받았다. 그는 학위 과정의 일부로 《도덕·정치철학의 원리》와 《그리스도교의 증거》를 공부해야 했다. 나중에는 "나는 페일리의 명료한 언어로는 아니겠지만 완벽할 정도로 정확하게 《그리스도교의 증거》 전체를 쓸 수 있다"라고 말했다.[8] 그는 또한 페일리의 《자연신학》을 선택 과정으로 읽고 즐거워했으며, 자서전에서 그 책이 "나에게 에우클레이데스만큼이나 기쁨을 주었다"라고 언급했다.[9] 정말로 격찬이었다.

하지만 다윈이 페일리의 책을 읽고 있을 무렵에 오히려 페일리의 별은 지기 시작했다. 1829년 8대 브리지워터 백작 프랜시스 에저턴이 유산을 남겨 여덟 권짜리 전집을 출간하게 했는데, 나중에 여기에 수학자이자 공학자인 찰스 배비지의 책이 아홉 번째 책으로 추가되었다. 이 전집의 목적은 "창조에 드러난 하느님의 권능과 지혜와 선하심"을 실증하는 것이었다. 브리지워터 논문 전집이라 불리는 이 책들은 1833년에서 1840년 사이에 출간되었고, 그중에서도 버클랜드가 지질학, 윌리엄 휴얼이 천문학, 윌리엄 프라우트가 화학, 그리고 정말 근면한 토머스 차머스가 《인간의 도덕 및 지성 조건에 대한 외부 자연의 적응The Adaptation of External Nature to the Moral and Intellectual Condition of Man》에 관해 집필했다. 어떤 책들은 명백히 페일리의 업적을 토대로 했고, 다른 책들은 암시적으로 그렇게 했다. 《자연신학》처럼 매우 자신에 찬 어조도 있었지만, 일반적으로는 주장을 고집하는 정도가 조금 덜했다. 저자 중 몇몇은 여전히 논쟁적인 오래된 시간에 대한 인식을 소개하고자 했다. 물론 자연이 하느님의 영광을 선언할 뿐임을 부정하는 사람은 아무도 없었다. 결국 그들이 맡은 일이 바로 그것이었다. 그러나 《자연신학》의 오만한 태도를 포착한 사람은 거의 없었다.

페일리는 다른 방향에서도 기반을 잃어가고 있었다. 그리스도교 윤리학자들은 그의 도덕·정치철학이 예수의 산상설교●보다 제러미 벤담의 공리주의에 더 많은 빚을 지고 있다고 지적했다. 신학자들은 신의 성격에 대한 그의 놀랄 만큼 종합적인 이해가 어떻게 계시를 불필요한 것으로 만들 수 있는지에 주목했다. 창조에 대한 그의 견해 또한 거짓으로 들리기 시작했다. 페일리가 말하는 창조는 "하나의 행복한 세계"였다. 그건 자기 성당이 분명히 "기뻐하는 실존"으로 가득한 18세기 성공회 신부의 행복한 세계임을 쉽게 알아볼 수 있었다. 그가 말하길, "봄의 한낮이나 여름의 저녁에, 어느 쪽으로 눈을 돌리든 수없이 많은 행복한 존재들이 내 시야에 밀려든다."[10] 이는 성 바오로가 "모든 피조물이 지금까지 다 함께 탄식하며 진통을 겪고 있다"(《로마서》 8장 22절)라고 쓰면서 보았던 것은 분명히 아니며, 잉글랜드의 새롭게 산업화되고 있던 도시들에서 짧은 삶을 살아가야 하는 피조물은 당연히 아니다.

하지만 페일리의 자연신학 전통은 과학적으로나 신학적으로나 이울고 있었음에도, 여전히 사회적으로는 유용했다. 생명이 스스로 발생하고 종이 침투 가능한 경계들을 가로지른다는 (누구도 어떻게 그러한지에 대한 믿을 만한 생각을 갖고 있지 못했던) 대안은 여전히 정치적으로 폭발성이 있었다. 여전히 변이變異는 다시 한번 왕정을 전복한 프랑스인들의 교의였다. 그것은 페일리를 공격하는 싸구려 일간지를 돌려보고, 교회가 1832년 선거법 개정에 반대표를 던지자 교회의 전복을

● 〈마태오복음〉 5~7장에 실린 예수의 설교를 가리키는 말이다. '마음이 가난한 자는 복이 있다'라는 구절로 시작해 여덟 가지 행복에 대해 말하는 참행복(팔복)이 가장 잘 알려져 있다.

옹호하며 주교의 마차를 뒤집고 주교궁에 돌을 던지는 급진주의자들의 교의였다. 그것은 선동적인 인민헌장•으로 영국 혁명의 유령을 살려낸 차티스트들의 교의였다. 진화는 혁명이었다.

이 시기에 일어나고 있던 또 다른 (때때로 간과되었지만 헤아릴 수 없이 중요한) 변화는 과학의 대중화다. 19세기가 시작되었을 때 '자연철학'은 여전히 사제관과 신사들의 클럽에서 주로 다루는 문제였다. 예외가 있기는 했다. 이래즈머스 다윈과 조지프 프리스틀리는 모두 버밍엄에 근거지를 둔 '루나 소사이어티'의 헌신적인 회원인 '루나틱'이었다.•• 이 '루나 소사이어티'의 과학(과 사회와 정치)에 관한 관심은 노동계층까지는 아니더라도, 앵글리칸 옥스브리지Anglican Oxbridge•••에서 배제된 최소한 기업가들, 반체제 인사들, 실험가들에게까지 확대되었다. 그러한 예외들이 있긴 했지만, 1800년에도 자연철학은 여전히 엘리트들의 일이었다. 부분적으로 (그리고 역설적으로) 교회 학교들의 기초와 영국 전역의 완만한 문맹률 감소 덕분에 다윈이 공책들에 여러 생각을 휘갈겨 적고 있을 무렵에는 이러한 상황도 변하고 있었고 과학에 대한 대중의 관심도 높아지고 있었다.

물질적 문화가 필요를 충족했다. 책값이 내렸고, 정기 간행물이 급

• 1839년 급증하는 노동자 계층에서는 보통선거와 비밀선거 등의 선거 개혁안을 총 6개 항의 인민헌장으로 정리하고 대대적인 정치개혁운동을 전개했다. 이를 주도한 이들을 차티스트라고 부른 탓에 이 운동 또한 차티스트 운동 혹은 차티즘이라고 한다.

•• 버밍엄의 루나 소사이어티는 18세기 후반 잉글랜드 중부 지방의 지식인들이 저녁 식사를 하며 이야기를 나누던 모임으로 시작되어 1813년까지 이어졌다. 주로 달이 뜨는 저녁에 모였기 때문에 루나(lunar)라는 이름이 붙었고 회원들이 스스로를 유쾌하게 '루나틱(lunatic)'이라 불렀다.

••• 옥스퍼드와 케임브리지 출신의 성공회 신자인 잉글랜드 엘리트 계층을 부르는 말이다.

증했다. '1실링 월간지'들이 성장하는 중산층 시장을 파고들었다. 종교책자협회(RTS)와 급진적인 대여 도서관이 번성했다. 물론 이것들이 모두 과학에 관한 책이나 글을 다룬 것은 아니었다. 여전히 가장 많은 비중을 차지한 것은 종교와 문학에 관한 것들이었다. 과학에 관한 것이라 해도 '유물론'이나 '변이'를 주제로 하지는 않았다. 이 시기와 이후 수십 년 동안 출간된 과학 도서 중 가장 큰 비중을 차지한 책들은, 페일리의 책들처럼 반드시 그렇게 확신에 차 있던 것은 아닐지라도, 대체로 그리스도교의 틀 안에서 과학을 제시했다. 요점은 읽을거리에 있어서는 과학이 종교보다 '지배적인' 것이 되어가고 있었다는 것, 혹은 과학이 '세속적인' 것이 되어가고 있었다는 것이다. 과학은 공공의 것이 되어가고 있었고, 진화처럼 논쟁적인 개념은 물론이고 두드러지는 과학적 관념에 관한 내용을 출간하는 것은 전문적인 비평만이 아니라 대중의 비난까지 불러일으킬 수 있는 어떤 입장을 취하는 일이 되었다.

다윈은 이런 논쟁을 감수할 배짱이 없었다. 말 그대로 그는 수십 년 동안 고통스럽고 불가사의하며, 자주 심신을 약화시키는 복통을 겪었던 것으로 보인다. 후커에게 편지를 보내고 몇 달이 지난 뒤 그는 그 이유를 상기하게 되었다. 스코틀랜드의 독학자이며 도서 판매상이면서 출판업자인 로버트 체임버스는 개인적으로 꾸준히 과학에 관심을 가졌으며, 특히 의학, 골상학, 지질학에 주목했다. 1840년대 초에는 《창조 자연사의 흔적Vestiges of the Natural History of Creation》이란 책을 집필했는데, 이 제목은 스코틀랜드 지질학자 제임스 허턴이 지질학에는 "어떠한 시작의 흔적도 없다"라고 했던 유명한 말을 의도적으로 반영한 것이었다. 1844년 10월에 익명으로 출간된 이 책은 판매 부수, 다루는 범위, 쏟아진 악평에서 조지 쿰의 《인간의 구성》과 경쟁할 수 있는 몇 안 되는 책 가운데 하나가 되었다.

이 책은 기껏해야 대중적인 과학 도서였다. 행성의 형성부터 동물들의 '정신적 구성', 법칙에 지배되는 생명의 자연발생, 종의 변이에 이르는 그림을 펼쳐 보임으로써 자기 거실에 있는 수십만 명의 사람들을 놀라게 했다. 글 자체가 멋지게 쓰였고, 과학적으로는 이것저것 짜깁기한 내용이었지만, 매우 인기가 많았다.

과학 전문가들은 별다른 감명을 받지 못했다. 1845년 다윈은 체임버스의 "지질학이 나에겐 별로 좋지 않은 인상을 주었는데, 동물학은 훨씬 더 좋지 않았다"라고 후커에게 한탄했다. 종교 전문가들도 별다른 감명을 받지 못했는데, 그럼에도 그들의 비판은 주로 과학적인 용어로 표현되었다. 다윈의 초기 멘토였던 애덤 세지윅은 특히나 사납게 비판했다. 그는 《에든버러 리뷰》에 이렇게 기고했다. "이 책이 참되다면, 냉철한 귀납법의 수고는 헛된 것이다. 종교는 거짓말이고, 인간의 법은 어리석음의 덩어리이며 비열한 불의이고, 도덕은 달빛이고, 아프리카 흑인들을 위한 우리의 수고는 광인들의 일이고, 남자와 여자는 그저 더 나은 짐승일 뿐이다!"[11]

그러나 대중은 감명받았다. 후커는 이 책에 '9일간의 경이'라는 별칭을 붙여주었다. 이 책은 정말로, 〈창세기〉의 창조 이야기가 6일간의 경이인 것과 상당히 똑같은 방식으로 '9일간의 경이'라는 게 밝혀졌다. 각각의 날이 과도하게 긴 시간 동안 지속되는 것처럼 보였다. 매번 교정과 개정을 거쳐 말끔하게 진화적인 방식으로 조금씩 나아진 새 판본이 계속 출간되었기 때문이다.

체임버스는 책이 많이 팔려서 돈을 벌었지만 절대 자신이 책의 저자임을 밝히지 않았다. 장차 그의 사위가 되는 이가 이유를 물었을 때 그는 자녀들이 사는 집을 가리키며 "나에게는 열한 가지 이유가 있네"라고 말했다.[12]

다윈은 열 명의 자녀를 두게 되는데, 체임버스보다 훨씬 더 경제적으로 안정되어 있었다. 하지만 경제적으로 잃는 게 없더라도 사회적으로나 과학적으로는 잃을 수도 있었다. 그는 침묵을 택했다.

'헤아릴 수 없이 많은 낭비' — 위엄과 비탄

그건 분명히 힘든 결정이었을 것이다. 체임버스의 책이 출간될 무렵 다윈은 그동안 적어놓은 기록을 확장해 (두 편의) 에세이를 집필했다. 나중에 《종의 기원》의 밑그림이 되어주는 이 에세이들은 다윈의 그 대표작과 마찬가지로, 형이상학적 추측과 종교적 논쟁을 피했다.

아니 거의 피할 뻔했다. 1842년 에세이의 확장된 결론 문단에서 다윈은 간단한 신학적 추론을 허용했고 공책에 기록해두었던 생각들을 끌어다 사용했다. 특별한 창조와 비교하자면, 진화는 우아하고도 기발한 하나의 기제였으며 그 이름에 걸맞은 어떠한 신에게도 더 적합했다. "형상의 창조와 소멸이 개인들의 탄생과 죽음처럼 부차적[법칙] 수단의 효과라는 것은, 창조주가 물질에 부여한 법칙에 관해 우리가 알고 있는 것과 부합한다."[13] "셀 수 없이 많은 세계들의 체계를 만든 창조주가 [이] 하나의 둥근 행성 위에 땅과 물을 매일 생명으로 가득 채우는 제각기 무수한 기생충들과 벌레들을 창조했어야 한다는 것은 [신을] 경멸하는" 것이다.[14] 자연선택에 의한 진화의 단순함과 법칙적인 우아함이 신에게는 훨씬 더 어울린다.

처음에는 "제각기 가장 절묘한 솜씨와 널리 확장된 적응들로 특징지어지는 개별 생명체가 법칙들에 의해 창조될 수 있다고 생각하는 것은 우리의 미천한 사고력을 넘어서는 일이다." 하지만 그러한 법칙들의 존재는 옹호될 수 있을 뿐 아니라 "전지한 창조주의 권능에 관한 우리의 관념을 고양시킬 것이다."[15] 다윈은 《종의 기원》에도 거의 그대로 실리는 말을 계속 이어간다. "생명의 관점에서 보면 성장, 동화, 생식이라는 생명의 힘들과 더불어 근원적으로 하나 혹은 몇 개의 형상으로 물질에 숨결처럼 불어넣어지는 단순한 위엄이 있다." "그토록 단순한 기원으로부터 극미한 변화의 단계적 선택 과정을 통해, 너무도 아름답고 경이로운 형상들이 끝도 없이 진화해왔다"라고 생각하는 것은 그에게도 놀라운 일이었다.[16]

그러나 그러한 우아함과 위엄과 아름다움에는 숨겨져 있을지라도 심각한 대가가 따랐다. 다윈은 이미 자연선택 쪽으로 단호하게 방향을 튼 상태로, 1838년 9월에 토머스 로버트 맬서스의 《인구론》을 읽었다. 맬서스와 페일리 모두 사회적으로나 지적으로나 확고한 종교적 배경을 갖고 있었음에도, 두 사람의 세계는 완전히 달랐다. 맬서스는 인구 증가가 "지구의 인구 부양 능력보다 무한하게 더 크다"라고 주장했다.[17] 인구는 기하급수적으로 증가해 25년마다 두 배가 되는 반면, 인간이 의지하는 자원은 산술급수적으로 증가한다. 그 결과

먹여야 할 입이 너무 많아진다. 이성이 없는 동물들의 과도하게 많아진 개체 수는 "공간과 영양의 부족으로" 통제된다. 인간은 이성과 도덕(이를테면 성적 절제)을 통해 문제를 해결할 수 있다. 하지만 인간이 그렇게 문제를 해결하지 못한다면 (그리고 그렇게 하지 못하는 경향이 있으므로) 자연이 "흔한 질병과 전염병, 전쟁과 역병과 기아가 계속 이어지는 방식으로" 문제를 해결할 것이다.

이러한 기제는 자연선택에 핵심적이었지만, 페일리의 행복한 봄의 한낮과 여름의 저녁에 가장 어두운 그늘을 드리우며 다윈의 상상에서도 떠나질 않았다. 잔인함은 아름다움만큼이나 창조의 일부를 이루었다. 어떤 동물들은 "다른 동물들의 창자와 살에 알을 낳도록 직접 창조된 것"으로 보였다. 다른 동물들은 "거짓 본능에 이끌려" 기만당하듯이 파멸을 맞았다. 매년 "헤아릴 수 없이 많은 알과 꽃가루가 낭비"되었다.[18] 이것은 자연신학이 떠올리는 세계의 모습이 아니었다. 존 레이, 윌리엄 더럼, 윌리엄 페일리 등이 신중하게 설계하고 기초를 놓은 이 전통은 자연선택이라는 덤불에 걸려 쓰러졌다. 생명의 관점에서 보면 위엄이 있었지만, 비탄도 있었다.

문제는 그럴 가치가 있느냐는 것이었다. 자연에 피할 수 없는 낭비와 고통이 엄청난 규모로 존재한다는 것은 의심할 수 없는 사실이었지만, 기쁨과 즐거움도 그렇게 존재했다. 그는 몇 해 뒤 자서전에 이렇게 썼다. "어떤 작가들은 (…) 세상 속 고통의 양에 너무 깊은 인상을 받는다. 그리고 우리가 모든 유정한 존재들을 살펴본다면, 세상에 불행이 많을지 행복이 많을지, 하나의 전체로서 세상은 좋은 세상일지 나쁜 세상일지 의심한다." 세계는 위엄과 비탄 사이에 불안하게 매달려 있다. 그러나 다윈이 생각할 때는 위엄이 비탄을 이겼다. "내 판단에 따르면, 결정적으로는 행복이 우세하다."[19] 이것이 감상주의는 아니었다. 그는 이를 뒷받침할 훌륭한 과학적 논거들이 있다고 생각했다. "물론 많은 이들이 때때로 고통을 겪지만, 그럼에도 습관적이거나 빈번히 되풀이되는 즐거움의 총합은, 내가 거의 의심할 수 없듯이, 가장 유정한 존재들에게 불행보다 많은 행복을 준다."[20]

하지만 고통의 문제는 여전히 괴로운 문제로 남아서 또 다른 문제를 불러들였다. 그 생명의 균형으로부터 비롯되는 결과가 그 안에 내재한 고통을 정당화하거나 변명할 구실이 될 수 있는가? 1842년 다윈이 이 물음에 대해 제시한 대답은 '그렇다'라고 할 만한 것이었다. "우리는 우리가 생각할 수 있는 최고의 선, 고등한 동물들의 창조가 죽음, 기아, 약탈, 그리고 자연의 감추어진 전쟁에서 직접 나왔음을 볼 수 있다."[21] 이것이 "바로 그 문제"였다. 그토록 탁월하고 정교하며 우아함과 위엄이 있고 궁극적으로 정신과 형이상학과 도덕까지 갖춘 그 "고등한 동물들"이 정말로 "우리가 생각할 수 있는 최고의 선"이라면, 그것이 자연선택에 의한 진화에 붙는 가격표로 충분한가? 이 모두는 생명의 명백한 위엄과 잠재적인 비탄 사이에서 저울이 어느 쪽으로 기우느냐에 달려 있었다.

1840년대 내내 다윈은 이 문제에 매달려 있었다. 그는 이 10년 동안 인내심을 가지고 법의학적인 따개비 연구에 매진하며 이따금 신학 책을 읽었다. 그중에는 1848년에 읽은 앤드루 노턴의 《복음의 진실성에 관한 증거Evidence of the Genuineness of the Gospels》라는 두 권짜리 책도 있었는데, 다윈은 이 책에 대해 '좋다'고 언급했다. 그와 에마는

다운에 있는 집을 아이들로 채웠고, 노턴의 책을 읽고 있을 무렵에는 일곱 번째 아이의 출생을 기다리고 있었다.

1840년대에 다윈의 건강 상태는 더 나빠졌다. 전통적인 의학적 권고를 따라봤지만 별 도움이 되지 않자, '수치요법'이라는 물을 사용한 치료법을 시도해보려고 온 가족을 데리고 맬번에 있는 제임스 걸리 박사의 시설에 갔다. 이 치료법은 효과가 있는 것 같았다. 적어도 복통이 더 나빠지지는 않았다. 1851년 큰딸 애니가 아팠을 때도 다윈은 딸을 그곳에 데려가기로 결정했다.

애니는 정이 많고 세심한 열 살짜리 소녀였다. "다감하고, 솔직하고, 열려 있고 (…) 숨기려는 어떤 그늘도 없던" 딸이 1849년에도 성홍열에 걸려 회복하지 못했었는데, 1851년 3월에 다시 몸이 아프게 되자 다윈은 걸리 박사에게 데려가보기로 했다. 에마가 임신 8개월째였으므로, 다윈이 애니를 데리고 맬번으로 갔다. 그곳에 간호사, 가정교사, 여동생 헨리에타와 함께 데려다주고 집으로 돌아왔다. 2주 뒤에 전갈이 도착했는데, 애니의 상태가 더 나빠졌고 구토가 심하다는 것이었다. 다윈은 서둘러 맬번으로 떠났고 4월 17일 성목요일에 도착했다. 애니는 상태가 좋지 않았지만, 적어도 아버지를 알아볼 수는 있었다. 걸리 박사는 다른 환자가 여든일곱 명이나 있어서 다윈의 가족에게 그렇게 많은 시간을 할애할 수 없었다. 그러나 박사는 애니가 이전보다 "서너 단계는 더 나아졌다"며 다윈을 안심시켰다.

하지만 그날 밤 애니의 상태가 더 나빠졌다. 맥박이 일정하지 않았고 반쯤 의식이 나가 있었다. 그것은 "시시각각 삶과 죽음을 오가는 싸움"이었다.[22] 걸리 박사는 애니가 죽어가고 있다고 생각했고, 다윈과 함께 밤새 그 곁에 머물렀다. 하지만 애니는 살아났다. 다음 날인 성금요일에도 하루 종일 앓았다. 그날 정오경에 다윈은 "한 가지 좋은 점은 맥박이 이제 일정해졌고 그렇게 약하지 않다는 것"이라고 기록했다. "이것 말고는 달리 희망이 없다." 그리고 세 시간 뒤에는 "아무런 차도가 없지만, 우리는 희망이 없어도 희망해야 한다"●고 썼다.²³

금요일 밤이 되자 애니는 나아졌다. "밤새 고요하게 잤다." 어느 시점엔가 애니는 "매우 또렷하게" "아빠"라고 말했지만, 다윈이 알던 모습이 아니었다. 다윈은 에마에게 전갈을 보냈다. "애니를 거의 알아보기 힘들 거요. 심하게 파리해진 불쌍한 모습이라오. 나는 사랑스럽던 애니의 예전 모습을 잊어야지만 참고 다시 볼 수 있을 것 같소. 예전의 애니와 지금의 애니는 같은 것이라곤 하나도 없다오."²⁴

그럼에도 상황이 나아지기 시작했다. 걸리 박사가 애니를 보러 와서 평화롭게 자는 것을 확인하고 다윈에게 "고비를 넘기고 있다"고 말했다. 애니는 일어나 "차를 두 숟가락 마셨는데 토하지도 않고 맛있게 마셨다." 다윈은 기뻐서 펄쩍 뛸 지경이었다. "그제야 다정하게 빛나던 애니의 얼굴을 예전 모습 그대로 떠올릴 엄두가 났다."²⁵

주말이 힘들게 이어졌다. 부활절 일요일 아침에 애니는 다시 심하게 토했다. 방광이 마비되어 관을 삽입해 소변을 빼내야 했다. 그럼에도 여전히 긍정적으로 보이는 신호들이 있었다. 담당 의사인 코츠가 와서 애니의 맥박을 재더니 즉각적으로 말했다. "아이가 곧 회복

● 〈로마서〉 4장 18절에서 사도 바오로가 역경에도 믿음을 버리지 않은 아브라함을 묘사할 때 사용한 표현이다.

될 거라고 분명하게 말씀드립니다." 코츠는 최근에 애니가 앓고 있는 것과 같은 열병이 종종 아주 심해지기도 했지만, 환자가 위독해지는 경우는 별로 없었다고 설명했다. 아침 10시에 다윈은 "아, 정말 듣기 좋은 소식이다"라고 썼다. 애니의 상태는 아침 내내 좋았다. 감각도 돌아왔고 다시 아빠를 불렀다. 다윈도 정신이 들었지만, 이미 완전히 지쳐 있었다. 그는 "이렇게 절망과 희망이 교차하니 영혼이 버티질 못하겠소"라고 에마에게 말했다.[26]

감정의 롤러코스터는 월요일까지도 계속 이어졌다. 애니는 일주일 만에 스스로 소변과 대변을 보았고, 다윈은 그것이 "매우 좋은" 신호라고 판단했다. 필사적으로 용기를 내기 위해 그토록 사랑하는 어린 딸의 모습을 다시 생각했다. "한 시간 전에 나는 기쁨으로 바보가 되어, 나에게 커스터드를 만들어주던 애니의 모습을 떠올렸다. 애니에게 이제 더 나아질 거라고 말해주니 순하게 '고마워요'라고 말했다. 그 다정함이 이루 말할 수 없이 감동적이었다."[27] 그는 회복의 조짐이 보이는 어떠한 신호라도 움켜잡았다. "오늘 아침에는 애니가 오렌지를 달라고 했다. 물 말고 다른 것을 달라고 한 것은 처음이었다. (…) 패니가 조금 전에 차 한 숟가락을 주고 맛이 어떠냐고 묻자, 애니가 잘 들릴 만큼 큰 소리로 '아주 맛있어'라고 말했다."[28]

이러한 신호들이 있었음에도 화요일이 되자 애니의 상태는 더 나빠졌다. 설사가 시작되었다. 다윈은 더 이상 견디기 어려웠고, 그도 복통을 느끼기 시작했다. 애니는 의식을 잃어가고 있었다. "무의식을 헤매 다니다 힘겹게 노래를 부르려 한 일이 두 번이나 있었다."[29] 수요일 아침이 되자 숨소리가 잦아들고 몸에서 기운이 빠져나갔다.

애니는 결국 한낮에 숨을 거두었다. "우리 불쌍한 딸이 (…) 너무도 평온하게, 너무도 사랑스럽게 마지막 잠에 들었소." 그는 그날 오후 에마에게 이렇게 써 보냈다. "한숨도 내쉬지 못한 채 끝이 났다오." 큰딸에 대한 기억은 너무나 고통스러워서 다시 떠올릴 수 없을 정도였다. "아이의 솔직하고 다정한 행동이 생각나면 얼마나 적막한지 (…) 나는 그렇게 사랑스러운 아이가 장난치는 걸 본 것조차 기억할 수가 없다."[30] 걸리 박사가 쓴 사망 확인서에는 사망 원인이 '장티푸스성 열병'으로 기록되었다.

애니의 죽음은 다윈을 비탄에 빠뜨렸다. "애니는 내가 가장 사랑하던 아이였다"라고 사촌 윌리엄 폭스에게 솔직히 말하기도 했다. "다정하고, 열려 있고, 경쾌하게 즐거워하며 애착도 강해서 더없이 사랑스러웠다. 불쌍한 작은 영혼."[31] 큰딸이 죽고 한 주가 지나자, 다윈은 아이의 '강한 애착'과 '경쾌한 즐거움'이 자신의 정신에서 사라지기 전에 잡아두려는 마음에서 아이에 대한 기억들을 기록했다. 그에게는 "애니가 비슷하게 잘 나온" 은판사진이 하나 있었지만, 벌써 2년 전에 기한이 다 되어서 잃어버린 딸의 모습을 간직할 수 없었다.[32] 그는 집에 있는 정원을 거닐 때 아이가 발레리나처럼 한 발로 서서 빙그르르 돌던 모습을 떠올렸다. "애니는 몇 시간이나 내 책을 가지고 어떤 대상이든지 그 색깔들을 비교하곤 했다." "때로는 한 줌의 코담배를 가지고 계단을 달려 내려와 나에게 주기도 했다." "거의 아무 때나 내게 와서 족히 30분은 내 머리를 매만져주고는 '예쁘게 됐다'고 말하곤 했다."

그는 병들어 쇠약해진 딸의 마지막 모습도 기억했다. "애니는 한 번도 불평하지 않았다. 조바심을 낸 적도 없고, 늘 다른 사람을 배려해주었다. 다른 사람들이 자기에게 해준 모든 일에 정말 가여울 만큼 부드럽게 고마워했다." 그들이 늙었을 때 애니는 큰 위안이 될 것이었다. "나는 늘 생각했다. 무슨 일이 있더라도, 우리의 노년에 적어도 사랑스러운 영혼 하나를 가졌어야 한다고. 그 무엇도 바꿀 수 없는." 하지만 그렇게 될 운명이 아니었다. "애니는 우리가 자기를 얼마나 사랑했는지 틀림없이 알았을 것이다." 그리고 그는 이렇게 마무리 짓는다. "아, 우리가 지금도 여전히, 그리고 앞으로도 그 기뻐하던 얼굴을 얼마나 깊이, 얼마나 애틋하게 사랑하는지를 그 아이가 알 수만 있다면."

애니는 다윈이 잃은 첫 번째 아이도 아니었고 마지막 아이도 아니었다. 하지만 애니가 죽은 뒤로 모든 것이 달라졌다. 거의 10년이 지난 1860년 9월에 다윈은 네 살짜리 아들을 성홍열로 잃은 토머스 헉슬리에게 편지를 보냈다. "그런 슬픔이 얼마나 쓰라리며 견딜 수 없는 것인지 잘 아네. 그렇지만 내 말을 믿어보게. 시간은, 오직 시간만이, 놀라운 일을 한다네. 그토록 많은 시간이 흘렀지만, 나는 한 아이를 생각할 때면 눈물을 흘리지 않을 수가 없네. 하지만 슬픔은 한결 부드러워지고, 잃어버린 그 소중한 아이의 미소까지도 떠올릴 수가 있다네. 어떤 즐거움 같은 것과 함께."[33]

바로 그것은 기쁨과 슬픔, 행복과 고통의 균형이었다. 20년 전에 다윈은 그러한 균형이 정말로 '고등한 동물들의 창조'를 정당화할 것이라고 주장했다. 하지만 애니가 죽고 10년이 지난 뒤 대답은 달라져 있었다.

'내 발톱과 부리를 날카롭게 벼려서' ― 옥스퍼드를 향하여

다윈은 다시 따개비 연구로 복귀했다. 따개비를 해부하고 따개비에 관해 글을 썼다. 이를 통해 1853년에는 왕립학회에서 영광스러운 로열 메달을 수상한다. 그런 다음 그는 다시 자신의 큰 구상으로 돌아왔다. 세계 전역의 박물학자들과 서신을 교환하면서, 반박 불가능하다고 입증되기를 바라는 논리를 구성했다.

그와 서신을 교환한 이들 중에는 말레이군도를 지나 여행하고 있던 앨프리드 러셀 월리스도 있었다. 다윈은 1855년 12월에 그에게 편지를 보냈고, 1857년 5월에 다시 편지를 보냈다. 1년 뒤, 다윈의 생각을 전혀 모르고 있던 월리스는 〈원형에서 무한히 멀어지는 다양성의 경향에 관하여On the tendency of varieties to depart indefinitely from the original type〉라는 제목이 붙은 소논문의 필사본을 보내왔다. 다윈은 큰 충격에 휩싸였다. 그는 찰스 라이엘에게 보낸 편지에서 이렇게 말했다. "나는 이보다 놀라운 우연의 일치를 본 적이 없습니다. 1842년에 내가 쓴 필사본 개요를 가지고 있다고 해도 이보다 더 훌륭한 초록을 작성할 수는 없었을 것입니다!"[34]

다윈은 (특히나 월리스가 그에게 자신의 소논문을 라이엘에게도 전해달라고 부탁했기에) 곤경에 처했다. 그리고 "내 모든 독창성이 (…) 박살날" 가능성을 보았다.[35] 계속 확장 중이던 다윈의 필사본에 대해 알고 있던 극소수의 사람들 중 하나였던 라이엘과 후커가 월리스의 소논문과 다윈의 초록을 1858년 7월 1일에 열리는 린네협회Linnean Society 모임에서 합동으로 발표하자는 타협안을 내놓았다. 자연선택에 의한 진화론을 처음으로 공개했을 때 세상의 즉각적인 반응은 그리 대단하지 않았다. 이듬해 11월 다윈의 두꺼운 책을 간추린 요약본이 나오고 나서야 대중의 관심이 밀물처럼 밀려들기 시작했다.

초기의 비평들은 엇갈렸다. 다윈은 월리스에게 "박물학자에게는 가장 흥미로운 최고의 문제"이지만 "선입견에 둘러싸여" 있는 문제이기도 하니 "[인간]에 관한 주제는 전부 피하라"고 충고했었다.[36] 다윈은 충고만큼 노련했다. 《종의 기원》에 인간은 거의 등장하지 않았다. 하지만 서평들만 봐서는 이러한 사실을 알기 어려웠을 것이다.

출간 닷새 전 《애서니엄Athenaeum》에 실린 가장 이른 비평이 이후의 분위기를 결정했다. 벤저민 디즈레일리의 소설 《탱크레아우스 Tancred》의 등장인물로 "인간이 원숭이의 후손이라는 믿음으로 기우는" 귀부인 콘스턴스 롤리를 언급하면서 비평가는 이 "유쾌한 생각"이 체임버스의 《창조 자연사의 흔적》에서는 암시되었을 뿐이지만, 다윈은 이제 "[그것을] 하나의 신조 같은 무언가로 만들었다"라고 논평했다. 그의 설명에 따르면 인간은 "어제 태어나 내일 죽을 것이다. 우리는 불멸의 존재가 아니라 일시적 존재일 뿐이며, 말하자면 우발적인 존재다." 독자들은 형이상학적 사변의 책을 읽고 있다고 잘못 생각했을 수 있다. 너무 열심히 일한 나머지 결국 자신의 책에서 이토록 혼란스러운 논쟁을 끌어낸 것에 대해 다윈은 몹시 분개했다. 일주일 후에 그는 후커에게 이렇게 썼다. "[비평가가] 불멸성을 끌어들이고 사제들을 부추겨 나에게 달려들게 하고, 나를 그들의 자비에 맡겨버리는 방식은 저열하다. 하지만 그는 나무를 준비해두고 그 검은 짐승들에게 나를 잡는 법을 알려줄 것이다."[37]

몇몇 다른 비평가들도 똑같이 비판적이었다. '토요일의 살인마'로 알려진 《새터데이 리뷰》에서는 다윈이 지질학적 계산에서 '명백한 오류들'을 저질렀다고 맹렬히 비판했다. 《데일리 뉴스》는 로버트 체임버스의 《창조 자연사의 흔적》을 표절했다고 비난했는데, 이는 날카로운 가시가 되어 다윈의 마음속에 깊이 박혔다. 그는 "어느 비평가에게서도 공정함을 기대할 수가 없다"라고 후커에게 토로했다.[38] 모두가 그렇게 부정적인 것은 아니었다. 《가드너스 크로니클》, 《내셔널 리뷰》, 《에든버러 저널》의 비평들은 확실히 고무적이었는데, 다윈의 친구들(각각 후커, 헉슬리, 로버트 체임버스)이 쓴 것들이긴 했다. 아마도 가장 놀라운 것은 빅토리아 시대 기득권층의 목소리를 대변하는 《타임스》가 종교와 인간에 관한 차원은 무시하고 과학적으로 신빙성 있는 내용들만을 강조하며 극찬하는 기사를 박싱데이*에 맞춰 내보냈다는 사실이었다. "자연이 진공상태를 혐오하듯이 다윈은 순전한 사변을 혐오한다. (…) 그리고 그가 규정하는 모든 원리는 관찰과 실험으로 시험해볼 수 있는 것들이다." 이 책은 과학에 관한 책이므로 그렇게 판단되어야 한다.

새로운 10년이 시작되었고, 비평들은 넘쳐났다. 처음에 등장했던 짧은 공고문 대신 더 길고 더 날카로운 분석들이 월간지나 계간지를 통해 제시되었다. 비평가들은 이 책이 비록 체임버스나 쿰의 책들의 규모에는 미치지 못하지만, 출판계의 한 현상이 되고 있음을 인정하

---

* 크리스마스 다음 날인 12월 26일. 전통적으로 가난한 이들에게 선물을 전하는 날이지만, 현대에는 대규모 할인 행사가 열리는 날로 변했다.

기 시작했다.《웨스트민스터 리뷰》에 실린 1만 5000단어 비평문은 "오랜 세월에 걸쳐 정당하게 획득한 과학적 명성 때문에 아마도 다윈은 성공의 이름으로 통하는 사회적 악평에 무관심해진 것 같다"라는 문장으로 시작했다. 그럼에도 이 비평가는 "그가《종의 기원》을 출간하는 모험으로 얻은 결과에 틀림없이 아주 만족할 것이다"라고 썼다. 이어서 이 책을 칭송할 뿐 아니라, 이 책의 생각들을 이용해 왕성한 공격성으로 교회와 교회의 성직자 자연주의 전통을 비판하기까지 했다.

갈릴레오의 시대부터 지금까지 끈기 있고 성실하게 진리를 찾다가 성경 숭배자들의 그릇된 열성에 삶이 비참해지고 명성도 날아가버린 이들의 수를 누가 헤아릴 것인가? (⋯) 마치 헤라클레스의 요람 곁에서 목이 졸려 죽은 뱀들처럼 모든 과학의 요람 곁에 절멸당한 신학자들이 누워 있다. 역사는 과학과 정교正敎가 완전히 대립했을 때는 언제나 후자가 괴멸되지는 않더라도 으깨져 피를 흘리고, 완전히 살해되지는 않더라도 칼에 베인 채 물러나야 했다고 기록한다.

이후 6개월도 되지 않아서 다윈은 갈릴레오와 같은 반열에 올라 싸워야 했다. 이 비평가의 주장에는 확실히 어떤 진실이 담겨 있었다. 나중에 다윈은 다운의 전직 주임 신부였던 브로디 이니스에게 보낸 편지에서 말한다. "며칠 전에 받은 한 성직자의 작은 팸플릿을 읽어본다면, 신부님도 내가 신랄하게 굴 만한 이유가 있다는 것을 웃으면서 인정할 것입니다. 그는 어떤 합리적인 사람이라도 만족시켰을,

솔직하고 단호한 언어로 두세 쪽에 걸쳐 나를 학대했습니다. 그러고는 나와 모든 다원주의자들에 대한 경멸을 표현할 용어를 찾고자 영어라는 언어를 샅샅이 뒤져보았으나 헛된 일이었을 뿐이라며 자신의 요지를 말하고 있습니다."[39]

그러나 《웨스트민스터 리뷰》의 주장에도 불구하고, 이러한 성직자의 반응이 전적으로 전형적인 것은 아니었다. 작가이자 성직자이고, 곧 케임브리지대학의 현대사 교수가 되는 찰스 킹즐리는 다윈에게 보낸 초기 편지 중 하나에서 이런 말을 쏟아내고 있다. "내가 거기서 본 것은 모두 경외감이 들게 하는 것뿐이었습니다." 다윈은 이 편지의 일부를 나중에 나오는 판본들에 끼워 넣었다. 명백하게 종교적인 언론들도 주류 언론처럼 의견이 나뉘었다. 자유주의 가톨릭 저널인 《램블러The Rambler》는 가혹하게 비판적이었고, 《잉글리시 처치맨 English Churchman》은 지지하는 쪽이었다.[40] 다윈이 오래도록 따뜻한 우정을 나누었던 이니스에게 편지를 쓰던 무렵, 박식한 그리스도교 신자들의 여론은 진화론에 대해 대체로 평온했다. 19세기 영국과 미국의 다원주의 수용을 추적하는 결정적인 책을 집필한 영국인 역사학자 제임스 무어의 말에 따르면, "단 두 명의 예외만 있었을 뿐, 영국과 미국의 주도적인 그리스도교 사상가들은 상당히 기꺼이 다원주의 및 진화와 타협했다."[41] 그렇다면 《웨스트민스터 리뷰》의 비평가는 전쟁을 묘사하기보다는 전쟁을 선동하고 있었던 것처럼 보인다.

가장 이른 시기에 신문에 실린 서평들처럼, 나중에 월간지나 계간지에 실린 비평문들도 똑같이 의견이 엇갈렸다. 《웨스트민스터 리뷰》가 있으면 반드시 《쿼털리 리뷰》가 있어서, 비지성적이지는 않더라도 훨씬 더 길고 더 비판적인 비평문을 실었다. 노골적으로 다윈의 생각을 단죄하지도 않았지만, 값싼 화해를 추구하지도 않았다. "신앙에서나 과학에서나 편협하고 나약한 사람들이 물리학에서 이루어진 모든 새로운 발견들을 영감의 말씀과 화해시키려고 앞다퉈 몰려드는 그 북적이고 야단스러운 기운이야말로 교회의 대의에 가장 깊은 상처를 입혔다." 하지만 이 비평문은 다윈의 새로운 이론에 관한 어떤 날카로운 비평을 자발적으로 나서서 제공하기도 했다. 다윈은 인정할 만한 것은 마땅히 인정했다. 그는 후커에게도 마지못해 인정했다. "그건 흔치 않게 영리해서, 가장 불확실한 추측으로 이루어진 부분들을 솜씨 좋게 짚어내고 문제들을 모두 제시한다."[42]

이 무렵에는 이미 《종의 기원》이 잠깐 화제가 되었다가 사라질 책이 아니라는 것이 분명해졌다. 그러한 영광은 빅토리아 시대의 사회를 충격에 몰아넣은, 성경 수정주의에 관한 《에세이와 리뷰》에 돌아갔다. 다윈의 책은 확실히 주의 깊게 보아야 할 책이었다. 그해 여름 옥스퍼드에서 회의를 연 영국과학진흥협회도 이 책에 어느 정도 주의를 기울였다.

다윈은 6월 30일 토요일에 예정된 자기 책에 관한 토론에 직접 나설 만한 배짱이 없었다. 그의 친구이자 대변인인 토머스 헨리 헉슬리가 그를 대신해 토론에 참석했다. 헉슬리는 다윈과 상당한 공통점이 있었다. 총명하고(스물다섯 살에 왕립학회 회원이 되었고, 스물일곱 살에 로열 메달을 받았다), 열정적인 박물학자이자 열렬한 진화론자였다. 하지만 다윈과 달리 헉슬리는 가난했고(몰락한 중산층 가정 출신이어서 열 살에 학교를 그만두어야 했다), 독학자였으며, 불가지론자(이 단어 자체를 그가 만들었다)였고, 옥스브리지 특권과 성직자 우위를 혐오했으며, 아마추어리즘에 적대적이었다. 무엇보다도 그는 포부가 큰 전문 과학자였다.

그런 배경이 있기도 하고, 또 그가 아무리 천재적이라도 이번 일은 부담이 컸다. 언젠가 그가 일자리를 구하고 있을 때 왕립외과의학대학에서 비교해부학과 생리학을 가르치던 헌터리언 석좌교수 리처드 오언에게 추천서를 부탁한 일이 있었다. 대영박물관 자연사 분과의 감독관이자 아마도 당시 영국에서 가장 앞선 해부학자였던 오언 교수에게서는 답이 오지 않았다. 헉슬리는 포기하지 않았고, 어쩌다 오언을 길에서 몰래 지켜보게 되었다. 나중에 이 일을 떠올리며 헉슬리는 이렇게 말했다. "내가 그냥 지나가려고 했는데, 교수님이 나를 불러 세웠다. 그리고 정말 건조하면서도 우아한 태도로 말씀하셨다. '자네가 보낸 전갈을 받았네. 추천서를 써주도록 하겠네.'" 그렇게 생색내는 듯한 태도에 헉슬리는 화가 치밀었다. 그는 이렇게 말했다. "만약 조금이라도 더 거기 서 있었더라면, 교수님을 도랑에다 처박아버렸을 것이다."

헉슬리는 《웨스트민스터 리뷰》는 물론 《타임스》에도 글을 기고했다. 《타임스》의 고정 비평가 새뮤얼 루카스가 도무지 다윈의 책을 제대로 이해하지 못했기 때문이다. 헉슬리는 기꺼이 싸웠다. "나는 당신이 당신을 위해 준비된 상당한 독설과 잘못된 해석으로 어떤 식으로든 역겹게 되거나 짜증나게 되는 것을 스스로 허락하지 않으리라고 믿습니다." 그리고 친구를 안심시켰다. "자네 친구들 중에 어떤 친구들은 (…) 상당한 전투력을 타고났지. (…) 나는 내 발톱과 부리를 날카롭게 벼려서 대비를 하고 있다니까."

적어도 표면적으로, 그의 적수가 될 인물은 새뮤얼 윌버포스 주교였다. 그는 1847년에 영국과학진흥협회가 옥스퍼드에서 모였을 때 체임버스의 《창조 자연사의 흔적》을 비판하는 설교를 했었다. 윌버포스는 헉슬리와 마찬가지로 매우 지적이고 학식이 풍부한 사람이었지만, 결정적인 두 가지 측면에서 서로 달랐다. 첫째, 윌버포스는 철저하게 기득권자였다. 대표적인 노예제 폐지론자였던 윌리엄 윌버포스의 셋째 아들로 태어나 옥스퍼드에서 (그중에서도 버클랜드 밑에서) 교육을 받았고, 윈체스터의 참사회 회원이자 빅토리아 여왕의 남편 앨버트의 전속 사제였고, 이제는 옥스퍼드의 주교였다. 대중에게는 '소피 샘Soapy Sam'(비누 같은 새뮤얼)이라는 별칭으로 알려졌다. 이는 표면적으로는 1847년에 헤리퍼드 주교좌 임명을 두고 오랫동안 망설이며 우유부단한 모습을 보였기 때문이고, 실제로는 말할 때 양손을 비비는 습관이 있어서이기도 하고, 디즈레일리의 생생한 표현대로 "번지르르하고 느끼하고 미끌거리기" 때문이기도 했다.

둘째, 윌버포스는 정말 뛰어난 자연철학자였고, 영국과학진흥협회의 부회장이며 왕립학회 회원이었지만 과학자는 아니었다. 《종의 기원》에 대해 "범상치 않게 명석한" 비평문을 《쿼털리 리뷰》에 기고했지만, 글을 쓰기 위해 도움을 받아야 했다. 그를 도운 사람이 리처드 오언이었고, 윌버포스는 1840년대에 그의 강의를 열심히 들었었다. 이틀 전에 오언과 헉슬리는 '식물의 성性이 갖는 목적인'에 관한 강의를 들었으며, 좀 기이하게도 인간 뇌와 영장류 뇌 사이의 유사성에 관한 또 하나의 논쟁을 벌였었다.

오언 자신은 토요일의 토론을 주재할 예정이었지만, 전략적으로 마지막 순간에 뒤로 물러나 다윈의 오랜 친구인 헨슬로에게 자리를 양보했다. 이 고양이의 가죽을 벗길 다른 방법들도 있었다. 그리고 다윈과 친구들은 월버포스의 공연 뒤에 오언의 손이 있음을 쉽사리 알아챘다. "샘 옥선*이 일어나 흉내낼 수도 없이 흉하고 텅 비고 부당한 정신으로 30분이나 떠들어댔다." 후커는 토론이 끝난 뒤 다윈에게 이렇게 전해주었다. "월버포스가 오언에게 지도받는 모습을 봤다네. 월버포스는 그 비평문에 실려 있던 것 외에는 단 한 음절도 말하지 않았더군." 헉슬리, 월버포스, 오언, 이 세 사람 사이에는 결판을 내야 할 것이 많았다.

헉슬리와 월버포스의 대결은 갈릴레오 재판에 상응하는 영국 역사의 전설로 남았다. 불행하게도 이 경우에는 원본 문헌들이 단편적으로만 전해지고 토론에 관해 우리가 알고 있는 내용도 한 줌의 신문 보도와 소문을 실어 나르는 수많은 편지들에서 얻어낸 것뿐이다. 어쨌든 분명한 사실은 대중의 관심이 뜨거웠다는 것이다. 더운 날씨에도 700명의 사람들이 새 대학 박물관의 도서관으로 몰려들었다. 하지만 토론의 주인공들이 듣고 응답하도록 되어 있는 '다윈의 견해들과 관련한 유럽의 지적 발전'이라는 제목의 길고 지루한 강의 때문에 이 경험이 더 이상 즐겁지 않게 되었다.

토론자들이 말할 시간이 되자, 월버포스는 지루해지고 있던 오후의 분위기를 가볍게 띄워보려고 했다. 전해지는 신화에 따르면, 그는

---

* 옥선(Oxon)은 옥스퍼드대학에서 학위를 받았음을 알리기 위해 사람 이름이나 학위 뒤에 붙이는 말이다.

헉슬리를 향해 돌아서서 당신은 할아버지 쪽으로 유인원의 자손이 되느냐, 아니면 할머니 쪽으로 유인원의 자손이 되느냐고 농담조로 물었다. 같은 신화에 따르면 헉슬리는 윌버포스의 말을 듣고 옆에 앉은 사람에게 속삭였다. "주님께서 그를 내 손에 넘겨주셨습니다." 그러고는 자기는 주교를 조상으로 두느니 유인원을 조상으로 두는 편이 더 낫겠노라고 응수했다. 또 다른 신화에서는 주교가 되느니 유인원이 되겠노라고 말했다고도 한다. 하지만 이는 헉슬리가 직접 부인한 이야기다. 그의 대답이 정확히 무슨 의미였든, 이후에 이저벨 시지윅이 《맥밀런스 매거진Macmillan's Magazine》에서 회상한 것처럼 "그 효과는 엄청났다." 군중이 폭발했다. 청중 가운데 있던 데이비드 브루스터●의 부인 제인 퍼넬은 실신했고, 시지윅은 "앉아 있던 자리에서 벌떡 일어났다." 이 신화에 따르면 윌버포스는 맥이 풀려 물러나야만 했다.

매우 기이한 점은 이날의 일이 당대에 매우 중요한 사건이었을 텐데도, 한 세대 만에 대중의 의식 속에서 거의 사라졌다가 1890년대에 과학과 종교의 '전쟁' 서사가 힘을 받기 시작하면서 다시 등장했다는 사실이다. 일단 즉각적인 먼지가 가라앉고 나자 두 주인공 중 누구도 이 일에 계속 머물러 있지 않았고, 이 토론에 대해 우리가 알고 있는 가장 완전한 이야기도 두 주인공이 '각자 자신의 강인함에

● '현대 실험 광학의 아버지', '광학계의 케플러'라고 불리는 영국의 과학자. 에든버러대학에서 공부하고 스코틀랜드교회(장로교)의 목사가 되었다가 자연과학에 이끌려 광학을 연구했으나, 과학과 종교는 하나가 되어야 한다고 보았으며, 다윈의 진화론을 종교와 과학 모두에 위험하고도 어리석은 생각이라고 비판했다.

걸맞은 적을 발견했다'라는 것으로 마무리된다. 프로테스탄트 쪽에서 가톨릭의 독단주의에 맞서기 위한 근거로 갈릴레오 재판을 이용했던 것과 거의 같은 방식으로 옥스퍼드의 전투 또한 나중에 그리스도교에 맞서기 위한 근거로 사용하려는 반종교적 작가들에 의해 다시 소환된 듯 보인다.

하지만 이 옥스퍼드 논쟁은 역사학자들이 그 이야기를 완화시키고, 그것이 갈릴레오 재판만큼이나 소위 과학과 종교 사이의 전쟁을 시사하지 않음을 보여주었음에도, 어떤 면에서는 하나의 분수령이었다. 150년 정도의 세월이 흐른 뒤 빅토리아 시대 정기 간행물들과 신문들의 자료가 디지털화됨에 따라, 미국인 학자 리처드 잉글랜드는 이전에 알려지지 않았지만 놀라울 만큼 완전한 기사가 《옥스퍼드 크로니클 앤 버크스 앤 벅스 가제트》(이하 《가제트》)에 실렸음을 알아냈다. 이것이 《애서니엄》에 실린 이야기의 출처였던 게 분명했다. 둘 사이에는 겹치는 부분이 상당히 많았지만, 《가제트》의 기사가 세부적인 내용을 훨씬 더 많이 제공했다. 군중의 반응에 대한, 물 흐르듯 매력적인 언급은 말할 것도 없다.

새로 발견된 이야기에 따르면, 윌버포스는 "어디에서나 혼종 교배에는 불임 현상이 따른다"는 것과 "특정 형상의 영속성은 모든 관찰에 의해 확인된 사실"이라고 주장했다. 하지만 그는 어떤 식물 종의 경우 예외가 된다는 사실을 기꺼이 인정하기도 했다. 헉슬리는 자연선택이란 순전한 가설에 불과한 것이 아니라고 주장하며, 다윈의 적들은 "그 이론에 반하는 어떤 중요한 사실도 제시할 시도"조차 하지 않았다며 항의했다. 하지만 《가제트》의 기사에서 실제로 드러난 것은 이 논쟁에서 두 가지 문제가 주제를 선점했고, 여러 세기에 걸친 과학과 종교의 역사들이 수시로 출몰했다는 사실이다.

첫 번째 문제는 인간의 존엄에 관한 것이었다. 윌버포스는 인간에게까지 미치지 않는(미칠 수 없는) 어떤 제약된 환경에서의 진화에 기꺼이 동의하려 했다. 거의 병적으로 흥분한 듯한 그의 감정적 언어는 이것이 그에게 얼마나 중요한, 바로 그 이슈가 되었는지를 보여주었다. "여러 측면에서 신의 가장 높은 속성들을 나누어 받은 인간이 (옳소, 옳소) 피조물 가운데 가장 낮은 형태의 피조물에서 발전한 존재일 뿐이라는 것은 (옳소, 옳소) 너무도 모멸적인 가정입니다. (박수) 내가 이러한 주제에 대해 말해야 한다는 사실조차 거의 믿을 수가 없고, 그 생각만으로도 분이 날 지경입니다."

헉슬리는 인간과 다른 종들의 배아 사이에 구분이 모호하듯 인간과 다른 종들의 구분 또한 모호하다는 완벽하게 합리적인 논점으로 반격했다. "인간이 한때는 단세포 생물(그저 아주 작은 물질)이었음을 기억해야 합니다. 인간의 발달 과정 중 어느 순간에 인간이 의식적으로 지능이 생겼다고 누가 말할 수 있겠습니까. (옳소, 옳소)" 윌버포스는 이에 설득되지 않았다. 그에게 이것은 인간 존엄을 위한 싸움이었다.

하지만 헉슬리에게 이것은 권위에 관한 논쟁이었다. 헉슬리는 같은 주에 이미 다음과 같이 언급했었다. 그는 "정서가 지나치게 지성에 간섭하곤 하는 일반 청중을 상대로 이러한 토론을 벌이는 것은 적절치 않다고 생각했다." 그래서 그는 토요일에도 비슷한 방식으로, "관념의 멋진 그늘이 수반되는[sic] 과학적 주제를 일반 청중 앞에서 다투는 일이 바람직하지 못하다고 주장하는 것"으로 시작했다. 이는 사람들이 생각하듯이 상기된 청중을 자기편으로 끌어들이기에 실패할 염려가 없는 아주 쉬운 전략은 아니었다. 과학은, 주교들은 말할 것도 없고, 군중이 아니라 과학자들에 의해 결정되어야 한다. 헉슬리는 윌버포스와 같이 성직자인 아마추어 박물학자가 그러한 문제들에 판결을 내릴 능력이 있다고 생각하는 것에 분개했으며, "아마추어 과학자들에 의해 이 주제가 다루어지는 것을 항의했다. (박수)"

그의 분노는 바로 이 점에 있었고, 그에게는 그럴 만한 충분한 이유가 있었다. 이 유명한 논쟁의 가장 중요한 부분에서 일어난 일을 밝히면서《가제트》는 헉슬리가 이틀 전에 오언과 벌인 토론을 언급하고 "그가 원숭이 혈통에 대한 어떤 특별한 호감이 있는지, 그렇다면 즉 할아버지가 유인원이고 할머니가 인간 여성인 경우와 할아버지가 인간 남성이고 할머니가 유인원인 경우 중 어느 쪽이 더 낫겠는지" 궁금해했다. 이 성교회의 고위 성직자는 거의 1000명에 가까운 사람들 앞에서 조부모 중 어느 쪽이 원숭이와 성교했다면 더 좋았겠느냐고 헉슬리에게 물었던 것이다. 하지만 현명하게도 헉슬리는 논쟁 상대가 그토록 저급하게 굴자 더 고상하게 굴었다. "만약 재주와 언변이 뛰어나지만, 열심히 과학을 탐구하는 이들을 조롱하고 과학의 진리의 빛을 가리는 데 자신의 재능을 쓰는 사람의 자손이 되는 것과, 언급하신 비천한 시조의 자손이 되는 것 중 하나를 고른다면, 전자보다 후자를 택할 것입니다. (오. 오. 웃음과 함성)"

《가제트》가 청중의 반응을 성실하게 전달해준 덕분에 청중이 두 주인공 사이를 어떻게 오갔는지 알 수 있다. 《애서니엄》에서 이 논쟁의 결과를 무승부로 판단한 것은 옳았다. 하지만 윌버포스의 비열한 공격(그리고 이후에 가장한 결백함: "그는 헉슬리 교수가 자신의 말을 불쾌하게 여긴 것을 유감으로 생각했다")은 헉슬리가 무엇을 위해 싸웠는지를 확증해 줄 뿐이었다. 과학적 권위의 부담을 지지 않았던 윌버포스는 자신의 도덕적 권위 또한 내려놓기로 했던 것이다.

월버포스는 헉슬리가 '권위에 호소'하는 것을 비웃었다. 그는 ('오언 교수와 다른 저명한 이들' 같이) 그 이론에 반대하는 권위자들이 있었음을 시사했다. 그리고 어쨌든 제대로 된 과학이란 정확히 그렇게 권위에 호소하는 일을 피해야 한다고 말했다. 하지만 헉슬리는 문제는 권위 자체가 아니라고 명확하게 짚었다. "그가 (…) 비난하는 것은 바로 주교의 권위 같은 권위, 다른 영역에서 획득한 명예에서 끌어낸 권위입니다. (옳소, 옳소, 웃음)"

주교들은 아무리 존경스럽고 박식하다고 해도 과학의 문제들을 판단하는 위치에 있지도 않았고, 있어서도 안 된다. 이는 가톨릭이든 프로테스탄트든 회의론자든 모든 과학자가 갈릴레오 때부터 말해왔던 것이었다. 그러나 1860년 옥스퍼드에서 헉슬리가 월버포스와 겨루게 된 즈음에야 실현되었다. 사실 1860년의 옥스퍼드 논쟁은 새롭게 전문화된 과학이 성직자 자연주의를 쓰러뜨려 '도랑에' 처넣은 사건이었다. 그리고 그것은 성공한 듯 보였다. 옥스퍼드 논쟁 이전 30년 동안에 거의 마흔 명의 성공회 성직자들이 영국과학진흥협회의 다양한 분과들을 주재했었다. 하지만 이후 30년 동안에는 그러한 성직자가 오직 세 명밖에 없었다. 신학적 부모에게서 태어난 과학은 마침내 집을 떠났다.

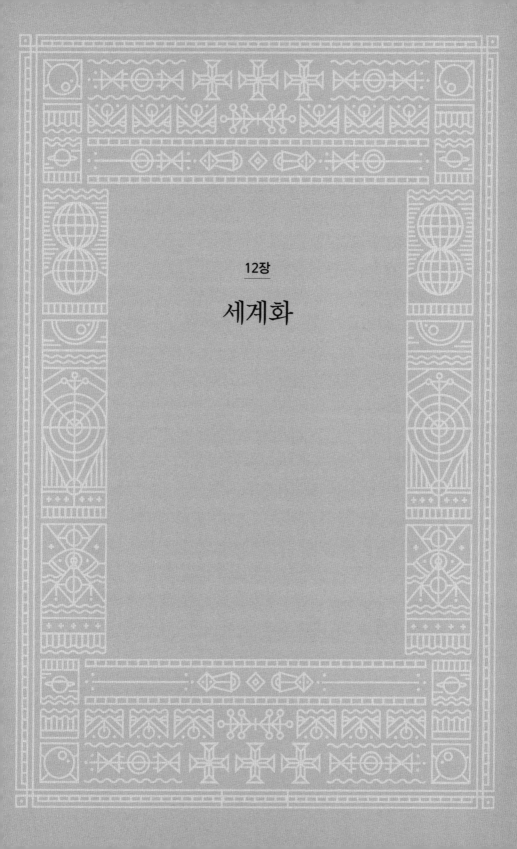

12장

세계화

1904년 세계박람회에서 창을 들고 포즈를 취한 네 명의 아프리카 청년. 오타 벵가(오른쪽 끝)는 나중에 뉴욕 동물원의 원숭이 우리에서 다윈의 잃어버린 고리로서 전시된다. 이에 유색인침례교목회자협의회의 제임스 H. 고든은 "우리 인종은 (…) 우리 중 하나를 유인원들과 전시하지 않더라도 이미 충분히 낙담해 있다"라며 항의했다.

'어두운 길에 빛을 비춰라' — 선교사 과학

찰스 다윈은 처음 출간한 책에서 그리스도교의 선교 활동을 옹호했다.[1] 여행이 끝나갈 무렵 비글호는 아프리카 남부에 정박했고 다윈과 피츠로이 선장은 《사우스아프리칸 크리스천 리코더South African Christian Recorder》에 실을 기사를 함께 작성했다. 1830년대 초 아프리카 남부는 소란스러웠다. 1833년 노예해방이 이루어지면서 경제가 붕괴했다. 1834년에는 호사족 왕국과 유럽인 정착민 사이에 여섯 번째 전쟁이 벌어졌고, 1835년에는 네덜란드 식민지 개척자들이 케이프 식민지에서 동쪽으로 이주하는 '그레이트 트렉Great Trek'을 시작했다. 이 모든 격변이 선교회들 탓이라는 비난이 쏟아졌다.

다윈은 남태평양과 뉴질랜드에서 보았던 선교 활동에 큰 감명을 받았었다. 그는 《비글호 항해기》에서 "그리스도교의 도입으로 부정직, 무절제, 부도덕이 크게 줄었다"라고 썼다. 선교 활동을 공격하는 이들은 그것을 "가장 가치 없는 인성을 지닌 (…) 술과 온갖 악행에 중독된" 잉글랜드인 정착민들의 활동과 혼동하거나, "복음 완덕의 높은 기준"과 부당하게 비교하고 있다. 여정의 마지막 구간에서 기회가 찾아왔을 때, 점점 더 경건해지던 선장과 점점 더 회의적으로 변해가던 그의 과학적 동반자는 "타히티, 뉴질랜드 등의 도덕적 상황에 관한 언급을 담은 편지"를 함께 썼고, 이 편지에서 그들은 선교 활동을 강력하게 옹호했다.

과학과 종교와 선교의 이 낯선 결합은 사실 그렇게 낯설지만은 않았다. 피츠로이와 다윈이 책을 쓰고 있을 무렵에 이 셋의 결합은 이미 250년이나 되었다. 1580년대 말부터 예수회의 중국 선교는 수학, 지질학, 천문학, 역학 학습을 크게 이용했다. 이탈리아인 마테오 리치의 지휘 아래 예수회 수사들은 신앙만큼 과학에 대해서도 중국 황실의 신용을 얻었고, 이어서 존경도 받았다. 그들은 시계, 망원경, 천문관측기, 근대적 천체력을 중국에 소개했다. 리치는 에우클레이데스의 《원론》 번역에도 직접 일조했다. 독일인 요한 슈레크는 1627년에 중국어로 된 첫 책을 출간했는데, 유럽의 역학 지식을 자세히 기술한 것이었다. 폴란드인 얀 미코와이 스모굴레츠키는 1650년대 초에 수학을 가르치며 로그를 소개했다.[2] 그리스도교 선교 활동은 박식하고, 문화적으로 예민했으며, 국제적이고 과학적이었다.

예수회 수사들의 과학이 보여준 정밀함은 인상적이었다. 단 몇몇 예외를 제외하고, 선교사들은 튀코 브라헤의 지구-태양중심 모델을 제시했다. 물론 코페르니쿠스의 모델은 금지되어 있었다. 얼마 지나지 않아 선교사들은 중국 달력을 수정할 필요가 있다는 사실을 분명히 알게 되었다. 처음에 명 황실은 달력에 외부인이 간섭하는 것을 달가워하지 않았다. 달력은 중국의 의례를 행하고 황제의 권위를 세우는 데 필수적이었다. 하지만 1629년, 2년 뒤 황제 자리에 올라 숭정제가 되는 주유검이 다시 한번 일식을 잘못 계산할 경우 그것이 미칠 영향을 염려해 슈레크와 다른 예수회 수사들에게 새로 계산해줄 것을 청했다. 이들의 계산이 중국의 전통적 계산보다 더 정확하다는 것이 분명해지자, 황제는 달력 개혁을 승인했고, 독일인 예수회 수사 요한 아담 샬 폰 벨을 초청해 황실 천문대인 흠천감의 천문대장직을 맡겼다. 처음에 선교사들을 환영했던 명나라가 몰락하자 15년 뒤에는 중국에서 예수회의 입지가 위협받게 되었다. 하지만 이어지는 청나라에서도, 특히 강희제의 긴 재위 기간(1662~1722)에 의식적으로 예수회의 과학을 전용했다. 강희제는 자신의 권위를 확립하고 적법화하는 수단으로 직접 과학을 공부하기도 했다.[3] 그리고 거의 한 세기가 넘는 시간 동안 예수회 수사들이 흠천감을 책임지게 된다.

선교를 통한 과학의 교류가 한 방향으로만 이루어진 것은 아니었다. 한 세기 넘게 예수회 선교사들은 중국의 사상을 유럽에 소개했다. 유교 서적들을 라틴어로 번역했고, 최초의 중국어-라틴어 사전을 편찬했으며, 중국의 영토·역사·사상에 관한 자세한 이야기를 제공했다. 로버트 훅 같은 유럽의 지식인들은 이 생경한 세계에 매혹되었고, 동시에 불안해졌다. 예수회 수사들은 중국 문화가 아주 오래되었고, 도덕적이고 이성적이고 매우 정교하고, 기술적으로 학식이 있고, 쉽게 유럽의 그리스도교 세계와 비교될 수 있다는 사실에 대한 의심을 모두 제거했다. 하지만 중국 문화에서도 신을 믿는가? 초기 회의주의자들은 그렇지 않다고 생각했다. 중국에 대한 애호가 18세기 초반 수십 년 동안 유럽의 커피하우스들을 휩쓸자, 피에르 벨 같은 일부 사람들은 유학자들을 '고결한 무신론자'로 그려내며 기뻐했다. 사실 이 '고결한 무신론자'라는 말은 (유럽의 그리스도인들에게는) 그 자체로 전체 건물의 쐐기돌을 빼내겠다고 위협하는 모순이었다.

예수회 수사들은 다르게 주장했다. 유학 사상 안에는 깊은 유신론적 근원들이 있다. 낯선 용어들과 오랜 세월에 걸친 문화적 부가물 때문에 유럽인들에게는 낯설게 보이는 것뿐이다. 유학자들은 확실히 고결하며 무신론자가 아니다. 이 이슈는 처음에 예수회 내부에서 분열을 일으키게 되지만, 나중에는 예수회와 다른 가톨릭 수도회들 사이에 오래 지속되는 분쟁으로 악화되었다. 피 냄새를 맡은 프란치스코회와 도미니코회는 교황 클레멘스 11세가 마침내 판결을 내릴 때까지 이 이슈를 물고 늘어졌다.* 그 결과 중국에서 계속 이어져오던 예수회의 활동이 더욱 어려워졌고, 몇몇 예수회 수사들만 남아서 초기 선교의 활동을 이어갔다. 프랑스 과학아카데미의 통신원 역할을 하던 장 마리 아미오는 열다섯 권으로 된《중국의 역사, 과학, 예술, 풍속, 관습에 관한 회고록Mémoires concernant l'histoire, les sciences, les arts, les mœurs et les usages des Chinois》을 집필했다. 그러나 예수회 전체가 교회 정치와 얽혀 결국 1773년에 해산됨에 따라 중국 선교는 이전 선교 활동의 그림자로만 남았다.

이 무렵에 프로테스탄트 선교사들은 가톨릭 형제들로부터 선교의 바통을 이어받기(혹은 비틀어 빼앗기) 시작했다. 성공회 해외복음전파협

---

* 1634년부터 1742년까지 진행된 중국의례논쟁은, 특히 조상 제사를 단순한 효경의 표현으로 보는 쪽(예수회)과 미신적 종교의례로 보는 쪽(도미니코회와 프란치스코회)이 서로 대립하면서 중국 선교의 주도권을 놓고 경쟁한 과정을 말한다. 교황 클레멘스 11세가 1715년 중국의 전통 의례에 관한 칙서를 발표하면서 가톨릭교회 내 논쟁은 마무리되었으나, 강희제는 내정 간섭으로 여겨 선교 활동을 중지시켰고, 강희제에 이어 즉위한 옹정제는 1724년 과학 분야에 종사하는 예수회 수사들만 남긴 채 모든 외국인 선교사를 추방하고, 중국 내 선교를 완전히 금지했다.

회는 1701년에 설립되었는데, 이 협회의 동력은 주로 새로 독립한 아메리카 식민지로 향했다. 그사이에 복음주의 운동이 영국 그리스도교에 다시 활기를 불어넣었고 선교에 전념하게 했다. 18세기의 마지막 10년에는 교파들의 화해와 칼뱅주의 신학의 퇴조 덕분에 복음이 이교도들에게 전해질 준비가 되었다. 과학도 덧붙여 전해졌다.

1777년 쿡 선장의 《항해기Voyages》가 출간되면서, 당시에 그들의 첫 신세계에 대한 지배력을 잃어가고 있던 영국 독자들에게 새로운 세계가 열렸다. 복음주의자들도 고무되었다. 침례교선교협회를 창립한 윌리엄 캐리도 나중에 "쿡 선장의 항해기를 읽은 것이 처음 선교에 대해 생각한 계기가 되었다"라고 인정했다.[4] 성공회 복음주의자인 토머스 호즈도 영감을 받았고, 런던선교협회(본래는 선교사협회) 취임 설교에서 《항해기》를 언급했다. 그는 협회를 남태평양으로 몰고 갔다.

쿡의 항해는 무엇보다도 영국의 과학 발전을 추구했고, 이를 위해 금성이 태양을 가로지르는 것을 관찰하고, 남쪽 대양의 지도를 작성했으며, 귀국 후 조사할 식물과 동물을 수집했다. 쿡의 첫 항해에 함께했던 박물학자 조지프 뱅크스는 이 항해 후에 왕립학회 회장이 되어 41년 동안 재임했다. 그는 확실히 미지근한 성공회 신앙을 지녔고, 그리스도교의 행동주의에 대해서도 기껏해야 양가적인 태도를 보였다.[5] 그는 복음주의자들의 열정, 도덕적 십자군 전쟁, 정치 캠페인, 그리고 특히 노예제 폐지론을 싫어했다. 쿡의 첫 번째 항해에 함께하면서 만난 원주민들은 그에게는 본질적으로 견본일 뿐이었다. 그는 자신이 잡아서 런던으로 데려온 태평양 섬주민 투파이아에 대해 이렇게 썼다. "그를 호기심의 대상으로 잡아두면 왜 안 되는지 모르겠다. 내 이웃들은 호랑이랑 사자를 잘만 잡아두는데."[6]

하지만 그 역시도 다른 나라들을 '밝혀주려는' 선교 활동에 감명을 받았다. 그는 믿음에 의한 의화義化* 라는 교리를 논의했을 때 호즈에게 말했다. "확실히 당신과 나는, 구원을 위해 필요하다고 생각되는 것들에 관한 의견이 서로 다르다." 하지만 "나는 당신의 선교협회가 우리 이교도 형제들의 어두운 길에 빛을 비추려는 노력에 대한 나의 만족감을 표현하[고 싶]다." 그는 최선을 다해 남태평양에서 런던선교협회의 활동을 돕겠다고 제안했다.[7]

이런 방식으로 과학은 초창기부터 전 세계 프로테스탄트 선교 활동의 중심에 있었다. 역사학자들이 한때는 계몽주의가 이성을 강조한 데 대한 반작용으로 복음주의가 나온 것이라고 생각했으나, 이제는 대체로 복음주의가 계몽주의의 일부였다고 판단한다. 복음주의자들이 성경을 중시하고 개인적인 성령 체험을 강조하긴 하지만, 1790년대 이후 세계 전역에서 선교 활동을 개시한 복음주의자들은 자의식적으로 '합리적인' 사람들이기도 했다. 윌리엄 페일리를 닮게된 사람들은 몇 없었지만, 그럼에도 그들은 하느님의 활동을 기록한 책을 공경했고, 그 안에서 신의 권능과 지혜의 증거를 보았으며, 그 연구에 매진했다. "그리스도인의 정신은 과학을 추구함으로써 더 넓

---

* 죄인인 인간이 의화되어 구원을 얻는다는 것은 그리스도교 공통의 교리인데, 어떻게 의화가 이루어지는가에 대해서는 교파마다 의견이 다르다. 루터 이후 다수 프로테스탄트 종파에서는 '오직 믿음(Sola Fidei)'에 의한 의화를 주장한 반면, 가톨릭에서는 이를 인정하면서도 인간이 행하는 선행의 공적과 죄에 대한 보속도 강조했다.

어지고 강해질수록, 그는 성경의 진리를 이해하고 믿고 옹호하는 데 더 적합해진다."[8] 과학과 선교하는 종교 사이의 전쟁은 물론이고 둘의 분리도 생각할 수 없는 것이었다. 역사학자 수짓 시바순다람이 남태평양에서의 선교 과학에 관한 연구에서 말한 대로, "과학자들과 선교사들의 구분은 버려야 한다. 왜냐면 과학자의 전문적 소명 의식이 형성되기 전에는 과학적 추론이 신학적인 정신의 합당한 전유물로 여겨졌기 때문이다."[9]

과학과 종교가 선교에서 융합되는 형태는 매우 다양했다. 어떤 선교사들은 수집가였다. 어린 시절부터 식물학에 열심이었던 윌리엄 캐리는 인도농업원예협회를 창립하고 윌리엄 록스버러 박사의 《벵갈 정원Hortus Bengalensis》과 그의 사후에 출간된 《플로라 인디카: 인도의 식물들Flora Indica; or Descriptions of Indian Plants》을 편집했다. 한 미국인 선교 후원자가 침례교 선교사들이 오직 영혼의 구원에만 집중하지 않으면 선교 자금을 대지 않겠다고 위협하자, 캐리는 분개하며 자신은 그보다 "더 편협한" 말은 들어본 적이 없노라고 답했다. "청년들이 과학 없이도 그리스도교 사목을 위해 훈련받을 수 있기를 기도하는 것인가?"[10]

새로 부상하는 지식들의 분야에 많은 사람이 작게나마 공헌을 했다. 1842년에 출간된, 산호초에 관한 다윈의 초기 저작은 3년 전 에로망가섬에서 살해되어 잡아먹힌 런던선교협회 선교사 존 윌리엄스의 작업을 반복적으로 이용했다. 어떤 선교사들은 그 자체로 존경받을 만한 과학자였다. 런던선교협회 선교사 새뮤얼 제임스 휘트미는 《네이처》와 《동물학회 회보Proceedings of the Zoological Society》에 남태평양의 자연사, 식물학, 인류학에 관한 많은 기록과 기사를 기고했다. 그러한 기고 활동은 19세기가 끝난 뒤에도 계속 이어졌고, 그 무렵에는 과학의 전문화가 완전히 이루어졌다. 영국인 남태평양 선교사들이 1869년부터 1900년까지 각종 과학 저널에 기고한 글만 해도 200편이 넘는다.

다른 선교사들, 특히 더 나중에 파견된 이들은 의사였다. 선교사이자 의사인 피터 파커는 1834년 미국을 떠나 중국에 도착했을 때 광둥 안과병원을 설립했고, 3년 뒤에는 중국의료선교협회를 창립했다. 수요가 그의 역량을 넘어서자 파커는 사람들을 개종시키는 일을 단념했다. 파커는 선구자였다. 1849년에는 해외에서 일하는 의료 선교사가 50명밖에 없었지만, 1925년에 이르면 프로테스탄트 선교사만 헤아려도 2000명이 넘는 의사와 간호사가 있었다. 아마도 19세기에 가장 유명한 선교사는 데이비드 리빙스턴이었다. 그는 자신의 종교적 소명과 과학적 소명을 결합할 수 있다고 여겨 선교사가 되기로 결심했다. 그가 지나치게 선교사의 경로에서 벗어나고 있다고 우려하는 런던선교협회 총무에게 그는 이렇게 말했다. "선교사의 의무에 대한 나의 견해는, 겨드랑이에 성경을 끼고 있는 땅딸막한 사람을 선교사의 이상형으로 생각하는 사람들처럼 그렇게 제한적이지 않다." 그는 그리스도를 섬겼으며, 설교를 할 때만큼 "나의 사람들을 위해 버팔로를 쏘아 죽이거나 천문학적 관측을 행할 때"에도 빅토리아 시대의 자신감을 가지고 계속 자기 일을 해나갔다. 어떻게 버팔로를 총으로 쏘는 일이 그리스도를 섬기는 것인지는 분명하지 않았다.

예수회의 초기 중국 선교가 그러했듯이, 교류는 양방향으로 이루어졌지만, 이전과 달리 이런 만남에서 종종 확연한 문화적 우월감이 작동했다. 과학은 유럽의 지적·도덕적 우월성의 상징으로 빈번하게 사용되었다. 조지프 뱅크스의 마음에 가까웠던 농경학은 종종 초기 선교사들에 의해 원주민의 농업을 '개선'하는 수단으로 사용되었으며, 몇몇 런던선교협회 선교사들은 '농업 전문가'라는 특정한 직함으로 지명되었다. 그들의 성공은 고르지 않았다. 잉글랜드 남부에서 잘되었던 일이 남태평양에서도 항상 잘되지는 않았다. 어떤 경우에는 과학의 분과학문들이 토착 신앙을 약화시키는 방법으로 사용될 수도 있었다. 천문학, 식물학, 지질학은 원주민들에게 행성과 식물과 산들이 그 자체로 신성한 것이 아니라 그저 신에 의해 창조된 것임을 보여주는 데 사용되었다. 섬 주변 산호초들이 "그들이 믿는 신들의 갈비뼈"라고 여기는 섬 주민들을 마주했을 때, 런던선교협회 선교사인 조지 베닛과 대니얼 타이어먼은 이렇게 말했다. "이 경이로운 구조들은 수없이 많은, 가장 연약한 존재들이 형성한 것이다. 그것들은 오랜 세월 계속 이어지며 함께 작용하는 생명을 지니고 있고, 또한 영원하신 하느님의 장대하고 지속적인 한 가지 목적을 가지고 있다."[11]

성공이 늘 보장된 것도 아니었다. 적어도 선교사들이 그들 자신의 종교만큼이나 오래되고 자신에 찬 종교적 문화 안에 있을 때는 특히 성공을 보장할 수 없었다. 1820년대 말, 미국인 장로교 선교사 대니얼 푸어는 스리랑카의 나이 많은 브라만이자 점성술사인 비쿠바나타 아이야르와 대화를 나누고 있었다. 푸어는 비쿠바나타의 책력에서 잘못 계산된 부분들을 찾았다. 그의 책력은 1829년 3월 20일에 월식이 일어나리라고 예측했다. 하지만 비쿠바나타는 푸어의 수정된 계산을 받아들이려 하지 않았다. 그러다 그날 밤이 되자, 두 사람은 증인이 될 군중과 함께 서 있었다. 비쿠바나타가 예측한 월식은 일어나지 않았다. 푸어는 최선을 다해 그를 설득했지만, 결국 그가 자신의 종교보다는 과학을 채택하는 데 더 관심이 있음을 깨달았다.

중국에서도 비슷한 이야기가 전해졌다. 1864년 중국에 도착했을 때, 미국인 장로교 선교사 캘빈 매티어는 자신이 가져온 과학 지식이 "우상숭배를 일소하고 자연으로부터 이끌어 자연의 하느님께로 다가가리라"고 확신했다.[12] 푸어와 마찬가지로 매티어 또한 유학자들이 계속 자연에만 초점을 맞추어 토론하길 좋아한다는 것을 곧 알게 되었다. 그 결과, 이후 마흔네 해에 걸친 삶은 성경 번역과 텅저우칼리지를 설립하는 일로 양분되었다. 텅저우칼리지에서는 대수학, 지질학, 항해, 수리물리학, 천문학을 가르쳤다. 예수회 수사들이 200년 전에 알게 되었듯이, 내가 더 나은 수학을 가졌다고 해서, 더 나은 종교도 가졌다고 해서 다른 사람을 반드시 설득할 수 있는 것은 아니었다.

선교사들은 유럽의 과학을 인도, 아프리카, 그리고 그 너머까지 가져갔듯이, 나머지 세상에 대한 정보를 다시 서방으로 가져왔다. 아마도 선교사들이 행한 가장 흔하고 효과적인 과학적 역할은 본국에서 증가하고 있던 전문적 과학자들의 정보원 노릇이었을 것이다. 예수회 수사들이 200여 년 전에 했던 것처럼 이제 다양한 선교사들이 국경을 무색하게 하는 전 지구적인 사업을 벌이고 있던 셈이다. 다윈은 인도의 개에 관한 로버트 에버리스트(열정적인 지질학자이며, 콜카타에 살면서 인도의 지질과 기후에 관한 여러 논문을 쓴 저자)의 과학적인 통찰을 인용했다. 그밖에도 태평양 지역의 돼지에 관해서는 앞서 언급했던 타이어먼과 베닛을, 동아프리카의 가축화된 가금류와 다른 동물들에 관해서는 야코프 에르하르트(잔지바르를 통과하는 탐험에 영국 왕립지리학회의 자금 지원을 받아낸 독일 선교사)를, 중국에서 수입된 '거의 공처럼 생긴' 금붕어에 관해서는 레너드 제닌스(본래 비글호에 탑승하기로 되어 있던 박물학자)를, 캐나다에서 온 사과에 관해서는 제임스 디그 라투슈(곤충학, 식물학, 기상학, 천문학에 관심을 가진 아일랜드의 성직자, 지질학자, 고생물학자)를, 갑각류를 잡는 개의 능력에 관해서는 토머스 브리지스(티에라델푸에고 선교지의 성공회 교리 교사)를 인용했다. 이는 1868년에 출간된 《길들여진 동물과 식물의 변형The variation of animals and plants under domestication》에서 인용된 사례들만 열거한 것이다.

아마도 선교사들의 악명이 높아진 것은, 그들이 영혼 구원 사업의 대상인 원주민들에 관해 호기심 가득한 유럽 과학자들에게 전달한 정보와 생각들 때문이었을 것이다. 이러한 역할은 근래에 면밀한 조사와 비판의 대상이 되었는데, 많은 경우 좋은 이유에서 그렇게 되었지만, 과학과 종교의 역사에 있는 대부분의 요소들처럼, 여기서 발견하게 되는 것들도 그렇게 단순하게 이해할 수만은 없다.

선교사들이 그 사이로 들어가 살았던 원주민들에 대해 도덕적으로, 종교적으로, 그리고 대체로 지적으로 열등하다고 생각했다는 사실은 의심할 여지가 없다. 초기 선교사들은 고귀한 야만인이라는 유럽의 계몽된 이상에 잘 맞는 남태평양의 섬 주민들을 만나게 될 것이라고 기대했었다. 평화롭고 평화를 사랑하며, 순수하고, 죄 많은 문명에 오염되지 않은 사람들이 그곳에 살고 있으리라 생각했다. 하지만 그들과 직접 접촉했을 때 이러한 기대는 무너졌다. 우상숭배, 절도, 폭력, 식인 풍습에 선교사들은, 적어도 루소를 읽었던 선교사들은 큰 충격을 받았다. 하지만 난폭하든 평화롭든, 그 원주민들은 대개 '원시적'이고 '야만적'이며, 문맹이고 교육도 받지 못한 사람들로 판단되었다. 런던선교협회 선교사 윌리엄 엘리스는 나폴레옹 전쟁이 끝난 뒤 남태평양에서 거의 10년을 보내면서 언어를 배우고 땅과 문화를 자세히 관찰한 다음 본국으로 돌아와 여러 권으로 된 《폴리네시아 연구Polynesian Researches》를 출간했다. 그는 당시의 누구보다도 그 지역과 주민과 선교사들을 잘 알았다. 그는 선교사들이 원주민들을 더 잘 알게 되면, "단지 그들의 우상숭배 때문이 아니라, 우상에 열중한 나머지 (…) 도덕적 퇴락과 그에 따른 비참함의 밑바닥으로 가라앉은 (…) 그들을 가장 깊은 연민의 마음으로"[13] 바라보게 된다는 것을 관찰하고 많은 이를 대변해 목소리를 냈다. 그러한 상태가 촉매가 되어 선교사들은 "그리스도교의 원칙들을 빨리 가르쳐서 그들의 도덕적 성품을 고양하고자" 현지어를 습득하게 되었을 것이다.

하지만 이와 동시에, 선교사들은 타협의 여지 없이 인류일원설 monegenism의 지지자였다. 지상의 모든 민족이 단 하나의 공통된 기원에서 나왔다는 것이었다. 이자악 라 페이레르가 150년 전에 《아담 이전의 인간들》이라는 책을 출간해, 〈창세기〉에 맞서 각기 다른 인종과 민족은 각각의 조상에서 비롯되었다고 주장했었다. 그는 맹렬한 비판을 받았고, 그의 책은 파리에서 공개적으로 불태워졌다. 더 최근에는 영국 프로테스탄트 선교사 협회들이 노예무역 폐지 운동에 이어 노예제 폐지 운동을 따라 크게 성장했는데, 인류일원설은 이 운동들에서 절대적으로 핵심적인 자리를 차지했다. 해방노예이면서 노예제 폐지론자인 올라우다 에퀴아노는 이렇게 외쳤다. "어리석은 자여! 〈사도행전〉 17장 26절을 보라. '하느님께서는 한 사람에게서 온 인류를 만드시어 온 땅 위에서 살게 하셨다.'"[14]

선교사들이 함께 섞여 살았던 원주민도 그들과 마찬가지로 하느님이 만드신 인간이었다. 그들은 선교사들과 마찬가지로 죄인이었다. 선교사들과 마찬가지로 영원한 영혼을 가지고 있었다. 선교사들과 마찬가지로 구원받아야 했다. 동일한 주 예수 그리스도께서 그들의 죄를 위해서 돌아가셨다. 원주민도 그들에게 복음을 가져다준 사람들과 마찬가지로 회개하고 믿을 수 있는 능력이 있었다. 그들은 성경을 읽을 수 있는 능력이 있었다. 그리고 원주민의 언어는 영어만큼이나 하느님의 말씀을 절충하여 표현할 능력이 있었다. 선교사들이 아무리 원주민들을 가르치려 든다 해도, 혹은 과학을 이용해 그들의 종교적 믿음을 약화시키려 한다 해도, 여전히 요지부동으로 그들의 근본적인 평등과 존엄과 인간성을 확실히 주장했다. 그들이 하는 일의 특성은, 역사학자 제인 샘슨이 깔끔한 공식처럼 표현했듯이 '타자화othering'와 '형제화brothering'의 이중 과정이었다. 시간이 흐르고 과학과 종교가 서서히 분리되면서 과학이 인간 본성에 관한 물음에 답할, 어느 때보다 큰 권위를 요구하면서 '형제화'보다는 '타자화'가 더 많아졌다.

'비열하고 퇴락한 유럽' — 서구의 과학

온 세상이 오직 한 분 살아 계신 참된 하느님을 알게 하려고 그렇게 희망했음에도 선교사들은 자신도 모르는 사이에 수많은 종교가 태동하는 데 일조했다.

1부에서 보았듯이 중세에 '렐리기오religio'는 오늘날의 종교라는 말의 의미와는 달리 하나의 미덕, 신심을 향한 내적 자세로 이해되었다. 종교개혁 당시에 서로 다른 신앙을 고백하는 블록들(루터교, 가톨릭, 개혁교회)이 유럽 전역으로 퍼져나갔다. 각 블록은 신심에 접근하는 방식이 달랐고, 그 자체로 특정한 신앙고백, 예식과 관례, 위계, 영토로 규정될 수 있는 하나의 종교가 되었다. 이어서 서유럽의 상인들과 선교사들은 남쪽과 동쪽으로 나아갔고, 이 렌즈를 통해 해석한 전통들과 조우했다. 세상은 서로 다른 종교들로 가득하게 됐다. 불교Buddhism라는 말은 1801년에 만들어졌고, 힌두교Hinduism는 1829년, 도교Taoism는 1838년, 유교Confucianism는 1862년에 만들어졌다. 이는 새로운 범주들이며, 각기 다른 예식과 관례, 개인적 믿음과 정착된 위계를 특징으로 하는 개별적인 독립체였다. 종교라는 것은 오늘날에도 여전히 이해하기 어려운 개념이다.

이렇게 종교가 개념화되면서 과학과 종교의 충돌도 더해졌다. 여러 종교의 믿음을 구별하는 것이 가능하다는 한에서, 이들 다른 종교는 명백히 비과학적이고, 원시적인 신화들과 효력 없는 예식들과 오류에 가득 찬 우주관을 중심으로 구조화되어 있었다. 더욱이 과학이 유럽의 (그리고 아메리카에서 일어난 2차 대각성운동Great Awakening* 이후에는 서구의) 선교 활동과 조화를 이루었다면, 거의 그 정의상 그것은 선교사들이 개종시키려 한 신자들의 '다른' 종교들과는 불화를 이루었음을 의미했다. 이런 면에서 과학과 종교의 이야기는 19세기에 전 지구적 차원에 접어들면서 사실상 서구와 나머지 세계라는 더 큰 이야기의 하위 플롯이 되었다. 과학은 서구의 것이었고, 그래서 새롭게 규명된 이 종교들이 과학에 반응하는 방식은 과학을 들여온 서구인들에게 반응한 방식을 따라 형성될 수밖에 없었다.

식민지의 과학이 세계 종교들과 접촉하게 된 방식 때문에 '충돌'이 빚어진 것은 확실하지만, 그렇다고 충돌이 필연적이었던 것은 아니다. 처음에는 다른 종교 문화에 비해 비과학적인 것으로 일축하기가 어려운 종교 문화도 있었다. 1834년, 한 선교사가 중국실용지식확산협회Society for the Diffusion of Useful Knowledge in China를 창립했는데, 그는 "중국인들의 정신을 계몽하고 서구의 예술과 과학을 전해줄 책들"을 출간하고자 했다. 사실 당시 중국에서 유럽의 과학이란 서구 학문은 물론 유학에도 의존하는 완전한 공동 협력 사안이었다.[15]

인도에서도 상황은 마찬가지였다. 힌두 수학은 예외적으로 발달되어 있었다. 영국 동인도회사 벵골 행정국의 에드워드 스트레이치는 1813년 대수학에 관한 12세기 논문을 번역하고 그 서문에서 "힌두 과학은 그 모든 단편들까지도 흥미롭다"라고 썼다.[16] 19세기 말미

• 미국에서 일어난 복음주의적 그리스도교 신앙부흥운동. 보통 18세기부터 20세기까지 네 차례 대각성운동이 일었는데, 그중 미국 독립혁명과 프랑스 대혁명 이후 1790년대부터 1840년대까지 계속된 2차 대각성운동이 가장 규모와 영향력이 컸으며, 금주운동, 노예제 폐지, 여성 참정권 등 다양한 개혁운동과 연계되어 진행되었다.

에 역사학자 존 실리는 "우리는 인도인들보다 더 똑똑하지 않다"고
도 했다.

우리의 정신이 그의 정신보다 더 부유하거나 더 광대하지 않다. 우리
가 야만인 앞에 그가 상상하지도 못한 생각들을 내놓음으로써 야만인
을 놀라게 하는 것처럼, 그를 놀라게 할 수는 없다. 그의 시는 우리의
가장 숭고한 생각들과 대등하다. 어쩌면 우리의 과학도 그에게 전적으
로 새로운 개념은 거의 없을 것이다.[17]

이런 말들은 정형적이지 않게 너그러운 시각이지만, 그럼에도 서
구의 (그리스도교) 과학과 비서구의 비그리스도교 종교 전통 사이에 충
돌이 불가피했던 것은 아님을 분명하게 보여준다.

두 번째 경우에, 선교 활동의 초기 수십 년 동안에 과학은 아직 전
문화되지 못했고, 적어도 19세기 중반까지는 18세기 유럽에서 그러
했듯이 과학과 다른 종교들의 만남도 조화로웠을 가능성이 크다. 용
어들을 살펴보면 알 수 있다. 중국어에서 '사물을 연구해 지식을 확
장한다'는 뜻의 격물格物이란 말은 처음에 전통적인 중국 과학과 서
양 과학을 모두 가리키는 데 사용되었다. 이 용어는 예수회 수사가
'자연철학'을 번역한 용어에서 차용한 것으로, 중국어의 맥락 안에서
자연철학이 갖는 조화로운 통합을 포착했다. '서양 과학'과 '중국 학
문' 사이에 예리한 용어 구분이 등장하는 것은 나중의 일이며, 20세
기에 이르자 그 둘을 과학科學(축자적으로는 '기술적 훈련에 기초하여 분류된
학문'이라는 뜻)과 격물('사물에 대한 연구')이라는 전혀 다른 용어로 구분

해 사용하게 되었다. 19세기에는 대체로 유럽에서 물리신학이 전성기에 있었던 시절만큼 개념적인 조화가 있었다.[18] 그러므로 19세기에 과학과 '다른' 종교들의 관계에 잠재적 긴장이 있었음에도, 유럽에서 그러했듯이 현실은 조화와 불안 사이를 오갔다. 여기에도 단일한 역사는 존재하지 않는다.

이러한 복잡성은 특히 이슬람의 경우에서 명확하게 볼 수 있다. 안타깝게도 이슬람 세계와 그리스도교 세계가 그토록 오랫동안 서로를 위협했었기 때문일 것이다. 1699년 카를로비츠 조약*이 체결된 이후로 유럽의 그리스도교 세계와 오스만제국은 불안정한 조화 속에서 살았다. 1789년부터 나폴레옹의 이집트 및 시리아 원정으로 새로운 통신 통로들이 열렸다. 그리고 15년 뒤에 영국 동인도회사는 그 헌장을 교육 및 선교에 대한 허가와 연결했다.** 이슬람 학자들은 서구를 방문했고, 선교사들은 동쪽으로 이동했으며, 여러 문명이 레반트와 남아시아를 통해 서로 뒤섞였다. 프로테스탄트 학교들이 설립되었고 유럽인들은 무슬림 학문의 풍경을 바꾸어놓았으며, 선교대학·기술대학·의과대학·해군사관학교와 육군사관학교를 설립했다. "이전에 지식 공동체들이 종교적인 (혹은 학문적인) 기능을 우선 수행하

---

* 17세기 중반 이후 유럽으로 세력을 확장하는 오스만제국을 막아내기 위해 신성로마제국, 베네치아, 폴란드, 그리고 이후에 러시아까지 참여하여 결성된 신성동맹이 1697년 젠타 전투에서 승리한 뒤 오늘날 세르비아에 속하는 카를로비츠에서 오스만제국과 체결한 평화조약이다. 이 조약으로 오스만제국은 중앙유럽에 대한 지배권을 대부분 상실했고, 그 결과 합스부르크 왕가의 권력이 강화되었다.

** 영국 의회는 1813년의 헌장법을 통해 동인도회사의 헌장을 개정하면서 인도에 대한 영국 군주의 주권을 확고히 했다. 동인도회사의 무역 독점을 철폐하고 인도 내 교육과 학문 수준 향상을 위해 매년 일정 예산을 지출하고, 선교사들이 영어를 보급하고 신앙을 설파할 수 있게 허가했다.

고 관료적인 역할을 부차적으로 수행했던 반면에, 이 새로운 기관들은 주로 국가의 요구에 맞추어졌다."[19] 그리스도교 세계인 서구는 이슬람의 눈에서 새로운 정체성을 얻었고, 이슬람은 그리스도교인 서구의 눈에서 새로운 정체성을 얻었다. 바로 그 순간에 과학은 분명히 구별되는, 그리고 처음으로 유용성을 입증할 수 있는 분과학문으로 부상하고 있었다. 과학은 통신, 철도, 전력, 증기, 총포를 비롯해 식민화를 가능하게 하는 모든 것을 제작하고 있었다.

이것이 필연적으로 둘 중 어느 한쪽의 적대적 시각을 만들어낸 것은 아니었다. 1부에서 보았듯이, 19세기에 유럽인들은 이슬람과 과학의 관계에 대해 매우 다른 접근법을 택했다. 가장 이른 시기에 나온 이 주제에 관해 독일의 뛰어난 문헌학자인 프란츠 아우구스트 슈묄더스가 쓴 학술 논문들 가운데 하나는 이슬람 과학이라는 개념 자체를 경멸했다. 그가 보기에 무슬림의 특성은 지적 무기력이었다. 그들이 '황금시대'에 이룬 업적 중 감탄스러운 것들은(사실 '황금시대'라는 말조차 여러 세기에 걸친 지적 퇴락을 암시하는 한심한 용어로 보인다) 거의 전부 그리스인들에게서 나온 것이었다. 이 말은 앞으로 후렴구처럼 계속 반복된다.

다른 이들은 덜 적대적이었다. 문헌학자 하인리히 리터는 이 논문에 대한 40쪽에 달하는 비평으로 슈묄더스의 멸시적인 태도를 무너뜨렸다. 19세기 후반 유럽과 미국에는 과학의 배양에 있어 이슬람이 그리스도교보다 우월했다고 열정적으로 주장하는 역사학자들도 있었다. 하지만 이런 주장은 가톨릭교회를 공격하는 수단으로 제기되는 경우가 많았다.

무슬림 사이에서도 비슷한 스펙트럼의 증거가 존재했다. 하지만 서구인의 눈으로 보았을 때보다 이슬람의 눈으로 볼 때 과학이 문화적으로 결부되어 있는 것들이 희미하지만 훨씬 더 크게 보였다. 과학에 대한 시각이 곧 서구에 대한 시각으로 여겨질 수밖에 없었던 것이다. 이렇게 서구와 과학이 결부되는 현상은 19세기 내내 더욱 강렬해졌다. 선교 사업과 식민지 건설을 통해 접촉하게 된 초기의 몇십 년 동안에 과학은 여전히 자연철학의 일부였다. 시간이 흐르면서 중국어에서 나타났던 구분이 아랍어에서도 똑같이 나타났다. 처음에는 일름ilm이란 단어가 과학적 지식과 종교적 지식 모두를 포괄하는 용어로 사용되었다. 하지만 이집트의 지식인 리파아 라피 알타타위는 1820년대에 공식 대표단의 일원으로 파리를 방문한 뒤 동료들에게 근대 유럽을 묘사하면서 이렇게 설명했다. "프랑스인들은 인류의 지식을 과학과 예술이라는 두 분야로 나눈다. 과학은 확실한 증명과 증거로 검증된 사실들로 구성되고, 예술이란 기술에 대한 지식이다. (…) 프랑스에서 알림'alim[학자]이라고 하면 종교에 정통한 사람이 아니라 다른 학과에 정통한 사람을 말한다."[20] 휴얼이 '과학자scientist'라는 단어를 만들어낸 1834년에 알타타위가 자신의 설명을 책으로 출간했다는 사실은 우연의 일치이면서도 시사하는 바가 있다. 파리나 런던에서 과학과 종교를 밑으로 갈라놓고 있던 똑같은 힘이 멀리 떨어진 카이로에서도 작용하고 있었다.

이슬람 사상의 어떤 학파들에게, 이는 그저 이미 열려 있던 문을 밀고 들어오는 것이었다. 알타타위가 파리를 방문하기 전 거의 한 세기 동안, 무함마드 이븐 아브드 알와하브의 신학이 무함마드 빈 사우드의 정치권력과 통합되면서 금욕적인 개혁운동이 아라비아반도를 지배했다. 이 개혁운동은 당대 이슬람의 우상숭배와 도덕적 이완을 맹렬히 비난했고, 알타타위가 파리에서 보았던 것과 같은 비종교적인 일름을 배우고자 했던 오스만제국의 무슬림들과 이미 이데올로기적으로 소원해져 있었다.

이것이 각양각색의 이슬람 세계 전역에서 일어난 전형적인 반응은 아니었으며, 유럽 과학의 유입은 이전의 여러 세기에 걸친 영혼 탐구와 무슬림 사고의 재전용을 촉발하는 경우가 많았다. 오스만제국의 이집트 총독으로부터 이집트의 근대화를 위해 프랑스의 사상, 과학, 기술을 수집해올 임무를 부여받은 알타타위는 프랑스가 아무리 발전했다고 해도 본질적으로 여러 세기 전에 무슬림이 불을 밝힌 과학의 횃불을 들고 있는 것뿐이라고 주장했다. 다른 이들은 이슬람의 지배를 받던 스페인의 전성기로 눈을 돌렸다. 알타타위 이후 한 세대가 지난 뒤, 오스만제국의 작가 지야 파샤가 《안달루시아의 역사The History of Andalusia》를 출간했다. 이 책은 루이 비아르도의 무어인 스페인 역사의 몇몇 부분을 가져오고 추가적인 자료를 활용해 집필한 것으로, 무슬림이 과학에 기여한 사실을 강조했다. 대략 같은 시기에 오스만제국의 또 다른 지식인 나미크 케말이 유럽의 청중을 향해 같은 내용을 강조해 힘 있게 말했다. "그대들은 여전히 우리의 종교가 진보에 방해가 된다고 단언한다." 그는 유럽인들을 질책했다. "그대들 중 어떤 현명한 이들은 '안달루시아의 아랍인들이야말로 유럽에 지식을 전수해준 스승이었다'고 말한다. 그들은 무슬림이 아니었던가? 합리적 지식을 발전시키고 부활시킨 것은 이슬람이 아니었던가?"[21]

많은 이슬람 학자들이 이 지성사 안에서, 그리고 정말로 쿠란 안에서, 구체적인 과학적 선례들을 찾아냈다. 어떤 이들은 서구의 과학적 접근법의 적법화 수단으로 신학의 합리화와 무타질라파의 원자론적 시각, 그리고 무타칼리문을 끌어와 이용했다. 이를 통해 그들은 서구의 과학적 접근법이 이미 1000년 전에 예견되었던 것이라고 주장했다. 이스마일 마자르가 다윈의 저작을 아랍어로 번역하면서, 다윈의 독일인 제자 에른스트 헤켈의 생각을 10세기의 철학적 분파인 이카완 알사파, 곧 '순결형제단'•의 생각과 비교했고, 진화론자이지만 주장하는 내용과 형식에서 다윈과는 달랐던 장바티스트 라마르크와 허버트 스펜서의 생각들을 14세기 철학자 이븐 할둔••의 생각들과 비교했다.[22]

어떤 이슬람 학자들은 무슬림 철학자들이 '종種'(아랍어 아나와anawa')이 바뀔 수 있다는 생각을 이미 오랫동안 언급해왔음을 지적했다. 또 다른 이슬람 학자들은 〈창세기〉의 창조 이야기보다 쿠란이 더 유연하다고 주장했다. 쿠란 7장 54절은 알라께서 엿새가 아니라 '여섯 시대'에 걸쳐 하늘과 땅을 창조하셨다고 번역될 수 있다. 여하튼 쿠

• 9~10세기에 이라크의 바스라 지역에서 활동한 무슬림 철학자들의 비밀조직. 10세기 후반에 서한 형식의 논문 52편으로 구성된 《순결형제단 백과전서》를 집필했다. 비의적이고 철학적인 내용 이외에도 수학, 음악, 정치, 천문학 등 다양한 주제를 다루었으며, 후대 이슬람 지성계에 큰 영향을 끼쳤다.

•• 14세기 후반에 활동한 중세 이슬람의 대표적인 역사학자로, 인류 보편사를 다루는 《무캇디마(Muqaddimah)》는 오늘날 사회과학의 시초로 여겨질 뿐 아니라 사회적 진화론의 전조를 보여준 것으로 평가된다.

란 32장 5절은 "너희가 헤아리기에 천 년"과 같은 하루에 대해 말하고 있다(성경의 〈시편〉 90장 4절, 〈베드로2서〉 3장 8절과 유사하다). 이는 확실히 신의 하루가 한 시대에 해당한다는, 축자적 해석을 추구하는 무미건조한 그리스도인들이 당시에 속 태우며 고민하고 있던 이론에 힘을 실어주는 듯 보였다. 그리고 이보다 실용주의적인 정신을 지닌 이슬람 학자들은 이슬람의 계율을 실천하면 건강에도 유익하다는 사실이 의학이라는 근대 과학을 통해 증명되었음을 흡족해하며 지적했고, 특히 메흐메드 파리라는 의사는 단식과 기도가 어떻게 건강에 측정 가능한 유익을 가져다주는지 설명했다.[23] 이러한 반응들은 '서구' 과학에 대한 비판적이면서도 수용적인 태도를 보여주는 것이었다.

대체로 이러한 현상은 유럽의 권력과 과학과 그리스도교에 직면한 다른 오래된 종교 문화들에서도 동시에 일어나고 있었다. 잉글랜드를 방문한 인도인들은 그곳에서 본 것들에 감탄했다. 1830년대 말 조선학을 공부하러 런던에 온 자한기르 노우로지와 히르지보이 메르완지라는 두 파시교도는 《영국에서 보낸 2년 반의 일기Journal of a Residence of Two Years and a Half in Great Britain》를 썼는데, 한 장 전체를 '과학 기관들'에 할애했다. 이 장에는 증기기관, 은판사진, 과학기술학교, 석탄과 철의 '축복들'이 망라되어 있다. 그들이 발견한 것은 문화적으로나 종교적으로나 그들 자신과 공명했다.

우리 같은 사람들에게 더 흥미로운 것은 생각하기 어렵다. 우리는 어린 시절부터 우리의 창조주이신 신에게 감사와 찬양을 드리는 것 다음으로 인류를 행복하게 하는 것이 우리의 의무라고 생각하도록 가르침을 받아왔다. 일찍이 우리는 자신의 기력을 과학과 예술 활동에 쏟아 붓는 사람은 인류에게 대접받을 자격이 있다고 배웠다.[24]

과학 자체가 영국이 인도를 식민지로 만들 수 있게 한 것은 아니었다. 그러나 과학은 인도인들이 그들 자신의 과학적 유산을 재전용할 수 있게 용기를 주었고, 인도인들은 빈번하게 서구의 과학적 관념을 힌디어 텍스트에서 찾아냈다. 이를테면, 19세기 말 벵골의 지식인들은 다윈의 이론이 오래된 힌두교의 우주론적 믿음을 뒷받침한다고 주장했다. 또 어떤 지식인들은 서구의 과학적 사고를 특징짓는 실증주의가 힌두교의 창조 이론에서 발견될 수 있다고 주장했다.[25]

중국에서도 비슷한 과정이 일어나고 있었다. 중국의 지식인들은 완벽한 우주의 질서에 관한 유교의 관념을 근대적 진화론의 원리와 비교했다. 학자이자 번역자인 옌푸嚴復는 토머스 헉슬리의 《진화와 윤리Evolution and Ethics》를 훨씬 오래된 도교 윤리 논쟁의 근대적 버전으로 소개했다.[26] 그리스도교 서구의 과학은 비그리스도교 종교 전통들과 접촉하면서 이 전통들을 약화하거나 의심하게 할 수도 있었지만, 오히려 자극을 주어 격려하거나 새 활기를 불어넣을 수도 있었다.

그러나 정확히는 그리스도교 서구의 과학이 그 정치·경제·군사적 권력의 핵심이었기 때문에 (서구) 과학과 (다른) 종교들의 관계는 순탄치 않았다. 이슬람의 권위자들이 우려하고 조소하는 서구 문명의 특성이라고 하는 것들(유물론, 부도덕성, 식민주의)과 과학의 동의어로 다루어지는 일이 너무 많았다. 이러한 적대감에는 당면한 실질적인 정치적 요소가 있었다. 이웃한 유럽 국가들보다 더 가난해지고 더 약해지고 더 취약해지는 것이 분명해 보였던 오스만제국은 결국 1882년에 이집트에 대한 지배권마저 상실한 상황에서 제국에 대한 청년들의 충성심이 사라질 것을 우려했다. 오스만제국의 청년들이 유럽의 과학에 대한 동경을 드러내자, 국가에서는 그들이 유럽에 대한 정치적 충성심마저 은근히 표명하고 있는 것은 아닐까 걱정했다. 그러한 두려움은 주로, 아니면 적어도 배타적으로, 종교적 충돌 때문이 아니었음에도, 종교적 틀이 덧씌워지게 되었다. 인도, 중동, 유럽을 두루 돌아다니며 식민주의에 반대하고 이슬람의 정치적 독립을 주장하며 사람들을 선동한, 영향력 있는 무슬림 개혁가 자말 알딘 알아프가니는 처음으로 다윈주의를 거부한 주요 이슬람 학자 중 한 명이 되었다. 그가 '반反과학'적이었던 것은 절대 아니었다. 한때 그는 이렇게 쓰기도 했다. "이 세상에 과학 말고는 어떠한 통치자도 없었고, 없으며, 없을 것이다." 더구나 그는 "과학과 지식과 이슬람 신앙의 토대 사이에 양립 불가능성이란 존재하지 않고 (…) 이슬람은 (…) 과학과 지식에 가장 가까운 종교"라고 주장했다.[27]

그러나 그는 이후로 오래 인기가 유지되는 진화론을 통렬하게 공격했다. 본래 페르시아어로 출간된 《자연주의자들에 관한 진실The Truth about the Naturalists》은 《유물론자들은 부패했고, 종교가 문명의 기원이며 불신앙이 문명 쇠락의 원천이라는 증거에 관한 논문》이라는 장황한 제목의 아랍어 번역본으로 나왔다가, 나중에 《유물론자 논박The Refutation of the Materialists》이라는 짧은 제목으로 다시 출간되었다. 알아프가니가 《종의 기원》을 읽었는지, 혹은 그가 자연선택에 무엇이 수반되는지를 정말로 이해했는지는 분명하지 않다. 자연선택에 관한 그의 설명은 매우 특이하다. 하지만 자연주의자라는 의미의 나이시리야nayshiriya라는 말이 경멸적인 신조어였다는 사실은 의심할 여지가 없다. 자연주의란 생명에 대해 어떠한 정신적 차원도 부정하고, 유기체와 무기체 사이의 경계를 흐리며, 행위자를 폄하하고 신적 계시를 무시하는 것이었다. 자연주의의 추종자를 가리키는 다리인dahriyin은 신의 창조와 섭리와 형벌을 부정하는 불경한 유물론자를 의미했다.

자기 방식대로 틀을 짠 알아프가니는 다윈의 과학을 이슬람 종교와 확고하게 대립시켰다. 그의 생각들은 엄청난 인기를 끌었고, 아랍어로 번역된 그의 책은 1903년 이전까지 카이로에서만 네 번이나 개정판이 나왔고, 20세기에 들어서도 10년마다 다시 출간되었다. 그럼에도 그 긴 제목에서 명확히 드러냈듯이, 그는 이슬람의 원칙을 희석하는 것을 대가로 근대 문명을 도입하거나 식민지 당국과 화해해서는 안 된다는 점을 분명히 했다. 다윈주의는 더 큰 그림의 일부에 지나지 않았지만, 그의 범이슬람 운동이 맞서 싸우고 있는 외래의 비종교적 요소를 대표했다. 그 결과는 과학과 종교의 충돌이었다. 하지만 둘 사이의 충돌은 전적으로 시대적 환경에 의해 형성되었고 더구나 잘못 형성된 것이었다.

'우리 인종은 충분히 낙담했다' — 인문과학

《유물론자 논박》에 담긴 공격의 취지를 고려했을 때 조금 놀랍게도,

알아프가니는 진화에 대한 태도를 바꿨다. 당대의 과학적 관념을 이슬람의 고전 문헌에서 찾아내는 데 늘 열려 있던 그는 종의 변이가 이미 여러 세기 전에 사실로 상정되었다고 생각하게 되었다. 하지만 그에게는 설정해놓은 한계선이 있었다. 첫째, 생명 자체는 신에 의해 창조되었다. 이는 그 자신이 과학으로 확인하고, 특히 다윈의 책에서 직접 확인한 확신이었다. 다윈은 《종의 기원》 마지막 단락에서 "생명은 (…) 본래 하나 혹은 몇몇의 형태 안으로 불어넣어졌다"라고 했는데, 사실 다윈 자신은 이 구절을 쓴 것을 나중에 후회했다고 한다.

둘째, 진화는 그저 물질적이기만 한 존재를 초월하는 인간을 완전히 설명하지 못한다. 알아프가니는 다윈이 《종의 기원》에서 인간에 대해 이야기하기를 거의 완전히 거부했다는 사실이 이러한 결론을 뒷받침한다고 생각했다. 이런 면에서, 새뮤얼 윌버포스가 우려했던 이슈(진화론의 렌즈 아래 놓인 인간의 지위)가 알아프가니와 그 동료들 또한 난처하게 했던 것이다. 둘 사이에 차이가 있다면, 유럽의 과학이 그 제국적이고 고압적인 눈길을 던지고 있던 한 문화의 구성원으로서 알아프가니 쪽에 걱정해야 할 이유가 좀 더 많았다는 것이다.

과학적 인종주의는 이미 오래된 전사前史를 갖고 있었다. 계몽주의의 뛰어난 사상가들은 백인의 우월성을 확신했다. 볼테르는 자신의 《철학사전》에서 '카퍼르, 호텐토트, 토피남바'•를 '어린아이'로 분류했

• 카퍼르와 호텐토트는 남아프리카에 정착한 네덜란드인들이 그곳 원주민을 부르던 말이다. 토피남바는 오늘날 브라질 지역의 원주민을 포르투갈인들이 부르던 말이다.

다. 데이비드 흄은 "흑인은 물론 다른 모든 인종이 (…) 자연적으로 [문화적으로가 아니라] 백인보다 열등하다는 생각이 곧잘 든다"라고 고백했었다.[28] 칸트의 경우, 서로 다른 인간의 '종'들은 '백인', '황인', '흑인'의 순서로 등급을 매길 수 있는데, '흑인'은 "강하고, 건장하고, 민첩한" 반면 "게으르고, 나태하고, 빈둥거린다"라고 말했다.

이 사상가들이 과학적 추론을 하려고는 했지만, 그들의 인종주의는 과학적이기보다 철학적이었다. "철분은 모든 인간의 혈액에서 발견되는데, 이 경우에는 인산이 증발되어 철분이 망 형태로 침전되며 (…) 이것이 피부 표면에서 윤이 나는 검은색의 원인이다." 1777년에 칸트는 이렇게 쓴 다음 괄호 안에 "이로써 모든 흑인에게서 지독한 냄새가 나는 이유를 설명할 수 있다"라고 덧붙였다.[29] 하지만 과학이 이러한 견해들 뒤에서 증대되고 있던 자신의 권위를 휘두르기 시작한 것은 18세기 말이었다. 골상학이 두개골의 '과학적' 측정을 통해 인지적 차이를 측정할 수 있게 함으로써 그 길을 닦았다. 하지만 골상학은 그저 더 큰 질문들을 불러왔을 뿐이었다. 이 자명해 보이는 차이들은 더 깊은 생물학적 설명을 요구했다. 기후와 문화는 적절한 설명이 되지 못하는 듯 보였고, 더 중요하게는 과학적인 설명이 되지 못했다.

더욱이 인종 간 차이를 주장하려는 이 모든 노력은 그리스도교의 인류일원설 교리에 막혀 좌절되었다. 의사이자 선구적 민족학자였던 제임스 콜스 프리처드 또한 인류일원설을 끈질기게 옹호했다. 그는 에든버러에서 의학을 공부했고, '인류의 다양성'에 관한 논문을 썼다. 이 논문이 나중에 《인간의 물리적 역사에 관한 연구Researches into the Physical History of Man》로 발전해 1813년에 처음 출간되었는데, 1830년대까지 그 영향력과 분량이 확장되어 다섯 권으로 구성된 대작이 되었다.

프리처드는 퀘이커교도 가정에서 태어났지만, 이후에 복음주의로 개종했다. 그의 인류일원설은 그 토대가 신학적이긴 했지만, 과학적 논거들로 그 정당성이 뒷받침되었다. 그는 생리학, 동물학, 민족지학, 언어학, 그리고 잠정적이기는 하지만 심지어 지질학까지 동원해 인류일원설을 옹호하고 환경과 변이를 통해 '인종적' 차이를 설명했다. 하지만 여기에서 그치지 않고 더 나아가 (적어도 이 책의 초판에서는) 증거들을 보면 모든 인류가 아프리카의 조상에서 나온 후예들로 추정된다고 주장했다. "인간 종들에서 자연의 과정은 흑인의 특성들이 유럽인의 특성들로 변이되는 것이다. (…) [이를 통해] 우리는 원시 인류가 흑인이었다는 추론에 이르게 된다." 그는 19세기의 절제된 과학적 표현으로 이것이 "의문이 제기될 수 있는 결론"임을 인정했다.[30]

프리처드는 성경과 교회의 권위를 자기편에 두었다. 윌버포스의 사촌뻘이며, 장차 캔터베리 대주교가 되는 체스터의 주교 존 버드 섬너는《창조 기록과 창조주의 도덕적 속성에 관한 논문Treatise on the Records of Creation and the Moral Attributes of the Creator》을 집필하는 데 프리처드의 이론을 이용했다. 이 논문에서 섬너는 공통조상설을 이용해 "유럽인이 카퍼르[아프리카 흑인]와 다르지 않은 것은 카퍼르가 보제스만[부시맨]이나 호텐토트와 다르지 않은 것과 같다. 그들은 단지 야트막한 산맥으로 나뉘어 있을 뿐이다." 인류는 서로 다르지만, 모두 하

나다.[31]

하지만 다른 이들은 이러한 주장에 동의하지 않았다. 어떤 이들은 그렇게밖에 설명할 수 없다고 판단한 것을 설명하기 위한 수단으로 인류다원설을 〈창세기〉에 끼워 맞추려고 애를 썼다. 왕립학회 회원인 에드워드 킹의 주장에 따르면, 〈창세기〉에는 명확히 구분되는 두 개의 창조 서사가 있으며 이는 확실히 인간이 명확히 구분되는 (적어도) 두 개의 순간에 창조되었음을 함의하는 게 분명했다. 하지만 〈창세기〉에 대한 축자적 독해가 지질학이라는 과학에 의해 약화됨에 따라, 점차 성경과의 협상은 불필요해졌다. 존경받는 미국인 의사 조사이아 노트는 해부학과 고고학이라는 '과학적' 근거와 (반反)종교적 근거 양쪽 모두를 바탕으로 성경이 비과학적이고, 구식이며, 그러한 문제들과는 무관한 것이라고 강력하게 주장했다.[32]

과학과 종교의 역사에서 대개 그러하듯이, 이 이슈는 말하자면 단순한 흑백의 문제가 아니었다. 골상학자 중에는 1825년 콜카타 골상학협회를 설립해 '힌두 두개골'을 수집하고 연구한 조지 머리 패터슨 같은 그리스도인도 있었으며, 이들에게는 '인종' 간의 차이란 자연 깊숙이 뿌리박힌 것이었다.[33] 반대로 하이델베르크의 생리학자 프리드리히 티데만 같은 과학자도 있었다. 그는 1836년《철학회보》에 〈유럽인 및 오랑우탄의 뇌와 비교한 흑인의 뇌에 관하여On the Brain of the Negro, compared with that of the European and the Orang-Outang〉를 기고해 "흑인과 유럽인의 뇌에 뚜렷이 드러나는 본질적인 차이는 없다"라고 도전적으로 주장했다.[34] 다윈은 인류에 대한 과학적 이해에 천착했음에도 노트의 의견에 단호하게 반대했으며, 어떤 과학적인 이유보다는 유산으로 물려받은 노예 폐지론*과 더 관련되어 있긴 했지만, 평생 동안 인류일원설을 열정적으로 지지했다.[35]

지식인들이 어디에서 인류의 단일성 문제를 다루게 되건, 과학의 문화적 권위가 점증하고 있었으므로 인류에 관한 대화는 신학 영역에서 과학 영역으로 옮겨갔다. 누가 '인간'인가 하는 문제는 이제 종교적인 문제가 아니라 과학적인 문제가 되었으며, 과학은 세계에 관한 신빙성 있는 지식의 유일한 원천이라는 특권을 갖게 되었다. 사람들이 진지하게 인간 본성을 이해하려 한다면, 과학적으로 이해해야 할 필요가 있었다.

현실적으로 이는 문제 자체가 미묘하게 바뀌었음을 의미했다. 누가 '인간'인가? 하는 물음은 신학자들이 물었던 것이다. 왜냐면 '누가'라는 말은 이미 검토 대상에 대해 아주 많은 내용을 상정하고 있기 때문이다. '누가'라는 말은 행위를 할 수 있고, 도덕적 인식이 있으며, 1인칭의 시각을 지닌 인격을 의미했다. 무언가가 아니라 누군가이며, 그리스도교 전통에서는 하느님의 모상을 지닌 존재였다. 이는 과학의 용어가 아니었고, 정말로 형이상학과 신학에 가망 없이 빠져 있는 듯하게 들렸다. 과학은 무엇이 인간인가라고 물었다. 애착과 소통을 통해서가 아니라, 거리를 두고 공정한 관찰과 실험을 통해서, 객관적이고 정의적이며 보편적으로, 인간을 무엇이라 이해할 수 있는가? 이 두 가지 접근법이 반드시 긴장 관계에 있는 것은 아니었다. 인간이 '누구'이며 '무엇'인지 이해하는 것은 상당히 가능한 일이었

---

* 찰스 다윈의 할아버지 이래즈머스 다윈은 노예무역 반대론자이기도 했다.

다(지금도 가능한 일이다). 역사학자 콘스턴스 클라크가 말했듯이, "이질적으로 보이는 외부의 인간 사회들은 이제 박물학자들이 동물과 식물을 분류하듯이 분류될 수 있었다." 그리고 실제로 그렇게 분류되었다.[36]

이러한 변화는 빅토리아 시대의 사회들을 통해 추적해볼 수 있다. 영국 식민지들에서 노예제가 폐지된 이후 많은 수의 퀘이커교도와 복음주의자가 협력해 1837년에 원주민보호협회Aborigines' Protection Society(APS)를 창립했다. 이 조직은 식민지에서 벌어진 잔혹 행위를 폭로하기 시작했고(특히 오스트레일리아에서), 제국적 정책을 그리스도교화했다. 표어를 아브 우노 상귀네Ab Uno Sanguine('하나의 피로부터')라고 정하고, 지구상의 모든 민족이 아담의 후손으로서 일치한다고 열정적으로 선포했다. 제임스 프리처드도 이 단체의 초기 회원이었다.

몇 년 뒤에는 아프리카문명협회African Civilisation Society(ACS)*에서 형편없는 탐사대를 니제르강으로 보내면서 그러한 인도주의 사업에 구름이 드리워졌다. 아프리카문명협회는 해체되었고, 원주민보호협회는 초점을 옮겨, 이론상 원주민 보호를 확고히 하겠다는 수단으로서 과학적인 원주민 연구에 집중했다. 그리고 원주민보호협회에서 과학적이고 언어학적인 관심을 가진 사람들을 종교적이고 인도주의적인 관심을 가진 사람으로부터 분리해 런던민족학회Ethnological Society of London(ESL)를 창립했다. 이번에도 프리처드는 창립 멤버로 참여했다.

---

* 1858년 미국 뉴욕에서 흑인들의 자존을 위해 결성된 단체. 구체적으로 노예무역의 중심이 되는 서아프리카 지역에 해방된 흑인들의 식민지를 건설하고자 했다.

초기에 런던민족학회는 다수의 회원과 어렴풋이 자선적인 기풍과 인류일원설에 대한 확고한 믿음 등 많은 부분을 모체인 원주민보호협회와 공유했다. 하지만 1848년 프리처드가 세상을 떠난 이후로 관심과 활동이 나뉘면서 의견을 달리하는 많은 회원들이 갈라져 나와 런던인류학회Anthropological Society of London(ASL)를 창립했다.

이러한 분열은 계보적이고 윤리적이고 정치적인 것이었다. 새로운 인류학자들은 반쯤 성경적인 인류일원설을 싫어했고, '흑인은 인간이며 형제다'라는 감상적인 관념을 거부했으며, 미국 남북전쟁에서 남부연합을 배후에서 지지했다. 런던인류학회는 조사이아 노트를 '살아 있는 미국 최고의 인류학자'라고 부르며 그에게 명예회원 자격을 부여했다.[37] 그러나 이러한 분열은 직업적이고 과학적인 것이기도 했다. 런던민족학회 회원 중에는 공무원과 성직자가 너무 많았다. 새 학회는 과학자들을 위한 것이었다. 그들은 인도주의적인 감수성에 지장을 받지 않고 인종에 관한 생물학적 사실들을 확립하길 원했다. 과학은 사실에 관한 것이었다. 느낌은 과학과 무관한 것이고, 신학은 그보다 더 나쁜 것이었다.

다윈 자신의 인류일원설은, 증거가 잘 갖추어진 그의 자연선택 이론에도 불구하고, 인종에 대한 이 새로운 '과학적' 이해에 걸림돌이 되었다. 언어치료사이자 선도적 인류학자였던 제임스 헌트가 1866년에 말하길, "우리가 이 주제를 일치 가설에서 해방시킬 수 있을 때라야" 다윈의 원칙들을 인류학에 적용하는 데에도 어떤 진전이 이루어질 것이었다.[38] 인류학자들이 진화 자체를 부인하거나, 인류가 유인원에서 비롯했음을 부정한 것은 아니다. 실제 문제는 이 이론으로는 백인과 다른 인종들 사이에 펼쳐져 있는 듯 보이는 커다란 간극을 설명할 수가 없었다는 것이다.

구원은 《인간에 대한 강의, 창조와 지구의 역사에서 인간의 위치 Vorlesungen über den Menschen, seine Stellung in der Schöpfung und in der Geschichte der Erde》(이하 《인간에 대한 강의》)라는 책에서 왔다. 이 책의 저자 카를 포크트는 존경받는 독일계 스위스인 과학자였다. 포크트는 동물학자, 지질학자, 생리학자였을 뿐 아니라 정치인이자, 정력적인 무신론자이고 과학적인 유물론자였다. 종교적 믿음을 어리석다고 생각해 경멸했던 그는 (유인원처럼 보이는 머리들을 가리켜 '사도의 해골'이라 불렀다) 본질적으로 인간적이거나 종교적인 것으로 여겨지는 것을 포함한 모든 것이 물질로 환원될 수 있다고 주장하는 소수의 독일인 과학자 집단에 속했다. "쓸개즙이 간에서 나오고 오줌이 콩팥에서 나오듯, 생각은 뇌에서 나온다"라고 쓰기도 했다.[39] 우주는 눈이 멀었고, 바뀔 수 없는 법칙과 필연의 지배를 받으며, 인간도 예외가 아니다. 이것이야말로 인류학 논쟁에 필요한 단호한 시각이었다. 인류학회에서 포크트의 《인간에 대한 강의》를 영역본으로 출간한 것은 1864년이었다. 이 책에서 주장하는 바는 인간이 유인원으로부터 진화했다는 것은 사실이지만, 각각의 인종은 역시 서로 다른 유인원에서 진화했다는 것이다. 그는 유물론과 진화론이 일종의 인류다원설과 결합하면 인종 간 차이를 과학적으로 설명할 수 있다고 보았다.

다윈은 1871년에 출간된 《인간의 유래Descent of Man》에서 여러 차례 포크트의 《인간에 대한 강의》를 언급했다. 그해에 민족학회와 인류학회가 마침내 차이점들을 극복하고 인류학연구소Anthropological Institute

로 통합되었다. 다윈은 포크트의 박식함을 인정하고 자연선택을 인간에게 적용하려는 그의 의도를 높이 평가했으나, 인류일원설과 인류다원설을 혼종한 듯한 그의 기이한 이론에는 미적지근한 반응을 보였다. 다윈은 "인류의 초기 조상들이 그 특성 면에서 서로 나뉘어서 현존하는 어떤 인종들보다도 서로 달라지게 되었다"는 것이 가능하다고 썼지만, "그럴 개연성은 없다"라고 덧붙였다.[40]

하지만 이 무렵에 다윈은 이미 자연선택 이론으로 하지 못했던 것, 곧 인류다원설에 기대지 않고도 인종 간 차이를 설명하는 것으로 보이는 이론을 발전시켰다. 1864년 5월 진화론의 또 다른 선구자인 앨프리드 러셀 월리스에게 보낸 편지에서 다윈은 "나는 일종의 성선택sexual selection•이 인종을 변화시키는 가장 강력한 도구가 되지 않았을까 생각한다"라고 말했는데, 월리스는 이를 수긍하지 않았다. 나중에 다윈은 후커에게 "내가 다른 누구를 납득시킬 수 있을 거라 생각하지 않는다"라고 털어놓았다. 1871년에 출간된 책의 전체 제목은 《인간의 유래와 성선택The Descent of Man and Selection in Relation to Sex》이었으며, 이는 성선택 이론을 다른 사람들에게 납득시키기 위해 그가 했던 최선의 시도였다.

이 책은 많은 독실한 신자들, 특히 《종의 기원》이 출간된 이후 페일리의 자연신학에 완강하게 집착했던 이들을 당황하게 했다. 스코틀랜드의 그랜타운에서 낚시 도구를 만들던 제임스 그랜트는 이러한 다수를 대변해왔는데, 다윈의 책과 존 틴들의 《과학의 파편들Fragments

---

• 동물 개체가 생존에 불리한 특징을 발달시킨 것은 종의 번식을 위한 것이라고 설명하는 이론.

of Science》을 읽고 난 뒤 다윈에게 편지를 보내 "괜찮다면, 인간의 유래에 관한 당신의 교의가, 자연현상을 통해 볼 수 있는 신의 존재 증거를 파괴하는지를 두세 단어로 간단히 내게 말씀해주실 수 있겠는지"를 물었다.[41] 하지만 이런 요청은 다윈처럼 완강하고 단호한 인종주의를 품은 채 인류다원설을 포용하지 않고도 인종 간 차이를 설명할 수 있는 (필연적으로 검증 가능하지는 않더라도) 신뢰할 만한 가설을 찾는 이들을 기쁘게 했다.

그러나 다윈이 그토록 열정적으로 인류일원설에, 인류의 공통 유래와 인류의 형제적 유대에 전념했고, 그의 이론이 인종의 고정불변성이나 '실재론essentialism'에 관한 관념들을 해체했음에도, 그의 책은 어떤 집단이 다른 집단보다 우월하다는 생각과, 생물학은 그 모든 가변성에도 불구하고 여전히 운명이라는 생각에 어떠한 의심도 남겨두지 않았다. 다윈은 수필가 윌리엄 래스본 그레그를 인용해 "경솔하고 불결하고 포부도 없는 아일랜드 사람은 토끼처럼 불어난다"라고 썼다. 이와 관련해, 1877년 한 아일랜드 사람이 다윈에게 익명으로 편지를 보내 그를 정중하게 질책했다. "[《인간의 유래》는] 훌륭한 과학적 업적이며 모든 언어로 번역되고 영원히 남을 책이 분명합니다. [그러나] 내가 언급한 부분은 이러한 책과 당신에게 걸맞지 않은 것입니다."[42] 이 아일랜드 사람에게 다윈이 어떻게 응답했는지는 알려져 있지 않다. 하지만 그는 이후 판본에서도 해당 부분을 삭제하지 않았다.

더 문제가 되었던 것은 그가 명백히 자기 자신의 목소리로 다음과 같이 말했다는 사실이다. "몇백 년만큼 멀리 떨어져 있지 않은 미래의 어느 시기에 문명화된 인종들이 전 세계에서 야만적인 인종들을 절멸하고 대체할 것이 거의 확실하다." 이러한 생각이 여러 세대에 걸친 인종주의자들과 우생학자들에게 정당한 근거로 사용되리라는 것을 그가 알았더라면, 노예 폐지론자이며 인도주의적이었던 다윈은 구역질이 났을 것이다. 그럼에도 그의 발언은 폐부를 드러내는 불운한 언명이었다. 빅토리아 시대 영국에 만연한 그리스도교 문화에 젖어 있었기에 다윈은 자신의 저작이 얼마나 권위적이게 될지, 그리고 (어떤) 사람들의 마음에서 이상한 방식으로 성경을 대체하게 될지 예상할 수 없었을 것이다. 이는 단순히 그의 저작이 인류의 기원에 대해 〈창세기〉보다 더 정확한 설명을 제시했기 때문은 아니다. 오히려 과학이 이제 지적 권위가 된 문화 안에서 그의 생각들이 인류의 기원과 본성에 관해, 정확성이 충분성으로 혼동되는 설명을 제공했기 때문이다. 우리는 '인간'이 무엇인지를(인류가 어떻게 유래했는지, 그 지적 능력과 도덕적 능력이 어떻게 발달했는지, 다른 어떤 종들과 연결되어 있는지 등을) 알면서 '인류'가 누구인지도 안다고 확신한 것이다. 더 정확히 말하자면, 누구인지 묻는 물음은 이제 본질적으로 잉여적이며, 형이상학자, 신학자, 그리고 과학 이전의 역사가 남긴 다른 잔존물이 그로부터 비롯되었다고 확신한 것이다.

이에 따른 결과는 몇 년 뒤 뉴욕에서 말 그대로 가시적으로 드러났다. 1906년 9월, 뉴욕 동물원 초대 관장인 윌리엄 템플 호너데이가 스물세 살의 콩고 피그미족 오타 벵가를 영장류 구역에 넣고 사람들에게 공개했다. 같은 우리 안에는 도홍이라는 오랑우탄이 있었고, 바로 옆 우리에는 디나라는 고릴라가 있었다.[43]

벵가는 콩고독립국에서 벌어진 학살에서 아내와 자녀를 잃고 홀로 살아남았으나 노예로 팔렸다. 선교사였다가 인류학자가 된 새뮤얼 버너에 의해 (자진하여) 미국으로 보내져, 미국 자연사박물관에 수용되었다가 동물원으로 옮겨졌다. 처음에 그는 사육사들을 도와 동물들을 돌봤다. 하지만 얼마 뒤에 호너데이는 벵가를 동물들과 함께 지내게 하려는 기발한 생각을 해냈다. 그가 갇힌 우리 바깥에 걸린 표지판에는 그의 나이, 키, 몸무게, 출신지가 정확하게 기재되었다.

벵가를 전시하자 수많은 구경꾼이 몰려들었다. 많은 사람이 벵가가 인류와 다른 영장류 사이에서 찾지 못한 유명한 잃어버린 고리일 거라고 생각했다. 벵가는 확실히 같은 우리 안에 있는 동물과 상당한 공통점이 있는 듯하다고 여러 신문에서 주장했다. 《뉴욕 타임스》도 "그 피그미는 오랑우탄보다 그렇게 크지 않고, 머리는 상당히 비슷하며, 둘 다 기분이 좋을 때는 똑같이 입을 벌리고 웃는다"라고 썼다.[44]

오타 벵가 자신이 어떠한 인상을 받았는지는 기록된 바가 거의 없지만, 비밀로 감추어진 것도 거의 없었다. 그는 가능한 한 호너데이를 방해하려고 애를 썼다. 한번은 사육사들에게 칼을 휘두른 적도 있었다. 구경꾼들이 그를 쿡쿡 찔러대며 미국에 대해 어떻게 생각하는지 묻자, 그는 "나, 미국 안 좋아. 나, 생루이(뉴욕에 오기 전에 살았던 곳) 좋아"라고 대답했다고 한다.[45] 그의 감정이 어떠한지 분명한데도 그의 목소리는 무시당했다.

동물원을 방문한 사람들은 무척 흥미로워했지만, 모두가 좋은 인상을 받았던 것은 아니다. 유색인침례교목회자협의회는 격분했고, 그중 제임스 H. 고든이라는 목사는 이렇게 항변했다. "우리 인종은 (…) 우리 중 하나를 굳이 유인원들과 함께 전시하지 않더라도, 충분히 낙담했다." 다른 비흑인 목사들도 같은 의견이었다. 캘버리 침례교회 목사는 이렇게 말했다. "이 일에 책임 있는 사람은 아프리카인을 비하한 만큼 자신도 비하한 것이다. 이 작은 친구를 짐승으로 만들 것이 아니라, 하느님께서 그에게 주신 능력을 계발하기 위해 학교에 보내야 한다. (…) 우리는 선교사를 아프리카로 보내 그곳 사람들을 그리스도인으로 만들려 하면서, 그곳 사람 하나를 이리로 데려와 짐승으로 만들고 있다."[46]

호너데이는 전혀 뉘우치지 않았다. 그는 "다윈의 이론을 믿는 사람"이며 "순수하게 민족학적인 전시로서" 실례를 보여준 것뿐이다. 《뉴욕 타임스》도 호너데이를 지지했다. "존경받는 유색인 형제는 이제 모든 학교의 교과서에서 진화를 가르치고 있고, 구구단만큼이나 논쟁의 여지가 없는 것이라는 이야기를 들어야 한다." 이 신문의 독자들은, 혹은 적어도 그들 중 어떤 이들은 동의했다. 이 전시가 그 '과학적 특성' 때문에 상찬받아야 한다는 의견을 투고한 독자도 있었다. "우리 성직자들 중 많은 이들에게 과학적 시각은 완전히 낯설고 이질적인 것인데, 이번 전시가 그들에게 그러한 과학적 시각에 익숙해지는 데 도움이 될 것"이라는 희망도 있었다.[47]

경계들이 완벽하게 그어진 것은 아니었다. 벵가를 전시한 것이 도덕적으로 역겨운 일이었을 뿐 아니라 과학적으로도 터무니없는 일이었다고 주장하는 인류학자도 많았다. 그리스도교 목사들 또한 벵가를 전시한 일에 반대했는데, 그것이 괴이하게 인종주의적이었기 때문이라기보다는 다윈의 진화론을 지지했기 때문이다.

더욱이 사람들은 다른 인간들을 흥미로운 견본으로 다루기 위해

군이 다윈주의를 필요로 하지도 않았다. 거의 150년 전에 뱅크스는 '자신의' 태평양 섬 주민 투파이아를 전시하려고 했었다. 그럼에도 오타 벵가의 운명은 과학과 종교의 변화무쌍한 역사적 풍경을 가로지르는 두 가지 주제, 즉 '인간'이 누구 혹은 무엇인가 하는 문제와 이를 판결할 권위가 누구에게 있는가 하는 싸움을 한데 모았다. 정말로 그 짐승의 본성은 무엇이며(혹은 본성들은 무엇이며) 누가 그것을 말할 수 있는가?

오타 벵가를 둘러싼 논쟁의 두 진영은 사실상 서로 다른 언어로 어긋나게 말하고 있었다. 호너데이와 그를 옹호하는 사람들은 과학(다윈주의, 진화, 민족학, '과학적 시각')을 이야기했다. 고든과 동료 목사들은 종교를 이야기하면서, 자신들의 분노를 호너데이의 과학적 세계관을 전혀 이해할 수 없을 용어들('영혼', 하느님이 주신 재능들)로 정당화했다. 양측은 세계를, 아니면 이번 경우에는 콩고의 피그미를 서로 다른 두 개의 시각으로 바라보았다.

벵가는 몇 주 뒤에 풀려나 하워드 유색인 고아원에서 고든과 함께 지내게 되었다. 그리고 다시 린치버그로 옮겨가서 침례교 신학교에서 초등학교 교육을 받기 시작했다. 그의 계획은 당시에 벨기에령 콩고가 된 곳으로 돌아가는 것이었지만 1차 세계대전 발발로 계획을 실행할 수 없게 되었다. 그는 낙담했고, 1916년 3월 20일 빌린 총으로 자기 심장을 쏘았다.

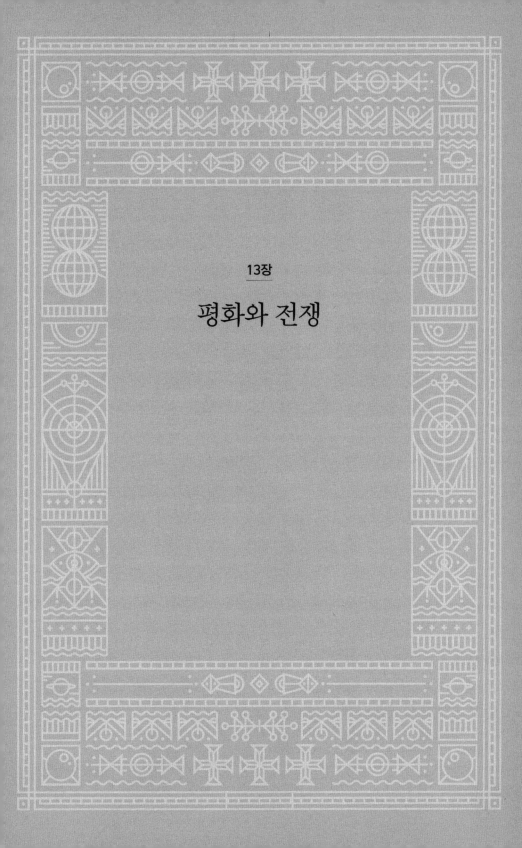

13장

평화와 전쟁

존 윌리엄 드레이퍼. 화학자이며, 장차 지성적 역사학자가 될 인물. 악명 높은 헉슬리–윌버포스 옥스퍼드 논쟁의 연사. 종교와 과학이 일으킨 충돌의 역사라는 신화를 발전시킨 여러 장본인 가운데 한 명으로, 말 그대로 그 충돌에 관한 책을 집필했다.

'무기물의 과학' — 평화

다윈은 죽기 1년 전에 철학자 윌리엄 그레이엄에게 편지를 보냈다. 얼마 전에 그레이엄의 책 《과학 신경The Creed of Science》을 읽고, 보통 때와 달리 저자에게 직접 편지를 보내 감사와 찬사를 표했다. "무척이나 오랜만에 이렇게 흥미로운 책을 읽었습니다."

《과학 신경》은 자연선택에 의한 진화와 에너지 보존과 같이 '근대 과학이 이른 주요 결론들'이 어떻게 '종교, 도덕, 사회의 중심 문제들'과 연결되는지를 탐구한 책이었다. 널리 좋은 평가를 받았고 인기도 많았던 이 책은 새로운 과학적 관념들을 거부하지도 않고 의기소침한 불신앙으로 떨어지지도 않으면서 과학과 종교를 공감적 대화로 이끄는, 19세기 말 출판 장르의 본보기였다. 이 장르는 오늘날 거의 완전하게 잊혔다.

이 책에서는 다윈이 여러 해 동안 붙잡고 씨름했던 많은 이슈를 다루었지만(실제로 이 위대한 박물학자를 마흔 번이나 언급했다) 정작 다윈에게 깊은 인상을 남긴 것은 물리적 우주에 관한 설명이었다. "당신은 이 우주가 우연의 결과가 아니라는 내 안의 확신을, 내가 할 수 있었던 것보다 훨씬 더 생생하고 명확하게 표현해주셨습니다."[1]

그레이엄이 일찍이 자신의 책에서 논했던, 신이란 우주(그의 우주 모델)에 필요 없는 가설일 뿐이라는 라플라스의 견해를 고려할 때 다윈의 평결은, 특히 이제 투철한 불가지론자가 된 이에게서 나왔다는 점에서, 이상하게 보일 수 있다. 하지만 역설적이게도 19세기에 라플라스의 견해는(아니면 적어도 그것이 전달하는 정서는) 천문학, 화학, 물리학, 그리고 그 모두의 기저를 이루는 수학 같은 물상과학들과 종교적 믿음 사이의 상호작용을 더 건설적으로 만들었다.

여기에는 (적어도) 세 가지 이유가 있었다. 첫째, 물상과학에는 걸려 있는 것이 더 적었다. 생물학은 이미 전쟁터가 되어 있었다. 이는 부분적으로, 윌리엄 페일리와 그의 동시대인들이 거기에 그들의 깃발을 꽂았기 때문이었다. 자연신학은 지상의 유기체들에 많은 시간과 노력을 쏟았다. 페일리의 책에서 관련된 스물두 개의 장 가운데 스무 장이 채소, 동물, 곤충의 계통과 구조에 할애되었다. 반면 천체에 관련된 장은 한 장밖에 없었다. 종교의 진위는 물질에 관한 과학보다는 생명에 관한 과학에 달려 있었다. 적어도 자연신학자들이 암시하는 바는 그러했다. 그리고 그 결과는 우주학이나 물리학을 두고 신과 전투를 벌일 이유가 더 적었다는 것이다.

둘째, 19세기 초에 이미 수학과 물상과학은 훈련받은 전문가들의 영역이 되어 있었다. 시골 사제관에 앉아 있는 아마추어 자연철학자들이 레온하르트 오일러가 한 것처럼 빛의 굴절을 묘사하거나 제임스 줄이 한 것처럼 에너지보존법칙을 발전시킬 가능성은 거의 없었다. 이는 19세기 내내 생명과학을 괴롭혔던 것과 같은, 전문성과 권위를 둘러싼 다툼이 없었음을 의미했다. 그렇다고 신자들이 권위적인 물상과학자가 될 수 없었다는 뜻은 아니었다. 다만 그들이 가진 권위의 근거가 무엇이냐에 관한 의문이 제기되지 않았다는 뜻이다.

셋째, 물상과학은 19세기 생물학과 인류학에 영향을 끼친 일종의 반종교적 환원주의와 실증주의에 덜 순응적이었다. 뉴턴이 생각했던 것과 같은 방식으로 신의 직접적 개입을 생각하는 물상과학자들은 거의 없었다. 그럴 필요가 없었기 때문이다. 우주의 보편적 법칙성 같은 근본적 개념들과, 수학과 같은 근본적 도구들은 포크트가 말한 '간에서 나오는 쓸개즙이나 콩팥에서 나오는 오줌'으로 쉽게 환원될 수 없었다. 창조의 법칙성과 수학적 개념들의 실제는 신에 대한 믿음을 요구하지는 않았지만, 그런 믿음과 쉽게 융화될 수 있었다. 이는 임의적인 물질적 우주에 대한 믿음과 융화되기보다 더 쉽다고 할 수 있었다. 때로 수학과 물리학은 신학과 형이상학의 먼 사촌처럼 느껴질 수 있었다.

이 모든 것의 결과로 일종의 건설적인 화합이 이루어졌다. 종교와 물상과학은 같은 장난감을 두고 싸우지도 않고, 멀어진 친척들처럼 서로를 무시하지도 않고, 대체로 교화적이고 조화로운 평화 속에서 서로 잘 지냈다. 하지만 얼마나 교화적이고 얼마나 조화로운지는 변할 수 있었다. 평화는 다양한 형태로 찾아왔다.

마이클 패러데이는 누가 보더라도 19세기의 가장 중요하고 가장 영향력 있는 과학자 중 한 사람이었다. 런던왕립연구소에서 명석한 실험주의자이자 인기 있는 강사로 활동한 그는 전기분해 법칙을 밝히고 염소 및 탄소 화합물을 합성한 뛰어난 화학자였다. 하지만 그가 유명해진 것은 전기모터와 발전기의 기초가 되는 자성과 전기에 관한 업적 덕분이었다.

패러데이의 총명함은 그가 공식적인 교육을 거의 받지 않았다는 사실 때문에 더욱 강조되었다. 그의 아버지는 대장장이였고, 집안이 가난해서 마이클은 기초적인 글 읽기와 산수만 배우고 일터로 나가야 했다. 그는 제본기술자로 7년 동안 견습 생활을 하면서 과학의 기초 문헌들을 독파했고, 왕립연구소의 화학자 험프리 데이비의 조수로 채용되었다. 이는 특이하게도 그의 과학 관련 활동이 30대가 되어서야 시작되었고 40대에 비로소 꽃피었음을 의미했다.

이 모든 과정을 거치는 동안 패러데이는 지극히 독실한 신자였다. 그가 나중에 기술한 대로, "샌드매니언스Sandemanians라고 하는, 거의 알려지지 않은 작고 멸시되던 그리스도교 종파"에 속했다.[2] 이 종파는 본래 1740년대 시작된 복음주의적 부흥운동인 제1차 대각성운동 기간에 스코틀랜드 교회에서 갈라져 나와 상당한 도덕적 활기를 띠고 단순한 복음주의적 경건성을 추구했다. 패러데이는 여러 해 동안 이 교파의 런던 교회에서 장로로서 봉사했으며 설교를 하기도 했다 (어떤 이야기에 따르면 썩 잘하지는 못했다고 한다). 그는 거의 성인聖人에 가깝다는 명성을 얻었으며, 너그럽고 자비롭고 진실하기로 잘 알려졌다. 그는 크림전쟁에서 화학무기 사용에 대해 조언하기를 거부하고, 왕립학회 회장직도 두 번이나 사양하고, 웨스트민스터 사원에 묻힐 수 있는 명예도 거절하고, 기사 작위도 물리쳤다. 이러한 명예들이 세속적 경칭을 혐오하겠다는 자신의 복음주의적 결단에 위배되기 때문이었다.

이렇게 그리스도교 신앙이 그의 개인적 삶에 완전히 스며들어 있었지만, 그의 공적 생활까지 신앙으로 형성되지는 않았다. 패러데이의 평화는 침묵의 평화였다. 패러데이의 경건함을 존경했지만 공유하지는 않았던 게 분명한, 그의 친구이자 전기 작가인 존 틴들은 이렇게 썼다. "15년 동안 서로 친밀하게 지내면서도, 내가 그 주제로 그를 끌어들여 망설임이나 거리낌 없이 말을 하게 했을 때를 빼고는, 그는 내게 한 번도 종교를 언급한 적이 없었다."[3] 패러데이는 자신의 종교와 과학을 서로 다른 영역으로 완전히 구분했던 것으로 보인다. 복음주의의 변방에서 나온 복음주의자로서 그는 잉글랜드 성공회 신자들에게 한때 그토록 큰 영향을 끼쳤던 자연주의 전통에 물들지 않았다. 신의 특성에 관한, 과학적이고자 하는 페일리의 논거들은 패러데이에게 몹시 생경했다. 그는 이렇게 쓰기도 했다. "내 종교에 [자연] 철학이란 없다. (…) 나는 물상과학과 종교를 함께 묶을 필요가 있다고 생각하지 않는다."[4]

패러데이가 이러한 시각을 갖게 된 데는 환경의 영향도 있지만 그자신의 확신도 있었다. 그는 오직 이성이 인간을 그토록 멀리까지 나아가게 할 수 있지만, 신의 존재나 특성을 증명하는 것은 물론, 확실하게 확립할 수도 없다고 믿는다는 점에서 파스칼의 무리에 속했다. 나중에 인쇄되어 나온 그의 몇몇 설교 중 하나에서 그가 말했듯이 "신의 진리에 관한 앎은 우리가 이 세상에서 절대 가질 수 없는 것이었다."[5] 그러나 그에게도 과학과 종교가 더 실질적인 방식으로 대화를 나눈 순간들이 있었다. 1844년에 집필되었으나 출간되지 않고 전기공학자협회(IEE) 도서관에 보관되어 있다가 한 세기 뒤에야 발견된 물질의 본성에 관한 논문 한 편이 이 문제에 관한 패러데이의 속내를 보여준다. 논문은 이렇게 시작된다. "나는 자연철학자로서 의도적으로 내 목적을 물질적 창조가 제시하는 현상들에 관한 연구에 제한한다." 그럼에도 "나는 부득이 물질에 관한 어떤 관념을 형성해야 한다는 느낌이 든다." 비록 그것이 경계를 넘어 늪지 같은 형이상학의 땅으로 들어서는 것이라 할지라도 말이다. 그런 다음 논문은 신이 "물질에 가해지는 힘에서 비롯하는 분명한 법칙들로 그의 물질적 작품들을 통치한다"는 것을 근거로 힘과 물질이 서로에게 어떻게 작용하는지를 계속해서 궁리한다. 패러데이는 자신의 생각들이 본질적으로 추정적이라는 사실을 정확하게 의식하고 있었다. 바로 그 점 때문에 이 논문이 알려지지 않은 채로 남아 있었던 것이다. 하지만 결국 패러데이처럼 자신의 신앙을 사적인 것으로 지켜왔던 과학자조차도 틴들이 표현한 대로 계속해서 자신의 "종교적 느낌과 철학을 (…) 떨어뜨려놓을" 수는 없었다.[6]

과학과 종교의 관계에 관해 패러데이보다 말을 많이 한(아주 많이 한 것은 아니지만) 사람으로 스코틀랜드의 수리물리학자 제임스 클러크 맥스웰이 있다. 패러데이가 19세기의 가장 중요한 과학자 가운데 한 명으로 꼽힐 자격이 있다면, 맥스웰은 역대 가장 중요한 과학자 가운데 한 명이다. 아인슈타인은 패러데이와 맥스웰의 사진을 모두 벽에 걸어두었는데, 자신은 맥스웰의 어깨 위에 서 있노라고 말했다.

맥스웰은 패러데이만큼 경건한 성장기를 보냈다. 그는 커쿠브리셔 글렌레어의 영지에서 자랐다. 나중에 그가 묘사한 바에 따르면 그의 어머니는 "종교적인 생각에 인도되었으나 성직자든 평신도든 지인들의 권고에서 매우 독립되어 있던" 여성이었다.[7] 어머니를 통해 그는 성경에 몰입하게 되었고, 덕분에 젊은 시절부터 성경을 광범위하게 인용할 줄 알았다. 패러데이와 달리 맥스웰의 종교에는 자연신학적인 측면이 있었다. 그는 어머니의 격려를 받아 "자연을 통해 자연의 하느님을 우러러보았고"[8] 1850년대 초에 케임브리지대학에서 수학을 공부할 무렵에는 다음과 같이 선포하는 시를 쓰기도 했다.

당신께서 만드신 피조물을 통해
영광의 빛을 보이소서,
영원한 진리가 드러나게 하소서
덧없는 물질 속에서,
푸른 지구와 대양이 희어지고,
거대한 바위와 무른 칼날이
끝없이 이어지는 똑같은 이야기를 말할 때까지
'우리는 형상을 차려입은 진리이옵니다'[9]

성가대가 표현한 페일리의 주장처럼 들릴지라도 이것이 맥스웰이 지닌 신앙의 기반이었던 것은 아니다. 맥스웰의 신앙은 강렬하면서도 면밀히 검토된 개인적 차원을 발전시켰다. 이 시를 쓴 해에 그는 병이 들었고, 친구의 삼촌인 찰스 테일러 목사의 집에서 쉬면서 회복하는 동안 복음주의적 변화를 경험했다. 그는 친구에게 보낸 편지에서 이렇게 말했다. "나는 인간이 내게 제시하는 그 어떤 보기보다 더 사악해질 수 있는 능력이 있다. 내가 만약 달아난다면, 그것은 오직 나 자신을 제거하도록 나를 도우시는 하느님의 은총 덕분이다."[10] 그는 나중에 자신의 첫 전기 작가가 되는 또 다른 친구에게 편지를 보내, 자신은 이제 "어떠한 것도 일부러 고찰하지 않은 채 남겨두지 않기로" 맹세했다고 말했다.[11] 그가 결혼 전과 후에 아내와 주고받은 편지들도 매우 신학적인 내용을 다루고 있어서, 마치 신약성경에 대한 주석처럼 읽히는 부분이 많다. 런던에서 사는 동안 맥스웰 부부는 "우리가 이미 세례를 받았다고 믿는다"고 했음에도 그 설교자 때문에 한 침례교회에 출석했다.[12] 글렌레어 시절의 이야기로 돌아가보면, 그는 영지 노동자들과 가족들 사이에서 인기가 많았고, 그들과 함께 신심 생활을 해나갔다. 종교는 그의 삶에 흠뻑 스며들었다.

하지만 과학 또한 그러했다. 열여덟 살 때부터 학술적인 논문을 출간했고, 스물네 살에는 케임브리지대학 트리니티칼리지의 펠로가 되었으며, 그 이듬해에는 애버딘에서 자연철학 교수로 임용된 이력은 맥스웰의 총명함을 보여주는 증거다. 스물아홉 살에는 런던의 킹스칼리지에서 자연철학과장을 맡았고, 전기와 자력을 본격적으로 연구하기 시작해서, 전자기 방사선 이론 안에 두 힘을 통합함으로써 물리학 역사상 뉴턴의 중력 연구 이후로 두 번째로 위대하다고 인정되는 '통일'을 이루어냈다. 라디오에서 전자레인지와 엑스레이에 이르기까지 오늘날 우리가 당연하게 여기는 많은 것들이 궁극적으로는 맥스웰의 업적에 기초하고 있다.

맥스웰은 전자기에 관한 생각을 발전시키면서, 나이 든 패러데이와 편지를 주고받았다. 패러데이가 모범적인 실험가였다면, 맥스웰은 주로 이론가였다. 뛰어난 수학자였던 맥스웰은 수십 년이 지난 뒤에야 경험적으로 확정되는(당시에는 순전히 이론적으로만 고려되었던) 현실의 심연을 방정식을 통해 탐구했다. 그럼에도 두 사람은 아주 가까워진 적은 없지만 서로를 깊이 존경했다. 패러데이가 죽고 10년 정도 지난 뒤 《브리태니커 백과사전》에 그에 관한 항목을 작성하게 되었을 때, 맥스웰은 그의 과학만이 아니라, 완곡하게나마 그의 종교에 대해서도 경의를 표했다. "아주 드문 경우지만, 그가 부득이 과학의 영역에서 나와서 논쟁에 참여하게 되었을 때, 그는 사실을 기술하고 사실들이 제 갈 길을 가게 내버려두었다."[13]

맥스웰은 과학과 그리스도교의 관계에 관해 말을 덜 삼가는 편이었고, 좀 더 자발적으로 사실들이 사변적 결말을 향해 가도록 지휘했다. 그가 세상을 떠난 뒤 그의 논문들에서 발견된 글렌레어 집안의 기도문 가운데 하나를 보면 그가 하느님께 "당신 손으로 이루신 업적을 연구하게 하시어, 우리가 우리의 쓰임에 맞게 이 지구를 복종시키고, 당신에게 봉사하도록 우리의 이성을 강화할 수 있게 하소서"라고 청하는 내용이 적혀 있다.[14] 아마도 이 기도문의 표현들은 200년 전 스프랫이 기록한 왕립학회의 역사에서 나왔을 것이다.

하지만 맥스웰의 종교에 관한 사유가 더 정확할 수도 있었다. 1856년 애버딘의 수학 교수로 취임하면서 했던 연설을 보면, 자연의 법칙들이란 "전능하신 분의 자의적이고 단절된 결정들이 아니라, 그 안에서 무한한 권능이 불가사의한 지혜와 외면적 진리를 드러내고자 헌신하는 단일한 보편적 체계의 핵심적 부분이다."[15] 10년 뒤, 열역학 제2법칙(비가역적인 에너지의 소멸과 그것이 함의하는 우주의 직선적 역사)에 관심을 돌렸을 때에도, 맥스웰은 더 넓은 형이상학적 함의들을 향해 나아갔다. 물리학은 창조의 순간이 있었음을 암시하는 것 같다고, 빅뱅 이론과 비슷한 무언가를 공표하기도 했다. "그러므로 우주의 모든 에너지가 가용 에너지였던 순간이 있었다면, 그 순간은 바로 온 우주가 존재하기 시작한 최초의 순간이었음에 틀림없다."[16] 더욱이 그것은 시간과 역사의 비가역적 방향성을 시사하기도 했다. "비가역적 과정들에 대한 우리의 경험은 (…) 영원한 순환의 연속이 아닌 시작과 끝이 있다는 교리로 이어진다."[17] 그로부터 몇 년이 지난 뒤 왕립연구소에서, '원격 작용'이라는 제목의 강의를 하게 되었을 때, 맥스웰은 우주에서의 인과적 기제들에 관한 이 새로운 이해를, 오래된 종교적 논쟁 안에 위치시킴으로써 결론을 내렸다. "광대한 행성 간 공간과 항성 간 공간은 더 이상 우주의 황무지로 간주되지 않을 것이다. 창조주께서는 그 공간들을 그분 왕국의 다중적 질서를 보여주는 상징들로 채우기에 알맞지 않다고 보셨다."[18]

가장 중요하고도 논쟁적이었던 것은, 1873년 영국과학진흥협회에서 '분자들에 관하여'라는 주제로 강의했을 때였다. 맥스웰은 40년 전에 나온 토머스 차머스의 브리지워터 논문을 완곡하게 언급하면서, 우주의 역사를 관통해 분자의 본성과 영원성은 단순히 '자연'을 불러내는 것만으로는 설명될 수 없다고 주장하면서, 구조화된 창조를 행하는 일종의 초자연적인(반드시 간섭주의적일 필요는 없으나) 건축가의 방향을 가리켰다.

분자들은 수, 크기, 무게에서 완벽한 상태로 창조되었고 오늘날에도 창조된 그대로 계속 존재합니다. 분자들에 새겨진 지울 수 없는 특성들로부터 우리는, 우리가 인간의 가장 고귀한 속성이라고 여기는, 측정에서의 정확성, 진술에서의 진실성, 행위에서의 정당성을 향한 열망이 우리의 열망임을 배울 수 있습니다. 왜냐면 그것들은 태초에 하늘과 땅만이 아니라 하늘과 땅을 구성하는 물질들을 창조하신 그분의 형상을 이루는 본질적인 구성 성분이기 때문입니다.[19]

엄밀히 말하면 이것은 그리스도교적 관점보다는 이신론적 관점이었지만, 구약성경의 〈지혜서〉(11장 20절: "당신께서는 모든 것을 재고 헤아리고 달아서 처리하셨습니다")를 불분명하게 지나가듯 인용하고 있다는 사실은 맥스웰이 추론하고 있던 바를 분명하게 드러낸다.

모두가 맥스웰의 강의에 설득되었거나 좋은 인상을 받은 것은 아니었다. 조지프 후커는 다윈에게 편지를 보내 맥스웰의 강의가 "지루하고 건조하고 독특하게도 이해 불가능한" 것이었으며 "외부 세계를 향한 어떤 중요한 의견이나 의의"도 없는 것이었다고 불평했다.[20] 편지를 읽은 다윈은 더 관대한 태도로 후커에게 답장을 보냈다. "클러크 맥스웰의 강의를 읽어본다면 [후커는 직접 듣기만 했으므로] 그에 대한 생각이 바뀔 겁니다."[21] 실제로 더 중요한 사실은, 당대에 가장 중요한 과학적 유물론자이며, 패러데이의 전기 작가인 존 틴들이 1874년 8월 영국인협회의 회장으로서 행한 논쟁적인 〈벨파스트 연설〉에서 맥스웰의 강의를 비판했다는 것이다. 틴들은 "맥스웰 교수는 칸트가 접근이 불가능하다고 여긴 철학적 언덕에 오르는 것을 가능하게 하고, 원자들에서 그 제작자에게 이르는 논리적 단계를 밟는 것을 가능하게 하는 귀납법의 근거를 발견한다"라고 언급했는데, 인쇄되어 나온 공식 연설문에서는 이 부분이 삭제되었다.

맥스웰이 자신의 주장을 과장해서 말했든 그렇지 않았든, 그는 과학과 종교 사이의 대화에 한계가 있음을 인식했다. 분자에 관한 강의를 하고 몇 년이 지난 뒤, 잉글랜드 성공회 주교 C. J. 엘리콧에게서 편지를 받았는데, 이 주교는 어떤 강의 원고들을 모아서 《현대의 불신: 그 원칙과 특성Modern Unbelief: its principles and characteristics》이라는 제목으로 출간할 계획이었다. 맥스웰의 업적에 좋은 인상을 받았던 주교는 그에게 〈창세기〉 1장에서 말하는 '빛의 창조'를 어떻게 이해하는지 설명해달라고 부탁했다.

맥스웰은 망설였다. 굳이 비유하자면 첫째 날의 빛은 "에테르를 모두 포용하는 것, 발광의 매개체, 태양에서 나오는 것이든 다른 근원에서 나오는 것이든 실제의 빛은 아닌 것"이라고 하는 게 무척이나 매력적일 것이라고 그는 말했다. 하지만 그는 이것이 "1896년의 과학과 일치하지 않을" 1876년의 과학에 부합한다고 강조했다. 그리고 "매우 추정적인 과학적 가설에 근거한 해석이 〈창세기〉의 텍스트에 묶여야 한다면" 매우 유감스러울 것이라고도 말했다. "과학적 가설의 변화 속도"가 "성경 해석보다 훨씬 빠르고" 그래서 "하나의 해석이 과학적 가설에 근거한다면, 그 가설이 묻히고 잊혀야 할 때가 지나고도 오랫동안 땅 위에 있도록 하는 데 도움이 될 것이다."[22] 아니면 반대로, 그것이 땅 아래로 떨어질 때는 종교적 가설을 끌어내리는 데 도움이 될 것이다. 맥스웰은 6세기 요하네스 필로포노스의 시대 이래로 과학과 종교의 상호작용을 끈질기게 괴롭혀온, 인위적이고 대체로 해로운 '일치주의concordism'*에 동의하지 않았다.

---

* 과학적 발견들(특히 세계의 기원과 관련한)이 성경의 가르침과 일치한다는 주장이나 견해.

맥스웰의 과묵함은 종교와 과학의 화합을 위해 1865년에 설립된 빅토리아협회Victoria Institute에 가입하기를 꺼려했다는 사실에서도 확인된다. 맥스웰이 이 단체의 설립 목표에 공감하지 않았다는 것은 아니다. 그는 협회 총무에게 보내는 서한에서 이렇게 말했다. "나는 다른 사람들은 물론 과학을 하는 사람들도 그리스도에게서 배울 필요가 있다고 생각합니다. 또한 그 정신이 과학적인 그리스도인들도 하느님의 영광에 대한 시각을 [가능한 한] 넓히기 위해 공부하지 않으면 안 된다고 생각합니다."[23] 하지만 이어서 이렇게 말했다. "개인이 과학을 자신의 그리스도교와 조화시키려는 노력에 이르게 되는 결과가 그 자신에게만, 그것도 오직 한동안만 의의가 있는 것으로 여겨져야지 사회의 인장을 받아서는 안 된다고 생각합니다." 그 이유는 그가 엘리콧 주교의 호교론적 열정에 물을 끼얹은 이유와 같았다. 과학과 종교는 서로 대화하며 발전했지만, 그 대화가 경직되어 형식적이고 제도적인 협약이 되는 순간 불화가 시작되었다. 맥스웰의 평화는 패러데이의 평화만큼 사적이지 않았지만, 공개적으로 눈에 띄지 않게 유지되었고, 그 본질은 유보적이면서 유연하게 남아 있었다.

다른 이들은 맥스웰만큼 과민하지 않았다. 맥스웰의 친구인 조지 게이브리얼 스토크스는 빅토리아협회를 발판으로 삼아 과학과 종교의 조화를 강조했다. 오늘날 스토크스는 잘 알려진 인물이 아니지만, 빅토리아 시대 말기 영국 과학계에서 주요한 인물이었다. 아일랜드 슬라이고에서 태어났고 케임브리지에서 수학을 공부한 뒤 서른 살에 아이작 뉴턴이 맡았던 루커스 석좌교수로 임명되었다. 당시 스토크스는 특출나게 젊은 편은 아니었어도 인상적일 만큼 젊었고(니컬러

스 손더슨은 스물아홉, 뉴턴은 스물여섯, 에드워드 웨어링은 스물넷에 임명되었다),
앞으로 54년 동안 이 교수직을 유지하면서 그토록 오랜 기간에 걸쳐
유체역학과 분광학 발전에 독창적으로 기여했다. 그는 또한 31년 동
안 왕립학회의 총무로 일했고 5년 동안 회장직을 맡았다. 1887년부
터 1892년까지 케임브리지 의회 의원으로도 활동했고, 결국 준남작
작위를 받았다. 요컨대 스토크스는 빅토리아 시대 말기 기득권 과학
계의 살아 있는 화신이었다.

스토크스는 케임브리지에서 오랜 기간 일하면서, 영국해외성경협
회British and Foreign Bible Society의 부회장직을 맡는 등 수많은 복음주의
단체들을 위해서도 일했다. 그는 패러데이나 맥스웰보다는 자연신학
파에 속하는 사람이었다. 1880년에는 "오래전 페일리가 《자연신학》
에서 언급했던 것과 아주 똑같은 방식으로"[24] 설계된 우주를 이해한
다고 청중에게 설명했다. 이처럼 그는 빅토리아협회가 제공하는 기
회를 기꺼이 이용해 과학과 종교의 조화를 공공연히 드러내려 했다.

빅토리아협회는 본래 1860년대에 다윈주의에 대한 반동으로서나
(협회 자체가 〈티모테오1서〉 6장 20절을 언급하면서 묘사했듯이) 아니면 "과학
의 반론들로부터 드러난 진리라고 잘못 불리는 것"에 대한 도전으로
서 고안되었다. 이것이 유익한 대화의 전조가 되지는 못했다. 풍자
잡지 《펀치》는 그 협회를 '반反지질학협회'라고 풍자했다. 처음 몇 년
동안은 문화적 권위를 잃어가고 있던 아마추어 과학자들이 협회를
지배했다. 한 유명한 교수는, 실제 과학자가 아니라 공무원이었던 이
협회의 명예총무 제임스 레디가 심지어 뉴턴의 중력 이론조차 믿지
않는다는 이유로 모임에 참석하기를 거부했다.[25]

레디는 1871년에 세상을 떠났고, 빅토리아협회는 더디지만 점차 폭넓은 신뢰를 얻게 되었다. 이는 대개 스토크스 덕분이었다. 처음에는 주저했지만, 1880년 3월에 논문 한 편을 제출하는 데 동의했고, 3년 뒤에 또 한 편(《과학과 계시 사이에 실제적 대립의 부재에 관하여On the Absence of Real Opposition Between Science and Revelation》)을 제출했다. 그리고 그의 별이 가장 밝게 빛나듯이, 왕립학회 회장으로 선출된 1885년에는 빅토리아협회의 회장직도 수락했다. 의혹의 여지 없는 그의 권위는 이 협회의 권위도 세워주었고, 그래서 그의 회장 취임 연설에는 과거와 미래의 왕립학회 회장들을 포함해 빅토리아 시대 말기 과학계에서 위대한 인물로 꼽히는 사람들이 모여들었다.

스토크스는 동시대 과학이 종교적 믿음을 지지하는 방식에 관해 맥스웰보다 더 솔직하고 직설적이었다. 이전에 맥스웰과 패러데이가 그러했듯이 스토크스는 우주가 신에 의해 직접적으로 설계되고 통제되기보다는 궁극적으로는 신의 활동인 고정된 자연법칙에 의해 작동한다고 이해했다. 하지만 창조는 여전히 궁극적으로 신학의 영역이었다. 고전 자연신학의 본보기인 눈은 이전에 덜 복잡한 형태로부터 발전한 것이라고 말할 수도 있겠지만, 그럼에도 여전히 놀랄 만큼 정교하고 복잡하면서도 신뢰할 만한 합법칙적 창조에 대한 증거로 남아 있었다. 다시 말해 창조는 시각을 가능하게 하도록 설정되었고, 말하자면 눈이 도래하는 것을 본다는 것이다.

더욱이 눈이 우주의 목적적인 법칙에 맞도록 지어졌듯이, 눈을 사용하는 인간도 그렇게 지어졌다. "나에게는 인간의 육체적 틀은 물론 정신적 능력도 그 본질에 맞게 설계되었다고 생각하는 것이 가장 간단해 보인다." 그 설계가 정확히 어떻게 이루어졌는지에 대해서는 너무 쉽게 넘어가버렸다. "우리는 알 방법이 없으며, 우리가 조사해야 할 문제도 아니다." 더구나 스토크스에 관한 한, "옳고 그름에 대한 타고난 감각이 육체적 틀만큼 인간에게 새겨져 있다고 생각하는 데 아무런 어려움이 없었다."[26]

이는 무척 흥분되는 일이었다. 진화론의 틀 안에서 핵심적인 인간의 특성으로 보이는 것(도덕성)을 이해할 준비가 되어 있었다는 점에서 초기의 빅토리아협회와는(페일리는 말할 것도 없고) 완전히 달라져 있었다. 그러나 그것은 여전히 위험한 기획이기도 했다. 과학과 종교의 유익한 대화로부터 멀어져서 종교를 과학 위에 기초하는 방향으로 나아갈 위험이 있었기 때문이다.

바로 그 일을 한 것이 스토크스의 친구인 켈빈 남작 윌리엄 톰슨이었다. 빅토리아 시대에 우리가 살펴볼 마지막 위대한 수리물리학자인 톰슨은 스토크스의 친구이며, 맥스웰의 무리에 들지는 않았지만, 물리학을 통일하는 데 크게 기여했다. 그는 열역학법칙을 정리했고 가능한 가장 낮은 온도(이제 켈빈 단위(K)로 측정되는)*를 결정했으며, 대서양 횡단 전신 케이블 부설 사업에 참여하기도 했다. 그는 스토크스 다음으로 왕립학회 회장이 되었고, 코플리 메달**을 받았으며, 영

---

* 절대영도(Absolute Zero)는 기체의 온도와 부피는 반비례한다는 샤를의 법칙에 근거해 기체의 부피가 0이 되는, 다시 말해 분자 운동이 0이 되는 온도를 말한다. 섭씨 영하 273.15도에 해당하는 이 온도를 0K로 하여 측정하는 온도를 절대온도라고 한다.
** 과학에서 뛰어난 업적을 남긴 사람에게 왕립학회에서 수여하는 상. 1731년 고드플리 코플리 준남작이 제공한 기금으로 수여되기 시작했다.

국인 과학자로서는 처음으로 상원의원이 되었다. 그는 스토크스만큼 모든 면에서 기득권층이었다.

또한 톰슨은 맥스웰과 패러데이는 말할 것도 없고 친구인 스토크스보다 솔직하고 직설적이었으며, 그의 어조는 더 낙관적이기까지 했다. "자유사상가가 되기를 두려워하지 마십시오." 그는 다윈의 친구이자 멘토인 존 스티븐스 헨슬로의 아들이자 식물학자이며 그리스도교 호교론자인 조지 헨슬로에게 보낸 편지에서 이렇게 말했다. "당신이 충분히 열심히 생각해보면, 과학을 통해 하느님에 대한 믿음에 이르게 될 것입니다."[27]

톰슨도 맥스웰처럼 열역학 제2법칙*에서 창조를 향한 시작과 방향과 종말의 확증을 보았다. 이는 균일론 지질학자들이 주장하는 비성경적 영원성에 대한 반가운 대안을 제공하는 것이었다. 톰슨은 의기양양해서 마치 물상과학("일생 동안 내 생각의 가장 주요한 주제가 되어온, 무기물의 과학")이 마침내 성경의 진리를 확증할 수 있다는 듯이 글을 썼다. "성 베드로는 '창조 이래 모든 것이 그대로 있다'라고 말하며 비웃던 이들에 대해 말한다. 하지만 사도는 '모든 것이 스러질 것'이라고 확언한다. 내게는 심지어 물상과학조차 사도의 말이 과학적 진리임을 절대적으로 입증하는 것으로 보인다."[28] 하지만 이것은 위험한 움직임이었다. 과학적 토대가 움직이고 한 세대의 과학이 다음 세대

---

* 절고립계에서 엔트로피(무질서도)의 변화는 항상 증가하거나 일정하며 감소하지 않는다. 이를 통해 열이 차가운 곳에서 뜨거운 곳으로 흐르지 않는 이유와 열원에서 열이 모두 일로 전환될 때 다른 추가적 효과가 동반되지 않는 순환 과정은 존재하지 않는 이유가 설명된다. 그리고 이로써 자연적 과정의 비가역성이 입증된다.

의 과학과 필연적으로 동일하지 않다는 맥스웰의 조언을 완전히 무시하면서 사실상 종교적 진리를 과학적 토대 위에 올려놓았기 때문이다.

이는 다윈주의에 대한, 온건하게 말하자면 양가적인 그의 태도에도 그대로 옮겨졌다. 그의 양가성에는, 적어도 표면적으로는 훌륭한 과학적 이유들이 있었다. 자연선택에 의한 진화에는 시간이 필요했고, 그것도 아주 많이 필요했다. 톰슨은 지구가 그러기에 충분한 시간을 제공하지 않는다고 확신했다. 그가 계산하기로, 이 행성이 녹아 있는 암석으로 시작되었다 해도 지구의 나이는 4억 년밖에 되지 않았다. 톰슨은 헉슬리에 맞선 싸움을 시작했으나, 자신이 추산한 지구의 나이를 늘리기보다 오히려 처음에는 1억 년으로, 그다음엔 2000만 년으로 줄였다. 정확한 수치가 어찌 되었든, 그것으로는 충분하지 않았다. 그는 1869년의 한 강의에서 이렇게 말했다. "물론, 물상과학이 부과하는 지질학적 연대의 제한들이 종의 변이 가설이 틀렸음을 입증할 수는 없다. 그러나 변이가 '자연선택에 의한 변형과 함께 유전'을 통해 발생했다는 가설이 틀렸음을 입증하기에는 충분해 보인다."[29]

이것은 전혀 터무니없는 소리가 아니었지만, 그러나 결코 사실도 아니었다. 톰슨은 자신이 말하는 바를 알고 있었고, 그가 추산한 지구의 나이는 1860년대 물상과학의 수준을 고려하면, 다른 어떤 주장 못지않게 타당했다. 이것이 다윈을 계속해서 근심하게 만들었고, 결국 그는 자연선택에 필요하리라고 초기에 추산했던 시간의 수치를 줄였다가 나중엔 아예 제거했고, 라마르크의 진화론의 요소들을 도입해 그 과정의 속도를 올렸다.

하지만 결국 그들은 모두 틀렸다. 1900년대 초 방사성 붕괴가 발견되고 그것이 새로운 에너지원을 들여오게 되면서, 자연선택이 그 놀라운 경이를 실행할 수 있을 만큼 충분히 지구의 나이를 늘려놓기 시작했다. 톰슨은 말년에 이 새로운 과학을 알게 되었지만, 그가 죽을 때까지 지구의 나이가 구체적으로 계산되지는 못했다. 그리고 그가 죽고 여러 해가 지난 뒤에야 그의 또 다른 반론(자연선택에 필요한 시간 안에 태양이 모두 연소되어 사라질 것이라는 가설)도 결국 핵융합의 발견으로 만족스러운 답을 얻었다. 결국, 다시 한번 옳았다고 입증된 사람은 다윈이었고, 톰슨은 틀렸다. 이전에 다윈은 개인적으로 후커에게 편지를 보내 "나는 톰슨이 추산하는 것보다 세계가 훨씬 더 오래되었음이 증명되리라고 확신한다"고 말했었다.[30]

톰슨은 자신의 종교적 호교론을 그러한 논거에 근거하지는 않았었지만, 때로는 일단의 과학적 개념들(물리학)을 사용해 자신의 종교적 신념에 별로 도움이 되지 않는다고 느껴지는 다른 과학적 관념들(생물학)을 약화시키려 하면서 아주 위험할 정도로 근접하기도 했다. "현대 생물학자들은 순전한 중력적인 힘과 화학적인 힘과 물리적인 힘을 넘어서는 무언가를 강력히 수용하는 데 한 번 더 다가가고 있다"라고 그는 주장했다.[31] 그렇게 가해진 무게는 그의 더 폭넓은 일치주의적 주장들을 약화시킬 수밖에 없었다. 패러데이의 평화가 사적인 것이었고, 맥스웰의 평화는 공적이지만 영민한 것이었고, 스토크스의 평화는 자신감에 차 있는 것이었다면, 톰슨의 평화는 거의 오만한 것이었다.

그러나 자신감이 지나친 경향이 있긴 했지만 톰슨은 여전히 19세기 말 종교와 물상과학의 관계에서 군림했던 일반적인 일치concord의 전형적인 인물이었다. 과학과 종교 사이에 전쟁이 있었더라도 누구도 물리학자들에게는 말해주지 않았다.

'돌이킬 수 없는 운명' — 전쟁

게이브리얼 스토크스는 토머스 헨리 헉슬리와 같은 해에 왕립학회 회원으로 선출되었다. 두 사람 모두 1870년대에 학회 총무로 일했다. 헉슬리는 1883년에 회장으로 선출되었고, 2년 뒤 스토크스가 그 뒤를 이었다. 두 사람은 서로의 과학 및 행정 능력을 존경했으며, 왕립학회를 위해 열심히 일했지만 종교와 정치 문제에 관해서는 상당히 의견을 달리했다.

헉슬리는 과학 영역을 무단침입하는 성직자들을 거칠게 비판하는 것으로 악명이 높았다. 1860년 옥스퍼드에서 벌어진 사건들에 어떤 맥락과 미묘한 의미를 배경으로 가져온 뒤에도 그는 여전히 진화의 요람 주변에서 열정적으로 "신학자들을 없애버리는" 사납도록 충실한 투사로 떠오른다. 그가 '다윈의 불독'으로 알려진 데는 이유가 없지 않다.

이것이 단지 반反성직주의에 그치는 것은 아니다. 헉슬리는 자칭 과학적 자연주의자였다. 그는 자신의 에세이에 이렇게 썼다. 인류 역사 전체에서 "자연주의와 초자연주의는 (…) 서로 경쟁하며 싸워왔다." "자연적 지식"의 "정확성과 신뢰성이 늘었고", 그래서 초자연적 지식은 "오그라들었다." 그 결과가 진보였는지 아니면 퇴보였는지는 "의견의 문제"라고 헉슬리는 말했다.[32] 물론 그의 의견은 분명했다. 스토크스가 19세기 말 종교와 (물상)과학의 일치를 나타내는 상징이라면, 헉슬리는 충돌의 상징이다.

하지만 헉슬리만 그런 것은 아니었다. 1864년, 복음주의자들과 기득권 잉글랜드 성공회 신자들 사이에서 일어난 《종의 기원》에 대한 적대적 반응에 고무된 헉슬리는 작은 무리의 친구들을 모아서 다이닝 클럽을 만들었다. 여름을 제외하고 매달 모임을 열었던 이 X클럽은 이후 30년 동안 이어진다. 회원들은 차츰 두각을 드러내고 있던 젊은 과학자들로, 학문의 전문성과 자유를 위해 활발히 활동하는 사람들이었다. 그 자신이 회원이기도 했던 수학자 토머스 허스트의 말에 따르면, 회원들은 "종교적 신조에 전혀 구속되지 않은, 순수하고 자유로운" 과학에 전념했다.[33] 그것이 바로 영국 과학의 개혁과 성공회 성직자들의 권위 약화를 불가피한 일로 만드는 대의였다.

헉슬리의 클럽은 어느 정도 성공을 거두었다. 아홉 명의 회원 중 다섯 명이 1868년에서 1881년 사이에 영국과학진흥협회 회장직을 맡았다. 또한 다섯 명의 회원이 왕립학회에 재직했고 세 명의 회원 (윌리엄 스포티스우드, 조지프 후커, 헉슬리)이 1873년에서 1885년까지 연달아 회장직을 맡았다. 한 세대 전에 두 곳의 회장을 백작들과 성직자들이 맡았던 것을 생각하면, X클럽은 품었던 야망을 이루었던 것으로 보인다.

하지만 클럽의 회원들이 이 모두를 점령한 것은 아니었다. 영국과학진흥협회에서는 후커 다음에는 스토크스, 스토크스 다음에는 헉슬리, 헉슬리 다음에는 톰슨이 회장이 되었다. 왕립학회의 경우에도 X 클럽 회원 삼총사에 이어서 또 다른 삼총사(스토크스, 톰슨, 그리고 외과의사이자 독실한 퀘이커교도였던 조지프 리스터)가 차례로 회장 자리에 올랐다. 영국 과학계의 정상은 종교에 적대적인 인물과 종교에 호의적인 인물이 번갈아 차지했다.

영국과학진흥협회 회장직을 맡았지만 왕립학회에서는 회장이 되지 못한 X클럽 회원 중 하나가 바로 아일랜드의 물리학자 존 틴들이었다. 1874년 8월 벨파스트에서 그가 행한 과학진흥협회장 취임 연설은 빅토리아 시대 말기 과학과 종교의 충돌에서 아마도 가장 험악한 순간이었을 것이다. 그날 행사는 영국 과학계 전체의 밤마실 같은 것이어서 적어도 《맨체스터 가디언》에 따르면 글래드스턴 총리의 시정연설만큼이나 언론의 주목을 받았다.[34] 틴들은 이 기회를 이용해 다윈의 이론을 단호히 옹호하고, 원자에서 사유까지 현실에 대한 종합적인 유물론적 설명을 제시하려고 했다. 그는 마치 이것만으로는 헉슬리가 자랑스러워하기에 충분하지 않다는 듯이, 역사적으로 종교가 과학에 간섭한 것을 공개적으로 강력히 비판하고 앞으로는 그런 일이 없어야 한다고 경고했다.

세상의 많은 종교가 과학과의 관계에서는 어처구니없이 우스꽝스러웠고 지금도 그러한데, 그중 어떤 종교들은 자유인의 가장 소중한 특권에 대한 관계에서는 위험하고, 아니 파괴적이었고, 할 수만 있다면 앞으로도 그러할 것입니다. (…) [종교가] 지식의 영역을 침범하도록 허용되면 해롭습니다. 지식의 영역에 대해 종교는 아무런 권한도 갖고 있지 않습니다.

영국 내 반응은 화산처럼 폭발적이었다. 런던의 상인이었던 C. W. 스토크스라는 사람은 내무부 장관 리처드 크로스에게 서한을 보내 틴들이 "신성모독적 의견을 표현한 사람에 합당한 처벌"을 받아야 할 것이라고 말했다.[35] 아일랜드 내 반응은 오히려 더 나빴다. 가톨릭 주교들은 틴들의 강의를 단죄했다. 마이클 오페럴 신부는 《아이리시 먼슬리》에 틴들이 "과학의 이름"으로 "죽음의 메시지"를 전했다고 비난하는 의견을 기고했다.[36] 가장 인상적이었던 것은, 《뉴욕 타임스》 기사에 따르면 늙어가는 교황 비오 9세가 더블린의 대주교 컬린 추기경에게 편지를 보내 주교들의 대응을 칭찬하고, "사람들의 영혼을 약탈하는 것을 업으로 삼는 영적 해적들"만큼 무서운 것도 없다고 선언한 사실이다.[37]

《뉴욕 타임스》가 이 소동을 어느 정도 자세히 보도했다는 사실은 이 소동의 규모만이 아니라 이 갈등이 영국에만 국한되지 않았음을 분명하게 보여준다. 틴들의 강의와 폭넓은 사고는 1862년에 출간된 존 윌리엄 드레이퍼의 책 《유럽의 지적 발전의 역사》에서 영향을 받았다. 우리는 드레이퍼의 지독한 과학과 종교사이의 전쟁의 역사로 이야기를 시작했었는데, 드레이퍼는 스무 살에 미국으로 이주해서 화학 교수로 자리를 잡았다. 그는 능력이 뛰어났고, 그래서 1876년에는 미국화학학회 초대 회장이 되었다. 그는 스스로를 역사학자로 여겼고, 각주를 무척 싫어하는 역사학자였지만, 1860년대부터는 유럽의 지성사를 집필하고 있었고, 그것을 마무리한 다음에는 곧 미국의 남북전쟁사를 집필하기 시작했다. 또한 미국 대학 생활에 단단히 자리를 잡았으면서도 영국 과학계와 계속 접촉했다. 실제로 1860년 6월 그 더웠던 토요일 오후 옥스퍼드에서 윌버포스와 헉슬리가 무대에 올라 (이론상) 응답하기로 한 그 강의를 맡아 청중을 지루함에 질리게 했던 사람이 바로 드레이퍼였다.

드레이퍼는 자신이 쓴 역사서에 법칙성을(사실은 그에 대한 강박을) 들여왔다. 역사는 "완전히 외부 조건에 의해 결정되었다."[38] 생명은 물질적인 것이었다. 어느 훌륭한 화학자처럼 드레이퍼 또한 물질적인 것은 자연법칙을 따른다는 것을 알고 있었다. 그 결과는 일종의 역사적 결정론이었다. 사람들의 생활이나 사회, 문명, 혹은 아메리카 원주민 등 그 형태는 상관이 없었다. "인종은 그 인종에 속한 개개인처럼 침묵 속에서 돌이킬 수 없는 운명에 굴복한다."[39] 육체와 마찬가지로 사회도 성숙하고 노화한다. 콩트의 사회적 세 단계는 이 미국인 화학자에게 생리학적 다섯 단계가 되었다. 드레이퍼의 유럽 지성사는 "유년기에서 아동기를 거쳐 청년, 성인, 노년에 이르는 (인생) 전개와의 유사성"을 전제로 했다.[40]

이어지는 10년 동안 그는 같은 원칙들을 과학과 종교의 역사에 적용해 《종교와 과학 충돌의 역사》를 집필했다. 각각의 독립체는 말끔하게 사물화되어 별개의 패키지 안에 넣어지고, 과학과 종교의 역사적 관계는 계속되는 '충돌'의 하나라는 틀로 묶인다. 드레이퍼의 주장은 초자연주의/자연주의에 관한 헉슬리의 의견을 보일의 기체법칙으로 걸러낸 것처럼 들렸다. 이것은 "서로 다투는 두 권력, 즉 한

쪽은 인간 지성의 팽창하는 힘이고 다른 한쪽은 정통적인 신앙과 인간적 관심에서 일어나는 압력"에 관한 서사였다.[41] 그의 역사관은 활기찬 실증주의였다. 그는 디킨스의 토머스 그래드그라인드●처럼 "모든 페이지가 (…) 사실들로 반짝여야 한다"고 믿었고, 그 사실들은 명확하고 공정하며 "둘 중 어느 편의 요구"에서 자유로워야 했다.[42] 연마된 객관적 사실 더하기 흔들림 없는 물질적 법칙은 곧 지속적인 충돌의 역사였다.

드레이퍼의 과학과 종교의 역사에 대한 초기 반응은 다소 미지근했다. 한편으로는 이 책이 이전에 나온 유럽 지성사와 같은 분야를 많이 다루고 있기 때문이기도 했고, 다른 한편으로는 자기충족적인 서사이기 때문이었다. 한 비평가는 "'종교'라는 말이 [드레이퍼에게는] 계몽되지 않은 편견이나, 현실을 직면하지 않으려는 편협한 정신의 상징에 지나지 않는다"라고 비판했다.[43] 이 책은 사실상 "아주 나쁜 것과 아주 좋은 것 사이의 충돌의 역사"였으며 결론적으로 아주 좋은 것이 아주 나쁜 것보다 훨씬 더 좋다는 걸 보여주는 책이었다.

하지만 드레이퍼가 이 책을 집필한 것은 에드워드 유먼스에게 위탁을 받았기 때문이었다. 유먼스는 과학의 대중화에 엄청난 성공을 거둔 사업가적인 인물이었다. 그의 《국제 과학 시리즈International Scientific Series》(드레이퍼의 책도 여기에 속했다)와 《월간 대중 과학Popular Science Monthly》은 더욱 폭넓은 독자들에게 충돌의 메시지를 전달했다.

● 찰스 디킨스의 소설 《어려운 시절(Hard Times)》(1854)에 등장하는 인물. 19세기 자본주의의 한 이념으로서 공리주의의 한계와 폐단을 지적하는 이 소설에서 그래드그라인드는 공리주의 자체를 상징한다고 할 수 있다.

《월간 대중 과학》은 드레이퍼의 《종교와 과학 충돌의 역사》의 서문을 신고 이 책에 대한 극찬을 담은 비평을 내보낸 뒤에는 비평가들로부터 이 책을 옹호하기 위해 수많은 사설을 게재했다. 유먼스는 그 이야기에 관해 유사하게 마니교*적인 시각을 취했다. 종교와 과학 사이에는 충돌과 조화 둘 중 하나가 있었을 텐데, 완전한 조화가 있지 않았다는 것이 확실하므로, 틀림없이 충돌이 있었을 것이다. 이러한 접근법이 효과를 발휘했다. 《종교와 과학 충돌의 역사》는 미국에서 50쇄, 영국에서 24쇄까지 출간되었고 적어도 열 개 언어로 번역되었다.

이 책의 성공은 매우 고무적이었다. 드레이퍼가 책을 출간하고 20여 년 뒤에 앤드루 딕슨 화이트가 훨씬 더 두꺼우면서 그만큼 전투적인 책 《그리스도교 세계 내 과학과 신학의 전쟁사A History of the Warfare of Science with Theology in Christendom》를 집필했다. 화이트는 역사학자이자 코넬대학 공동 설립자였다. 이전에는 1860년대 말부터 '과학의 전쟁터'라는 강의를 했었다. 드레이퍼가 법칙을 좋아한 것처럼, 화이트는 전쟁을 좋아했고, 초기 '과학의 전쟁터' 강의에서 800쪽 분량의 대작에 이르기까지 과학과 종교에 관한 그의 개념화 과정에는 군사적 비유들이 지배적이었다. 참여자는 전투원이었고, 접촉은 충돌이었으며, 지배적인 서사는 지적 해방이라는 결말로 향하는 피투성이의 기나긴 전쟁사였다. 그의 역사도 유먼스의 《월간 대중 과학》

● 선과 악, 빛과 어둠의 이원론을 바탕으로 하는 고대 종교로, 이 둘의 갈등과 충돌이 일어나는 과정으로 세계를 설명한다.

에 실렸다. 1896년 한 권의 책으로 출간되기까지 10년에 걸쳐 장별로 연재되었다.

드레이퍼는 자신의 충돌 서사에서 이슬람에 관해서 상당히 긍정적이었다. 그는 이슬람을 가리켜 '남부의 종교개혁'이라 불렀고, 고전과학의 불씨를 보존한 것만이 아니라 타락한 초자연주의에서 멀어질 수 있게 한 것으로 보이는 신학에 대해서도 칭찬했다. "그리스도교 세계는 더 우월한 존재들의 행위에 영향을 끼침으로써 세상사의 경로를 바꿀 수 있다고 믿었다. 이슬람은 불변하는 신의 뜻에 경건하게 인종하며 안식을 얻었다."[44]

하지만 모두가 이슬람에 대해 긍정적이었던 것은 아니다. 드레이퍼는 프랑스의 역사학자이자 언어학자인 에르네스트 르낭을 간단하게 언급했다. 르낭은 1863년에 출간한 《예수의 생애Vie de Jésus》로 유명해졌다. 소동을 일으킬 정도로 자연주의적인 관점에서 집필된 이 책은 하느님의 아들을 율법에만 치중하는 부패한 유대교를 정화하려는 고귀한 스승으로 묘사했다. 《예수의 생애》가 출간되고 20년 뒤에 르낭은 소르본대학에서 강의를 하면서, 드레이퍼와 화이트가 그리스도교에 대해서 했던 것과 같은 일을 이슬람에 대해서 했다. 실제로 그는 드레이퍼와 화이트가 긍정적이고 부드럽게 보이도록 만들었다. 그는 청중을 향해 "우리 시대의 문제들에 관해 약간의 교육이라도 받은" 사람은 누구라도 "현재 무슬림 나라들의 열등성"을 쉽게 알아볼 수 있을 것이라고 확언했다. 이 열등성은 주로 종교에서 비롯되었다. "이슬람이 통치하는 나라들의 타락과 인종들의 지적 불모성"은 "오직 종교"에서 비롯한 문화와 교육에서 나온다. 동방을 여행해본 사람이라면 누구나 "진짜 신자의 편협한 정신"에 충격을 받을 것이다. 종교가 마치 "그의 머리에 두른 강철 고리처럼" 작용해 "과학으로부터 완전히 단절되고, 아무것도 배울 수 없거나 어떠한 새로운 생각에도 머리를 열 수 없게 만든다."[45] 21세기까지도 계속되어 특히 스티븐 와인버그와 자밀 라겝에 의해 재개되는(우리가 2장에서 보았듯이) 논쟁에서, 르낭은 소위 이슬람 과학의 '황금시대'가 밝게 빛났던 것은 오직 그리스 철학이 시리아 그리스도인들에 의해 번역되고 이전에 사산제국이었던 곳에 뿌리를 내렸기 때문이며, 하지만 그조차도 12세기에 이슬람 신학의 그림자가 드리워 빛을 잃었다고 주장했다.

르낭은 이슬람에 대해서만 비판적이었던 것은 아니다. 그는 가톨리시즘에 대해서도, 예상할 수 있듯이, 갈릴레오를 침묵시킨 일에 대해 비난했다. 그러나 여기에서도 그의 칼은 무슬림 세계를 향해 더 날카롭게 벼려져 있었다. 그가 논증하기를, "이븐 시나, 이븐 주르, 이븐 루시드의 이슬람에 영광을 돌리는 것은 갈릴레오의 가톨리시즘에 영광을 돌리는 것과 같다." 적어도 르낭에 따르면, 이슬람과 과학의 이야기는 그렇게 요약된다. 그가 결론적으로 말했듯이 "이슬람이 철학을 용인했던 것은 [단지] 철학을 막을 수 없었기 때문이다."

과학과 이슬람에 대한 르낭의 판결은 이미 그러한 엄혹함으로 기운 한 세대에서도 가장 엄혹한 것이었다. 그것은 화이트의 《그리스도교 세계에서 과학과 신학의 전쟁사》, 드레이퍼의 《종교와 과학 충돌의 역사》, 틴들의 강의, 헉슬리의 클럽과 궤를 같이하는 것으로, 패러데이, 맥스웰, 스토크스, 톰슨이 과학과 종교 간 조화의 길을 아무리 많이 고안해놓았더라도, 다른 이들은 그 사이에서 격렬한 충돌을 보았음을 분명하게 드러낸다.

그러나 과학과 종교의 전쟁조차도 이 유명한 본보기들이 시사하는 것만큼 그렇게 간단하지는 않았다. 평화가 다양한 형태로 도래했듯이, 전쟁도 늘 똑같은 모습은 아니었다. (앞서 내가 한 말을 포함해) 던지듯 내뱉은 반대되는 말들이 수없이 많았음에도, 헉슬리가 평생 '다윈의 불독'으로 불린 적이 없다는 사실은 거의 알려지지 않았지만, 시사하는 바가 크다. 이 유명한 별명이 처음 기록된 것은 헉슬리가 죽고 2년이 지나서였다. 미국의 고생물학자 헨리 페어필드 오즈번은, 1879년에 헉슬리가 나이 많은 다윈을 실험실로 안내하면서 직접 했던 말을 보고했다.[46] "나중에 그는 이렇게 말했다. '내가 그를 돌봐야 한다는 걸 당신도 알지요. 사실 난 늘 다윈의 불독이었으니까요.'" 헉슬리는 적어도 자신이 생각하기에 공격하는 사람이 아니라 방어하는 사람이었다. 이는 차이 없는 구분이라고 공정하게 선언될 수 있겠다. 결국 불독이란 비유를 만들어낸 것은 헉슬리 자신이었고, 불독은 공격을 통해 방어한다. 하지만 이러한 구분은 이 시기의 싸움에 관한 전승을 특별히 주의하며 검토하도록 자극한다. 모든 전쟁을 다룰 때 그러하듯이, 안개와 혼동과 신화를 뚫고 내막을 들여다보아야 한다.

우리가 살펴본 대로, 헉슬리는 가난했고, 재능이 많았으며, 전문적이었고, 투사다웠다. 그러나 그는 또한 나름대로 종교적이었다. 〈과학과 종교〉(1859)라는 에세이에서는 "참된 과학과 참된 종교는 쌍둥이 자매다"라고도 했다.[47] 이듬해에 그의 첫아들 노엘이 죽었을 때는 가까이에서 그를 지지해주었던 찰스 킹즐리 신부에게 "아내 이외에 어떤 사람에게 해야 하는 것보다 더 개방적이고 분명하게" 편지를 써 보냈다. "과학은 내게, 하느님의 의지에 전적으로 투항한다는 그리스도교의 개념 안에 체현된 위대한 진리를 가장 높고 강한 방식으로 가르쳐주는 것 같습니다." 그리스도교적 도덕과, 선하고 행복한 삶을 향해 나아가는 것 사이에는 한 가지 뚜렷한 일치점이 있었다. "슬픔에 이끌리는 죄의 중력은 태양에 이끌리는 지구의 중력만큼 확실합니다." 그리고 그는 교회가 스스로 잘못된 손아귀에서 빠져나올 수만 있다면 이 모든 것에서 해야 할 역할이 있다고 믿었다.

> [만약] 잉글랜드 교회가 밀려오는 과학의 조류에 의해 산산이 부서질 운명(지켜보기가 너무나 유감스럽겠지만, 옥스퍼드의 새뮤얼 [윌버포스] 같은 사람들이 그 운명의 안내자로 있는 한 반드시 일어날 일)으로부터 구원될 수 있다면, 그건 당신처럼 과학의 정신과 교회의 실천의 결합으로 나아가는 길을 보는 사람들의 노력에 의한 것임에 틀림없습니다.[48]

이후 34년이 지난 어느 해에, 생의 마지막 몇 년을 남겨둔 헉슬리는 초자연적인 것들을 몰아내는 자연주의에 관한 글을 쓰면서도 여전히 비슷하게 부드러운 어조로 말하고 있었다. 《과학과 히브리 전승》에 기고한 글에서 그는 이렇게 말한다. "우리가 너무 자주 듣게 되는 과학과 종교 사이의 반목이란 것이 내게는 순전히 꾸며낸 것으로 보인다." 그것은 "과학의 어떤 분과인 신학을 종교와 혼동하는 근시안적인 종교인들에 의해서"나, 아니면 "오직 지성의 명확한 이해가 가능한 것만을 과학의 영역으로 취할 수 있다는 사실을 잊고 있는, 마찬가지로 근시안적인 과학자들에 의해서" "날조되었다."[49]

헉슬리가 반대한 것은, 빅토리아 시대 말기 영국에 넘쳐나던 오만한 신학적 교의였다. 결국 과학의 요람 주변에서 압도되어 누운 것은 신학자들이었다. 헉슬리는 토머스 칼라일의 《의상철학Sartor Resartus》[•] 을 읽고 "깊은 종교 감각은 완전한 신학의 부재와 양립할 수 있다"는 것을 배웠다.[50] 과학이 드러내는 "절묘한 아름다움과 대칭"은 토마스 아퀴나스 같은 "역대 가장 훌륭한 사상가들이 오직 상상 가능한 영원한 지복으로 여겼던, 아모르 인텔렉투알리스 데이amor intellectualis Dei(하느님에 대한 지적 사랑)와 비타 콤템플라티바vita comtemplativa(관조적인 삶)의 행복한 비전으로" 그를 가득 채웠다.[51]

헉슬리의 반反종교 십자군에서 가장 신뢰할 만한 것으로 보이는 이 과학적 무기들도 더욱 그렇게 확실하지 못했다. 그래서 그는 과학적 자연주의가 "어떠한 초자연의 존재도 부정하는 데 이르는 것이 아니라, 단순히 이러저러한 초자연주의의 잔존 형태를 긍정하고자 제시되는 증거의 유효성을 부정하는 데 이르는 것이다"라고 썼다.[52] 올바로 말하자면 과학이 전념하는 자연주의는 철학적이고 실존적인 더 큰 문제에 관해 침묵해야 한다. 오늘날의 용어로 말하자면, 그것은 형이상학적 자연주의가 아니라 방법론적 자연주의다. 방법론적 자연주의는 옥스퍼드의 새뮤얼과 그의 동료들에게는 절대 금물이었겠지만, 종교에 부합되지 않듯 무신론에도 부합되지 않았다. 오히려 헉슬

[•] 칼라일은 《의상철학》(1838)에서 지상의 모든 사상을 의복에 비유해 설명하고, 공리주의적 산업 만능 시대를 구가하는 영국 사회의 기조를 비판하면서 낭만주의적이고 관념론적인 사상적 개혁안을 제시했다. 그는 위대한 창조자를 숭배하고 이에 복종하는 것이 참된 자유를 누리는 것이라고 주장했다.

리가 우연히 만들어낸 것으로 유명하지만 거의 사용하지 않은 용어인 불가지론과 가장 모순 없이 양립할 수 있었다.

다윈주의에 대해서도 비슷하게 이야기할 수 있다. 헉슬리의 관점에서, 윌리엄 페일리의 목적론적 세계를 지워버리는 데 그토록 많은 역할을 한 진화론은 사실 창조에 목적들이 있었다는 생각과 조화를 이룰 수 있었다. 1869년, 독일의 선도적 다윈주의 옹호론자였던 에른스트 헤켈의 《창조의 자연사Natürliche Schöpfungsgeschichte》에 관한 비평에서 헉슬리는 "진화론이 건드리지 않은 더 넓은 목적론이 있다"라고 말했다. 이 더 넓은 목적론은 "정말로 진화의 근본 명제에 근거해 있다." 다만 페일리가 보여준 예들의 "거친 형식"이 아니라 맥스웰의 방식으로, 즉 "명확한 법칙을 따라 이루어지는, 분자들이 소유한 힘들의 상호작용" 형식으로 근거해 있다. 그의 결론은 "목적론적 자연관과 기계론적 자연관이 필연적으로 상호 배타적인 것은 아니"라는 것이었다.[53]

이러한 말들은 헉슬리가 과격할 만큼 공격적으로 종교를 물어뜯은 전설 속의 불독과 거리가 멀었음을 보여준다. 그의 과학은 그가 위협이 된다고 여겼던 교의적 성직자 중심의 신학적 요소들에 맞서 선택적으로 사용되었다. 그와 그 동료들이 가한 가장 큰 위협은 로마에서 가해지는 것이었다. 프랑스 대혁명과 성경 비평의 도래에서 외상을 입은 바티칸은 19세기 말에 그 교의적 권위주의를 더욱 강화했다. 이는 특히 비오 9세에게서 뚜렷하게 드러났다. 그는 1846년 베드로의 사도좌에 올라 유례없이 긴 31년 동안 재임했다. 그의 교황 재임 기간은 퍽 자유로운 분위기에서 시작되었으나, 1848년 혁명들에 크게 흔들렸고, 교황은 빠른 속도로 개혁의 열의를 잃어버렸다. 1864년 교황은 《오류목록Syllabus Errorum》을 발표했다. 이는 수십년 동안의 교황 문서들을 이용해 가톨릭 신앙과 병립할 수 없다고 판단되는 80개의 이단 명제를 규명한 문서다. 오류의 목록은 처음에는 그리 놀랍지 않게 무신론, 자연주의, '절대적' 합리주의로 시작된다. 하지만 '온건한' 합리주의를 단죄하고[54] 어떠한 형태의 세속주의도 단죄한 다음 "로마 교황은 진보, 자유주의, 현대 문명과 화해 (…) 해야 한다"는 주장을 부정함으로써 마무리된다. 가톨릭의 반응은 엇갈렸고, 프로테스탄트의 반응은 보편적으로 적대적이었다. 글래드스턴이 이제 어느 누구도 "자신의 도덕적 자유와 정신적 자유를 포기하지 않고는" 가톨릭으로 개종할 수 없게 되었다고 쓴 것은 많은 이들의 입장을 대변했다. 물론 그는 나중에 "로마 가톨릭 신자인 동포들"에게 자신의 어조가 "거칠게 들렸음"을 사과하긴 했다.[55]

이것이 다가 아니었다. 교황 비오 9세는 제1차 바티칸 공의회를 열어 《오류목록》에서 규명된 많은 문제를 다루도록 했다. 하지만 이 도전들에 대한 교회의 응답을 정식화하는 과정에서 공의회는 권위에 관한, 특히 교황의 권위에 관한 곤란한 질문을 붙잡고 씨름해야 했다. 교황의 무류성이라는 개념(교황이 어떤 문제들에서 오류의 가능성 없이 말한다는 개념)은 거의 새로울 게 없었고, 원칙적으로 이 개념에 동의하지 않는 주교들도 거의 없었다. 하지만 많은 이들이 교황의 무류성을 규정적으로 언명하는 것이 지혜롭지 못한 처신이며, 적어도 시의적절하지 않다고 느꼈다. 자유로워지고 있는 유럽에서 틀림없이 반$+$중세적인 권위의 주장으로 보일 뿐 유쾌하게 받아들이지 않을 것 같았다. 하지만 이러한 유보적 의견들은 무시되었고, 틴들의 강의에 대한 대응으로 교황이 예우했던 더블린의 컬린 대주교가 최종 칙령을 작성했다. "로마 교황이 사도좌에서 발언할 때, 곧 (…) 자신의 사도적 최고 권위를 가지고, 신앙과 도덕에 관한 교리를 (…) 결정한다면, (…) 하느님이신 구속주께서 당신의 교회가 갖추기를 바라신 무류성을 지닌다."

이 칙령은 프로테스탄트들이 가장 우려했던 바를 확인시켜주었다. 이미 프로테스탄트들은 《오류목록》과, 역사적으로 프로테스탄트인 나라들에 가톨릭 인구가 대규모로 이주하는 현실 때문에 걱정이 많았다. 많은 영국인들이 브리튼 안에서 아일랜드인 가정이 증가하고 있다는 사실에 불안을 느꼈다. 사실 다윈이 부주의하고 불결하고 어떤 포부도 없는 아일랜드인들이라고 비열하게 언급했던 배경에는 바로 이러한 현실이 놓여 있었다. 다른 많은 이들은 1850년에 잉글랜드에서 가톨릭의 위계가 다시 확립된 것을 우려했다. 마찬가지로 미국인들은 아일랜드와 남유럽에서 오는 이민자들이 크게 증가한 것을 보고 불안해했으며 '로마냐 고향이냐'라는 공포를 촉발했고 이는 1960년대까지 지속된다. 과학자들의 자유를 포함하지만 거기에만 제한되지 않는 지적 자유는, 많은 이들이 생각하기에 치명적인 위협을 받고 있었다.

하지만 실제로 그러했는지는 다소 미심쩍다. 교황의 후원이 사라지고, 예수회가 해산되었으며, 프랑스의 필로조프들과 대혁명에 대한 반동이 일어난 결과, 한때 풍요로웠던 가톨릭 나라들의 과학적 전통은 활기를 잃었다. 하지만 그렇다고 이들 나라가 모두 과학의 불모지가 된 것도 아니고, 감옥이 된 것은 더더욱 아니었다. 1839년에 다시 설치된 바티칸 천문대는 교황 비오 9세 치하에서 번성했다. 비오 9세는 치세 초기에, 한때 갈릴레오가 회원으로 있던 린체이 아카데미를 모델로 삼아 '교황청립 신新 린체이 아카데미아'를 설립했다. 태양중심설을 옹호하는 다른 모든 저작과 마찬가지로 갈릴레오의 저서들도 오래전에 금서 목록에서 제외되었으며, 여전히 가톨릭 대학들(과 수도원들)은 선구적인 과학적 연구 성과를 가르칠 때도 있었다. 대표적인 예가 바로 아우구스티노회 수사였던 그레고르 멘델의 연구였다. 그는 꾸준히 텃밭에서 실험을 진행해 유전학의 토대를 마련했다. 《오류목록》과 제1차 바티칸 공의회가 심각한 지적 억압을 의미하는 듯 보였지만, 과학적으로 말하자면 이 시기는 역설적이게도 느리지만 꾸준한 해빙기였다.

그럼에도 19세기의 마지막 몇십 년 동안 과학자들과 과학사학자들의 눈앞에 어른거리는 것은 지성을 억압하는 《오류목록》의 가톨리시즘이었다. 헉슬리에 관한 한, 진화론의 장점 중 하나는 "인류의 최고 지성·도덕·사회생활을 억압하는 강력하고도 일관된 적인 가톨릭 교회에 완전하고도 단호하게 대립"한다는 데 있었다.[56] 헉슬리는 가톨릭 생물학자인 성 조지 잭슨 마이바트●가 진화론과 창조론을 화해시키려던 것과 같은 시도를 터무니없는 짓으로 비웃고, '신학과 과

● 옥스퍼드대학에서 공부했으나 10대 말이었던 1845년에 가톨릭으로 개종하면서 자동으로 퇴학을 당한 뒤, 가톨릭 교육기관으로 옮겨 생물학을 공부했고, 1867년에는 왕립학회 회원이 되었다. 본래는 자연선택의 신봉자였으나 이후에 이를 열렬히 비판한 것으로 유명하다. 이후에 진화론과 교회의 교리를 조화시키려 노력했으나 다윈과 교회 양쪽으로부터 모두 비난받았다.

학' 사이의 반목은 교황의 무류성 개념에서 드러났듯이 "권위가 당신에게 그것이 참이라고 하기 때문에(혹은 어쩌면 '당신이 믿고 싶기 때문에') 한 명제에 대한 믿음"이 수반된다는 불가피한 사실에 그 뿌리가 있다고 대담하게 언명했다.⁵⁷

틴들의 호전적인 연설 뒤에도 비슷한 패턴이 있었다. 헉슬리처럼 틴들 또한 칼라일의 무신학적 종교atheological religion에 깊은 인상을 받은 바 있었다. 실제로 그는 회장 연설의 마지막 부분에서 칼라일에게 헌사를 바쳤다. 헉슬리처럼 틴들도 궁극적으로는 어떠한 "무신론적 추론"도 "인간의 마음에서 종교를 몰아낼" 수는 없다고 믿었다. 왜냐면 종교는 "교리의 힘과 도움으로" 사는 것이 아니라 "인간 본성 안에 깊이 박혀 있는" 것이기 때문이다.⁵⁸ 그리고 헉슬리처럼 틴들도 종교가 여전히 해야 할 역할이 있다고 생각했다. 물론 지식의 영역이 아니라 "감정의 영역"에서 해야 할 역할이었다. 그것도 오직 "자유로운 사고에 의해 인도될" 때만 행해질 수 있는 것이었다. 하지만 헉슬리처럼 (그가 물려받은 아일랜드의 유산을 고려하면 더더욱) 틴들도 가톨리시즘의 다양한 지적·사회적·정치적 형태에서 가톨리시즘에 적대적이었다. 그의 벨파스트 연설이 있기 얼마 전에 아일랜드의 주교들은 가톨릭 대학의 교과과정에 물상과학을 포함시키려던 계획을 폐기했다. 이는 틴들과 헉슬리와 정말로 X클럽이 비난하는 반동적이고 반과학적인 종교의 편협성을 보여주는 최악의 실례였다.

이러한 호전성을 단순하고 편협하게 반가톨릭적인 호전성으로 본다거나, 아니면 아예 뭐든지 반대하기 위한 호전성으로 본다면 그것은 오해다. 헉슬리와 그의 동료들은 자연주의를 지지했다. 그들은 지적 자유를 지지했다(물론 여기에는 어느 정도 한계가 있었다. 이를테면 X클럽에서는 성직자들과 아마추어들을 대체해버리고자 했지만, 여성 과학자들도 그들만큼이나 환영하지 않았다). 그리고 그들은 정화되고 개혁되고 계몽된 종교, 과학에 근거하고 위계나 교리, 혹은 하나 더 추가하자면, 실체에 방해받지 않는 종교를 지지했다. 버니 라이트먼이 생각하기에, "과학적 자연주의자들은 단지 과학 이론과 기관들의 개혁만을 목표로 삼지 않았다. 그들은 영국의 문화 전체를 바꾸는 데 관심이 있었다."[59] X클럽의 회원들(과 그들이 옹호한 접근방식)이 17세기 초에 아리스토텔레스와 스콜라 학자들을 힘차게 묻어버린 개혁교회 프로테스탄트들과 비슷하게 보였다는 것은 우연이 아니었다. 헉슬리는 〈과학의 진보The Progress of Science〉라는 에세이에서, 그들 시대의 참된 부흥은 오직 물상 과학으로만 설명될 수 있으며, 이는 "사람들이 점차 입증 불가능한 가설들을 제쳐두고, 입증 가능한 가설들로 관찰과 실험을 인도하는 법을 배웠다는 사실에서 기인한다"라고 설명했다. 프랜시스 베이컨이 한 말이라고도 할 수 있었을 것이다.[60]

이는 또한 드레이퍼와 화이트의 역사서들에 깔려 있는 테마이기도 했다. 사실 제임스 운구레아누가 최근에 보여주었듯이, "드레이퍼와 화이트에게서 발견되는 서사의 대부분은 여러 세기에 걸친 프로테스탄트 그리스도교 논쟁에서 끌어온 것이었다."[61] 두 사람 모두 자기만의 속내가 있었다. 드레이퍼의 아버지는 원래 가톨릭 신자였다가 개종해 웨슬리교파의 감리교 목사가 되었다. 아들은 아버지로부터 로마에 대한 반감을 물려받았다. 자신의 역사서 앞부분에서 드레이퍼는 자기가 "프로테스탄트 교회와 그리스 교회라는 두 위대한 그리스도교 교파에 관해서는 별로 할 말이 없을" 것이라고 썼다. 그는 두 교파가 "어느 지역에서 왔든 상관없이, 진리에 대해 경건한 태도를 견지했다"라고 다소 희망적으로 기술했다.[62] 하지만 이들과 비교하면, 로마 가톨릭은 드레이퍼에겐 과학의 정반대가 되었다. 그는 서문에서 다음과 같이 썼다.

과학은 (…) 민간 권력과 동맹을 맺으려 한 적이 없었다. 과학은 어떤 인간에게도 증오를 분출하거나 사회적 위해를 가한 적이 없었다. 과학은 자신의 생각을 주장하거나 홍보하려는 목적에서 누군가를 정신적 고통, 육체적 고문, 특히 죽음을 당하게 한 적이 없다. 과학은 학대나 범죄에 더럽혀지지 않은 모습으로 자신을 드러낸다. 그러나 바티칸에서는 (우리는 그저 종교재판을 상기하기만 하면 된다) 가장 자비로우신 분께 호소하기 위해 높이 들린 그 두 손이 이제 진홍빛으로 물들었다. 피에 흠뻑 젖었다![63]

과학과 사회는 가톨릭의 잔혹한 족쇄로부터 해방되기 위한 또 한 번의 종교개혁을 필요로 했다. 화이트는 드레이퍼보다 덜 히스테릭했지만, 정통 교리 일반을 혐오할 이유는 더 많았다. 그는 코넬대학을 어떤 교파와도 관련 없는 교육기관으로 설립하려 했기 때문에 성직자들로부터 지속적인 비판을 받았었다. 화이트의 전쟁은 드레이퍼의 전쟁처럼 과학과 가톨리시즘 사이의 전쟁이라기보다 과학과 '독단적인 신학' 사이의 전쟁이었다. 드레이퍼가 옛 종교개혁을 모델로 하는 새로운 종교개혁을 원했던 반면, 화이트는 도덕적 양심과 정서

에 기초한 순수하고 때 묻지 않은 종교의 성장이 가능한 소문자 종교 개혁을 추구했다.[64]

19세기 말의 종교에 반대하는 과학적 논쟁 모두가 이런 식으로 설명될 수 있는 것은 아니다. 예를 들어 이슬람에 대한 르낭의 공격은 분명히 그리스도교에 관한 것이 아니다. 사실 어떤 면에서는 종교에 관한 것도 아니었다. 르낭은 자신이 본 것과 같은, 이슬람이 지적 자유에 끼친 해로운 영향에 관해 전혀 착각하지 않았다. 하지만 이 모두에는 그가 주장한 대로 인종적인 측면이 있었다. "이슬람이 아랍 인종의 손안에 남아 있는 한 (…) 세속적 성격의 어떠한 지적 움직임도 그 안에서 발전하지 못했다." 여기에서도 종교개혁의 함의가 깔려 있다. 르낭은 과학과 철학이 오직 무슬림 역사의 초기 몇 세기 동안에만 활발하게 유지될 수 있었던 것은, 주류 이슬람보다 덜 광신적이고 덜 조직적인, 일종의 프로테스탄티즘(이른바 무타잘리즘이라고 하는)으로 완화되어 있었기 때문이라고 주장했다. 심지어 9세기 바그다드에서도 과학이 생존한 것은 종교개혁 덕분이었다.

그러므로 헉슬리, 드레이퍼, 화이트, 르낭 등이 설파한 과학과 종교 사이의 전쟁은 여러 면에서 종교의 전쟁들에서 일어난 마지막 경련 같은 것이었다. 과학(혹은 과학의 한 버전)은 독단적인 종교(주로 가톨릭)의 여전히 꿈틀거리는 몸통에 꽂힌 단검이었다.

그러나 진짜 피해자는 종교나 심지어 가톨리시즘이 아니라 역사였다. 복잡하고 다채롭고 모호하며 절망적으로 얽혀 있는 과학과 종교의 역사들이 획일적인 충돌의 단일한 서사로 축소되었다. 이슬람 과학의 걸출했던 세기들은 착각이 되고, 그 기다란 꼬리는 떨쳐졌다.

중세는 미신의 시대로 축소되었다. 코페르니쿠스의 혁명은 성직자들의 몽매주의에 맞선 저항으로, 브루노는 과학의 순교자로 일축되었다. 과학혁명의 복잡한 신학적 토대들은 무시되고, 종파주의에 대한 왕립학회의 반감은 노골적인 비종교성으로 변환되었다. 위대한 갈릴레오는 과학의 아이콘으로, 그의 재판은 선과 악의 우주적 전쟁으로, 그리고 그의 마지막 가택연금은, 250년 전에 밀턴이 말했듯, "[가톨릭 신자들 사이에서] 학문이 놓이게 된 굴종적 처지"에 대한 하나의 증언으로 변모했다.

4부

과학과 종교의
계속되는
얽힌 역사들

14장

세기의 재판

'스코프스 원숭이 재판'이 절정에 이른 마지막 날에 미국 테네시주 데이턴의 법원 잔디밭에서 클래런스 대로(오른쪽에 서 있는 인물)가 윌리엄 제닝스 브라이언(맞은편에 앉아 있는 인물)을 반대 심문하고 있다. 브라이언은 일주일 뒤에 사망한다. 어떤 이들은 이 재판에서 받은 스트레스 때문이었다고 주장했다. 대로는 그런 주장을 받아들이지 않았다. "상심해서가 아닙니다. 배가 아파서 죽은 겁니다."

'그들이야말로 진짜 기생충이다' ─ 스코프스 이전의 미국

1925년 여름, 테네시주 데이턴에서 열린 스코프스 '원숭이' 재판은 언론에서 크게 주목받게 된다. 그리고 진화라는 이슈는 (미국의) 과학과 종교 이야기에서 상징적인 지위를 얻게 된다. 하지만 1900년이 될 때까지 미국에서 진화론은 그렇게 큰 문제가 아니었다.

진화론의 수용 과정은 조금 시간이 걸렸고, 일정하지도 않았다. 1874년에 프린스턴대학의 영향력 있는 신학자 찰스 호지가 다윈주의는 "무신론[이고] 성경과 전혀 부합하지 않는다"라고 썼지만, 그의 의견이나 그 퉁명스러움 모두 당대에 전형적이었던 것은 아니었다.[1] 19세기 말 대부분의 주류 교회 지도자들은 사실상 종교적 과학자이기도 했으므로, 진화론과 행복한 조화를 이루고 있었다. 하지만 복음주의 목사들은 더 적대적이었고, 판단이 가능한 한에서 보통의 신자들은 덜 수용적이었다. 임박한 예수의 재림에 대한 기대에 근거를 둔 천년왕국주의자들은 역사의 다른 쪽 끝에서 일어날 일에 대한 두려움 때문에 특별히 저항적이었으며, 〈창세기〉를 비유적으로 독해할 생각이 없었다.

그럼에도 진화론이 얼마나 많은 저항을 촉발했든, 진화론 거부는 오직 소수가 캠페인을 벌이는 이슈였을 뿐이다. 여기에는 종교적인 이유만큼이나 과학적인 이유도 있었다. 생물학자들이 다윈의 자연선택 이론을 수정하고 한정하기로 하면서 19세기 말에 이르면 다윈은 빛을 잃었다. 생물학자들이 그렇게 한 데는 일관된 이유들이 있었다. 다윈이 주장했던 유전의 기제를 발견한 사람이 아직 아무도 없었다. 1900년에야 그레고르 멘델의 저술에서 (재)발견되는 유전자에 대한 지식이 아직 없었기 때문에 돌연변이가 어떻게 여러 세대를 거듭하면서도 약화되어 사라지지 않는지를 이해할 수 없었다. 지구의 나이에 관한 윌리엄 톰슨의 주장에 설득력 있는 대안도 아직 찾아내지 못했다. 화석 기록은 절망적일 만큼 불완전하고 모호한 채로 남아 있었다. 대륙이동설이 확립되기 이전에는 화석의 분포에 일정한 패턴도 거의 없는 듯 보였다. 무엇보다도 무작위적인 자연선택의 본질은, 어떤 이들이 거기에 두려고 했던 형이상학적 무게는 말할 것도 없고 생물학적인 무게도 감당할 수 없는 듯 보였다. 과학자들은 점차 라마르크의 진화론, 일종의 관리된 진화론을 제안했고, 이런 진화론은 신과 화해하기가 더 쉬워 보였다.

다윈의 친구이자 서신 교환의 상대였던 아사 그레이도 이러한 타협안에 도달했었다. 그레이는 선도적인 식물학자였으며, 미국에서 가장 먼저 다윈의 이론을 옹호한 핵심적인 인물이었다. 그는 또한 경건한 장로교 신자였으며, 다윈과 주고받은 편지는 두 사람이 그토록 자의적으로 보이는 생명의 기제가 갖는 신학적 함의를 가지고 씨름했음을 보여준다. 다윈이 그레이의 유신론적 진화론을 납득할 수 없었듯이, 복음주의자들도 마찬가지였다. 하지만 그레이와 같은 수준의 종교적 과학자들이 진화론과 그들의 신앙을 절충할 수 있었다는 사실 자체는 존경받을 만했다.

그 결과는 많은 이들이 회유하는 주장들을 해댔고 결국 어떤 사회적 협정에 이르렀다. 어떤 이들은 교묘하게 〈창세기〉를 독해했다. 근본주의자들이 가장 존중하는 성경 안내서가 되는 스코필드 주석 성경은 조심스럽게 간격창조론을 지지했다. 다른 이들은 진화의 과정에서 어떤 특별한 신의 인도가 있었음을 추적할 수 있다고 주장함으로써 진화가 사실이라고 인정했다. 또 다른 이들은 진화론을 받아들이되 인간에 대해서는 확실한 선을 그었다.[2] 진화는 위협적인 것이라기보다 성가신 것이었다.

1860년 잉글랜드에서 《에세이와 리뷰》가 《종의 기원》을 가렸듯이, 종교적 감수성에 활기를 불어넣은 것은 진화론이 아니라 신학적 자유주의였으며, 20세기에 반反진화론의 동의어가 되는 운동의 촉매제가 되는 것 또한 신학적 자유주의였다. 근본주의는 1910년부터 출간된 일련의 에세이에서 기원했다. 주도적 복음주의자들은 자기들 집안을 정돈하고 자유주의의 위협에 맞서 '근본들'을 제시했다. 성경 비평이 이들의 진짜 적이었고 성경에 대한 신뢰성이 그 목표였다.

진화는 이 일련의 에세이에서 그렇게 큰 관심사가 아니었다. 전체 90편의 에세이 중 단 두 편만이 정면으로 진화를 논하고 있을 뿐이었다. 몇몇 저자들은 다윈주의를 종교적 의심의 원인으로 이해했지만 대부분은 이 이론에 무관심했고, 많은 저자들은 공공연하게 긍정적인 태도를 보였다. 프린스턴대학의 신학 교수인 벤저민 워필드는 자신을 "가장 순수한 물의 다윈주의자"로 묘사했다. 반면에 회중

교회Congregational Church● 목사이며 아마추어 지질학자인 조지 프레더릭 라이트는 〈창세기〉의 목적이 과학을 가르치는 것이 아니라 다신론을 약화시키기 위한 것이라고 주장했다.³ 20세기 후반에 일어나는 일을 고려하면 기이하게도, 당시에 진화론은 주류 목사나 근본주의자들에게도 적기赤旗가 아니었다.

하지만 휴전은 쉽지 않은 일이었다. 그리고 1910년대에는 여러 이유로 휴전 상태가 흔들리기 시작했다. 그중 하나는 과학에 관련된 것이었다. 몇 년 차이로 유전학과 방사능이 발견되면서 자연선택의 신빙성이 높아졌다. 다윈의 이론은 이제 현실에서 실행되는 데 필수적인 방법과 시간을 갖추게 되었고, 생물학자들은 라마르크의 부가물이나 유신론적 첨가물을 떼어버릴 수 있었다. 1915년의 진화론은 이제 1885년의 진화론보다 훨씬 더 무신론적인 느낌이 났다.

두 번째 이유는 교육에 관련된 것이었다. 같은 시기에 다윈주의의 논의는 학계에서 더 폭넓은 대중적 토론으로 이동했으며, 그다음엔 학교 교과과정으로 넘어갔다. 스코프스 재판의 계기가 되는 G. W. 헌터가 쓴 《시민 생물학A Civic Biology》 같은 교과서는 어떤 변명이나 단서 없이 인간을 포함한 생물의 진화를 가르쳤다. 동의 능력이 있는 성인들이 진화의 근거와 함의를 토론하는 것과 아이들에게 진화를 확실한 진리로 가르치는 것은 별개의 일이었다. 특히 교과서를 구입하는 책임을 대체로 학교보다 부모들이 맡을 때는 더욱 그랬다.

● 조합교회라고도 한다. 프로테스탄트 개혁교회의 분파로 16세기 영국에서 성립된 이후 미국으로 건너와 뉴잉글랜드를 중심으로 발전해 오늘날 미국 최대 개신교 교단이 되었다.

헌터의 교과서는 세 번째 문제를 보여주었다. 사실 요지부동의 근본주의든 진화론을 지지하는 무신론자든 누구도 다윈주의가 '순전한' 생물학이라고 생각하지 않았다. 생명의 경로를 이해하는 것은 생명을 통해 경로를 이해한다는 것을 의미했다. 특히 사회가 어떻게 문제들에 대처해야 하는지를 이해하는 것이다. 헌터는 유전과 변이를 다루는 장에서 성적 문란, 알코올 중독, 뇌전증, 정신박약, 그밖에 다른 사회 문제들이 어떻게 근본적으로 생물학적 문제인지를 설명했다.

위에서 묘사한 것과 같은 수백 가구의 가정들이 오늘날에 존재하면서 질병, 부도덕, 범죄를 이 나라의 모든 지역으로 퍼뜨리고 있다. 그러한 가정들 때문에 사회가 치러야 하는 비용은 상당하다. 어떤 동물이나 식물이 다른 식물이나 동물에 기생하듯이, 이런 가정들은 사회에 기생하게 되었다. 그들은 부패, 절도, 혹은 질병을 통해 다른 이들에게 해를 끼칠 뿐 아니라, 공공 자금으로 국가의 보호와 돌봄을 받는다. 대체로 그들을 위한 구빈원과 수용시설이 존재한다. 그들은 사회로부터 받기만 할 뿐 아무것도 돌려주지 않는다. 그들이야말로 진짜 기생충이다.[4]

스코프스 재판을 보도한 기자들 중에는 날카롭게 비판하기를 잘하는 회의주의적인 저널리스트 H. L. 멘켄도 있었다. 그는 그 재판이 진행된 데이턴이라는 곳에 와 보고 기분 좋게 놀랐다고 썼다. 그가 기대한 것은 "흑인들이 동네를 돌아다니고, 돼지들이 집 주변을 파헤치며 먹을 것을 찾고, 주민들 사이에선 회충과 말라리아가 들끓는, 미국 남부의 지저분한 촌락"이었다.[5] 알코올 중독자와 뇌전증 환자만 사회에 기생하는 것은 아니었던 것 같다.

《시민 생물학》은 1910년대부터 진화론이 종교적 이슈로 갑자기 등장하게 된 네 번째 이유를 잘 보여주었다. 생물학이 사회 문제를 재정의했다면, 그 '치료'도 제안했다. 헌터의 교과서에도 '치료'라는 제목이 붙은 섹션이 있었다.

그런 사람들이 하등동물이라면, 아마도 우리는 그들을 죽여 없앰으로써 그들이 확산되는 것을 막을 수 있을 것이다. 인류는 이를 허락하지 않을 것이다. 그러나 우리에게는, 수용시설이나 다른 장소들에서 성별을 분리하고, 여러 다양한 방식으로 통혼을 금지해 그러한 하등의 퇴보한 인종이 영속화될 가능성을 차단하는 치료책이 있다. 이런 종류의 치료책은 유럽에서 성공적으로 시도되었으며, 이제는 우리 나라에서 성공을 거두고 있다.[6]

더 가난하고 교육수준이 낮은 배경 출신이 과도하게 많았지만, 근본주의자들은 여전히 사회적 다윈주의와 우생학과 그리스도교 윤리의 차이를 구분할 수 있었다. 〈창세기〉를 지질학에 끼워 맞추려 하는 것은 산상설교를 적자생존과 조화시키려는 것이나 마찬가지였다.

다섯 번째 이유는 이 도덕과 사회 문제들을 국제적인 시각에서 발견했다. 이 국제적인 시각은 근본주의자들의 천적인 '고등' 성서 비평의 원천지, 곧 독일에서 왜곡되고 있었다. 1917년이 되어서야 하나의 민족nation으로 참여하게 되긴 했지만, 미국인들은 세계대전을 면밀하게 지켜보았고 독일의 공격이 다윈주의적 관념들에 근거했다는 생각에 특별히 주목했다. 벤저민 키드가 전쟁 전에 집필했으나 전쟁 중에 개정해 전쟁 후에 출간한《힘의 과학Science of Power》은 진화론, 특히 다윈의 독일인 제자 에른스트 헤켈의 진화론과 독일 군사주의의 연결고리를 추적했다. 이보다 더 영향력이 컸던 버넌 켈로그의《헤드쿼터스 나이츠Headquarters Nights》는 이 연결고리에 대한 직접적 증거를 제시했다. 본래 평화주의자였던 켈로그는 전쟁 중 브뤼셀에 주재하면서 독일 장교들과 많은 대화를 나눴는데, 그들은 다윈주의의 생존투쟁 개념이 그들의 호전성을 정당화하는 데 큰 역할을 했다고 밝혔다. 켈로그는 평화주의를 포기했다. 이어서 그가 내놓은 책은 널리 읽혔다.

이렇게 진화론이 (어떤) 미국인 그리스도인들에게 곤란한 문제였다가 구체적인 문제로 나타난 것은 과학, 교육, 사회, 도덕, 국제 정세가 모두 원인으로 작용한 결과였다. 하지만 이들 원인이 모두 중요하긴 했어도, 여섯 번째 이유에 비하면 하찮게 느껴질 정도다.

'재판을 받는 것은 문명이다' ― 데이턴으로 가는 길

윌리엄 제닝스 브라이언은 인민주의자였다. 1860년에 태어난 그는 19세기 말 미국의 선도적 진보 정치인이었다. 명석한 연설가였으며, 대통령은 되지 못했지만 세 차례나 민주당 대통령 후보로 선출되었고, 1890년대에 단명한 인민당의 지도자였다.

브라이언은 필수적으로 인민의 사람은 아니었으나(그의 부모는 부자였다) 상당히 인민을 위한 사람이었다. 낙천적이고, 개혁적이고, 헌신적이고, 카리스마가 있던 그는 보통 사람을 위해 싸웠다. 그는 고삐 풀린 자본의 시대에 노동자들에 대한 보호를 요구하는 노동조합을 위해, 농산물 관세로 빈곤해진 그의 고향 네브래스카주 농민들을 위해, 디플레이션 정책으로 타격을 입은 수백만 미국인 채무자들을 위해 싸웠다. 1896년 민주당 전당대회에서 "인류를 황금 십자가에 매달지 말라"는 유명한 선언을 통해 금본위제에 반대하는 캠페인을 벌였던 것도 모두 이들을 위해서였다. 그는 주류 판매의 오용 문제를 다루었고, 1898년 미국-스페인 전쟁 이후 미국의 제국주의에 맞서 목소리를 높였으며, 세계대전 중 미국의 정책에 반대해 우드로 윌슨 정부에서 물러났다. 그는 '위대한 보통 사람'으로 알려졌고, 그 역시 이 별칭을 무척 좋아했다.

브라이언은 진화와 관련해 같은 종교 신자들과 보조를 맞췄다. 그는 절대 진화론을 믿지 않았지만, 그에게 진화론은 싸워야 할 쟁점 사안이 아니었다. 그는 1904년 한 종교 모임에서 연설하면서 이렇게 말했다. "나는 어떤 사람들이 그러는 것처럼 진화론을 진리로 여기지 않습니다. 하지만 여러분이 진화론을 받아들이길 원한다고 해서 그것이 잘못이라고 트집 잡을 생각은 없습니다."[7] 그는 진화론을 지지할 준비가 되어 있었다. "식물과 동물에서 진화는 (…) 어쩌면 (…) 인정될 수 있을 것이다." 다만 "입증"될 필요가 있으며, "가장 고등한 형태의 동물에게까지만" 적용될 수 있다는 다소 커다란 경고가 붙어야 했다.[8] 여기서 '동물'이 인간을 의미하지 않음은 분명하다.

그가 대변해 싸우던 평범한 시골 사람들과 마찬가지로, 브라이언이 우려한 것은 진화론이 도덕성에 미칠 영향이었다. "우리의 주된 관심사는 짐승을 조상으로 받아들이는 데 수반되는 도덕적 타락으로부터 인간을 보호하는 것이다."[9] 그에게 진화론이란 궁극적으로는 옳을 수도 있는 교의의 동의어였다. 그것은 그리스도의 법을 포기하고 정글의 법을 따르는 것을 의미했다. 그는 자신의 연설에 몰두해 있는 청중을 향해 이렇게 묻곤 했다. "교사가 학생들에게 그들이 원숭이에게서 왔다고 가르치면서 어떻게 학생들이 작은 원숭이처럼 행동하지 않을 거라고 생각할 수 있겠습니까?"[10]

이미 세계대전에서 독일이 미국을 공격하면서 곤란한 입장에 처한 브라이언은 미국에서 점점 더 강력해지고 있는 우생학 운동뿐 아니라 버넌 켈로그의 책 때문에 깊이 고민하게 되었다. 1907년 인디애나주에서 가장 먼저 강제불임수술법을 통과시켰고 열두 개 주에서 그 뒤를 따랐다. 범죄자, 알코올 중독자, 문란한 여성, '저능아', '정박아'(지능에 관한 '과학적' 정의들)는 물론이고 수많은 빈민, 실업자, 장애인, 흑인을 불임으로 만들었다. 이런 움직임에 저항하는 주들도 있었다. 테네시주에서는 같은 법안이 제안되었지만 통과되지 않았다. 하지만 30년이나 연방대법원 판사를 지냈던 그 위대한 올리버 웬들 홈스는 자신의 시대를 대변해 말했다. 스코프스 재판이 열리고 2년 뒤에 있었던 "정신적으로 결함이 있는" 캐리 벅의 강제불임수술 사건을 판결하면서 "정박아 3대면 족하다"라고 선언했다.

브라이언은 제국주의와 우생학을 부도덕 및 불신앙과 더불어 다윈의 이론에서 열린 쓰디쓴 열매로 보았다. 1916년 심리학자 제임스

H. 루바가 실시한 조사는 대학 졸업자들 중에 여전히 그리스도인으로 남아 있는 경우가 얼마나 적은지를 보여주었다. 브라이언은 걱정하며 통탄했다. "사람이 학교에서 그 모든 배움을 얻고도 하느님에 대한 믿음을 잃으면 무슨 소용이 있겠습니까?"[11]● 미국은 그리스도에게서 멀어지는 넓은 길에 들어섰다. 비난받아야 할 것은 다윈이었다. 브라이언은 자신의 양 떼를 구원하려 했다.

1921년부터 그는 다윈주의에 반대하는 목소리를 내기 시작했다. 뛰어난 언변과 자신에 대한 대중의 신뢰를 이용해 이 모든 악의 뿌리에 맞섰다. 그의 권위는 민중에게서 나왔다. 그는 이렇게 선언했다. "인간을 믿으십시오. 인간은 신뢰받을 자격이 있습니다."[12] 그리고 바로 그것이 그 나름의 방식으로 그의 대의가 되었다. "인간은 무한하게 과학 그 이상의 존재입니다." 그는 선포했다. "안식일만이 아니라 과학 또한 인간을 위해 만들어진 것입니다."[13] 1년 안에 남부 전역의 근본주의 지도자들이 학교에서 진화론을 가르치지 못하게 할 것을 요구했다. 교사들은 학부모가 허용할 수 있다고 판단하는 것을 가르쳐야 하며, 거기에 진화론이나 진화론적 우생학은 포함되지 않는다는 것이었다. 1922년 켄터키주 입법부는 진화론 금지안을 가까스로 부결했지만, 그 결과가 다른 주들까지 단념시키지는 못했다. 1925년 초에 테네시주는 위반 시 500달러의 벌금을 물리는 진화론 금지법을 통과시켰다. 브라이언은 이 법에 찬성했지만, 벌금을 물리

● "사람이 온 세상을 얻고도 제 목숨을 잃으면 무슨 소용이 있겠느냐?"(《마르코복음》 8장 36절)라는 예수의 말을 바꾸어 표현한 것이다.

는 데는 동의하지 않았다. 그것이 적들을 순교자로 만들 수 있다고 생각했기 때문이다.

이 결정으로 여론은 둘로 쪼개졌다. 근본주의자들은 더욱 기운이 솟았고, 주류 목사들을 포함한 반대자들은 갈릴레오의 울부짖음을 쏟아냈다. "우리는 (…) 우리 학교에서 과학을 가르쳐야 하며, 이는 과학자들이 해야 할 일입니다"라고 멤피스의 한 목사는 선언했다. "사제도, 예언자도, 사도도, 심지어 우리 주님도 우리의 자연과학 지식에 조금도 기여하지 않았습니다."[14] 이러한 행동은 나라 전역에서 더 큰 조롱을 불러일으켰고, 이에 자극을 받은 미국시민자유연맹 (ACLU)은 비록 창립 5년밖에 되지 않아서 법적 경험도 거의 없고 성공을 거둔 일은 더 적었음에도, 테네시주의 법률을 어겨서 기소당한 사람은 누구든 변호해주겠다고 광고했다. 상업적 기회는 말할 것도 없고, 중요한 지적·교육적·법률적 원칙이 위태로운 상황이었다.

데이턴은 테네시주의 소읍이었다. 역사도 짧고 이렇다 할 산업도 없었다. 인구는 1890년대에 3000명에 이르렀지만 재판이 열릴 당시에는 1800명 정도로 줄어 있었다. 그 지역에서 운영되던 컴벌랜드석탄철광회사의 매니저였던 조지 래플라이아는 이 법률을 싫어했지만 어떤 가능성의 냄새를 맡고 지역 경제를 살리기 위해 진화론 재판을 데이턴에서 열도록 지역 고위 관리들을 설득했다. 모두가 수긍하지는 않았다. 어떤 이들은 재판이 이 소읍과 전체 주를 욕되게 할 것이라고 생각했다. 그럼에도 전국의(어쩌면 세계의) 미디어에 보도되어 세간의 구경거리가 될 이 재판이 가져올 가능성이 너무 매력적이어서 반대할 수는 없었다. 래플라이아는 H. G. 웰스*에게 편지를 보내 변호인과 진화론의 편에서 이 재판을 소개해달라고 부탁했다. 웰스는 정중하게 거절했다. 이 소읍의 시민협회는 재판흥행위원회를 꾸려 언론과 방청객을 위한 숙박시설을 마련했다. 데이턴은 방문객들을 맞을 준비를 마쳤다.

그들은 법률을 시험해볼 사람으로 존 T. 스코프스를 선택했다. 그는 데이턴에 있는 레아카운티 하이스쿨의 풋볼 코치이자 과학과장이었다. 생물학을 가르치지는 않았지만 수학과 물리학을 가르쳤다. 그는 젊고 협동적이며 호감을 주는 인물이었지만 데이턴에 깊은 뿌리가 있었던 것은 아니다. 그는 지금 문제가 되는 특정 법률을 실제로 어기지 않았더라도, 유죄 판결을 받을 수밖에 없는 현실을 개의치 않았다. 사실 그는 자신의 재판에서 주변에 모여든 사람들과 단체들과 사회 세력들에 가려진 유령이었다.

스코프스는 금지된 이론을 가르쳤음을 인정했다. 그러자 래플라이아는 지역의 치안판사에게 경보를 울렸고, 치안판사는 이 교사에 대한 '체포'영장을 발부했다. 그리고 미국시민자유연맹에 전보를 보내고 지역 언론에 경보를 울렸다. 언론의 보도 차량이 움직이기 시작했다. 미국시민자유연맹의 계획은 학문의 자유에 관한 판례 사건을 다루어보는 것이었으나 곧 계획은 본래 궤도에서 탈선했다. 지역 검사들은 이 사건이 불러일으킬 파장이 두려워서 세계그리스도교근본주의협회(WCFA)의 지원을 받아 브라이언을 자기 팀에 초대했다.

• 영국의 생물학자이자 소설가. 《타임머신》, 《우주전쟁》 등을 집필했으며, 진화론적 입장에서 자연사와 문명사를 아우르는 대작 《역사개요(The Outline of history)》(1920)를 썼다.

1880년대 이후로 실제 법률가로 활동하지 않았음에도 브라이언은 이 초대를 수락했고, 이에 클래런스 대로가 스코프스를 변호하겠다고 나섰다. 대로는 여러 면에서 브라이언과 비슷했다. 황소처럼 완강했고, 1등급 연사였으며, 노동자들의 권리를 정력적으로 옹호했고, 대통령 후보는 아니었으나 민주당의 하원의원 후보였다(심지어 그는 1896년에 브라이언을 지지하는 선거운동에 참여했다). 하지만 그는 매우 다르기도 했다. 명석한 형사범죄 법률가였던 대로는 아무런 동기 없이 열네 살 소년을 납치 살해해 사형을 구형받은 네이선 레오폴드를 변호해 재판에서 이긴 것으로 전국적인 명성(과 오명)을 얻었다. 대로의 변론은 심리학적 결정론에 대한 그의 믿음에 근거했으며, 그는 인간의 자유의지를 그저 환상으로 치부하는 것으로 유명했다.[15] 이는 브라이언이 자신이 맞서 싸우고 있다고 생각한 모든 것을 전형적으로 보여준다. 대로가 진화론을 지지했으며(진화가 인간을 더 온화하고 더 인간적으로 만든다고 믿었다), 그리스도교를 니체가 말한 '노예 종교'로 여겨 경멸했다는 사실도 그러했다.[16]

브라이언과 대로가 가세하자 재판에 불이 붙었다. 존 스코프스가 실제로 테네시주의 법률을 위반했는지 여부는 말할 것도 없고, 학문과 표현의 자유에 관한 문제도 맹렬한 문화전쟁(아직 이 용어가 나오기 전이지만)에 가려졌다. 대로는 언론을 향해 말했다. "사람이 자유로운 사고를 향해 할 수 있는 일에 관한 브라이언 씨의 관념들이 역사가 시작된 이래로 줄곧 존재해왔다면, 우리는 여전히 마녀들을 목매달고 불태우고, 지구가 둥글다고 생각하는 사람들을 처벌하고 있을 것입니다."[17] 브라이언도 받아쳤다. "대로 씨는 무신론자입니다. 나는 그리스도교의 지지자입니다. 그것이 우리 사이의 차이점입니다."[18]

서로 말을 주고받을수록 재판에 걸린 판돈은 더욱 커져만 갔다. 재판 몇 주 전부터 브라이언과 대로는 동료 변호사들과 함께 청중과 언론을 향해 연설했다. 마침내 7월 10일 금요일, 재판 첫날이 되자 테네시주와 미국 전역이 광적인 기대로 들떠 있었다. 두 사람의 통렬한 차이에도 불구하고 대로는 브라이언을 대변해 말하기도 했다. 특히 그가 이 소읍에 도착하기 직전에 "재판을 받는 것은 스코프스가 아니라 문명입니다"라고 말했을 때는 실제로 브라이언과 같은 수백만을 대변하여 말한 셈이었다. [19]

'이것은 종교와 과학의 전쟁이다' — 재판

재판이 개시된 날, 재판정은 사람들로 가득 찼다. 500명에 달하는 방청객이 입추의 여지 없이 들어차 있었고, 200명이 넘는 기자와 사진사, 라디오 기술자들(미국의 전국 라디오 방송으로 중계되는 최초의 재판이었다), 그리고 영상 촬영 팀도 자리를 잡고 있었다. 기자들이 데이턴에서 전보로 보낸 단어의 수만 해도 200만 개가 넘었고, 재판 중 일어난 사건들은 일주일 동안 전국 신문들의 1면을 장식했다. 재판정에서는 바깥에 있는 방청객에게 재판 과정을 전달하기 위한 마이크 세 개를 설치할 공간을 확보하려고 배심원석의 위치를 바꾸고, 내부 디자인을 상징이 풍부한 것으로 바꾸었다.

섭씨 38도가 넘는 푹푹 찌는 날이었다. 재판정 천장에 달린 선풍기가 고장 났다. 1860년 옥스퍼드 논쟁에서처럼, 사람들이 기절했는데 그중에는 기소팀에 속한 사람도 한 명 포함되었다. 판사는 재판정 바닥이 무너져 내릴까 봐 계속 불안해했다. 재판 전에 희망차게 추산한 방문객 수가 지나치게 낙관적이었음이 드러났지만, 그럼에도 데이턴은 여전히 축제 분위기를 유지했다. 이 소읍에서는 기념주화까지 만들었다. 가게들은 원숭이 그림들로 장식되었다. 기획력이 뛰어난 어떤 사람은 행인들에게 돈을 받고 침팬지와 함께 사진을 찍어주었다. 길모퉁이에서는 복음 설교자들이 합리주의 연사들과 다툼을 벌이는 통에 경찰이 출동해 강제로 떼어놓아야 했다. 한 신문에서는 이렇게 논평했다. "이 재판의 깊은 의의가 무엇이든, 세계 최고의 괴짜들이 꼬여든 것만은 확실하다."[20]

재판은 이 지역의 근본주의자 목사 카트라이트의 길고도 예리한 기도로 시작되었다. 기도 자체가 앞으로 며칠 동안 부차적인 전쟁터가 되었다. 처음에는 대로가, 그다음에는 테네시주의 근대주의자 목사들이, 그리고 유니테리언 교도들과 유대인들이 재판정에서 기도하는 것에 반대했고, 아니면 적어도 근본주의자들만이 재판정에서 기도할 배타적 권리를 갖는 것에 반대했다. 결국 서로 타협해, 근본주의자들과 근대주의자들이 번갈아 기도하게 되었다.

하지만 전문가 증인들의 결정적 사안을 두고는 어떠한 타협도 불가능했다. 브라이언과 그의 팀은 '지질학자' 조지 맥크레디 프라이스에게 진화론을 반박할 증인이 되어달라고 부탁했다. 프라이스는 근본주의자들을 넘어서는 과학적 권위를 전혀 갖고 있지 않으나 여하튼 잉글랜드에서 강의를 하고 있었다. 그리스도인이든 회의론자든, 다른 어떤 과학자 증인도 기소자 편에 서려고 하지 않았다. 브라이언은 자문을 구했고 "전문가들에 의한 논의를 모두 배제하든가, 아니면 진화라는 주제 자체에 대한 논의를 모두 배제하라"는 권고를 들었다.[21] 십자군 같은 열정이 있었으나, 더 좁고 엄격하게 법률적인 접근법을 택하는 수밖에 없었다.

대로와 변호팀은 정반대 관점을 택했다. 그들은 이 재판이 테네시주의 해당 법률의 내용을 고려하지 않고는 판결될 수 없다고 주장했다. 특히 진화론이 참인지, 그리스도교와 양립할 수 있는지를 고려해야 한다는 것이었다. 그들은 주장의 근거를 쌓아나가기 위해 증인을 요청할(실제로 요청에 응한 과학자는 몇 명밖에 안 되지만) 저명한 과학자들의 이름을 조금씩 언론에 흘렸다. 브라이언은 이 나라의 국민에게는 이미 충분히 많은 '전문가들'이 있었다고 주장하며 반대했다.[22] "테네시주의 부모들에게 무엇이 해로운 것인가를 알려주는 데는 외부의 어떤 전문가도 필요하지 않습니다."[23]

브라이언의 반대는 과학자들에게 적용된 만큼, 실제로는 그 이상으로 신학자들에게도 적용되었다. "왜 이 전문가들이 배심원 중 어떤 이들보다 성경에 대해 더 많이 알아야 하겠습니까?" 기소팀의 한 사람이 이렇게 물었고, 재판정에는 "아멘"이라는 응답이 울려 퍼졌다.[24] 프로테스탄티즘의 근본 자체가 성경 해석의 권위를 신자 개인에게 두고 있으므로, 근본주의자들은 학술적 신학자들의 사제직에 그 권위를 양도하지 않으려 했다. 하지만 브라이언과 기소팀은 한 무리의 전문가 증인들이 진화론과 그리스도교의 양립 가능성을 증언하면 그의 주장을 효과적으로 무너뜨릴 것이라는 사실도 알고 있었다.

만약 진화론과 그리스도교가 양립 가능하다면, 근본주의자들의 반대는 순전히 작고 지역적이고 엉뚱한 주장이 될 터였다. 브라이언은 변호팀에서 "진화를 [종교와] 조화시키는 (…) 이들만을 부를 것"이라고 염려했으며, 그러면 그들은 "진화에 대한 매우 편향된 시각을 제시할" 것이다.[25]

그의 생각이 옳았다. 이 재판에서 직관적 예상을 뒤집는 반전 중하나는 대체로 회의적이고, 대체로 세속적인 변호팀에서 그리스도교를 지지하는 가장 유력하고 설득력 있는 주장을 펼쳤다는 점이다. "우리는 과학과 신학을 공부한 이들의 증언으로써 성경에 제시된 창조 이야기와 진화론을 모두 믿으면서 둘 사이에 어떠한 충돌도 발견하지 못한 사람이 수천만 명이나 있음을 보여드릴 것입니다."[26] 변호팀은 진화론과 구약성경 사이에 긴장이 있음을 인정했지만, "진화론과 그리스도교 사이에는 충돌이 없다"라고 주장했다. 또한 재판 4일차에는 결국 전문가를 증인석에 세우는 데 성공했다. 증인으로 나온 저명한 동물학자 메이너드 멧캐프는 진화론을 설명하고 그 이론의 힘을 증언했으며(그 자신이 평생 주일학교에서 가르쳐온 회중교회의 신자였으므로) 진화론과 그리스도교의 양립 가능성을 인정했다.[27]

증인 선정을 놓고 벌이는 전투는 끈질기게 계속되었다. 실제로 증인 선정 자체가 재판의 유일한 쟁점이 되고 있었고, 때로는 이 드라마 전체를 망칠 위험이 되었다. 위대한 보통 사람의 아들, 윌리엄 제닝스 브라이언 주니어는 많은 증거를 제시하며 이러한 재판에서 전문가 증인의 허용 가능성에 관한 용인된 규칙을 상당히 오랜 시간을 할애해 설명했다. 하지만 그렇다고 사건들의 경로가 바뀌지는 않았다. 왜냐면 이미 이 단계에서는 무엇도 그 경로를 바꾸어놓을 수 없었기 때문이다. 재판은 그 자체의 추동력을 가졌고, 주인공들은 무슨 이야기를 하건 간에 결국엔 그 큰 문제들에 대해 이야기하게 됐다.

재판 이틀째 되는 날 대로는 문제가 된 테네시주 법안의 적법성을 논했다. 그는 이 법이 공립학교에서 특정한 종교의 관점을 확립했다고 주장했다. 하지만 그는 그리스도교가 수백 가지 교파로 쪼개져 있고, 그러한 분열이 세계 전역에 '증오, 전쟁, 잔혹'의 유산을 남겼고, 근본주의가 미국을 가로질러 '편견과 증오'를 퍼뜨리고 있다고 주장했다. 또한 성경은 생물학에 관한 책이 아니고, 가장 지성적인 그리스도인들은 성경에 적힌 엿새 동안의 창조가 터무니없는 이야기로 판명되었더라도 신앙을 포기할 필요는 없다고도 주장했다. 이것은 연극이지 법이 아니었다. 법원은 넋이 나간 듯 몰입해 있었다.

사흘 뒤에는 브라이언이 한 시간에 걸쳐 공연을 펼쳤다. 이론상으로는 명백한 증거 능력에 대해 논했지만, 실제로는 인간의 신성한 본성과 그 신뢰성이라는 평행한 주제들에 단단히 고정되어 있었다. 그는 다소 변덕스러워 보이기는 하지만 감탄하며 듣고 있는 청중을 향해 선포했다. "그리스도인은 인간이 위로부터 왔음을 믿지만, 진화론자는 인간이 아래로부터 왔음이 틀림없다고 믿습니다."[28] 브라이언은 이 사실을 확신했으며, 그 자신이나 다른 평범한 그리스도인이나 그것을 확증하기 위해 신학자가 필요하지 않았다. "하느님 말씀의 한 가지 훌륭한 점은 전문가 없이도 이해할 수 있다는 것입니다."[29]

주연들의 연설 대결은 조연들에게도 영감을 주었다. 더들리 멀론은 이제 거의 소리를 치듯이 목소리를 높여 브라이언에게 응답했다.

"우리는 준비가 되었습니다. 우리는 우리가 진보의 편에 있음을 느낍니다. 우리는 우리가 과학의 편에 있음을 느낍니다. 우리는 우리가 지성의 편에 있음을 느낍니다. 우리는 미국의 근본적 자유의 편에 있음을 느낍니다."[30] 그에 이어서, 이번에는 기소팀의 톰 스튜어트가 여전히 이론상으로는 전문가 증언에 관해 이야기하면서 판을 키웠다. "저들은 이것이 종교와 과학의 전쟁이라고 말합니다. 만약 그렇다면, 나는 위대하신 하느님의 이름으로, 내가 종교의 편에 있음을 공식적으로 밝히겠습니다."[31]

재판은 격렬하고도 흥미진진한 일이었다. 기소팀과 변호팀 양 측은 성이 난 채로 진이 빠져 있었다. 군중은 재판을 한껏 즐겼다. 전국의 신문들은 재판 중 나온 발언들을 빠짐없이 실었다. 2300종에 달하는 미국 내 신문들이 이 재판 과정을 보도했다. 국제적인 관심도 컸다. 《뉴욕 타임스》는 "근래에 있었던 과학과 종교에 관한 가장 큰 논쟁"이라 불렀다.[32] 그러나 이 드라마는 서서히 결말을 향해 가고 있었다. 엿새째인 금요일 아침에 판사 롤스턴은 멧캐프가 혼자 증언해야 하고, 법정에서는 다른 전문가 증언을 듣지는 않되 서면 제출은 받아들이겠다고 결정했다. 이후로 오랜 시간에 걸쳐 학생들이 스코프스가 문제의 그 교과서 내용을 가르쳤다고 증언했다. 사실은 스코프스가 학생들에게 그렇게 답하도록 지도한 것이었다. 하지만 학생들이 진화론에 대해서 거의 아무것도 모른다는 사실이 모두에게 확실해졌다. 초점을 넓힐 수 있는 전문가 증언을 듣지 않기로 함으로써 이제 재판은 거의 끝이 났다. 많은 이들이 판사가 기소 측으로 편향되어 있다고 판단했다. 대로는 판사에게 폭발하듯 화를 냈고, 간신히 모욕죄로 기소되는 일을 피했으나(며칠 뒤에 결국 기소되었다) 그렇게 그 날은 폐정했다. 기자들은 재판 마지막 날은 그저 형식적으로 열린다 는 것을 알고서 데이턴을 떠나기 시작했다.

자신을 위한 주장과 논거를 제시해줄 증인을 부를 수 없게 된 대로 는 주말 동안에 브라이언을 증인석에 세워 기소팀 자체가 증언하게 해야겠다는 발상을 떠올렸다. 변호인 측에서 마지막 묘책을 세웠다 는 소문이 퍼졌고, 월요일 아침이 되자 법정은 사람들로 다시 꽉 찼 다. 과학자 증인들의 서면 증언에서 발췌한 내용을 들은 뒤 롤스턴 판사는 법정을 바깥 잔디밭에 만들어둔 연단 위로 옮길 것을 결정했 다. 실내의 열기가 거의 견딜 수 없는 지경이었을 뿐 아니라, 재판정 바로 아래층 천장에 금이 가고 있다는 얘기가 롤스턴 판사에게 전달 되었기 때문이다. 500명이나 되는 사람들이 재판정을 떠나 이미 바 깥에 있던 2000명의 군중과 합류했다. 이제 대로는 브라이언을 증인 으로 부르겠다고 발표했다. 이러한 선례가 전혀 없었으므로, 기소팀 법률가들은 변칙적 전략의 냄새를 맡고 저항했다. 하지만 브라이언 은 그렇지 않았다. 마침내 자신의 시간이 왔음을 직감하고 그는 증인 석에 섰다.

다음 두 시간 동안 대로는 이 위대한 보통 사람과 그의 축자적 성 경 해석을 조금씩 무너뜨리기 시작했다. 일단 브라이언은 성경의 언 어가 비유적일 수 있음을 인정했다. 그는 예수가 제자들에게 "너희 는 세상의 소금이다"라고 말했을 때, 자기라면 그것이 "정말로 사람 이 소금이라는 뜻이라고 주장하지는" 않을 것이라고 말했다.[33] 성경 은 하느님의 영감으로 기록된 것이지만 "그분은 그 당시에 이해될 수 있는 언어로 말씀하셨을 것입니다."³⁴ 하지만 그는 자신이 성경을 해석할 필요가 있다는 어떠한 함의와도 맞서 싸웠으며(그것은 고등비평, 모더니즘, 유신론적 진화, 영적 죽음으로 향하는 넓은 길이었다) 할 수 있을 때면 언제나, 심지어는 무관심하고 무식하고 때로 어리석어 보이는 것을 감수하고서도 성경 텍스트의 평이한 의미를 고수했다.

"고래가 요나를 삼켰을까요?" 브라이언은 그것이 정말로 큰 물고기였으리라고 믿었다. "그것은 그저 평범한 물고기였을까요, 아니면 바로 그 목적을 위해 만들어진 물고기였을까요?" 성경은 이에 관해 말해주지 않고, 그래서 나 역시 그에 관해 말할 준비가 되어 있지 않습니다. "여호수아가 태양이 멈추도록 만들었을까요?" 나는 성경이 말해주는 바를 믿습니다. "하지만 그렇다면 당신은 태양이 지구 주위를 돈다고 믿는 것입니다." 아니, 그렇지 않습니다. "성경의 저자들은 그렇게 믿었을까요?" 나는 그들이 어떻게 생각했는지 알지 못합니다. "당신은 카인이 어디에서 아내를 취했는지 알아냈습니까?"• 아니, 그렇지 않습니다. 나는 불가지론자들이 그녀를 찾도록 내버려두겠습니다. "그때 지상에 다른 사람들이 있었습니까?" 나는 말할 수 없습니다. "그에 대해 생각해본 적이 있습니까?" 그것이 신경 쓰인 적도 없었습니다. "성경에 기록된 바로는, 그때 다른 사람들은 없었습니다. 그런데 카인은 아내를 얻었습니다." 성경이 그렇게 말하고 있습니다. "다른 많은 오래된 종교들에서도 홍수를 말하

• 성경에 따르면 카인은 아담과 하와가 낳은 아들이다. 카인은 동생 아벨을 살해한 뒤 하느님에게 벌을 받아 떠돌이 신세가 되었으나 아내를 얻고 자식들을 낳았다고 한다. 성경을 축자적으로 이해할 경우 카인의 아내가 어디에서 왔는지 설명할 수 없다.

고 있다는 것을 알고 있습니까?" 아니, 모릅니다. "종교들의 기원에 관한 내용을 읽어본 적이 있습니까?" 많이는 아닙니다. "당신은 하느님께서 하와를 유혹한 뱀을 배로 기어 다니게 만들었다고 믿습니까?" 나는 성경을 있는 그대로 믿습니다. "그렇다면 그전에 뱀은 어떻게 움직였을지 생각해본 적이 있습니까?" 아니, 없습니다. "뱀이 꼬리로 걸었는지 아닌지 알고 있습니까?" 아니, 알지 못합니다.

오후 시간이 흘러가면서 양쪽의 공방은 점점 더 열기를 띠었다. 기소팀에서 여러 번 중간에 끼어들었고, 이의를 제기했다. 하지만 브라이언은 무대에서 내려오기를 거부했다. 브라이언은 대로가 테네시주의 청중을 모욕하고 있으며, 그들을 '촌놈'이라 부르고 있다고 비난했다. 대로는 이를 부인하면서 반격했다. 브라이언이야말로 "전 세계 모든 학자들과 과학자들을, 단지 같은 종교를 믿지 않는다는 이유로 모욕했다."[35] 이제 두 사람은 서로를 향해 소리치고 있었다. 브라이언은 롤스턴 판사를 향해 말했다. "존경하는 판사님, 나는 이 증언을 이렇게 요약할 수 있겠습니다. 대로 씨의 유일한 목적은 성경을 중상하려는 것입니다. (…) 하나의 신도 믿지 않는 이 사람이 테네시주의 법정을 이용하려 하고 있음을 온 세상이 알게 되기를 바랍니다." 대로가 말을 끊고 들어와 "이의 있습니다"라고 외쳤지만 브라이언은 끈질기게 말을 이어갔다. "성경을 중상하는 것은…." 이제 대로는 브라이언을 향해 소리 질렀다. "이의 있습니다. 나는 세상의 어떤 지적인 그리스도인도 믿지 않는 당신의 어리석은 생각들로부터 당신을 구제하고 있는 것입니다." 이 지점에서, 이제 지쳐 보이는 롤스턴 판사는 그날 재판은 중지하고 다음 날 재개하기로 했다.[36]

'과학과 브라이언주의 사이에서' — 재판의 여파

스코프스 재판을 둘러싼 신화는 갈릴레오와 윌버폭스-헉슬리 논쟁에 관한 신화만큼 많고 두터웠다. 특히 두 가지 신화가 세간에 널리 알려졌다. 첫째는 맹렬하게 더웠던 그 월요일에 벌어진 논쟁의 승자는 대로였음이 명백하고도 보편적으로 인정된다는 것이었다. 대로의 냉철한 논리가 브라이언의 근본주의적 무지를 만천하에 드러냈음을 아무도 부인할 수 없었다. 두 번째 신화는 그들의 선도자가 공개적으로 망신을 당한 탓에 미국의 근본주의자들이 조용히 물러나 아픈 상처를 핥으며 하나의 하위문화로 축소되었고, 반세기가 지난 뒤 로널드 레이건은 권력과 영향력을 약속하며 그들을 유혹해 밖으로 끌어냈다는 것이었다. 두 신화 모두 사실이 아니다.

화요일 아침에는 비가 내리고 있었다. 재판은 실내에서 재개되었다. 적당히 점강적인 결말에 이른 듯 보였다. 롤스턴 판사는 브라이언에 대한 더 이상의 증인 심문을 막았고, 재판과 관련된 어떠한 것도 밝히지 못했다는 이유로 브라이언의 증언을 법원 기록에서 삭제했다. 대로와 변호팀은 달리 갈 곳이 없었고, 스코프스에게 유죄 판결을 내려달라고 배심원들에게 요청했으며, 이로써 브라이언이 마무리 발언을 할 기회를 빼앗았다. 증거 능력을 둘러싼 법률적 공방이 오고 가는 대부분의 시간 동안 재판에 부재했던 배심원들은 변호인 측 요청을 받아들였고, 롤스턴 판사는 법정 최저 금액인 100달러 벌금형을 선고했다. 이로써 스코프스 재판은 끝이 났다.

하지만 대통령 선거 토론이 끝나면 늘 그러하듯이, 재판이 끝나자

실잦기 작업이 시작되었다. 양쪽 모두 승리를 선언했는데, 한쪽은 법적인 승리를, 다른 쪽은 도덕적 승리를 주장했다. 브라이언은 기소가 성공했음을 언급했다. 그는 대로가 법정을 모독하고 그리스도교를 모독했음을 상기시켰다. 그는 자신의 마지막 발언이 되었을 내용을 수정했고, 전국 순회 연설을 계획했다. 그리고 엿새 뒤 일요일 아침에 데이턴의 감리교회에서 설교한 뒤 같은 날 오후에 잠을 자다가 뇌졸중으로 사망했다. 관련 기사들은 그가 재판에서 겪은 일로 크게 낙담하고 쇠약해졌다고 전했다. 많은 근본주의자들에게 그는 그들의 대의를 위한 순교자가 되었다. 하지만 이는 그의 회복력과 낙천성을 과소평가하는 것이었다. 대로는 격의 없는 태도로 말했다. "상심해서가 아닙니다. 배가 아파서 죽은 겁니다."[37]

대로와 그의 팀은 도덕적이고 지성적인 승리를 주장했다. 그들은 롤스턴 판사가 그들의 주장을 여러 차례 반복해서 방해했다는 점, 일련의 전문가 증인들이 서면으로만 증언할 수 있도록 제한되었다는 점, 그리고 월요일 오후에 브라이언이 무관심하고 옹졸한 무지를 생생하게 보여주었다는 점을 언급했다. 근본주의자들은 전투에서 이겼지만 전쟁에서 졌다는 것이었다.

언론은 대체로 그들의 정치 노선에 따라 둘로 나뉘었다. 브라이언은 어리석었지만 대로는 악의적이었다. 근본주의자들의 뇌가 얼마나 비어 있는지가 세상에 드러났지만, 세속적 엘리트들이 얼마나 잘난 체하며 다른 이들을 업신여기는지도 드러났다. "브라이언을 모욕하고 조롱하려고 안달하던 대로가 성경을 비웃고 경멸하는 방법에 의존했을 때 (…) 브라이언이 옳고 (…) 데이턴에서의 다툼이 그리스도교에 대한 찬성과 반대의 문제였다고 수천만 명의 사람들을 설득한 셈이었다."[38] 미국시민자유연맹은 온건한 그리스도인들의 여론이 소외되지 않기를 간절히 바랐고, 대로 자신이 이제 문젯거리가 될까 염려해, 항소심에서는 대로를 조용히 떨어뜨려놓으려고 애를 썼다. 항소심은 테네시주 대법원까지 어렵게 올라갔고, 대법원에서는 문제가 된 테네시주 법률이 헌법에 합치한다고 판결했으나, 세부 조항에 근거해 유죄 판결을 파기하고 더 이상의 항소를 금지함으로써 사안 전체를 종결했다.

즉각적으로는 근본주의와 반反진화론 지지가 급격히 늘었다. 기부금이 몰려들었다. 교회 신자들도 계속 증가했다. 이듬해 남침례교회는 표결을 통해 만장일치로 "인간이 하느님의 특별한 피조물이라는 가르침으로서 〈창세기〉를 수용한다"라고 결정했다. 북부의 여러 주에서는 완전히 실패했음에도, 테네시에 이어서 텍사스, 미시시피, 아칸소, 루이지애나에서도 반진화론 법률과 법규가 제정되었고, 이후 40년 동안 어느 곳에서도 폐지되지 않았다. 헌터의 악명 높은 교과서는 남부 학교들을 위해 진화에 관한 6쪽 분량의 한 부분을 삭제했다. 1928년에 앨 스미스가 미국 최초의 가톨릭 신자 대통령 후보로 선출되고, 1929년에 월스트리트 붕괴로 대공황이 시작되는 1920년대 말에 이르러서야 근본주의의 에너지가 다른 곳을 향하게 되었다.

재판은 신문에서 역사서로, 역사서에서 오락물로 전해졌다. 재판에 대해 가장 많이 이야기하는 사람들은 그것을 근본주의에 대한 자유주의의 명백한 승리이자, 신앙에 대한 이성의 승리이며, 종교에 대한 과학의 승리로 보는 이들이었다. 1920년대에 관한 이른 시기의 역사서인 프레더릭 앨런의 《바로 어제Only Yesterday》가 1931년에 출간 되고, 제롬 로런스와 로버트 리의 1955년 작 희곡 〈신의 법정Inherit the Wind〉이 공연되고 5년 뒤에는 영화로 제작되어 흥행에 성공하기까지, 재판에 관한 이야기는 그 유명한 마지막 날에 대한 렌즈를 통해 변형되었다. 래플라이아는 잊었고, 스코프스는 군중 행동의 무고한 피해자가 되었으며, 브라이언은 아무 생각이 없는 반동분자로 등장 했다. 홀로코스트 이후 그 빛을 잃은 교의인 우생학과 얽힌 진화론은 거의 무시되었다. 갈릴레오와 헉슬리-윌버포스의 경우처럼, 반복해 서 다시 이야기될수록 서사는 매끈해졌다.

역사학자나 희곡 작가를 비난할 수는 없을 것이다. 결국 기소팀의 일원이 이것이 종교와 과학의 다툼이라고 하지 않았던가? 이것은 역 사의 일부가 된 버전이었지, 변호 측 법률가 더들리 멀론의 실제 발 언과는 달랐다. 그는 재판이 시작되기 전에 "문제는 어떤 이들이 우 리에게 그렇게 믿게 하려는 것처럼 과학과 종교 사이에 있지 않다. (…) 과학과 브라이언주의 사이에 있다"[39]라고 말했다.

1925년에 벌어진 사건들에 관해서는 멀론의 말이 옳았다. 하지만 갈릴레오의 경우와 마찬가지로, 그런 세부 내용은 다들 전쟁이라고 부르는 상황에 희생되었다. 브라이언 자신이 굴욕감을 느꼈을 수 있 지만, 이제까지 브라이언 자신처럼 다윈주의에 대해 불가지론자인 수천만 명의 사람들에게 영감을 준 것은 그의 수사적 표현이었다. 사 실상 근본주의자의 정신에서 진화론과 무신론을 융합했다. 20세기 에 시간이 흐름에 따라, 브라이언이 테네시주 데이턴에서 결합해놓 았던 것을 다시 갈라놓기가 정말 어렵다는 것이 입증된다.

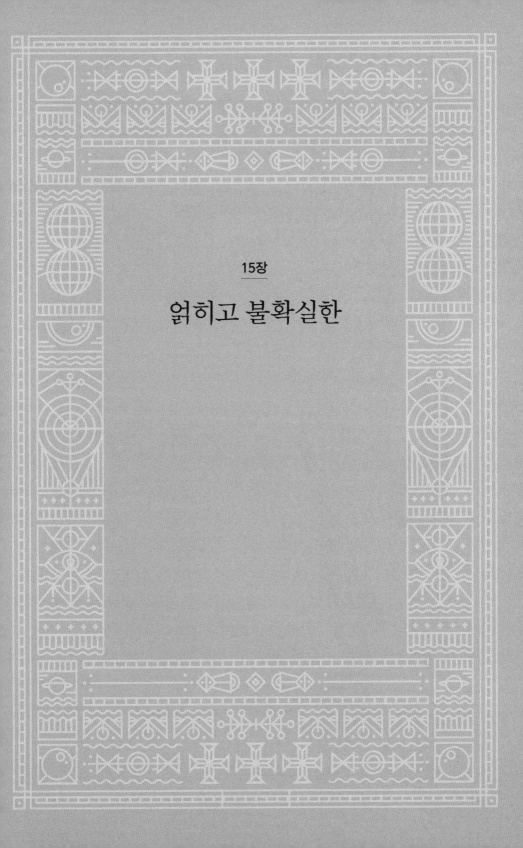

15장

얽히고 불확실한

알베르트 아인슈타인(왼쪽)이 벨기에인 가톨릭 사제이자 우주론자인 조르주 르메트르(오른쪽)와 대화하고 있다. 르메트르는 잘 알려지지 않은 한 편의 과학 논문에서, 우주가 계속 팽창하고 있으며 시간의 기원을 갖는다는 사실을 수학적으로 처음 제시했다. 무신론자들은 신학의 낌새를 느꼈다.

'순수하게 과학적인 문제' — 새로운 물리학

세상에서 가장 유명한 과학자는 데이턴의 증인석에 서달라는 요청을 받지 못했지만, 전체 사안에 대해 논평해달라는 부탁을 받았다. 《피츠버그 선》에 따르면, 아인슈타인은 1925년 6월에 "학문의 자유에 대한 어떤 제약도, 그러한 억압을 용인하는 공동체 위에 수치의 석탄을 무더기로 쌓는 것이다"라고 말했다. 하지만 자신은 "미국의 '집안 싸움'에" 끼어들고 싶지 않다는 말도 덧붙였다.[1]

아인슈타인이 저명한 물리학자들 중에 이 재판에 관한 의견을 표명한 유일한 인물은 아니었다. 마리 퀴리는 그 재판에 대한 항의서한에 서명했다. 하지만 아인슈타인이 가장 잘 알려졌다는 것은 의심할 수 없는 사실이다. 아인슈타인은 나중에 '기적의 해annus mirabilis'라고 알려지는 1905년에 물리학 자체를 탈바꿈하게 만드는 브라운 운동, 광전 효과, 특수상대성, 질량과 에너지의 등가성에 관한 네 편의 논문을 발표한 뒤 줄곧 천재 소리를 들었고, 나중에 발표한 일반상대성 이론이 1919년 5월 영국의 물리학자 아서 에딩턴의 태양 일식 관측으로 확증된 뒤로는 더더욱 천재로 칭송되었다. 인간의 야만성으로 지치고 사기가 꺾여 있던 세상은 이 친근해 보이고, 명석하고, 카리스마가 있어 단번에 알아볼 수 있는 독일계 유대인 물리학자를 희망과 지혜의 인물로 바라보았다. 그는 뉴턴이라는 거인의 어깨 위에 서서 그 영국인 수학자보다도 더 멀리까지 현실 속을 들여다보았다. 사람들은 그에게 의견을 구했다. 상대성에 대해서, 과학에 대해서, 현실에 대해서, 그리고 신에 대해서까지.

1921년에 축제처럼 성대한 세계일주의 일환으로 아인슈타인은 런던을 방문했고, 여러 사람들과 함께 식사를 했는데 그중에는 캔터베리 대주교 랜들 데이비드슨도 있었다. 식사 중에 대주교는 상대성이론이 종교에 끼치는 영향이 무엇인지 물었다. 아인슈타인은 조금도 망설이지 않고 답했다. "전혀 없습니다." 그의 대답은 직설적이었다. "상대성은 순수하게 과학적인 문제이며, 종교와는 아무런 상관도 없습니다."[2]

아마도 대주교는 안도했을 것이다. 이 질문이 갑자기 튀어나온 것은 아니었다. 아인슈타인의 방문은 정치인이자 철학자인 리처드 홀데인이 계획적으로 마련한 것이었다. 그는 그 직전에 《상대성의 치세The Reign of Relativity》를 출간해 상대성이론을 설명하고 더 폭넓은 철학적 목적들을 위해 그 이론을 동원하고자 했었다. 그리고 데이비드슨에게는 상대성이론이 신학에 대해서도 심오한 의미를 갖고 있다고 알리고, 어리벙벙해 있는 이 성직자가 그 의미를 이해하도록 격려했다. 대주교의 참모 중 하나가 물리학자 J. J. 톰슨에게 털어놓기를, "대주교는 아인슈타인을 도통 이해할 수 없으며, 홀데인의 말을 더 귀담아들을수록 더 이해를 못한다."[3]

대주교를 비난하기는 어렵다. 홀데인은 당시에 상대성이론을 '순수한 과학'에서 멀리 끌어내 인식론과 윤리학의 영역으로 끌어들이려고 시도한 많은 사람 중 하나였을 뿐이다. 아인슈타인의 이론은 현실의 본성에 드리워진 너울을 걷어냈다. 홀데인이 자기 책의 서론에서 말했듯이, 만약 그의 연구가 "모든 지식의 상대성이라는 보편적 문제 (…) 직전에서 멈추기"로 결정한 것이라면, 그것은 단순히 그 자신과 과학의 절박한 "자기부정" 때문이다.[4] 철학자들은 물리학자들이 발을 들여놓기 두려워하는 곳에 달려들 것이다.

아인슈타인은 대주교에게 그렇게 말하기는 했지만, 자신의 입장에 도움이 되지 않았다. 몇 년이 지나지 않아서 그는 종교에 대해 공개적으로 말하기 시작했다. 하지만 그의 '순수하게' 과학적인 언어는 여전히 습관적으로 신학으로 기울었다. 언론은 바로 그 점에 주목했다. 그가 반복적으로 '주님'을 언급한다는 사실은, 그의 말을 듣는 이들에게 상대성이론이, 아니면 그의 물리학 중 어느 부분이라도, '순수하게 과학적인 문제'일 뿐이라고 설득하는 것으로 이해되기 어려웠다. 실제로 아인슈타인조차 그렇게 믿고 있는지 의심스러웠다.

뉴턴의 우뚝 솟은 업적은 그림자를 드리웠고, 그 그림자에서는 물리학자들만이 출현하고 있었지만, 뉴턴 자신은 매우 독실한 신자였으며, 세상에 그러한 사실을 (혹은 그러한 사실의 일부를) 알렸다. 19세기 말에는 경건한 물리학자와 수학자가 많았지만, 대부분은 자신의 활동이나 저술이 갖는 종교적 함의에 대해 뉴턴보다 더 조심스러웠다. 이제 물리학의 새로운 시대가 열려 현실의 본질이 교정되고, 결정론의 관념들이 약화되며, 주체인 인간 관찰자가 만물의 중심에 놓이게 되었다. 심지어는 경험적 증거와 달리 우주가 영원히 존재했던 것이 아니라 과거의 어느 시점에 존재하게 되었을지 모른다는 충격적인 가설도 상정되었다. 솔직히 어느 누가 이 모든 것을 오직 과학적인 문제일 뿐이라고 말할 수 있겠는가? 누가 새로운 물리학이 형이상학으로, 과학이 종교로 스며드는 것을 막을 수 있겠는가? 이 둘은 불가분의 관계로 얽히게 될 운명인 듯 보였다. 문제는 어떻게 그러한지를 아무도 확실히 알지 못했다는 것이다.

'멀리서 일으키는 으스스한 작용' — 집을 무너뜨리지 않는 일에 관하여

19세기 말에 물리학은 서서히 발전을 멈추고 있었다. 물리학자들은 이미 성취한 것들을 자신하고 더 이상 발견할 것이 얼마 남아 있지 않다고 확신했다. 노벨상을 수상한 미국의 물리학자 앨버트 마이컬슨은 1899년의 한 강의에서 이렇게 말했다. "중요한 물상과학의 근본 법칙들과 사실들은 모두 발견되었다." 우리가 미래에 발견할 것들은 "소수점 이하 여섯째 자리에서 찾아보아야 할 것이다."[5]

하지만 여전히 논의할 내용은 많았다. 특히 최근에 발견된 사실들이 종교적 믿음과 어떻게 관련될 수 있는지에 관해서는 논의가 필요했다. 19세기 말을 지나면서 열역학법칙을 더 많이 이해하게 되고 이를 통해 우주가 서서히 느려지고 있으며 아주 오랜 시간 동안 천천히 열죽음heat death*으로 향하고 있다는 생각이 굳어지게 되었다. 어떤

---

* 한 천체 혹은 우주 전체가 열역학적으로 열평형상태에 도달해 어떠한 열역학적 일도 일어나지 않는 상태. 현대 우주론에 따르면 우주는 앞으로 계속 가속팽창하여 결국 열죽음에 이를 수 있다.

이들은 이것이 '순수하게 과학적인 문제'일 뿐이며, 종교에 대해 어떤 중요한 의미를 갖지 않는다고 조심스레 말했다. 다른 이들은 이에 동의하지 않고, 우주의 항시 점증하는 엔트로피를, 그리스도교의 최후의 불길, 그리고/또는 부활에 대한 믿음을 의미하는 종교에 과학이 가하는 또 한 번의 타격으로 해석했다. 우주는 종말론적 충격으로 일시에 사라지기보다는 조금씩 서서히 끝나갈 운명처럼 보였다. 그러나 또 다른 이들은 무신론자들이 주장하듯이 우주가 그렇게 영원하지 않고 자립적이지도 않다는 사실이 이를 통해 입증되었다고 주장하고, 만약 우주가 서서히 멈추고 있는 것이라면, 아마도 과거 어느 한때 시작된 것이라고 주장했다. 나중에 미국의 대통령이 되는 사람의 말을 달리 표현하자면, 열역학은 이미 말을 했지만 그 말을 분별하는 데 시간이 걸리고 있었다.

하지만 열역학은 곧 부차적인 주제가 된다. 마이컬슨의 강의가 진행되던 즈음에 마리 퀴리와 피에르 퀴리 부부는 마리가 방사능이라 부른 현상을 연구하고 있었다. 어떤 원자들 내부에서 강렬한 에너지가 방출되는 듯 보였다. 이를 발견한 공로로 마리 퀴리는 노벨상을 두 번 수상했고, 결국 방사능으로 인해 죽음을 맞이하게 되었다. 그녀가 쓰던 공책은 방사능이 너무 심해서 지금도 안쪽에 납을 댄 금고 안에 보관되어 있다. 그녀가 마련한 돌파구는 실로 대단한 것이었다. 하지만 처음에는 에너지보존법칙과 상충하고, 문자 그대로 자연을 구성하는 '분할 불가능한' 단위라는 원자에 대한 역사적 이해에 도전하는 듯 보이긴 했었다.

마리 퀴리가 처음 노벨상을 받고 2년이 지난 뒤 아인슈타인이 움직이는 물체의 전기역학에 관한 논문을 발표했다. 뉴턴의 권위를 의심할(적어도 극단적 조건에서) 준비가 되어 있던 아인슈타인과 그의 아내 밀레바 마리치는 맥스웰의 방정식들을 빛의 속도가 어떤 관찰자의 속도와 상관없이 일정한 상수라는 관념과 결합해 뉴턴의 역학에 내재된 공간과 시간의 절대적이고 획일적인 본질이 전적으로 정확하지는 않다고 주장했다. 속도가 극도로 빨라지면 시간은 확장되고 질량은 늘어나며, 객관적이고 확정적인 측정이 가능한 '절대 공간'은 전혀 존재하지 않는 듯 보였다. 역설적이게도, 당시에 이 이론을 뒷받침하는 데 쓰일 수 있는 강력한 경험적 증거 가운데 하나가 20년 전 앨버트 마이컬슨이 실시한 빛의 속도를 측정하는 실험에서 나왔다.

다음 10년 동안 아인슈타인은 이 관념들을 중력에 적용해 일반상대성이론을 만들었다. 이 이론은 3차원의 공간과 1차원의 시간을 융합하고 수학적으로 기술했으며, 이로써 수성 궤도의 이상 현상을 예측할 수 있게 되었다. 이것이 1919년 5월 에딩턴의 관측으로 확증되면서 일반상대성이론과 그 이론의 고안자 모두 세계적인 명성을 얻었다. 상대성이라는 관념은 때로 과도하게 열광적인 일반 대중에게 진수되었다.

1905년에 발표된 아인슈타인의 다른 위대한 논문 한 편은 약간 더 오랜 시간에 걸쳐 물리학의 또 다른 변화를 일으키게 된다. 아인슈타인은 기존 물리학과 화해한 적이 없었다. 〈빛의 생산과 변화에 관한 발견적 관점에 대하여〉에서 아인슈타인은 전자기 방사선이 마치 개별적이고 독립적인 에너지 패킷(양자)으로 존재하는 듯 행동하기도

하고 파동처럼 행동하기도 한다고 주장했다. 이러한 관념은 1920년대 말에 이르러 닐스 보어, 베르너 하이젠베르크, 에르빈 슈뢰딩거를 통해 양자역학을 형성한다.

상대성은 상당히 많은 창의적 논평들을 끌어들였다. 철학자와 신학자들은 상대성 개념을 이용해 기적에서부터 도덕에 이르는 모든 것을 사유하려 했다. 양자이론은 훨씬 더 많은 창의적 논평들을 끌어들였다. 이 이론은 불확정성, 주관성, 상보성, 얽힘 같은 개념을 토해냈는데, 이들은 모두 상당히 구체적이고 기술적인 이유에서 나온 것이었지만 더 폭넓게 배치되어 사용될 수도 있었다. 하이젠베르크가 1927년에 제안한 불확정성 원리에 따르면 어떤 입자의 위치와 운동량을 동시에 측정하는 것은 불가능하다. 이는 관측 장비의 역량이 부족해서가 아니라 양자 차원에서 물질-파동의 이중 본질을 이루는 내재적 불확정성 때문이다. 자연은 가장 깊은 차원에서 완전하게 밝혀질 수 없었다.

이 기본적인 '존재론적' 불확정성은 때로 관찰자 효과와 연결되기도 했다. 관찰자 효과란 (수동적으로라도) 실험을 관찰하는 것이 실험의 결과를 바꿀 수 있다는 개념이다. 이것은 인간적 차원에서는 상식이었다(혹은 나중에 상식이 된다). 이를테면 인류학자들은 대상들 사이에 깊숙이 들어가 섞여 살면서 관찰하고, 그 과정에서 대상들의 행동에 영향을 끼친다. 하지만 물상과학에서는 상식일 수 없었다. 물질은 철로 위로 달려갈 뿐 누가 쳐다보고 있는지에는 아무런 관심도 없다는 생각에 입각해 있기 때문이다. 물리학은 유일하게 객관적인 분과학문이었으며, 수집한 결과들이 주관적 관찰자의 존재에 따라 (설사 관찰자가 정말로 전자 탐지기라 하더라도) 어떤 식으로 달라진다는 생각은 직관에 반할 뿐 아니라 과학자들을 동요하게 만드는 것이었다.

상보성 개념은 닐스 보어와 결부된 것으로 하이젠베르크의 불확정성 원리에 대한 응답으로 나온 것이었다. 양자 세계의 근본적인 물질-파동 이중성 때문에 하나의 체계가 더 이상 단일하고 확정적이며 객관적인 설명으로 포괄적으로 기술될 수 없다면, 물리학자들은 상보적 기술들, 즉 동일한 현상에 대한 모두 참이면서 같은 기준으로 측정할 수 없는 평행한 두 설명을 사용할 필요가 생긴다. 관찰자 효과의 경우처럼, 이것은 전혀 새로운 개념이 아니었지만(실제로 보어는 이 개념을 다른 분과학문들에서 들여왔다) 물리적 영역에 관한 단일하고 포괄적인 설명을 열망하는 물리학에서는 새로운 것이었다. 이제 현실은 두 개의(혹은 더 많은) 동등하게 진실된 서사를 가질 수 있게 되었다.

얽힘이라는 개념은 슈뢰딩거가 발전시킨 것이다. 그는 양자이론에 대한 아인슈타인의 비판에 응답하기 위해 이 개념을 만들었고, 그것이 양자역학의 대표적인 특징이라고 생각했다. 얽혀 있는 입자들은 즉각적인 물리적 공간을 공유하며, 그러하기에 서로 얼마나 멀리 떨어져 있는지와 상관없이 서로에 대해 독립적으로 기술될 수 없다. 내재적 불확정성이나 주관성이라는 개념보다 표면적으로는 정신의 지평을 덜 넓혀주기는 하지만, 이 개념은 여전히 스핀이나 운동량에 관한 것과 같은 정보가, 평범한 지역 인과성 규칙들이나 빛의 속도와 상관없이, 한 입자에서 다른 입자로 전이될 수 있음을 시사하는 듯 보였다. 그러한 두 입자는 서로 엮였다가 분리되고, 우주의 양쪽 끝에 놓일 수 있으며, 그럼에도 여전히 순간적으로 정보를 교환할 수 있다는 말이었다. 아인슈타인은 이에 동의하지 않았고, 널리 알려진 것처럼 이 개념을 '멀리서 일으키는 으스스한 작용'이라고 일축했다.

아인슈타인과 슈뢰딩거가 얽힘에 관한 논문들을 주고받던 1935년에 이르면 앨버트 마이컬슨이 36년 전에 말한 예언이 너무나 오만했던 것으로 보이게 되었다. 현실은 그 세대의 물리학자들이 한때 생각했던 것보다 훨씬 더 낯선 것이었다. 물론 그 세대의 물리학자들에게만 해당되는 이야기는 아니었다. 마이컬슨보다 27년 뒤에 태어난 아인슈타인은 남은 일생 동안 양자이론에 이의를 제기하고 저항했다. 하지만 양자이론을 뒷받침하는 증거들이 더디지만 꾸준히 축적되었고, 사실 양자이론의 기원에는 아인슈타인 자신의 업적도 있었다. 물리학 세계의 가장 위대한 정신들이 늘 과학에 관해 의견이 일치했던 것은 아니다. 과학이 종교에 관해서 갖는 의미에 대해서는 말할 것도 없었다.

한 가지 측면에서 아인슈타인이 대주교에게 했던 말은 의심할 바없이 옳았다. 누구도 상대성이론이나 양자이론 때문에 신을 발견하거나 상실하지 않았다. 새로운 물리학이 현실의 토대들을 조정하긴 했지만, 단지 그 현실 위에 지어진 종교의 집이 더 이상 없었기 때문이더라도, 그것이 종교의 집을 무너뜨린다고 생각한 사람은 거의 없었다. 뉴턴이 "사람들을 고려했을 때 한 신에 대한 믿음을 위해" 자신의 체계가 어떻게 작동하는지를 눈여겨보았다고 말한 것은 잘 알려져 있다. 하지만 피에르시몽 라플라스의 업적이 나오고 윌리엄 페일리가 몰락한 뒤로 자신의 종교를 뉴턴 물리학에 근거하는 사람은 아무도 없었다. 그리고 이것은 20세기 초에 물리학이 개조되었을 때, 무너져 내릴 수 있는 물리학에 근거한 종교적 믿음이나 교리는 전혀 없었음을 의미했다. 고전시대 이래로 과학과 종교를 괴롭혔고 둘의 역사에서(13세기에 아리스토텔레스를 둘러싸고, 17세기에도 또다시 아리스토텔레스를 둘러싸고) 가장 큰 긴장의 순간들을 낳았던 일치주의의 저주가 마침내 풀렸다.

적어도 물리학에서는 그러했다. 그것이 바로 20세기 초의 혁명이 과학과 종교 사이에 불길을 일으키지 않은 또 다른 이유였다. 때때로 나오는 주장처럼, 관련된 개념들이 도무지 파악할 수 없을 만큼 복잡했기 때문은 아니었다. 과학을 완전히 이해하지 못한다고 해서 과거에 사람들이 더 폭넓은 정치적 목적이나 종교적 목적을 위해 과학을 사용하지 않았던 것은 아니다. 오히려 단순하게, 20세기 초 물리학은 인간의 본성에 관해서 할 이야기가 제한되어 있었기 때문이다. 1920년대에 테네시주 데이턴의 거리에서 탄환처럼 날아다니던 주장들은 인간에 대해 갖는 함의가 풍부했다. 하지만 상대성, 불확정성, 관찰자 현상에 관한 이론들은 그렇지 않았다. 과학과 종교의 역사적 개전 사유casus belli는 멀리 사라진 듯했다. 여전히 인기 있던 존 드레이퍼와 앤드루 화이트의 역사서들을 읽고 미래의 격전을 희망하며 이 빈 공간을 바라보는 이들은 실망하지 않을 수 없었다.

'의식적이고 지성적인 정신' ─ 아인슈타인과 친구들

하지만 불꽃 튀는 격전이 없었다고 토론도 없었던 것은 아니다. 실제로 종교적인 면에서 말할 때 새로운 물리학에 의지할 만한 것이 거의 없었기 때문에 오히려 그것에 관한 대화가 (종교적인 면에서 말하자면) 무척 흥미로워질 수 있었다. 새로운 물리학은 수많은 질문을 개시했고 확정적인 답안들은 제시하지 않았다.

한 가지 질문은 우주 자체의 개방성에 관한 것이었다. 기계적이고 결정론적으로 보이는 뉴턴의 우주 대신 새로운 물리학이 발견한 것은 가장 근본적인 차원에서 확정되지 않은 현실이었다. 타협의 여지 없이 닫혀 있는 인과관계의 우주는 신이 원하는 것을 얻으려면 그것을 뚫고 들어가야 하는 우주였는데, 이제 그런 우주는 옆으로 밀려나고 이음새가 더 느슨한 우주가 그 자리를 차지했다. 신이 창조된 세계를 자신에게 협력하도록 강제하는 것이 아니라 구슬린다고 하는 과정신학이 인기를 끌었다.

개방된 우주가 신의 행동에 대해 무엇을 의미하든, 그런 우주는 인간의 행동에 많은 여지를 남겨놓는 듯 보였다. 어떤 이들은 바로 이 점을 포착했다. 과학자 에딩턴은 《물리적 세계의 본성The Nature of the Physical World》(1928)에서 현대 과학의 발전을 돌아보면서, "1927년에 처음으로 합리적인 과학자에게도 종교가 가능해졌다"라고 주장했다.[6] 더 나아가 그는 "1927년에 하이젠베르크, 보어, 보른 등에 의해 엄격한 인과관계가 마침내 전복되었다는 우리의 기대가 충분히 근거가 있는 것으로 입증된다면", 그것은 세계가 "평범한 활동들(이를테면 사랑에 빠지는 것 같은)"을 포함해 "일관적으로 합리적인 사람"이 이제 까지 가능한 한 엄격하게 결정론적인 우주 안에서 부정하도록 강요 받아온 온갖 일들에 더욱 열려 있음을 의미했다. 우주의 불확정성은 자유와 사랑, 그리고 종교를 믿을 수 있는 선택지들로 복귀시켰다.

실제로는 에딩턴이 하는 주장의 많은 부분이 진지해 보이는 농담 이었다. 그는 사람들이 언제나 "엄격한 인과관계의 굴레에도 불구하 고 자신의 물질적 미래를 스스로 형성해야 한다고 자기를 설득한다" 라고 기꺼이 인정했다.[7] 그리고 에딩턴 자신을 포함해서 많은 이가, 엄격한 '뉴턴의' 인과성에 대해 양자역학이 원자 이하의 차원에서 아 무리 많은 이의를 제기하더라도, 그것이 자유의지의 실재를 확립할 만큼 장대한 일을 하지는 못한다는 점을 지적하게 된다. 그럼에도 에 딩턴의 도발은 장난스러워 보이기는 하지만, 그가 말하는 더 폭넓은 요지("인간의 사고가 나뉘어 있는 칸들이 물 샐 틈 없이 완벽하게 차단되어 있어서 한 칸에서의 진보가 나머지 다른 칸들에 전혀 무관한 문제가 되는 것은 아니다")는 여전히 유효했다.[8]

이런 이유로, 그토록 많은 사람이 새로운 물리학에 열광했지만, 그 것을 제대로 이해한 사람은 거의 없었다. 아무리 그 기원이 구체적이 고 전문적이라 하더라도 상대성, 불확정성, 관찰자 효과, 상보성은 철학적인, 심지어 실존적인 관념들처럼 (마치 미의 관념이 그러하듯이) 보 이고 느껴졌다. 아름다움이 물리학에 중요하다는 확신은 새로운 것 이 아니었다. 사실 사람들이 뉴턴 물리학을 추앙하게 된 것도, 그것 이 하늘과 땅의 서로 다른 현상들을 통합하고 설명하는 그 우아함 때 문이었다. 하지만 이 아름다움의 관념은 새로운 관심을 받게 되었다.

폴 디랙은 (뉴턴과 스토크스처럼) 루커스 수학 석좌교수로 있던 영국의 이론물리학자였다. 1933년 슈뢰딩거와 함께 노벨 물리학상을 공동 수상했으며 양자이론과 상대성이론 모두에 아주 독창적으로 기여했다. 그는 매우 진지하고 정확하며 늘 몰두하고 있었는데, 아마도 자폐였던 것 같고, 미학에는 아무런 관심도 없었다. 한번은 그가 젊은 시절의 로버트 오펜하이머를 질책하며 이렇게 말했다고 한다. "나는 자네가 어떻게 물리학을 연구하는 동시에 시를 쓸 수 있는지 이해할 수 없네. 과학에서 자네는 전에 아무도 알지 못했던 무언가를 모두가 이해할 수 있는 언어로 말하기를 원하네. 시에서는 모두가 이미 알고 있는 무언가를 아무도 이해할 수 없는 언어로 말해야 하지."[9]

그러나 그는 아름다움이 단지 물리학의 진리를 결정하는 하나의 요소에 불과하지 않고 최고의 요소임을 분명히 했다. 상대성의 토대들은 바로 그 아름다움 때문에, "단순히 실험 증거의 뒷받침에 의해 얻을 수 있는 것보다 더 강력하다"고 그는 말했다. "내가 이 이론을 믿는 진짜 이유라고 느끼는 것은 바로 이 이론의 본질적 아름다움이다."[10] 실제로 그는 나중에 더 멀리까지 나아가서 "한 이론의 방정식이 실험에 맞는 것보다 아름다운 것이 더 중요하다"라고 주장했다.[11]

디랙은 이와 관련한 자신의 의견을 아주 강력하게 표현했다는 점에서만 흔치 않은 경우였다. 하이젠베르크는 아인슈타인과 대화를 나누다가 "자연이 우리를 매우 단순하고 아름다운 수학적 형태들로 이끌어간다면 (…) 우리는 그것들이 '참'이고, 자연의 진짜 모습을 드러내는 것이라고 생각하지 않을 수 없을" 것이라고 말했다.[12] 아인슈타인은 양자이론의 함의들을 거부하긴 했지만, 같은 정서를 공유하고 있었다. 그것은 실재하며 상응하는 진·선·미가 창조주의 어떤 면을 반영한다고 주장하는, 창조된 세계에 대한 유신론적 이해 안에서도 어떤 일관성과 신뢰성을 갖는 입장이었다. 하지만 유신론적 이해가 우연과 우발의 우주와 조화를 이루기는 더 어려운 일이었다. 고르지 않은 무작위의 우주에서 아름다움이 무슨 대수란 말인가?

이러한 생각이 더 폭넓고 오래된 유물론과 관념론 사이의 논쟁을 부채질했다. 유물론은 오랫동안 무신론과 결부되었고, 대중의 머릿속에서는 불신앙과 연결되었다. 오직 물질로만 구성된 우주란, 마거릿 캐번디시나 데이비드 하틀리가 200년 전에 제시한 주장에도 불구하고, 정신이 들어설 여지를 남겨두지 않았다. 이와 반대로 관념론에서는 정신이 먼저였고, 인간의 정신은 신적 정신을 반영하는 것이었다. 새로운 물리학은 세계의 그림을 관념론을 향해 몰고 가는 듯 보였다.

에딩턴이 《과학과 종교와 현실Science, Religion and Reality》이라는 책에서 자신의 생각을 제시하며 그 길을 이끌었다. 그러나 대중 과학서인 《신비로운 우주The Mysterious Universe》를 집필해 당대 물리학의 발전이 우주를 "위대한 기계보다는 위대한 사유처럼 보이게" 만들었다는 주장을 가장 잘 포착한 사람은 케임브리지대학의 또 다른 우주론자이자 물리학자인 제임스 진스였다. "정신은 더 이상 물질의 영역에 우연히 들어온 침입자로 보이지 않는다. (…) [그리고] 우리는 그것을 물질 영역의 창조주이자 통치자로 환호하며 맞이한다."[13]

진스의 책은, 그와 비교할 만한 에딩턴의 《물리적 세계의 본성》처럼 성공적이었고, 특히 설교자들과 그리스도교 호교론자들에게 인기가 많았다. 하지만 진스 자신은 독실한 신자가 아니라, 신비적 성향을 지닌 불가지론자일 뿐이었다. 그의 신은 아브라함과 이삭의 신이 아닌 것은 말할 것도 없고, 철학자들의 신이기보다 수학자들의 신이었다. 적어도 신문 기사들에 따르면, 정말로 그의 신은 수학자였다.[14]

모든 수학자가 이를 납득한 것은 아니었다. 철학자들이나 신학자들도 마찬가지였다. 영국의 철학자들은 19세기 말에 유물론의 정점에서 이미 멀어져 있었으며, 새로운 물리학이 유물론도 회기하는 데 충분하다고 확신하지 않았다. 당대 영국의 걸출한 철학자 버트런드 러셀은 물질 이면에서 의미를 발견하려는 관념론의 시도를 거부했다. 그는 설교자들이 한때 뉴턴에게서 하느님을 발견했다고 주장했으면서 이제는 뉴턴을 대체한 것에서 다시 하느님을 주장했다고 주장하는 방식에 납득할 수 없는 무언가가 있다고 지적하는 몇몇 회의주의자들 중 하나였다.

그들의 입장에서는 신학자들도 뜨뜻미지근하긴 마찬가지였다. 그들은 몇 세기 전에 강건해 보였던 자연신학에 스스로를 열렬하게 매어두었다가, 이전 세대나 지금 세대에 와서야 자연신학의 시신으로부터 해방되었다. 그들은 다시 얽매일 마음이 없었다. 프로테스탄트 신학자 카를 바르트의 영향으로 이제 신학자들의 에너지는 자연신학에서 확실하게 멀어졌다. 진정한 그리스도교 전통의 하느님은 자신이 창조한 세계와는 근본적으로 다른 존재였다. 신과 세계 사이에는 건널 수 없는 간극이 있었다. 신에 대한 앎은 신이 피조물에게 자신을 계시했다는 한에서만 가능하다. 믿는 이들은 신이 창조한 세계에서 신에 대한 어떠한 것도 알 수 없으며 알려고 해서도 안 된다. 자연신학은 오해이며, 그러한 면에서 위험한 것이다.

많은 신학자들이 바르트와 같은 열의를 가진 것은 아니었더라도 그의 주장에 영향을 받았다. 하지만 절망적이게도 새로운 물리학의 언어와 개념들은 신학의 영역으로 자꾸만 다시 미끄러져 들어왔다. 1927년 제5차 솔베이 회의의 저녁 토론에서는 이렇게 말하는 사람도 있었다. "아인슈타인은 계속 신에 대해 이야기한다. 그걸 어떻게 해야 할까?"[15]

솔베이 회의는 1911년 이래로 전 세계 물리학자들과 화학자들의 모임으로 개최되었다. 특히 양자역학의 출현을 논의하기 위해 모인 제5차 회의가 아마도 가장 유명할 것이다. 아인슈타인, 슈뢰딩거, 하이젠베르크, 디랙, 마리 퀴리, 볼프강 파울리, 막스 보른, 닐스 보어, 막스 플랑크 등 이 세계에서 중요한 인물들이 거의 모두 참석했다. 하루는 한 무리의 대표들이 저녁에 모여서 몇 시간 동안 과학과 종교의 관계에 관해 함께 숙고했다. 아인슈타인은 그 자리에 있지 않았음에도, 그날의 논의에 불을 지른 불꽃이었다.

처음으로 에너지 양자를 규명하고 그 공로로 노벨상을 받은 독일의 물리학자 막스 플랑크는 종교에 더 호의적인 시각을 지닌 것으로 드러났다. 평생 루터교 신자였던 그는 과학과 종교가 서로 다른 영역에서 효과적으로 작용한다고 믿었다. "과학은 객관적인 물질의 세계를 다룬다. 과학은 객관적 현실에 관해 정확하게 진술하고 그 상호연관성을 파악하도록 우리를 초대한다. 반면에 종교는 가치의 세계를 다룬다. 종교는 무엇이 존재해야 하는지, 우리가 무엇을 해야 하는지를 숙고하지, 무엇이 있는지를 숙고하지 않는다." 순진한 유물론자는 절대 아님에도(그는 나중에 "모든 물질이 오직 한 원자의 입자를 진동하게 하는 힘에 의해 기원하며 존재하고, (…) 우리는 이 힘 뒤에 의식적이고 지성적인 정신의 존재를 상정해야 한다"라고 썼다.) 플랑크는, 오늘날의 표현을 사용하자면, 종교와 과학이 전혀 겹치지 않는 별개의 마지스테리아라고 확신했다.[16]

하이젠베르크는 이를 납득하지 않았다. 그가 플랑크보다 더 회의적이었던 것은 아니다. 사실 그 역시 교회에 나가는 루터교 신자였다. 다만 종교와 과학이 분리될 수 있고 그래야 한다는 생각에 확신이 약했다. 나중에 그는 이렇게 말했다. "나는 과학의 영역에서 과학적 진리의 견고함을 확신한다. 나는 종교적 사유의 내용을 단지 우리가 교체한 인간 의식의 한 단계로 일축할 수 없었다."[17] 세계와 세계에 대해 과학적으로 이해하는 것과 종교적으로 접근하는 것은 그렇게 쉽게 분리될 수 없었다. 그날 저녁 솔베이에서 그는 "나는 인간 사회에서 지식과 신앙을 그토록 예리하게 구분하며 살 수 있을지 의심한다"라고 말했다.

양자역학의 또 다른 선구자이자 (미래의) 노벨상 수상자인 볼프강 파울리는 하이젠베르크와 의견이 같았다. 그는 과학과 종교의 "예리한 충돌"이, 새로운 물리학이 열심히 약화시키고 있는 관념, 곧 "엄격한 인과법칙에 따라 시간과 공간 안에서 자기 길을 가는 객관적 세계라는 관념"에서 비롯한 결과라고 느꼈다. 하지만 그는 과학과 종교의 관계가 새로운 물리학에 의해 반드시 더 나아지지는 않을 것이라고도 느꼈다. 그의 주장에 따르면, 새로운 지식이 오래된 정신적 형식들을 폭파시키려고 위협할 때마다 언제나 사회는 특별한 위험에 처했다. 그는 "오래된 종교들의 비유와 이미지들이 그 설득력을 [잃고]" "오래된 윤리가 카드로 만든 집처럼 무너져" "상상할 수도 없는 참상이 벌어지도록" 내버려둘까 봐 염려했다.

디랙은 이들 중 가장 회의적인 인물이었다. 그는 그 자리에 모인 과학자들이 종교에 대해 이야기하는 것 자체를 불평했다. "우리가 솔직하다면(과학자는 솔직해야 하는데) 종교란 그릇된 확신들을 뒤섞어 놓은 것임을 인정해야 한다." 신이라는 개념은 "인간 상상력의 산물"이었다. 종교 자체는 "한 민족을 잠재워 소원하는 꿈을 꾸게 하는 일종의 아편"이었다. 종교가 계속 존재하는 것은 단지 "우리 가운데 어떤 이들이 하층 계급을 조용히 있게 하기를 원하기" 때문이었다. 종교적 믿음은 우연히 태어난 것이다. 종교적 윤리는 복종을 가르치고, 삶의 진짜 과업에서 사람들의 주의를 다른 곳으로 돌려버린다. 그는 말했다. "삶이란 과학과 같다. 우리는 어려운 문제들에 직면하고 그 문제들을 풀어야 한다."

닐스 보어는 그 자리에 참석하지 않았지만, 나중에 하이젠베르크가 그의 견해를 전달했다. 그는 서로 다른 견해들의 대단히 흥미로운 결합을 보여주었다. 인격적인 신이 그에게는 전적으로 낯선 개념이었기에, 디랙의 입장에 공감했다. 하지만 언어에 대한 디랙의 시각이 매우 좁다는 것을 인정했고, "종교가 과학과는 다른 방식으로 언어를 사용한다"는 것도 인정했다. 종교는 "과학의 언어보다는 시의 언어와 더 밀접하게 관련되어 있다."

보어는 또한 자신이 믿지 않는 종교적 관념들을 새로운 과학에 연결시킬 준비도 되어 있었다. 상대성이론과 양자역학의 등장 이후로 주관성과 객관성은 더 이상 절대적 개념이 아니었다. "관찰자나 관찰 수단을 참작하지 않고 예측하기란 이제 더는 가능하지 않다." 상보성은 동일한 것에 대한 대안적 묘사가 있을 수 있음을 강조했다. 이제 세계를 이해하는 데는 하나의 길만 있지 않았다.

앞서 보았듯이, 아인슈타인은 솔베이 대화에 참석하지 않았지만 그의 영향력은 충분히 감지되었다. 모임에 참석한 한 과학자는 "아인슈타인 같은 과학자가 한 종교 전통과 그토록 강력한 유대를 가지고 있다고 상상하기란 극도로 어려운 일"이라고 옳게 말했다. 아인슈타인의 명백한 천재성은 곧 모두가 그를 자기편에 두고 싶어 한다는 것을 의미했지만, 신을 귀찮게 하는 물리학자를(보어는 한때 그가 신이 할 수 있는 것과 할 수 없는 것을 신에게 말해준다며 그를 질책했다) 정통 신자로 만들려는 어떠한 시도도 모두 실패할 수밖에 없었다.

아인슈타인은 확실히 신에 대해 많이 이야기했다. 그러나 실제로 그는 모든 공식적인 종교적 믿음을 10대 시절에 이미 던져버렸다. 그는 어떤 종교 예식에도 참석하지 않았으며, 기도도 전혀 하지 않았다. 그는 신비주의를 싫어했다. 사람들에게 벌도 주고 상도 주는 신을 추앙은커녕 상상도 할 수 없었다. 이는 특히 그가 철저한 결정론자였기 때문이다. 그는 반복적으로 인격적인 신의 개념과 거리를 두었으며, 전통적인 유대교 매장 방식도 거부했다. 나중에 그는 자신의 책 《생명을 택하라: 반란을 일으키라는 성경의 요구Choose Life: The Biblical Call to Revolt》를 보내온 유대인 철학자 에릭 구트킨트에게 편지를 보내 "신이라는 단어는 내게 인간의 연약함의 산물이자 표현일 뿐"이라고 말했다. "성경은 고결하지만 원시적인, 그럼에도 무척 유치한 전설들의 모음이다." 이는 신자가 낼 수 있는 목소리가 아니었다.

하지만 그것은, 무신론자라는 말이 갖는 어떠한 관습적 의미에서도, 무신론자의 목소리가 아니었다. 아인슈타인은 단순히 관용적인 방식으로 신에 관한 이야기를 사용할 수 있었고, 빈번히 그렇게 했다. 1930년 4월, 한 음악회가 끝난 뒤 음악에 감동받은 그는 바이올린 연주자 예후디 메뉴인에게 달려가 그를 껴안고 말했다. "이제 나는 하늘에 신이 있다는 걸 알겠군요."[18] 이것은 미학적 지복으로서의 신이지, 구원자 신은 당연히 아니고 철학자 신도 아니었다.

그러나 그의 신 개념이 그저 언어적 비유이기만 한 것은 아니었다. 신을 정의해보라는 요청을 받았을 때 그는 이렇게 말했다. "나는 무신론자가 아니며, 나 자신을 범신론자라고 부를 수 있다고도 생각하지 않습니다."[19] 뉴욕의 인스티튜셔널 시나고그의 랍비 헤르베르트 골드슈타인에게는 이렇게 말했다. "나는 스피노자의 신을 믿습니다. 그 신은 존재하는 것들의 질서 있는 조화 속에서 자신을 계시합니다."[20] 아름다움은 중요했는데, 순전히 주관적인 의미에서만 그런 것이 아니었다. 심지어는 주관이 이제 순전해질 수 있다고 상정했다. 1930년에는 과학의 영역에서 더 정교한 모든 사변은 "깊은 종교적 느낌에서 솟아 나온다"라고 언급했다. 창조된 세계의 질서, 아름다움, 이해 가능성에서 그는 음악에서도 들리는 '신'의 표징들을 발견했다.

이것은 결코 아브라함 종교의 인격적인 신이 아니었다. 하지만 두려움에 찬 인간의 상상력으로 만들어낸 신도 아니었다. 사실 아인슈타인은 종교를 주눅 들게 한 만큼이나 무신론도 위축되게 했다. 그는 제2차 세계대전 중 한 자선행사 만찬 자리에서, 여전히 신이 없다고 하는 사람들이 있다고 말했다. "하지만 정말로 나를 화나게 하는 것은 그들이 내 말을 인용해서 자신의 생각을 뒷받침한다는 것입니다." 그는 강박적으로 종교적인 사람들에게 내줄 시간이 없었던 만큼 편집광적인 불신자들에게 내줄 시간도 없었다. 1940년에는 이렇게 말했다. "종교적 광신도의 불관용과 똑같은 불관용을 지닌 광신도 무신론자들도 있습니다."[21]

그렇다면 아인슈타인의 종교적 입장에는 (유쾌한) 불확정성이 있었다. 그의 종교관은 더 가까이 다가갈수록 규명하기가 더 어려웠다. 그의 믿음에 관해 무엇이든 확정적인 것을 말하는 것이 가능한 한에서, 그 믿음은 이신론과 스피노자의 범신론 사이에 놓인 일종의 교차로였다. 아인슈타인의 신은 인격적인 신이 아니지만, 방정식에 현존하며, 어쩌면 그 안에 불을 불어넣는, 그런 신이었다. 하지만 그러한 믿음 중 어떤 것이든 권위적인 것으로 만드는 일은 둘도 없는 실수가 될 것이다. 1919년 이후 그가 잘 알게 되었듯이, 아인슈타인은 지성적으로나 도덕적으로나 커다란 권위를 지닌 인물로 다루어졌다. 그러나 그것은 역설이었고, 정말로 저주였다. 그가 농담처럼 이야기했듯이, 운명이 그를 하나의 권위로 만들기로 한 것은 권위를 경멸한 그에게 주어진 형벌일 뿐이었다.

'그러므로 창조주는 있다' — 새로운 시작

심지어 권위 있는 위대한 인물들도 이를 오해할 수 있었다. 제5차 솔베이 회의가 열리는 동안, 아인슈타인은 상대적으로 젊은 물리학자이자 우주론자인 조르주 르메트르를 소개받았다. 그는 대표로 파견된 것은 아니었지만 솔베이 회의가 열리는 브뤼셀에서 일하고 있었다. 이제 서른세 살이었고, 최근에 매사추세츠공과대학에서 박사학위를 받았으며, 몇 달 전에는 〈은하계 밖 성운들의 사선 속도를 설명하는, 질량이 일정하고 반지름이 증가하는 동질적 우주〉라는 논문을 발표했다.

잘 알려지지 않은 벨기에 저널에 실린 이 논문은 아인슈타인의 일반상대성이론을 바탕으로 우주가 팽창하고 있으며, 은하들의 속도는 그 거리에 비례해, 더 멀리 있는 은하일수록 더 빨리 움직인다고 주장했다. 아인슈타인은 이 젊은 우주론자의 논문을 주시했고, 르메트르와 함께 브뤼셀의 레오폴드 공원을 걸으며 그의 생각들에 대해 논의했다. 아인슈타인은 젊은 학자의 수학에서 결점을 찾아낼 수 없었다. 기술적으로도 아무런 흠이 없었다. 하지만 물리학의 관점에서 아인슈타인은 그의 생각이 '혐오스럽다'고 여겼다.[22]

아인슈타인은 르메트르의 계산에서 나온 팽창하는 우주를 좋아하지 않았던 것처럼 양자이론의 확정될 수 없는 우주도 좋아하지 않았다. 그에게는 우주의 결정론처럼 우주의 불변성이란 신앙의 한 조목이었다. 그러나 르메트르의 이론에는 아인슈타인을 염려하게 만드는 또 다른 측면이 있었고, 1930년대 초에 더 폭넓은 과학적 논의에 그의 생각이 스며들면서 다른 사람들도 바로 이 점을 우려하게 된다. 조르주 르메트르는 독실한 가톨릭 신자였을 뿐 아니라 사제였다. 팽창하는 우주라는 개념에는 시간에 시작점이 있다는 함의가 있기에 많은 사람들이 미심쩍어했다. 그들은 결점 없는 수학 아래 숨어 있는 신학의 냄새를 맡았다.

르메트르는 예수회 수사들에게 교육받았고 토목공학을 공부한 뒤 제1차 세계대전에 나가 싸웠다. 그리고 다시 수학과 물리학을 공부하면서 사제 교육을 받아 1923년에 서품을 받았다. 1927년에 발표한 논문은 처음에 가톨릭 과학자 협회의 저널인 《브뤼셀 과학협회 연보Les Annales de la Société Scientifique de Bruxelles》에 게재되었다가, 4년 뒤에 영어 번역본이 나오고 에딩턴이 그에 대한 해설서를 출간하면서 사람들의 관심을 끌게 되었다. 르메트르는 런던에서 강의 요청을 받았고, 이 기간에 우주의 기원점을 표현하는 방법으로서 '태초의 원자Primaeval Atom'라는 말을 만들었다. 르메트르가 발언하고 있던 영국과학진흥협회의 모임이 물리적 우주와 영성에 초점을 맞추었다는 사실은 그의 주장에 도움이 되지 않았다. 많은 이들이 익살스럽고 호감가는 가톨릭 사제를 의심하지는 않았더라도, 그의 사상은 본능적으로 의심했다.

정지되어 있는 영원한 우주가 무신론과 동의어였던 것은 아니다. 하지만 이러한 아리스토텔레스의 우주관은 그리스도교 세계에서 오랜 세월 긴장을 일으켰었다. 13세기에 시제 드 브라방도 비슷한 우주관을 제안했지만, 1277년의 단죄된 명제들의 목록에 포함되었다. 당시에 뛰어난 많은 지식인들(철학자 버트런드 러셀, 수학자이자 장차 합리주의언론협회Rationalist Press Association의 회장이 되는 헤르만 본디, 직설적으로 이야기하는 영국의 천문학자 프레드 호일 등)이 영원한 우주라는 개념이 신의 부재를, 아니면 적어도 신의 무관함을 확증한다고 생각했다. 어느 순간부터 존재하게 된 우주라는 개념은 그리 나쁘지 않았지만, 그것이 가톨릭 사제에 의해 규명되었다는 사실은 참기 어려웠다.

특히 활기를 띤 것은 호일이었다. 적어도 그에게 종교란 "우리가 처한 참으로 무시무시한 상황에서 탈출구를 찾으려는 눈먼 시도일 뿐"이었다.[23] 신앙은 책임 회피였고, 종교적 이성은 강제된 교리일 뿐이었다. "사건에 관한 사실들이 교리와 부합하지 않으면, 그 사실들은 그만큼 더 나쁜 것이었다."[24] 그는 르메트르가 말한 '태초의 원자'에 맞서 전쟁을 벌이려고, 본디와 함께 작업하여 일관된 '정상定常상태Steady State' 이론을 공식화하고, 전후 라디오 방송에 나와 '빅뱅Big Bang'이란 말을 만들어냈다. 이러한 움직임은 대체로 르메트르의 이론을 조롱하는 것으로 여겨졌으나 호일은 이를 부인했다.

아인슈타인은 비록 덜 직접적이긴 했지만 호일과 비슷한 유보적 태도를 보였다. 그는 르메트르에게 "창조에 관한 (신학적) 관념을 너무 많이 시사한다"라고 말했다. 하지만 관찰을 통한 증거는 천천히 이 벨기에 과학자에게 유리한 쪽으로 기울었다. 1964년 르메트르가 죽기 얼마 전에 우주 마이크로파 배경 복사(CMBR)*가 발견될 무렵에는 빅뱅을 지지하는 쪽으로 의견이 일치되었다. 우주에 창조의 순간

---

* 초기 우주의 뜨거운 열적 평형상태에서 기원해 우주 공간 전체에 고루 퍼져 있으면서 우주가 팽창하는 동안 식어온 밀리미터 파장 대역의 전자기 복사를 말한다.

이 있었음을 과학이 확증했다. 그렇다면 창조주 또한 있다고 추정할 수 있지 않을까?

적어도 비오 12세는 그렇게 주장하려 했다. 1951년 교황청 과학 아카데미에서 연설하면서 교황은 이 새로운 생각을 끌어와 "오늘날 과학은 (…) 태초의 피아트 룩스Fiat Lux[빛이 있어라]의 장엄한 순간을 증언하는 데 성공했습니다." 결론은 불가피한 것이었다. "따라서 창조는 정말로 일어났습니다. 우리는 말합니다. 그러므로 창조주는 있다. 그러므로 하느님은 존재하신다!"[25]

르메트르는 깊은 인상을 받지 못했다. 그는 오랫동안 성경이 단지 그런 문제에 관심이 없음을 확신해왔다. "성 바오로나 모세도 상대성에 대해서는 생각조차 하지 못했다." 1933년 《뉴욕 타임스》와의 인터뷰에서 그는 이렇게 말했다. "성경의 저자들은 구원의 문제에 관해서 더 많이 깨치기도 했고 더 적게 깨치기도 했다. 어떤 저자들이 다른 저자들보다 더 많이 깨쳤다는 말이다. 하지만 다른 문제들에 관해서는 그들의 세대만큼 지혜롭거나 무지했다."[26] 그는 신학을 공부한 덕분에 오히려 토마스 아퀴나스 신학에 있는 창조와 시초 사이의 중요하고 오래된 구분에 주의를 기울였다. 아퀴나스는 영원하면서도 창조된 우주가 가능하다는 희망을 품을 수 있었다. 왜냐면 이러한 의미에서 '창조된'이란 시간적 시초가 있다는 것보다는 서로에게 의지해 존재한다는 것을 함의한다. 사실 창조란 형이상학적 주장이고, 태초의 원자는 물리학적 주장이다. 그러므로 교황이 득의만면해 과학적 전제에서 끌어낸 신학적 결론은 엄청난 범주의 오류였다.

르메트르는 중재에 나섰다. 교황의 과학 고문에게 연락해, 교황을 설득해 더 이상 그런 문제를 공식 석상에서 언급하지 못하게 할 것을 권고했다. 그의 권고는 성공적이었다. 하지만 교황이 입을 다물었다고 해서 많은 신자들이 빅뱅이론을 신의 존재 증명처럼 생각하는 것까지 막을 수는 없었다. 많은 불신자들이 불변하는 우주의 영원성을 신의 부재 증명으로 여겼던 것과 마찬가지였다.

우주에 시초가 있었음을 신앙이나 교리에 의해서가 아니라 결점 없는 수학을 통해 처음으로 확증한 사람이 가톨릭 사제였다는 사실은 과학과 종교의 복잡한 역사 안에서도 매력적인 세부 내용이다. 그러나 그가 교황에게 자신의 연구 성과로부터 어떠한 신학적 결론도 끌어내지 말라고 경고했다는 사실이야말로 이 특별한 이야기 뒤에 있는, 훨씬 더 호소력 있는 반전이다. 새로운 물리학의 낯선 세계에서는 어떠한 것도 보이는 그대로 존재하지 않았다.

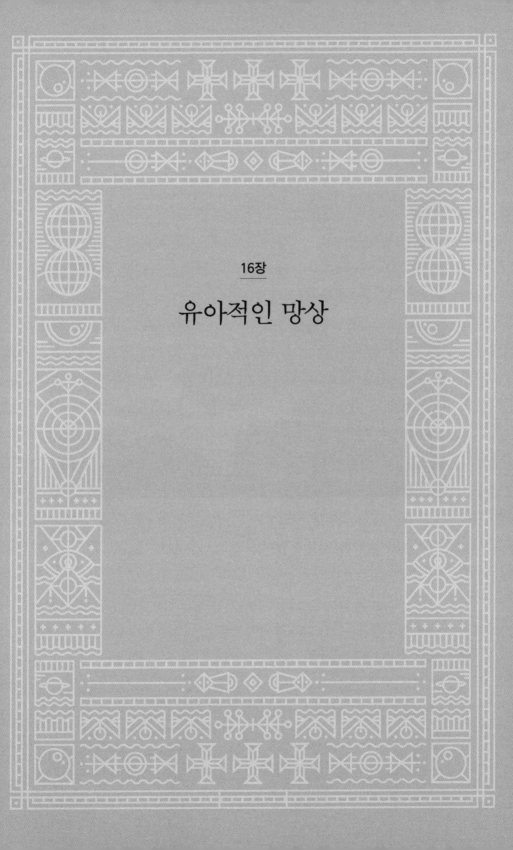

16장

유아적인 망상

종교의 기원을 과학적으로 설명하려 시도한 기념비적 역작 《황금가지》의 저자 제임스 조지 프레이저. 프레이저가 성경을 순수하게 문학적인 것으로 평가했음을 고려하면 매우 역설적인 사실이지만, 《황금가지》는 20세기의 과학보다는 문학에 더 큰 영향을 끼쳤다.

'종교의 자연사' — 원시 종교

1927년 솔베이 회의에서 폴 디랙은 종교가 '원시인들'로부터 기원했다는 견해를 밝혔다. "오늘날의 인류보다 자연의 압도적인 힘에 훨씬 더 많이 노출되었던 원시인들이 공포와 전율 속에서 이 자연의 힘들을 인격화했다"는 디랙의 견해는 순전히 편견이기만 한 것은 아니었다.[1] 그것은 과학이었다.

18세기 이후 회의론자들은 종교가 자연에 대한 무지한 태도에서 비롯한 것이라고 추론했다. 하지만 이런 이론들이 과학의 외투를 걸치게 된 것은 19세기 말부터였다. 이번에도 다윈과 선교사들이 그 근원에 있었다. 다윈은 《인간의 유래》에서 "잠깐 지나가는 여행자들이 아니라 (⋯) 오랫동안 야만인들과 함께 살았던" 이들의 증언을 언급하면서 "원시 상태의 인간이 전능한 신에 대한 고귀한 믿음을 천부적으로 지니고 있었다는 증거는 없다"라고 말했다.[2] 그러나 다윈은 종교라는 것이 "보이지 않거나 영적인 행위자들"에 대한 믿음을 말하는 것이라면 그러한 믿음이 "덜 문명화된 인종들에게 거의 보편적"으로 존재한다는 것은 분명한 사실이라고도 말했다. 종교의 범주를 종교개혁 이후 유럽에서 물려받은 일관된 교의적 모델에서 벗어나, 반드시 '야만인'들이 드러내는 열등한 인지 패턴일 필요는 없더라도 더 넓고 더 의례적인 모델로 확장하는 것이 새로운 종교 과학의 등장에 결정적인 역할을 하게 된다. 그러나《인간의 유래》에서 다윈이 이 분야의 개척자로 언급하는 사람은 다윈 자신이 아니라 한 인류학자였다.

에드워드 버넷 타일러는 1832년에 태어났다. 퀘이커교도로 성장했고, 병약했던 탓에 20대 대부분을 해외에서 여행하며 보냈다. 이런 경험 덕분에 낯선 문화에 관심을 갖게 되었고, 원자료를 얻어 멕시코의 과거와 현재에 관한 첫 저서를 집필할 수 있었다. 1861년에 출간된《아나우악Anahuac》*은 상업적으로나 학술적으로 성공을 거두지는 못했지만, 종교의 기원을 과학적으로 추적하는 타일러의 연구의 시발점이 되었다.

타일러의 저서에도 볼테르나 드니 디드로의《백과전서》처럼 기묘하게 들리는 부분들이 있다.

멕시코에서 사제들은 인디언들과 더 가난하고 덜 교육받은 혼혈인들을 망라한 모든 계층의 여성들에게 커다란 영향력을 행사한다. 상위 계층의 남자들, 특히 젊은 남자들은 사제나 종교를 그리 존중하지 않는 듯하며, 오히려 프랑스의 자유사상가들처럼 회의적인 태도를 보인다.[3]

다른 곳에서는 순수한 존 윌리엄 드레이퍼가 된 듯이 말하기도 한다.

• 고대 아스텍 문명의 핵심 지역을 가리키는 말로 오늘날의 멕시코시티 일대에 해당한다.

이렇게 지성과 도덕에서 유럽을 검은 아프리카의 수준으로 끌어내린 책임은 주로 로마 교회에 있다. 교황 그레고리오 9세와 이노첸시오 8세의 기록과 종교재판의 역사가 이를 증명하는 결정적 증거다.[4]

《아나우악》을 집필하던 시기에 이렇게 사제직과 의례에 대한 반감을 표현한 것은 그가 노골적인 회의주의자여서가 아니라 퀘이커 교도였기 때문이다. 하지만 타일러는 곧 퀘이커 신앙을 버리게 되지만, 퀘이커 신앙이 그에게 가톨리시즘에 대한 불신을 심어주었던 것은 아니다. 그런 선입견이 있었음에도, 그의 책은 순전한 격론 이상이며, 회의적이기보다 체계적이고, 경멸적이기보다 분별적이려고 분투한다. 그는 1884년 옥스퍼드대학 최초의 인류학 강사가 되었고, 1895년에는 최초의 교수가 되었으며, 1912년에는 기사로 서임되었다. 사실상 그의 책은 그 자신이 데이비드 흄에게서 차용한 1889년 기퍼드 강의*의 제목을 빌려 '종교의 자연사'를 제시하고자 한 최초의 일관된 시도였다.

타일러는 1865년에 발표한 《인류의 초기 역사에 관한 연구 Researches into the Early History of Mankind》에서 인간이 "처음으로 영혼에 대해 생각한 것은 꿈 때문이었을 것"(다윈이 《인간의 유래》에서 인용하며 동의한 생각)이라고 말했다. 그리고 그다음 저서인 《원시문화Primitive Culture》에서 이 이론을 자세하게 제시했다. 동시대의 수많은 사상가들의 저

---

* 1887년 스코틀랜드의 변호사 애덤 기퍼드의 유언과 유산으로 '자연신학'의 홍보와 확산을 위해 마련된 연례적 강의. 스코틀랜드에 있는 네 개 대학에서 순차적으로 열린다. 타일러는 애버딘 대학에서 1888년에서 1891년까지 강의했다.

서와 마찬가지로 그의 저서에도 오귀스트 콩트의 그림자가 어른거렸다. 역사는 예상 가능한, 구분되는 세 단계로 진보한다. 하지만 진보의 과정이 매끄럽거나 균일한 것은 아니며, 어떤 믿음과 행위는 이후의 더 발전된 문명 단계에서도 어떻게든 살아남았다.

종교는 그렇게 '살아남은' 것이었다. 원시인들에게 꿈은 어디에나 편재했으며 "유비적 해석을 통해 꿈에서 징조를 취하는 기술"(증거 A: 〈창세기〉의 요셉 이야기)인 해몽도 그러했다.[5] 타일러의 추론은 이러했다. 야만인도 자신의 친구나 적이 죽었다는 것을 안다. 하지만 꿈이나 환시에서 그를 보면 자연스레 이 "유령 같은 형상"을 "객관적인 실제 존재"로 여기고, 이로써 죽은 이가 어떤 연기 같은 영묘한 차원으로 실재한다고 확신하게 된다. 이러한 범주의 오류로 야만인은 영혼이 존재한다고 생각하게 되고, 이러한 생각은 "믿음이라는 복합적 영역으로 들어가는 관문"이 된다.[6] 그 결과 일종의 '애니미즘'이 등장한다. 애니미즘이라는 용어는 타일러가 인류학을 위해 새로 만든, 혹은 전용한 것으로 지역적인 요정들에서 "강력한 신들"에 이르는 영적 존재를 믿는 신앙을 의미한다.[7]

타일러는 애니미즘이 "매우 낮은 등급의 부족들"을 특징짓는다고 하면서도, 많이 변형된 형태이긴 하지만 "고등한 현대 문화의 한가운데에도" 여전히 존재한다고 주장했다.[8] "야만의 철학"을 잘 숙고해보면 비슷한 종류의 애니미즘이 여전히 "문명화된 나라들"에서 유령, 영혼, 심령술 등에 대한 대중적인 믿음의 형태로 남아 있음을 인정하게 된다. 실제로 제도적인 종교의 믿음은 원시적 애니미즘이나 동시대의 심령술보다 더 정교해 보이지만, 자세히 들여다보면 모두가 거죽만 다를 뿐 똑같은 짐승이다.

이것이 타일러가 '종교의 자연사'라는 (출간되지 않은) 기퍼드 강의에서 주장한 주된 내용이다. 성경의 영적 풍경은, 필요한 부분만 살짝 수정하면, 세계 도처의 애니미스트의 영적 풍경과 똑같았다. 문명화된 백인 정착민들이 미개인이라며 체계적으로 살해했던 태즈메이니아 원주민들만큼 "야만적인" 애니미스트들의 영적 풍경과도 다르지 않았다. 세계 도처에 "홍수 전설"이 있고, 악마와 천사와 영혼이 존재했다. 그가 《원시문화》에서 표현한 대로 "남자들 및 여자들과 성적으로 어울리는" 영적 존재들에 관한 관념도 마찬가지로 보편적이다.[9] 옥스퍼드 운동•에 의해 영국 성공회에 다시 도입된 미사를 드리는 가톨릭 신부가 동쪽으로 향하는 것도 원시적 애니미즘의 태양 숭배에 그 뿌리가 있다.

타일러는 자신의 이론을 뒷받침하기 위해 상당히 폭넓은 자료를 동원할 수 있었다. 예를 들어 《원시문화》에서 성적으로 대담한 영적 존재들에 관해 간단히 논의할 때조차 앤틸리스제도, 뉴질랜드, 사모아제도, 라플란드, 힌두교, 성 아우구스티누스, 교황 이노첸시오 8세까지 언급하고 있다. 많은 독자가 자료의 범위와 사고의 창의성에 깊은 인상을 받았는데, 특히 타일러의 세례자 요한에 대한 인류학의 (적敵)그리스도가 되는 한 남자가 그러했다.

제임스 조지 프레이저는 이후에 계속 확장되는, 종교의 기원에 관

• 19세기 중반 영국 성공회 안에서 서방 교회의 전통과 보편교회 개념을 중시하며 일어난 신학적 운동. 존 헨리 뉴먼 등 운동을 주도한 인물들이 옥스퍼드대학과 관련되어 있었기 때문에 옥스퍼드 운동이라 불렸다.

한 자신의 대표작 《황금가지》의 초판 서문에서 자신은 E. B. 타일러 박사에게 고무되어 초기 사회에 관심을 갖게 되었다고 말했다. 그는 타일러의 책이 "이전에 나는 꿈꾸지도 못했던 정신적 조망을 열어주었다"라고 전적으로 적절한 말로 주장했다.[10] 프레이저는 타일러에게서 많은 것을 배웠으며(나중에는 사이가 틀어지지만), 마찬가지로 글래스고대학에서 "수학 공식으로 표현 가능한, 정확하고, 궁극적으로 변함없는 자연법칙을 따라 질서 있게 움직이는 물리적 우주 개념"을 제시한 윌리엄 톰슨에게서도 많은 것을 배웠다.[11] 톰슨은 이러한 우주 개념이 그리스도교의 진리에 대한 증거와 전적으로 양립될 수 있다고 판단했다. 그러나 프레이저는 그렇지 않았다.

1890년에 두 권으로 출간된 《황금가지》 초판에는 '종교 비교연구'라는 부제가 달려 있었다. 프레이저는 이 책에서 '살해된 신의 개념'이 그리스도교만이 아니라 모든 종교의 핵심이라는 생각을 제시했다. 그는 자신의 책을 헌정한 친구 W. 로버트슨 스미스에게서 이 생각을 가져왔음을 인정했다. 종교는 생명을 선사하는 죽음-재탄생의 영원한 순환을 경축하고 유지하려는 다산 숭배에서 기원했다. 프레이저는 얼마나 많은 다산 숭배에서 신성한 사제-왕의 희생적 죽음으로 풍요를 가져오는 미래의 생명이 안전하게 확보되는 의례를 포함하고 있는지를 추적했다.

이러한 기본 틀이 증거와 구조 양쪽 모두에서 확장되면서 책도 여러 권으로 불어났다. 제2판에서 프레이저는 인류가 마술에서 과학으로 끝나는 몇 단계의 과정을 통해(정확히 몇 개의 단계인지는 중요하지 않다) 발전해왔다고 설명했다. 마술은 자연을 직접적으로 통제하려고 시도

했으나 실패를 거듭했다. 인류는 여러 신들을 통해서나 궁극적으로는 하나의 신을 통해 힘을 행사하는 매개적 방식으로 전향했다. 인류는 미래를 보장하기 위해 농산물, 피 또는 생명을 바쳐 신들과 거래해야 했다. 결국 종교 또한 현실을 조종하는 데는 마술보다 나을 것이 없었고, 그래서 과학에 자리를 내주어야 했다.

사실 이것은 거의 새로울 것이 없는 시간의 도식이었다. 프레이저의 책이 특별한 것은 그가 축적한 자료의 양이 엄청나게 많았다는 점 (그가 세상을 떠날 무렵에 《황금가지》는 열두 권으로 불어났고 거기에 부록까지 추가되었다), 그리고 자신의 생각을 그리스도교에도 가차 없이 적용했다는 점 때문이었다. 이러한 사실은 1890년의 초판과 1900년의 제2판 사이에서 더욱 뚜렷하게 드러났다. 책의 부제는 '종교 비교연구'에서 '마술 및 종교 연구'로 바뀌었다. 초판에서는 독자들이 적어도 그리스도교의 기본 개념인 육화, 속죄, 부활, 성체성사에 관해서는 행간을 읽어야 했다. 하지만 10년 뒤에 (뛰어난 구약성경 학자이자 스코틀랜드 자유교회의 목사인 그의 멘토 로버트슨 스미스가 세상을 떠나 더 이상 그에게 이의를 제기하며 교정할 수 없게 되었다는 사실에 도움을 받아) 출간된 제2판은 더 직설적이었다. 책에 담긴 프레이저의 메시지는 명백했다. 성경의 종교는 원시인들의 종교였다.

셀 수 없이 많은 예를 제시함으로써 프레이저는 유대인들과 그리스도인들이 본질적으로 자신들의 것으로 생각하는 이야기와 의례와 신경信經들이 역사와 시간 도처에 존재하는 원시적인 부족들과 숭배들의 그것들과 거의 다르지 않다는 사실을 보여주었다. 선교사들은 이교도들의 개종에 전념하고 있지만, 그들이 개종한다 해도 실제로는 겉옷을 갈아입는 것에 지나지 않았다. 거룩함과 오염과 정화, 사제 왕과 성스러운 이름과 성스러운 물과 왕의 혈통, 희생된 신과 풍성한 부활과 그 모두를 개괄하는 신을 먹는 예식이 있었다. 이 모두는 무척 인상적인 일이었지만, 그 모두가 자기충족적인 일로 느껴진다는 사실만은 그렇지 않았다.

프레이저는 이러한 문화들을 자신이 살고 있던 문명 안에 자리한 자리에서 바라볼 수밖에 없었다. 그는 회의론자였음에도 견고하게 그리스도교적인 시대의 인물이기도 했다. 그렇게 피할 수 없는 것이 많았다. 더 문제가 된 것은 그가 다른 문화들에 대해 썼음에도, 그중 어느 곳에서도 직접 현장 조사를 한 적도 없고, 심지어 방문한 적도 없다는 사실이었다. 그는 '원시적'인 민족들을 관찰할 다른 렌즈를 알지 못했고, 그래서 자신이 기술하는 대상 대부분을 익숙한 어휘로 옮겼다. 《황금가지》와 그 뒤에 나온 《구약시대의 인류민속학Folk-Lore in the Old Testament》에서 그가 말하는 많은 내용이 사실상 유대-그리스도교의 번안이었다.

그러므로 동아프리카의 은주마족은 "이스라엘의 레위족"의 등가물이었다.[12] 라싸의 달라이 라마는 "양들을 위해 자기 목숨을 내어놓는 착한 목자"다.[13] 동아프리카의 와차가족이 행하는 의례는 "엄숙동맹과 언약"이다.[14]

'희생양'이라는 용어는 윌리엄 틴들이 도중에 중단된 구약성경 번역 과정에서 〈레위기〉에 나오는 특별한 의례를 묘사하고자 만들어낸 용어인데, 생각할 수 있는 모든 문화와 시간에 존재하는 악의 '전이'와 '축출'을 다루는 400쪽짜리 《황금가지》 한 권 전체의 초점이 되었다. 프레이저가 사용하는 언어는(아담과 노아, 거듭남, 세례, 성사, 거룩함, 부활 등의 용어들은), 기껏 그 대응관계가 매우 미약할 때조차도, 그리스도교에 대응하지 않을 수 없었다. 이 모두가 축적된 결과, 모든 문화를 가로지르는 강력한 일치감이 생겼으나 세부적인 차이들은 간과되었다. 이는 "성스러움 밑에 깔린 야만"을 드러내기 위해 의도된 것이었다. 그래서 그 야만은 아주 생생하게 드러났지만, 한편으로는 세상에 정말로 한 종류의 종교만 존재하고, 히브리 문화에는 독창적인 것이 전혀 없다는 의혹을 남겼다.

프레이저 자신은 성경을 매장하기보다는 오히려 찬양하게 되었다고 주장했다. 《성경의 구절들Passages of the Bible》(1895)에서는 이 책이 어떻게 "기쁨을 주고, 기운을 북돋우며, 위안을 주기에 적합한 (…) 고귀한 문학"이 되었는지에 관해 기술했다.[15] 역설적인 사실은, 바로 이것이 주된 이유가 되어 그의 저작이 사람들에게 기억되고 존경을 받게 된다는 것, 즉 문학에 기여한다는 것이다.[16] T. S. 엘리엇이 《황무지》에 단 주석에서 프레이저에게 진 빚을 인정한 사실은 유명하다. 그 주석들이 얼마나 짓궂은 것이었든, 이 시를 배우는 학생이라면 《황금가지》를 무시할 수 없다. 제임스 조이스는 《젊은 예술가의 초상》, 《율리시스》, 《피네간의 경야》에서 프레이저의 생각들을 끌어온다. W. B. 예이츠는 〈비잔티움으로의 항해〉에서 프레이저를 인용한다. 1915년 D. H. 로런스는 프레이저의 책을 읽고 버트런드 러셀에게 보내는 편지에서 이렇게 말한다. "나는 (…) 의식이 뇌와 신경이 아닌 또 다른 곳에 놓여 있다고 확신합니다. 일반적인 정신의 의식과 상관없이 우리 안에 존재하는 피의 의식이 있습니다. 그것은 그 원천

혹은 연결기관으로 눈에 의지하는 것입니다."[17] 로버트 그레이브스, 존 밀링턴 싱, 윈덤 루이스, 심지어 존 버컨까지도 그의 생각들에 영향을 받았다. 프레이저의 인류학이 가진 문학적 힘은 그 과학적 가치를 훨씬 뛰어넘었다. 프레이저가 성경 자체에 대해서 말했던 것처럼, 《황금가지》에 담긴 과학적 진리가 무엇이든 (후대 학자들은 거기에 과학적 진리는 별로 없다고 결론 내리지만) 그 안에는 더 깊고 더 원시적이며 신비로운 진실이 있는 듯 보였다.

'전체적인 여론의 분위기' — 유아적인 종교

'원시' 문화들과 유아기를 결부시키는 것은 인류학자들에게 익숙한 일종의 수사법이다. 마술과 종교는 결국 인류의 유아기가 남긴 잔해다. 타일러는 아이들이 딸랑이와 북을 가지고 놀며 즐거워하는데, 따라서 "미개한 마술사도 그와 똑같은 도구에 놀라울 정도로 완고하게 집착한다"는 사실은 유아기적 특성을 보여주는 것이라고 추론했다.[18] 그러한 야만인을 "성장한 어린아이"로 보는 것이 "진부한" 비유일 수 있다고 그도 인정했지만, 대체로는 "건전한" 비유라고 말했다.[19] 하지만 어린아이와 같아지는 데는 한 가지 방법만 있는 것이 아니었다. 예를 들어 정말로 아이가 될 수 있다. 아마도 종교는 인류의 유아기가 여전히 남아 있는 것이 아니라 유아기 자체일 것이다. 그게 아니라면 둘이 똑같을 수도 있다.

　지크문트 프로이트는 인류학 책을 많이 읽었다. 꿈과 애니미즘에 관한 타일러의 생각을 차용했고, 《토템과 터부Totem und Tabu》에서 프레이저를 거의 100번에 가깝게 인용하거나 언급했다. 그러나 그는 인류학자가 아니라 의사였다. 원래 해부학자였다가 신경과 전문의이자 정신 치료사가 되었다. 무엇보다도 그는 과학자였고, 그래서 회의적 태도, 엄격함, 가설, 증거, 검증의 원칙들을 정신 연구에 도입하기로 결심했다. 적어도 그는 그렇게 주장했다. 그는 또한 합리주의자, 유물론자, 실증주의자, 결정론자였다. 그에게는 과학이야말로 인간을 구원해줄 수 있는 것이었다. 그는 1932년에 이렇게 썼다. "미래를 향해 우리가 품을 수 있는 최선의 희망은 지성(과학의 정신, 이성)이 시간의 흐름 속에서 인간의 정신생활에 독재정을 확립하기를 바라는 것이다."[20]

과학이 떠오르니, 종교는 가라앉아야 한다. 유대인으로 태어났고 자랐음에도 프로이트는 신이나 불멸성을 믿은 적이 없는 듯 보였으며, 종교에 대한 어떤 감정적이거나 실존적인 이끌림에도 전혀 무관심했다. 한 친구에게 보낸 편지에서, 그는 자신이 "늘 불신자였다"고 말했지만, 적어도 문화적으로는 유대인임을 (그리고 유대인의 문화가 오랫동안 유럽 지성계의 변방에 머물러 왔음을) 인정했다. 그러나 바로 그것이 프로이트에게 성공의 돌파구를 열어주는 그만의 시각과 성향을 형성했다.[21] "왜 독실한 이들 중에 어느 누구도 정신분석을 창조하지 못했을까?" 1918년, 프로이트는 스위스인 목사 오스카 피스터에게 수사적인 질문을 던졌다. "왜 전혀 신을 믿지 않는 유대인이 등장할 때까지 기다려야 했을까?"[22] 유대인이라는 사실이 그에게 어떤 의도치 않은 지적인 이점을 주었든, 종교란 늘 그가 직접 바라보는 무언가였지, 그것을 통해 다른 것을 바라보는 무언가는 아니었다.

프로이트는 합리주의자였지만 비합리적인 행동에 관심이 많았다. 1880년대 말부터는 심리적 불안을 겪는 환자들이 많은 경우 최면술의 도움을 받아, 어린 시절로 돌아가 해소되지 않은 트라우마를 다룸으로써 치료될 수 있다고 확신하게 되었다. 이 강력하고, 종종 성적이기도 한 무의식적인 힘들은 대체로 유아기에서 비롯되었으나 성인이 되어 합리적 사고를 할 수 있게 된 뒤에도 오랫동안 사람들을 지배했다. 바로 이것이 종교의 핵심이었다. 1910년, 프로이트는 자신의 "섬광 같은 발상"을 카를 융에게 털어놓았다. "인간이 종교를 필요로 하는 궁극적인 이유는 유아적 무력함 때문이다. 이는 동물들보다 인간에게서 훨씬 더 크다."[23]

이 단계에서 프로이트는 거의 10년 가까운 시간에 걸쳐 종교에 관한 생각들을 발전시키고 있었다. 1907년에 이미 종교가 강박적 신경증이라는 생각을 제시했었다. 신경증 환자들이 그들의 공포증을 다루는 데 강박적인 특징을 보이는 것과 똑같이, 종교인들도 양심을 달래고 불안을 쫓기 위해 의례와 예식을 행한다. 같은 해 융에게 보낸 편지에서 프로이트는 종교에 대한 이러한 그림에 더 명확하게 성적인 차원을 도입했다. 레오나르도 다빈치에 관한 연구에서 그는 인격적인 신이란 "심리학적으로 격상된 아버지일 뿐"이라고 했다.[24] 그 아버지는 안정을 제공하는 동시에 본능(특히 성적 본능)을 억압하는 존재이며, 사랑하지만 권위적이고 위협적인 존재다. 그 결과는 종교적 경건함으로 실행되는 욕구와 죄책감의 강력한 결합이다.

이러한 생각들은 《토템과 터부》(1913)에서 무르익었다. 제목 자체가 3년 전에 출간된 프레이저의 《토템과 족외혼Totem and Exogamy》에 상응하는 것으로, '야만인들과 신경증 환자들의 정신생활 공통점'이 라는 부제는 종교에 대한 체계적 이해를 제시하지는 않았지만 독자 가 짜맞출 수 있는 원재료를 제공했다. 종교의 기원은 유아가 그의 (악명 높은 '그의') 아버지에 대해 갖는 양가적 태도에 있다. 즉 유아는 아버지에게 의존하면서도 아버지를 거부하려 한다. 하지만 이것은 인간의 기원일 뿐 아니라 인류의 기원이기도 하다. 다윈의 '원시 부 족primal horde'이라는 이상을 개조해 프로이트는 아들들이 부족 내 여 성들에 대한 배타적인 성적 권리를 주장하는 권위적인 아버지에게 지배를 받다가 쫓겨나서는 함께 모여 폭군 같은 아버지를 죽이고 기 념 축제에서 아버지를 먹어치운다고 상정했다. 그렇게 함으로써 그 들은 아버지의 힘을 얻고, 그와 동시에 형제적 일치를 이룬다. "아마 도 인류 최초의 기념행사였을 토템 축제는 이 기억할 만한 범죄적 행 동을 반복하고 기념하는 것이었다. 그리고 그것으로 사회적 조직과 도덕적 제약과 종교가 시작되었다."[25]

이 원시적 살인은 그 죄 및 결과들과 더불어 인간의 심리 안에 깊 이 뿌리내려 집단 무의식의 일부로 세대를 통해 전해졌다. 이를 위 해 프로이트는 에른스트 헤켈이 발전시킨, '개체 발생은 계통 발생을 반복한다'는 '법칙'을 빌려왔다. 이 법칙은 개별 유기체의 발전 과정 이 종 전체의 발전 과정을 따른다는 주장이었다. 그러므로 인간의 태 아는 진화의 과정을 '반복하는' 어류-파충류-조류-포유류의 단계를 거친다고 생각되었다. 이 모델에 근거하면, 개별적 인간의 오이디푸 스적 본능은 아버지를 죽이고 먹는 원시적이고 보편적인 행위의 반복이었다. 종교는 이 원시적 죄를 속죄하려는 개인과 공동체의 시도가 되었다.

프로이트가 역사적·생물학적·정신분석학적 관념들을 《토템과 터부》의 종교에 대한 과학적 서술로 통일한 것은 놀라울 정도로 독창적이었으며, 심지어 그가 더 많은 익숙한 이론들을 통합할 때에도 그의 이해에 핵심으로 남았다. 종교의 기원은 인류의 단계적 발전에 대한 관습적 믿음에 단단히 결부되었으며, 사회는 애니미즘에서 종교를 거쳐 과학으로 발전했다. 제5차 솔베이 회의가 열리던 해에 출간된 《환영의 미래Die Zukunft einer Illusion》에서 프로이트는 디랙의 입에서 나올 법한 설명을 덧붙였다. 종교는 우리의 "비참하고 무지하며 짓밟힌 조상들"에게서 태어났으며, 오직 "본능적 소망"과 "내적 경험"에 의존하며, "모순, 수정, 변조"로 가득했다.[26] 그것은 환영에 지나지 않았으나, 우리의 깊은 심리적 욕구에서 태어났고 그 욕구를 뒤틀린 방식으로 채워줄 수 있는 환영이었다. "장엄하고, 잔인하며, 냉혹한" 자연의 힘 앞에서 연약한 인간은 그 힘들을 인격화해 달래거나 매수할 수 있는 신들로 전환했다.[27] 그 결과, 삶은 관리 가능한 것이 되었다. "겉으로는 엄격하게 보이지만, 우리가 자연의 무자비하고 강력한 힘의 장난감이 되도록 내버려두지 않는 자애로운 섭리가 우리 각자를 보살핀다."[28]

이것이 종교의 유일한 기능은 아니었다. 프로이트는 종교가 어떻게 외적이고 자연적인 위협만이 아니라 내적이거나 사회적인 위협에 대한 대응이 되는지도 반복하여 설명했다. 의례와 윤리 체계로 완전해지는 종교적 태도는, 모두 유아기의 트라우마까지 거슬러 올라갈 수 있는 원시적이고 폭력적이며 성적인 본능을 억압하기 위한 문명의 대처 수단이었다. 《문명 속의 불만Das Unbehagen in der Kultur》(1930)에서 말했듯이 "어린아이의 무력감에서 비롯하는 종교에 대한 욕구와 그것이 초래하는 아버지에 대한 갈망은 내게 이론의 여지가 없이 분명해 보인다."[29]

하지만 이 모든 설명에도 일신교의 문제는 여전히 열린 채로 남아 있었다. 종교적 충동이 인간(인류)의 유아기에서 비롯했고, 애니미즘과 마술과 의례와 신들을 통해 어느 정도 충족되었음은 충분히 인정할 수 있다. 하지만 유일신은 어디에서 온 것일까? 프로이트는 임종 직전에 마무리한 《인간 모세와 유일신교Der Mann Moses und die monotheistische Religion》에서 이 문제를 정면으로 다루었다. 이 책은 성경의 탈출기에 대한 새로운 독해를 제안했다. 프로이트에 따르면, 모세는 히브리인이 아니라 일신교를 도입한 파라오 아크나톤을 추종하는 이집트인이었다. 아크나톤이 죽자, 모세는 한 무리의 헌신적인 일신교 신자들을 이끌고 이집트에서 나왔다. 하지만 이들이 봉기해 모세를 살해하고, 그의 종교를 버리고 화산의 신 야훼를 믿는 종교를 택했다. 예상할 수 있듯이, 죄책감이 뒤따랐고 유대인의 집단적 무의식 속에 전해져 내려와, 자기 백성을 "구원과 온 세상에 대한 약속된 주권"으로 이끌 메시아의 귀환에 대한 "소원-환상"으로 드러났다.[30]

《인간 모세와 유일신교》는 성경의 이야기를 《토템과 터부》라는 프로크루스테스의 침대에 맞추어 왜곡했다. 그 결과는, 비평가들이 재빨리 지적했듯이, 부조리할 뿐 아니라 그릇된 소원-환상이었다. 하지만 이 때문에 프로이트의 별이 빛을 잃은 것은 아니었다. 1939년

9월에 세상을 떠날 때도 그의 별은 환히 빛나고 있었다. 종교의 기원에 관한 그의 관념이나 타협의 여지 없이 과학적이라는 그의 주장에 대해 미래의 사람들이 무어라 생각하든(어느 쪽에서도 그는 상처 없이 빠져나가지 못했다) 그것들을 무시하거나, 그것들에 의해 형성되지 않기란 불가능했다. 영국의 시인 W. H. 오든은 프로이트를 기리는 시에서 그가 한 개인이 아니라 "전체적인 여론의 분위기"였다고 말했다.

'미신은, 믿음처럼, 죽어야 한다' ― 종교의 가치 재평가

프로이트는 전형적인 겸손으로, 자신의 연구 성과가 실존에 대한 확고하게 과학적인 새로운 시각을 제공하면서 인류의 자기이해 방식에 코페르니쿠스적 혁명을 일으켰다고 생각했다. 한 가지 이상한 면에서 그는 옳았다. 우리가 이미 보았듯이 코페르니쿠스의 혁명이 실제로는 그렇게 혁명적이지 않았기 때문이다.

　문제는 빠르게 증가하는 그의 비평가들이 지적하듯이 그가 엉성한 증거를 근거로 한 편파적 추론으로부터 옹호될 수 없는 결론을 이끌어내면서 너무 자주 틀렸다는 것이었다. 너무 자주 틀렸다는 것이 늘 틀렸다는 것은 아니었다. 심리적 자기방어 기제로서의 억압과 일종의 문화적 규제 장치로서의 종교라는 개념은 괜찮았다. 하지만 그 자신에게서 기원했고 그의 접근법을 대표하는 종교의 발생에 관한 생각들은 전혀 입증되지 않아서 유지될 수 없다는 것이 드러났다.

　《인간 모세와 유일신교》의 경우 확실히 그러했지만, 사실 원시 부족, 친부살해의 원죄, 그로 인한 토템 축제와 집단 심리로 이어지는 죄책감을 다룬 이전의 저서들도 별로 다르지 않았다. 영장류 동물학에서는 영장류가 서로 다른 다양한 방식으로 살아가고 유대를 맺는다는 사실을 보여주는데, 그중 프로이트의 생각에 필수적인 방식에 대응하는 것은 거의 없었다. 마찬가지로 인류학자들도 명확한 원형적 원시인 '부족horde'의 존재를 부정한다. 친부살해라는 근본적 행동에 대한 증거는 전혀 없었다. 프로이트의 도식은 행위자를 망각한 듯한, 혹은 때때로 여성이 존재한다는 사실마저 잊어버린 듯한 가차 없는 남성적 해석이라고 비판받았다.

성적인 질투와 폭력은 '원시인'과 '문명인'을 포함한 영장류 사이에서 너무나 흔했고 지금도 흔하다. 이는 마거릿 미드가 평화로운 난혼亂婚이 존재하는 단순한 섬이 있다는 사실을 밝힌 인류학의 고전 《사모아의 청소년Coming of Age in Samoa》(1928)의 내용과는 반대되는 것이었다. 하지만 성적 공격성과 죄책감 위에 종교 전체의 구조를 세우려고 했던 프로이트의 시도는, 나중에 상당히 부정확한 것으로 밝혀지는 미드의 그림만큼 비현실적인 것이었다. 영성적으로 중요한 동·식물과 자연 대상을 중심으로 하는 믿음과 의례인 토테미즘은 프로이트가 생각했던 것처럼 그렇게 보편적인 현상이 아니었다. 그가 상정했던 토템 식사조차 훨씬 덜 보편적이었다.

프로이트에게 가장 불리했던 것은 그의 핵심 개념들을 계속 전달할 기제가 전혀 없었다는 것이다. 1940년대에 다윈의 진화론은 마침내 멘델의 유전학에서 평생의 파트너를 찾았고, 자연선택은 진화론의 핵심 엔진으로서 마침내 믿을 수 있는 것이 되었다. 유기체가 습득한 특성을 다음 세대에 전달한다는 라마르크주의는 거의 지난 50년 동안 생물학으로 조금씩 들어오고 있었지만 이제 관심 밖으로 밀려났다. 프로이트는 스스로를 변호하지 않는 라마르크주의자였다. 종교가 집단 심리에 기원한다는 그의 생각은 라마르크를 필요로 했다. 그 결과 그의 생각은 습득된 특성의 무게에 눌려 물결 아래로 가라앉았다.

얇은 얼음이 갈라지듯 프로이트의 이론 전체로 퍼져나간 이 모든 오류 아래에는 나쁜 과학이라는 단순한 문제가 있었다. 프로이트는 다른 무엇에 못지않게, 정신에 대한 연구를 엄격한 과학의 영역으로 가져오는 데 전념했으나 지나치게 빈번하게 그러했다. 적어도 종교에 관한 생각을 말할 때, 증거를 억지로 자신의 이론에 끼워 맞췄다. 그는 습득된 특성이 대물림된다고 확고히 믿었으며, 원시 죄책감의 전이라는 문제에는 무관심했고, 그가 설정한 이드와 에고 같은 독립체와 오이디푸스 콤플렉스에는 기껏해야 아주 미약한 증거만 있을 뿐이었다. 이 모두가 드러내는 것은, 자신의 이론을 너무나 확신한 나머지 증거가 그 이론을 뒷받침하리라는 것을 알고 있거나, 증거가 이론을 뒷받침하도록 만들거나, 그렇지 못하면 무시해버리는 정신이다. 과학에서 이론이 증거에 선행하는 일은 흔하다. 그러나 종교에 관한 프로이트의 이론은 너무 앞서 나간 나머지 증거가 모두 시야에서 벗어나고 말았다.

프로이트를 옹호하자면, 그가 단지 인류학 선배들의 발자국을 따랐던 것뿐이라고 할 수 있겠다. 타일러와 프레이저는 종교에 관한 인류학을 학문적 발판 위에 올려놓았을지 모르지만, 편안히 의자에 앉아서 한 그들의 분석과 그 분석에 수반된 식민주의적이고 실증적이며 진보적인 편견들은 그들의 연구 성과가 가진 경험적 힘을 심각하게 약화했고, 정교하고/하거나 거만한 이론이 증거보다 훨씬 앞서나가게 허용했다. 이는 20세기의 두 번째 4분기에 이르러 변하기 시작했고, 프로이트의 종교 이론에 관한 초기의 비판들이, 프로이트와 프레이저가 거들먹거리며 말했던 사람들 사이에서 여러 해를 보냈던 인류학자들에게서 주로 나왔다는 사실은 그리 놀랍지 않다. 1965년에 에드워드 에번 에번스프리처드는 건조하게 기술했다. "[토템 식사]에 관한 이론에 대해 말할 수 있는 것은 토템 동물을 먹는 것이 가장 이른 형태의 희생제사이며 종교의 기원이었을 수도 있지만, 그렇다는 증거는 전혀 없다는 것뿐이다."[31]

에번스프리처드는 자신이 무엇에 대해 말하는지 알고 있었다. 그의 획기적인 저서 《아잔데족의 마술과 신탁Witchcraft, Oracles and Magic among the Azande》은 프레이저의 《황금가지》의 마지막 부록과 몇 달 차이로 출간되었지만, 역사학자 티머시 라슨의 말대로 "방법, 이론, 실천, 개인적 소신"이라는 면에서 "탄탄한 (…) 도약"을 보여주었다.[32]

에번스프리처드는 나일강 상류 지역의 아잔데족 사이에서 몇 년을 보낸 다음 누에르족과 더 많은 시간을 보냈고, 누에르족에 관한 책을 1940년에 출간했다. 종교적 믿음을 가진 이들과 마찬가지로 종교적 믿음 자체도 그 단어의 가장 치우친 의미에서 원시적이라고 여긴 이전 인류학자들과 달리, 에번스프리처드는 자세하고 몰입적인 참여 관찰 현장연구를 진행했을 뿐 아니라, 연구 대상을 자명하게 우월한, 과학적 정신을 지닌 서구인의 입장이 아니라 그들의 입장에서 이해하려고 했다.

이것이 전면적인 상대주의를 수반하지는 않았다. 에번스프리처드는 분명히 밝혔다. "아잔데족이 생각하는 마녀는 존재할 수 없다." 아잔데족의 신탁은 "그들에게 아무것도 말해줄 수 없다." 아잔데족의 마술은 아무 효과도 없다.[33] 하지만 그렇다고 아잔데족이 단순히 무지하거나 비합리적인 것은 아니었다. 그들의 영적 설명들은 자연적인 설명을 대체하기보다 보완했다. 그들은 자연의 인과성을 부정하지 않지만, 자연의 인과성이 영적 설명을 불가능하게 한다고 생각하지 않았다. 더욱이 인류학자들이 이전에 그러한 믿음을 다루었던 방식을 생각하면 아주 놀랍게도 에번스프리처드는 그 나름의 폐쇄된 체계 안에서 아잔데족의 믿음이 타당하다고 주장했다. "그들의 신비적 개념들은 대단히 일관성이 있고, 논리의 망으로 상호 연결되어 있으며, 매우 질서정연해서 감각적 경험에 결코 지나치게 모순되지 않고 오히려 경험이 그 개념들을 정당화하는 듯 보인다."[34] 이러한 생각은 아잔데족의 마술을 유럽의 과학과 같은 수준에 올려놓는 일종의 상대주의를 정당화하는 데 쓰일 수 있었다. 하지만 그는 '원시적인' 사람들과 종교적 믿음을 단순히 유아적이고 망상적이라고 이해하던 기본 입장에서 멀어지는 움직임을 처음으로 일으키고 있었다.

같은 맥락에서, 1950년대에 누에르족의 종교에 관한 책을 쓰게 되었을 때 에번스프리처드는 그 종교가 "구약성경의 히브리인들을 떠올리게 하는 특징"을 가지고 있다고 주장했다.[35] 물론 테일러나 프레이저, 혹은 프로이트도 비교했지만, 그들과 달리 에번스프리처드는 찬사의 의미로 비교했다. 그는 비교만 한 것이 아니라, "엑스 니힐로 ex nihilo"(無無로부터), "데우스 압스콘디투스deus absconditus"(숨은 신)와 같은 라틴어 신학 용어들을 사용해 누에르족의 믿음을 분석했다. 하지만 책을 끝맺을 때는 다음과 같은 교훈적인 말을 남겼다.

누에르족의 종교는 궁극적으로 하나의 내적인 상태다. 이 상태는 우리가 관찰할 수 있는 의례에서 외부화된다. 그러나 그 의미는 결국 신에 대한 인식에 의존한다. 그리고 사람들은 신에게 의존하며 신의 뜻에 자신을 맡겨야 한다. 이 지점에서 인류학자에게서 신학자에게로 넘어간다.[36]

아잔데족(과 누에르족)에 관한 에번스프리처드의 연구 성과는 종교의 단순성과 유아성에 관한 초기 인류학의 전제들을 다시 방향 설정을 하는 데 중대한 역할을 했다. 하지만 그가 자신의 부족에게 비춘 빛 또한 그만큼 중요했다. 그의 탁월함에는 의문의 여지가 없다. 그는 전쟁 이후 옥스퍼드로 돌아와 올소울스칼리지의 펠로가 되었고 이후 거의 25년 동안 사회인류학과장 자리를 맡았다. 하지만 그 직전에 그는 로마 가톨릭으로 개종했고, 리비아의 벵가지 대성당에서 받아들여졌다. 그는 한 번도 그리스도교를 떠난 적이 없었지만(그의 아버지는 성공회 성직자였다) 그가 가톨릭 신자가 되었다는 사실은 상당히 충격적이었다. 그는 후기 계몽주의에서 그리스도교를 현대인의 구미에 맞게 만들려는 시도가 실패할 것이라고 주장했었다. 그는 예언, 기적, 교리, 신학, 의례, 전통, 성직주의, 그리고 초자연적인 것들까지 기꺼이 포기하려는 의지가 "화물을 전부 바다에 던져버림으로 써 이 배를 구하려는 필사적인 노력"에 지나지 않게 되었다고 썼다. 종교를 해체한 것은 과학이 아니라 종교였다. 그는 수사적으로 물었다. "제방은 이미 몇백 년 전에 무너졌는데, 왜 지질학자, 인류학자, 성서학자를 비난하고 있는가?"[37]

그렇다고 해서 인류학자들이 대답할 수 있는 것이 전혀 없다는 말은 아니다. 이 말은 그가 1959년 '종교와 인류학자'라는 제목으로 아퀴나스 강의를 하면서 했던 것이다. 이 강의에서 그는 사회학자들과 인류학자들이 오랫동안 얼마나 체계적으로 반反종교적이었는지를 보여주었다. 그리고 이렇게 말했다. "프레이저와 동시대에 살았거나 프레이저 이후에 등장한 모든 선구적 사회학자들과 인류학자들은 불가지론자이자 실증주의자였다."

그들은 종교를 논하기는 했으나, 어떤 과학적 설명이 요구되고 제공될 수 있는 미신으로서 종교를 다루었다. 내가 생각하기에, 우리 세대의 거의 모든 선구적 인류학자들은 종교의 신앙이 전적인 환영이며, 곧 사라져 '보상'과 '투사'라는 용어로 설명되거나 사회적 연대를 유지하려는 방침을 따라 어떤 사회학적 해석에 의해 설명될 수 있는 흥미로운 현상이라고 믿었다. (…) 종교는 인류학자들에 의해 설명되어야 할 미신이지, 한 인류학자나 합리적인 사람 누구나가 믿을 수 있는 무언가는 아니다.[38]

종교는, 거의 그 정의상, 유아적인 망상이었다. 그럼에도 종교가 계속 존속하는 이유를 설명하는 것은 인류학이 해야 할 일이었다.

종교를 연구하는 인류학자들의 반反종교적 가정들에 대한 에번스프리처드의 비판은 날카로웠다. 하지만 그의 생각은 가톨릭으로 개종한 신자로서 자신의 경험에서 양분을 얻은 것이기도 했다. 한번은 개종한 뒤에 "어떤 개인적인 난제들에 직면해야 했다"라고 말하기도 했다.[39] 더 나중에 나온 이야기에 따르면, "그가 가톨릭으로 개종한 사건은 전쟁 이전 런던경제대학(LSE) 친구들의 주로 합리주의나 불가지론이나 '인본주의'적인 원칙을 저버린 것으로 여겨졌다."[40]

사실 그런 믿음을 가진 사람이 에번스프리처드만 있었던 것은 아니었다. 전후 영국의 가장 훌륭한 인류학자 중 한 명인 메리 더글러스는 태생부터 가톨릭 신자였고, 전후 옥스퍼드대학에서 에번스프리처드가 주재한 기관에는 다른 신자들이 많았다. 가톨릭 신자로는 고드프리 린하르트와 피터 린하르트가 있었고, 힌두교 신자로는 M. N. 스리니바스, 유대교 신자로는 프란츠 슈타이너가 있었다. 더욱이 에번스프리처드의 종교가 적대감을 불러일으키긴 했지만, 그럼에도 종교인류학이 태어날 때 하늘을 덮고 있던 무분별하게 반反종교적인 구름이 확실하게 옅어지기 시작했다. 20세기 전반기에는 서구가 도덕적으로 우월하다는 가정과, 과학과 문명이 필연적으로 연결되어 있다는 생각이 타격을 받으면서 프레이저와 타일러와 콩트의 연구 성과의 토대가 되는 진보의 개념들은(불가피한 진보는 말할 것도 없고) 약간의 타격을 받았다. 탈식민지의 시대가 도래하자, 종교에 대한 우월적 태도가 올라타고 있던, 초기 인류학자들의 자민족 중심적인 우월성을 유지하기는 조금 더 어려워졌다.

그럼에도 이 시대의 분위기는 인류가 달에 닿으려고 할 때처럼 과학적 흥분으로 여전히 숨이 막힐 듯 답답해질 수 있었다. 적어도 지식인들 사이에서 종교에 대한 기본 시선은, 종교란 본질적으로 그 자리에 폐허만 남기고 역사가 될 운명인, 일종의 원시적 미신에 지나지 않는다는 것이었다. 필립 라킨이 어느 조용한 일요일에 방문했던 썩어가는 교회들에 대해 썼던 것처럼 말이다.

미신은, 믿음처럼, 죽어야 한다.
그런데 불신이 사라지면 무엇이 남을까?
풀, 잡초가 무성한 포도, 검은딸기나무, 부벽浮壁, 하늘.

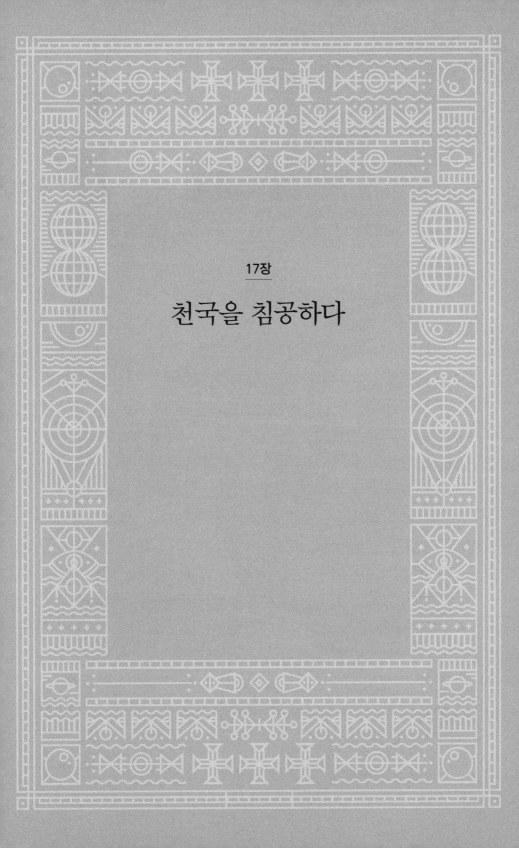

17장

천국을 침공하다

과학(기술과 교육을 갈망하는 어린 소녀)과 종교(소녀를 교회로 끌고 가는 못생기고 쭈글쭈글한 할머니)를 병치했던 소비에트 시대의 반反종교 포스터. "종교는 독이다"라고 쓰여 있다.

'내 후광을 줄 테니 헬멧을 달라' ─ 종교적 과학

디랙 같은 물리학자들과 프레이저 같은 인류학자들, 프로이트 같은 정신분석학자들, 그리고 라킨 같은 시인들의 주장이 세부 사항이나 심지어 그 매력에서 아무리 서로 다르다고 해도, 한 가지 점에서는 서로 부합했다. 즉 종교의 날들은 다 헤아려졌으니, 이제 남은 진짜 문제는 하나라는 것이었다. 즉 종교가 어떻게 사라질 것인가.

기본적인 답은 '자연적으로' 사라진다는 것이었다. 프로이트가《환영의 미래》에서 "종교에서 멀어지는 일은 성장 과정에서 숙명적으로 불가피하게 일어나게 마련이다"라고 쓴 것은 많은 이들의 의견을 대변했다.[1] 과학이 많아질수록 종교는 더 적어졌다. 둘의 관계는 단순한 제로섬 게임이었다.

하지만 둘의 관계가 더 복잡해 보이는 순간들이 있었다. 프레이저는 그렇게 하려는 혁명적 시도들을 개탄했음에도, 종교는 의도적으로 뿌리까지 완전히 뽑아야 사라질 것이라고 암시했었다.[2] "우리가 품을 수 있는 최선의 희망은 지성(과학의 정신, 이성)이 시간의 흐름 속에서 인간의 정신생활에 독재정을 확립하기를 바라는 것"이라는 말로 특히나 뚜렷하게 드러나도록 말한 바 있었다.[3] 그가 이 말을 책에 쓴 1932년은 독재정이라는 말이 느슨하게 해석되거나 관용구로 이해될 권리를 이미 잃었던 때다. 사실 이제까지 없었고 앞으로도 없을 과학과 종교의 가장 악의적인 충돌을 일으키는 독재에 접어든 지 15년째 되었다. 이 노골적이고 지속적이며 과도하게 이론화된, 종교와 과학의 충돌은 이전에 로마, 옥스퍼드, 데이턴에서 일어났던 충돌을 모두 별것 아닌 일로 보이게 만들었다.

1920년 혁명적 마르크스주의 철학자 니콜라이 부하린은 과학 지식이 "느리지만 확실하게 모든 종교의 권위를 약화한다"라고 썼다.[4] 이러한 확신은 3년 전에 일어난 볼셰비키 혁명으로 이어진 원인들과 그로부터 비롯한 결과들을 뒷받침했다. 역사학자이며《신들은 어떻게 태어나고, 살고, 죽는가How Gods and Goddesses Are Born, Live, and Die》의 저자인 예멜란 야로슬라프스키가 선언한 바에 따르면, 공산주의는 "과학적 세계관에 기초"했으며, "신, 천사, 악마, 혹은 인간의 환상이 만들어낸 다른 것들이 들어설 여지가 없다."[5]

과학은 믿음이 원시적 미신이나 인간의 욕구와 소외의 징후, 혹은 어쩌면 영적 덮개에 투사된 인간의 자부심에 지나지 않음을 보임으로써 종교적 주장들이 틀렸음을 입증했었다. 어떤 믿음이든, 과학은 그 믿음이 거짓임을 보이고, 신과 영혼이 없는 세상을 드러냈다. 하지만 이번 충돌에는 콩트나 프레이저나 프로이트를 단순히 반복하는 것 이상의 무언가가 있었다. 소비에트 공산주의는 과학적 종교 이론만이 아니라 과학적 역사 이론에 근거했다. 역사란 물질적 발전 과정이었다. 이 과정에서 위인들이나 거시적인 사상들이나 신의 섭리 같은 전통적인 요소들은 집단적 노력과 실존의 물질적 조건, 그리고 특히 재화의 생산과 교환과 소비에 의해 타당하지 못한 것이 된다. 이러한 관계들의 역학을 이해함으로써 인류는 이제껏 신에게만 보인 역사의 경로를 분별할 수 있게 되었다.

또한 과학을 통해 인류는 역사를 '과학적 사회주의'로 향하게 함으로써 세상의 방향을 다시 설정할 수 있게 되었다. 과거에 대한 과학적 접근을 통해 미래에 대한 과학적 접근 또한 가능해졌고, 이로써 과거의 권위 구조들을 잉여적인 것으로 만들 '과학적 통치'가 용이해졌다. 신이 자신의 섭리적 주권을 통해 미래를 통치했듯이 이제는 과학이 미래를 통치했다.

종교, 역사, 통치에 대한 이 같은 과학적 접근을 뒷받침한 것은 인류에 대한 과학적 이해였다. 영혼에 대한 종교적 이야기는 형이상학적 헛소리이며, 영원한 생명은 오직 지상의 불의 덕분에 호소력을 갖는 거짓된 보상이었고, 거룩함은 교회의 신용 사기에 지나지 않았다. 경제적 불의나 비양심적인 사제들 때문에 자포자기한 사람들이 헛되이 품게 되는 동경들에 현혹되지 않은 채, 과학이라는 명징하고 객관적인 렌즈를 통해 바라보면, 인간은 그저 살면서 편안하고(공산주의에 의해 해방되기만 한다면) 죽어서 잊히는 운명의 물질적 존재일 뿐이다. 1927년 성 세라핌 성당이 완전히 파괴되자, 그 자리에는 돈스코이 화장장이 들어섰고, 거기에는 문자 그대로 영혼이나 내세를 고려한 공간이 전혀 없었다.[6] 그곳은 벽돌과 모르타르로 구현된, 과학적 인간 개념이었다.

이 모든 주장의 논리와 일관성에는 결함이 전혀 없어 보였다. 이제 미래가 도래했음에도 종교가 고사하지 않는 것은 오직 종교의 역사적 우위 때문이었다. 영적인 포도나무는 과학의 냉엄한 진리에 의해 뿌리가 뽑혀 죽은 지 오래였다. 이 포도나무가 아직도 똑바로 서 있는 것은 정치적 권위의 격자 구조물에 묶여 있기 때문이다. 그로부터 분리되는 순간, 종교는 곧장 쓰러져 죽을 것이다.

그래서 볼셰비키는 권력을 장악하자 세속 국가 건립에 착수했다. 러시아 혁명 직후 그들은 완전히 무해하게 들리는 "양심과 교회와 종교단체들의 자유에 관한 법령"을 통과시켜 교회(러시아 정교회)와 국가를 분리하기 위해 움직였다. 이 법령은 마치 종교와 비종교 모두의 자유를 보장하는 듯 보였다. 하지만 이어서 나온 법령은 모든 수도원과 교회의 토지를 국유화했다. 시민의 결혼에 관한 또 다른 법령은 혼인 등록에 관한 교회의 권한을 박탈했다. 교회가 운영하는 학교들은 계몽 위원회로 이관되었다. 아동 종교 교육은 가정에서만 허용되었다가, 3년 뒤에는 가정 내에서도 금지되었다. 성직자는 '부르주아지의 하인'으로 재분류되었고, 그들에 대한 모든 재정적 지원이 철회되었다.

이로 인해 교회는 거의 완전히 파괴되었으나, 종교 자체는 그렇지 않았다. 예상과 달리 종교는 살아남았다. 레닌이 언급한 대로 "우리는 국가에서 교회를 분리했지만, 아직 사람들을 종교에서 분리하지 못했다."[7] 지식인들은 조바심을 냈고, 공산당은 제12차 전당대회에서 사회의 경제적 재구조화가 마침내 완성될 때 종교는 무너지겠지만, 그 사이에 "[우리는] 모든 노동자와 농민에게 어떠한 종교도 거짓이며 그의 이익에 모순된다는 점을 생생하고 설득력 있게 보여주는 강화된 체계적 선전[이 필요하다]"는 결의안을 통과시켰다.[8]

반反종교 사업을 위해 선택된 도구는 '전투적 무신론자 소비에트 연맹'이었다. 이 단체는 사람들을 종교에서 분리하려는 의도를 가지고 기사, 포스터, 시위, 강의, 토론회, 연극을 제작·조직했다. 이를 위해 신학을 약화하고 성직자를 조롱하며 교회를 풍자하는 등 온갖 공격 수단을 채택했지만, 그중 가장 인기가 있던 것은 신앙을 녹여버리는 용매로서 과학을 찬양하는 것이었다. "종교 대신 과학", "종교를 파괴하고 과학을 공부하라", "종교의 반대는 이성" 같은 직설적이고 강력한 표어가 동원되었다. 특히 전기가 즐겨 사용되었다. 한 포스터는 신이 (무서운 복수의 번갯불을 내리쳐) 마을을 전기로 불태우는 모습과 그 마을이 스스로 (깔끔한 집들에 연결된 질서정연한 송전탑을 이용해) 전기를 공급하는 모습을 비교했다. 불쌍하게도 자신의 권위를 위협하는 송전탑을 쓰러뜨리려고 송전탑 밑동에 톱니가 달린 십자가를 헛되이 휘두르는 땅딸막한 사제의 모습을 그린 포스터도 있었다.[9] 예전에는 신을 믿었지만 이제는 무릎을 꿇고 "전기가 신에 대한 나의 믿음을 완전히 무너뜨렸습니다"라고 외치는 농부들의 이야기도 전해졌다.[10]

산업화는 유사한 모티프였다. 포스터들은 허물어져가는 교회의 둥근 지붕들 위로 솟아오른 공장 굴뚝의 연기를 우아하게 묘사했다. 우주는 제3의 전선이었다. 모스크바 천문관이 1929년에 문을 열었다. 하늘과 땅의 유물론적 근본을 강조하고자 동물원 옆에 위치한 이 러시아 최초의 천문관을 건립한 의도는 사람들을 하늘에 매료시키는 동시에 과학을 위해 하늘을 포착하려는 것이었다.[11]

초기의 세속화 법령들의 효과와 마찬가지로, 이러한 조치의 효과는 당국에서 기대했던 것만큼 결정적이지 않았다. 전투적 무신론자 연맹은 1930년대까지 계속 활동했지만 소비에트 무신론이 더 공격적으로 변함에 따라 그 중요성이 감소했다. 학교 교과과정은 공식적으로 무종교적이기보다 반종교적이었다. 수천 개의 성당이 문을 닫았고 성직자들은 도시에 거주하는 것이 금지되었다. 나중에 집산화와 탈쿨락화dekulakization가 진행되던 기간에는 반혁명분자로 지목되었다.[12] 혁명 직전 러시아에는 5만 4000개의 성당과 수도원이 있었으나, 1940년에 이르면 정교회 성당과 공동체는 겨우 수백 개에 그쳤다.

전쟁이 발발하면서 소련의 반종교 캠페인도 느슨해졌고, 1943년 이후 10년 정도는 크게 줄어들고 심하게 감시를 받으면서도, 너무나 자의식적으로 과학적인 사회 안에서 결국엔 안정된 적소讌所를 확립한 듯 보였다. 하지만 계속 그렇지는 않았다. 1953년 니키타 흐루쇼프가 스탈린을 대체했다. 초기에 그가 종교에 대해서 내세웠던 주장들은 수정주의적이었으며, 그는 프랑스 일간지 《르 피가로》에 이렇게 말했다. "누가 신을 믿고 누가 믿지 않느냐 하는 것은 충돌을 일으켜야 하는 문제가 아니다. 그것은 각 개인의 소관이다."[13]

하지만 기본적인 메시지는 변하지 않았다. 단지 성직자들이 감옥에서 많이 돌아왔기 때문이라 하더라도, 해빙의 분위기는 성직자들 사이에서 더 많이 볼 수 있었다. 종교적 출판물도 늘었다. 하지만 아직은 너무 위험했다. 1954년 두 개의 중앙위원회 부서에서 〈자연과학 및 반종교 선전의 심각한 부족〉이라는 제목의 보고서를 발표했고, 몇 개월 뒤에 공산당은 비록 오래가지 못하지만 새로운 반종교 캠페인을 시작했다.

정치가 세속화된 지 35년 이상 지났고, 성당들이 강제 폐쇄된 지

25년가량 지난 이제는 선전으로 정치노선을 밀어 넣기가 더 어려워졌다. 교회는 이미 오래전에 모든 공식적 권위를 상실했다. 교회의 권력 남용을 겨냥하는 것은 그저 공허한 소리로 울려 퍼졌다. 따라서 새로운 캠페인은 정치적이기보다 이데올로기적이었고, 1954년에 과학은 큰 역할을 담당했으며, 4년 뒤 재개되는 더욱 일관된 반종교 캠페인에서는 더 큰 역할을 했다.

이는 모두 흐루쇼프 자신의 견해에 의거한 것이었다. 1958년에 그는 한 프랑스 기자에게 말했다. "나는 과학적 세계관을 옹호한다. 초자연적 힘에 관한 믿음과 과학은 양립할 수 있으나 서로 배타적인 관점들이다."[14] 더욱 중요한 것은, 이것이 최근의 국가적 성취와 자부심에 의거한다는 점이었다. 1949년에 소련은 세계에서 두 번째로 핵무기를 보유한 국가가 되었다. 4년 뒤에는 서방에서 예상한 것보다 훨씬 빠르게(비록 약간의 스파이 활동에서 도움을 얻긴 했으나), 수소폭탄 실험에 성공했다. 소련은 군사 하드웨어는 물론 산업화 속도에서도 서방에 뒤지지 않았으며, 1950년대 소련 경제는 일본을 제외하면 세계 어느 지역보다 빠르게 성장했다. 과학적 사회주의는 성공했다.

1940년대와 1950년대에 소련의 기술, 산업화, 국가 발전 계획이 인상적으로 진전되자 새로운 반종교 캠페인의 과학적 전제들에도 강력한 정당성이 주어졌다. 하지만 이 전쟁의 가장 멋진 최전선은 우주에서 그어졌다. 1957년 10월, 소련은 세계 최초의 인공위성 스푸트니크 1호를 성공적으로 발사했다. 바로 다음 달에는 스푸트니크 2호가 라이카라는 개를 싣고, 잠깐이긴 하지만 성공적으로 지구 궤도를 돌았다. 2년 뒤에는 루나 1호가 달에 접근한 최초의 우주선이 되었고, 다시 2년 뒤에는 최초의 우주인 유리 가가린이 보스토크 1호를 타고 지구 궤도를 돈 뒤, 라이카와는 다르게 지구로 무사히 귀환했다.

당시에 이 성과들은 신이 아니라 인간이 이룬 기적이었다. 과학적 유물론이 인간을 이 지구의 영역을 넘어서 하늘을 뚫고 날아갈 수 있게 해주었다. 이는 반종교적 상징으로 무한한 잠재력을 지녔다. 우주는 선전 활동에 활짝 열려 있었다. 따라서 1958년 이후 강화된 반종교 캠페인은 과학, 특히 우주와 관련된 테마를 과도할 정도로 많이 사용했다. 대중 계몽을 위한 또 다른 지식인 단체인 즈나니예가 1947년에 창설되었고, 이제 유명무실해진 전투적 무신론자 연맹의 과업을 넘겨받았었다. 첫 10여 년 동안은 다소 억눌려 있었지만 1959년에 《과학과 종교Science and Religion》라는 새로운 무신론 신문을 발간했다. 이 신문에는 소련인이 이제 성공적으로 "하늘을 침공하고" 있는지에 관한 기사가 수없이 실렸다.[15] 5년 뒤에는 학술기관인 과학적 무신론 연구소가 모스크바에 설립되었다. 이즈음에 모스크바 천문관은 과학적 반종교 사업을 조율하는 본부가 되었으며 1950년대 초에 이르면 전국에 열두 개의 천문관이 있었다. 흐루쇼프 치하에서 천문관은 곳곳으로 확산되었고, 1970년대 초가 되면 70개가 넘었다. 천문관에서는 강의를 열고 '토론회'를 개최했으며 청소년 천문학 클럽과 그와 비슷한 단체들을 조직했다. 다수의 천문관이 인기를 끌었고 성공적으로 운영되었다.

포스터도 급증했다. 가장 유명한 포스터에는 교회 위로 하늘을 날며 우주를 탐사하다 미소 짓는 얼굴로 '신은 없다'고 쾌활하게 선언하는 우주인이 그려져 있었다. 웃고 있는 아이가 날아오르는 로켓을 그래서 늙은 할아버지에게 보여주는 포스터도 있었다. 믿을 수 없다는 듯 성난 표정을 짓고 있는 할아버지의 목에는 목걸이가 걸려 있었다. '제7의 하늘'이라는 제목이 붙은 포스터는, 옆면에 CCCP라고 적힌 로켓 때문에 신이 구름에서 떨어지는 모습을 묘사했다. 또 우주인 옆에서 우주 공간을 유영하던 신이 자신의 우주복을 꼭 붙들고서 "내 후광을 줄 테니 헬멧을 달라"고 애원하는 포스터도 있었다.

여기서 슈퍼스타로 떠오른 것은 우주인이었다. 이들은 기대에 찬 청중에게 어떻게 그들의 업적으로 마침내 하느님을 대체해버렸는지를 충실하게 알려주었다. 흐루쇼프는 종교에서 주장하는 천국을 조사하기 위해 우주인들이 파견되었지만 천국 같은 것은 전혀 발견하지 못했다고 선언했었다. 가가린은 《자서전Autobiography》에서 "인류가 우주로 날아갔다는 사실이 교회에는 엄청난 타격을 주었다"라고 썼다. "신자들이 과학적 업적의 영향을 받아서 신에게 등을 돌리고, 신이 없다는 사실과 신의 이름에 결부된 모든 것이 쓰레기이며 허튼소리라는 걸 인정했다는 이야기를 읽으면 즐거웠다."[16] 이와 더불어 국가에서는 출판물을 발행했다. 《이즈베스티야Izvestia》의 사설은 가가린이 우주에서 궤도를 도는 동안 아무하고도 마주치지 않았다는 사실 때문에 신자들이 '끔찍한 두통'을 앓게 되었다고 떠들어댔다.[17] 독자 편지란에서도 그러한 평결이 울려 퍼졌다. 어떤 편지에서는 "유리 가가린은 내가 내 영혼에 가졌던, 천상의 신적 존재들에 관한 모든 믿음을 압도했다"라고 말했다. "이제 나는 신이 과학이며 인간임을 확신한다."[18]

가가린에 이어서 우주인이 된 게르만 티토프는 훨씬 더 거침없이 말했다. 1962년 시애틀 세계박람회에 와서는, 자신이 지구 궤도를 여러 바퀴 도는 동안 신이나 천사는 보지 못했다고 알렸다.[19] 그와 가가린이 사용한 로켓은 신이 아니라 사람들이 만든 것이었다고도 말했다. 티토프는 신이 아니라 "인간을, 인간의 힘과 가능성과 이성을" 믿었다.[20] 시애틀에서 한 말 때문에, 잠시나마 그는 소련의 과학적 무신론의 얼굴이 되었고, 귀국했을 때 그에게는 《과학과 종교》의 사설 하나가 맡겨졌다. 이 사설에서 그는 "나는 신을 만났는가?"라는 질문을 다루었고(그의 대답은 '아니요'였다), 상당히 축자적으로 이렇게 말했다. "신이 있다고 하는 곳에는 공기조차 없다. 그 때문에라도 신자들의 기도는 신에게 닿지 않을 것이다."[21]

과학과 과학적 무신론의 조화는 우주인들의 농담 같은 말처럼 그렇게 완벽하지 않았다. 지난 30년 동안 소련 당국은 스탈린 치하에서 생물학을 이끌었던 트로핌 리센코의 생물학을 크게 지지해, 마르크스-레닌 이데올로기에 모순된다는 근거로 다윈의 진화론과 멘델의 유전학을 거부했다. 자연선택은 결국 제국주의 영국의 자유 자본주의를 정당화하는 것이었고, 과학적 사회주의는 오랫동안 이에 맞서 투쟁해왔다. 이는 그 자체로 근거가 빈약한 불합리한 주장이었다. 리센코주의●는 유일하게 수용 가능한 이론이 되었고, 그 적들은 강력한 비난을 받고 때로는 죽임도 당했다. 그 결과 소련의 생물학은 한 세대 동안 발전이 지체되었고, 이미 민중은 굶주리고 있었는데 작물

● 리센코는 생물이 후천적으로 획득한 형질이 유전된다고 주장하며, 유전이 전적으로 유전자의 문제라는 당대의 유전학 이론을 거부했다. 소련은 이 리센코주의를 바탕으로 마련된 농업정책을 1930년대부터 1960년대까지 실시했다.

수확량마저 심각하게 감소했다.

여기에는 두 가지 모순이 있었다. 첫째, 동일한 유물론적 인간관이 우주 경쟁에서 소비에트의 승리를 뒷받침했다고 하지만, 그와 동시에 지상에서의 실패를 초래했다는 사실이다. 유물론은 그 두 가지 길 모두를 차단할 수 있는 것으로 보였다. 둘째, 과학적 무신론이 생명과학을 위축시킨 효과가, 적어도 그것을 비판하는 사람들에 따르면, 거의 한 세기 전에 그리스도교 유신론이 다윈주의를 위축시켰던 효과와 같다는 점이다. 객관적인 관찰자가 보기에, 과학에 해로운 영향을 끼치는 것은, 특별히 종교적 이데올로기라기보다는 이데올로기 일반인 듯 보일 정도였다.

하지만 소비에트 생물학과 관련된 이 두 가지 모순은 세 번째 모순에 비하면 아무것도 아니었다. 이 모순이야말로 종교에 대한 소비에트의 과학적 전쟁 전체에 수반되는 것이었다. 종교가 되고자 하는 무신론의 유혹은 혁명의 시초부터 존재했었다. 아나톨리 루나차르스키와 막심 고리키 같은 사회주의 사상가들은 마르크스주의 유물론에 종교적 오라를 부여하고, "미래 세대들이 모범으로 삼을 만한" 세속 성인들을 만들고자 했었다.[22] 소위 '신神 건조' 프로젝트는 공산당 지도자들에게 인기가 없었다. 레닌은 "어린 여자들을 유혹하는 가톨릭 사제는 신을 만들고 창조할 것을 설교하는 (…) 민주주의적 사제보다 (…) 훨씬 덜 위험하다"라고 썼다.[23] 그러한 계획은 기각되었다.

그러나 반종교 캠페인 활동들은 여러 차례 되풀이해서 종교적 의례와 교리에 이끌렸다. "성스러운 공간은 절대 텅 빈 채로 남아 있지 않기" 때문에라도 그러했다.[24] 사람들은 종교적 축일을 세속의 축일로 대체하도록 부추겨졌다. 교회 의례들은 무신론의 의례들로 전환되었다. '붉은 결혼식'과 '시민 장례식'이 열렸다. 이콘이 걸려 있던 집 안 구석에는 무신론적 그림이나 레닌의 초상화가 걸렸다. 세례 예식은 '10월 예식'이 되었다. 이중 어떤 것도 성공적이지 않았지만, 1950년대 말 소련인이 하늘을 침공했을 때는 새로운 희망이 등장했다. 새로운 인류에 대한 약속은 지난 수십 년 동안 혁명 사상들로 끝나버렸지만, 과학의 업적들, 특히 우주에서 이룬 성과들이 이제 그 약속을 실현하는 듯 보였다. 우주인들은 과거로부터, 무지와 미신으로부터, 지상에 묶인 인류의 역사적 실존으로부터 해방된 신新인간의 전형이었다. 우주 시대는 역사의 새로운 단계가 도래했음을 알렸다. 그야말로 참된 신세기였다. 인류는 마침내 지구를 넘어섰다. 인간은 참된 창조주로 드러났다. 하늘은 정복되었다. 과학은 구원을 제공했다.

모든 구원의 메시지가 그러했듯이, 이제 이루어져야 할 것에 관한 강력한 선교의 열정이 일었다. 전직 사제 니콜라이 루사노프는 "신의 도움 없이도 새롭고 즐거운 생활을 건설하는 것은 인간이다"라고 썼다. "믿는 이는 천상의 낙원을 기다려서는 안 된다. 그런 곳은 지금도 없고 앞으로도 없을 것이기 때문이다." 참된 천국이 과학의 권능을 통해 바로 이곳에 임했다. 지상의 낙원은 기다려야 할 꿈이 아니라, "다음 15년이나 20년 뒤에 우리의 신 없는 소비에트 국가 안에 건설될" 무언가였다.[25]

'사람들은 우주인들을 그저 우월한 인간이 아니라 전혀 다른 피조물이라고 생각한다' — 과학적 종교

그런데 이것이야말로 다른 이들이 두려워하던 바로 그것이었다. 미국과 소련 사이의 불편한 전시 휴전은 오래가지 못했다. 1년 이내에 미국의 정책, 실제로는 미국의 정체성은 소련의 무신론적 기술 유토피아와 정반대로 형성되고 있었다. 1952년 대통령 선거 운동 중에 드와이트 아이젠하워가 말했듯이, 냉전은 본질적으로 도덕적·정신적 투쟁이었다. "공산주의에 맞선 우리의 싸움이 하느님을 반대하는 자들과 전능하신 그분을 믿는 자들의 싸움이 아니라면 무엇이겠습니까?"[26]

과학에서 미국은 의심할 여지 없이 우월했다. 적어도 처음에는 그러했다. 하지만 무신론적 공산주의에 저항하는 정신적 열의가 부족하다고 많은 이들이 염려했다. 미국 국민의 신앙심이 약하다는 사실은 과학적으로 강하다는 사실과 병치되는 경우가 많았다. 트루먼 대통령은 연방교회회의Federal Council of Churches를 향해 문명화된 세계가 살아남으려면 미국인들이 "엄청난 원자력 에너지의 힘"보다 "더 거대한" "정신적 힘"을 가져야 한다고 경고했다.[27] 몇 년 뒤, 미군 참모총장 오마 브래들리 또한 미국 국민이 원자의 신비를 알아냈지만 산상설교는 거부했다고 경고하며 같은 목소리를 냈다.[28] 과학의 세계를 정복하느라 영혼을 잃게 되면 무슨 이득이 있겠는가?

이런 두려움이 국가가 지원하는 정신적 자극 프로그램을 촉발했다. 미국은 그 역사 전체에서 여러 차례 종교 부흥을 경험했지만, 이제까지는 대체로 아래로부터 일어난 운동이어서, 유기적이고 민주적이며 혁신적이고 무질서했다. 제2차 세계대전이 끝나고 15년 정도되는 기간에 국가는 국민의 정신 건강에, 아니면 적어도 국민의 정신적 정체성에 적극적으로 관심을 갖기 시작했다. 1952년 미국 정부는기도의 날을 제정했고 2년 뒤에는 국기에 대한 맹세에 '하느님 아래'라는 구문을 추가했다. "우리는 하느님을 믿는다"라는 구절이 우표에 인쇄되었고, 이듬해에는 화폐에도 들어갔으며, 1956년에 이르면"에 플루리부스 우눔E pluribus unum"(여럿에서 하나로)이라는 국가 표어를공식적으로 대체했다. 같은 기간에 수많은 전국적인 신앙 운동들(미국인의 생활 속 종교 캠페인, 자유선포위원회, 종교행동재단)이 국민의 신앙을일깨우고 강화했다.

이들 캠페인은 어느 정도 성공을 거두었다. 1950년대에 종교 예식에 참석하고 교회에 등록된 신자의 수가 1951년 8800만에서 10년뒤에 1억 1600만 명으로 늘었다. 그러나 전후 불안 심리를 잠재우는데는 실패했다. 소련은 군비 경쟁에서 미국에 뒤지지 않았고, 우주에서는 훨씬 더 앞서 나갔다.

바로 이러한 (정치적 불안과 뒤섞인 정신적 개혁의) 맥락에서 미국은 우주 프로그램을 개시했다. 그 임무를 둘러싸고 초월이라는 수사적 표현이 소용돌이쳤지만, 항공우주국(NASA)은 종교적 사업이 아니었다.우주인들은 개인 소지품 키트에 작은 종교적 물품을 가져가는 것이허용되었지만, 우주인 자체가 종교와 신앙 때문에 선발되는 것은 아니었다. 노먼 메일러는 전형적인 우주인을 "철학적으로 순진하고,특수용어로 가득하며, 노력의 비율에 걸맞은 위대함으로 어떠한 언어와도 결연하게 분리된 강력한 전문가"라고 묘사했다.[29] 그들은 시험 비행 조종사이며 공학자이지, 환시를 보는 예지자가 아니었다. 기나긴 우주인 선발 과정은 특히나 우주여행이라는 경험이 그들의 기술적 판단과 냉정함을 흐리게 만들 사람들을 솎아내도록 설계되었다. 심지어 프로이트조차 관련이 되었다. 우주인 후보자는 "비행을 사랑하는 것이 성적으로 불충분하다는 느낌에서 기원하고 자기도취의 충동이나 자기파괴 욕구를 반영한다"는 프로이트 가설의 징후를 보이는지 검사받았다.[30] 얼마나 많은 장래 우주인들이 이 특별한 장애물을 통과하지 못했는지는 분명하지 않다.

하지만 이중 어떤 것도 항공우주국이 비종교적이었음을 의미하지 않았다. 또한 수많은 저명인사들도 공개적으로 자신의 두터운 신심을 드러내곤 했다. 이상한 방식이긴 했지만, 이러한 기대들이 하나의 규칙으로 여겨지게 되었다. 휴 드라이든(항공우주국 부국장, 1958~1965), 육군 소장 존 메다리스(1950년대 말 미사일 개발 프로그램을 지휘했고, 이후에 신학을 공부해 성공회 신부가 되었다), 유진 크랜즈(항공우주국의 두 번째 운항 책임자) 같은 고위직 인물들도 매우 독실했다. 적어도 지상에 머문 사람 중에서 가장 유명한 사람은 베르너 폰 브라운이었다. 1960년대 마셜 우주비행센터를 운영했고 새턴 5호 로켓 개발 과정을 감독했던 그 역시 공개적으로 독실한 신앙을 드러냈다. 그는 미국에 온 뒤 얼마 되지 않아 일생일대의 종교적 회심을 경험했었다(물론 그에 대해 냉소적인 사람들은 그가 독일 제3제국에서 로켓 개발을 위해 일했던 전력을 지우기 위해 한 일이라고 주장했다).

정치 차원에서도 유사한 종교적 열광이 일었을 것이다. 항공 분야는 오랜 세월 "신의 얼굴과 닮는다"는 생각에 결부되어 있었고, 이제 미국인들은 우주를 향해 가고 있었으므로, 신神-정치적 수사가 날아오를 구실이 충분했다. 초기 머큐리 계획●의 우주인이었던 고든 쿠퍼가 자신이 마지막으로 궤도 비행을 하는 동안 기도를 적었다고 밝히자 우주항공국의 우주인부 수장들은 의회의 상·하원 합동 회의에 앞서 그가 행하게 될 연설을 이 기도로 마무리하는 것이 좋겠다고 제안했다.[31] 몇 년 뒤, 아폴로 11호가 달에 착륙했을 때 백악관을 차지하고 있던 리처드 닉슨은 귀환한 우주인들을 열렬히 환영하면서 그들의 여정이 "창조 이래로 세계 역사에서 가장 큰 한 주간"을 기록했다고 말했다. 하지만 모두가 그의 말에 동의했던 것은 아니다. 빌리 그레이엄 목사는 대통령을 향해, 적어도 그리스도인의 관점에서 보자면, 하느님의 아들이 인류를 위해 자기 목숨을 내놓았다가 죽은 이들 가운데서 다시 살아난 그 주간이야말로 그러한 찬사에 더 합당하다고 말했다.[32]

하지만 정말로 일반 대중의 관심이 향했던 것은 우주인이었다. 사람들은 그들의 신앙, 말과 행동을 꼼꼼하게 살피고 기념했다. 어떤 이들은 이 우주인들에 대해, 러시아 우주인들이 완벽히 구현해야 했던, 새롭고 초월적인 인간인 듯 말하기도 했다. 아폴로 11호가 달을 향해 떠나기 직전에 한 뉴스 특파원은 이렇게 말했다. "사람들은 우주인들을 그저 우월한 인간이 아니라 전혀 다른 피조물이라고 생각

● 1958년부터 1963년까지 미국항공우주국에서 진행한 유인 우주 비행 탐사 계획. 미국은 소련보다 10개월 늦은 1962년 2월에야 최초의 유인 궤도 비행에 성공했다.

한다." 그리고 우주인들은 마치 "저세상에 다녀온 사람 같고, 우리는 절대 전부를 알지 못하고 그들 또한 절대 전부를 설명할 수 없는 비밀을 간직한 듯 느껴진다."[33]

미국 당국은 러시아 당국과 달리 우주인들에 대해 종말론적 열기를 가지고 이야기한 적이 거의 없었지만, 그러한 느낌이 얼마나 과장된 것이었든, 이 '피조물들'의 종교적인 말과 몸짓이 대중의 상상을 사로잡았던 것은 분명하다. 또 다른 초기 머큐리 계획의 우주인이자 처음으로 지구 궤도를 따라 비행했던 존 글렌은 자신의 우주여행이 갖는 정신적 영향에 관해 분명하게 말했다. 장로교회의 장로이기도 했던 그는 여러 해가 지난 뒤 우주 비행이 자신의 신앙을 더 깊고 강하게 만들었다고 말했다. "이렇게 창조된 세계를 바라보고서 하느님을 믿지 않는다는 건 내게 불가능한 일이다."[34]

1968년 12월 24일, 아폴로 8호가 달 궤도를 도는 동안에, 탑승한 우주인들은 더욱 공개적으로 10억 명의 청취자들을 위해 킹 제임스 역본 성경의 〈창세기〉 1장부터 10장까지 낭독했다. 이는 항공우주국의 유인우주비행부에서 승인한 것이었으며, 50년 넘는 세월이 지나도록 기이하게도 감동적인 순간으로 남아 있다. 이듬해 또 한 명의 장로교회 장로인 '버즈' 올드린은 최초의 달 착륙 때 개인적으로 성찬례를 거행했고(당시에는 비밀에 부쳐졌다), 지구로 귀환할 때는 〈시편〉 8장을 읽었다. "우러러 당신의 하늘을 바라봅니다. 당신 손가락의 작품들을, 당신께서 굳건히 세우신 달과 별들을. 인간이 무엇이기에 이토록 기억해주십니까?" 1971년 아폴로 15호 달 탐사단의 일원이었던 짐 어윈은 어렸을 때 신앙을 잃었으나 달 표면에서 신을 경험했다. "나는 이전에 느껴본 적 없던 신의 권능을 느꼈다." 그리고 지구로 귀환한 뒤에 초교파적인 복음주의 단체인 하이플라이트재단을 설립했다. 이후에는 두 차례 탐험대를 이끌고 튀르키예의 아라라트산에 가서 노아의 방주에 관한 증거를 찾으려고 시도했으나 성공하지 못했다.[35]

이 '우월한 인간들'이 우주에서 신을 지각했을 때, 누가 동의하지 않을 수 있었을까? 소설가이자 그리스도교 호교론자인 C. S. 루이스가 그러한 사람이었다. 루이스는 초기 우주 경쟁 시대에 세상을 떠났지만 마지막에 남긴 에세이에서 우주인이 우주에서 신을 발견했는지는 주로 그가 우주에 갈 때 가졌던 정신의 기능일 뿐이라고 말했다. "어떤 이들에게 신은 모든 곳에서 발견 가능한 존재이지만, 다른 이들에게는 어디에서도 발견 불가능한 존재다. 지상에서 신을 발견하지 못하는 사람은 우주에서도 발견하지 못할 것이다. (…) 상당히 보는 눈에 달린 문제다."[36]

루이스의 말은 확실히 옳았다. 하지만 우주여행은 여전히 신앙이 있든 없든 사람들의 기존 시각에 도전하고 그것을 바꿀 수 있는 잠재력을 가지고 있었다. 인류가 하늘을 침공하면서 흔들린 문자 그대로의 우주론에 여전히 많은 신자들이 매달려 있다는 사실을 목사들은 언급했다. 달에 도달한 사람들은 승리의 기쁨만큼이나 불편함을 야기할 수 있었다. 이제 신은 정확히 어디에 살고 있단 말인가?

그러한 성경 축자주의를 덜 고집하는 사람들은 여전히 하늘이 땅에 대해 말해주는 바에 관심이 있었다. 이제 우주에는 수많은 다른 은하들이 있고, 이 은하들에는 다른 별들이 있으며, 그 별들에는 다른 행성들이 있고, 그중 어떤 행성들에는 생명이 있을지 모른다는 사실이 분명해졌다. 물론 그러한 가능성은 14세기로 거슬러 올라가는 신학적 사고실험에서도 상정된 적이 있었다. 1721년에 윌리엄 더럼은 《천문신학》에서 "수없이 많은 체계가 있다는 것이 [단지] 하나의 체계만 있는 것보다 하느님의 영광에 더욱 적합하며, 그분의 속성을 더 많이 실증한다"라고 말했다.[37] 하지만 그렇다고 해서 앞으로의 전망을 다루기가 반드시 더 쉬워지는 것은 아니며, 곤란한 질문들은 여전히 해결되지 못한 채로 허공에 걸려 있었다. 이제 인간의 유일성은 어떻게 되는 것인가? 지구에 대한 신의 특별한 관심과 사랑은? 신의 육화와 구원 사업은? 신학자들은 분투했고, 신자들은 회피했다.

하지만 천문신학이 그들의 가장 큰 걱정거리는 아니었다. 우주항공국이 미국인들에게 하늘을 활짝 열어젖히고 있는 동안에 그들 주변의 땅도 모양이 바뀌고 있었다. 전후 시대에 신앙의 십자군들은 점점 줄어들었다. 교회에 나가는 사람들의 수도 정체되었다가 감소했다. 대통령 선거에 나온 존 F. 케네디는 1928년에 가톨릭 신자 앨 스미스가 일으킨 것과 똑같은 공포를 일으켰다. 로마보다 조국을 우선하겠다는 케네디의 주장은 프로테스탄트 신자들의 두려움을 가라앉히려는 의도에서 나온 것이었으나, 그리스도교 윤리에 대한 무관심으로 읽힐 수 있었다. 그의 개인적인 생활양식이 거의 도움 될 게 없다는 비난도 일었다. 1960년대 초에 대법원은 학교에서 기도하는 것을 금지했고, 1960년대 말에는 미국 무신론자 단체에서 아폴로 8호에 승선한 우주인들이 〈창세기〉를 읽은 행위가 수정헌법 제1조를 위반한 것이라고 주장하며 소송을 걸었다. 이 단체는 재판에서 패하고,

대법원에 항소했으나 기각되었다. 그럼에도 이것은 시대의 징후로 읽힐 수 있었으며, 버즈 올드린이 달에서 행한 성찬례를 개인적인 비밀로 유지한 이유 중 하나이기도 했다.

항공우주국 프로그램이 가져다준 과학적 성공과 정신적 깨달음의 경험과 신학적 질문들이 무엇이었든, 정말로 종교적 불안을 일으킨 것은 이와 같은 세속화의 압력들이었다. 1964년 우주 마이크로파 배경 복사가 발견되면서 마침내 과학계는 고정된 정적인 우주에서 팽창하는 우주로 이행할 수 있게 되었다. 앞에서 언급했듯이, 이는 창조주의 존재를 긍정하는 것으로 여겨질 수도 있었지만(반드시 그럴 필요가 있는 것은 아니더라도), 오랜 시간에 걸쳐 느리고 순조롭게 진행되는 우주의 종말을 가리키는 것이기도 했다. 완성에 이르는 신의 마지막 행위는 어디에서 발견될 것인가? 똑같은 세상의 취약성이 어떤 이들은 부드러운 생태영성으로 끌어당겼고 다른 이들은 단단한 종말론으로 밀어 넣었다. 짐 러벌은 아폴로 8호의 임무 수행 중 우주에서 바라본 지구에는 인간이 존재한다는 흔적을 찾아볼 수 없었노라고 말했다. 버즈 올드린이 물었듯이, 신이 그토록 생각해준다는 인간은 대체 무엇인가? 적어도 신이 없다면, 그 이미지들이 말해주는 것은 별로 없는 듯하다. 인류의 문명은 별들에 닿았지만, 지상에서는 무너져 내리고 있었다. 신은 행동할 준비를 하고 있었다. 종말 문학(가장 유명한 예는 핼 린지를 대신해 캐럴 칼슨이 쓴 《위대한 행성 지구의 종말The Late Great Planet Earth》)이 큰 인기를 끌었다.

이 모두가 미국이 나머지 서구 세계와 마찬가지로 다윈의 《종의 기원》 출간 100주년을 기념했던 1959년에 뒤이어 일어나고 있었다는 사실은 우연이 아니었다. 1920년대 다윈주의와 보조를 맞추었던 우생학 운동은 제2차 세계대전 이후 완전히 사라진 것은 아니어도 실각하여 아무 소리도 내지 못하게 되었다. 진화론은 이제 결부된 다른 것들로 의미가 흐려지지 않았으며 교육과정에도 쉽게 수용되었다. 1958년에 설립된 생물과학교과연구Biological Sciences Curriculum Study 는 그렇게 할 것을 권장했다. 창조론과 진화론의 대립은 끝이 났다. 1961년 존 휘트콤과 헨리 모리스는 젊은 지구 창조론자의 시간 틀 안에서 지구 전체에 보편적으로 일어난 홍수를 옹호하는 500쪽 분량의《창세기의 홍수The Genesis Flood》를 출간했다. 이 책은 엄청난 인기를 끌었고, 상당한 영향력을 발휘해, 한 세대 동안 잠들어 있던 근본주의적 반진화론의 부활에 기여했다.

이 책은 성경 축자주의에 확고하게 근거했다. 휘트콤은 구약성서학 교수였고, 이 책의 첫 장은 "우리는 성경이 오류 없는 하느님의 말씀임을 확신한다"라는 휘트콤과 모리스의 선언으로 시작된다.[38] 하지만 책의 주된 관심과 의미는 성경적 틀이 아닌 과학적 틀에 있었다. 모리스는 수력공학 박사학위를 가지고 있었고, 버지니아공과대학 토목공학과 교수였다. 이 책은 인류의 타락이 제2열역학법칙에 내재한 엔트로피를 촉발했고 세계 전역에 홍수가 일어나 지난 200년 동안 지질학자들에 의해 발굴되고 있는 다양한 지층들이 형성되었다고 주장했다. 그리고 '퇴적층', '영원한 진동' 우주론, 루비듐·칼륨 방법, '지질연대학' 같은 용어들을 사용했다. 부록 전체가 '고생물학과 에덴의 저주'에 할애되었다. 저자들이 "성경의 완전한 신적 영감의 증거들이 어떠한 사실에 대한 과학적 증거보다 훨씬 더 중대하다"라

고 주장했음에도, 책의 논거가 과학적으로 자격이 있(다고 하)는 증거들에 의존하고 있음이 분명했다.[39]

이는 향후 창조과학으로 변모하는 운동에서 전형적으로 드러났다. 창조연구회Creation Research Society(CRS)가 1963년에, 창조과학연구센터Creation Science Research Centre가 1970년에, 그리고 창조연구원Institute for Creation Research이 1972년에 문을 열었다. 창조론과 그 소산인 '지적 설계Intelligent Design'를 교과과정에 포함시키려는 미래의 시도들은 종교가 아닌 과학의 추론에 의지하게 된다. 반세기 전 스코프스 재판 당시에 그러했듯이, 성경 축자주의가 반진화론 운동에 동력을 제공하긴 했지만, 이제 그것을 정당화하는 것은 과학이었다. 사회적 권위가 이동했다. 전후 시기에 소비에트 과학이 스스로를 정당화하기 위해 종교의 언어와 개념을 전용했던 것과 똑같은 방법으로 미국의 근본주의는 같은 일을 하기 위해 과학의 언어를 사용했다. 역설적이게도, 제2차 세계대전 이후 낯설고 긴장된 수십 년의 기간에 과학과 종교는 자신의 권위를 확보하고자 서로 옷을 바꿔 입었다.

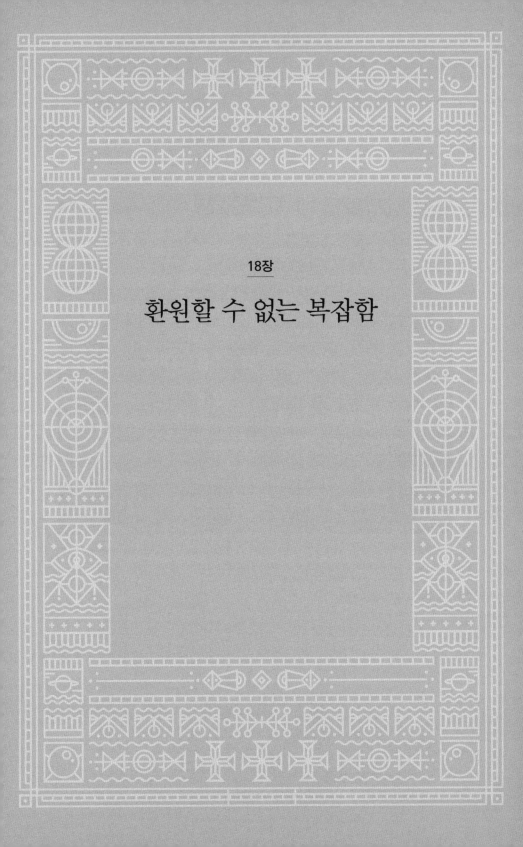

18장

환원할 수 없는 복잡함

미국의 고생물학자이자 진화생물학자인 스티븐 제이 굴드. 가톨릭교회에서 '마지스테리움'이라는 용어를 가져와 과학과 종교에 적용했다. 과학과 종교를 각각 사실의 마지스테리움과 가치의 마지스테리움으로 분리함으로써 충돌이 잦은 둘 사이의 관계에 평화를 가져오려고 시도했다. 이러한 시도는 사려 깊고 의도도 좋았지만, 궁극적으로는 옳지 못했다.

'이타주의자를 할퀴어보라' — 인간 본성의 신비를 끝내다

미국의 창조론자들이 다윈주의에 대해 걱정해야 할 유일한 사람들은 아니었다. 이 이론을 더 많이 알고 그것이 진리임을 믿어 의심치 않는 사람들 또한 나름의 걱정거리를 안고 있었다. 조지 프라이스도 그중 하나였다.

1922년에 태어난 프라이스는 물리화학자였다가 이론생물학자가 된 인물이다. 맨해튼 프로젝트에 참여했고 하버드대학과 벨연구소에서 일했다. 암에 걸렸으나 치료를 잘 받아 회복했고, 상당한 보험금을 수령한 뒤 아내와 자녀를 버리고 런던으로 이주했다. 무신론자이자 유물론자였고, 태도가 거칠고 독단적이었다.

런던에서 프라이스는 젊고 총명한 영국인 생물학자 W. D. 해밀턴을 만났다. 해밀턴은 진화론에 대한 유전자 중심의 접근법을 개발하고 있었다. 이러한 접근법은 자연에 존재하는 이타적 행동을 설명하는 데 도움이 되었다. 왜 어떤 동물은 다른 동물을 위해, 특히 직접적인 가족관계가 없는 경우에도 자기 목숨을 내어주려 하는가? 매우 협동적인 집단을 이루어 분업화된 생활을 하는 사회적 곤충들이 다른 개체들의 번식을 위해 자기 목숨을 내어놓듯이, 다른 동물들도 그렇게 행동하는 경우가 많다. 진화의 측면에서 이러한 행동이 갖는 이

점은 무엇일까?

해밀턴은 진화의 핵심이 유기체의 보존이 아니라 유전자의 보존이라면 문제가 해소된다고 생각했다. 이타적인 자기희생은 직접적인 자손을 통하지 않더라도 유전자가 다음 세대로 전수될 가능성을 높이는 행동이라면 충분히 이해될 수 있는 행동이다. 프라이스는 아마추어 생물학자였지만, 해밀턴의 생각에 매료되었고, 그 생각이 옳다는 것을 증명하고자 수학을 사용했다. 프라이스의 방정식은 이타적으로 보이는 행동이 실제로는 이타적인 것이 아니며, 사람들이 생각하는 것처럼 자기를 내어주는 희생적 사랑이 아니라, 오히려 자기 이익을 도모하는 무의식적 행동에 지나지 않음을 입증하는 듯 보였다. 저널리스트인 앤드루 브라운이 농담처럼 말했듯이, "조지 프라이스는 대수학을 통해 원죄를 입증했다."[1]

성공은 오히려 프라이스 자신을 절망으로 몰고 갔다. 런던으로 이주하고 4년째인 1970년 6월에 프라이스는 강력한 종교적 회심을 경험하고 신의 존재와 사랑을 깨닫고, 그리스도의 가르침의 필연성을 확신했다. 프라이스는 착한 사마리아인 이야기에 큰 감명을 받았다. 열정이 부족하다는 이유로 사제와 크게 다투기도 했다. 예수가 보여준 완전한 자기희생이 그에게 불빛이 되어주었다. 그는 가진 돈과 재산을 모두 나누어주는 데까지 나아갔다. 한번은 그의 친구이자 저명한 생물학자였던 존 메이너드 스미스에게 편지를 써서, 이제 자기 수중에 15펜스밖에 남지 않았다고 말했다. 노숙자들을 자기 집으로 불러들였는데, 그들의 행동이 너무 거칠었기 때문에 정작 그는 사무실에서 잠을 자게 되었다. 이러한 활동을 계속하는 것이 불가능해지자,

유스턴역 근처 불법 건조 건물로 옮겼다. 점점 기력이 쇠하고 불안정해진 프라이스는 1975년 1월 손톱가위로 경동맥을 끊었다. 장례식에는 해밀턴과 스미스, 그리고 그의 집에 살았던 네 명의 노숙자가 참석했다. 장례식을 주례한 사제는 이렇게 말했다. "조지의 문제는 그가 그리스도교를 너무 진지하게 받아들였다는 것입니다." 신자가 아닌 해밀턴의 의견은 달랐다. "내 생각에 조지는 성 바오로에게 족한 것이라면 자신에게도 족하다고 느꼈던 것 같습니다."[2]

조지 프라이스의 죽음은 당시 미국인들 사이에서 확산되고 있던 성공적인 유전적 돌연변이와 같은 반진화론 운동과는 완전히 다른 것이었다. 프라이스는 자신이 무슨 이야기를 하고 있는지 알고 있었다. 하지만 신기하게도 우려하던 부분들은 서로 비슷했다. 근본주의 그리스도인들은 다윈주의를 거부했다. 표면적으로는, 그들 말에 따르면 다윈주의가 〈창세기〉와 모순되기 때문이었다. 그들이 그렇게 믿었으리라는 것은 의심할 여지가 없다. 하지만 그런 특별한 우려 이면에는, 1920년대에 그러했듯이(그리고 오늘날에도 그러하듯이) 부상하는 종교적 우파에 속한 신자들은 진화론이 인간만의 고유성, 존엄성, 도덕성, 심지어 합리성까지도 없애버릴지 모른다는 두려움을 갖고 있었다. 실제로 진화론은 '인류'라는 범주를 모두 지워버렸다. 프라이스는 많지만 불균형한 정보를 통해 똑같은 문제를 우려했었다.

그에게는 그럴 만한 이유가 있었다. 프라이스가 죽고 몇 달이 지난 뒤, 미국의 생물학자 E. O. 윌슨은 《사회생물학: 새로운 종합 Sociobiology: The New Synthesis》을 출간했다. 이 책은 핵심적인 두 가지 생각, 즉 진화를 통해 생물의 물리적 형태를 설명할 수 있는 만큼 사회적 행동도 잘 설명할 수 있다는 생각과, 진화론적 설명의 핵심은 유기체의 생존보다 유전자의 생존에 초점을 맞춘다는 생각을 결합했다는 점에서 기념비적인 책이 되었다. '인간: 사회생물학에서 사회학까지'라는 제목이 달린 마지막 장에서 저자는 인류도 이러한 추론에서 벗어나 있지 않다는 점을 분명히 했다. 사회생물학이라는 외피를 쓴, 자연선택에 의한 진화론은 이제 거의 모든 것을 설명하려고 했다.

월슨의 책은 거기에 담겨 있는 주장보다 그 크기와 야망 때문에 특별했다. 그것은 스스로 주장하고 있듯이 하나의 '종합'이었다. 그보다 1년 먼저 출간된 《자연의 경제와 성의 진화The Economy of Nature and the Evolution of Sex》에서 미국의 생물학자 마이클 기셀린은 사회와 도덕에 대해 동일한 진화의 칼을 들이댔다. "감상주의를 걷어내고 나면, 우리가 사회를 더 좋게 바라볼 수 있게 해주는 진정한 사랑이란 조금도 찾아볼 수 없다. 협동이라고 하는 것도 알고 보면 편의주의와 착취의 혼합이라는 게 드러난다." 자기 이익이 있으면, 유기체는 협동하거나, 심지어 다른 유기체를 위해 봉사하려고도 한다. 하지만 "자기 이익을 위해서 행동할 수 있는 기회가 주어졌을 때, 그가 자신의 짝·형제·부모·자식도 무정하게 다루고, 불구로 만들거나 죽이지 못하게 막는 것은 오직 편의성밖에 없다." 이것은 호러 영화 〈쏘우Saw〉의 플롯이 아니라 진지한 논리적 주장이었다. 그리고 그 주장은 이 과학적 전환에서 나온 아마도 가장 유명한 경구로 마무리되었다. "이타주의자를 할퀴어보라. 피 흘리는 위선자를 보게 될 것이다."[3]

기셀린의 글은 선명하고 다채로웠는데, 이것이 그 책이 가진 문제의 한 부분이었다. 명석한 저자들이 이 새로운 사회생물학적 종합에 이끌렸고, 그들의 현란한 문장 덕분에 그렇지 않았으면 이런 주제에 관심도 갖지 않았을 대중에게 집단유전학이 인기를 얻게 되었다. 그러나 거기에는 대가가 따랐다. 이 새로운 저자들 중에서도 최고로 꼽히는 영국의 동물학자 리처드 도킨스가 윌슨의 책이 나온 그 이듬해에 출간한《이기적 유전자》는 이 분야의 고전이 되었다. 도킨스의 글은 기셀린의 글만큼이나 무시무시했다. 초기에 그 자신이 설명한 바에 따르면, 그의 책이 주장하는 것은 다른 동물들과 마찬가지로 인간 역시 "우리 유전자가 만들어낸 기계일 뿐이다. 성공한 시카고 갱스터처럼 우리의 유전자도 매우 경쟁적인 세계에서, 어떤 경우에는 수백만 년에 걸쳐 살아남았다"는 사실이다.[4]

늙은이가 된 시카고 갱스터의 이미지는 좀 이상했지만, 기계라는 비유는 심각한 것이었다. 그것은 "거대한 집단 안에서, 느릿느릿 움직이는 육중한 로봇, 즉 우리 인간 안에서 안전하게" 살아남는 유전자들에 대한 도킨스의 묘사가 강조하는 인간 개념을 가리킨다. '로봇'이라는 단어를 사용한 것에 대한 비판이 일자, 도킨스는 그 단어에서 사람들이 이해해야 하는 바를 말해주기 전에, "'로봇'이라는 단어에 결부되어 연상되는, 대중적이지만 오류가 많은 관념들에 일부 문제가 있다"라고 답했다.[5]

이 책에 담긴 지배적인 비유 또한 마찬가지였다. 이 책에는 유전자가 사람들을 이기적으로 만든다고 시사하는 듯 보이는 부분들이 있다. "유전자의 이기성은 대체로 개별 행동에서 이기성을 일으킬 것이다. (⋯) 우리는 이기적으로 태어났으므로 관대함과 이타성을 가르치도록 노력해야 한다."[6] 저자가 단순히 기셀린의 현실관을 승인하는 듯한 부분들도 있다. "나는 '피로 물든 이빨과 발톱을 드러내는 자연'이란 표현이 자연선택에 대한 우리의 현대적 이해를 훌륭하게 요약한다고 생각한다."[7]

그러나 때로는 매개체가 역방향으로 작동하기도 했다. 도킨스가 정말로 사람들이 이기적이라고 한 적은 없다. 이기적인 것은 사람들의 유전자다. 더구나 유전자의 이기성은 때로 사람들을 협동적이고, 심지어 이타적으로 만듦으로써 성공적으로 작동한다. 이기적이고 무자비하다는 것은 그저 '비유'일 뿐인 듯하다.[8]

그가 책 제목과 같은 제목을 단 장의 말미에 썼듯이, 키를 쥔 이기적 유전자들 사이에서도 "착한 녀석들이 결국 일등이 된다."[9] 여러 해가 지난 뒤에 도킨스도 인정했듯이, 이 책의 제목은 '협동적 유전자'나 '이타적 매개체'가 될 수도 있었다. 하지만 그는 자신이 사용한 비유를 더욱 강건하게 (어쩌면 파악하기 힘들게) 옹호했다. 철학자 메리 미즐리가 이러한 단어 사용을 비판하자, 도킨스는 이렇게 답했다. "사실상 내가 말하고 있는 것은 '내가 어떤 특정한 방식으로 이기성을 정의한다면, 한 그루의 참나무나 혹은 한 개의 유전자가 이기적이라고 정당하게 묘사될 수 있다'라는 것이다."[10] 이러한 변론은 루이스 캐럴의《거울나라의 앨리스》에 나오는 험티덤티를 떠올리게 한다. "험티덤티는 다소 경멸하는 듯한 목소리로 이렇게 말한다. '내가 쓰는 단어의 뜻은 더도 말고 덜도 말고 딱 내가 말하려는 뜻이란다.'" 어느 쪽이든, 이기적이라는 말이 실제로는 협동적이라거나 이타적이라는 의미일 수 있다고 해도, 바로 그 때문에 인간 본성에 관한 이 논쟁에서 실제로 문제가 되는 바를 분명히 밝히기가 어려워지는 것은 피할 수 없다.

이 용어가 아무리 파악하기 힘든 것이라 해도, 실제로 인간과 그 유전자가 아무리 이기적이든 협동적이든, 확실한 것은 사회생물학자들이 생명, 인류, 도덕에 관해 전면적인 주장을 하고 있다는 사실이다. 이제 사회생물학이 다른 학문들을 밀어내고 학문의 모든 영역을 점령해버리려는 듯한 모습이다. (명백히) 종교도 거기에 포함되어 있다. 도킨스는 본문에 달린 각주에서 이렇게 물었다. "'인간이란 무엇인가', '삶의 의미가 있는가', '우리는 무엇을 위해 존재하는가'라는 질문들에 대한 다윈 이전의 답을 떠올려보라고 했을 때, (상당히 많은) 역사적 흥미 이외에 여전히 어떤 가치가 있는 답을 하나라도 떠올릴 수 있는가?" "1859년 이전에 이러한 질문들에 대해 제시된 답은 모두 [틀렸다]." 사회생물학의 시각이 지성사의 잔해들을 모조리 쓸어가 버렸다. 정말로 사회생물학은 그 범위가 우주적이었으며, 거의 종교적이었다.《이기적 유전자》는 이런 말로 마무리된다. "우주의 어느 곳에서든 생명이 발생하기 위해 반드시 존재해야 하는 독립체는 오직 불멸의 복제자*뿐이다." [11] 이제까지 불멸성이나 필연적으로 존재하는 독립체들에 관한 이야기는 신학자들과 형이상학자들에게서 나왔지만, 이제 더는 그렇지 않다.

이 끔찍한 어둠 속을 걷고 있던 이들이 모두 위대한 빛을 보게 되었다고 확신한 것은 아니다. 사회학자들은 생물학자들만큼 사회생물학에 열광하지 않았다. 또한 실제로는 모든 생물학자들이 열광했던

---

* 자기복제를 할 수 있는 유전자를 말한다.

것도 아니다. 미국의 고생물학자 스티븐 제이 굴드는 1975년에 《뉴욕 리뷰 오브 북스》에 서한을 보낸 열여섯 명의 과학자 가운데 하나였다. 이 서한은 나중에 "'사회생물학'에 대한 반론"이라는 제목으로 출간되었는데, 저자들은 윌슨의 '생물학적 결정론'에 이의를 제기하고, 그가 지성같이 복잡한 현상을 지나치게 단순화한다고 비판했다. 또한 그가 인류의 선사시대를 추측에 근거해 재구성하고, 동성애, 창의력, 기업가 정신, 추진력, 정신적 원기를 선호하는 유전자들이 존재한다는 증거가 없음에도 그러한 유전자를 들먹인다고 지적했다.[12] 그들은 윌슨이 스스로 만든 도덕적 수렁에 빠졌다고 비판하면서("윌슨에게 실재하는 것은 적응한 것이며, 적응한 것은 좋은 것이므로, 실재하는 것은 좋은 것이다") 한편으로는 그가 자신에게 맞을 때는 언제든지 '부적응' 행동이라는 개념을 감옥 탈출 카드처럼 사용하고 있다고도 비판했다. 그리고 그들의 반감이 그다지 충분하게 드러나지 않는 경우에는, 진화론이 범죄와 알코올 중독 같은 인간의 행위(비행)를 '설명'하려는 역사를 반복하며, 인류의 현재 상황과 특정 사회 집단의 특권을 일관되게 (유전학적으로) 정당화하려 하고, "나치 독일의 가스실을 낳은 우생학 정책들"에 역사적으로 연결되어 있다는 사실을 상기시키기도 했다. 그들은 《사회생물학》을 진지하게 다루어야 하지만, 그 이유는 이 책이 과학적으로 신빙성 있는 내용을 담고 있어서가 아니라, "생물학적 결정론의 새로운 물결을 알리는 신호로 보이기 때문이었다."[13] 이 서한은 예상된 반격을 불러일으켰고, 이후 수십 년에 걸친 다윈주의의 도덕적·사회적·종교적 함의에 관한 논쟁은 험악한 난투극으로 전락했다. 다수의 다윈주의 분파들이 서로 다툼을 벌이기는 했지만, 적어도 공동의 적이 누구인지에 대해서는 의견이 일치했다.

'기가 막히는 우둔함' ― 반反진화론 2.0

1970년대에 유전자를 중심으로 하는 사회생물학의 '종합'이 등장하기 오래전부터 그리스도교 근본주의자들은 진화론을 거부해왔다. 하지만 이 종합은 반진화론의 대의를 위해 싸울 보병들을 다시 집결시키는 데 극도로 유용하다는 것이 입증되었다.

《사회생물학》이 출간될 무렵 미국에서는 문화의 경계들이 강화되고 있었다. 복음주의자들과 가톨릭 신자들은 역사적으로 오래 지속된 상호 불신을 극복하기 시작했고, 나라를 망치고 있는 세속적인 인본주의자들과 자유주의자들과 무신론자들을 향해 집단적인 포화를 퍼부었다. 반세기 전에 그랬듯이, 대부분의 비난은 미국을 내부로부터 부식시키고 있다고 하는 인간 본성에 대한 다윈주의의 개념에 집중되었다. 공격은 그렇게 단순하고 직접적으로 이루어지지 않았다. 이기적인 유전자들의 계산적이고 경쟁적인 세계는 한 세기 전 영국의 자유주의자들에게처럼 (많은) 미국인들에게도 쉽게 인정될 수 있는 것이었다. 투쟁과 생존이라는 기상은, '레이거노믹스Reaganomics'는 말할 것도 없고, 거친 개인주의의 문화에 생경한 것이 아니었다. 적어도 여기에서 유전자들의 이기성은 비옥한 토양을 발견했다.

많은 그리스도인들을 괴롭힌 것은 경쟁적인 자연 상태가 아니라 진화론에 함의된 도덕적 상대주의와 인간의 행위 주체성의 약화였다. 예를 들어 도킨스는 유전자가 주인이고 유기체는 사자使者일 뿐이라고 끊임없이 강조했다. 그는 "하나의 육체란 실제로 그 이기적인 유전자들이 맹목적으로 프로그램한 기계다"라고 《이기적 유전자》에 썼다.[14] 《확장된 표현형》에서는 "근본적 진리는 DNA가 유기체의 도구가 아니라 유기체가 DNA의 도구라는 것이다"라고 했다.[15] 《무지개를 풀며》에서는 "개별 유기체는 생명의 근본적이긴 하지만 (…) 부차적인 파생 현상"이라고 했다.[16]

사회생물학자들은 자신들의 이론이 그러한 도덕적 근절을 함의한다는 사실을 부인했지만, 그 과정에서 스스로 혼란을 야기했다. 도킨스는 우리의 유전자가 "우리에게 이기적이 되라고 지시하지만 (…) 〔그렇다고 해서〕 어쩔 수 없이 우리가 유전자에 복종해야 하는 것은 아니다"라고 주장했다.[17] 같은 장의 말미에서는 "지상에서 오직 우리만이 이기적인 복제자들의 폭정에 맞서 저항할 수 있다"라고 권고하기도 했다.[18] 이것은 인간이 다른 나머지 피조물과 질적으로 다르다고 하는 다윈주의 이전의 믿음으로 회귀하는, 뜻밖의 주장이다. 왜 인간만이 다른 종들과 달리 저항할 능력을 갖고 있는가? 인간은 어떻게 유전자의 철권통치에서 벗어나 있는가? 어떻게 그런 고깃덩어리 로봇이 회로에 맞서 반란을 일으키겠는가? 사실 모든 것을 통제하는 유전자가 아닌, 인격적 개인이 누구인지는 절대 분명하지 않다.

이러한 옹호론이 얼마나 설득력이 있든(없든), 미국의 그리스도인들이 정말로 불편하게 느낀 것은 도덕적 상대주의와 인간의 행위 주체성 축소라는 문제였다. 학교에서 아이들은 타락하고 있었고, 거리를 돌아다니는 것이 더는 안전하지 않았고, 사람들은 자기 행동을 책임지지 않았고, 과거에 도덕적으로 확실했던 것들이 무시되었고, 신은 진화론에 의해 명예퇴직당했다. 궁극적인 잘못은 다윈에게 있었다.

이 모두가 1920년대에서 비롯했을 수 있다. 다만 이번에는 근본주의자들의 귀에 여전히 울리고 있는, 과학으로 전환된 창조론과 더불어 전술이 더욱 복잡해졌다. 1981년 아칸소주 주지사는 공립학교에서 "창조과학과 진화과학을 균형 있게 다루어야 한다"라는 법안에 서명해 주 법률로 통과시켰다. 예상대로 소송이 제기되었고, 매클레인 대 아칸소 교육위원회 재판에서는 만장일치로 "창조과학은 과학이 아니"며, 아칸소주의 해당 법률은 실제로 "종교 진흥"을 위한 법률이라고 판결했다.[19] 몇 년 뒤에 비슷한 소송이 제기되어 에드워즈 대 아길라드 재판이 열렸고, 결국 대법원까지 올라간 끝에 최종 판결이 났다. 대법원에서는 72명의 노벨상 수상자와 열일곱 개 주의 과학아카데미, 그리고 일곱 개 과학단체들의 의견을 들었다. 이들은 항고인들을 지지하는 진술서를 공동으로 서면 작성해 제출했다. 항고인들은 교실에서 창조과학과 진화과학을 동등하게 다루도록 규정한 루이지애나주 법률의 합헌성에 이의를 제기했다. 이번에도 항고인들이 승소했다. 창조론자들은 길을 잃었다.

이제 그들은 방향을 돌렸다. '지적 설계'라는 구호는 아주 오랜 역사를 가지고 있었다. 다윈은 편지에서, 틴들은 벨파스트 연설에서 이 표현을 사용한 적이 있었다.[20] 그러나 '지적 설계'라는 구호가 일관성 있는 (유사)과학 이론으로 재포장되어 진화론에 맞서 배치된 것은 1980년대 미국 법원들이 사실상 창조과학의 길을 막아선 다음이 었다. 에드워즈 대 아길라드 재판에서는 생명이 "지적 정신에 의해 창조"되었을 "높은 개연성"을 지적하기 좋아하는 "창조과학자들"의 증언을 들었다. 지적 설계 운동은 이 개연성과 정신에 초점을 맞추 었고, 자연에는 자연적으로 진화할 수 없었을 어떤 것들이 존재한다 고 주장하기 시작했다. 예를 들어 박테리아가 추진력을 얻어 운동하 는 데 사용하는 채찍같이 생긴 구조의 편모는 "더 이상 환원할 수 없 이 복잡하다." 이는 박테리아조차 진화의 가장 큰 특징과도 같은 맹 목적이고 점진적인 과정으로 처리하기에는 너무 많은 개별적 작용 부분들로 이루어져 있음을 의미했다. 그러므로 그것이 설계되었다는 것이 명확한 결론이다. 하지만 지적 설계 옹호론자들도 어떻게, 누구 에 의해 설계되었는지에 대해서는 확실치가 않았다.

첫 번째 문제, 즉 어떻게 설계되었는가 하는 문제에는 답이 존재하 지 않았다. 왜냐면 과학이 보통 이론을 두는 곳에 지적 설계론은 빈 괄호를 두기 때문이다. 자연현상을 설명하는 자연의 기제를 상정하 는 대신, 어떠한 자연의 기제도 거기에 합당하지 않다고 결론을 내렸 다. 돌연변이와 자연선택이 적절한 근거로 뒷받침되지 않았다고 의 문을 제기하고서는("더 이상 환원할 수 없는 복잡성"은 실제로 정의하기가 불가 능하다), 그것을 모호한 초자연적인 해답으로 대체했다.

두 번째 문제, 즉 누구에 의해 설계되었는가. 여기에는 오직 모호 한 답만이 존재한다. 왜냐면 창조과학의 숙명을 피하기 위해서는 그 리스도교의 하느님으로부터 충분히 구별되어야 했기 때문이다. 지 적 설계 옹호론자들은 더 명확하게 종교적인 무언가나 누군가보다는 어떤 지적인 행위자나 정신, 혹은 설계자에 대해 말하는 편을 선호했다. 볼 눈이 있는 자들에게는 그 설계자가 실험실 가운을 걸친 창조론의 하느님이라는 게 명확해 보였지만, 허구적 설정은 계속 주장되었다.

1989년 《판다와 사람들Of Pandas and People》이라는 첫 번째 주요 문헌이 출간되고부터 지적 설계 운동은 미국에서 번성하기 시작했다. 일부 지식인들도 이 운동에 이끌렸다. 법학 교수인 필립 존슨은 리처드 도킨스의 《눈먼 시계공》을 읽은 뒤 인생의 대의를 발견하고 이 운동의 주요 인물이 되었다. 이 운동에서는 창조과학이 실패한 지점을 찾아내 진화론과 함께 학교 교과과정에 지적 설계론을 포함시키고자 시도했다. 결과는 당연히 다시 법원으로 가는 것이었다. 2005년 펜실베이니아주의 한 지방법원에서는 도버 지역 학군과 그곳에서 생물학을 배우는 자녀를 둔 학부모 열한 명 사이의 재판이 진행되었다. 《판다와 사람들》이 심리 과정의 중심에 놓였고, 그래서 이 재판은 불가피하게 도버 판다 재판으로 불리게 되었다. 물론 80년 전의 원숭이에 비하면 판다는 현저하게 적었지만 말이다.

이 재판에서도 본질적으로 문제는 매클레인 대 아칸소주 재판과 에드워즈 대 아길라드 재판에서와 동일했다. 다만 이번에는 지적 설계론이 창조과학의 자리를 차지했을 뿐이었다. 결과 역시 동일했다. 40일 동안 재판이 진행된 뒤에 판사는 지적 설계론이 창조과학에서 이름만 살짝 바뀐 종교운동이라고 판단했고, 전적으로 비과학적이고 학교 교과과정에서 전혀 인정될 수 없다고 판결했다. 판사는 냉혹하게 결론 내렸다. "이번 재판을 통해 완전히 밝혀진 사실적 배경에 비추어 고려해보면 [《판다와 사람들》의 내용을 허용하기로 한] 이번 교육위원회의 기가 막히는 우둔함은 명백하다." 그리고 이렇게 덧붙였다. "우리의 [결정에] 동의하지 않는 사람들은 이것이 행동주의자 판사의 산물이라고 말할 것이다."

판사의 말은 옳았다. 존 존스 3세 판사는 (교회에 출석하는 공화당 지지자였고, 그래서 지적 설계 문화에 반대하는 전사가 아니었음에도) 호된 비난을 받았다. 하지만 창조과학과 지적 설계 이론이 교실과 법정에서 패배와 철회를 되풀이했음에도(혹은 되풀이했기 때문에) 반진화론 운동은 여전히 확고한 인기를 얻고 있다. 판다 재판이 열리던 시점에 퓨포럼Pew Forum이 미국인들에게 진화론에 관한 의견을 물었을 때, 인류가 시간의 흐름에 따라 진화했다고 생각하는 사람은 48퍼센트였다(26퍼센트는 자연 과정에 의해서, 18퍼센트는 최고의 초월적 존재에 의해서, 4퍼센트는 알 수 없는 방식에 의해서라고 답했다). 반면에 인류가 현재의 형상으로 늘 존재했다고 생각하는 사람도 42퍼센트에 달했다.[21] 10년 뒤 비슷한 질문을 던졌을 때, 33퍼센트의 미국인이 인류는 '자연 과정으로' 진화했다고 답했으며, 25퍼센트는 '하느님의 설계'에 따라 진화했다고 답했고, 34퍼센트는 인류가 '항상 지금의 형상으로 존재했다'고 답했다(나머지 8퍼센트는 '알 수 없는 방식으로 진화했다'고 답하거나 '모른다'고 답했다).[22] 가볍게 간과할 수 없는 수치이긴 하지만, 많은 이들이 생각하듯이 이는 적어도 미국만의 독특한 상황이기는 하다. 실제로 스티븐 제이 굴드는 말년에 이르러, 창조론은 특이하게 미국적인 현상, 곧 "지역적이고 토착적인 미국의 기이함"이므로 세계가 창조론을 걱정할 필요는 없다고 말했다.[23] 하지만 그의 말은 틀렸다.

우리가 앞서 12장에서 논의했듯이, 무슬림 세계에서는(아니, 무슬림들과 나머지 세계 사이에 차이가 있듯이 때로는 무슬림 문화들 사이에도 많은 차이가 있으므로, 무슬림 세계들에서는) 처음에 서구의 식민지라는 외투에 싸인 다윈주의를 받아들였다. 당시에는 이슬람의 중앙 권위가 부재했고, 그래서 이슬람의 '공식' 입장이라는 것도 없었으므로, 다윈주의에 대한 반응은 지역마다 달랐으며, 일관성이 없었고, 더 폭넓은 사회적 고려사항들에 크게 영향을 받았다. 종교적인 미국에서 그러했던 것처럼 진화론이 토템의 지위를 획득하는 일은 일어나지 않았다.

그럼에도 20세기 말이 되자 진화론을 거부하는 태도가 미국에서처럼 이슬람 국가들에서도 널리 확산되었다. 한 조사 결과에 따르면 튀르키예, 인도네시아, 파키스탄, 말레이시아, 이집트에서는 진화론이 '사실일 가능성이 있다'고 생각하는 비율이 50퍼센트를 넘어섰다.[24] 퓨포럼에서 실시한 다른 조사에서는 조사 대상이 된 22개 이슬람 국가 중 아홉 나라에서 인류와 다른 생물들이 시간의 흐름에 따라 진화했다고 믿는 비율이 절반이 되지 않았다. 이 수치들은 절대적이지 않고, 다르게 해석될 수도 있다. 퓨스터디는 이들 국가 중 네 곳에서만 절반 이상의 사람들이 인류가 태초부터 현재의 형상으로 존재했다고 답했음을 지적했다.[25] 다윈주의의 잔은 반이 비었을 수도 있고, 반이 채워져 있을 수도 있다. 하지만 둘 중 어느 쪽이든, 잔이 완전히 채워지지 않은 것만은 분명했다. 진화론에 대한 종교적 거부는 단지 그리스도교 근본주의만의 문제는 아니었다.

더욱이 어떤 무슬림들은 그리스도인들과 마찬가지로 이 사안을 두고 기꺼이 캠페인을 벌일 수도 있었다. 2007년 프랑스 공립학교들과 미국의 정치인들과 저자 본인을 비롯한 다른 많은 사람들에게 청하지 않은 선물이 주어졌다. 850쪽에 달하는 《창조 지도책Atlas of Creation》의 저자는 아드난 옥타르라고도 알려진 무슬림 창조론자 하룬 야히아였다. 튀르키예에서 활동하던 야히아는 지적 설계 운동이 무르익어가던 1990년대에 《진화론 기만: 다윈주의의 과학적 몰락과 그 이데올로기 배경The Evolution Deceit: The Scientific Collapse of Darwinism and Its Ideological Background》을 출간하면서 유명해졌다. 당시에 그는 미국의 창조론자들과 공통의 대의를 주장했었다. 야히아의 추종자인 저널리스트 무스타파 아키올은 디스커버리 연구소(DI)와 관계를 형성했고, 디스커버리 연구소는 2007년에 처음으로 튀르키예에서 열린 지적 설계 회의라고 하는 것에 연구원들을 파견해 화답했다. 이제 지적 설계라는 용어가 확산되고 있었다.

마침 이슬람의 반진화론은 나름의 경로를 개척하고 있었다. 젊은 지구 창조론의 축자적인 〈창세기〉에 대한 집착은 무슬림들에게 타당하지 않았으므로 창조과학과 결별했고, 설계자가 지나치게 종교적이지 않을뿐더러 쿠란의 알라와 거리가 멀었기에 지적 설계 이론과도 결별했다. 무슬림 창조론은 미국의 창조론의 변종이 아닌, 별개의 종이었다. 그러나 그리스도교 창조론과 한 가지 핵심 요소를 공유했으니, 진화론이 인간의 본성과 도덕성을 약화한다는 믿음이었다. 야히아는 자신의 저서 《불신의 악몽Nightmare of Disbelief》에서 "진화론의 붕괴에 특별히 한 장을 할애한 이유는 이 이론이 모든 반反영성적 철학들의 근거를 형성하기 때문"이라고 썼다.[26] 무슬림들 사이에서 진화론은 세속화 및 도덕적 타락과 폭넓게 결부되어 있었고, 적어도 유럽에서는 이민과 정체성에 관련된 이슈와도 얽혀 있었다.[27] 늘 그러했듯이, 과학과 종교는 정치·문화와 이종교배되었다.

'종교적 비유로 가득한' ― 더 이상 환원할 수 없이 복잡하다

인간 생명 전체를 설명할 수 있다고 확신하며 사회생물학이 다시 활성화되었고, 오랜 세월에 걸쳐 훌륭하게 입증된 기성 과학 영역에 대한 종교적 동기에서의 거부가 늘었다. 이 둘이 결합하자 새로워진 충돌을 위한 완벽한 재료들이 제공되었다.

미국의 신경과학자 샘 해리스는 2001년 9월 12일에 《신앙의 종말 The End of Faith》을 집필하기 시작했다. 3년 뒤 출간된 이 책은 수십 년 내에 가장 시끄러운 반종교운동의 촉매제 역할을 했다. 소위 신무신New Atheism이라고 하는 이 경향은 당시에 벌어진 사건들에 대한 도덕적 반동이었음이 자명하지만, 종교의 도덕적 타락은 지적 후진성과 분리될 수 없었고, 그래서 종교에 대한 공격은 주로 과학 대 종교라는 틀이 씌워졌다.

사람들이 과학과 종교가 사실상 똑같은 일을 하려는 서로 다른 시도라고 확신할 경우, 그것이 이러한 경향에 크게 일조했다. 도킨스는 종교란 "하나의 과학적 이론"[28]이나 "우주와 생명의 사실들에 관한 경쟁하는 설명",[29] 혹은 진화론에 대한 간단한 대안이라고 말했는데, 이는 많은 이들의 생각을 대변한 것이기도 했다. "신과 자연선택은 (…) 우리가 존재하는 이유에 관해 우리가 가지고 있는 두 개

뿐인 성공 가능한 이론이다."[30] 이런 정의가 아무리 신학자들과 종교 철학자들과 수많은 신자들을 어리둥절하게 하는 것이라고 하더라도, 창조과학과 지적 설계와 이슬람 창조론이 진화론의 설명 대신 초자 연적 설명을 상정하는 데 활발하게 참여하고, 사회생물학의 종합이 라는 형태로 진화론이 정신·도덕·의미를 포함한 생명의 모든 것을 설명하겠다는 야심찬 주장을 하고 있는 시대에는 더 쉽게 유지될 수 있었다. 사실 창조론/지적 설계론이 과학의 영토를 탈취하고 사회생 물학이 모든 것의 영토를 탈취했을 때 일어날 수 있는 일은 충돌밖에 없었다.

그러므로 제로섬 게임이 시작되었고, 양측의 수사적 기교는 드레 이퍼와 화이트의 절정기에도 볼 수 없었던 수준에 도달했다. 한쪽에 서는 끊임없이 다윈의 계보학과 우생학과 나치를 들먹였다. 반대쪽 에서는 과학이 사람들을 달에 날려 보낸 반면 종교는 사람들을 건물 안으로 보냈다는 의견을 밝혔다. 종교는 바이러스에 비유되었다("근 절하기 더 어려울 뿐인 천연두 같다"). 이런 특정한 비유가 신중한 분별력 에서 나온 것인지 묻자 도킨스는 그의 대표적인 특징인 험티덤티 같 은 설명으로 물러났다. 종교를 묘사하는 데 바이러스라는 단어를 사 용한 것은 어떻게든 기술적이거나 '특별하기' 위한 의도였다는 것이 다.[31]

이러한 논쟁이 당시의 사회적·정치적·문화적 환경에서 에너지를 끌어 모으고 있다는 것은 분명했다. 테러리즘, 이주민, 거듭난 그리 스도인 조지 W. 부시를 권좌에 앉히는 데 종교적 우파가 행한 역할, 뒤이은 이라크 전쟁 발발 등. 사실상 21세기에 되살아난 과학과 종교의 싸움에서 이슬람과 그리스도교 근본주의는 19세기에 교황지상주의가 했던 것과 똑같은 역할을 했다.

하지만 그때처럼 전체 이야기는 격렬한 논객들이 말하듯이 그렇게 명확하지 않았다. 처음에는 진화론에 대한 종교의 반응이 보편적으로 적대적이었던 것은 아니었다. 1996년 교황 요한 바오로 2세는 교황청 과학아카데미 회원들에게 말하면서 가톨릭교회의 진화론 수용을 확인했다. 1950년 원칙적으로 진화와 신앙 사이에 어떠한 충돌도 없음을 인정한 교황 비오 12세의 회칙 《인류Humani generis》에 근거해, 그로부터 반세기 이상 지난 시점에 요한 바오로 2세는 교회가 "진화론을 가설 이상의 것으로 인정"하는 데 이르게 한 "새로운 발견들"을 수용하게 되었음을 언명했다. 실제로 교황은 더 나아가서 (《판다와 사람들》이 아니라) 어느 생물학 교과서에 나올 법한 소리로 말했다. "서로 다른 학문의 분과들에서 발견된 일련의 사실들을 따라 이 이론은 연구자들의 정신에 점진적으로 더 큰 영향을 끼쳤다. 이 독립적인 연구의 결과들이 계획되거나 추구되지 않았으나 하나로 수렴된다는 사실은 그 자체로 이 이론을 지지하는 의미심장한 논거를 구성한다."[32] 대부분 지적 설계론과 창조과학을 골칫거리로 여기는 모든 주류 그리스도교 종파도 이와 비슷하게 진화론을 인정한다고 선언했다.

점점 더 많은 여론조사에서 진화론에 대한 태도, 특히 진화론을 거부하는 태도가 단순히 종교 때문은 아니라는 사실을 발견했다. 2009년 전 세계가 다윈 탄생 200주년과 《종의 기원》 출간 150주년을 기념하자, 여론조사 기관들이 이 주제에 관한 의견을 사람들에게 물었다. 그 결과는 반진화론 현상이 얼마나 복잡한가를 두드러지게 보여주었다. 모르겠다는 대답과 확실하지 않다는 대답이 가장 많았다.[33] 영국에서는 4분의 1에 해당하는 사람들이 자연선택에 의한 진화론을 일관되게 수용했고, 다른 4분의 1에 해당하는 사람들은 일관되게 거부했다. 나머지 사람들은 높고 낮은 수준의 혼란을 보여주었다. 종교를 가진 사람들은 진화론이 "매우 훌륭하게 확립되어 합리적 의심을 넘어서는" 이론이라는 데 동의할 개연성이 약간 더 낮았을 뿐이다. 반대로 진화론을 거부하는 사람들 중 다수는 종교가 없었다. 종교성과 진화론 반대 사이에는 상관관계가 있었지만 특별히 강한 것은 아니었다.

반진화론 운동의 고향인 복음주의적 미국에서는 미묘한 차이들이 있었다. 미국의 사회학 교수인 일레인 하워드 에클런드는 종교를 가진 미국인들이 과학과 과학자들과 다윈주의에 대해 어떻게 생각하는지를 탐구하는 일련의 자세한 연구 작업을 수행했다. 그 결과, 진화론 반대는 주류 프로테스탄트들이나 다른 종교 집단들이나 종교가 없는 사람들보다 복음주의자들 사이에서 훨씬 더 많은 반면, 많은 복음주의자가 그들에 대한 고정관념에 비해서는 진화론에 더 개방적이라는 것이 드러났다. 에클런드는 이렇게 결론 내렸다. "창조와 진화를 고려할 때 종교가 있는 미국인들은 자신이 믿고자 하는 바를 유연하게 선택하는 듯 보인다. 하지만 그들의 기저에 있는 틀이 동기가 되어 신의 역할에 대한 믿음을 유지하고, 그들이 인간의 성스러움으로 보는 바를 존중하려 한다."[34] 다시 한번, 인간에 대한 관념이 진화론 반대의 중심 근처 어딘가에 자리하고 있었다. 이는 사람들이 특별히 인간의 진화보다 일반적인 진화를 더 자발적으로 지지하고, 인간의 도덕적 분별력이나 의식보다는 인간의 육체적 형태에 대한 진화론적 설명을 더 자발적으로 지지한다는 심화 연구 조사의 결과로 뒷받침되는 사실이다.

더욱이 진화론 비판은 단순히 종교적 우파의 전유물이 아니었다. 세속적 좌파의 요소들에도 나름의 문제가 있었다. 이는 E. O. 윌슨에 맞선 첫 서한에서 명확히 드러났다. 이 서한은 명시적으로 정치적 내용을 담은 것은 아니었지만, 신을 통한 것이든 생물학을 통한 것이든 '인간 본성'을 물화物化하는 것이 순전히 기존 사회 계층을 정당화할 뿐이라는 오래된 마르크스주의적 관심사를 끌어다 사용했다. 이를테면 인간의 행동은 고정되어 있다는 것이었다. 남자는 공격적이고, 여자는 자녀를 양육하고, 범법자들은 부도덕하고, 하층 계급은 무기력하며, 이에 관해 그들이 할 수 있는 것은 거의 없다는 식이었다. 비록 다른 사회적 관심사로 인해 추동된 것이기는 해도, 결국 종교적 우파에서 뿜어져 나오는 비판(인간의 자유와 도덕적 주체성의 침식)도 똑같았다.

그러므로 과학과 종교의 완전히 새로운 전쟁 안에서 약화되는 세부 사항들이 있었다. 어떤 선도적인 진화론자들은 종교와의 필연적 충돌을 부정했다. 굴드가 말년에 낸 책 《시대의 바위Rocks of Ages》는 과학과 종교 사이의 긴장이 "전적으로 다른 이 두 주제의 논리적 효용이나 고유한 효용에 존재하는 것이 아니라, 오직 사람들의 정신과 사회적 관행에 존재한다"라고 주장했다.[35] 제대로 말하자면, 과학과 종교는 NOMAnon-overlapping magisteria, 즉 겹치지 않는 마지스테리아였다. 과학은 경험적 영역("우주를 구성하는 것(사실)과 우주가 이러하게 작동하는 이유(이론)")을 다루고 종교는 "궁극적 의미와 도덕적 가치"의 영역을 다룬다.[36] 면밀히 들여다보면, 이러한 깔끔한 구분은 유지되기 어려웠다. 더욱이 유전자 중심의 사회생물학을 쉬지 않고 비판한다는 이유로 이미 그를 싫어하게 된 사람들은 종교를 향한 전쟁에서 그의 개선된 방향 전환에 설득될 것 같지 않았다.

더 미묘한 도전은 모든 생명을 설명하겠다는 사회생물학의 주장이 다소 과도한 야망이라는 자각이 어떤 분야들에서 커지면서 등장했다. 그중 가장 두드러지는 분야는 진화심리학이라는 일종의 파생 분과학문이었다. 이론들은 종종 데이터를 일치시키거나, 설득력 있는 설명을 제시하거나, 신뢰할 만한 예측을 제공하는 데 실패했다.[37] 때때로 이론들은 순전히 터무니없는 소리에 그치기도 했다. 확실히 사람들은 사바나를 특별히 사랑스럽다고 생각하는 것 같았다. "확장된 시야를 [제공해서] 포식자, 물, 길이 멀리서도 잘 보이는" 아프리카 사바나에서 인류가 진화했기 때문이다.[38] 여자들은 분홍색과 빨간색을 더 좋아했다. 왜냐면 인류의 수렵채집 단계에서 여자들이 베리류를 따서 모았기 때문이다. 아기들은 밤에 울었다. 왜냐면 부모들이 섹스를 해서 엄마의 제한된 자원을 놓고 자신과 경쟁하게 될 아기를 더 낳는 것을 막아야 했기 때문이다. 이런 것이 과학이라고 여겨졌다.

2001년 《아아, 불쌍한 다윈》이라는 책에서 기소를 위한 근거가 주장이 제시되었다. 이 책의 첫 장은 미국의 과학사회학자 도러시 넬킨이 진화심리학에서 자신이 '종교적 충동'이라 부른 것을 해부하는 것을 살펴본다.[39] 미국과학진흥위원회에 따르면 넬킨은 굴드를 긍정하면서 과학과 종교 사이의 차이점을 다루는 질문의 종류와 관련이 있음을 언급했다. "과학은 원인에 관한 것이고, 종교는 의미에 관한 것이다. 과학은 사물이 자연에서 어떻게 존재하게 되는지를 다루고, 종교는 왜 아무것도 없지 않고 무언가가 존재하는지를 다룬다. 과학은 자연의 작용들에 관한 구체적 물음에 답하고, 종교는 자연의 궁극적 토대를 설명한다." 하지만 사회생물학은 "불멸성과 실재론 같은 종교적 비유와 개념으로 가득한 언어"로 유전학적 설명들을 사용하고, 유전자를 "일종의 성스러운 '영혼'처럼" 봄으로써, 이러한 경계를 흐릿하게 만들었다. 진화심리학이 실패한 근본 원인은 이렇게 종교(와 철학과 인문학)의 영토를 부당하게 침범한 탓이었다.[40]

이뿐만이 아니었다. 사회생물학이 종교를 공격한 지점 가운데 하나는 진화의 순전한 무작위성이었다. 굴드 자신이 더 아날로그적인 시대에 썼듯이, 생명의 테이프를 되감아 재생하면 전적으로 다른 그림을 보게 될 것이다. 생명에는 아무런 계획도 없고, 질서도 방향도 없으며, 오직 우연과 필연만 있기 때문이다. 그러나 산처럼 쌓여가는 증거들은 우연과 필연은 어떤 방향이나 방향들을 향해 반복적으로 축적된다는 사실을 보여주는 듯했다. 진화는 맹목적이긴 하지만, 그럼에도 지구의 화학적·물리적 조건에 제한을 받았으며, 이는 진화가 익숙한 해결책들로 반복해서 수렴된다는 것을 의미했다. 결국 이 지구상에서 보고, 듣고, 냄새 맡고, 먹고, 돌아다니는 그렇게 많은 방법들이 있었다. 이것이 인간이라는 동물에게 의미하는 바는 복잡했다. 케임브리지대학의 진화고생물학 교수인 사이먼 콘웨이 모리스가 썼듯이, 인간은 의심할 여지 없이 "현재의 진화적 관점에서" 보면, 수십억 년에 걸친 우연한 진화 끝에 우연히 생겨난 듯 보이는 독특한 존재다. 하지만 우리가 우연한 존재라면, 우리는 마치 일어나기를 기다리는 사고인 듯 보인다. "우리가 지각의 상태에 이르지 못해 우리 자신을 인간이라 부르지 못했다면, 어쩌면 일찌감치 다른 어떤 집단이 그렇게 했을 것이다."[41] 이 모두는 마치 카드는 무작위로 수없이 섞이지만, 결국 원래 집기로 되어 있던 카드만 집게 되는, 아주 정교한 우주적 카드 트릭같이 느껴졌다.

진화론은 이 자격 조건들을 약화하지 않은 것은 물론 그중 어떤 것에도 도전하지 않았다. 실제로 그 대부분은 진화론에서 전제되었고 진화론에 의존했다. 물론 그중 어떤 것도 종교적 믿음을 입증하는 증거에 이르지는 못했다. 하지만 새천년의 첫 번째 10년을 특징지은, 과학과 종교를 둘러싼 시끄러운 수사적 기교가 전 지구적 충돌이 아니라 작지만 소리가 크고 지역적인 국지적 접전에 불과했음을 보여주었다.

19장

인공 불안

인공지능은 과학과 종교의 역사를 오랜 세월 뒷받침해온 바로 그 문제들을 불러들인다. 인간은 무엇/누구이며, 우리는 어떻게 분별하고, 누가 결정하게 되는가?

'그의 뇌에 불이 붙은 것 같았다' — 비정상 활동

사회생물학의 유전학적 전환에서 파생된 부산물 가운데 하나가 밈 meme이라는 개념이다. 밈은 문화에서 유전자에 해당하는 개념이다. 하나의 관념이나 곡조, 혹은 선전 문구 같은 단일한 '단위unit'로서 증식되고 진화하고, 성공적인 경우에는 사회를 통해 확산된다. 밈에는 큰 (反)종교적 잠재성이 있었다. 도킨스는 신이나 지옥이나 맹목적인 신앙 같은 종교적 관념들이 모두 효과적인 밈일 뿐이라고 설명했다. 다만 그러한 관념들은 '커다란 심리적 고뇌'를 일으키는 원인이 된다. 인터넷에 의해 전용되기 오래전에 밈은 심각한 과학적 개념으로 다루어졌다.

여기에는 몇몇 문제들이 있었다. 자세히 살펴보면, 밈은 시험을 통해 입증할 수 없으며, 경험적 증거로 뒷받침될 수도 없고, 정확히 정의될 수조차 없다. 당연히 수량화될 수도 없고, 일관성도 없으며, 어떠한 상호 주체적 동의를 이끌어내지도 못하고, 반복 수행되는 실험의 대상이 될 수도 없다. 보이지 않고, 탐지할 수 없고, 보장될 수 없고, 도움이 되지도 않고, 필연적이지도 않다. 밈은 그 제자들이 신에게 귀속시킨 거의 모든 기준을 충족했다. 심지어 밈은 더 많은 신앙을 요구한다고도 주장할 수 있다. 철학자 앤서니 오히어가 말한 대로, "밈이 정말로 존재한다면, 궁극적으로 반성적 사고의 실재를 부정할 것이다."[1]

도킨스는 밈에 대해 "뇌에서 뇌로 건너뜀으로써 밈의 웅덩이 안에서 스스로 증식한다"라고 묘사했다.[2] 그 효과는 인간의 정신을 분해하는 것이었다. 대니얼 데닛의 말에 따르면 인간의 정신은 "밈을 위한 더 좋은 서식지로 만들고자 밈이 인간의 뇌를 재구성할 때 만들어지는 인공 산물"이었다.[3] 육체가 유전자로 환원될 수 있듯이, 정신은 밈으로 환원될 수 있다.

또는 전기적 활동으로 환원될 수 있다. 인간의 사고와 감정의 숨막힐 듯 아름다운 시와 그것들을 뿜어내는 산문적인 물질적 뇌를 정말로 분해 불가능하게 단단히 연결하는 문제는 18세기 이래로 사상가들을 괴롭혀왔다. 실체이원론(인간이 두 개의 실체인 물질과 정신으로 구성되었다는 생각)을 고집하는 사람들에게 뇌과학이 이룬 모든 진보는 정신적 인간을 그 극단까지 유례없이 바짝 밀어붙였다. 정신이 물질에 박혀 있으며 물질에서 나오는 것으로 생각한 하틀리 같은 사람들은 위협을 덜 느꼈다. 하지만 '기계화'가 단지 인간 정신보다 많은 것을 납작하게 만들려고 위협했으므로, 그들도 완전히 위협에서 벗어나 있던 것은 아니었다. 더 많은 사람들이 뇌를 들여다볼수록, 정확히 거기에서 발견한 사실에 더욱 어리둥절해졌다. 21세기 초에 이르자, 이제 그들은 깊은 안쪽까지 들여다볼 수 있게 되었다.

종교가 완전히 정신 안에 있는 것이라는 생각은 새로울 것이 없었다. "[신이] 꿈에서 [사람에게] 말했다고 하는 것은 신이 자신에게 말하는 꿈을 꾸었다고 하는 것과 다를 게 없다."[4] 토머스 홉스는《리바이어던》에서 이렇게 썼다. 냉소적인 사람들은 종교적 경험의 환영적 본질을 중요하게 다루었는데, 냉소적인 사람만 그런 것은 아니었다. 도스토옙스키는 《백치》에서 미슈킨 공작이 뇌전증이 일기 전 겪었던 반쯤 종교적인 경험을 묘사했다. "그의 뇌에 불이 붙은 것 같았다. (…) 생명의 감각, 자기가 열 배나 불어난 듯한 의식 (…) 정신과 마음에 기이한 빛이 넘쳐흘렀고 (…) 모든 번민이 (…) 어떤 고결한 고요 속에 녹아내리니, 평온하고 조화로운 기쁨과 도움으로 가득 찼다."[5]

20세기 중반부터 과학은 철학과 문학이 앞서가던 곳까지 따라갈 수 있었고, 임상 신경학은 (어떤) 측두엽 뇌전증과 (어떤) 강렬한 종교적 체험 사이의 상관관계를 확인하기 시작했다. 뇌전증을 겪는 수많은 환자들이 신비적인 "전구 증상이나 기운"을 보고했으며, 이는 발작 전과 발작 중의 비정상적인 강렬한 전기적 활동과 관련되었다.[6] 어떤 강렬한 종교적 체험의 황홀경은 단순한 신경의 작용(결함)으로 분석될 수 있는 듯 보였다.

강렬한 경험만 그런 것은 아니었다. 신비적 경험은 유사 이래 줄곧 모든 곳에서 보고되었으며, 그런 경험은 갈구나 욕망처럼 인간 본성의 핵심을 이루는 듯 보였다. 베트남 참전용사들에 대한 한 연구에서는 '뇌 관통상'을 입은 군인들을 건강한 대조군과 비교했을 때 관통상을 입은 이들이 개인사나 성격으로 설명될 수 없는 "뚜렷하게 증가된 신비주의적 경향을 보였다"고 한다. 연구자들은 이 같은 결과가 뇌에서 하는 '집행 기능'(우리가 집중하고 계획할 수 있게 하는 자기 조정 과정)이 "신비적 경험들의 하향 조정에 인과적으로 기여한다"는 오래된 가설을 뒷받침한다고 결론 내렸다.[7] 달리 말하자면, 합리적인 생각이 신비적인 생각을 억제하는데, 합리적인 생각이 손상되면 신비적 생각이 새어나온다는 것이다.

그렇다고 뇌전증 환자나 뇌 손상 환자의 전유물이라고 주장하는 것은 아니다. '신경신학'이 번성하자 독실한 신자들은 수요가 많은 실험용 쥐가 되었으며, 그중에서도 명상이나 기도 중인 불교 승려와 가톨릭 수녀를 MRI 검사나 다른 방식으로 조사하는 연구가 실시되었다. 그 결과들은, 특히 승려와 수녀들이 '전적인 몰입' 혹은 '일치'의 상태에 이르렀다고 할 때, 전두엽 양측의 활동이 증가하고 우측 두정엽 활동은 감소했음을 보여주었다.[8] 시간과 공간 감각을 처리하는 두정엽의 활동이 감소한 것은 깊은 명상과 기도의 특징인 자아감의 부재와 관련되어 있다.

모든 영적 활동이 이와 동일한 방식으로 드러난 것은 아니었다. 기도의 일부로 말을 사용하는 수녀들은, 특히 언어적 표현보다 시각적 영상을 선호하는 불교 승려들과 비교했을 때, 언어를 처리하는 하두정엽의 활동이 증가하는 모습을 보였다. 이슬람의 기도 방법들은 뇌의 혈류량 변화를 통해 연구되었고, 전두부 피질의 혈류량 감소와 함께, 보통의 "세속적" 집중 기술과 구분되는 뇌 패턴을 보였다. 연구자들은 "이러한 뇌 활동의 변화가 강렬한 이슬람 기도 수행 중에 체험하는 '투항' 및 '신과 연결되어 있는' 느낌과 관련된다"는 가설을 세웠다.[9] 신과의 일치나 우주와의 일치, 혹은 자아의 상실이나 시간의 상실, 혹은 전적인 굴종과 투항은 모두 단순하게 신경적 상태, 우리가 스스로 훈련을 통해 이를 수 있는 상태였다.

더욱이 신경학자들이 종교적 체험을 강렬한 것이든 명상적인 것이든 상관없이 측두엽과 두정엽의 측정 가능한 활동에 연결시킬 수 있었듯이, 포괄적인 종교적 관심들에도 신경학적 근거가 있는 듯 보였다. "계속되는 믿음의 패턴과 일단의 신념들(일상적인 사람의 종교(sic))은 (…) 대부분 우뇌의 전두부에 국한되어 있는 것 같다."[10] 종교적 체험과 마찬가지로 종교성이란 모두 정신에 있었다.

이 같은 연결은 독자적sui generis이지 않다. 한 연구에서는 전직 모르몬교 선교사였던 사람들에게 통제된 환경에서 한 시간 동안 모의 종교 체험을 하게 하면서 그들의 뇌를 fMRI로 검사했다. 그 결과 연구자들은 진지한 표현을 사용해 "추상적 관념들과 뇌의 보상 회로가 서로 연결되어 전두부의 주의·감정의 현저성 처리와 상호작용하며, 이는 교리적 개념들이 본래 보상적이며 종교를 가진 개인들의 행동에 동기를 부여하는 어떤 기제가 있음을 시사한다"라는 결론을 도출했다.[11] 다소 덜 진지한 방식대로 말하자면, 종교적이고 영성적인 체험이 사랑, 섹스, 도박, 마약, 음악과 똑같은 뇌의 보상 회로를 활성화한다는 것이었다.[12] MRI 검사 결과에 관한 한, 종교는 순수한 섹스와 마약과 로큰롤이었다.

이 모두가 함의하는 바는(종교가 정상적인, 또는 때때로 비정상적인 신경 상태라는 것은) 시험해볼 수 있었다. 만약 종교적 체험이 뇌에서 일어나는 전기 신호로 분석될 수 있다면, 인공적인 뇌 모의실험으로 종교적 체험을 일으킬 수 있다고 가정할 수 있다. 만약 종교가 해체될 수 있다면, 다시 구성될 수도 있다. 아, 정말 그러했다. 과학자들은 환각성 버섯의 유효 성분인 실로시빈을 종교를 가진 개인들에게 투여했을 때 종종 신비적 경험을 일으키곤 한다고 보고했다.[13] 다른 과학자들은 중간에 있는 버섯을 없애버리고 직접 뇌를 연구했다. 미국의 심리학자 마이클 퍼싱어는 약한 자기장을 이용해 (겉으로 보기에) 양쪽 측두엽 사이의 소통을 방해하는 헬멧 형태의 기구를 개발했다. 이 헬멧을 쓰면 '현존'의 감각이나 심지어 유체이탈 체험을 유도할 수 있다고 했다. 어쩔 수 없이 이 헬멧에는 '갓 헬멧'이라는 이름이 붙었지만, 슬프게도 확고한 무신론자들은 헬멧을 쓰고도 자신의 창조자를 만나볼 수 없었다.

이 모두가 뇌에 대해 의미하는 바를 두고 다양한 의견이 나왔다. 어떤 이들에게는 뇌에 종교적 체험을 담당하여 개인의 믿음이나 배경과 상관없이 (비)정상적인 활동으로 신비적인 경험을 유도할 수 있는 일종의 '갓 모듈' 같은 특정 부위가 있음을 시사했다.[14] 다른 이들은 조화, 의의, 평화, 기쁨이라는 가상의 모의체험이 특정하게 종교적이라기보다 총칭적이며, 기존의 종교적 세계관이라는 필터를 거쳐야 그렇게 해석될 수 있다고 주장했다.[15] 사실상 그런 경험은 종교적 체험 자체이기보다는 종교적인 것으로 보게 될 수 있는 경험이었다.

하지만 그 너머에는 그것이 대체 종교에 대해 의미하는 바가 무엇인가라는 더 큰 불확실성이 있었다. 우선, 차후의 많은 연구가 토대로 삼은 측두엽 뇌전증과 종교적 체험 사이의 관련성에 대해 면밀한 비판적 검토가 이루어졌다. 측두엽 뇌전증 환자들에게 특별히 강렬한 종교성이 발견된다는 증거는 사실 그만큼 특별하게 강력하지 않았다. '유도된 신' 실험들은 반복하는 데 문제가 있었다. 다른 실험들의 전제조건에 있는 문제들은 말할 것도 없다. 실로시빈의 강렬하고, 몽롱하고, 신비적인 경험이 종교적 체험의 전형이라고 생각하는 이들은 기도서를 읽는 데 많은 시간을 쓰지 않았던 사람들이다.

이는 모두 유효한 우려였지만, 신경신학이라는 새로운 분과학문이 야기한 더 큰 문제의 그늘에 가려졌다. 국부적인 뇌 활동과 종교적 체험이나 종교적 수행 사이에 강력한 상관관계가 있다는 것은 그렇게 놀랄 일은 아니었다. 사람의 얼굴을 인식하든, 스도쿠 퍼즐을 풀든, 음악을 듣든, 사랑에 빠지든, 사람들이 생각하거나 행동하는 모든 것에는 신경의 상관관계가 있다. 그렇다고 그러한 경험이 단지 '정신에' 있다는 것은 아니었다.

특별히 주목할 만한 신경의 상관관계가 있다는 것 또한 땅이 꺼질 만한 일이 아니었다. 수행을 오래 한 불교 명상가들은 주의 집중에 관련된 뇌 부위의 피질이 더 두껍다고 보고되었다. 하지만 별로 정신적이지 않은 활동에 대해서도 비슷한 관찰 결과가 나올 수 있었다. 광범위한 공간 지식으로 유명한 런던의 택시 기사들에 관해 여러 차례 보도된 연구 결과는 그들의 후위 해마가 다른 사람들에 비해 상당히 더 크다는 사실과, 해마의 크기가 택시 기사로서 보낸 시간의 양과 비례한다는 사실을 보여주었다. 매일 의도를 가지고 강도 있는 특정한 활동에 하루 종일 몰입한다면 분명히 뇌가 바뀔 것이다.

아마도 신경과학이 다양한 형태의 종교성을 단순하게 설명할 수 있다고 하는 생각에 대한 가장 큰 도전은, 결국 똑같은 공격 방식으로 다른 많은 것들을 설명할 수 있다는 사실일 것이다. 정신에 대한 어떠한 신경과학적 비판에도 부차적인 인적 피해가 상당히 많았다. 신과 인간은 바로 이 점에서 서로 함께였다.

일찍이 1960년대에 수행된 실험들에서 실험 참가자가 자발적인 움직임을 행하기 전에 뇌의 영역들에서 전기적 활동이 증가한다는 사실이 발견되었고, 이러한 현상은 '준비전위readiness potential'라고 알려졌다. 1980년대에 수행된 유명한 일련의 실험들에서 벤저민 리벳과 협력자들은 (a) 실험 참가자가 손목이나 손가락을 굽히는 것처럼 어떤 단순한 행동을 하려고 결정하는 순간, (b) 뇌에서 '준비전위'가 측정 가능하게 되는 시점, (c) 행동이 실제로 일어나는 순간을 1000분의 1초 단위로 연속해서 측정했다. 사람들이 자신이 살고 있다고 생각하는 질서정연한 합리적 세계에서 이 사건은 a-b-c 순으로 일어나야 하지만 실제로는 b-a-c 순이라는 것을 리벳이 발견했다. 뇌는 주체보다 먼저 무슨 일이 일어날지 아는 듯 보였다. 리벳은 행동하기로 하는 우리의 의식적 결정이 움직임의 진짜 원인은 아니라고 결론 내렸으며, 이후에 다른 많은 연구자들도 같은 결론에 도달했다.[16]

리벳의 결론 또한 아무런 도전도 받지 않은 채 계속 유지되지는 않았다. 특히 누군가 의식적으로 행동을 수행하려는 순간을 필요한 만큼 정확하게 측정할 수 있는지에 관해 논쟁이 일었다. 하지만 그 결론에 담긴 메시지는 여전히 당혹스럽다. 신경과학이 영적 경험과 믿음을 어떻게 설명할 수 있는지 보여주는 똑같은 접근법은 자유의지와 의도성도 설명할 수 있는 듯 보였다.

또한 도덕성도 신경과학에 의해 설명될 수 있을 듯했다. 1848년 버몬트 근처 철도 건설 현장에서 일하던 피니어스 게이지라는 감독관이 머리에 금속 막대기가 꽂히는 부상을 당했다. 폭 2센티미터, 길이 1미터에 달하는 금속 막대기가 그의 뺨을 뚫고 들어가 정수리로 빠져나왔다. 놀랍게도 그는 살아남았다. 하지만 본래 양심적이고 근면한 노동자였던 그는 부상 이후 방탕하고 미덥지 않은 도박꾼이 되었다. 150년 뒤에 그의 유해를 발굴해 CT 촬영으로 조사한 결과, 디지털 영상으로 그의 부상을 재구성해 신경 손상과 행동 변화 사이의 상관관계를 파악할 수 있었다. 의도성의 경우와 마찬가지로, 도덕성에 관한 영적이거나 영묘하거나 실존적인 것은 전혀 없었다. 도덕성은 그저 뇌에서 일어나는 신호들로 환원될 수 있었다.

1848년에는 이러한 긴밀한 상관관계가 충격적이었지만, 게이지의 두개골이 CT 촬영되고 있던 무렵에는 더 이상 그렇지 않았다. 21세기 초에 이르자 뇌와 행동 사이의 관련성은 단단히 확립되었다. 2000년에 한 교사가 아동 포르노그래피 웹사이트를 방문한 뒤 의붓딸에게 접근했다는 혐의로 체포되었다. 그는 그럴 수밖에 없었다고 주장했지만, 배심원단은 그의 주장에 설득되지 않았고 유죄 판결을 내렸다. 판결 전날, 이 교사는 심각한 두통을 호소하다 거의 인사불성이 되어 병원에 입원했다. MRI 검사 결과, 달걀 크기의 종양이 오른쪽 전두엽을 누르고 있다는 게 밝혀졌다. 종양을 제거하자 아동성애 욕구도 사라졌다. 이후에 종양이 다시 자라기 시작하자 아동성애 욕구도 돌아왔다.[17]

이 교사의 이야기는 게이지의 이야기만큼 극적이지는 않지만, 그만큼 암시하는 바가 있다. 신경학자들은 종종 자유롭게 혹은 도덕적으로 행동할 수 있는 환자의 능력이 두개골 이상으로 심각하게 손상된 사례들을 보고했다. MRI와 CT 촬영의 결과는 홉스와 라 메트리가 250년 전에 제안했던 생각들을 확증하는 듯하다. 육체, 정신, 도덕, 영성, 이 모두가 물질이다. 뇌를 들여다보면 영혼이나 정신을 발견할 수 없다. 마찬가지로 자유의지나 의식이나 도덕도 보이지 않는다. 이들 모두가 신경망의 미로 속에서 사라졌다.

물론 영혼이나 도덕적 나침반이나 의식적 자유의지처럼 보이는 무언가를 발견할 거라고 생각한 사람이라면 누구나 엄청난 범주의 오류를 저질렀으리라는 점은 예외다. 신경과학자들은 혈류의 패턴이나 전기적 활동을 찾으려 했고 실제로 발견했다. 그들은 인간의 믿음과 행동 사이의 물질적 상관관계를 추적할 수 있었다. 그러나 유전학도 게놈을 통해 똑같은 일을 할 수 있었다. 진화생물학자와 진화심리학자는 이 모두를 자연선택으로 설명할 수 있다고 주장했다. 정신분석학자는 의식과 무의식의 상호작용으로, 인류학자는 문화의 발전과 규범으로, 사회학자는 인간적 교제의 패턴과 구조로 이 모두를 기술했다.

모든 설명이 나름의 중요한 의미가 있었다. 대부분은 옹호 가능한 것이었다. 어떤 것들은 옳았다. 하지만 어떤 것이 옳다고 해서 반드시 그것만 유일하게 옳다는 것을 의미하지는 않는다. 인간은 서로 다른 방식으로 묘사되고 이해될 수 있었다. 인간을 하나의 묘사나 설명으로 환원하는 것은 인간을 평면화하고, 종종 '탐욕스러운 환원주의'라 불리는 것에 종속시킨다. 이를테면 인간은 뇌의 활동에 불과하다거나, 유전자에 불과하다거나, 혹은 진화의 역사, 무의식적 충동에 불과하다고 말하는 것이다. 인간은 뇌 활동의 산물이다. 그러나 유전자의 산물이기도 하다. 진화의 산물이기도 하고, 교육의 산물이기도 하며, 문화적 관행과 사회경제적 환경과 형이상학적 믿음의 산물이

기도 하다. 이렇게 다중적인 복잡성이 단순하게 이것 아니면 저것으로 환원되어야 할 유일한 이유는 오랜 시간 지속되는 분과학문의 영역 침탈 욕구를 충족하려는 것밖에 없어 보인다.

지도 제작은 이 모두에 도움이 되는 비유다. 한 나라나 지역은 물리·지형·정치·선거·지질·기상·역사·인구·자원·도로 지도들로 그려질 수 있다. 모든 지도가 그 나름대로 맞지만, 어느 것도 유일한 진짜 지도라고 정당하게 주장할 수는 없다. 똑같은 현상이라도 그것을 바라보는 방법은 다양하다. 특히 복잡한 현상이라면 더욱 그러하다. 인간은 골치 아프게 복잡한 현상이다. 하나보다 많은 본성들로 특징지어지며 한 가지보다 많은 여러 가지 묘사나 설명으로 기술될 수 있는 동물이다. 신경과학에서 MRI 검사를 통해 도덕이나 영혼을 발견할 가능성이 없듯이, 윤리학자나 신학자가 니코마코스 윤리학이나 성경에서 전두엽 활동의 증거를 찾아낼 수도 없다. 그러나 양쪽 중 어느 쪽도 다른 쪽이 단순히 그릇되었다거나 환영일 뿐이라고 주장한다면, 그것은 분과학문 간의 영역 침범이다.

그렇다고 해서 스티븐 제이 굴드가 말하는 것과 같은, 서로 겹치지 않는 마지스테리아라는 것은 아니다. 그의 말이 참이 되는 분야가 많이 있는 것은 사실이다. 그 분야들에서 과학과 종교는 서로에게 말할 것이 많지 않고(혹은 전혀 없고), 진짜로 서로 겹치지도 않는다. 어떤 장소들에서, 노마NOMA는 타당하다. 하지만 인간은 단연코 그들 중 어느 하나가 아니다. 과학과 종교가 가장 확실하게 겹치는 부분이 바로 인간이다. 인간은 과학의 방법들을 따라 측정되고 설명되는 '물질적' 존재이자 의미, 의의, 초월, 목적, 운명, 영원, 사랑 같은 것들에 관해 이야기하고 그것들을 열망하는 '정신적' 존재이기도 하다. 그것들은 늘 현실에 대한 종교적 이해를 구성하는 블록이 되어왔다. 과학과 종교는 부분적으로 겹치는 마지스테리아이며, 그 겹치는 부분은 우리 안에 있다.

'인간은 도구일 뿐이다' — 종말은 지금 여기에

홉스는 무지한 이들과 경건한 이들을 괴롭히는 종교적 꿈과 환시를 묵살했고, 이는 《리바이어던》의 첫 부분에 적힌 그의 확신에 근거한 것이었다. "생명은 사지의 움직임일 뿐이다." 심장은 "태엽일 뿐이고, 신경은 수많은 줄일 뿐이다." 그렇다면 우리는 "모든 자동기계가 (…) 인공의 생명을 지니고 있다"라거나, 인간의 독창성이 "인공의 동물을 만들 것"이라고 말할 수 있지 않을까?[18] 인간의 육체는 결국 복잡한 기계일 뿐이다.

인간의 정신에 대해서도 똑같이 말할 수 있을 것이다. 몇 년 뒤에 집필한 책 《철학의 요소들Elements of Philosophy》에서 홉스는 '추론ratiocination'(논리 정연한 생각)의 핵심은 '계산'이라고 말했다. 머릿속에서 진행되는 일은 궁극적으로 "덧셈과 뺄셈 (…) 곱셈과 나눗셈"에 지나지 않는다.[19]

이 두 가지 확신이 갖는 함의는 중대했다. 육체가 단지 태엽과 이음매에 불과하고 정신이 덧셈과 뺄셈에 지나지 않는다면, 이론상으로 인간을 처음부터 만들어내는 것도 가능해야 한다. 이러한 생각은

200년 뒤에 홉스의 예언을 실현하면서 논리학자 조지 불이 "논리와 확률의 수학 이론들이 근거한 사고의 법칙들"을 확립했을 때에도 여전히 꿈으로 남았다.[20] 불의 저서가 출간되고 한 세기가 지난 뒤 컴퓨터 과학자 존 매카시가 뉴햄프셔주 다트머스대학에서 열린 한 회의에서 '인공지능'이라는 말을 만들어냈고, 홉스의 비전을 실현하겠다고 약속하는 분과학문을 설립하는 데 기여했다. 신경과학이 본질적으로 인간이던 모든 것을 해체해 뇌의 신호들로 환원할 수 있었다면, 원칙상 컴퓨터 과학이 한 번에 한 조각씩이라도 인간을 재구성하지 못할 이유가 없었다.

인공지능이 뛰어난 체스 실력 말고 다른 것도 자랑할 수 있게 되기까지는 수십 년이 걸렸다. 구글의 딥마인드가 만든 프로그램인 알파고가 골치 아프도록 어려운 바둑에서 열여덟 차례나 세계 챔피언 자리에 올랐던 이세돌을 이겼을 때는 이미 게임이 끝난 것처럼 보이기 시작했다. 어떤 이들에게는 미래에 대한 전망이 그 잠재력으로 활기차게 두근거렸다. 기술은 꾸준하고, 비합리적이고, 제한되어 있고, 아날로그적인 인간에게 향상되고 변모될 수 있는 기회를 주었다. 20세기에 의학(혹은 의학과 보건)은 (어떤 나라들의) 기대수명을 거의 두 배로 늘렸다. 21세기에는 유전자 치료가 기대수명을 더 늘릴 것이다. 뇌-컴퓨터 인터페이스는 뇌 전체를 스캔하고 디지털로 만들어서, 미래의 어느 시점에 (원한다면) 다운로드하여 다시 육체에 넣을 수 있는, 저장시설에 업로드함으로써 죽음을 속일 수 있는 가능성을 제시했다.

이 야심찬 목표가 성취 가능한 것이든 아니든, 인간은 다른 측면들에서 근본적으로 향상될 것이다. 인공지능은 진화생물학이 부여한 제약들을 깨고 나와 우리의 연약하고 불완전한 인성을 다시 설계해 만들 수 있는 잠재성을 제공했다. 인간은 기억, 정신의 처리 과정, 심지어 도덕까지도 개선하기 위해 정보 기술을 사용할 수 있었다. 이 트랜스휴머니즘* 복음의 사도 바오로인 미국의 미래학자 레이 커즈와일이 강아지같이 열광하며 주장했듯이, "우리는 더 많은 신피질을 얻게 될 것이다. 우리는 더 재미있어질 것이다. 우리는 음악도 더 잘하게 될 것이다. 우리는 더 섹시해질 것이다. (…) 우리는 우리가 인간에게서 더욱 소중하게 여기는 모든 것을 정말로 예시하게 될 것이다."[21] 아멘.

자기를 가상현실로 만들 수 있는 일종의 슈퍼 종種으로 재설계되면, 인간은 지구의 한계에서 벗어나 태양계 너머에서 새로운 형상을 취해, 어떤 항성 간 미션으로 우주에 퍼져나갈 수 있을 것이다. 그러한 인간 변신은, 소련의 '새로운 인간'을 확실히 평범해 보이게 하는, 더 폭넓은 우주적 변신의 일부였다. 지능이 있는 기계는 지능이 있는 다른 기계를 설계하고 제작할 수 있다. 훨씬 더 빨라진 처리 능력으로 자유로워진 인공지능은 기하급수적으로 늘어나다가 '특이점'에 도달할 테고, 그러면 새로운 슈퍼지능이 등장해 인간들과 그들의 짐스러운 달 아래의 삶을 뒤에 버려두고 자기와 우리와 지구를 자기가 보기에 적절한 형태로 재형성할 것이다. "인간은 만물인터넷을 창조

---

* 과학기술을 통해 인간의 육체와 정신의 본질적 조건으로 여겨지던 한계를 뛰어넘어 전혀 새로운 인간 조건을 창조하겠다는 신념이나 운동.

하기 위한 도구일 뿐이다. 만물인터넷은 마침내 지구에서 퍼져나가 은하 전체와 심지어 우주 전체에 스며들 것이다. 이 우주적 데이터 처리 시스템은 신과 같을 것이다. 모든 곳에 있으며 모든 것을 통제할 것이다."[22]

이 모두가 인간 자신에게 그리 좋지 않게 진행되리라는 생각이 단순히 전문적인 디스토피아주의자들만의 전유물은 아니었다. 스티븐 호킹은 이 특이점에 도달하게 되면 인간이 더 이상 경쟁할 수 없을 것이라고 경고했다. "완전한 인공지능의 발달은 인류의 종말을 불러올 수 있다."[23] 인공지능이 인간의 '최종 발명품'이 될 수 있다는 생각은 이제 아주 흔해졌다.[24] 영국 왕실 천문학자 마틴 리스는 사이보그 기술과 결합된 유전자 조작이, "결국 우위를 차지할 비유기체, 곧 지능적 전자 로봇"이 지배하는 세상을 만들 것이라고 썼다.[25] 유발 노아 하라리는 큰 인기를 얻었던 책 《사피엔스》에 이어 그만큼 인기가 많았던 《호모 데우스》를 출간해 영성, 인성, 자유, 도덕이 '데이터 종교'로 대체될 것이라고 말했다. 이 종교에서는 모든 경험이 데이터 패턴으로 환원된다. 그에 따르면, 인류는 "우주적 데이터의 강물에 이는 하나의 잔물결에 지나지 않았던" 존재로 드러날 것이다. 그리고 뒤이어 등장하는 "만물인터넷은 (…) 그 자체로 신성해질 것이다."[26]

이 모든 것 안에서 울리는 종교적 반향은 고통스러울 정도로 명확했다. 인공지능의 세계는 종교적 이슈와 언어에 가차 없이 이끌렸다. 사후 존재, 불멸, 재육화(일종의 세속적 부활), 인간 변신과 개선, 그리고 특히 우주를 향한 포스트휴먼의 '미션'과 정말로 전 우주적 변신의 가능성과 같은 것들이다. 초기 유대교와 그리스도교의 묵시적 비전들은 현저한 세 가지 특징, 곧 세계 내에서 이루어지는 소외, 천상적인 새로운 세계를 세우려는 욕망, 인간의 변신으로 예시되었다. 이들을 통해 결국 새로이 완벽하게 창조된 세계에서 인류가 살게 되리라는 것이었다. 다소간 똑같은 요소들이 '인공지능 종말Alpocalypse'의 비전들을 특징지었다. "의식을 기계에 다운로드함으로써 인간은 향상된 정신적 능력을 갖고, 그 무한한 복제 가능성을 통해 불멸을 얻는다."27

어떤 이들에게 이것은 과학과 종교가 반복적으로 충돌했던 역사의 또 다른 기착지일 뿐이었다. 과학은 이제 인공지능의 형태로 인류에게 구속救贖과 변신과 영원을 제공했다. 이는 오래된 새 하늘과 오래된 새 땅을 대체할, 강력한 종말론적 비전이었다. 다시 한번, 종교는 명예퇴직하게 되었다. 미국 잡지 《애틀랜틱》에서 한 작가가 말했듯이, "인공지능은 찰스 다윈의 《종의 기원》 이후 그리스도교 신학에 가장 큰 위협이 될 것이다."28

충돌의 잠재성이 있다는 것은 의심할 여지가 없었다. BBC는 인공지능이 종교들을 바꾸어놓을 것인지에 관한 보도에서 다양한 사제들과 신자들에게 로봇화된 종교성의 사례들을 제시했다. 신실한 신자들은 그것들을 열렬히 받아들이되 단서를 달았고, 그 단서는 강경했다. 인공지능은 어느 정도까지는 좋지만, '영혼'이 없고 있을 수도 없기 때문에 마냥 좋을 수는 없다는 것이었다.29

이런 추론에는 어떤 순환논리가 있었다. 오직 인간만이 영혼을 지닐 수 있으며, 그렇기 때문에 로봇에게는 영혼이 없다. 이것이 대중적인 유사 신경과학의 시각과 결합해(하라리가 표현한 대로 "과학자들이 [인간] 블랙박스를 개봉했을 때 영혼도 자유의지도 '자아'도 발견하지 못하고 오직 유전자, 호르몬, 뉴런밖에 보지 못했다."[30]) 완벽한 대립을 위한 모든 요소가 갖추어졌다. 표제는 이미 준비되었다. "'인공지능이 영혼을 위협하기 때문에' 종교단체들은 인공지능 연구에 맞서 싸운다." 정확히는 과학과 종교가 인간을 두고 겹치기 때문에, 둘 사이의 충돌 잠재성은 늘 살아 있다. 그건 21세기에 알고리듬에 관해 이야기하든, 4세기에 점성술에 대해 이야기하든, 마찬가지다.

그러나 과학과 종교의 긴 역사가 우리에게 주는 교훈이 있다면, 바로 충돌은 잠재적일 뿐, 불가피한 것은 아니라는 점이다. 실제로 이 책의 주된 주장이 옳다면, 그리고 과학과 종교의 수많은 상호작용의 중심에 인간이라는 동물의 다층적이고 다양한 본성이 놓여 있다면, 인공지능의 시대는 인공지능 옹호론에 직면해 대화를 중단하기보다 강화할 공간을 열어젖힐 수 있을 것이다.

이러한 대화가 가능한 명백한 분야는, 인공지능 연구에 그림자처럼 붙어 있는 까다로운 윤리 문제들이다. 프란치스코 교황이 말한 대로, 인공지능이 "인격과 창조된 세계의 존엄성을 존중하는 방향으로 설정되어야 한다"는 것은 진부한 뻔한 소리에 가깝다.[31] 오직 순진하게 기술을 긍정하는 극단적인 낙천주의자들만이 진보의 가시들을 뽑아내기 위한, 어렵지만 중요한 방침이 윤리에 있음을 부정한다. 어떤 이들은 그것을 찾기 위해 자연스레 종교적 전통에 이끌린다. 'AI와 신앙'이라는 단체의 공동 창립자인 데이비드 브레너는 인공지능 분야에서 일하는 사람들이 인생의 가장 큰 질문들을 묻고 있지만 "지난 4000년 동안 그러한 질문들을 해왔던 사람들로부터 대체로 고립된 상태에서" 묻고 있다고 말했다. 스탠퍼드대학에서 응용물리학 박사학위를 받고 IBM의 데이터 저장 기술 분야에서 일하게 된 로브 배럿은 초기 웹브라우저의 개인정보 보호 초깃값을 설정하는 작업을 하면서 어떻게 하는 것이 옳은 일인지에 관한 문제를 해결하고자 애쓰게 되었다. "바로 그때 깨닫게 되었다. '나는 좋은 엔지니어가 되기에 충분한 기술을 알지 못한다.'" 그는 고용주를 설득해 공부를 더 하기 위한 휴직 기간을 얻어, 구약성경학 박사학위를 취득한 뒤 해당산업에서 떠났다.[32]

인공지능의 윤리는 과학과 종교의 대화를 위한 분명한 장소다. 그러나 이 순간을 특별히 흥미로운 순간으로 만드는 것은 인공지능이 우리에게 '이 새로운 도구를 어떻게 사용해야 하는가'에 관한 익숙한 영토 너머까지 나아가 '이 새로운 도구는 대체 무엇인가', '그것은 우리와 얼마나 비슷한가', 함축적으로 '그렇다면 우리는 누구인가'에 관한 영역으로 들어갈 것을 요구한다는 사실이다.

인공지능을 둘러싼 논의, 특히 인공지능이 그 발명자인 인간과 맺는 관계에 관한 논의는 인식력(정보를 선택하고 분류하고 처리하는 역량)을 우리에 대한 가장 중요한 것으로 다루는 인간에 관한 특정한 이해에 기초하는 경우가 많다. 인간은 생각이고 생각은 계산이다. 홉스가 죽었다가 21세기 초에 되살아난 것 같다. 2016년 10월에 '지능의 미래를 위한 리버흄 센터' 개관식에서 스티븐 호킹은 "지성은 인간의 의미를 정의하는 데 핵심적이다"라고 주장했다. 그리고 계속해서 이어 말했다. "생물학적 뇌가 이룰 수 있는 것과 컴퓨터가 이룰 수 있는 것 사이에 깊은 차이가 없음"을 고려할 때, 결론은 합리적으로도 명확했다.[33] 우리를 인간으로 만들어주는 것은 지능이다. 컴퓨터는 언젠가 슈퍼지능이 될 것이다. 그러므로….

이는 강력한 주장이지만, 이에 대해 생각해보기 시작하는 순간 더이상 강력한 주장이 아니다. "지능을 가진 인간은 지능이 우리를 가장 인간적이게 만드는 것이라고 믿는다"라는 말은 도전받지 않을 부류의 추론은 아니다. 호킹은 "불을 정복하는 법을 배운 것부터, 곡식을 기르는 법을 배운 것까지, 그리고 우주를 이해하는 것까지, 우리 문명이 이룩한 모든 것이 인간 지능의 산물이다"라고 주장했다. 하지만 여기에서 지능이라는 말은 협동이라는 말로 쉽게 바꿀 수 있다. 전형적인 독립적 지능을 갖춘 인물인 뉴턴조차 작고한 거인들과 함께 일했다. 협동 없는 지능은 지능 없는 협동만큼 멀리 나아갈 수 없을 것이다.

분명히 말하자면, 지능에 관한 호킹의 주장이 틀린 것은 아니다. 인간만이 유일하게 지능적이다. 우리가 지구를 변형시킬 수 있었던 것도 지능을 통해서였다(우리가 지구를 다시 본래대로 변형시키는 것도 이 지능을 통해서일 것이다). 그런데 이것은 인간이라는 것의 복잡한 의미를 단 하나의 특징으로 환원하는 다소 제한된 해답이다. 그 단 하나의 특징은 우리가 인간과 우리의 인공 자손을 바라보고 판단하는 유일하게 적법한 렌즈로 쓰인다.

실리콘밸리는 이 논쟁에서 자연스레 호킹의 입장으로 기울어진다. 한 사람의 스톡옵션이 데이터를 지식으로, 지식을 인공 인간으로 전화하는 일이 가능하다는 생각에 기초한다면, 그의 전제들이 틀렸다고 그를 설득하기는 어려울 수 있다. 더구나 우리에게 제시된 유일한 대안적 시각이 영혼이라는 모호하고, 자기충족적이며, 환영에 불과한 듯한 개념에 기초한 것이라면, 시각을 바꿀 만한 동기 부여도 훨씬 적다.

그러나 '영혼에 관한 이야기'가 단순히 실체 이원론에 대한 암호가 될 필요는 없다. 자기 육체 주위를 떠다니지만 어떤 의학 기구로도 추적할 수 없는, 기묘하고 비물질적인 어떤 것의 존재를 믿지 않더라도 사람들은 영혼에 대해 이야기할 수 있다. 우리는 흔히 사람에게는 도덕의 나침반이나 강력한 양심이나 유머감각이 있다고 말하면서도, 그렇다고 그런 것들이 일종의 실체 이원론을 함의한다는 생각을 하거나, 그런 것들이 MRI 검사에서 발견되리라고 상상하지는 않는다.

도덕, 의식, 유머, 그 어떤 것도 다른 종류의 실체로 만들어지지 않았다. 오히려 그것들은 어떤 복잡성의 수준에 도달하면 평범한 물질적인 것에서 나오는 종류들이다. 인간만큼 복잡한 피조물을 다루고 있을 때 그것들에 대해 이야기하는 것은 영혼에 대해 이야기하는 것처럼 거의 불가피한 일이다. 인간은 이론의 여지 없이 물질적인 동물이지만, 인간의 물질적 복잡성은 창발적 자질을 일으킨다. 집단을 이루어 살고, 의례에 참여하고, 미래를 지각하고, 자신의 변화하는 본성과 임박한 죽음을 인식하고, 도덕적 진리를 고민하고, 의미를 찾고, 목표 의식을 위해 분투하고, 초월의 순간이 종종 출몰하는 피조물을 다룰 때, '양심'이나 '도덕'에 관해 이야기하는 것처럼, '영혼'은 그저 반드시 있어야 하는 약칭이 될 수 있다. 호모 사피엔스는 이제 지구상에서 특별한 생태적 지위를 차지하고 있다. 하지만 원칙적으로는 탄소나 실리콘에 기반한 다른 유기체들이 미래의 어느 시점에 그렇게 하지 못할 이유는 없다. 그런 일에 개연성이 있든 없든, '영혼' 같은 그 '창발적' 자질들을 논의해온 오랜 전통을 지닌 분과학문들은 우리가 인공지능을 어떻게 분류하고 인공지능과 어떻게 관계 맺어야 하는지에 관한 토론에 기여할 수 있을 것이다.

우리는 자연히 이것의 첫 부분에 초점 맞추기를 선호한다. 우리의 사고 능력에 대해 우쭐한 기분을 느끼려고 스티븐 호킹이나 스티븐 핑커가 될 필요는 없다. 생각은 우리를 다른 포유류 동물들보다 위로 들어올리고 신처럼 세상을 이해할 수 있게 해준다. 어쩌면 이성이란 계산에 불과할지 모른다. 적어도 홉스의 생각에서는 그러했다. 하지만 여전히 우리를 최고의 동물로 만드는 것은 이성이다.

그러나 우리의 지능을 기리기를 너무 열망한 나머지, 우리는 다윈의 제단 앞에서 무릎을 꿇고 우리가 '기본적으로 동물일 뿐'이라고 읊조릴 때조차 우리 자신이 창조의 정수인 만큼 먼지이기도 한 피조물이라는 사실을 잊기 쉽다. 인성을 지능으로 환원하고, 우리의 연약하고 피조물다운 본성을 적절히 인정하지 못하기 때문에 우리는 인공지능이 슈퍼지능이니까 또한 슈퍼인간이라고 생각하게 된다.

인간은 더 이상 환원 불가능하게 체화되고embodied 내장되어 embedded 있다. 육체적 욕구와 인격적 의욕을 가진, 독특하고 제한된 육체와 특정한 장소 및 특정한 시간 안에 있는 우리의 실존은 우리의 인성과, 우리가 우리 자신에게 부여하는 존중 및 권리의 토대를 이룬다. 더욱이 체화되고 내장되어 있다는 것은 취약하다는 것, 다시 말해 우리의 건강과 미덕의 토대를 이루지만 충족되지 않으면 우리의 실존을 위협하는 욕구와 목표를 갖는 것이다. 취약하다는 것은 의존적이라는 것, 다시 말해 우리를 보호하고 양육하고 인도하고 지지할, (마찬가지로 취약한) 다른 피조물들에게 기댄다는 것이다. 인간은 고사하고, 혼자이면서 자급자족하는 피조물이란 모순어법이다. 우리는 오직 다른 이들과 의존적으로 교감하면서 살아간다. 인공지능이 인간으로 여겨지거나, 아니면 적어도 유사 인간으로서 인정하고 보호할 가치가 있는 것으로 여겨지는 지점은 인공지능이 지능이나 사고의 표징을 충분히 보여주는 지점이 아니다. 그 지점은 인공지능이 스스로 먹고, 자신의 쓰레기를 처리하고, 쉴 곳을 찾아내고, 자신의 보호와 수리를 준비하고, 미래를 걱정하고, 자신의 존재를 (그리고 아마도 자기 후손의 존재를) 영속시키고자 하고, 죽음을 피하려고 분투하고, 이 모든 목표를 달성하는 최선의 방법을 고민하는 지점이다.

'신의 권능을 우리가 불손하게 강탈해서는 안 된다' — 테스트

기계와 인간을 구분하는 것이 가능한지를 판단하고자 의도된 시험 중에 가장 유명하고 가장 중요하다고 할 수 있는 시험은 튜링 테스트다. 1950년에 발표되어 큰 영향력을 발휘한 논문 〈계산 기계와 지능Computing Machinery and Intelligence〉에서 앨런 튜링은 '기계가 생각할 수 있는가'라는 물음에 답을 찾기 시작했다. 하지만 그는 '생각하다'라는 말이 충분히 정확하지 않은 용어라고 주장했다. 그리고 이 물음이 올바른 질문이 되려면 "모방 게임을 잘하는, 상상 가능한 디지털 컴퓨터들이 있는가"라는 물음으로 변환되어야 한다고 주장했다.[34] 튜링 테스트라고 알려지게 된 이 게임은 인간과 기계가 각자의 방에서 질문을 받고 답하는 방식이었는데, 질문들은 인간 '질문자'의 육성과 필적에 드러나는 어조를 피하고자 이상적으로 타자되어 서면으로 주어졌다. 기계와 인간이 제시한 답을 질문자가 구분할 수 없다면 기계는 시험을 통과한 것이고 '사고한다'고(적어도 튜링이 정의하는 방식대로) 간주될 수 있을 것이다.

사실 튜링의 논문에서 시험 설정에 관한 내용은 겨우 두세 쪽에 걸쳐 있었다. 잠재적인 반론들에 대한 반박이 논문에서 가장 많은 부분을 차지했다. 그중 첫째는 신학적인 것이었다. 튜링은 갈릴레오의 이름을 언급하면서 "그것들이 무엇을 뒷받침하는 데 쓰였든, 나는 그 주장들에서 별다른 인상을 받지 못했다"라고 말했다. 하지만 그럼에도 그는 "신학적인 측면에서" 한 가지를 반박하고자 시도했다. 절망적이게도, 그가 반박하려고 선택한 신학적 주장은, 앞 절에서 언급했던 BBC 보도의 신실한 신자의 주장과 매우 비슷한 것이었다. "신은 모든 남자와 여자에게 불멸의 영혼을 주셨지만, 어떠한 다른 동물이나 기계에게는 영혼을 주지 않으셨다."

이런 입장의 순환논리에도 불구하고, 튜링은 통찰력 있는 답을 제시했다. 그는 이 주장이 신의 권능을 자의적으로 제한한다고 지적했다. "신이 합당하다고 여긴다면 코끼리에 영혼을 부여할 자유가 신에게 있음을 우리가 믿어야 하지 않겠나?" 그리고 코끼리가 된다면 기계는 왜 안 되겠는가? 이러한 가능성은 인간이 받아들이기가 더 어려울 수 있겠지만, 그건 단지 인간의 자존심 때문이었다. 만약 환경이 적당하다면, 신이 코끼리도 인간도 아닌 기계에게 영혼을 '부여'해서는 안 될 이유가 없을 것이다. "우리가 그런 기계를 구성하려 할 때, 우리가 자녀를 낳으려 할 때와 마찬가지로, 영혼을 창조하는 신의 권능을 우리가 불손하게 강탈해서는 안 된다. 둘 중 어느 경우든, 오히려 우리는 신이 창조하는 영혼들에게 집을 제공하는 신의 의지의 도구다."

'오직 인간에게만 영혼이 있다'는 순환적 주장을 튜링이 무너뜨린 것은 그가 실감할 수 있었던 것보다 더 큰 효과를 발휘했다. 그가 인간에 대한 반대 사례로 즐겨 제시한 코끼리에 대해 지금 우리가 알고 있는 것들(지능과 사회성만이 아니라, 감성, 기억, 공감, 애도 등)을 고려하면, 코끼리에 대해 이야기할 때, 어떤 영장류에 대해 이야기할 때와 마찬가지로 '영혼 같은' 용어를 사용하고 싶은 마음이 강하게 든다.[35] 코끼리가 그러하다면, 기계라고 그렇지 않을 이유가 있을까?

하지만 이 주장이 가진 힘은 튜링 자신이 제시한 평가 방법에 의해 약화되었다. 튜링이 영혼을 '부여'하는 신과 그 영혼들에게 '집을 제공하는' 육체(혹은 기계)에 대해 이야기할 때, 그 자신이 (올바르게) 거부한 실체 이원론의 냄새가 풍긴다. 이는 그의 테스트 자체가 육체와 영혼의 이분법이 아닌, 육체와 정신이라는 그 나름의 이분법에 근거했음을 인정하는 것이었다.

그의 논문의 초점은 육체로부터 분리된 정신 혹은 지성에 맞추어져 있었다. 그가 주장하기를, 그가 제시한 구체적인 문제에는 "한 인간의 신체 역량과 지성 역량 사이에 상당히 예리한 선을 그어놓은 장점"이 있었다. 어떤 공학자나 화학자가 인간의 피부와 구분되지 않는 물질을 생산할 수 있다고 가정한다 해도, "그런 '인공의 살'을 입혀서 더욱 사람 같아진 '사고하는 기계'를 만들려고 하는 일에는 별 의미가 없을" 것이다. 육체는 사실상 상관없는 것이기 때문에 육체 없이도 테스트는 수행될 수 있다.

그러나 무언가가 인간으로 여겨지는지를 묻는 어떠한 테스트에서도 육체가 상관없는 것이 될 수는 없다. 그렇게 하려고 한다는 것은, 이미 한 인격의 지성적 역량과 신체적 역량 사이에 선을 긋는 것이 가능하다거나, 신체적인 것의 맥락 밖에서 지성적인 것을 고려하는 것이 타당하다고 상정하는 것이다. 방 안에 고립되어 있으면서, 자신의 육체적 존재나 인격성 혹은 말이나 심지어 글을 통해 어조를 드러내는 것이 금지된 질문자가 던지는 비인격적 질문에 답하는 한 인간과 한 기계를 비교함으로써 튜링 테스트가 작동한다는 사실은 전혀 놀랄 일이 아닐 것이다. 고립시키고, 심문하고, 비인격화하는 것이야말로 바로 우리가 인간을 비인간화하기를 원할 때 하는 일이다. 그렇게 생각하자면 기계는 인간으로 여겨질 수 있을 것이다. 하지만 그런 식의 생각은 한 인간에 대한 상당히 설득력이 없는 (그리고 호소력도 없는) 이해일 뿐이다.

튜링 테스트는 엄청난 영향을 끼쳤다(최근에 확인해보았더니 인용 횟수가 거의 1만 7000회에 달했다). 이 시험 방법은 중세 말 유럽의 자연철학자들이 즐겼으리라 상상할 수 있는, 영리하고 도발적이며 정말로 유명해진, 일종의 창의적 사고실험이다. 하지만 그토록 많은 인공지능에 관한 이야기처럼, 튜링 테스트 또한 문제가 될 정도로 얄팍한 인류학에 근거하고 있다. 즉 의사소통을 단순히 정보를 전달하는 수단으로만 보았을 뿐, 육체가 있고 의존적이며 취약한 (다른) 피조물과의 교감으로 들어가는 한 가지 방법이라고는 생각하지 않은 것이다.

이것이 바로 종교 전통들이 미래 인공지능의 형이상학적 지위에 관한 빠르고 열띤 논쟁에 가져올 관점이다. 물론 종교 전통도 틀릴 수 있다. 어쩌면 인공지능이 어떤 복잡성에 도달하면 확실히 인간에게 특징적인 그런 종류의 형이상학적이고 정신적인 관심사는 등장하지 않고, 인공지능에 대해 영혼이나 권리 같은 용어를 사용하는 것이 앞으로도 절대 적절하지 않을 수도 있다. 역으로, 물질에 더해져 '영혼 같은' 것으로 만드는 무언가 다르고 외부적인 것이 있을 수도 있다(비록 나는 그런 것이 없다는 데 내기를 걸겠지만). 그렇지 않다면, 그저 우리 모두가 이러한 문제에 과도하게 흥분해 있는 것일 수도 있고, '인공지능 종말'은 현재나 예상 가능한 어느 시기에도 도래하지 않을지도 모른다.[36]

그러나 인공지능이 빠르게 발달함에 따라, 아마도 바로 이러한 것들이 우리가 해야 하는 대화, 무엇이 (혹은 누가) 인간을 구성하는지, 누가 (혹은 무엇이) 결정권을 갖는지 하는 질문들을 고민하라고 우리에게 요구하는 대화가 될 것이다. 그렇다면 우리는 과학과 종교의 얽힌 역사들이 여전히 갈 길이 멀다는 것을 깨닫게 될 것이다.

감사의 말

여러 해에 걸쳐 이 책을 집필하는 동안 격려와 친절을 베풀어준 많은 사람들에게 대단히 감사드립니다.

이 책은 2019년에 BBC 라디오4에서 내가 진행한 시리즈에서 비롯되었습니다. 그러한 시리즈의 가능성을 발견해준 크리스틴 모건과 나와 함께 시리즈 제작에 참여한 댄 티어니에게 감사를 표하고 싶습니다. 그 시리즈는 교육적인 경험이었을 뿐 아니라 정말 즐거운 경험이었습니다.

그 덕분에, 이후에 내 출판 에이전트이자 친구가 된 더그 영도 만날 수 있었습니다. 영은 내가 제안서를 제대로 작성할 수 있도록 도와주었고, 완성된 제안서를 원월드 출판사의 샘 카터에게 전달해주었습니다. 카터는 리다 바쿼스와 더불어, 박식하고 근면하고 문학적이고 고무적인 최고의 편집자라는 것이 입증되었습니다. 내 원고를 책의 형태로 만들어주고, 세상을 향해 이 책의 출간을 알려준 폴 내시, 로라 맥팔레인, 마틸다 워너에게도 감사드립니다.

서로 다른 단계에서 원고를 읽고 소중한 의견을 전해준 사람들도 있습니다. 특히 매들린 페닝턴, 크리스 올드필드, 데니스 알렉산더, 앤드루 브라운, 버니 라이트먼, 톰 맥리시, 그리고 언제나 믿음직한 토비 홀에게 감사드립니다. 그리고 누구에게도 비할 수 없는 존 헤들리 브룩에게 감사드립니다. 그의 글을 읽은 덕분에 나는 과학과 종교의 역사에 관심을 갖게 되었습니다. 내가 진행한 라디오4의 시리즈에서 브룩은 핵심적인 인터뷰 대상자가 되어주었고, 여러 일로 바쁜 와중에도 초고를 모두 읽고 논평해주었습니다. 나는 브룩 이외에 다른 누구에게도 이 책을 헌정할 수 없을 것입니다.

테오스의 친구들과 동료들은 한결같은 영감과 격려의 원천이 되어주었습니다. 피터 해리슨의 글과 대화에서 말로 할 수 없을 만큼 많은 도움을 받았습니다.

이 책의 첫 부분은 서튼에 있는 로열마스든 병원의 부모 대기실에서 쓴 것입니다. 이 부분을 읽다 보면 여전히 어떤 강력한 감정들이 떠오릅니다. 과학의 발전에 그토록 고마움을 느낀 적이 없었습니다. 엘런과 엘런의 형제 조니, 그리고 아내 케이트에게 그토록 감명을 받은 적도 없었습니다. 감사합니다.

주

서론

1. 그들 중 가장 두드러지는 인물들은 데이비드 린드버그, 로널드 넘버스, 존 브룩, 버니 라이트먼, 피터 해리슨, 에드워드 라슨, 조프리 캔터, 제임스 운구레아누, 일레인 하워드 에클런드, 편 엘스던베이커 등이다.
2. 예를 들어, 오늘날 가톨리시즘은 1870년대 과학과 종교에 관한 최초의 역사학자들에게 위협이 되었던 것처럼 지성이나 정치에 위협이 된다고 여겨지지 않는다.
3. 최근에 다음 두 학자에 의해 강력하게 제기된 견해다: James Hannam, *God's Philosophers: How the Medieval World Laid the Foundations of Modern Scoience* (London Icon Books, 2009) and Seb Falk, *The Light Ages: A Medieval Journey of Disicovery* (London: Penguin Books, 2020).
4. 존 헤들리 브룩의 '복잡성 논제(complexity thesis)'만큼 대단한 생각도 없다. 그것은 정말로 주장하는 그대로의 효과를 발휘한다. 브룩과 이 분야의 다른 선구자들이 대면한 '충돌 논제'의 대체물로서 복잡성 논제는 훌륭한 일을 해냈다. 그러나 브룩 자신은 복잡성이란 '역사적 실제이지 어떤 논제가 아님'을 분명히 밝혀왔다. Bernie Lightmean, *Rethinking History: Science and Religion* (Pittsburgh, PA: University of Pittsburgh Press, 2019), p.235.

1장 자연철학의 본질

1. Voltaire, *L'Examen important de milord Bolingbroke*, in *Les Oeuvres Complètes De Voltaire*, 1766-1767 (Oxford: Voltaire Foundation, 1987), pp.127-362.
2. Edward Gibbon, *The History of the Decline and Fall of the Roman Empire*, Vol. 3, ed. David Womersley (London: Allen Lane, 1994), chapter 47.
3. John William Draper, *History of the Intellectual Development of Europe*, Vol. I (London: George Bell and Sons, 1891), p.325.
4. Synesius, *Epistles*, 105, Sect. 10.
5. Seneca, *Natural Questions*, Sect. 6.4.2.
6. Pliny, *Natural History*, II. 1.
7. James 1:27.
8. Augustine, Letter 102, Sect. 19.
9. Augustine, Letter 102, Sect. 10.
10. Justin Martyr, Dialogue with *Trypho*, chapter 2.

11. Clement of Alexandria, *Stromata*, chapter 1.

12. Lindberg and Numbers, *God and Nature: Historical Essays on the Encounter between Christianity and Science* (Berkeley ; London : University of California Press, 1986), p.24.

13. Lindberg and Numbers, *God and Nature*, p.24.

14. Tertullian, *Writings, in Ante-Nicene Fathers*, vol. III, p.246b, *On Prescription Against Heretics*, chapter 7.

15. Origen, *Contra Celsum*, 3.44.

16. Lindberg and Numbers, *God and Nature*, p.25.

17. Lindberg and Numbers, *God and Nature*, p.37.

18. Lindberg and Numbers, *God and Nature*, p.38.

19. Augustine, *On Christian Doctrine*, 29.45-6.

20. Augustine, *Confessions*, x.35.

21. Daniel Špelda, 'The Importance of the Church Fathers for Early Modern Astronomy', *Science & Christian Belief,* 26(1), 2014, p.28.

22. Augustine, *Confessions*, vi.3.

23. Book of Wisdom 11:20.

24. 다음에서 인용. Špelda, 'Importance', p.41.

25. Luke Lavan and Michael Mulryan (eds), *The Archaeology of Late Antique 'Paganism'* (Leidan ; Boston : Brill, 2011), p.xxiv : "최근 연구 성과로, 고대 말에 신전들이 광범위하게 교회로 전환되지도 않았고 광범위하게 파괴되지도 않았다고 자신 있게 언명할 수 있게 되었다."

26. Faith Wallis, 'Bede and Science', in *The Cambridge Companion to Bede* (Cambridge : Cambridge University Press, 2010), p.124.

27. Gibbon, *Decline and Fall*, chapter 40.

28. Cosmas Indicopleustes, *Christian Topography* 1.3-4. 다음에서 인용. Pablo de Felipe, 'Curiosity in the Early Christian Era – Philoponus's Defence of Ancient Astronomy against Christian Critics', Science & Christian Belief, 30, 2018, pp.38-56.

29. de Felipe, 'Curiosity', p.46.

30. de Felipe, 'Curiosity', p.46.

2장 연약한 광채

1. Steven Weinberg, 'A Deadly Certitude', *Times Literary Supplement,* 17 January 2017 ; Jamil Ragep, 'Response to Weinberg', TLS, 24 January 2017 ; Steven Weinberg, 'Response to Jamil Ragep', *TLS,* 24 January 2017.

2. Alexander von Humboldt, *Cosmos: A Sketch of the Physical Description of the Universe* (London : Longman, 1848), 2:212.

3. Ernest Renan, 'Science and Islam', in Bryan Turner (ed.), *Readings in Orientalism* (London: Routledge, 2000).

4. 다음에서 인용. Jeff Hardin *et al.* (eds), *The Warfare Between Science and Religion: The Idea That Wouldn't Die* (Baltimore, MD: Johns Hopkins University Press, 2018), p.216.

5. 다음에서 인용. Hardin, *Warfare,* p.207.

6. David C. Lindberg, 'Lines of Influence on Thirteenth-Century Optics: Bacon, Witelo, and Pecham', *Speculum,* 46, 1971, pp.66-83.

7. John Watt, 'Syriac Translators and Greek Philosophy in Early Abbasid Iraq', *Journal of the Canadian Society for Syriac Studies,* 4, 2004, pp.15-26; id. George Saliba, 'Revisiting the Syriac Role in the Transmission of Greek Sciences into Arabic', *Journal of the Canadian Society for Syriac Studies,* 4, 2004. 여기서 통계자료를 제공해 준 잭 테너스(Jack Tennous)에게 감사드린다.

8. Dimitri Gutas, *Greek Thought, Arabic Culture: The Graeco-Arabic Translation Movement in Baghdad and Early 'Abbā sid Society* (London: Routledge, 1998), p.98.

9. Michael H. Shank and David C. Lindberg, 'Introduction', in *Cambridge History of Science, Volume 2: Medieval Science* (Cambridge: Cambridge University Press, 2013), p.24.

10. 예를 들어, 1250년에서 1517년 사이에 이집트와 시리아에서는 맘루크 술탄들의 치하에서도 여전히 천문학과 의학 연구가 계속되었다. 몽골이 페르시아와 중앙아시아를 정복한 뒤 티무르 통치자들은 해당 지역에서 과학 연구를 장려했으며, 위대한 천문학자 알투시가 일하고 있던 마라게 천문대와 오늘날 우즈베키스탄의 15세기 울루그베그 천문대를 지원했다. 심지어 근대 초기 유럽인들 사이에서 타락과 지적 무관심의 전형이 된 오스만제국에서도 콘스탄티노플리스의 타키아드딘 천문대(단명하긴 했지만) 같은 과학적 활동의 징후들이 있었다. 다음을 보라: Ekmeleddin İhsanoğlu (ed.), *History of the Ottoman State, Society & Civilisation* (Istanbul: IRCICA, 2001).

11. 다음을 보라. Emilie Savage-Smith, 'Medicine in Medieval Islam', in Shank and Lindberg, *Cambridge History of Science,* p.149.

12. Toby E. Huff, *The Rise of Early Modern Science* (Cambridge: Cambridge University Press, 1993), p.101.

13. https://w2.vatican.va/content/benedict-xvi/en/speeches/2006/september/documents/hf_ben-xvi_spe_20060912_university-regensburg.html (2023년 1월 5일 접속).

14. George Sabra, 'The Appropriation and Subsequent Naturalization of Greek Science in Medieval Islam: A Preliminary Statement', *History of Science,* 25(3), 1987, p.239.

3장 모호하고 논쟁적인

1. Philo, *Embassy to Gaius*, XXXI, 208.

2. G. F. Hegel, *Lectures on the Philosophy of Religion* (London: Routledge, & Kegan Paul, 1895), II.188.

3. Justin Marston, 'Jewish Understandings of Genesis 1 to 3', *Science and Christian Belief*, 12, p.131.

4. 〈이사야서〉 47:12-14.

5. Noah Efron, 'Early Judaism', in John Hedley Brooke and Ronald L. Numbers, *Science and Religion Around the World* (Oxford: Oxford University Press, 2011), p.23.

6. BT Pesachim 94b.

7. BT Pesachim 94b.

8. BT Sotah 49b.

9. 다음을 보라. Gad Freudenthal, 'Stoic Physics in the Writings of R. Saadia Gaon al-Fayyumi and Its Aft ermath in Medieval Mysticism', *Arabic Sciences and Philosophy*, 6, 1996, pp.113-36.

10. Y. Tzvi Langermann, 'Science in the Jewish Communities', in Lindberg and Shank, *Cambridge History of Science: Volume 2, Medieval Science* (Cambridge: Cambridge University Press, 2013), p.171.

11. Langermann, 'Science in the Jewish Communities', p.178.

12. Tamar Rudavsky, *Jewish Philosophy in the Middle Ages: Science, Rationalism and Religion* (Oxford: Oxford University Press, 2018), p.67.

13. 다음에서 인용. Gad Freudenthal, 'Abraham Ibn Daud, Avendauth, Dominicus Gundissalinus and Practical Mathematics in Mid-Twelfth Century Toledo', *Aleph*, 16(1), 2016, pp.81-2.

14. Y. Tzvi Langermann, 'Science in the Jewish Communities', p.187.

15. Gad Freudenthal, 'Introduction: The History of Science in Medieval Jewish Cultures: Toward a Definition of the Agenda', in *Science in Medieval Jewish Cultures* (Cambridge: Cambridge University Press, 2002), p.2.

16. Gad Freudenthal, 'Science in the Medieval Jewish Culture of Southern France', *History of Science*, 33(1), 1995, p.38.

17. Freudenthal, 'Science in the Medieval Jewish Culture', p.38.

18. Freudenthal, 'Science in the Medieval Jewish Culture', p.38.

19. Gad Freudenthal, 'Maimonides' Philosophy of Science', in K. Seeskin (ed.), *The Cambridge Companion to Maimonides* (Cambridge: Cambridge University Press, 2005), p.149.

20. Freudenthal, 'Science in the Medieval Jewish Culture', p.38.

21. Rudavsky, *Jewish Philosophy*, p.199.

22. Freudenthal, 'Maimonides' Philosophy of Science', p.157.

23. Rudavsky, *Jewish Philosophy*, p.98.

24. Freudenthal, 'Maimonides' Philosophy of Science', p.150.

25. Freudenthal, 'Science in the Medieval Jewish Culture', p.9.

26. Gersonides, *The Wars of the Lord*, V.I.

4장 그리스도교 세계의 과학

1. Sa'id al-Andalusi, Science in the Medieval World (Austin: University of Texas Press, 1991).

2. Carl Sagan, *Cosmos* (London: Macdonald Futura, 1981), p.335.

3. Francis Bacon, *The Advancement of Learning*, Book I, iv, 5.

4. Tom McLeish, 'Beyond Interdisciplinarity to the Unity of Knowledge: Why we need both Medieval and Modern Minds', Ordered Universe Conference, April 2018.

5. Shank and Lindberg, 'Introduction', in *Cambridge History of Science*, p.10.

6. William of Auvergne, *The Universe of Creatures* (Milwaukee: Marquette University Press, 1998), p.139.

7. 이어지는 단락은 티나 스티펠의 저서에 크게 빚지고 있으며, 인용문의 출처는 다음과 같다. Tina Stiefel, 'The Heresy of Science: A Twelfth-Century Conceptual Revolution', Isis, 68(3), 1977 and 'Science, Reason and Faith in the Twelfth Century: The Cosmologists' Attack on Tradition', *Journal of European Studies*, 6(21), 1976.

8. 예를 들어, "성경에서는 '하느님께서 궁창 아래 있는 물과 궁창 위에 있는 물을 가르시자, 그 대로 되었다'고 한다. 이와 같은 진술은 이성에 반(反)하므로, 우리는 그것이 어떻게 그럴 수 없는지를 보여주도록 하자."

9. Edward Grant, *The Foundations of Modern Science in the Middle Ages: Their Religious, Instutional and Intellectual Contexts* (Cambridge: Cambridge University Press, 1996), p.21.

10. Grant, *The Foundations of Modern Science*, p.26.

11. Edward Grant, 'Science and the Medieval University', in *Rebirth, Reform, and Resilience: Universities in Transition, 1300-1700*, ed. James M. Kittelson and Pamela Transue (Columbus: Ohio State University Press, 1984), pp.68-70.

12. Grant, *The Foundations of Modern Science*, p.74.

13. Grant, *The Foundations of Modern Science*, p.173.

14. Grant, *The Foundations of Modern Science*, p.77.

15. Edward Grant, *A Source Book in Medieval Science* (Cambridge, MA: Harvard University Press, 1974), p.50.

16. Ronald L. Numbers, *Galileo Goes to Jail and Other Myths about Science and Religion* (Cambridge, MA; London: Harvard University Press, 2009), p.25.

17. Lindberg and Numbers, *God and Nature*, p.56.

18. Edward Grant, 'Late Medieval Thought, Copernicus, and the Scientific Revolution', *Journal of the History of Ideas*, 23(2), April–June 1962, p.200.

5장 1543년과 그 모든 것

1. Sigmund Freud, *A General Introduction to Psychoanalysis* (Ware, UK: Wordsworth Classics of World Literature), p.241.

2. Nicolas Copernicus, *De revolutionibus* (1543), Introduction.

3 F. J. Ragep, 'Copernicus and His Islamic Predecessors: Some Historical Remarks', *History of Science*, 45(1), 2007, p.68.

4. P. D. Omodeo, 'The Bible versus Pythagoras: The End of an Epoch', in *Copernicus in the Cultural Debates of the Renaissance* (Leiden, The Netherlands: Brill, 2014), p.273.

5. 〈여호수아기〉 10:12-14.

6. 〈열왕기〉 하권 20:8-11, 〈이사야서〉 38:8.

7. Lindberg and Numbers, *God and Nature*, p.171.

8. 당시에는 출간되지 못하고 1651년이 되어서야 나왔다.

9. Omodeo, 'Bible versus Pythagoras', p.274.

10. Owen Gingerich, *The Book Nobody Read: Chasing the Revolutions of Nicolaus Copernicus* (New York: Walker, 2004).

11. Numbers, *Galileo Goes to Jail*, p.53.

12. Numbers, *Galileo Goes to Jail*, p.54.

13. Lindberg and Numbers, *God and Nature*, p.88.

14. de Felipe, 'Curiosity', p.53.

15. Dorothea Waley Singer, *Giordano Bruno, His Life and Thought* (New York: Henry Schuman, 1950), chapter 7.

16. John William Draper, *History of the Conflict Between Religion and Science* (New York: D. Appleton, 1874), pp.178-80.

17. Michael White, *The Pope and the Heretic: A True Story of Courage and Murder at the Hands of the Inquisition* (London: Little, Brown, 2002), blurb.

18. John Gribbin, *Science: A History 1543-2001* (London: Penguin, 2009), p.18.

6장 갈릴레오 갈릴레이

1. Anna Beer, *Milton: Poet, Pamphleteer and Patriot* (London: Bloomsbury, 2011), p.98.

2. *Paradise Lost,* ed. Alastair Fowler (London: Longman, 1998), p.296.

3. *Paradise Lost,* p.78.

4. Jean Dietz Moss, 'Galileo's Letter to Christina: Some Rhetorical Considerations',

Renaissance Quarterly, 36(4), Winter, 1983, p.575.

5. Snezana Lawrence and Mark McCartney (eds), *Mathematicians and their Gods: Interactions between mathematics and religious beliefs* (Oxford: Oxford University Press, 2015), p.79.

6. Lawrence and McCartney, *Mathematicians*, p.112.

7. J. K. Helibron, *Galileo* (Oxford: Oxford University Press, 2010), p.69.

8. Helibron, *Galileo*, p.106.

9. Helibron, *Galileo*, p.121.

10. Helibron, *Galileo*, p.165.

11. Lindberg and Numbers, *God and Nature*, p.118.

12. Helibron, *Galileo*, p.201.

13. Lindberg and Numbers, *God and Nature*, p.120.

14. Maurice A. Finocchiaro (ed.), *The Galileo Affair: A Documentary History* (Berkeley: University of California Press, 1989), pp.87-8.

15. Finocchiaro, *The Galileo Affair*, p.94.

16. Finocchiaro, *The Galileo Affair*, p.96.

17. Finocchiaro, *The Galileo Affair*, p.104.

18. Helibron, *Galileo*, p.215.

19. Helibron, *Galileo*, p.153.

20. Finocchiaro, *The Galileo Affair*, p.150.

21. Helibron, *Galileo*, p.220.

22. Galileo, *The Assayer* (1623).

23. Helibron, *Galileo*, p.225.

24. Helibron, *Galileo*, p.298.

25. Helibron, *Galileo*, p.301.

26. Stefano Gattei (ed. and tr.), *On the Life of Galileo: Viviani's Historical Account and Other Early Biographies* (Princeton, NJ: Princeton University Press, 2019), p.xxiii.

7장 과학의 수많은 탄생

1. John Herschel, *A Preliminary Discourse on the Study of Natural Philosophy* (London: Longman *et al.*, 1831), p.72.

2. Letter to John Herschel, 11 November 1859.

3. Herschel, *Preliminary Discourse*, p.114.

4. Herschel, *Preliminary Discourse*, p.105.

5. Herschel, *Preliminary Discourse*, pp.114-15.

6. Francis Bacon, *Letter to Lord Burghley*, 1591.

7. Francis Bacon, *The Advancement of Learning* (1605), I.vi.2.

8. 해당 주제에 관한 학술적 문헌에 익숙한 사람이라면 누구나 다음에 이어지는 내용이 근본적으로 피터 해리슨의 저서에 빚진 것임을 단번에 알아볼 것이다.

9. David Wootton, *The Invention of Science: A New History of the Scientific Revolution* (London: Allen Lane, 2015), p.83.

10. Bacon, *Advancement*, I.v.16.

11. Bacon, *Advancement*, I.i.3.

12. Francis Bacon, *Novum Organum* (1620), 1.9.

13. Peter Harrison, *The Fall of Man and the Foundations of Science* (Cambridge: Cambridge University Press, 2007), p.153.

14. Bacon, *Novum Organum*, 1.37.

15. Harrison, The Fall of Man, p.132.

16. 다음을 보라. Peter Pesic, 'Proteus Rebound: Reconsidering the "Torture of Nature"', *Isis*, 99(2), June 2008, pp.304-17.

17. Bacon, *Novum Organum*, 2.52.

18. Richard Popkin, *The History of Scepticism: from Savonarola to Bayle* (Oxford: Oxford University Press, 2003), p.94.

19. 파스칼의 내기란, 이겼을 때 얻을 것을 생각해서 신이 존재한다는 데 돈을 거는 것이 졌을 때 잃을 것을 생각해서 신이 존재하지 않는다는 데 돈을 거는 것보다 더 논리적이라는 생각이다. 일반적으로는 파스칼이 신의 존재를 논리적으로 실증하려고 이런 내기 개념을 의도한 것이라고 알려져 있지만, 사실은 사람들이(혹은 적어도 그의 동시대인 중 어떤 사람들이) 믿지 않는 이유를 드러내기 위한 한 가지 방법으로 의도한 것이었다. 그는 《팡세(Pensées)》에 이렇게 썼다. "적어도 이 점을 이해해라. 그대가 믿을 수 없다면, 그건 그대의 열정 탓이다. 이성은 그대에게 믿으라고 다그치는데도 그대가 믿을 수 없기 때문이다." 다음을 보라. Graham Tomlin, 'We've got Pascal all wrong', *Unherd*, 27 March 2019.

20. Harrison, *The Fall of Man*, p.135.

21. William R. Shea, *Designing Experiments & Games of Chance: The Unconventional Science of Blaise Pascal* (Canton, MA: Science History Publications, 2003), pp.107-9.

22. 뉴턴의 말은 존 크레이그에 의해 기록되었다. Cambridge University Library, Keynes MS 130.7, f. 1r.

23. Lindberg and Numbers, *God and Nature*, p.152.

24. Harrison, *The Fall of Man*, p.55.

25. Stephen Gaukroger, *Francis Bacon and the Transformation of Early-Modern Philosophy* (Cambridge: Cambridge University Press, 2001), p.5.

26. Thomas Sprat, *The History of the Royal-Society of London: For the Improving of Natural Knowledge* (London, 1667), p.347.

8장 완벽한 조화의 위험

1. Robert Iliffe, *Priest of Nature: The Religious Worlds of Isaac Newton* (Oxford: Oxford University Press, 2017), p.19.

2. Iliffe, *Priest of Nature*, p.4.

3. Newton, *Principia*, III. General Scholium (1713).

4. Edward B. Davis, 'Robert Boyle's Religious Life, Attitudes, and Vocation', *Science and Christian Belief*, 19(2), 2007, p.118.

5. 둘 사이의 경계는(그리고 어느 정도는, 전적으로 뚜렷이 구분되는 하나의 분과학문으로서 물리신학의 존재도) 상당한 논쟁의 대상이 된다. 이에 관한 더 많은 내용을 구한다면 다음을 보라. Ann Blair and Kaspar von Greyerz (eds), *Physico-theology: Religion and Science in Europe, 1650–1750* (Baltimore, MD: Johns Hopkins University Press, 2020).

6. Friedrich Christian Lesser, *Insecto-theologie* (Edinburgh: William Creech; and London: T. Cadell, Jun. and W. Davies, 1799).

7. Carl Linnaeus, *Reflections on the Study of Nature* (London: George Nicol, 1785).

8. Brooke and Numbers, *Science and Religion*, p.197.

9. Blair and von Greyerz, *Physico-theology*, p.230.

10. Brooke and Numbers, *Science and Religion*, p.196.

11. Henry More, Antidote against Atheism (London: J. Flesher, 1655), Preface.

12. Davis, 'Robert Boyle's Religious Life', p.136.

13. Stephen Gaukroger, *The Emergence of a Scientific Culture: Science and the Shaping of Modernity 1210–1685* (Oxford: Clarendon, 2006), p.224.

14. John Ray, *Physico-Theological Discourses* (London: William Innys, 1713), p.116.

15. Newton, *Opticks*, III.i.378 (1704).

16. Peter Harrison and Jon Roberts, *Science without God?: Rethinking the History of Scientific Naturalism* (Oxford: Oxford University Press, 2019), p.67.

17. Isaac Newton to Richard Bentley, 189.R.4.47, ff.7–8, Trinity College Library, Cambridge; Original letter from Isaac Newton to Richard Bentley (Normalized) (ox.ac.uk).

18. Harrison and Roberts, *Science without God?*, p.67.

19. Christopher Haigh, *The Plain Man's Pathways to Heaven: Kinds of Christianity in Post-Reformation England, 1570–1640* (Oxford: Oxford University Press, 2007), p.169.

20. 〈잠언〉 6:6–8.

21. John Gribbin, *Science: A History, 1543–2001* (London: Penguin, 2009), p.138.

22. Jonathan Swift, *Gulliver's Travels*, III.4.

23. More, *Antidote*, p.115.

24. David Hume, *Dialogues Concerning Natural Religion*, XII.

25. 'Monsieur Pascal's Thoughts', quoted in Blair and von Greyerz, *Physicotheology*, p.142.

9장 영혼을 기계로

1. David Hartley, *Observations on Man, his Frame, his Duty, and his Expectations* (London: J. Johnson, 1801), p.62.

2. Hartley, *Observations*, p.500.

3. Ann Thomson (ed.), *La Mettrie, Machine Man and Other Writings* (Cambridge: Cambridge University Press, 1996), p.14.

4. Hartley, *Observations*, p.489.

5. Hartley, *Observations*, p.511.

6. Donald J. D'Elia, 'Benjamin Rush, David Hartley, and the Revolutionary Uses of Psychology', *Proceedings of the American Philosophical Society*, 114(2), 1970, p.109.

7. La Mettrie, *Machine Man*, p.13.

8. La Mettrie, *Machine Man*, p.25.

9. La Mettrie, *Machine Man*, p.25.

10. La Mettrie, *L'Art de Jouir (The Art of Pleasure)* (1751).

11. John Locke, *First Treatise on Government* (1689), sect. 58.

12. Keith Thomas, *Man and the Natural World: Changing Attitudes in England 1500–1800* (London: Allen Lane/Penguin Books, 1983), p.41.

13. Thomas, *Man*, p.122.

14. 〈시편〉 36:6, 104:11, 147:9, 148:10.

15. Thomas, *Man*, p.125.

16. Gomez Pereira, *Antoniana Margarita* (1554; Leiden, The Netherlands: Koninklijke Brill NV, 2019).

17. Javier Bandres and Rafael Llavona, 'Minds and Machines in Renaissance Spain: Gomez Pereira's Theory of Animal Behaviour', *Journal of the History of the Behavioral Sciences*, 28, 1992, p.168.

18. Pereira, *Antoniana Margarita*.

19. René Descartes, *Passions of the Soul* (1649), #31.

20. René Descartes, *Treatise on Man* (1662).

21. Gribbin, *Science*, pp.218–19.

22. Thomas Browne, *Religio Medici* (1643), I.xxxvi.

23. Thomas Willis, *The Anatomy of the Brain and the Description and Use of the Nerves* (1681), p.106.

24. La Mettrie, *Machine Man*, p.35.

25. Aram Vartanian, 'Trembley's Polyp, La Mettrie, and Eighteenth-Century French Materialism', *Journal of the History of Ideas*, 11(3), June 1950, p.259.

26. Vartanian, 'Trembley's Polyp', p.259.

27. Gribbin, *Science*, p.220.

28. La Mettrie, 'The System of Epicurus', in Ann Thomson (ed.), *La Mettrie*, p.98.

29. La Mettrie, *Machine Man*, p.24.

30. Jonathan Israel, *Enlightenment Contested: Philosophy, Modernity, and the Emancipation of Man, 1670–1752* (Oxford: Oxford University Press, 2006), p.719.

31. Thomas, *Man*, p.35.

32. John Locke, *Thoughts Concerning Education* (1693), sect. 116.

33. Milton, *Paradise Lost*, Book VIII.374.

34. Thomas, *Man*, p.127.

35. Pepys, *Diary*, Saturday 24 August 1661.

36. Thomas, *Man*, p.139.

37. Thomas Hobbes, *Leviathan* (1614), Introduction.

38. Thomas Hobbes, 'Six lessons to the Savilian professors of mathematics', in Hobbes, *The collected English works of Thomas Hobbes*, ed. William Molesworth (London: Routledge/Thoemmes, 1997) Vol. 7, p.350.

39. Margaret Cavendish, *Philosophical Letters*, Sect. 4, Letter 2.

40. Cavendish, *Philosophical Letters*, 1:10.

41. Cavendish, *Philosophical Letters*, 2:1.

42. Cavendish, *Philosophical Letters*, 1:11.

43. Cavendish, *Philosophical Letters*, 4:10.

44. Cavendish, *Philosophical Letters*, 4:22.

45. Cavendish, *Philosophical Letters*, 3:19.

46. Voltaire, Letters on the English (1733), Letter 13.

47. Aram Vartanian, *La Mettrie's L'Homme Machine: A Study in the Origins of an Idea* (Princeton, NJ: Princeton University Press, 1960), p.95.

48. Peter Manseau, *The Jefferson Bible* (Princeton, NJ: Princeton University Press, 2020), p.31.

10장 시간에 관하여

1. Darwin's letter to Leonard Horner, 20 March 1861.

2. James Hutton, 'Theory of the Earth', *Transactions of the Royal Society of Edinburgh*, vol. I, Part II, p.304.

3. Lindberg and Numbers, *God and Nature*, p.312.

4. Charles Darwin, *The Autobiography of Charles Darwin 1809–1882* (London:

Collins, 1958; repr. Penguin, 2002), p.102.

5. Lindberg and Numbers, *God and Nature*, pp.328, 337.

6. Lindberg and Numbers, *God and Nature*, p.329.

7. John Parker (ed.), *Essays & Reviews* (1860), p.341.

8. Thomas Browne, *Religio Medici* (1643), p.27.

9. John Playfair, *Works of John Playfair*, Vol. IV (Edinburgh, 1882), p.81.

10. George Combe, *The Constitution of Man and Its Relation to External Objects* (1828), p.1. 이 텍스트는 사실 이 책의 1847년 판의 둘째 단락에서 나온 것으로 다음에 이어지는 인용들도 여기에서 취했다. 이전 판들은 도입부가 달랐다.

11. Combe, *Constitution*, p.5.

12. Combe, *Constitution*, p.148.

13. A. Cameron Grant, 'Combe on Phrenology and Free Will: A Note on XIXth-Century Secularism', *Journal of the History of Ideas*, 26(1), 1965, p.142.

14. Combe, *Constitution*, p.228.

15. Combe, *Constitution*, p.193.

16. Combe, *Constitution*, p.450.

17. Combe, *Constitution*, p.174.

18. Combe, *Constitution*, pp.233, 235.

19. Combe, *Constitution*, p.418.

20. Combe, *Constitution*, p.26.

21. Jon H. Roberts, 'Psychology in America', in Gary Ferngren (ed.), *The History of Science and Religion in the Western Tradition: An Encyclopedia* (Abingdon: Routledge, 2000), p.504.

22. John van Whye, *Phrenology and the Origins of Victorian Science* (Farnham: Ashgate, 2004), p.143.

23. Whye, *Phrenology*, p.143.

24. F. A. Hayek, *The Counter-Revolution of Science* (Glencoe, IL: The Free Press, 1952), p.168.

25. Auguste Comte, *Course of Positive Philosophy*, Vol. 1. Freely translated and condensed by Harriet Martineau (London: George Bell & Sons, 1896), pp.1-2.

26. Comte, *Positive Philosophy*, I.8.

27. Comte, *Positive Philosophy*, II.113.

28. Comte, *Positive Philosophy*, I.459.

29. Comte, *The Catechism of Positive Religion* (London: John Chapman, 1858), p.253.

11장 균형

1. Emma Wedgwood to Madame Sismondi, 15 November 1838.

2. Letter to William Fox, 9–12 August 1835.

3. Erasmus Darwin, *The Temple of Nature or, The Origin of Society* (London: J. Johnson, 1803).

4. Darwin, *Autobiography,* p.49.

5. Brooke and Numbers, *Science and Religion,* p.213.

6. William Paley, *Natural Theology: or, Evidences of the Existence and Attributes of the Deity* (London: J. Faulder, 1809), p.18.

7. Paley, *Natural Theology,* p.179.

8. Darwin, *Autobiography,* p.59.

9. Darwin, *Autobiography,* p.59.

10. Paley, *Natural Theology,* p.456.

11. 다음에서 인용. William E. Phipps, *Darwin's Religious Odyssey* (Harrisburg: Trinity International Press, 2002), p.49.

12. Adrian Desmond and James Moore, *Darwin* (London: Penguin, 1992), p.323.

13. Francis Darwin (ed.) *The Foundations of The Origin of Species. Two essays written in 1842 and 1844* (Cambridge: Cambridge University Press, 1909), p.51.

14. Darwin, *Foundations of The Origin,* p.51.

15. Darwin, *Foundations of The Origin,* p.52.

16. Darwin, *Foundations of The Origin,* p.52.

17. Thomas Robert Malthus, *An Essay on the Principle of Population* (Oxford: Oxford World Classics, 1999), chapter 1.

18. Darwin, *Foundations of The Origin,* p.51.

19. Darwin, *Autobiography,* p.88.

20. Darwin, *Autobiography,* p.89.

21. Darwin, *Foundations of The Origin,* p.52.

22. Letter to Emma Darwin, 18 April 1851.

23. Letter to Emma Darwin, 18 April 1851.

24. Letter to Emma Darwin, 19 April 1851.

25. Letter to Emma Darwin, 19 April 1851.

26. Letter to Emma Darwin, 20 April 1851.

27. Letter to Emma Darwin, 21 April 1851.

28. Letter to Emma Darwin, 21 April 1851.

29. Desmond and Moore, *Darwin,* p.383.

30. Letter to Emma Darwin, 23 April 1851.

31. Letter to William Fox, 29 April 1851.

32. Charles Darwin's reminiscence of Anne Elizabeth Darwin, 30 April 1851.

33. Letter to Thomas Huxley, 18 September 1860.

34. Letter to Charles Lyell, 18 June 1858.

35. Letter to Charles Lyell, 18 June 1858.

36. Letter to Alfred Russel Wallace, 22 December 1857.

37. Letter to J. D. Hooker, 22 November 1859.

38. Letter to J. D. Hooker, 3 January 1860.

39. Letter to J. Brodie Innes, 27 November 1878.

40. 《종의 기원》에 대한 세간의 반응에 대해서는 다음을 보라. Janet Browne, *Charles Darwin: The Power of Place*, Volume 2 of a biography (London: Jonathan Cape, 2003), pp.82-125; also Janet Browne, *Darwin's Origin of Species: A Biography* (London: Atlantic Books, 2006).

41. J. R. Moore, *The Post-Darwinian Controversies* (Cambridge: Cambridge University Press, 1979), p.92.

42. Letter to J. D. Hooker (20? July 1860).

12장 세계화

1. 적어도, 의도적으로 출간된 것이었다. 사실 그의 친구 헨슬로가 다윈이 부재할 때 그의 편지들에서 과학적인 내용을 추려서 출간했다.

2. Florence C. Hsia, *Sojourners in a Strange Land: Jesuits and Their Scientific Missions in Late Imperial China* (Chicago, IL: University of Chicago Press, 2009).

3. Catherine Jami, *The Emperor's New Mathematics: Western Learning and Imperial Authority During the Kangxi Reign* (1662-1722) (Oxford: Oxford University Press, 2012).

4. E. Carey, *Memoir of William Carey* (London: Jackson & Walford, 1836), p.18.

5. John Gascoigne, *Joseph Banks and the English Enlightenment: Useful Knowledge and Polite Culture* (Cambridge: Cambridge University Press, 1994), pp.43-4.

6. Joseph Banks, *Journal* (London: Macmillan & Co., 1896), p.108.

7. Sujit Sivasundaram, *Nature and the Godly Empire: Science and Evangelical Mission in the Pacific, 1795-1850* (Cambridge: Cambridge University Press, 2011), p.101.

8. Marwa Elshakry, 'The Gospel of Science and American Evangelism in Late Ottoman Beirut', *Past & Present*, 196, 2007, pp.178-9.

9. Sivasundaram, *Nature*, p.12.

10. Lightman, *Rethinking History*, p.76.

11. Sivasundaram, *Nature*, p.160.

12. Lightman, *Rethinking History*, p.75.

13. William Ellis, *Polynesian Researches During a Residence of Nearly Eight Years in the Society and Sandwich Islands*, Vol. 2 (London: Fisher, Son & Jackson, 1832-4), p.18.

14. Olaudah Equiano, *The Interesting Narrative and Other Writings*, ed. V. Caretta

(London: Penguin, 2003), pp.1-34.

15. Thomas Dixon *et al.* (eds), *Science and Religion: New Historical Perspectives* (Cambridge: Cambridge University Press, 2010), p.184.

16. Edward Strachey, *Bijaganita* (London: W. Glendinning, 1813), p.10.

17. John Seeley, *The Expansion of England* (London: Macmillan & Co., 1883), p.256.

18. Marwa Elshakry, 'When Science Became Western: Historiographical Reflections', *Isis*, 101(1), 2010, p.103.

19. Elshakry, 'When Science Became Western', p.101.

20. Marwa Elshakry, *Reading Darwin in Arabic, 1860-1950* (Chicago, IL: University of Chicago Press, 2013), p.16.

21. Elshakry, *Reading Darwin*, p.208.

22. Elshakry, *Reading Darwin*, p.8.

23. Elshakry, *Reading Darwin*, p.217.

24. Elshakry, *Reading Darwin*, p.120.

25. Deepak Kumar, 'The "Culture" of Science and Colonial Culture, India 1820-1920', *The British Journal for the History of Science*, 29(2), June 1996, p.198.

26. Elshakry, 'When Science Became Western', p.104.

27. Dixon *et al.* (eds), *Science and Religion*, p.137.

28. David Hume, 'Of National Characters', *Essays, Moral and Political* (London: 1748).

29. Immanuel Kant, 'On the different races of man' (1775).

30. Prichard, *Researches into the Physical History of Man* (London: J. & A. Arch, 1813), p.233.

31. John Bird Sumner, *A Treatise on the Records of Creation and the Moral Attributes of the Creator* (London: J. Hatchard, 1816), I.377.

32. Denis Alexander and Ronald L. Numbers, *Biology and Ideology from Descartes to Dawkins* (Chicago, IL: University of Chicago Press, 2010), p.121.

33. Alexander, *Biology and Ideology*, p.133.

34. Alexander, *Biology and Ideology*, p.120.

35. Adrian Desmond and James Moore, *Darwin's Sacred Cause: Race, Slavery and the Quest for Human Origins* (London: Penguin, 2009).

36. Harrison, *Science without God?*, p.218.

37. Desmond and Moore, *Darwin*, p.332.

38. Desmond and Moore, *Darwin*, p.339.

39. Henry Chadwick, *The Secularization of the European Mind in the Nineteenth Century* (Cambridge: Cambridge University Press, 1990), p.166.

40. Darwin, *The Descent of Man, and Selection in Relation to Sex* (London: John Murray, 1871), I.230.

41. Letter from James Grant, 6 March 1878.

42. Anonymous letter, 13 June 1877.

43. Mitch Keller, 'The Scandal at the Zoo', *New York Times*, 6 August 2006.

44. Dennis Sewell, *The Political Gene: How Darwin's Ideas Changed Politics* (London: Picador, 2009), p.2.

45. Phillips Verner Bradford and Harvey Blume, *Ota: The Pygmy in the Zoo* (New York: St. Martin's Press, 1992), p.185.

46. Bradford and Blume, *Ota*, p.182.

47. Jonathan Peter Spiro, *Defending the Master Race: Conservation, Eugenics, and the Legacy of Madison Grant* (Burlington: University of Vermont Press, 2008), pp.44-9.

13장 평화와 전쟁

1. Letter to William Graham, 3 July 1881.

2. H. Bence Jones, *The Life and Letters of Faraday*, Vol. 2 (London: Longmans, Green and Co., 1870), pp.195-6.

3. John Tyndall, *Faraday as a Discoverer* (London: Longmans, Green and Co., 1879), p.185.

4. T. H. Levere, 'Faraday, Matter, and Natural Theology: Reflections on an Unpublished Manuscript', *The British Journal for the History of Science*, 4(2), 1968, p.102.

5. J[ames] R[orie] (ed.), *Selected Exhortations Delivered to Various Churches of Christ by the Late Michael Faraday, Wm. Buchanan, John M. Baxter, and Alex Moir* (Dundee: John Leng and Co. Ltd., 1910), p.5.

6. Tyndall, *Faraday*, p.178.

7. V. L. Hilts, 'A Guide to Francis Galton's English Men of Science', *Transactions of the American Philosophical Society*, 65(5), 1975, p.59.

8. Raymond Flood *et al.* (eds), *James Clerk Maxwell: Perspectives on His Life and Work* (Oxford: Oxford University Press, 2014), p.259.

9. James Clerk Maxwell, *A Student's Evening Hymn* (1853).

10. L. Campbell and W. Garnett, *Life of James Clerk Maxwell* (London: Macmillan & Co., 1882), pp.188-9.

11. Campbell and Garnett, *Life*, p.126.

12. Campbell and Garnett, *Life*, p.345.

13. P. M. Harman (ed.), *The Scientific Letters and Papers of James Clerk Maxwell*, Vol. 2 (Cambridge: Cambridge University Press, 1995), pp.786-93.

14. Campbell and Garnett, *Life*, p.323.

15. Harman (ed.), *Scientific Letters*, Vol. 1, p.426.

16. Anon. [J. C. Maxwell], [Review of Balfour Stewart's] 'The Conservation of Energy',

Nature, 9, 1874, pp.198–200.

17. Harman (ed.), *Scientific Letters*, Vol. 2, pp.362–8.

18. Harman (ed.), *Scientific Letters*, Vol. 2, p.322.

19. Harman (ed.), *Scientific Letters*, Vol. 2, p.377.

20. Letter from J. D. Hooker, 23 September 1873.

21. Letter to J. D. Hooker, 27 September 1873.

22. Campbell and Garnett, *Life*, p.394.

23. Campbell and Garnett, *Life*, pp.405–6.

24. G. G. Stokes, 'On the bearings of the study of natural science, and of the contemplation of the Discoveries to which that study leads, on our religious ideas', *Journal of the Transactions of the Victoria Institute* (1881) 14, p.247.

25. J. Reddie, 'On current physical astronomy', *Journal of the Transactions of the Victoria Institute* (1870), 4, p.378.

26. G. G. Stokes, *Natural Theology: The Gifford Lectures Delivered Before the University of Edinburgh in 1891* (London and Edinburgh, UK: Adam and Charles Black, 1893), p.231.

27. Silvanus P. Thomson, *The Life of William Thomson, Baron Kelvin of Largs* (London: Macmillan and Co., 1910), Vol. II. p.1099.

28. 'Address to the Christian Evidence Society, London, May 23, 1889', in Stephen Abbott Northrop, *A Cloud of Witnesses* (Portland, Oregon: American Heritage Ministries, 1987), pp.460–1.

29. William Thomson, 'On Geological Dynamics', *Transactions of the Geological Society of Glasgow* (1869), p.222.

30. Letter to J. D. Hooker, 24 July 1869.

31. Thomson, *Life*, p.1098.

32. Thomas Huxley, *Science and Christian Tradition* (London: Macmillan & Co., 1894), p.7.

33. Ruth Barton, ' "An Influential Set of Chaps": The X-Club and Royal Society Politics 1864–85', *British Journal for the History of Science*, 23, 1990, p.57.

34. Alvar Ellegard, *Darwin and the General Reader* (Göteborg, 1958), p.65.

35. A. S. Eve and C. H. Creasey, *The Life and Works of John Tyndall* (London: Macmillan and Co., 1945), p.187.

36. Revd Michael O'Ferrall, 'The New Koran', *Irish Monthly*, 2, 1874, p.659.

37. *New York Times*, 23 November 1874.

38. Hardin, *Warfare*, p.14.

39. Hardin, *Warfare*, p.14.

40. Hardin, *Warfare*, p.14.

41. John William Draper, *History of the Conflict between Religion and Science* (New York: D. Appleton, 1875), p.vi.
42. Draper, *History*, pp.ix-x.
43. Hardin, *Warfare*, p.20.
44. Draper, *History*, p.108.
45. S. P. Ragep (trans.) Ernest Renan lecture: 'Islam and Science', pp.2-3. [Online]. https://www.mcgill.ca/islamicstudies/files/islamicstudies/renan_islamism_cversion. pdf (2022년 7월 24일 접속).
46. 'Why there was no "Darwin's bulldog"'. *The Linnean Society*, 1 July 2019. [Online]. https://www.linnean.org/news/2019/07/01/1st-july-2019-why-therewas-no-darwins-bulldog (Accessed 24 July 2022).
47. Thomas Huxley, 'Science and Religion', *The Builder*, 17, 1859.
48. T. H. Huxley, Letter to Charles Kingsley, 23 September 1860.
49. T. H. Huxley, *Science and Hebrew Tradition* (London: Macmillan & Co., 1893), p.101.
50. T. H. Huxley, *Life and Letters* (London: Macmillan & Co., 1900), Vol. 1, p.220.
51. T. H. Huxley, *Science and Christian Tradition* (New York: D. Appleton, 1894), p.74.
52. Brooke and Numbers, *Science and Religion*, p.265.
53. Francis Darwin, *The Life and Letters of Charles Darwin* (London: John Murray, 1887), Vol. 2, p.201.
54. "인간의 이성이 종교 자체와 같은 수준에 놓였다."
55. William Gladstone, The Vatican Decrees in their bearing on Civil Allegiance (London: Simpkin, Marshall & Co., 1874), p.6.
56. T. H. Huxley, *Darwiniana* (London: Macmillan & Co., 1893), p.147.
57. Huxley, *Darwiniana*, p.147.
58. John Tyndall, *Fragments of Science* (London: Longmans, Green, 1871), Vol. 2, p.207.
59. Bernard Lightman, 'Conan Doyle's Ideal Reasoner: The Case of the Reluctant Scientific Naturalist', *Journal of Literature and Science*, 7(2), 2014, p.24.
60. T. H. Huxley, *Methods and Results* (London: Macmillan and Co., 1894), p.65.
61. James C. Ungureanu, *Science, Religion, and the Protestant Tradition: Retracing the Origins of Conflict* (Pittsburgh, PA: University of Pittsburgh Press, 2019), p.18.
62. Ungureanu, *Science, Religion*, p.18.
63. Ungureanu, *Science, Religion*, p.xl.
64. Ungureanu, *Science, Religion*, p.71.

14장 세기의 재판

1. Charles Hodge, *What is Darwinism?* (New York; Cambridge: Scribner, Armstrong,

& Company, 1874), p.45.

2. 다음을 보라. Edward J. Larson, *Summer for the Gods: The Scopes Trial and America's Continuing Debate Over Science and Religion* (New York: Basic Books, 1997), pp.20, 32.

3. David N. Livingstone, D. G. Hart and Mark A. Noll (eds), *Evangelicals and Science in Historical Perspective* (New York: Oxford: Oxford University Press, 1998), p.208.

4. George William Hunter, *A Civic Biology* (New York: American Book Co., 1914), p.263.

5. Larson, *Summer for the Gods*, p.93.

6. Hunter, *A Civic Biology*, p.263.

7. *Speeches of William Jennings Bryan* (New York: Funk and Wagnalls, 1909), Vol. 2, pp.266-7.

8. William Jennings Bryan, *In His Image* (New York: Fleming H. Revell Co., 1922), pp.103-4.

9. Bryan, *In His Image*, p.104.

10. Larson, *Summer for the Gods*, p.116.

11. Bryan, *In His Image*, p.118.

12. Larson, *Summer for the Gods*, p.45.

13. Bryan, *In His Image*, p.94.

14. Larson, *Summer for the Gods*, p.52.

15. Larson, Summer for the Gods, p.71.

16. Larson, *Summer for the Gods*, p.71.

17. Larson, *Summer for the Gods*, p.103.

18. Larson, *Summer for the Gods*, p.104.

19. Larson, *Summer for the Gods*, p.146.

20. Larson, *Summer for the Gods*, p.143.

21. Larson, *Summer for the Gods*, p.132.

22. "그들이 비난하고 불법화하는 이것이 아름다운 것임을 보여주려 함으로써 이 나라 사람들의 목적을 좌절시키고자 여기에 전문가들을 끌어들이는 것은 적절하지 않다." Larson, *Summer for the Gods*, p.135.

23. Larson, *Summer for the Gods*, p.156.

24. Larson, *Summer for the Gods*, p.176.

25. Larson, *Summer for the Gods*, p.157.

26. Larson, *Summer for the Gods*, p.171.

27. *The World's Most Famous Court Trial: A Compete Stenographic Report of the Famous Test of the Tennessee Anti-Evolution Act, Dayton, July 10 to 21, 1925* (Cincinnati, OH: National Book Company, 1925), p.113.

28. *World's Most Famous Court Trial*, p.175.

29. *World's Most Famous Court Trial*, p.180.

30. *World's Most Famous Court Trial*, p.179.

31. *World's Most Famous Court Trial*, p.197.

32. Larson, *Summer for the Gods*, p.180.

33. *World's Most Famous Court Trial*, p.284.

34. *World's Most Famous Court Trial*, p.286.

35. *World's Most Famous Court Trial*, p.288.

36. *World's Most Famous Court Trial*, p.304.

37. Larson, *Summer for the Gods*, p.200.

38. Larson, *Summer for the Gods*, p.207.

39. Larson, *Summer for the Gods*, p.145.

15장 얽히고 불확실한

1. Frederick Kuh, 'Ape Case Loosens up Tongue of Einstein', Pittsburgh Sun, 11 June 1925, quoted in Larson, *Summer for the Gods*, p.112.

2. Walter Isaacson, *Einstein: His Life and Universe* (London : Simon & Schuster, 2007), p.279.

3. Isaacson, *Einstein*, p.279.

4. R. B. Haldane, *The Reign of Relativity* (London: John Murray, 1921), p.x.

5. Lindberg and Numbers, *God and Nature*, p.428.

6. Arthur Eddington, The Nature of the Physical World (London: J. M. Dent & Sons, 1935), p.350.

7. Eddington, *The Nature of the Physical World*, p.350.

8. Arthur Eddington, *The Philosophy of Physical Science* (Cambridge: Cambridge University Press, 1939), p.9.

9. Graham Farmelo, *The Strangest Man: The Hidden Life of Paul Dirac* (London: Faber and Faber, 2010), p.121.

10. Paul Dirac, 'The Excellence of Einstein's Theory of Gravitation', in Maurice Goldsmith, Alan Mackay and James Woudhuysen (eds), *Einstein: The First Hundred Years* (Oxford: Pergamon Press, 1980), p.44.

11. Paul Dirac, 'The Evolution of the Physicist's Picture of Nature', *Scientific American*, May 1963.

12. 다음에서 인용. Subrahmanyan Chandrasekha, 'The Perception of Beauty and the Pursuit of Science', *Bulletin of the American Academy of Arts and Sciences*, 43(3), 1989, pp.14-29.

13. James Jeans, *The Mysterious Universe* (Cambridge: Cambridge University Press,

1930), p.104.

14. 《뉴욕 크로니클(New York Chronicle)》에 실린 그의 책에 대한 서평에는 〈제임스 진스 경: 수학자로서의 신(Sir James Jeans: God as a Mathematician)〉이라는 제목이 붙었다.

15. 이어지는 인용들의 출처는 다음과 같다. 'Religion and science' in *Physics and Beyond* (New York: Harper & Row, 1971).

16. Max Planck, 'The Nature of Matter', Speech at Florence (1944).

17. Werner Heisenberg, 'Scientific Truth and Religious Truth', *CrossCurrents*, 24(4), 1975, pp.463-73.

18. Max Jammer, *Einstein and Religion: Physics and Theology* (Princeton, NJ: Princeton University Press, 1999), p.19.

19. Jammer, *Einstein and Religion*, p.48.

20. Jammer, *Einstein and Religion*, p.49.

21. Jammer, *Einstein and Religion*, p.97.

22. A. Deprit, 'Monsignor Georges Lemaître', in A. Barger (ed.), *The Big Bang and Georges Lemaître* (New York: Reidel, 1984), p.370.

23. Rodney Holder, 'Lemaître and Hoyle: Contrasting Characters in Science and Religion', *Science and Christian Belief*, 24(2), 2012, p.119.

24. Holder, 'Lemaître and Hoyle', p.120.

25. Holder, 'Lemaître and Hoyle', p.125.

26. Pablo De Felipe, Pierre Bourdon and Eduardo Riaza, 'Georges Lemaître's 1936 Lecture on Science and Faith', *Science and Christian Belief*, 30(1), 2015, p.168.

16장 유아적인 망상

1. Werner Heisenberg, 'Science and Religion', in *Physics and Beyond: Encounters and Conversations* (New York: Harper & Row, 1971), p.85.

2. Darwin, *The Descent of Man, and Selection in Relation to Sex* (London: John Murray, 1871), I.65.

3. Edward B. Tylor, *Anahuac: or Mexico and the Mexicans, Ancient and Modern* (London: Longmans, 1861), p.288.

4. Edward B. Tylor, *Primitive Culture. Vol. 1* (London: John Murray. 1871), p.139.

5. Tylor, *Primitive Culture. Vol. 1*, p.121.

6. Tylor, *Primitive Culture. Vol. 2*, p.24.

7. Tylor, *Primitive Culture. Vol. 1*, p.426.

8. Tylor, *Primitive Culture. Vol. 1*, p.426.

9. Tylor, *Primitive Culture. Vol. 2*, p.189.

10. J. G. Frazer, *The Golden Bough: A Study in Magic and Religion (1890), Vol 1.x*.

11. Frazer, *The Golden Bough*, I.43.

12. J. G. Frazer, *Folk-Lore in the Old Testament* (London: Macmillan & Co., 1918), II.17.

13. Frazer, *Golden Bough,* 2nd ed. III.117.

14. Frazer, *Folk-Lore,* III.396.

15. J. G. Frazer, *Passages of the Bible Chosen for their Literary Beauty and Interest* (London: A. & C. Black, 1895), p.viii.

16. John B. Vickery, *The Literary Impact of The Golden Bough* (Princeton, NJ: Princeton University Press, 1973).

17. Philip Marcus, '"A Healed Whole Man": Frazer, Lawrence and Blood-Consciousness', in Robert Fraser (ed.) *Sir James Frazer and the Literary Imagination: Essays in Affinity and Influence* (London: Macmillan, 1990).

18. E. B. Tylor, *Researches into the Early History of Mankind and the Development of Civilization* (London: John Murray, 1865), pp.138–9.

19. Tylor, *Researches,* p.108.

20. Sigmund Freud, *New Introductory Lectures on Psychoanalysis* (London: Hogarth Press, 1933), p.212.

21. Letter to B'nai B'rith Lodge of Vienna, 6 May 1926, quoted in Michael Palmer, *Freud and Jung on Religion* (London: Routledge, 1997), p.5.

22. Letter to Oskar Pfister, 9 October 1918, quoted in Peter Gay, *A Godless Jew: Freud, Atheism and the Making of Psychoanalysis* (New Haven, CT; London: Yale University Press, 1987), p.37.

23. Letter to Carl Jung, 2 January 1910.

24. Sigmund Freud, *Leonardo da Vinci: A Memory of His Childhood* (London: Ark, 1984), p.73.

25. Sigmund Freud, *Totem and Taboo: Resemblances between the Psychic Lives of Savages and Neurotics* (New York: Moff at, Yard and Company, 1919), p.234.

26. Sigmund Freud, *The Future of an Illusion* (New York: Norton, 1989), pp.19, 33.

27. Freud, *Future of an Illusion,* p.19.

28. Freud, *Future of an Illusion,* p.23.

29. Sigmund Freud, *Civilisation and its Discontents* (New York: Norton, 1961), p.20.

30. Sigmund Freud, *Moses and Monotheism* (New York: Vintage Books, 1955), p.108.

31. E. E. Evans-Pritchard, *Theories of Primitive Religion* (Oxford: Clarendon Press, 1965), p.52.

32. Timothy Larsen, *The Slain God: Anthropologists and the Christian Faith* (Oxford: Oxford University Press, 2014), p.80.

33. E. E. Evans-Pritchard, *Witchcraft, Oracles and Magic among the Azande* (Oxford: Clarendon Press, 1976), pp.18, 159.

34. Evans-Pritchard, *Witchcraft,* p.150.

35. E. E. Evans-Pritchard, *Nuer Religion* (Oxford: Clarendon Press, 1956), p.vii.

36. Evans-Pritchard, *Nuer Religion,* p.322.

37. E. E. Evans-Pritchard, *Social Anthropology and Other Essays* (New York: Free Press of Glencoe, 1964), p.40.

38. Evans-Pritchard, *Social Anthropology,* p.36.

39. Larsen, *The Slain God,* p.97.

40. Ahmed Al-Shahi, 'Evans-Pritchard, Anthropology and Catholicism: Godfrey Lienhart's view', *Journal of Anthropological Society of Oxford,* 30(1), 1999, p.70.

17장 천국을 침공하다

1. Freud, *Future of an Illusion,* p.55.

2. Larsen, *The Slain God,* pp.73-6.

3. Freud, *New Introductory Lectures On Psychoanalysis,* p.212.

4. Daniel Peris, *Storming the Heavens: The Soviet League of the Militant Godless* (Ithaca, NY: London: Cornell University Press, 1998), p.23.

5. Victoria Smolkin, *A Sacred Space is Never Empty: A History of Soviet Atheism* (Princeton, NJ: Princeton University Press, 2018), p.42.

6. Smolkin, *Sacred Space,* p.35.

7. David Powell, *Antireligious Propaganda in the Soviet Union: A Study in Mass Persuasion* (Cambridge, MA: MIT Press, 1975), p.22.

8. Peris, *Storming the Heavens,* p.31.

9. 포스터는 다음에서 볼 수 있다. Roland Elliott Brown, *Godless Utopia: Soviet Anti-Religious Propaganda* (London: FUEL, 2019).

10. Peris, *Storming the Heavens,* p.94.

11. Victoria Smolkin-Rothrock, 'The Contested Skies: The Battle of Science and Religion in the Soviet Planetarium', in E. Maurer *et al.* (eds) *Soviet Space Culture: Cosmic Enthusiasm in Socialist Societies* (London: Palgrave Macmillan, 2011), pp.57-78.

12. 탈쿨락화는 계급의 적으로 낙인찍힌 부농(富農)을 제거하려는 소련의 살인적인 정책이었다. 1930년대 초 200만 명에 가까운 부농이 추방되거나/되었고 제거되었다.

13. Smolkin, *Sacred Space,* p.60.

14. Pravda, 27 March 1958, quoted in John Anderson, *Religion, State and Politics in the Soviet Union and Successor States* (Cambridge: Cambridge University Press, 1994), p.15.

15. Smolkin, *Sacred Space,* p.87.

16. Smolkin, *Sacred Space,* p.88.

17. Smolkin, *Sacred Space,* p.89.

18. Smolkin, *Sacred Space,* p.90.

19. Smolkin, *Sacred Space*, p.84.

20. Smolkin, *Sacred Space*, p.84.

21. Smolkin, *Sacred Space*, p.89.

22. Christopher Marsh, *Religion and the State in Russia and China: Suppression, Survival, and Revival* (New York: Continuum, 2011), p.40.

23. Marsh, *Religion and the State*, p.41.

24. 이 인용문의 출처는 블라디미르 텐드리아코프다. 빅토리아 스몰킨의 책 제목으로도 쓰였다.

25. Smolkin, *Sacred Space*, p.90.

26. William Inboden, *Religion and American Foreign Policy, 1945-1960: The Soul of Containment* (Cambridge: Cambridge University Press, 2008), pp.258-9.

27. Harry S. Truman, 'Address at a Conference of the Federal Council of Churches', 6 March 1946.

28. Jonathan Herzog, 'America's Spiritual-Industrial Complex and the Policy of Revival in the Early Cold War', *Journal of Policy History*, 22(3), 2010, p.340.

29. Norman Mailer, *Of a Fire on the Moon* (New York: New American Library, 1971), p.244.

30. Kendrick Oliver, *To Touch the Face of God: The Sacred, the Profane and the American Space Program, 1957-1975* (Baltimore, MD: Johns Hopkins University Press, 2013), p.95.

31. Gordon Cooper (with Bruce Henderson), *Leap of Faith: An Astronaut's Journey into the Unknown* (New York: HarperCollins, 2000), pp.67-8. 나는 베르너 폰 브라운을 생각할 때면 뛰어난 피아니스트이자 풍자작가인 톰 레러의 서정시를 떠올리지 않을 수 없다. "'일단 로켓이 발사되고 나면/어디에 떨어지는지 누가 신경 쏩니까?/그건 내 소관이 아닙니다'라고 베르너 폰 브라운은 말한다."

32. Oliver, *To Touch the Face of God*, p.57.

33. Oliver, *To Touch the Face of God*, p.90.

34. Julie Zauzmer Weil, 'In space, John Glenn saw the face of God: "It just strengthens my faith"', *Washington Post*, 8 December 2016.

35. 'Ex-Astronaut James Irwin, 61, Founded Evangelical Organization', *Chicago Tribune*, 11 August 1991.

36. C. S. Lewis, 'The Seeing Eye', from *Christian Reflections*, ed. Walter Hooper (Grand Rapids, MI: Wm. B. Eerdmans Publishing Co., 1995), pp.167-9.

37. William Derham, *Astro-Theology; Or, a Demonstration of the Being and Attributes of God* (London: W. & J. Innys, 1721), xlii.

38. J. C. Whitcomb and Henry Morris, *The Genesis Flood: The Biblical Record and its Scientific Implications* (London: Evangelical Press, 1969), p.1.

39. Whitcomb and Morris, *The Genesis Flood*, p.118.

18장 환원할 수 없는 복잡함

1. Andrew Brown, *The Darwin Wars: The Scientific Battle for the Soul of Man* (London: Touchstone, 2000), p.2.

2. Brown, *The Darwin Wars*, p.220.

3. Michael Ghiselin, *The Economy of Nature and the Evolution of Sex* (Berkeley; London: University of California Press, 1974), p.247.

4. Richard Dawkins, *The Selfish Gene* (Oxford: Oxford University Press, 1989), p.3.

5. Dawkins, *Selfish Gene*, p.270. 앤드루 브라운이 말했듯이, "'인기는 있으나 오류투성이인' 이 오만하게 잘난 체하는 태도는 대중 작가가 견지하기 어려운 것이다. '로봇'이라는 단어에서 연상되는 생각들이 잘못된 것이라고 우리에게 말해주려는 그는 도대체 누구인가?" Andrew Brown, *The Darwin Wars: How Stupid Genes Became Selfish Gods* (London: Simon & Schuster, 1999), p.40.

6. Dawkins, *Selfish Gene*, p.2.

7. Dawkins, *Selfish Gene*, p.2.

8. Dawkins, *Selfish Gene*, p.196.

9. Dawkins, *Selfish Gene*, p.233.

10. Richard Dawkins, 'In defence of selfish genes', *Philosophy*, 56, 1980, pp.556-73. 앤드루 브라운은 이렇게 말했다. "단어들이 그의 손에서 대략 그가 원하는 의미하는 바를 의미할 때가 언제인지를 구분하기란 늘 어려운 일이다. 그는 유전자가 이기적이라고 선포해서 명성을 얻었다. 하지만 이러한 견해에 누군가 이의를 제기할 때면 그는 성공적인 '이기성'이란 대체로 유전자들이 서로 협동하는 역량에 있다고 설명했다." Brown, *Darwin Wars*, p.43.

11. Dawkins, *Selfish Gene*, p.266.

12. Except in so far as there as genes for everything. E. O. Wilson, *Sociobiology: A New Synthesis* (Cambridge, MA: Harvard University Press, 1975), p.555.

13. Against 'Sociobiology' by Elizabeth Allen, *The New York Review of Books* (nybooks. com).

14. Dawkins, *Selfish Gene*, p.10.

15. Richard Dawkins, The Extended Phenotype (Oxford: Oxford University Press, 1982), p.241.

16. Richard Dawkins, *Unweaving the Rainbow* (London: Allen Lane, 1998) p.308.

17. Dawkins, *Selfish Gene*, p.3.

18. Dawkins, *Selfish Gene*, p.201.

19. McLean v. Arkansas Bd. of Ed., 529 F. Supp. 1255 (E. D. Ark. 1982).

20. 다윈은 1861년 J. F. W. 허셜에게 보낸 편지에서 이렇게 말했다. "당신이 지적 설계에 관해 지적한 점은 나를 무척이나 당혹스럽게 했습니다. (…) 나는 그 점에 관해서는 아주 혼란스러운 상태에 있습니다. 살아 있는 모든 산물(産物)과 인간이 있는 이 우주를 바라보면 이 모두가 지적으로 설계되었다고 믿지 않을 수 없습니다. 그러나 개별적 유기체를 볼 때면 이에

대한 증거는 전혀 보이지 않습니다." 틴들은 이렇게 말했다. "그가 보기에 원자들의 역학적 충격이 만물의 충분한 원인이므로, 그는 자연의 구성이 어떤 방식으로든 지적 설계에 의해 결정되었다는 생각에 맞서 싸운다."

21. 'Exploring Different Ways of Asking About Evolution', Pew Research Center.[Online]. https://www.pewresearch.org/religion/2019/02/06/the-evolutionof-pew-research-centers-survey-questions-about-the-origins-and-development-of-life-on-earth/ (2022년 7월 27일 접속).

22. 'Views about human evolution-Religion in America: U.S. Religious Data, Demographics and Statistics', Pew Research Center. [Online]. https://www.pewresearch.org/religion/religious-landscape-study/views-about-humanevolution/ (2022년 7월 27일 접속).

23. 다음에서 인용. Ronald Numbers, 'Creationism Goes Global: From American to Islamic Fundamentalism,' Lecture, 2 October 2009, '2009 and Earlier', Hampshire College, Amherst, MA.

24. Salman Hameed, 'Evolution and creationism in the Islamic world', in Dixon *et al.* (eds), Science and Religion, p.145.

25. 'Muslim Views on Religion, Science and Popular Culture', Pew Research Center. [Online]. https://www.pewresearch.org/religion/2013/04/30/theworlds-muslims-religion-politics-society-science-and-popular-culture/ (2022년 7월 27일 접속).

26. Dixon *et al.* (eds), *Science and Religion,* p.140.

27. Salman Hameed, 'Making sense of Islamic creationism in Europe', *Public Understanding of Science,* 24(4), 2015, pp.388-9.

28. Richard Dawkins, 'A Scientist's Case Against God', Speech at Edinburgh International Science Festival, 15 April 1992.

29. Richard Dawkins, 'A Reply to Poole', *Science & Christian Belief* 7, 1995, pp.45-50.

30. Dawkins, *Extended Phenotype,* p.181.

31. 리처드 도킨스는 2007년 9월 6일 라디오 프로그램 Today에서 존 콘웰과 대화하며 이렇게 말했다. "내가 그것(종교)을 바이러스에 비유했는데, 이는 매우 특별한 주장이다."

32. Pope John Paul II, 'Message to the Pontifical Academy of Sciences On Evolution', 22 October 1996.

33. Caroline Lawes, *Faith and Darwin: Harmony, Conflict, or Confusion?* (London: Theos, 2009).

34. Elaine Howard Ecklund, *Science vs. Religion: What Scientists Really Think* (Oxford: Oxford University Press, 2010), p.3.

35. Stephen Jay Gould, *Rocks of Ages: Science and Religion in the Fullness of Life* (London: Vintage Digital, 2011), p.3.

36. Gould, *Rocks of Ages,* p.6.

37. Subrena E. Smith, 'Is Evolutionary Psychology Possible?' *Biological Theory*, 15, 2020, pp.39-49.

38. Steven Pinker, *How the Mind Works* (London: Penguin Books, 1999), p.375.

39. Hilary Rose and Steven Rose (eds), *Alas, Poor Darwin: Arguments Against Evolutionary Psychology* (London: Jonathan Cape, 2000).

40. Dorothy Nelkin, 'Less Selfish than Sacred?', in Rose and Rose, *Alas, Poor Darwin*.

41. Simon Conway Morris, *Life's Solution: Inevitable Humans in a Lonely Universe* (Cambridge: Cambridge University Press, 2003), p.310.

19장 인공 불안

1. 다음에서 인용. Conway Morris, *Life's Solution*, p.324.

2. Dawkins, *Selfish Gene*, p.192.

3. Daniel Dennett, *Darwin's Dangerous Idea: Evolution and the Meanings of Life* (London: Penguin, 1996), p.349.

4. Hobbes, *Leviathan* (1614), III.32.

5. Fyodor Dostoyevsky, The Idiot (Oxford: Oxford Classics, 2008), p.237. "순간 그의 뇌가 확 타오르는 것 같았다. (…) 살아 있으며 자기를 의식하는 감각이 거의 열 배나 증가했다. (…) 그의 정신과 마음이 범상치 않은 조명에 잠겼다. (…) 모든 소요가 (…) 즉각 잦아들어 고결한 고요 속으로 흩어져 사라지고, 순수하고 조화로운 기쁨과 희망으로 가득 차오르는 듯했다."

6. O. Devinsky, G. Lai, 'Spirituality and religion in epilepsy', *Epilepsy Behavior*, 12(4), 2008, pp.636-43.

7. Irene Cristofori *et al.*, 'Neural correlates of mystical experience', *Neuropsychologia*, 80, 2016, pp.212-20.

8. A. B. Newberg and M. R. Waldman, *How God Changes Your Brain* (New York: Ballantine Books, 2009).

9. Andrew B. Newberg *et al.*, 'A case series study of the neurophysiological effects of altered states of mind during intense Islamic prayer', *Journal of Physiology-Paris*, 109(4-6), 2015, pp.214-20.

10. Newberg *et al.*, 'A case series study', p.214.

11. Michael A. Ferguson *et al.*, 'Reward, salience, and attentional networks are activated by religious experience in devout Mormons', *Social Neuroscience*, 13(1), 2018, pp.104-16.

12. Ana Sandoiu (29 November 2016). 'Religious experience activates same brain circuits as "sex, drugs, and rock 'n' roll"'. MedicalNewsToday. [Online]. https://www.medicalnewstoday.com/articles/314433 (2022년 11월 4일 접속).

13. R. R. Griffiths *et al.*, 'Psilocybin can occasion mystical-type experiences having

substantial and sustained personal meaning and spiritual significance', *Psychopharmacology*, 187(3), 2006, pp.268-83.

14. Ramachandran *et al.*, 'The neural basis of religious experiences', *Society for Neuroscience Conference Abstracts* (1997), 1316.

15. J. L. Saver and J. Rabin, 'The neural substrates of religious experience', *Journal of Neuropsychiatry*, 9, 1997, pp.498-510.

16. Peter G. H. Clarke, 'Neuroscientific and psychological attacks on the efficacy of conscious will', *Science and Christian Belief*, 26(1), 2014, p.11.

17. Malcolm Jeeves, 'How Free is Free?: Reflections on the Neuropsychology of Thought and Action', *Science and Christian Belief*, 16(2), 2003, p.104.

18. Hobbes, *Leviathan* (1614), I.1.

19. Hobbes, *Elements of Philosophy* (1655), p.7.

20. George Boole, *An Investigation of the Laws of Thought on Which are Founded the Mathematical Theories of Logic and Probabilities* (London: Walton & Maberly, 1854).

21. 다음에서 인용. John Wyatt and Stephen N. Williams (eds), *The Robot Will See You Now: Artificial Intelligence and the Christian Faith* (London: SPCK, 2021), p.135.

22. Yuval N. Harari, *Homo Deus: A Brief History of Tomorrow* (London: Vintage, 2016), p.444.

23. Rory Cellan-Jones (2 December 2014). 'Stephen Hawking warns artificial intelligence could end mankind'. BBC News. [Online]. https://www.bbc.com/news/technology-30290540 (2022년 7월 24일 접속).

24. James Barrat, *Our Final Invention: Artificial Intelligence and the End of the Human Era* (London: Thomas Dunne Books, 2013).

25. Martin Rees, *On the Future: Prospects for Humanity* (Princeton, NJ: Princeton University Press, 2018), p.152.

26. Harari, Deus, pp.460, 454.

27. Robert M. Geraci, 'Apocalyptic AI: Religion and the Promise of Artificial Intelligence', *Journal of the American Academy of Religion*, 76(1), p.13.

28. Jonathan Merritt (3 February 2017). 'Is Artificial Intelligence a Threat to Christianity?'. *The Atlantic*. [Online]. https://www.theatlantic.com/technology/archive/2017/02/artificial-intelligence-christianity/515463/ (2022년 7월 24일 접속).

29. 'God and robots: Will AI transform religion?' BBC News. [Online]. https://www.bbc.com/news/av/technology-58983047 (2022년 7월 24일 접속).

30. Harari, *Deus*, p.328.

31. 'Pope's November prayer intention: that progress in robotics and AI "be human"'. Vatican News. [Online]. https://www.vaticannews.va/en/pope/news/2020-11/

pope-francis-november-prayer-intention-robotics-ai-human.html (2022년 7월 24일 접속).

32. Linda Kinstler (16 July 2021). 'Can Religion Guide the Ethics of A.I.?' *New York Times*. [Online]. https://www.nytimes.com/interactive/2021/07/16/opinion/ai-ethics-religion.html (2022년 7월 24일 접속).

33. Stephen Hawking. Speech from the launch of the Leverhulme Centre for the Future of Intelligence on 19 October 2016. [Online]. http://lcfi .ac.uk/resources/cfi -launch-stephen-hawking/ (2022년 7월 24일 접속).

34. 튜링이 자신의 논문에서 언어의 의미가 그 사용에 있다고 하는 생각을 지체 없이 일축하고 있음은 주목할 만한 흥미로운 사실이다. "'기계'와 '생각하다'라는 두 단어가 흔히 어떻게 사용되는지를 검토함으로써 그 의미를 발견할 수 있다고 하면, '기계가 생각할 수 있는가?'라는 질문에 대한 대답과 의미는 갤럽의 여론조사와 같은 통계 연구에서 찾아야 한다는 결론을 피하기 어렵다. 그러나 이런 결론은 터무니없다." (A. M. Turing, 'Computing Machinery and Intelligence', Mind, LIX(236), 1950, p.433). 이것은 바로 비트겐슈타인에 의해 체계화되고 있었고, 곧《철학탐구(Philosophische Untersuchungen)》로 출간되는 생각이었다.

35. Freddy Gray. 'If we have souls, then so do chimps'. Interview with Jane Goodall, *The Spectator*, 10 April 2010. [Online]. https://www.spectator.co.uk/article/-if-we-have-souls-then-so-do-chimps (2022년 7월 24일 접속).

36. 예는 다음을 보라. 'Experts Doubt Ethical AI Design Will Be Broadly Adopted as the Norm Within the Next Decade'. Pew Research Center, 16 June 2021. [Online]. https://www.pewresearch.org/internet/2021/06/16/experts-doubtethical-ai-design-will-be-broadly-adopted-as-the-norm-within-the-nextdecade/(2022년 7월 24일 접속).

더 읽을거리

서론 및 본문 전반

Denis Alexander and Ronald L. Numbers (eds), *Biology and Ideology from Descartes to Dawkins* (Chicago, IL: University of Chicago Press, 2010)

John Hedley Brooke, *Science and Religion: Some Historical Perspectives* (Cambridge: Cambridge University Press, 1991)

John Hedley Brooke and Ronald L. Numbers (eds), *Science and Religion around the World* (Oxford: Oxford University Press, 2011)

Thomas Dixon *et al.* (eds), *Science and Religion: New Historical Perspectives* (Cambridge: Cambridge University Press, 2010)

Gary Ferngren (ed.), *The History of Science and Religion in the Western Tradition: An Encyclopedia* (New York: Routledge, 2000)

Jeff Hardin *et al.* (eds), *The Warfare Between Science and Religion: The Idea That Wouldn't Die* (Baltimore, MD: Johns Hopkins University Press, 2018)

Peter Harrison and Jon H. Roberts (eds), *Science without God?: Rethinking the History of Scientific Naturalism* (Oxford: Oxford University Press, 2019)

David Hutchings and James C. Ungureanu, *Of Popes and Unicorns: Science, Christianity, and How the Conflict Thesis Fooled the World* (Oxford: Oxford University Press, 2021)

Snezana Lawrence and Mark McCartney (eds), *Mathematicians and their Gods: Interactions between Mathematics and Religious Beliefs* (Oxford: Oxford University Press, 2015)

Bernie Lightman (ed.), *Rethinking History, Science and Religion* (Pittsburgh, PA: University of Pittsburgh Press, 2019)

David. C. Lindberg and Ronald Numbers, *God and Nature: Historical Essays on the Encounter between Christianity and Science* (Berkeley; London: University of California Press, 1986)

Ronald L. Numbers, *Galileo Goes to Jail: And Other Myths about Science and Religion* (Cambridge, MA; London: Harvard University Press, 2009)

1부 '과학 혹은 종교' 이전의 과학과 종교

Jim Al-Khalili, *Pathfinders: The Golden Age of Arabic Science* (London: Allen Lane, 2010)

Ahmad Dallal, *Islam, Science, and the Challenge of History* (New Haven, CT; London: Yale University Press, 2010)

Seb Falk, *The Light Ages: A Medieval Journey of Discovery* (London: Penguin Books, 2020)

Edward Grant, *The Foundations of Modern Science in the Middle Ages: Their Religious, Institutional, and Intellectual Contexts* (Cambridge: Cambridge University Press, 1996)

James Hannam, *God's Philosophers: How the Medieval World Laid the Foundations of Modern Science* (London: Icon Books, 2009)

Toby E. Huff, *The Rise of Early Modern Science* (Cambridge: Cambridge University Press, 1993) [한국어판: 토비 E 하프, 김병순 옮김, 《사회·법 체계로 본 근대 과학사 강의》, 모티브북, 2008]

Tamar Rudavsky, *Jewish Philosophy in the Middle Ages: Science, Rationalism, and Religion* (Oxford: Oxford University Press, 2018)

Jeffrey Burton Russell, *Inventing the Flat Earth: Columbus and Modern Historians* (New York; London: Praeger, 1991) [한국어판: 제프리 버튼 러셀, 박태선 옮김, 《날조된 역사: 콜럼버스와 현대 역사가들》, 모티브, 2004]

2부 창세기

Ann Blair and Kaspar von Greyerz (eds), *Physico-theology: Religion and Science in Europe, 1650–1750* (Baltimore, MD: Johns Hopkins University Press, 2020)

Maurice A. Finocchiaro (ed.), *The Galileo Affair: A Documentary History* (Berkeley: University of California, 1989)

Stephen Gaukroger, *The Emergence of a Scientific Culture: Science and the Shaping of Modernity 1210–1685* (Oxford: Clarendon, 2006)

Peter Harrison, *The Bible, Protestantism, and the Rise of Natural Science* (Cambridge: Cambridge University Press, 1998)

Peter Harrison, *The Fall of Man and the Foundations of Science* (Cambridge: Cambridge University Press, 2007)

J. L. Heilbron, *Galileo* (Oxford: Oxford University Press, 2010)

Robert Iliffe, *Priest of Nature: The Religious Worlds of Isaac Newton* (Oxford: Oxford University Press, 2017)

Jonathan Israel, *Enlightenment Contested: Philosophy, Modernity, and the Emancipation of Man, 1670–1752* (Oxford: Oxford University Press, 2006)

Ernan McMullin, *The Church and Galileo* (Notre Dame, IN: University of Notre Dame

Press, 2005)

Richard Popkin, *The History of Scepticism: From Savonarola to Bayle* (Oxford: Oxford University Press, 2003)

Keith Thomas, *Man and the Natural World: Changing Attitudes in England 1500–1800* (London: Allen Lane/Penguin Books, 1983)

Aram Vartanian, *La Mettrie's L'homme machine: A Study in the Origins of an Idea* (Princeton, NJ: Princeton University Press, 1960)

David Wootton, *The Invention of Science: A New History of the Scientific Revolution* (London: Allen Lane, 2015) 〔한국어판: 데이비트 우튼, 정태훈 옮김, 홍성욱 감수, 《과학이라는 발명: 1572년에서 1704년 사이에 태어나 오늘의 세계를 만든 과학에 관하여》, 김영사, 2020〕

3부 탈출기

Henry Chadwick, *The Secularization of the European Mind in the Nineteenth Century* (Cambridge: Cambridge University Press, 1990)

Adrian Desmond and James Moore, *Darwin* (London: Penguin, 1992)

Adrian Desmond and James Moore, *Darwin's Sacred Cause: Race, Slavery and the Quest for Human Origins* (London: Penguin, 2009)

Benjamin A. Elman, *On Their Own Terms: Science in China, 1550–1900* (Cambridge, MA: Harvard University Press, 2005)

Marwa Elshakry, *Reading Darwin in Arabic, 1860–1950* (Chicago, IL: University of Chicago Press, 2013)

Florence C. Hsia, *Sojourners in a Strange Land: Jesuits and Their Scientific Missions in Late Imperial China* (Chicago, IL: University of Chicago Press, 2009)

Catherine Jami, *The Emperor's New Mathematics: Western Learning and Imperial Authority During the Kangxi Reign (1662–1722)* (Oxford: Oxford University Press, 2012)

Dennis Sewell, *The Political Gene: How Darwin's Ideas Changed Politics* (London: Picador, 2009)

Sujit Sivasundaram, *Nature and the Godly Empire: Science and Evangelical Mission in the Pacific, 1795–1850* (Cambridge: Cambridge University Press, 2011)

Nick Spencer, *Darwin and God* (London: SPCK, 2009)

James C. Ungureanu, *Science, Religion, and the Protestant Tradition: Retracing the Origins of Conflict* (Pittsburgh, PA: University of Pittsburgh Press, 2019)

4부 과학과 종교의 계속되는 얽힌 역사들

Peter J. Bowler, *Reconciling Science and Religion: The Debate in Early Twentieth-*

Century Britain (Chicago, IL; London: University of Chicago Press, 2001)

Andrew Brown, *The Darwin Wars: The Scientific Battle for the Soul of Man* (London: Touchstone, 2000)

Roland Elliot Brown, *Godless Utopia: Soviet Anti-Religious Propaganda* (London: FUEL, 2019)

Elaine Howard Ecklund, *Science vs. Religion: What Scientists Really Think* (Oxford: Oxford University Press, 2010)

Stephen Jay Gould, *Rocks of Ages: Science and Religion in the Fullness of Life* (London: Vintage Digital, 2011)

Walter Isaacson, *Einstein: His Life and Universe* (London: Simon & Schuster, 2007) 〔한국어판: 월터 아이작슨, 이덕환 옮김, 《아인슈타인: 삶과 우주》, 까치, 2007〕

Max Jammer, *Einstein and Religion: Physics and Theology* (Princeton, NJ: Princeton University Press, 1999)

Timothy Larsen, *The Slain God: Anthropologists and the Christian Faith* (Oxford: Oxford University Press, 2014)

Edward J. Larson, *Summer for the Gods: The Scopes Trial and America's Continuing Debate over Science and Religion* (New York: Basic Books, 1997)

David N. Livingstone, D. G. Hart and Mark A. Noll (eds), *Evangelicals and Science in Historical Perspective* (New York; Oxford: Oxford University Press, 1998)

Simon Conway Morris, *Life's Solution: Inevitable Humans in a Lonely Universe* (Cambridge: Cambridge University Press, 2003)

Kendrick Oliver, *To Touch the Face of God: The Sacred, the Profane and the American Space Program, 1957–1975* (Baltimore, MD: Johns Hopkins University Press, 2013)

Michael Palmer, *Freud and Jung on Religion* (London: Routledge, 1997)

Daniel Peris, *Storming the Heavens: The Soviet League of the Militant Godless* (Ithaca, NY; London: Cornell University Press, 1998)

Martin Rees, *On the Future: Prospects for Humanity* (Princeton, NJ: Princeton University Press, 2018) 〔한국어판: 마틴 리스, 이한음 옮김, 《온 더 퓨처: 기후 변화, 생명공학, 인공지능, 우주 연구는 인류 미래를 어떻게 바꾸는가》, 더퀘스트, 2019〕

Hilary Rose and Steven Rose (eds), *Alas, Poor Darwin: Arguments Against Evolutionary Psychology* (London: Jonathan Cape, 2000)

Victoria Smolkin, *A Sacred Space is Never Empty: A History of Soviet Atheism* (Princeton, NJ: Princeton University Press, 2018)

John B. Vickery, *The Literary Impact of The Golden Bough* (Princeton, NJ: Princeton University Press, 1973)

John Wyatt and Stephen N. Williams (eds), *The Robot Will See You Now: Artificial Intelligence and the Christian Faith* (London: SPCK, 2021)

찾아보기

마지스테리아

과학과 종교, 그 얽히고설킨 2천년 이야기

1판 1쇄 2024년 4월 30일

지은이 | 니컬러스 스펜서
옮긴이 | 전경훈

펴낸이 | 류종필
편집 | 권준, 이정우, 이은진
경영지원 | 홍정민
교정 | 오효순
표지 디자인 | 석운디자인
본문 디자인 | 이미연

펴낸곳 | (주)도서출판 책과함께
　　　　주소 (04022) 서울시 마포구 동교로 70 소와소빌딩 2층
　　　　전화 (02) 335-1982
　　　　팩스 (02) 335-1316
　　　　전자우편 prpub@daum.net
　　　　블로그 blog.naver.com/prpub
　　　　등록 2003년 4월 3일 제2003-000392호

ISBN 979-11-92913-79-7 03900